KB068982

全訂增補版

漢字學總論

李 敦 柱 著

傳 英 社

題字：鶴亭 李敦興

全訂增補版

머 리 말

졸저 《漢字學總論》이 발간된 지 만 13년이 되었다. 그 사이에 7차
례의 重版이 나오게 되었던 것은 그나마 국내에서 이 방면의 저술을
거의 찾아보기 어려웠던 까닭이었을 것으로 생각된다. 그러나 저자 자
신이 지난 10여 년간 대학에서 이 책을 강의에 이용해 온 과정에서 아
쉬운 대목들이 많이 발견되었다. 이 때문에 판이 거듭될 때마다 저자는
졸저를 애용하여 주신 이들께 늘 송구한 마음을 지녀 왔다. 그러면서
한 연구자가 어떤 분야에 언필칭 전범이 될 만한 양서를 내놓는다는
일이 얼마나 어렵고, 또 막중한 책임이 따르는 것인가를 다시금 깨닫게
되었다.

그리하여 언제인가 개정 원고를 집필하여 미흡한 부분을 고치고
보태 기워야겠다는 욕심을 가지고 줄곧 일자 일구를 검토하여 왔다. 이
번에 상재하는 전정증보판은 그 동안 저자의 이러한 노력이 반영된 셈
이다. 그러나 漢字學(中國文字學) 분야는 워낙 범위가 넓을 뿐 아니라
漢字 또한 그 역사가 오래이어서 한 글자의 기원과 구성은 물론 용자
의 의미 해석에 이르기까지 이설이 많음은 주지의 사실이다. 따라서 응
당 선행 연구를 모조리 섭렵하여 각 이설들을 제시하고 그 시비를 가
리는 것이 옳을 일이다. 그러나 여기까지 미치지 못한 것은 저자의 능
력 탓도 있으려니와 학술 연구에 있어서 되도록 단정을 피하고자 한
평소의 생각 때문이라는 점을 말해 두고 싶다.

이 책의 서명은 종전대로 그냥 두기로 하였다. 물론 '총론'이라는
낱말의 뜻에 비추어 내용면에서 볼 때 부적한 느낌이 없는 것은 아니
다. 그렇지만 한자의 3대 요소인 字形, 字音, 字義의 세 분야를 두루
살피고자 했으므로 크게 어긋나지 않으리라는 생각에서 고치지 않기로
한 것이다.

이 책은 4편으로 구성되어 있다.

제 1 편 총론에서는 문자 창조 이전 시기의 각종 비망적 기사 방법과 문자의 발전 과정을 약술하였다. 특히 제 2 장에서는 한자의 기원과 자형·서체의 변천 모습을 고찰하였다. 동시에 지금까지 한자의 最古形으로 알려진 갑골문자 이전에 존재하였던 신석기 시대의 土器 부호들을 도표로 예시하였다. 비록 이것들이 아직 미해독 상태라 할지라도 한자의 태동기가 매우 이른 시기에까지 소급될 가능성이 있음을 보이려는 뜻에서이다. 이러한 견해는 1950년대 말기부터 활발하여진 중국 고고학계의 유적지 발굴과 유물의 발견 보고서 등을 근래에 자유로이 접할 수 있게 된 데에서 얻어진 산물이다. 또 중국에서는 1950년대 초부터 이른바 한자의 簡化 정책이 추진되어 현재 실용되고 있으므로 제 9절에서 일부나마 그 실상을 따로 예시하여 참고가 되도록 하였다.

제 2 편에서는 字形學과 관련하여 六書論을 마련하였다. 여기에서는 각 장·절마다 초판에서 다소 산만하였던 논술을 이해하기 쉽도록 항목을 설정하여 예를 추가하고 각 한자의 해설에 있어서도 새로이 보충 설명을 가하였다. 인용된 한자는 상용자를 주로 선택하되 한자의 기원과 구성을 설명할 필요에서 그 밖의 자도 포함되어 있다. 그리고 이 책에서 다소 어렵게 여겨질 인용문에는 번역을 붙이고, 흔히 사용하지 않는 한자에는 음과 뜻을 괄호 안에 첨기하여 독자에게 편의를 제공하고자 하였다.

제 3 편에서는 漢字音韻學의 문제를 다루었다. 흔히 중국음운학(聲韻學)이라고도 칭하는 이 분야는 중국어학뿐 아니라 한국어학의 연구에도 필수적이다. 그럼에도 불구하고 전통적인 음운학의 용어 자체가 난해한 것이 많은데다가 세밀한 주의와 노력에 수응할 만큼 합리적이며 실증 가능한 성과를 기대하기 어려워서인지 이 분야의 전공자가 다른 분야에 비하면 적을 뿐더러, 심지어는 접근을 꺼리는 경향마저 없지 않다. 저자는 이런 점을 다소나마 타개해 볼 생각으로 한자음운학의 일반론을 제 2 장에 할애하였다. 그리고 제 3 장에서는 切韻系 韻書의 반절에 반영된 중고한자음(中古漢音)의 양상을 고찰하고, 제 4 장에서는 상고한자음의 재구 방법과 여러 학자들의 선행 업적을 대비 예시하여 이

후의 연구에 참고가 되도록 관심을 두었다. 본편에서 근대·근고음과 현대음을 논의하지 않은 것은 이 책이 중국음운학의 전문서가 아닌 이유도 있지만 한자학의 연구를 위해서는 우선 위의 두 가지가 중요 선행 과제라고 생각되었기 때문이다.

제4편에서는 한자의 字義를 연구 대상으로 삼는 訓詁學의 내용을 기술하였다. 중국에서 자의 방면에 대한 관심은 일찍부터 깊었던 것으로 《爾雅》,《方言》,《釋名》 등은 지금까지도 중히 여기는 저술에 속한다. 그러나 한자(또는 漢語)의 의미 연구를 목표로 하는 훈고학이 하나의 전문 학술 분야로 재조명되기 시작한 것은 1940년대 이후부터이다. 그러므로 이제부터는 현대언어학의 이론과 방법론을 수용하면서 한자 의미의 공시적, 통시적 연구가 수행되어야 할 과제이다. 이런 뜻에서 이 책에서는 우선 훈고의 효용, 자의의 변천과 주해, 훈고의 방식, 훈고의 조례 등의 주제를 논의하여 보았다.

그러나 막상 完校를 마치고 보니 서운한 부분이 한두 곳이 아니다. 미흡한 면에 대해서는 동학 제위의 叱正을 기대하거니와, 이 책이 앞으로 漢字學과 관련된 연구 분야에 적으나마 도움이 된다면 저자에게는 더 큰 기쁨이 없을 것이다.

끝으로 이 증보판이 출간될 수 있도록 힘써 주신 博英社 安鍾萬 사장과 咸昇澈 편집부장 외 여러 임직원들께 사의를 표하고, 시종 까다로운 조판에 수고하여 주신 弘益컴퓨터印刷(株) 金珍淑 씨에게도 고마운 인사를 전한다.

1992년 8월 1일
龍鳳臺 연구실에서
이 돈 주 삼가 씀

머 리 말

韓國은 有史 以來로 좋든 궂든간에 中國文化와의 不斷한 接觸을 유지하여 왔다. 특히 漢字의 傳來는 固有文字를 가지지 못하였던 古代人들에게는 참으로 劃期的 事實이었다. 우리말에 맞도록 語順을 바꾸거나 혹은 漢字의 音·訓을 빌어 固有語를 적는 일에 당당히 智慧를 발휘함으로써 文字生活의 기틀을 마련하였으니, 이른바 三國時代 以來의 金石文이나 古文獻에 보이는 初期의 音訓借表記體系 등이 그 例證이다. 高麗時代에 들어와서도 漢字(漢文)의 普及은 그 勢를 더하여 中國의 典籍들을 깊이 接하게 되었고, 訓民正音 創制 이후 李朝 五百年을 통해서도 우리의 精神文化는 대부분 漢字를 表記手段으로 삼아 發達·定着되었다.

오늘날 過去의 우리 先祖들이 남긴 語文學·歷史學·哲學 등 人文科學을 위시하여 政治·社會·經濟 등 社會科學은 물론 天文·地理 등 自然科學에 이르기까지 全分野에 긍하여 보배로운 學術의 遺産을 터득하고 이를 繼承·發展시키려 할 때 우리에게 漢字에 대한 철저한 理解가 先行要件이 됨은 贅言을 요하지 않는다. 이런 점에서 오늘날 漢字의 敎育은 한글 專用의 課題와는 별도의 次元에서 더욱 深化되어야 하리라고 믿는다.

그럼에도 불구하고 지금까지 우리 나라에는 漢文法이나 解釋에 관한 註解書는 數種이 出刊되었으나, 아직 文字學的 觀點에서 漢字學의 根本을 다룬 專門書가 한 卷도 없음은 오히려 기이할 정도이다. 著者는 中國 留學 중 文字學에 接하면서부터 이 分野에 다소의 熱을 기울였던 緣由로 이번에 淺學을 무릅쓰고 本 拙著를 간행하기로 결심하였다. 完校를 마쳐 놓고 보니 未洽한 部分이 많아 부끄러우나 先輩 同學의 叱正을 期待하며 계속 硏究를 거듭하여 增補하여 나갈 생각이다.

本書의 內容은 크게 三部로 구성되어 있다.

第一部 總論篇에서는 文字學의 序論으로서 言語와 文字와의 關係, 文字時代 이전의 각종 表記手段을 비롯하여 繪畫時期 이후의 表語·表音文字의 創造過程을 例示하였다. 그리고 뒷 부분에서는 中國文字, 즉 漢字의 創造와 더불어 시작된 中國文字學의 發展過程과 來歷을 敍述하였다.

第二部는 六書篇이다. 흔히 漢字는 六書의 原理에 歸納된다고 알고 있거니와, 象形·指事·會意·形聲은 造字法(體)에 속하고, 轉注와 假借는 運用法(用)에 속한다. 비록 漢字의 수가 많을지라도 어느 것이나 따지고 보면 六書의 범위를 벗어나지 않는다. 그러므로 여기에서는 文敎部에서 선정한 1,800字의 常用漢字 외에도 論攷에 필요한 300여자의 漢字를 추가하여 六書別로 분류하고, 甲骨文과 金石文을 대조하면서 字形의 構造와 意味의 源流를 밝힘은 물론 運用의 原理 등을 설명하였다.

第三部에서는 形·音·義를 다루었다. 어느 漢字이든지 字形과 字音, 字義 등 三大要素를 具有하고 있음은 周知의 사실이다. 그리하여 다른 文字와는 달리 漢字는 三者가 불가분의 관계를 가지므로 이를 아울러 연구하는 것이 곧 廣義의 漢字學이 된다. 字形論에는 古文字 이래의 漢字의 字形變遷을 槪觀하였다. 字音論에서는 周·秦時代의 上古漢字音으로부터 소위 切韻音을 반영한 中古漢字音까지의 聲·韻의 變遷을 살펴봄으로써 中國聲韻學의 基礎와 硏究成果를 이해하도록 힘썼다. 그리고 字義論에서는 漢字의 共時的 意味와 通時的 變遷을 推究하는 訓詁學의 內容을 논술하였다.

끝으로, 까다로운 拙著의 出版을 맡아 주신 博英社 安洹玉 社長과 同編輯部 咸昇澈 씨, 그리고 組版의 일에 수고하신 職員 여러분께 謝意를 表한다.

1979년 7월 1일

著　　者　識

일 러 두 기

1. 이 책에서 제시한 중고한음과 상고한음의 재구음은 기본적으로 B. Karlgren의 업적에 의존하였다. 그러나 음표 중의 일부를 아래와 같이 바꾼 것이 있다.

   ① 직접 인용을 제외하고는 전탁음 [g'], [d'], [b'], [dz'] 등에서 유기성 자질 표시[']를 삭제하여 [g], [d], [b], [dz] 등으로 나타냈다.

   ② 모음과 자음은 되도록 국제음성 자모(I.P.A.)로 바꾸고자 하였다.

   모　　음 : [â]→[ɑ], [a]→[a], [ậ]→[ʌ], [ä]→[ɛ], [å]→[ɔ]

   설　상　음 : [t̂]→[ţ], [t̂']→[ţ'], [d']→[ḍ], [ń]→[ṇ]

   치　상　음 : [tʂ]→[tʃ], [tʂ']→[tʃ'], [dʐ']→[dʒ], [ʂ]→[ʃ]

   정 치 3 등 : [tś]→[tɕ], [dź']→[dʑ], [ś]→[ɕ], [ź]→[ʑ]

   반　치　음 : [ńź]→[nʑ]

   후음(影모) : [·]→[ʔ]

   기　　타 : [ng]→[ŋ]

   ③ 이 밖에 상고한음의 추정음을 저자가 달리 나타낸 음 앞에는 ?표를 붙였다.

2. 한자음의 예시 순서는 *상고음＞중고음＞현대 중국음(북경음) 순으로 하고, ( )안에는 董同龢의 상고 재구음을 부기하여 Karlgren과의 차이를 참고할 수 있도록 하였다.

차   례

제1편 總   論

제 2 편 字 形(六 書)論

제 1 장 六書 槪說

제 3 편 字 音 論

제 4 편　字義論(訓詁學)

제 1 장　緒　　論

제 1 편

總　論

제 1 장
文字의 創造와 發達

제1절 言語와 文字

1. 언어의 특성

인류가 사회 생활을 영위해 온 과정에서 오늘의 고도한 정신 문화와 물질 문명을 누리고 살 수 있게 된 데는 세 가지 역사적 단계를 밟았다고 하겠다. 즉 언어의 발생, 문자의 이용, 과학의 발전이 그것이다. 사람이 있으면 말이 있고, 말이 있으면 사람이 있어서 오늘의 그 관계는 불가분이지만, 사람에게 말이 생긴 것은 인류 문화 발전의 첫 단계이다. 사람을 다른 동물과 구별하기 위하여 homo sapiens(예지를 가진 사람)라는 학명을 쓰고 있다. 그러나 사람만이 언어에 의해서 어떤 내용을 상대방에게 전달하고 또 상대방은 그 내용을 이해할 수 있다는 특성을 강조한다면 오히려 homo loquens(말하는 사람)라고 하여도 지나치지 않을 것이다.

그러면 도대체 언어의 기원은 무엇일까. 인간은 예로부터 우주의 신비를 알고자 했으며 삼라만상의 기원을 탐구하고자 했다. 사람의 말에 대해서도 예외는 아니었다. 그리하여 일찍이 고대 그리스 시대로부터 자연설(phúsei, by nature)과 인위설(thései, by convention)이 양립한 이래 20세기에 이르기까지 신수설, 사성설, 생득설, 감성설, 경험설, 접촉설 등 갖가지 설이 제기된 바 있다. 그러나 어느 한 가지 학설도 학문의 본질에 값하는 실증성과 타당성을 완비한 것은 아니었다. 그리하여 빠리 언어학회에서는 언어의 기원에 관한 논문은 그들의 학술지에게재하지 않기로 결의한 바 있을 정도이다.

사실 장구한 인류의 역사를 연구하기가 어렵듯이 본시 사람의 말도 어떠한 단계를 거쳐 현재의 체계에까지 발전하게 되었는가를 밝혀내는 일이란 결코 쉬운 일이 아니다. 다만 다른 동물 세계에서 경험할 수 있듯이 사람도 태초에는 有聲無言의 단계가 있었을 것이다. 그러한 음성들이 되풀이되는 과정에서 차츰 어떤 대상을 지칭하는 하나의 음성 기호로서 자의적으로 약속되기에 이르렀을 것이라는 추론만이 가능할 뿐이다.

인간 행위 중 겉으로 드러나는 가장 중요한 두 가지 특징은 표현 (expression)과 전달(communication)이다. 표현은 개인 행위에 영향을 주고, 전달은 사회적 행위에 영향을 준다. 이 중에서도 전달의 과정은 어떤 메시지의 표출(emission)과 수용(reception)의 두 부분으로 이루어진다. 표출의 과정은 너무나 다양하여 체계적인 분류가 어렵다. 그러나 수용의 과정은 우리의 감각 중 특히 시각, 청각, 촉각을 통해서 이루어진다. 시각을 통한 전달은 몸짓[1]과 모방으로 이루어진다. 청각적 전달은 어떤 목적성을 띤 휘파람이나 박수갈채, 또는 북, 나팔, 호루라기 등 인공적 도구를 이용한 가장 단순한 음향 신호가 있다. 그러나 청각을 통한 전달 수단 중에 가장 중요한 체계는 음성 언어이다. 인간의 지적 범위 안에서 완전하게 발달된 언어를 가지지 못한 인간 집단은 존재하지 않는다. 그러므로 언어란 인류의 보편적 존재이다. 그리고 촉각에 의한 전달의 대표적인 예는 맹인이 사용하는 점자를 들 수 있다.

위에서 언급한 전달 방법에는 다음 두 가지 공통점이 있다.

첫째, 이러한 전달 방법들은 모두 순간적 가치를 가질 뿐이어서 시간적 제약을 받는다. 즉 몸짓이나 발화는 이를 재현하지 않는 한 되살릴 수가 없다.

둘째, 이 전달 방법은 근접한 사람들 사이에서만 가능하므로 공간적 제약을 면할 수 없다. 이와 같이 음성 언어는 인간이 소유한 전달

---

(1) 오스트레일리아 원주민들 사이에서는 남편을 잃은 미망인이 애도 기간 동안에는 한 마디도 말을 해서는 안되므로 몸짓 언어를 사용한다고 한다. I. J. Gelb, *A Study of Writing* (1952, 1963), p. 2 참조.

수단 중에서도 가장 정교하게 발전한 기호 체계이지만 위의 두 가지
제약성을 가지는 것이 결점이다.

2. 문자의 기능

　　인간이 저마다의 생각과 감정을 시간적·공간적 제약을 받지 않는
형태로 전달할 수 있는 방법을 찾고자 한 욕구는 마침내 (1) 사물 그
자체를 이용하거나, (2) 사물이나 간단한 물건에 어떤 표지를 남기는 지
혜를 개발해 내기에 이르렀다.

　　(1)에 의한 시각적 전달 수단은 제한이 없다. 예컨대 어떤 사람이
돌을 몇 개 모아 무덤 위에 쌓아 두거나 한 개의 돌을 기념물로 세우
는 것은 죽음에 대한 그의 느낌과 다가올 그 날에 대한 그의 기억을
지속시키려는 의도가 있다. 십자가가 믿음을 상징하고 닻이 희망을 상
징하는 따위는 훨씬 현대의 실례이다. 오늘날까지 남아 있는 가톨릭의
묵주(rosary)는 그 알 하나 하나마다 위치와 크기에 따라 어떤 기도를
상기하도록 되어 있다. 사물을 가지고 수효를 계산하는 기억 방조의 기
호 체계는 세계적으로 알려져 있거니와 이에 대하여는 후술할 것이다.

　　다음으로 (2)에서의 임의적 표지는 어떤 사물과 대상, 개념 등을 대
신하는 기호의 역할을 하게 되었는데 여기에서 발전한 것이 후대의 문
자라 할 수 있다. 문자는 인간이 시각적 기호를 빌려 자신의 생각과 감
정을 전달하는 방법을 터득하게 된 때부터 비롯되어, 기호를 사용하는
자신은 물론이고 다른 모든 사람들도 알아볼 수 있는 특정한 기호 체
계로 전수되었다.

　　그렇다면 문자란 무엇인가. 결론부터 말하면 문자란 인간이 일정한
약속에 따라 점이나 선을 조합하여 특정의 언어 세계에서 만들어진 각
종의 언어 형식, 즉 음소(또는 음절) 단위나 의미 단위를 표기하는 시
각적 기호(부호)라 할 수 있다.

　　인류 문화사를 돌이켜 볼 때 많은 발명이 있었지만 그 중에서도
위대한 것은 불(火)과 바퀴(輪)와 문자라고 하여도 과언이 아닐 것이
다. 불의 발명은 인류 생활에 불가결한 각종 에너지를 공급하는 원동력

이 되었고, 바퀴는 원활한 교통 수단과 산업 발전의 계기가 되었다. 이와 반면에 문자는 인간의 지혜와 연구에 의하여 이룩된 모든 산물을 기록으로 전승케 함으로써 계기적 발전을 가능하게 해 주었다. 오늘의 찬란한 문화재는 대대로 창조한 문화의 총화인데 그 문화를 소실과 산일 없이 정확하게 이어 준 매체는 바로 문자이다. 우리는 모국어를 배움에도 문자의 도움을 받는다. 하물며 외국어나 이미 자취를 감춘 사어들은 문자의 도움이 없이는 알 길이 없다.

말이 정신을 담는 그릇이라면 문자는 말을 담는 그릇이다. 문자 없는 말은 있어도 말을 떠난 문자는 없다. 말과 글은 표리일체이어서 언어 연구에는 문자 연구가 따른다. 오늘의 사회 제도는 문자 없이 말을 충분히 배우기 어려우므로 문자의 효용이 말에 비할 바가 아니다. 그런데 문자는 말보다 보수성이 강하여 말과의 거리가 점점 멀어지며 드디어는 주객이 전도하여 소위 정서법이라는 규칙으로 말의 순종을 강요한다. 따라서 언어 연구의 일부분으로 문자의 기원, 구성, 발전 등 온갖 현상을 말과 관련하여 연구하는 문자론이 필요하다.[2]

이 지구상에 현재 알려져 있는 언어의 수는 3천여 종에 가깝다.[3] 이와 달리 문자의 종류는 기껏해야 400여 종이 알려져 있을 뿐이다. 이 중에는 현재 사용되고 있는 것 외에 서양의 고대 히타이트(Hittite) 문자, 동양의 女眞 문자처럼 역사에서 이미 사라져 버린 소실 문자도 포함되어 있다. 언어의 수에 비하여 문자의 수가 이렇게 적은 까닭은 다음 이유 중의 하나일 것이다. 즉 고유 언어를 소유한 민족이 저마다 특정의 문자를 창조하지 못하였다는 점과 타민족 언어의 문자를 빌려 쓰거나, 아니면 그나마 어느 쪽의 문자도 가지지 못한 종족이 아직도 지구상에 많이 있기 때문이다. 그러기에 언어와 문자의 계통은 일치하는 것이 아니며, 그 분포도 역시 달리 나타나게 마련이다.

이런 의미에서 어느 한 민족이 그 민족 고유의 언어를 국어로 사용하면서 자기의 모국어를 기록할 수 있는 고유의 문자를 가지고 있다

---

(2) 李珍模 《國語學槪論》(1953), p. 27.
(3) 지금까지 알려진 언어의 총수는 2,796개라는 보고도 있다. M. Pei, *Language for Everybody* (1956), p. 263.

면 가히 세계사에 문화를 자랑할 수 있는 민족이라 칭하여도 지나침이
없을 것이다. 문자를 가진 민족은 선대의 문화를 계승하고 그 토대 위
에서 다시 질적 양적으로 새로운 문화의 창조와 향상을 보았다. 오늘의
미개 민족은 미개한 까닭에 자기네의 문자를 못 가졌다고 하지만 실은
문자가 없었기에 여태까지 미개한 채로 있다는 역설도 가능하지 않을
까. 문자를 가지고 찬란한 문화를 일으킨 민족은 참으로 행복한 민족이
라 할 것이다.

   문자는 바로 음성 언어의 시간적·공간적 제약을 보완하여 준 인
류의 위대한 창조이다. 그러기에 언어의 기원은 너무도 요원하여 밝히
기 어려우나, 문자의 역사는 그렇지 않다. 이집트의 聖刻文字(hiero-
glyph)나 중국의 漢字도 5천년을 넘지 않기 때문이다.

   음성 언어를 입말(spoken language)이라 한다면 이를 문자로 대신
하여 기록해 놓은 것을 글말(문자 언어: written language)이라고 한다.
결국 전자는 청각적 기호로서, 후자는 시각적 기호로서 전달 기능을 부
리며 인류 문화의 발전에 공헌하고 있는 것이다.

   결국 말과 문자는 인간 사회의 전달 활동에 있어서 불가결의 존재
이다. 어떤 의미에서 말이 전달의 문화를 대표한 것이라면, 문자는 전
달의 문명을 대표한 것이다.

   그러면 이제부터는 문자의 창조와 발전 과정에 대하여 고찰하여
보기로 하자.

제 2 절   信 號 法

   인류가 아직 문자를 가지기 이전에 그들의 의사를 전달하기 위하
여 간단하고도 원시적인 방법으로 고안하여 낸 것은 신호법이었다.

   신호법이란 어떤 주어진 언어 사회 안에서 서로 떨어져 있는 두
지점 사이에 일정한 기호를 통하여 약속된 의사를 전달하는 방법이다.
아직 통신 수단이 발달하지 못하였던 고대 사회에서는 봉화로써 나라
에 전란이 일어난 사실을 백성들에게 알렸던 예라든가, 현대 문명 사회

에서마저도 빨강 신호등이 켜지면 자동차가 멈추는 약속으로 되어 있음은 신호법의 좋은 보기이다. 이것은 문자를 사용하지 않고도 임의의 신호를 수단으로 하여 일정한 약속을 전달하고 이행하게 하는 인위적 방법이다. 앞절에서도 말하였지만 신호는 크게 시각적 신호와 청각적 신호로 나뉜다.

시각적 신호로 이용되는 것에는 어떤 사물 그 자체나 또는 형태, 색깔 등이 있다. 가령 말레이 사람 중에는 소금으로 애정을 나타낸다거나, 후추로써 증오를 나타내는 일이 있다고 한다. 《隋書》突厥傳에는

"嘗殺一人, 則立一石, 有至千百者."

라는 기록이 보이는데, 이것은 세워진 돌의 수효가 죽은 사람의 수를 나타내는 방법이었던 것으로 보인다. 또 남 알래스카 인디언들은 通知木이라는 것을 가지고 있는데, 맨 첨단에 하나의 橫木이 있으면 이것은 행인의 나아갈 방향을 지시하는 방법으로 쓰이는 일이 있다고 한다. 또 요루바 니그로(Yoruba Negroe) 사이에서는 무늬조개(cowrie)가 전달 도구로 쓰이는데, 그 조개 한 개는 도전과 실패를, 두 개를 한 곳에 모아 두면 친목과 만남을, 둘을 따로 떼어 놓으면 결별과 증오를 의미한다고 한다.

이와 같이 의사 전달을 위해 사물을 이용한 현대의 사례는 헝가리 출신 작가인 Jókai의 소설에서도 찾아볼 수 있다. 그의 소설에서 한 남자가 다른 남자에게 경찰 추적의 위험을 경고하기 위하여 커피 한 봉지를 보냈다. 이 일화는 커피가 헝가리어로 káve인데, 그 발음이 라틴어의 '주의!'를 뜻하는 cave와 비슷하다는 음성 원리를 바탕으로 할 때 이해될 수 있다.[4] 이 밖에 색깔을 이용한 신호법은 현대의 교통 신호등에서도 쓰인다. 오늘날의 문자 체계에서는 별로 중요한 역할을 하지 않는 색깔이 고대에는 특별한 의미를 지녔던 것으로 생각된다. 고대 멕시코인들의 문자와 훨씬 후대의 아메리카 인디언들의 문자에서도 색깔을 이용한 기호를 빈번히 사용하였다. 체로키(Cherokee)인디언들 사이에서 백색은 평화나 행복을, 흑색은 죽음을, 적색은 승리를, 청색은

---

(4) I. J. Gelb, *ibid.*, p. 5 참조.

패배와 시련을 의미한다는 것이다. 중국 문자(한자)의 조형인 갑골문자
에도 朱墨을 넣어 장식한 것이 있는데, 이 주색은 純淨化의 神聖性을
상징한 것이다.

　이와 달리 청각적 신호법이란 음을 이용하여 일정한 약속을 전달
하는 방법이다. 군대의 북·나팔 소리는 물론 기차의 기적에 이르기까
지 현대 사회에서도 청각적 신호법은 흔히 이용되는 전달 수단이다.

　생각하건대 문자 창조 이전의 미개 사회에서는 이외에도 신호법이
문자의 대용으로 광범하게 쓰였을 가능성이 많다.

제 3 절   記憶幇助 時期

　Edward Clodd는 문자의 발전 과정을 다음의 네 시기로 구분하였
다.[5]

　(1) 記憶幇助 時期(the mnemonic stage)

　(2) 繪畫 時期(the pictorial stage)

　(3) 表語 時期(the idiographic stage)

　(4) 表音 時期(the phonetic stage)

　본절의 기억 방조 시기는 아직 문자로서의 완전한 구실은 하지 못
하였으나, 위의 신호법보다는 더욱 구체적인 사실을 임의의 기호를 사
용하여 오래 기억할 수 있도록 고안하여 낸 단계로서 시공의 제약을
받지 않는 일종의 標識記事 방법이라고 할 만하다.

　역사상 인간이 창안하여 냈던 이러한 기억의 방조 방법에는 다음
과 같은 것들이 있었다.

1.   結繩(quipus, knotted cords)

　결승이란 여러 가지 색깔의 끈이나 새끼 등을 맺음으로써 그 색깔

---

(5) E. Clodd, *The Story of the Alphabets*, 林枳敀 譯(中譯本)《比較文字學槪論》(1967), 臺
　　北, p. 26.

과 매듭의 모양, 수효 또는 상호간의 거리 등을 이용하여 일정한 事象이나 개념을 표시하는 방법이다. 얼핏 생각하기에 매우 어리석고 불완전한 방법이라 하겠으나, 인류의 지혜가 여기에 미치기까지는 실로 장구한 시간이 경과한 후에야 비로소 가능하였다.

가까운 중국에도 이미 상고 시대에 결승으로써 왕이 정치의 방편을 삼았다는 기록이 전하고 있다. 즉,《周易》繫辭 下에 보인

　　"上古結繩而治, 後世聖人, 易之以書契."

가 그것이다.

그런데 여기 상고라 함은 어느 시대를 가리키는 것일까?《莊子》胠篋(거협)篇에 보면

　　"昔者 容成氏, 大庭氏, 伯皇氏, 中央氏, 栗陸氏, 驪畜氏, 軒轅氏, 赫胥氏, 尊盧氏, 祝融氏, 伏羲氏, 神農氏；當時是也, 民結繩而用之."(번역생략)

라 하였다. 이 기록에 의하면 비록 전설적인 점은 면하기 어려울지언정 12씨 중 최후의 인물이 복희, 신농씨이므로 결승의 시대는 적어도 이 시대보다 후대일 수는 없다고 볼 것이다. 許愼도《說文解字》敍에서

　　"及神農氏, 結繩爲治, 而統其事."

라 하였는데, 段玉裁(1735~1815)는 그 注에서

　　"謂自庖犧以前, 及庖犧及神農, 皆結爲治, 而統其事……."

라고 덧붙인 것을 보면 역시 신농씨 이전에 중국에서는 결승법이 꽤 널리 채택되었던 것이 아닌가 한다.

그러면 어떻게 결승의 방법을 써서 그들의 의사를 표시하였을까? 지금 그 내용을 소상하게 밝히기는 어렵다. 그러나 다음의 기록들은 어렴풋이나마 그 윤곽을 살필 수 있게 한다. 즉, 唐나라 孔穎達(574~648)의《周易正義》에는 後漢의 鄭玄(127~200)의 설을 인용하여 다음과 같이 간단히 설명되어 있다.

　　"事大, 大結其繩；事小, 小結其繩."

이것은 사건의 대소에 따라 매듭의 대소가 다르다는 뜻이다. 그런데 唐나라 李鼎祚의 《周易集解》에서는 《九家易》을 인용하여 다음과 같이 풀이하고 있다.

> "古者無文字, 其有約誓之事, 事大, 大其繩; 事小, 小其繩; 結之多少, 隨物衆寡, 各執以相考, 亦足以相治也."(번역 생략)

즉 옛날에는 문자가 없어서 약속한 일의 대소에 따라 새끼(끈)의 크기가 다르고, 매듭의 다소는 사물의 많고 적음에 따라 결정되며, 각기 이를 가지고 있다가 서로 맞추어 본다는 뜻이다.

위의 기록들을 종합하여 볼 때, 중국의 상고인들은 결승을 수단으로 하여 어떠한 내용의 약속이나 의미를 나타냈던 시기가 있었음을 짐작할 수 있다. 劉師培는 한자의 一二三의 古文인 弌弍弎 역시 결승의 유흔이라고 보았다. 이는 胡以魯가 "결승은 漁獵 시대의 도구였는데, 지금 臺灣에서도 주살 끝에 구슬을 매달아 놓은 것은 옛날 결승의 유습이다"[6]라고 말한 바와 견주어 볼 만하다. 이것은 상고인들이 어렵 생활에서 잡은 짐승의 수를 세기 위하여 창(戈) 끝에다 새끼나 끈을 맺어 기억을 도운 습관이 있었던 사실을 상상하게 한다. 결국 이와 같은 관습이 다른 事象이나 개념을 지시하는 일에까지 확대, 통용되면서 문자를 대신할 표지 기사 방법으로 이용되었음을 알 수 있다.

이러한 결승 방법은 비단 중국인에 한한 것은 아니었다. 변방의 溪洞 蠻族이나 苗族들에게도 문자 생활 이전에 결승 방법이 있었음을 다음의 글에서 엿볼 수 있다.

> "結繩, 今溪洞諸蠻, 猶有此俗."《朱子大全》
> "苗民不知文字……性善記, 懼有忘, 則結於繩." 嚴如熤《苗彊風俗考》

또 琉球(오키나와)에서도 물품 교환이나 租稅 賦納, 또는 인부를 고용하거나 田園을 방호할 때 결승으로써 그 수나 어떠한 뜻을 나타냈다고 한다. 琉球人들은 이를 藁算(고산)이라고 하는데, 결승의 재료로 짚이나 燈心草가 주로 쓰이기 때문이다. 예를 들면 그들은 일꾼을 고용할 때 일한 일수를 기억하기 위하여 곧은 새끼줄에다 가로로 노끈을

---

(6) 杜學知《文字學綱目》(1962), 臺北, p. 13 참조.

맺어 두고 매일 그 중 하나씩을 떼어 내어 계산의 증거로 삼으며, 새끼의 굵기와 매듭의 대소로 중량과 금액을 기억하는 기호로도 사용한다.[7] 오늘날 臺灣의 山族, 琉球人들 사이에는 아직도 結繩이 행하여지고 있다고 한다.

歐美의 諸種族간에도 일찍이 기억·기록의 수단으로 결승이 발달하였다. 그 대표적인 예는 10세기경에 형성된 잉카 제국인데, quipu(s)라고 하는 것이 그것이다. quipus란 Peru어로 매듭(結)이라는 뜻이다. 페루인들은 모든 인민의 통계로부터 토지의 경계, 각 종족 또는 병졸의 표시, 명령의 선포, 형법의 제정, 심지어는 墓誌, 進貢, 宣戰, 貸借관계에 이르기까지 모두 결승에 의존하였다. 그 방법은 근간이 되는 한 줄의 새끼(끈)에다 여러 가지 색깔의 끈을 맺는데, 그 맺은 매듭과 끈의 색깔, 또는 그 맺는 방법과 매듭의 위치에 따라 복잡한 뜻을 나타낸다. 가령 색깔에 있어서는 각종의 색깔이 상이한 관념과 사물을 대표하는데, 홍색은 군사나 병졸을, 황색은 황금을, 백색은 은이나 화목을, 녹색은 곡식을 대표한다. 또 매듭으로써 수를 나타낼 경우에는 單結은 10, 두 개의 단결을 서로 이으면 20, 複結은 100, 두 개의 복결을 이으면 200을 표시하게 된다.

이러한 결승법은 현재 페루의 牧羊者들 사이에도 행하여지고 있을 만큼 널리, 그리고 오랜 시기를 통하여 발달하였으므로 일찍이 페루의 각 城 중에는 매듭을 전문으로 풀이하는 관리가 있었는데, 이를 결승관 (quipcamayocuna, knot officer)이라고 한다. 지금도 페루 남방의 인디언 중에는 고대로부터 보존되어 온 역사적 결승의 내용을 잘 아는 자들이 있으나 비밀에 붙이고 특히 백인들에게는 잘 알려 주지 않는다고 한다.[8]

잉카 제국 외에 고대 이집트, 西藏(티베트), 폴리네시아와 그 부근의 群島에 사는 미개 종족들 역시 과거에 이 같은 결승법을 사용하였고, 서 아프리카의 아브라(Abrah) 토인, 제부스(Jebus) 토인, 오스트레일리아 토인간에도 동일한 유속이 있다고 한다. 이 밖에 미크로네시아인

---

(7) 林勝邦《涉史餘錄》; 金滉若《我們的字》; 杜學知, *ibid.* 참조.
(8) E. Clodd, *ibid.* (中譯本), p. 29 참조.

[도표 1-1] 결   승

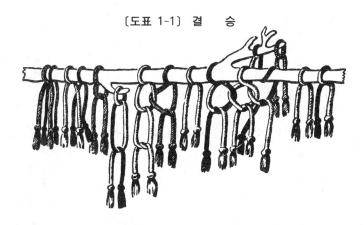

들 역시 끈의 매듭을 이용하여 서로 약속한 날짜를 계산하며, 남미의
인디언들은 大祭日을 계산하기 위하여 끈으로 매듭을 맺어 두었다가
그것을 매일 하나씩 풀어 가는데, 마지막 풀리는 날이 바로 대제일임을
확인한다.

　지금까지의 사례들을 종합하여 보면 결승이란 양의 동서에 관계
없이 고대에 널리 행하여진 기억을 돕는 방법이었음을 확인할 수 있다.

2. 結珠(wampum, shell belts)

　결주란 손으로 만든 구슬이나 조개 껍질에 구멍을 뚫어 나무 껍질
이나 大麻, 鹿皮로 만든 가는 실로 구슬의 두 끝을 꿰어 종족의 역사나
혹은 종족간의 조약은 물론 토지의 경계, 개인의 재산 등을 표시하는
방법이다. 그 재료로는 조개 껍질이 이용되기 때문에 貝殼珠帶라고도
불리운다. 그러나 結珠의 지리적 분포는 결승에 미치지 못한다. 특히
이로쿠오이스(Iroquois)족들은 패각주대를 講和 등의 公事에 이용한다
고 하는데, 그 구슬은 白, 紫 두 색이 있어서 여기에 갖가지 무늬를 넣
어 두 종족간의 약속이나 부락의 역사를 기억하는 수단으로 삼는다. 또
일반적으로 인디언들은 패각의 색깔로써 여러 사실을 상징하는데, 예를
들면 흑색은 사망·불운을, 백색은 평화, 황색은 金이나 貢物을, 적색은
전쟁이나 위험을 나타낸 것과 같다. [도표 1-2]는 인디언들이 사용한

結珠의 한 예이다.

　이와 관련하여 오늘날 한국·중국·일본에 서 사용되고 있는 珠算이 어느 시대에 비롯된 것인지는 명확하지 않으나, 이 역시 記事珠의 일 종이 아니었을까 하는 견해도 있다. 그렇다면 고 대 중국에서 計數의 원리를 담은 河圖, 洛書라는 것도 어느 점에서는 이와 관련하여 생각할 수 있지 않을까 여겨진다.

　河圖란 伏羲氏 때에 黃河에서 나온 龍馬의 등에 나타난 點圖라고 하는데, 〔도표 1-3〕에서 보는 바와 같이 一에서 十까지의 수를 상징적으 로 표시하였다. 河圖, 洛書의 기록은 《周易》 繫 辭의 "河出圖, 洛出書, 聖人則之"에 나타나고, 또 《尙書》 顧命篇에도 "大玉 夷玉 天球 河圖, 在東 序"라 하였는데, 그 注에 보면

　　"河圖, 八卦, 伏犧王天下, 龍馬出河,
　　遂則其文以畫八卦, 謂之河圖."

와 같이 설명되어 있다.

〔도표 1-2〕 結 珠

　그러나 河圖와 洛書의 본질에 대 하여 깊이 따지려는 데 의도가 있는 것이 아니므로 여기에서는 단지 河圖 에서 볼 수 있는 계수 방법에 대해서 만 간단히 알아보기로 하겠다.[9]

　그림을 자세히 보면 북방의 一(·) 에 대하여 남방에서는 二(⁻)가 나고, 다음 동방의 三에 대하여 서방의 四가 나고, 五는 中宮에 들어갔으니 이상의 五數를 生數라고 한다. 그런데 中宮의

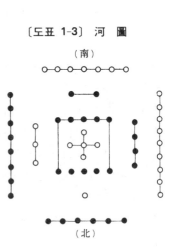

〔도표 1-3〕 河 圖

（南）

（北）

(9) 柳正基,「易의 原理와 實用」《東洋文化》(嶺南大) 第 14·15 合倂(1974), p. 173 참조.

五를 가지고 사방의 生數에다가 더한 것을 다시 사방에다 배속하면 북방에는 六, 남방에는 七, 동방에는 八, 서방에는 九가 되고, 十은 中宮으로 들어가니 이상의 五數는 成數라고 한다.

3. 訊木(message-stick, messenger-stick)

결승이나 결주처럼 기억의 방조 수단으로서 미개족들 사이에 혼히 쓰인 것으로 신목이라는 것이 있다. 일명 「使者의 막대」라고도 한다. 이것은 나뭇가지 같은 것을 용건의 수대로 가지고, 여기에 눈금을 새겨 이 새김눈으로써 어떠한 일을 전할 수 있는 것이라 한다. 특히 오스트레일리아 토인들이 이 방법을 쓴다고 하나 그 구체적인 내용은 알기 어렵다.

4. 八 卦

許愼의 《說文解字》(이하 《說文》으로 약칭한다) 敍 첫머리에는 漢字의 연원을 설명한 듯한 내용으로 다음과 같은 기록이 있다.

> "古者庖犧氏之王天下也, 仰則觀象於天, 俯則觀法於地. 視鳥獸之文與地之宜, 近取諸身, 遠取諸物, 於是始作易八卦, 以垂憲象, 及神農氏, 結繩爲治, 而統其事."
>
> 〔옛날 포희씨가 천하를 다스리고 있을 때 위로는 천체(日·月 등)의 형상을 쳐다보고, 아래로는 땅(山·川 등)의 이치를 굽어 보았다. 또 새와 짐승의 체형(무늬등)과 땅의 상태를 살피고, 가까이는 인체의 기관(五官 四肢 등)을 취하며, 멀리는 자연계의 모든 사물을 취하여 처음으로 팔괘를 그리기 시작하였으니 이로써 만물의 표준을 삼았다. 신농씨에 이르러서는 결승으로 사람을 다스리고 일을 통괄하였다.〕

이에 따르면 許愼은 한자의 조자 기원이 八卦와 結繩에서 연원한 것으로 본 듯하다. 孔穎達 注疏의 《尙書》序에도

> "古者伏犧[(10)]氏之王天下也, 始畫八卦, 造書契, 以代結繩之政, 由是文籍生焉."

---

(10) 伏犧는 文籍에 따라 伏羲, 庖犧, 虛戱 등으로 異記하고 있으나 실은 동일인이다.

이라는 설명이 나온다. 위의 기록대로 믿는다면 마치 팔괘와 서계는 복희가 처음 만든 것이요, 또 결승에 뒤이은 발전인 양 생각할 수도 있다. 그러나 과연 팔괘를 복희가 처음 그린 것인지 아닌지의 진부는 고사하고라도, 다만 중국 고대에 사용된 간단한 表意符號이었으리라는 점만은 부인하기 어려울 것이다.

현전하는 팔괘는 일체의 陽剛之物을 나타낸 陽爻(—)와 陰柔之物을 나타낸 陰爻(--)를 배합하여 만든 것이다.

그러면 八卦가 대표하는 바는 무엇일까? 《周易》의 「說卦」에는 다음과 같이 풀이되어 있다.

☰ 乾 天	☵ 坎 水
☷ 坤 地	☲ 離 火
☳ 震 雷	☶ 艮 山
☴ 巽 風	☱ 兌 澤

그러나 이것은 오로지 후세인들의 풀이에 지나지 않을 것이며, 진정 팔괘의 본의가 그러하였는지는 의심스럽다. 다만 天·地 등은 팔괘가 상징하는 자연계의 物이지 팔괘가 곧 여덟 글자는 아니다.

흔히 팔괘는 고대 중국인들의 問卜 기호의 일종으로 쓰였다고 믿어지고 있다. 어쨌든 팔괘는 문자 창조 이전에 만들어진 의사 전달의 한 수단이었을 것으로 생각된다.

5. 書 契

서계란 나무 막대에다 일정한 눈금을 새겨 어떠한 수를 표시하거나, 약정한 사실을 확인하는 구실을 한다. 그러므로 서계는 혹은 契刻文字라고도 칭하는 것으로 기억을 돕기 위한 표지 기사 방법 중에서는 비교적 발전된 것에 속한다.

가령 세르비아 농부들은 현재도 그들의 외상 거래에 서계의 방법을 쓰고 있다고 한다. 예를 들면, 어느 농부가 상인으로부터 네 부대의 밀가루를 외상으로 살 때에 그들은 영수증을 쓰는 대신에 나무 막대에

네 개의 눈금을 그은 다음 그것을 반으로 쪼개어 서로 나누어 가진다. 그 뒤 돈을 갚을 때에 서로 반 쪽을 합하여 보면 결코 속일 수 없이 서로의 거래를 행한다는 것이다.[11] 이와 같은 비망적 표지 방법 역시 고대인들이 널리 채택하였던 문자의 대용 수단이었던 것이다.

문자는 본시 사물 그 자체에 의하여 표현되는 것이 아니라 사물이나 기타의 대상물에다 어떤 표지를 남김으로써 표현한다. 기록된 부호들은 그리기, 색칠하기, 새기기 등 손의 원동력을 사용하여 행하여진다. 이것이 여러 나라 말의 '쓰다'라는 낱말의 의미와 어원 속에 반영되어 있다. 영어의 'to write'는 고대 노르웨이어의 rita(새기다), 현대 독일어의 reissen, einritzen(찢다, 새기다)과 대응한다. 라틴어의 scribere, 독일어의 schreiben, 영어의 scribe, inscribe는 모두 그리스어로 '새기다, 긁다'라는 뜻의 σκαριφϑραι와 연관된다. 이러한 예는 문자의 메카니즘적인 배경을 알려 주는 좋은 예로 생각된다.[12]

(1) 中國의 書契

그러면 먼저 중국에서의 서계는 어떠하였는가를 살펴보기로 하자. 《周易》繫辭 下에 보면

"上古結繩而治, 後世聖人易之以書契."

라 하였고, 《史記》補「三皇本紀」에는

"太皥庖犧氏, 風姓. 代遂人氏 …… 造書契以代結繩之政"

이라 하였으며, 《尙書》序의 내용 또한 이와 같다. 그렇다면 서계는 복희씨 시대에 만들어진 것으로 결승에 뒤이어 생겨난 방법임을 알 수 있다. 그런데 《說文》敍에는

"黃帝之史倉頡, 見鳥獸蹄迒之迹, 知分理之可相別異也, 初造書契."

라 하였으니 그 시대와 인물이 일정하지 않다. 그러나 이 문제는 다음 장으로 미루고, 여기에서는 서계의 의미만을 주술하기로 한다. 후세인

---

(11) M. Ilin, *Black on White* (1932), p. 22.
(12) I. J. Gelb, *ibid.*, p. 7.

들은 서계를 문자와 혼동한 예가 있으나, 엄격히 말하면 그것은 획을
새김으로써 어느 약정의 사실을 표시하였던 수단에 불과하다.

그러면 '書'와 '契'는 무슨 뜻인가?

書 :「箸也. 从聿 者聲.」《說文》,「箸於竹帛謂之書.」[13]《說文》序

오늘날 '書'자는 '書籍'의 뜻으로 해석하고 있다. 그러나 서적의 '書'
는 본래 '册'이라 하였다. 册의 갑골문형은 ⿙, ⿘인데 金文형 ⿙, ⿘도
이와 비슷하다. 고대에는 종이가 없었으므로[14] 대쪽에다 글씨를 써서
실로 엮어 놓은 흔적을 잘 보여 준다.

한편 '書'는 '聿(율)＋者聲'의 형성자로서 손으로 필기구(聿은 筆을
나타냄)를 들고 대쪽이나 비단에 글씨를 적는 것이 본뜻이다. 蔣伯潛
(1946 : 21)에서는 '書'자의 갑골문형으로 ⿰와 ⿰를 제시하였다. 여기에
서 ⿰는 又(手)를 가리키고 ↑은 筆의 모양이며 ×, 8는 그려진 형상
을 나타낸 것이니, 즉 손으로 필기구를 잡고 ×를 그린다는 뜻으로 그
자형을 풀이하였다.

다음으로 '契'란 무슨 뜻일까?

契 :「大約也. 从大 㓞聲.」《說文》
　　「券, 契也. 从刀 季聲. 券別之書, 以刀判契其旁, 故曰書契(契券).」
　　《說文》

이와 같이 《說文》의 해설을 따르면 契는 곧 계약의 證書(契券)로
풀이할 수 있다. 그러나 '契'를 栔(새길 : 계)의 가차로 본다면 그 풀이
는 다소 달라진다. 蔣伯潛, 謝雲飛, 杜學知 등도 '契'는 마땅히 '栔'로 써
야 옳을 것이라고 하였는데,[15] 《說文》에 「栔, 刻也. 从㓞木」이라 하였

---

(13) 段玉裁는 《說文解字注》에서 "… 古用竹木不用帛, 用帛蓋起於秦. … 於此兼言帛者,
　　 蓋檃栝秦以後言之"라고 하였다. 許愼과 段玉裁가 이렇게 말한 것은 후대의 문자를
　　 두고 한 말이요, 竹木 위에 썼다 함은 결국 여기에 눈금 같은 부호를 刻劃하였다
　　 는 뜻으로 풀이해야 할 것이다.
(14) 전한 바에 의하면 중국에서 처음으로 종이를 발명한 사람은 後漢의 宦官이었던
　　 蔡倫이며 그 시기는 和帝 元興 원년(105)이었다고 한다. 이로써 당시에 궁정에서
　　 기록용으로 사용되고 있던 베(絹布)는 폐지되고 종이가 보급되기 시작하였다.
(15) 蔣伯潛 《中國文字學纂要》(1946), p. 22.
　　 謝雲飛 《中國文字學通論》(1971), p. 33.
　　 杜學知 《文字學論叢》(1971), p. 9.

고, 劉熙의 《釋名》에도 "契, 刻也. 刻識其數也"라고 한 바와 같이 '契'는 칼로 (나무를)새긴다는 뜻이다. 자형으로 미루어 보아도 㓞(새길 : 갈)의 좌방의 丰(艸蔡也 : 개)는 우방의 칼(刀)로 나무(木)위에 눈금을 새겨 놓은 형상임을 알겠다.

　이상의 제설을 종합할 때 '書'는 그린다(畵)는 뜻으로(王國維는 畵・書를 동자로 봄), '契'는 새긴다(刻)는 뜻으로 본다면 書契는 결국 竹木 등에 획을 칼로 새겨 어떠한 개념이나 약속, 사건을 기억하기 위한 수단이 아니었을까 생각된다. 林尹은 孔穎達이 《尚書正義》에서 後漢 鄭玄(127~200)의 말을 인용하며

　　"言書契者, 鄭云: 書之於木, 刻其側爲契, 各持其一, 後以相考合."

이라 한 점을 증거로 "결론적으로 말하여 서계는 문자로써 그 내용을 삼고, 계약으로써 그 직무를 삼는다"[16]고 하여 서계를 문자의 뜻으로 보았다. 그러나 그 직무야 어떠하든 서계를 문자로 간주하기는 어렵고, 오히려 문자 전단의 비망적 표지법으로서 문자를 쓰는 방법의 남상이었다고 보는 편이 옳을 것이다.

(2) 其他 民族의 書契

　앞에서도 지적한 바와 같이 나무에 그림(눈금의 일종)을 새겨 어떤 약속이나 개념을 표시하였던 서계 방법은 결코 중국 민족만의 전유적 창의는 아니었다. 중국 이외의 다른 민족들도 일찍이 이러한 방법을 고안하여 비망의 표지 기사 수단으로 삼았음을 알려 주는 기록이 있기 때문이다. 예를 들면 北魏, 突厥, 苗族 등을 비롯하여 新羅에서도 刻木으로써 신의의 표적을 삼았다는 기록이 있으니 다음은 그 일부를 예시한 것이다.

　北魏："不爲文字, 刻木紀契而已."《北魏書》帝紀序
　突厥："突厥無文字, 刻木爲契."《隋書》突厥傳
　苗族："苗人雖有文字, 能不皆書, 故每有事, 刻木記之, 以爲約信之驗."
　　　　　陸次雲《峒谿纖志》

---

(16) 林尹《文字學槪說》(1971), p. 11.

"俗無文契，凡稱貸交易，刻木爲信……木即常木，或一刻，或數
刻，以多寡遠近不同；分爲二，各執一，如約時合之，若節符也."
方亨成《苗俗紀聞》

"爲契卷，刻木以爲信." 嚴如煜《苗疆風俗考》

新羅："無文字，刻木爲信."《梁書》諸夷傳，新羅條（번역 생략）

이 밖에 아프리카나 오스트레일리아 토인들도 이와 비슷한 방법을
사용한다고 한다. 즉, 아프리카 토인들은 한 개의 죽간이나 나무 막대
상면에 가로금(橫紋)을 그어서 수를 대표하는데, 한 개의 가로금은 1,
두 개는 2, 이렇게 하여 아홉 개까지 그은 다음에 그 차례에 따라 한
개의 세로금을 그으면 곧 10이 된다.

또 오스트레일리아 토인들은 지금도 일종의 통신용 막대를 사용한
다고 하는데, 막대 위에 어떤 용건을 새김눈으로 표지를 만들어 각 부
락에 가지고 다니면서 그 소식을 전할 뿐더러 또한 그것이 出使의 증
명이 되기도 한다. 이것을 訊木 또는 使者棒(messenger stick)이라고도
한다.

스리랑카 사람들에게도 역시 통신목의 풍속이 있다. 그리고 고대
영국에는 일종의 공채부(tally)라는 것이 있었다. 이것은 공채를 발행하
면서 막대에 눈금을 새겨 금액을 표시하고, 이것을 반으로 쪼개어 채권
자와 국가가 한 쪽씩 가지고 있다가 상환 때 그 표증으로 삼았다고 한
다.[17]

또 영국 중부 어느 지방의 주민들은 중세까지도 사각형의 막대에
날짜를 표시하기 위하여 각 모서리에 눈금을 새겨 두는 방법을 이용하
였다. 그리고 미국 펜실베이니어주의 우유 배달자 중에는 지금도 nick
stick에 배달한 우유의 양을 표시하는 사람들이 있다는 사실을 생각할
때, 서계라든가 刻木의 방법은 인류가 문자를 창안하여 사용하기 이전
부터 각 민족에 의하여 널리 채택되었던 표지 기사의 수단이었음을 짐
작할 수 있다. 기실 한국어의 '글'(文)이라는 낱말도 중국어의 契(*k'iat)
의 차용일 가능성이 높다(李基文,《國語語彙史硏究》, 1991: 228).

---

(17) 杜學知 (1971), pp. 11~12.

제 4 절 繪畫 時期

앞에서 우리는 인류가 문자 창조 이전에 기억을 돕는 방편으로 여러 가지 방법을 이용하였음을 알았다. 그 중에서도 결승은 비록 문자와 마찬가지로 기억을 돕고 간단한 의사를 나타내는 용구로 쓰였기 때문에 문자의 남상이라고 볼 수 있을지 모르나, 엄밀히 말하면 결승은 실물을 이용한 것이므로 문자가 직접 여기에서 발전한 것은 아니다. 또 서계나 契刻도 문자를 기록하는 방법의 기원에 지나지 않는다. 그러므로 문자의 연원은 그림(繪畫)에 있다고 보아야 할 것이다.

대체로 문자의 기원이 그림에 있다고 할 때 양자는 밀접한 관계가 있다. 원시의 인류가 회화의 재능을 보인 시기는 매우 빠르다. 프랑스 남부의 Dordogne 라든가, 스페인 서북부의 Santander 들은 풍미를 갖춘 벽화로서 구석기 시대의 초기작에 속한다. 지금도 수렵 단계를 면하지 못한 남 아프리카의 부시먼(Bushman)인이나 오스트레일리아의 일부 토인들은 비록 그들의 문화는 보잘것이 없으나 그들이 그린 그림은 상당히 발전되어 있다고 한다. 이를 미루어 보면 구석기 시대의 인류도 회화의 재능은 꽤 발전되어 있었으리라 생각된다.

원시인들의 벽화는 심미적 작용 외에 표의 기능까지도 겸하였다. A.C. Haddon은 "인류가 의사를 전달할 때 언어나 몸짓으로 부족할 경우에는 회화로써 이를 보조하였다"[18]라고 하여 원시인의 회화에 정보의 기능이 있음을 말하고 있다. 그리고 각 토템 민족들의 그림을 종합·관찰하여 보면 그 상징의 표현 형식은 다를지라도 그것이 토템 동물을 대표한 것이라든가, 토템 전설을 기록한 용도는 매한가지이다. 문자의 쓰임을 광의로 해석할 때 이들 그림이야말로 바로 토템 민족의 문자라고 하여도 과언이 아니다. 그리하여 이들이 사용하였던 그림은 실로 상형 문자의 실마리가 되었으며, 이집트 후기의 상형문자의 출현은 그 영향을 받은 바가 많다. 그림으로써 인류가 품은 사상을 표현하고 일정한 사실을 기록하였다는 점에서 이것은 문자 발생(창조)의 제1단계가 되

(18) 林惠祥《文化人類學》, 臺北, p. 376 재인용.

었다.

문자의 메카니즘적 배경이 전
술한 바 있는 새김 외에 그림과도
밀접한 연관성이 있음은 다음의 어
원에서도 살펴볼 수 있다. 즉 고트
어로 mēljan은 쓰다(to write)의 뜻
이지만 그 어원은 마치 현대 독일
어의 malen과 같이 '그림을 그리다'
의 뜻이었다. 슬라브어의 pisati도
'쓰다'의 뜻이지만 역시 그 어원은
라틴어의 pingere처럼 '그림'의 뜻임
을 알 때 흥미를 자아내게 한다.

〔도표 1-4〕 남부 로디지어의 원시
祈雨儀式 岩壁畫

그림이야말로 고대인들의 시각
적 표시를 통하여 생각을 전달하는
가장 자연스러운 방법이었다. 초기의 그림 문자는 가장 원초적인 방법
으로 오늘날 문자를 통해 이루어지는 그 욕구를 충족하였다. 그런데 시
간이 흐름에 따라 그림 문자는 두 가지 방향으로 발전하였다. 하나는 회
화 예술의 방향이요, 다른 하나는 기호 체계로서의 문자의 방향이었다.
언어학적 관점에서 보면 궁극적으로는 제2차 기호로 발전한 것이다.

그러면 그림 기사와 순수한 그림은 어떻게 다른가? 우선 그 목적
에 있어서 순수한 그림은 인상을 중시하는 반면에 그림 문자는 설명에
치중하며, 또 그림의 형상면에서 전자가 정세함에 특징이 있다면, 후자
는 略筆簡畫인 점에 차이가 있다.

첫째, 문자는 반드시 음으로 읽을 수 있어야 한다. 가령 한 칸의
집과 한 그루 나무가 그려진 한 폭의 그림이 있다고 하자. 보는 사람마
다 여러 가지 다른 해설을 할 수 있다. 비록 언어가 서로 다른 민족이
라 할지라도 똑같은 그림을 그려 낼 수는 있다. 그러나 이 그림을 해설
할 때 같은 의미라도 말하는 음은 같지 않다. 그림이 나타내는 것은 사
물이지 언어가 아니기 때문이다. 이와 달리 문자가 나타내는 것은 곧
일정한 언어적인 것이므로 반드시 언어를 통하여 읽을 수 있어야 한다

는 것이다.

[도표 1-5]는 뉴 멕시코의 어느 절벽에 그려진 「통행금지」를 나타낸 간단한 그림 문자이다. 그 뜻은 이 바윗길은 山羊은 오를 수 있어도 말을 탄 사람은 넘어지고 만다는 사실을 단적으로 나타내고 있다.

[도표 1-5] 뉴 멕시코 인디언의 「통행금지」

그리고 [도표 1-6]은 오지브와 인디언의 한 소녀가 연인에게 자기 집으로 찾아 오도록 보낸 그림 편지이다. 이 그림에서 소녀는 곰 토템으로, 소년은 山椒魚로 표현되었고, 호수로 이르는 세 갈래 길이 있다. 그리고 3명의 크리스찬 소녀(+으로 나타냄)가 야영을 하고 있는데, 그 중의 한 천막 쪽으로 오면 손을 내밀고 기다리겠다는 내용이다. 일종의 지도와 같은 성질의 간단한 그림이다. 그럼에도 불구하고 이러한 그림 문자는 말에 의한 표현과 직접적인 관련이 없다. 그러므로 이것을 읽는 사람에 따라 몇 가지 해석이 나올 약점을 피하기 어렵다. 따라서 이러한 그림 문자는 문자 발전 과정에서 하나의 원초적 단계를 보여 주는 것으로서 문화사상 매우 중요한 역할을 하였다.

[도표 1-6] 오지브와(Ojibwa)족 소녀의 戀文

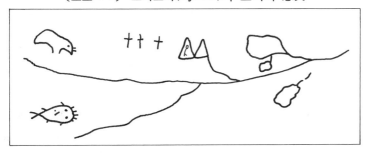

둘째, 문자의 제작은 순수한 그림의 성질을 떠나서 일체를 하나의 형식 안에 넣어야 하며, 線狀의 外表로 나타낸 기호라는 점에 특징이 있다. 예를 들면 한자의 갑골문자 중에 다음의 것이 있다.

艻 (雀)   羃 (鳳)   𨁅 (兎)   𢒨 (馬)

雀과 鳳, 兎와 馬는 각각 그 크기가 같지 않으나 갑골문은 대소를 구별하지 않고 똑같이 선으로써 그들의 외표를 새겼으므로 순수한 그림과는 다르다.

결론적으로 말하면, 문자의 특성은 간단한 형의 부호로써 언어를 표기하는 것이라 할 수 있다. 그러므로 그림은 문자의 남상이라 할지언정 진정한 문자의 성립은 이것과 순수한 그림이 분리된 뒤에야 가능하였다.

그러면 여기에서 몇 가지 그림 기사의 실례를 들어 보기로 하자. 〔도표 1-7〕은 고대 스키티아인들의 메시지를 보인 것이다. 남부 러시아의 고대 주민이었던 스키티아인들은 이와 같은 메시지를 페르시아인들에게 보냈는데, 그 내용은 다음과 같다.

〔도표 1-7〕 스키티아인의 메시지

"페르시아인들이여! 당신들은 새처럼 날 수 있고, 쥐처럼 땅 속에 숨을 수 있으며, 개구리처럼 수렁을 뛸 수도 있습니까? 만일 그럴 수가 없다면 우리와 전쟁을 하려 들지 마시오. 당신들이 우리 나라에 발을 들여 놓는다면 활로써 즉각 물리치고 말 것입니다."[19]

다음 〔도표 1-8〕은 미국 미시건의 슈퍼리어(Superior)湖 근처의 암벽에서 발견된 것으로 인디언의 제1차 渡湖遠征 과정을 나타낸 그림문자이다. 맨 위의 5척의 카누에는 51명이 타 있다. 첫 카누 위쪽의 물새는 원정을 인솔한 추장 Kishkemunasee의 토템이다. 세 개의 아치는 하늘을, 그 아래에 그려진 태양은 원정에 3일이 걸렸음을 나타낸다. 거북은 무사히 상륙한 것을, 말을 탄 인물은 원정이 쾌속적으로 진행된 것을, 독수리는 용기 있는 용사들의 정신을 나타낸다. 그리고 판터와

(19) M. Ilin, *ibid.*, p. 24.

〔도표 1-8〕 인디언의 원정

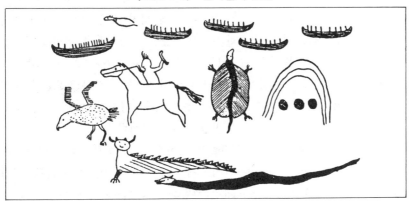

뱀은 각각 힘과 약삭빠름을 상징한 것으로 추장
이 군사 원정에 대하여 도움을 기원한 것이라
한다.[20]

다음 〔도표 1-9〕은 1793년 슈피리어湖에서 죽
은 유명한 추장 Wabojeeg의 묘비이다. 거꾸로 그
려진 馴鹿(순록)은 그의 이름이다. 좌우에 그려
진 7·9개의 횡선은 그가 진행한 7차례의 행군과
9차례의 싸움을 나타내고, 사슴 위에 있는 세 개
의 종선은 그가 전쟁중에 입은 부상을 나타낸다.
아래쪽의 순록은 다리를 위로 쳐들고 있는데, 이
는 추장이 그 순록과 싸우다 죽은 것으로 이 사
건은 낮에 일어난 것임을 태양이 나타내고 있다.

〔도표 1-9〕 인디언
추장의 묘비

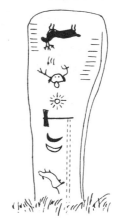

위의 그림 문자에서 볼 수 있는 바와 같이 첫째, 그것은 처음 대하
는 사람이라도 사건의 전말을 파악하기 쉽다는 점이다. 그림 문자는 나
타내고자 하는 내용과 유연적 관계에 있기 때문이다.

둘째, 그림은 입체적인 사건이 평면상에 그려진다는 점이다. 각목
은 다만 입체적인 사건을 무연적으로밖에 표시할 수 없음에 반하여, 그
림 문자는 유연성을 가지기 때문에 그 내용을 이해하는 데 도움을 준

---

(20) I. J. Gelb, *ibid.*, pp. 29~30 참조.

다. 이 점은 바로 그림 문자가 문자로 발전한 가장 중요한 요건이 된다.

셋째, 그림 문자는 화가가 자기의 눈에 비친 것을 평명하게 표현하는 경우라도 어느 정도 순수한 본래의 성질을 상실하고 관습 또는 상징적 표현을 취하지 않을 수 없는 경우가 있다. 즉 〔도표 1-8〕에서와 같이 시간과 장소의 일치가 관찰되어 있지 않다. 동시에 3일간의 원정을 圖示하면서도 시시각각으로 변화한 사건의 경과를 그릴 수가 없었다. 이 점이 곧 그림 문자가 가진 최대의 결함이다.

따라서 종래에 picture writing의 역어로 그림(회화) 문자라는 용어가 관용되어 왔으나, 엄밀한 의미에서 이는 문자라기보다는 記事라 함이 타당할 것이다. L. Bloomfield는 다음과 같이 말한 바 있다.

"Records and messages of this sort are usually spoken of as 'picture writing', but this term is misleading. The records and messages, like writing, have the advantage of being permanent and transportable, but they fall short of writing in accuracy, since they bear no fixed relation to linguistic forms and accordingly do not share in the delicate adjustment of the letter."[21]

그림 문자가 적절하게 관습화하였을 때 우리는 그것을 비로소 문자라고 간주할 수 있기 때문이다. 따라서 문자란 곧 다음과 같은 것이라야 한다.

"A character is a uniform mark or set of marks which people produce under certain conditions and to which, accordingly, they respond in a certain way."[22]

이런 의미에서 그림 문자가 문자로 발달하기 위해서는 적어도 다음과 같은 두 가지 조건이 충족되어야 한다.

첫째, 진정한 의미의 문자라면 한정된 수의 사회 관습적인 기호를 사용하고 있다. 그러므로 그림 문자가 비록 추상적인 묘사로 발전하였다 할지라도 그 그림은 사회적 관습으로 규정되어야 한다. 예를 들면, 여러 가지 동물을 묘사하는 방법이 극히 고정화되면 설사 불완전한 묘

---

(21) L. Bloomfield, *Language* (1933), p. 283
(22) *Ibid.*, p. 284.

사라도 그 동물의 종류가 무엇인가에 대해서는 아무런 의심도 가지지
않게 된다.

둘째, 이 사회적인 규정이 언어 형식과 결합해야 된다는 것이다.
그림과 문자의 차이는 바로 여기에 있다. 문자는 어느 事象을 표상하는
기호이지 사물을 표상하는 것이 아니다. 문자가 언어 형식과 결합한다
는 말은 곧 문자가 언어를 표상하는 것임을 뜻한다. 만약 언어 형식과
결합함이 없이 단순히 어느 事象만을 표상하는 일에 그친다면 그것이
야말로 그림의 단계를 벗어나지 못한 것이다.

기억 방조의 수단으로 이용되었던 최초의 그림을 점차 사회 관습
적으로 규정하고 그것을 언어 형식과 결합시킨 것은 분명히 새로운 문
화의 창조를 지향한 획기적 사실이었다. 오늘날 우리가 상형문자라
고 일컫는 문자는 바로 이러한 그림 문자에서 진화·발전하였기 때문
이다.

제 5 절 表語 時期

우리가 알고 있는 거의 대부분의 문자는 그 기원을 초기의 그림에
두고 있다. 오늘날 그림이 어느 만큼의 시간과 과정을 거쳐 어떻게 문
자로 발전하였는가에 대하여는 명확히 알기 어렵다. 그러나 현존하는
문자의 형태 속에는 그것이 거쳐 온 각 단계의 흔적이 남아 있다. 이를
통하여 우리는 대체로 그림→그림 문자→상형문자의 과정을 거쳤을
것이라고 추단한다.

제1단계는 그림에서 볼 수 있는 바와 같이 어느 事象이나 관념을
총체적으로 그려 놓은 단순한 그림이다. 제2단계는 그림을 사회 관습
화하고 어느 사상이나 관념을 계기적 자질에 따라 일정한 단위로 추상
화 또는 분석화하여 표현한 방법이다.

한 예로 중국의 漢字가 변천한 모습을 보면, 대부분의 상형문자는
이전의 그림 문자에서 획이 簡省되고 지시물의 원형에서 점차 탈피하
여 이루어진 것임을 알 수 있다.

(A)	🐂	🐮	𝍖	𝍖	🜨	❦
(B)	🜊	🜍	𝍖	𝍖	🜊	🜍
(C)	萬	牛	人	子	立	羊

위에서 (A)는 아직 그림 문자의 단계를 벗어나지 못하였다. 그러나 (B)의 갑골문은 그 형태가 지시물에서 차츰 멀어지기 시작하였다. 비유하건대, 절대적 유연성을 가졌던 언어 기호가 음성 변화의 결과 점차 그 유연성을 잃어가는 일이 있음과 같다. 따라서 (B)의 단계는 곧 상형문자로서의 참된 구실을 한 과정이다.

대체로 문자의 연원이 그림에 있었음은 중국의 한자만이 아니다. 中美州의 마야族은 일찍이 ✍으로써 잎(葉)을 나타냈으며, ⏠으로써 '城'을 나타냈는데, 이 역시 그림 문자의 과정이 있었음을 알려 주는 예이다. 또 오지브와문의 ⛯자는 마치 한자에서 지상으로 해가 떠 오르는 형상을 그린 ☉(旦)자와도 흡사하다.

다음의 〔도표 1-10〕(A~D)는 중국의 한자를 갑골문자(左), 이집트 문자(中), 麽些(마사) 문자(右)[23]와 비교한 것이다. 이것은 문자의 기원이 그림에서 출발하였음을 알게 하는 좋은 예이다.

여기의 갑골문이나 이집트·마사 문자들은 상호간에 하등의 관련이 없이 독자적으로 창조된 것이다. 비록 이집트 문자가 중국 문자보다 빠른 시기에 창조되었을지언정 중국 문자가 이집트 문자를 본떠 만든 것은 아니다.[24] 또 마사 문자는 宋代에 창조되었을지라도 한자와는 아무런 관련이 없이 만들어진 것임은 이미 이 방면의 연구자들에 의하여 밝혀진 사실이다. 그럼에도 불구하고 삼자간에 상호 이동이 있음은 다음의 네 가지 사실에 기인한 것이라고 할 수 있다.

---

(23) 麽些는 中國 雲南省 麗江 일대의 邊疆民族인데, 그들은 일종의 그림 문자를 창조하였다. 전하는 바에 의하면 이 문자의 창시는 宋나라 理宗代에 비롯되었다 하니 거금 7·8백여년에 불과하다. 지금도 그들은 이 문자를 사용하고 있다고 한다.
　　"世界文化的前途(22), 聯合國中國同志會 第58次座談會紀要" 중 董作賓의 「中國文字的 起源」 참조,《大陸雜誌》第五卷, 第十期, p. 351.
(24) 日人 板津七三郎은 그의 著《埃及文字同源考》(1932)에서 中國 문자가 이집트 문자에서 전래한 것이라 보고 상당수의 甲骨文과 金文을 증거로 제시한 일이 있으나, 양자간에는 전연 관련이 없이 상호 독자적으로 창조된 것이다. 곧 우연의 일치에 불과하다.

〔도표 1-10〕 갑골・이집트・마사 문자[(25)]

(25) 謝雲飛《中國文字學通論》(1971), pp. 41~42 참조.

(1) 조자시 대상이 같고 심리 또한 같아서 문자가 서로 같았을 것
으로 보이는 예(A)

(2) 조자시 대상은 같으나 인상이 다른 관계로 문자가 다르게 창조
된 예(B)

(3) 조자시 지리 환경이 다름으로써 문자가 다르게 창조된 예(C)

(4) 조자시 사회 배경이 다름으로써 문자가 다르게 창조된 예(D)

역사상 잘 알려진 고대 문자는 최초에 지중해의 동해안으로부터
서 태평양에 걸쳐 광대한 지역을 차지한 동방(orient)에서 기원하였다.
이집트와 아프리카의 인접 지역, 그리고 에게海를 둘러 싼 지역은 역사
적으로 오리엔트 문명의 범위에 포함된다. 이 광대한 지역에서 발생한
대표적인 고대 문자를 들면 다음과 같다.[26]

(1) 메소포타미아의 수메르 문자(B. C. 3100~A. D. 75)

(2) 원시 엘람 문자(Proto-Elamite)(B. C. 3000~2200)

(3) 인더스 계곡의 원시 인도 문자(B. C. 2200 경)

(4) 이집트 성각 문자(B. C. 3000 ~A. D. 400)

(5) 크레타와 그리스의 크레타 문자(B. C. 2000~1200)

(6) 아나토리아와 시리아의 히타이트 문자(B. C. 1500~700)

(7) 중국의 한자(B. C. 1300~현재)

이 가운데 원시 엘람 문자, 크레타 문자에 대하여는 아직도 부분적
인 해독 상태를 넘지 못하여 상세한 내용은 알기 어렵다. 인더스 문명
시기에 창조된 인도 문자도 印章, 銅板, 陶片 등에 새겨진 것으로 그
종류는 약 440종에 달하나 무엇을 그린 것인지 명확하지 않다. 또 히
타이트 상형문자는 1930년대에 부분적인 해독이 시도되었으나 상세한
내용은 밝혀지지 않고 있다.[27] 그러므로 여기에서는 (1)(4)에 대해서만
간단히 소개하여 두고자 한다.

---

(26) I. J. Gelb, *ibid.*, p. 60.
(27) 히타이트에 대한 詳說은 O. R. Gurney, *The Hittites*(1954), Penguin Books Ltd.가
참고된다.
　히타이트 상형문자의 해독에 노력한 학자로는 Helmuth T. Bossert(독일), Emil O.
Forrer(스위스), B. Hrozny(체코슬로바키아), Piero Meriggi(이태리), I. J. Gelb 등
을 든다.

1. 楔形文字

수메르족이 만든 설형문
자는 서 아시아의 메소포타미
아 지역에서 양질의 점토(진
흙)를 문자판으로 만들어 거
기에 갈대 줄기나 짐승의 뼈
끝으로 새겨 놓은 문자이다.
설형문자란 cuneiform writing 의
역어인데 일명 쐐기 문자라고
도 일컫는다. cuneiform 은 라
틴어의 cuneus(쐐기)+forma
(형태)의 합성어이다. 점토판
위에 硬筆로 글자를 새겼기
때문에 자연히 첫머리가 굵
게 파여 삼각형의 쐐기 모양
이 되었기 때문이다. 그러나

〔도표 1-11〕 **설형문자의 성립**[28]

BIRD				
FISH				
DONKEY				
OX				
SUN				
GRAIN				
ORCHARD				
PLOUGH				
BOOMERANG				
FOOT				

문자의 명칭으로 널리 쓰이기는 18세기 초에 Kämpfer 가 페르시아와
바빌로니아의 돌이나 기와에 새겨진 자형이 쐐기 모양이었기 때문에
그렇게 명명한 데에서 시작하였다. 바빌로니아의 수메르족이 이 문자의
창시자이며, 메소포타미아의 저지 티그리스, 유프라테스 계곡에서 처음
으로 사용되었다.

그런데 설형문자 역시 애초부터 쐐기 모양으로 발명된 것은 아니
다. 처음에는 山·川·草·木 또는 鳥獸 등을 그 형상대로 그렸던 것이
점차 도식화·관습화함에 따라 설형문자의 형태로 기호화되고 마침내
고유명사나 추상적 개념을 나타낼 수 있는 표음문자로 발전하였다. 현
존하는 문자 언어로는 수메르어가 가장 오래이지만 이 언어는 기원전
3천년 무렵에 사멸하고 아카드어(Akkadian)에 계승되었다. 이리하여
설형문자는 수메르적인 요소와 아카드적인 가치를 겸하게 되었다.

(28) I. J. Gelb, *ibid.*, p. 70.

19세기까지만 하여도 설형문자는 해독이 불가능하였다. 그러던 것이 페르시아에서 Behistun 암석의 측면 90m 위에 새겨진 고대 문자를 발견하게 되자, 독일의 Georg Friedrich Grotefend와 영국인 Henry Rawlinson 등의 노력으로 해독되기 시작하였다. 그리하여 19세기 말엽에는 고대 近東의 여러 언어들을 기록한 설형문자를 비교적 쉽사리 읽을 수 있게 되었다.

설형문자는 상형에만 그친 것이 아니라 한자의 지사나 가차와 같은 방법도 사용되었다. 예를 들면, '하늘'을 나타낸 ➤➤는 ✻의 약체로 별을 상형한 것인데, 이 하늘의 상형이 곧 신을 가리키게 된 예는 지사와 흡사하다. 그리고 ➤는 원래 ⟨로서 귀(耳)를 상형한 것이었으나 아카드어에서는 '귀'와 '물방울'이 pi 라는 동음어이었으므로 '귀'의 상형자가 '물방울'을 가리키게 된 예는 가차와도 같다.

그런데 설형문자가 중국의 한자보다 한 걸음 진보한 것은 이것이 표음문자의 단계에 이르렀다는 점이다. 가령 아카드인의 神은 'ana'이던 것이 생략에 의하여 'an'이 되었는데, 이 때 그들은 별을 상형하여 하늘을 나타낸 문자로 'an'이라는 소리를 표기하는 데 사용하였기 때문이라고 한다.

2. 聖刻文字

상형문자 가운데 가장 전형적인 예의 하나는 고대 이집트에서 발생한 성각문자이다. 이집트의 상형문자는 원래 '神의 말'을 뜻하는 이집트어를 그리스어로 번역하였는데, 그리스어 ierogluphiká는 ierós(신성함) + glúphein(돌에 새기다)의 합성어이므로 성각문자(또는 신성문자)라 칭하게 되었다. 그리고 이집트의 성각문자가 성공적으로 해독되기는 1822년 프랑스인 François Champollion에 의해서였다. 그는 주로 유명한 로제타石[29]에 새겨진 그리스 비문과의 비교를 토대로 하여 이를 해

---

(29) 로제타石(Rosetta stone)은 1799년 나폴레옹의 이집트 원정 때 나일 하구 로제타 부근에서 발견된 기원전 196년 작의 석비이다. 1802년 이후 대영 박물관에 소장. 높이 1.2m, 폭 75cm 가량의 흑색 현무암. 상단에 신성문자, 중단에 민중서체, 하단에 그리스 문자로 프톨레마이오스 5세의 덕을 기술하였다.

독함으로써 이집트학의 기초를 쌓
았다.

[도표 1-12] 이집트의 그림 기사

이집트 문자의 기원은 수메르
문자만큼 명확하지는 않지만 처음
에는 역시 그림 문자에서 출발하였
다. [도표 1-12]는 기원전 3천년 경
에 초기 이집트 왕국의 창시자인
Menes가 下이집트(델터 지대)를
정복한 사실을 팔레트에 기록한 것
이다. 그림 중앙에는 이집트 왕이 적
을 자기 무릎 아래로 강타하고 있는
모습이 그려져 있으며, 오른쪽 새는
아마도 호러스(Horus)신으로서의 왕
을 상징한 것으로 보인다. 그리고 6
개의 파피루스 갈대와 남자의 머

리는 델터 지역에서 데려온 사람을 나타낸 것이라 한다. Gelb(1963: 74
참조).

이집트의 상형문자는 사용 계급의 차에 따라 書體에도 세 가지가
있다. (1) 聖刻 서체, (2) 神官 서체, (3) 民衆 서체가 그것이다. (1)은 神殿
이나 국가의 기록을 남기기 위한 기념물로서 금석이나 벽에, 혹은 종교
적 목적으로 돌비에 새겨 놓은 것으로 원래의 서체에 가깝다. 이를 특
히 신성문자라고도 칭한다. (2)는 그 뒤로 약체가 만들어지고 또 나일
강 하반에 자생하는 파피루스를 가공하여 만든 종이에 쓴 서체인데 주
로 神官이 經文을 약체로 쓴 것이다. (3)은 전자를 다시 약체화한 것으
로 초기에는 토기나 파피루스에 썼는데, 내용은 주로 민중들의 일상 비
망이나 영수증·전표 등이라 한다. 다분히 종교적 행사를 기록할 필요
에서 창조된 문자이지만, 일면 상업·교역적인 필요성에 따라 변화된
것이라 하겠다.[30]

(30) 이집트의 상형문자는 후대로 내려오면서 시나이 문자나 페니키아 문자, 그리스
문자를 거쳐 현재의 로마자로 발전한 것은 주지의 사실이다.

〔도표 1-13〕 이집트 문자의 3종 서체[31]

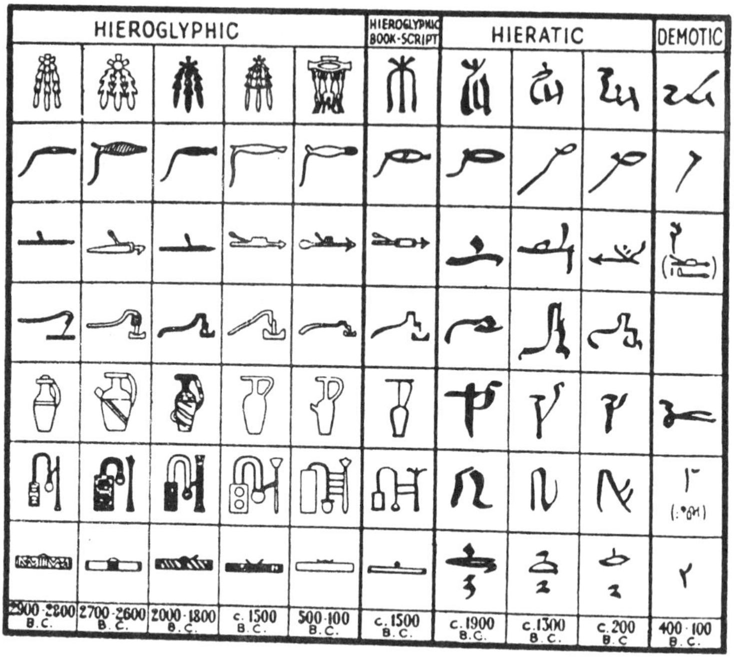

〔도표 1-13〕은 이집트의 성각 서체(hieroglyphic)와 신관 서체(hieratic), 민중 서체(demotic)의 발전과 그 다름을 예시한 것이다.

세계 문자사를 되돌아볼 때 고대 여러 민족이 자기들의 생활 지혜에서 고안해 낸 대표적인 상형문자로는 수메르 문자, 이집트 문자, 히타이트 문자, 중국의 한자 등을 들 수 있다. 이들이 초기에는 다 어떤 지시물의 형상을 그린 표어문자였지만 일상 생활에서 빈번히 관용화함에 따라 점차 線條形으로 발전하여 대부분 원사물의 모습을 인식할 수 없게 되었다.

〔도표 1-14〕는 4종의 상형문자를 대비한 것인데, 여기에서 고대인들이 객관 세계의 사물을 관찰함에 있어서 차이점과 유사점이 있었음을 엿볼 수 있다.

---

(31) I. J. Gelb, *ibid.*, p. 76.

〔도표 1-14〕 4종의 상형문자 대비[32]

	SUMERIAN	EGYPTIAN	HITTITE	CHINESE
MAN				
KING				
DEITY				
OX				
SHEEP				
SKY				
STAR				
SUN				
WATER				
WOOD				
HOUSE				
ROAD				
CITY				
LAND				

제 6 절 表音 時期

위에서 상형문자가 표어(표의) 문자로서 언어를 기호화한 단계를 살펴보았다. 그러나 상형문자는 초기의 회화적 성격을 벗어나 기호화한 뒤에도 여전히 그것이 표상하는 상징성을 유지하기 위해서는 자획이 복잡함을 면하기 어려웠다. 게다가 무수한 사물이나 개념을 각각 판별할 수 있도록 상형하기란 결코 쉬운 일이 아니다. 본시 언어 체계란 일정수의 음운과 음절 조직을 갖추고 있음에 반하여, 이 음들이 결합하여 나타낼 수 있는 어휘라든가 생성할 수 있는 문장의 수는 거의 무한하다. 따라서 표어문자가 변별성을 가지려면 어휘의 수와 정비례하여 문자의 수도 계속 불어나지 않으면 안된다. 여기에 표어문자가 지닌 결함이 있다. 그러기에 중국의 한자가 비록 표어문자이면서도 형성자의 수가 대부분을 차지한 이유를 이해할 것이다.[33] 동시에 설형문자나 성각문자가 점차 수많은 어휘를 자유자재로 기록할 수 있는 표음문자로 발전한 것은 인지의 발달에 따른 당연한 추세이었다.

---

(32) I. J. Gelb, *ibid.,* p. 98.
(33) 許愼의 《說文》에는 9,353자의 漢字가 수록되어 있는데, 이를 조자면에서 분류하면 형성자의 수가 7,697자에 달하며, 가차도 실상은 표음문자의 구실을 한다.

표어(표의)적 표기에서 비교적 단기간 내에 표음적 표기로 이행된 문자는 이집트의 성각문자이다. 이것은 아마도 메소포타미아 문화에 자극을 받아 그 이행이 촉진되었을 것으로 생각된다. 그런데 성각문자의 표음적 표기에서는 모음은 무시하고 자음만을 표기하였다. 이 때에 한 자음만을 표기한 경우와 두 자음을 표기한 경우가 있었는데, 전자의 방법이 후일 셈족에 의하여 알파벳이 발생한 계기가 되었다.

셈계(Semitic) 언어는 낱말의 어근(root)이 자음의 연쇄로 되어 있어서 그 사이에 모음이 개재함으로써 다양한 표현이 가능하다. 가령 'writing'이라는 낱말은 K-T-B로 되어 있으나, 여기에 모음이 삽입되어 다음의 표현이 이루어진다.[34]

KaTaBa   'he wrote'
meKTūB   'it is written'
KaTtaBa   'he got it written'
KuTtaBūn   'scribes'

아래의 예는 이집트의 알파벳 문자를 예시한 것이다.[35]

〔도표 1-15〕 이집트의 알파벳 문자

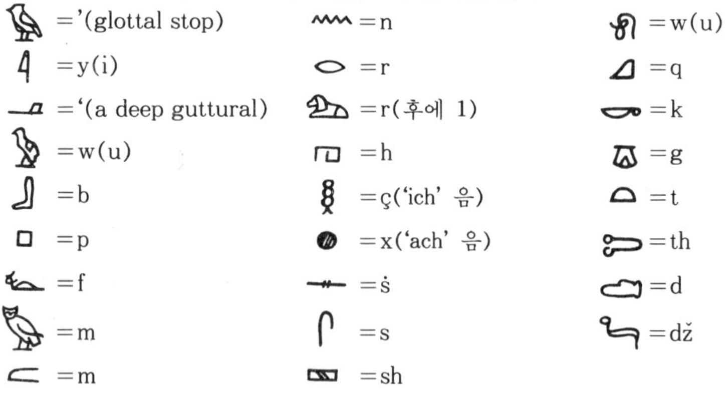

이제 이집트 상형문자로 된 단어와 문장의 실례를 몇 가지만 들어 보면 다음과 같다.[36]

(34) John P. Hughes, *The Science of Language* (1962), p. 129.
(35) John P. Hughes, *ibid.*, p. 128.
(36) 加藤一郎 《象形文字入門》 (1962), pp. 205~206.

〈단 어〉

es(남자)

set(여자)

sa(아들)

sat(딸)

〈문 장〉

wben　　ra　em　pet

"태양은 하늘로 떠 오르다."

ded　es　ger　set

"남자는 말을 하고, 여자는 입을 다
물다."

제 2 장
漢字의 기원과 字形의 변천

제 1 절 新石器 시대의 土器 符號

1. 仰韶 문화와 半坡 유적

역사학자들의 연구에 따르면 중국은 기원전 3000~4000년 경에 신석기 시대를 맞이하였는데 이 시대에 발달한 문화 중의 하나가 저 유명한 仰韶(앙소) 문화이다. 앙소 문화의 명칭은 1921년 스웨덴의 지질학자요, 고고학자였던 J. Gunnar Anderson이 중국 중앙부의 河南성 澠池(민지)현 仰韶村에서 적색 토기에 검은 채색을 한 파편을 발견한 데에서 비롯되었다. 그 뒤로 이와 동일 유형의 문화가 황하 중류 유역에도 광범하게 분포하여 있음을 알게 되었다. 그 중 대표적인 것이 1953년 봄에 '西北文物淸理隊'가 섬서성 西安시 교외로 흐르는 滻(산)河의 동쪽 언덕에서 발견한 半坡村 유적이다.

중국 과학원 고고연구소 실험실에서 행한 탄소 방사성 측정 결과에 의하면 半坡 유적의 연대는 지금으로부터 대략 (1) 6080±110년, (2) 5920±105년, (3) 5855±105년, (4) 5600±105년으로 나타났다고 한다. 피측정 자료로는 반파 유적 중 서로 다른 층위와 장소에 남아 있는 3개의 木炭을 대상으로 한 것이다.[1]

여러 방면의 조사 연구에 의하면 중국의 초보적인 농업은 실로 이 시기에 시작되었으며, 이미 돼지·양·개 등 가축을 사육하고 있었던 증거도 밝혀졌다.

---

(1) 郭沫若,「古代文字之辨証的發展」,《考古》(1972-3), (科學出版社), p. 2.

半坡 유적은 신석기 시대 앙소 문화의 전형으로 알려져 있거니와 특히 紅質 黑紋의 彩陶土器가 그 특징이다.[2] 앙소 문화를 토대로 하여 이보다 약간 뒤늦게 발달한 龍山 문화[3]의 특징이 黑陶土器에 있는 것과 대조적이다(〔도표 1-16, 1-17〕 참조).

〔도표 1-16〕 仰韶 문화의 彩陶盆

〔도표 1-17〕 龍山 문화의 黑陶와 獸形陶器

半坡 유적은 중국 關中 지역에서도 전형적인 모계 씨족 공동 사회가 번영 단계에 들어선 취락 유지라는 사실도 고고학자들의 연구 결과 확인되었다.

중국 과학원 고고연구소에서는 1954년 가을부터 1957년 여름까지

---

(2) 彩陶 토기는 멀리 중국 서쪽의 甘肅성, 靑海성에도 전파되었다. 半坡의 토기가 대략 6000년 전이라면 감숙·청해성의 토기는 약 4500년 전의 것이라 한다.

(3) 용산 문화는 신석기 시대 말기의 문화인데 최초의 발견지가 山東성 濟南시 근교에 있는 龍山鎭이었으므로 붙여진 명칭이다. 용산 문화는 華北 일대에 널리 펴져 있었으며 뒤에 殷·周 문화의 기반을 이룬 것으로 평가되고 있다.

모두 5차례에 걸쳐 이 유적을 발굴하고 그 성과를 《西安半坡》[4]라는
보고서에 자세히 보고함으로써 국내외에 널리 알려지게 되었다.

그런데 여기에서 발굴된 陶器 가운데 그 모양으로 보아 早期와 晚
期의 중간쯤으로 생각되는 紅陶鉢의 口緣 부위에 간단한 부호가 새겨
져 있음을 발견하게 되었다.[5] 그 부호의 형상은 〔도표 1-16〕에 보인
바와 같이 여러 가지가 있는데, 어떤 것은 그릇을 굽기 이전에 새긴 것
도 있고 또 어떤 것은 구워 낸 뒤에, 혹은 사용하다가 새겨 넣은 것도
있다. 이 두 가지 경우는 부호의 흔적이나 특징을 통하여 분별할 수 있
다. 전자는 새김(刻)이 비교적 규칙적이어서 깊이나 넓이가 일정한 데
비하여, 후자는 새김이 불규칙하고 깊이도 일정하지 않으며 심지어 부
호를 새기다가 파손된 흔적도 있다고 한다. 부호를 새긴 공구로는 대
(竹), 나무 또는 동물의 뼈를 이용하였다고 한다.

지금까지 그 부호가 무엇을 뜻한 것인지의 의문은 아직 풀리지 않
은 처지이다. 현재로서는 이 부호들이 아마도 기물의 소유자(개인, 씨
족, 혹은 가정)를 대표한 것이거나, 또는 기물 제조자의 전문 기호였을
것으로 추측하고 있는 정도이다.[6] 그러나 한 가지 분명한 것은 당시인
들이 문자 성질의 부호를 의식적으로 새겨 놓은 이상 무엇인가 객관의
사실을 기호의 형태로 표현하고자 노력하였다는 점이다. 그리고 이들
새김 부호가 후대의 문자 발생과 밀접한 관계가 있지 않을까 하는 점
도 간과할 수 없다.[7] 어쨌든 이 부호들은 반파 지역 이외의 앙소 문화
유적에서도 발견되었는데, 그 작풍과 작법이 완전히 같은 점으로 미루
어 이 문화의 보편적 특징으로 지적되고 있다.[8]

---

(4) 《西安半坡》는 「中國田野考古報告集」, 考古學 專刊 丁種 第14號로 文物出版社에서
1963년에 출판하였다.
(5) 토기에 새겨진 이러한 부호를 혹은 刻符, 刻劃文字, 陶文으로 일컫기도 한다. 그러
나 이들을 아직 문자로 간주하기는 어려우므로 일단 부호라 칭하기로 한다.
(6) 그 증거로는 동종류의 부호가 동일 窖穴(구덩이)이나 같은 지역의 토기에서 발견
되는 점을 지적한다.
(7) 郭沫若(ibid., pp. 3~6)은 彩陶와 黑陶上의 새김 부호를 곧 漢字의 원시 단계로 간
주하였다. 그리고 중국 문자의 기원은 지사와 상형으로 귀납되는데, 발달 과정상 지
사 계통이 상형 계통보다 앞선 것으로 단정하였다. 왜냐하면 토기상의 새김 부호는
지사 계통의 것으로서 그림의 선행 단계로 보았기 때문이다.
(8) 《西安半坡》(1963: 198) 참조.

그러나 앙소 문화를 대표하는 半坡 출토의 彩陶에는 새김 부호만 이 아니라 〔도표 1-19〕에 보인 바 와 같은 다양한 화문이 그려져 있 다. 그 화문의 종류는 대개 人面魚 形花紋, 魚形花紋, 漁頭 및 鳥獸花 木花紋 등으로 대별된다. 이러한 화 문들은 무엇인가 종교적·토속적 의미를 가진 것이 분명할 터이지만 지금 그 의미를 알기는 어렵다. 그 렇지만 이것이 후대의 그림 문자의 선구가 되었으리라는 점만은 부인 하기 어려울 것이다.[10]

〔도표 1-18〕 半坡 土器의 부호[9]

〔도표 1-19〕 半坡 출토의 仰韶 文化
彩陶 花紋《考古》(1972-3)

2. 臨潼·姜寨 유적

仰韶 문화 유적의 하나로서 半坡村 유적 외에 섬서성 西安현의 임 동 강채 유적이 있다. 이 곳은 반파 지역으로부터 불과 15km 밖에 떨 어져 있지 않은 곳이다.

---

(9)《西安半坡》(1963), p. 197과 부록 도판 참조.
(10) 각종 花紋에 대한 자세한 내용은《西安半坡》(1963: 163~187)로 미룬다.

강채 신석기 시대 유적은 1972년 봄에 발견되어 1974년 말까지 6 차례의 발굴을 시행하였다. 이 유적은 고고학적으로는 용산 문화층(廟 底溝 유적형), 앙소 문화 상층(半坡 早期)과 하층(半坡 晚期)의 세 유형 으로 구별되는데,[11] 그릇 모양으로 보아 반파 중기에 속한 것으로 추정 한다.

〔도표 1-20〕 **姜寨 유적 출토 토기 부호**[12]

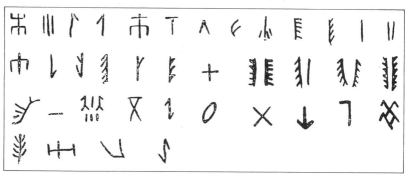

강채 유적에서 발굴된 토기에도 문자 부호가 새겨진 것이 보고되 었다. 이 부호들은 〔도표 1-20〕에서 보듯이 갑골문자와 상당히 비슷한 데가 있어 주목된다. 이를 새긴 사람의 의지가 무엇이었는지는 물론 그 제작 동기도 확인하기는 어렵다.

그러나 姜寨 문화를 半坡 晚期의 유형으로 치더라도 그것은 기원 전 4000년으로 소급된다고 한다. 따라서 이것은 전술한 半坡村 출토의 자료와 동시기의 것이므로 현재로 보아 갑골문자보다도 대략 26~27세 기 앞선 것이라 할 수 있다.

이 밖에도 원시 씨족 사회의 만기에 해당하는 신석기 시대의 유물 중 토기 부호가 발견된 곳으로는 감숙성 馬家窯, 산동성 龍山, 절강성 余杭, 良渚 등의 문화 유적이 있으나 여기에 다 예시하지 않는다.

(11) 姜寨 신석기 시대 유적과 유물에 대한 소개는《文物》1975-8(총 231 기), pp. 82~ 83 참조.
(12) 高明《中國古文字學通論》(1987: 33)에서 전사함.

제 2 절 甲骨文字 이전의 殷代 문자 부호

1. 二里頭 문화

중국 고대의 전설적 왕조였던 殷王朝는 1899년 河南성 安陽현에서 갑골문자가 발견됨으로써 전설의 일부가 史實로 밝혀지게 되었다. 중국 고고학자들은 1953년에 하남성 중부의 鄭州시 서쪽에 있는 二里岡에서 安陽의 殷나라 후기 문화에 선행하는 殷前期 문화 유적을 발견하고 이를 二里岡 문화라고 명명하였다. 그리고 그 부근에서 신석기 시대 龍山 문화로부터의 과도기로 보이는 洛達 문화의 유적도 발견되었다.

그런데 일찍이 殷왕조의 시조 湯王(天乙·大乙로도 칭함)에게 멸망당하였다는 夏왕조의 유적을 찾기 위해 힘써 오던 徐旭生은 鄭州로부터 서쪽으로 탐방을 계속하던 중 殷의 古都 西亳(박)으로 전해진 洛陽 東郊의 偃師현 부근에서 鄭州 二里岡 문화보다 오히려 약간 선행한 早期 문화의 유적을 발견하였다. 아울러 이와 동계통의 문화 유적이 이곳을 중심으로 하여 동쪽으로는 河南성 동부로부터, 서쪽으로는 陝西성 동부, 북쪽으로는 山西성 서남부, 남쪽으로는 湖北성의 북부 경계 가까이까지 분포되어 있는 사실까지도 확인되었다.

洛陽 평원의 동쪽에 있는 이 유적은 동서 2.5km, 남북 1.5km의 넓은 면적에 걸쳐 있어서 정치적으로도 매우 중요한 위치를 차지하였던 곳임을 알게 되었다. 그리하여 1957년부터 발굴이 시작되었는데, 徐旭生의 조사에 의하여 바로 이 곳이 殷나라 湯王의 도읍지인 西亳의 소재지로 확인되어 학계의 주목을 끌었다. 이에 따라 1960~1964년까지 8회에 걸쳐 본격적인 발굴을 행한 결과 많은 유물이 발견되었는데, 특히 토기의 형식면에서 鄭州 二里岡 문화에 직접 선행한 것으로 인정되어 지명을 따라 二里頭 문화로 명명하였다.[13] 그 퇴적은 두께가 3m에

---

(13) 흔히 二里頭 문화기는 龍山 문화(대략 4,500여년 전) 말기로부터 金(靑銅)石을 병용한 殷代 중기의 二里岡期 이전의 유적으로 평가되며, 지금으로부터 대략 4,000~3,300년 전의 것으로 추정하고 있다.
　　二里頭 문화 가운데 가장 중요한 의의는 中國 最古의 광대한 궁전으로 보이는 건축물의 유적이 발견된 점이다. 그리고 100m² 의 넓은 광장에는 正門으로 많은

〔도표 1-21〕 黃河 유역의 고대 유적

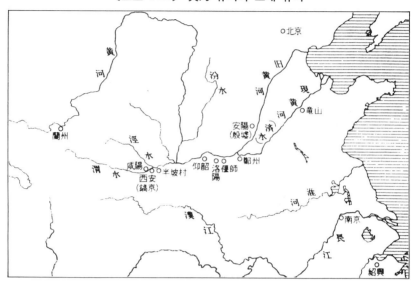

달하여 꽤 장기간 사람이 거주한 것으로 추정되는바, 1972~1973년의 발굴 결과 이를 제1기~제4기로 분류하게 되었다.

　그러나 二里頭 문화를 夏왕조 문화와 殷왕조 문화에 대하여 어떻게 관련지을 것인지에 대해서는 의견이 일치하지 않는다. 고고학자들은 二里頭期 문화를 꽤 두꺼운 4층의 퇴적에 근거하여 제4기로 시대를 구분한다. 그러나 이 4기를 모두 夏왕조로 인정할 것인가, 아니면 오히려 殷왕조로 귀속시킬 것인가, 또는 그 중간을 취하여 제1·2기는 夏문화, 제3·4기는 殷前期 문화로 볼 것인가의 제설이 있거니와 이 중 세번째 설이 비교적 지지를 받고 있는 듯하다.[14]

　만약 이 설이 옳다면 궁전의 건축이나 三足의 술잔을 비롯하여 여러 가지 青銅器, 玉器 등은 모두 제3기에 포함되므로 왕조 국가로서의 원형이 二里頭 문화의 후기에 이르러서야 성립된 것으로 볼 수 있다.

───────────────
사람들이 들어올 수 있을 뿐더러, 正殿에서는 아마도 南向한 군주에 대하여 신하들이 북쪽을 향하여 조회를 행하였을 것으로 보기도 한다. 따라서 이 궁전 건축의 존재를 통하여 二里頭 문화 시대에는 이미 도시 형태가 나타나며 다수의 인민을 통치한 국가적 정치 기구가 성립되어 있었던 것이 아닐까 여겨진다.

(14) 貝塚茂樹, 「漢字の起源」, 《日本語の世界》3, 中央公論社 (1981: 26~29) 참조.

그런데 文字史의 관점에서 흥미를 끄는 것은 二里頭 문화의 제4
기에 해당하는 유물로 大口尊(입이 나팔 모양으로 벌어진 일종의 대형
술그릇)이 있다. 이 술그릇의 입구 안쪽에 다음에 도시한 바와 같이
一, 二, 三 등 숫자로 보이는 간단한 부호 외에도 약간 복잡한 것을 포
함하여 24종의 문자 부호가 발견된 사실에 주목할 만하다.

〔도표 1-22〕 二里頭 토기 부호[15]

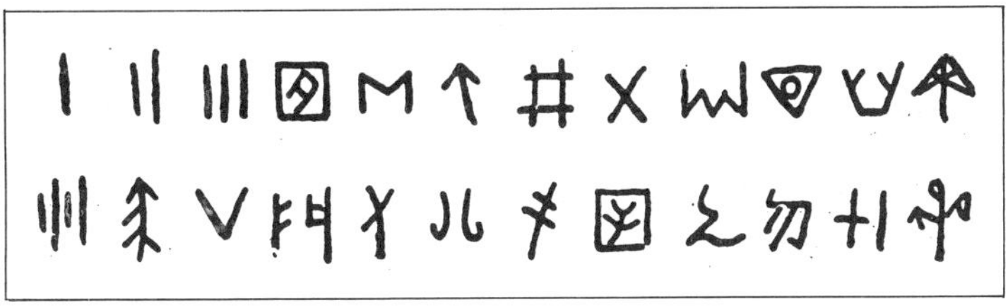

丨 丨丨 丨丨丨 囫 M ↑ 廾 X ⑴ ◯ ▽ ⛰

⫴ 朱 ∨ 辉 Υ ⸗ ⸔ 囵 之 勿 ⴕ ⸸

2. 二里岡과 주변 지역의 문화

二里頭 문화보다 조
금 늦은 殷대 중기의 鄭
州 二里岡 유적에서 출토
된 土器류의 大口尊에서
도 입구 부분에 문자 부호
가 새겨진 것이 발견되었
다. 지금까지 알려진 부호
의 종류는 그리 많지 않
지만(약 30종 정도) 그 가
운데는 후대의 갑골문자와
상사한 것도 없지 않으나
대개는 그 이전의 것으로
보이는 것이 많다.

〔도표 1-23〕 鄭州 二里岡 토기 부호[16]

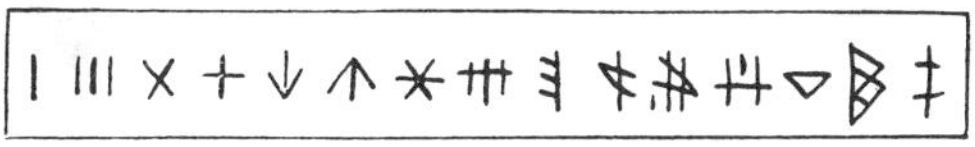

---

(15) 高明 (1987: 35)에서 전사함.
(16) 〔도표 1-23〕 중 위는 水上靜夫《漢字語源事典》(1983: 49), 아래는 高明(1987: 36)에서 전재함.

이 부호들이 하나의 원문자이든가, 단순한 기호이든가 간에 현재 확인된 바로는 하나 하나의 부호가 단독으로 나타난 것뿐이어서 결코 그것이 모여 문장 형태를 이룬 것은 없다고 한다. 그러기 때문에 이 부호들은 아직 문자로서의 기능을 가지고 있었던 것으로 보기는 어렵다.

二里岡 유적은 동과 남은 각각 1,700m, 서는 1,870m, 북은 1,690m, 높이 10m에 이를 만큼 성벽을 쌓아 주위를 막았다고 하는데, 이처럼 거대한 공사를 완성하기까지에는 막대한 인력이 동원되었을 것이다. 이로 보면 二里岡 문화는 殷代 早期의 二里頭 문화보다 그 지배 영역도 훨씬 넓었던 것으로 생각된다. 북은 河北성의 북부로부터, 동은 山東성 濟南 부근, 서는 陝西성 중부, 남은 長江 유역의 湖北성·湖南성으로부터 江西성의 長江 하류 남안에까지 殷 중기의 유적이 분포되어 있다고 한다.

이 가운데 河北성 藁城(고성)현 台西村 유적과 江西성 淸江현 吳城 유적에서도 문자 부호가 새겨진 토기가 발견된 것도 우연은 아닐 것이다. 여기 台西村은 殷왕조가 북방의 山西성 일대에 거주한 소수 민족의 남하 침입을 막은 거점 기지였다고 한다.

藁城 토기 문자 부호는 1973~1974년의 제3·4회 발굴에서야 처음으로 발견되었다. 이 문자 부호들은 大口尊뿐 아니라 독(瓮)·바리(鉢)·鬲(음식물을 끓인 데 사용한 솥 종류나 오지병) 등의 토기에다 그것을 굽기 전에 대(竹)나 혹은 나무로 만든 필구로 새겨 넣은 것이므로 간단하고 가는 선형 부호가 아니라 필획이 굵고 더욱 복잡한 형태를 이루어 그림 문자에 가까운 것이 특징이다.

또 藁城 지역은 殷墟와도 가까운 때문인지 제2기의 토기 문자 부

〔도표 1-24〕 河北 藁城 台西村
토기 부호[17]

---

(17) 貝塚茂樹 (1981: 32)에서 전사함.

호 중에는 '臣(目)·止·魚·大·刀' 등 갑골문자와 비슷한 것도 있어
서 그 연대도 殷代 후기로 내려올 가능성도 있다고 한다. 다만 이 부호
들은 1자씩 단독으로 새겨져 있는 점이 뒤에서 말할 吳城 토기 문자
부호와 다른 점이다.

이 밖에도 江西성 淸江현 吳城
村의 유적에서 발견된 토기 문자
부호가 있다. 1973~1975년까지 네
차례의 발굴 작업을 행하여 얻은
연구 결과에 따르면 吳城村의 유적
은 3기의 층위로 나뉜다. 제1기는
殷代 중기의 二里岡 상층 문화, 제
2기는 殷代 晚期의 安陽期 문화의
早期, 제3기는 殷왕조 말기와 周왕
조의 교체기에 해당된다고 한다.

吳城 유적은 멀리 양자강 유역
에 떨어져 있으므로 中原과는 교섭
이 없었을 것으로 생각하기 쉽다.
그런데도 華北 지역의 토기 부호와
유사한 紋樣이 華南 지역에서 발견
된 사실은 어떻게 보아야 할까. 殷
代 문화가 남방 지역으로 파급된
결과일까, 아니면 인간의 지혜란 유
사한 데가 있으므로 또는 인류 문
화는 대개 동일한 과정을 거치는
것이어서 자생적으로 발전한 것인
지 등의 의문은 역사·고고학의 과
제로 미루어 두고자 한다.

〔도표 1-25〕 **江西 吳城 제1기
토기 부호**[18]

---

(18) 貝塚茂樹 (1981: 33)에서 전사함. 그리고 吳城 유적 발굴 토기의 분기별 문자 부
호의 양상에 대하여는 《文物》1975-7, pp. 56~57 참조. 이 보고서에 따르면 부호
의 자수는 제1기(39자), 제2기(19자), 제3기(66자)로 총 124자라 한다.

다만 여기에서 주목할 만한 사실은 吳城 토기 문자 부호는 3기로 나뉘는데, 제1기의 기호나 부호들은 단독으로 된 것도 있지만 그 중에는 도표에 보인 바와 같이 12자, 7자, 5자 등이 모여 문장을 구성한 듯한 예가 있다는 점이다. 그러나 이것은 제1기의 특이점이고 제2기 이후로는 점차 단독으로 쓰인 경향이 짙기 때문에 이 시기에는 문장화가 아직 일반화하지 않았음을 알 수 있다.[19]

이 도표(1-25)에 나타난 문자 부호가 무엇을 의미한 것인지는 아직 해독의 시론 단계에 있으므로 알 수 없다. 가령 제1행의 7자는 혹은 祭祀年을 새겨 놓은 것이 아닐까 추측되는 정도이다. 또 중국의 고문자학자 唐蘭은 이를 고대 越族의 문자가 아닐까 추정한 바도 있다.

지금까지 중국에 있어서 신석기 시대의 유물에서 발견된 토기 부호와 갑골 문자 이전의 殷代 토기(문자) 부호 중 몇 가지를 예시하여 보았다. 아직 이들 부호의 의미가 확실히 해독되지 않은 현 단계에서 문자로서의 가치를 부여하는 데는 망설이지 않을 수 없다. 그러나 고고학의 연구 성과에 의하여 우리는 적어도 殷代 중기 이전에 이미 무엇인가 문자와 비슷한 유의미적 기호가 쓰였다는 사실을 알게 된 이상 이것을 일단 문자 발전의 태동 단계로 볼 수 있지 않을까 생각한다.

제 3 절   甲骨文字

1. 갑골문자의 발견

지금까지 우리는 중국 한자의 가장 오랜 祖形을 갑골문자에서 찾아 왔음이 예사이다. 그런데 중국에서 처음으로 이것이 발견된 것은 1899년의 일이다. 이 해로 말하면 중국에서는 열국의 제국주의적 침략에 시달려 소위 義和團 사건이라는 저항 운동이 일어난 해이다. 이 해에 마침 王懿榮이라는 山東人이 北京에서 國子監祭酒(현재의 국립대학

---

(19) 江西성 淸江현 吳城의 殷代 유적 발굴과 고고학적 성과에 대한 보고는 《文物》 1975-7(총 230기), pp. 51~71이 참고된다.

교 총장에 해당함)로 있을 때 학질(말라리아)을 앓고 있었는데, 어느 날
達仁堂이라는 한약방으로 사람을 보내 당시 감기에 효험이 있다는 龍
骨이 든 약을 지어 오게 하였다. 왕의영은 그 약을 한 포씩 살펴보던
중 우연히 용골에 미지의 문자 같은 것이 새겨져 있음을 보고 깜짝 놀
라지 않을 수 없었다. 그리하여 왕의영은 친구 劉鶚(유악: 字는 鐵雲.
江蘇人)과 함께 그것을 감정한 결과 마침내 그것이 당시까지 알려지지
않은 중국의 고대 문자임을 확인하게 되었다. 이 때부터 金石學에 밝았
던 왕의영은 용골이라 불리우는 골편을 닥치는 대로 사들였다. 그러나
그는 이듬해에 의화단의 책임을 지고 자살하였지만 그 동안 모은 골편
을 모두 유악에게 양도하였다. 유악은 당시 유명한 문자학자이었던 羅
振玉(1866~1940)의 추천으로 그 중 비교적 많은 고대 문자가 새겨진
1,058편의 골편을 탁본하여 《鐵雲藏龜》6책을 석판 인쇄로 간행하였으
니 1903년의 일이었다.

　이러한 일이 있은 뒤 여러 경로의 조사를 거친 끝에 그 골편이 河
南성 安陽현의 교외에 있는 小屯村이라는 곳에서 대량으로 출토된 사
실과 그 때까지 농민들은 바로 이 골편들을 호미로 파내어 용골이라는
이름으로 약종상에게 팔아 왔던 사실도 알게 되었다.

　이 곳은 《史記》에 殷虛(은나라의 古都)라고 칭한 곳이다. 殷墟는
은나라 19대 왕 盤庚이 山東성 曲阜현의 奄(엄)으로부터 천도하여 온
것으로 알려져 있거니와 殷墟 문화는 제4기로 나누기도 한다. 제1기
는 盤庚을 비롯하여 그의 아우 小辛, 小乙이 상속 치세하던 시기(B.C.
1401~1324)를 일컫는데, 이 시기의 갑골문자는 아직 발견되지 않았다.
따라서 현재까지 발견된 것은 제2기, 즉 武丁시대(B.C. 1324~1291)로
부터 殷末까지의 것이다. 제1기의 청동기에서는 鄭州 晩期의 형식을
그대로 답습한 것이 많은 데 비하여, 제2기에 속한 문화기에 갑골문자
가 발견된 것은 이 시대에 殷왕조의 활동 범위가 급속히 확대되고 건
축·청동기 등의 공예 기술은 물론, 정치·문화가 발달된 사실과도 관
련이 있을 것이다.

　그러나 문화의 발전은 점진적으로 이루어지는 것임을 감안할 때
과연 제1기 또는 그 이전의 갑골문자가 앞으로도 발견되지 않을지는

미지의 일에 속한다. 우리는 앞절에서 二里頭·二里岡 유물 등에 토기 부호가 존재하였음을 알았다. 어쩌면 殷대 중기 이전부터 원시적인 문자 부호가 매우 느리게나마 발전하여 오다가 은나라의 활동 범위가 확대되고 문화가 향상되면서 문자도 독자적인 형식을 갖추게 된 것은 아닐지 의문이다. 그러나 武丁 시대의 갑골문자는 그림 문자의 단계를 완전히 벗어난 것이 아니고 동물 등을 나타낸 문자의 형태 또한 유동적이었다. 갑골문자의 자형이 서체로서 확립되기는 殷墟의 말기, 즉 帝乙·帝辛(紂王) 시대(B. C. 1191~1122)이었다.

2. 갑골문자의 명칭과 기능

갑골문자는 龜甲이나 큰 짐승(주로 소가 많음)의 肩甲骨 등에 새겨 놓은 문자이므로 정확히 말하면 龜甲獸骨文字라 함이 옳다.[20] 그러나 흔히 약하여 甲骨文, 甲文 또는 契文이라고도 하며 占을 친 내용을 새겨 놓은 점에서 卜辭, 貞卜 문자라 칭하는가 하면, 한편으로 이것이 殷墟에서 발견되었으므로 殷墟書契, 殷契 또는 殷墟 문자라 일컫기도 한다.

그러면 중국에서 갑골문자가 생겨난 연유는 무엇일까. 얼른 보기에는 중국 고대인들이 자기들의 음성 언어를 기록하여 문자 생활을 영위하기 위한 목적에서 창조한 것이라고 생각하기 쉽다. 그렇다면 베(布帛)나 혹은 다른 재료에도 필기가 가능하였을 것이다. 그럼에도 불구하고 딱딱한 龜甲이나 동물의 뼈에 조각칼을 써서 무리하게 새겨 놓은 까닭은 무엇일까? 여기에는 필시 종교적인 이유가 있었다고 보아야 할 것이다. 거북은 중국 고대로부터 龍·麟·鳳과 더불어 四靈으로 일컬어졌듯이 영험스런 동물로 여겨 왔다. 또 제사에 희생으로 바친 동물을 특히 신성시한 이유 외에도 장기간의 보존이 가능하였기 때문이었을

---

(20) 占卜을 기록한 재료는 龜甲과 獸骨의 두 종류가 있다. 수골은 殷墟에 앞선 龍山 문화의 말기 무렵부터 나타나지만, 귀갑은 은허 시대에 들어와서야 이용된 것으로 짐작된다. 갑골문자의 시대별 특징을 5기로 나눌 때 제1·2기(盤庚~祖甲 시대)에는 단연 귀갑이 많다. 그러나 제4기〔武乙~太丁(文武丁)시대〕에는 수골이 애용되고 귀갑은 나타나지 않는다고 한다.

것이다.

이뿐 아니라 갑골문의 내용을 보면, 은나라 사람들은 祖靈의 實在
를 믿고 제사, 정치, 군사 등의 공적인 일은 물론 왕의 기거에 이르기
까지 모두 巫人의 매개로 점을 쳐서 신의 뜻을 미리 묻고 신령(上帝)
의 의지에 따라 결단하고 행동하였음을 추지할 수 있다. 왕이 신에 대
하여 어떤 행위의 성사 여부와 길흉을 묻는 일은 한편으로는 왕의 의
지에 대하여 신이 동의해 줄 것을 요구하는 의례의 면도 없지 않기 때
문에 결국 신의 명의를 빌려 왕의 신비성과 위압성을 확보·현시하는
길이기도 하다. 따라서 갑골문자는 신의 뜻을 묻고 또 그 뜻을 전달하
는 내용을 적기 위한 신성한 문자로서 창조된 것이므로 占卜에 쓰인
甲骨 역시 신성한 기록으로서 매우 소중히 여기며 간수하였다.[21] 그러
기에 갑골문자로써 자유로이 말을 기록하는 것은 아니었다. 문자를 새
길 수 있는 사람도 일반인이 아니라 종교적 司祭者이거나 특정 전문
기술자였던 것으로 보인다.

이와 같이 그 당시의 문자는 呪術과 밀접한 관계가 있었으므로 문
자 자체도 주술의 수단이었을 가능성이 높다. 신의 뜻을 전달하는 신성
한 문자로 갑골문자를 간주한 관념은 마치 이집트의 聖刻文字가 신성
한 문자로서의 성격을 가지고 출발했던 점과 공통된 바가 있다고 하겠
다.[22]

3. 갑골문자의 실례

현재까지 발굴 정리된 갑골편의 수는 5만여 점에 이르고 여기에
쓰인 문자의 수도 4,500여 단자에 달한다. 그러나 특히 인명, 지명 등
고유명사의 해독은 매우 어려운 작업이어서 많은 학자들의 연구에도
불구하고 이 중 겨우 3분의 1 정도가 해독된 상태이다.

앞에서 殷代人들은 신의 뜻을 묻는 占을 중히 여겼다고 하였는데,

---

(21) 占卜의 내용이 적힌 문자가 신성시되었던 것으로 믿어지는 증거의 하나는 제1기
    의 갑골문자 중 갑골을 새긴 필획의 자리에 朱墨을 넣어 장식한 점으로도 알 수
    있다. 이 朱色은 純淨化의 신성성을 상징한 것이다.
(22) 鈴木修次《漢字》(1975: 66~67)(講談社 現代新書) 참조.

그러면 과연 龜卜의 방법은 어떠하였을까. 占卜에 이용될 거북은 만물이 결실을 맺는 가을철에 산 채로 잡아 기르다가 이듬해 봄이 되면 그 중 몸집과 색깔이 좋은 것을 골랐다고 한다. 점을 치는 방법은 갑골의 안쪽에 홈을 파고 그 곁에 구멍을 뚫은 다음 여기를 靑銅의 부젓가락(송곳)을 달구어 누르면 그 표면에 가로 세로로 금이 생기는데(龜裂), 그 형상을 보고 길흉과 어떤 일의 성사 여부를 판단하였다.[23] 占치는 일을 맡은 사람을 貞人이라 한다. 그가 '卜兆'의 형상을 관찰하여 길흉을 판단하면 그 내용을 갈라진 금 옆에 새겼는데 이것이 卜辭이다. 일종 占卜의 메모이다. 아래의 〔도표 1-26〕은 갑골문자가 새겨진 龜甲·獸骨의 모형을 보인 것이다.

이제 갑골문자의 기사 내용의 일면을 이해하기 위하여 한 가지 실례를 예시하여 보기로 한다. 〔도표 1-27〕의 龜版은 1936년 하남성 小屯村에서 발견된 것으로 현재 臺北市 中央硏究院에 소장되어 있다. 문자도 정확하고 모형도 전아한 일품이다. 이제 번호순으로 그 釋文을 옮겨보면 다음과 같다.

1. 丙子卜 韋貞 我受年
   (병자일에 점을 치다. 韋(貞人의 이름)가 물었다. "내(왕을 가리킴)가 풍년을 맞을 것인가"라고.)

2. 丙子卜 韋貞 我不其受年
   (병자일에 점을 치다. 韋가 물었다. "내가 풍년을 얻지 못할 것인가"라고.)

3. 貞 王其 㞢(＝有)曰多
   (물었다. 왕이 多(尹)에게 "말할 것이 있는가"라고.)

4. 貞 勿曰多尹
   (물었다. 多尹에게 "말할 것이 없는가"라고.)

5. 貞 御
   (물었다. 그대로 실행하라.)

---

(23) 부젓가락으로 눌렀을 때 거북등에 갈라진 형상이 잘 整齊된 것은 吉하고 그렇지 못한 것은 凶하다고 보았다. '卜·兆' 등의 한자는 바로 금이 생긴 형상을 본뜬 자이며, '卜'의 자음도 거북등이 갈라질 때 생긴 소리(pok)를 취음한 것이다.

〔도표 1-26〕 갑골문자의 모형[24]

(24) 董作賓《甲骨學六十年》(1965)에서 전사함.

〔도표 1-27〕 龜版의 갑골문자 拓本과 그 摹文[25]

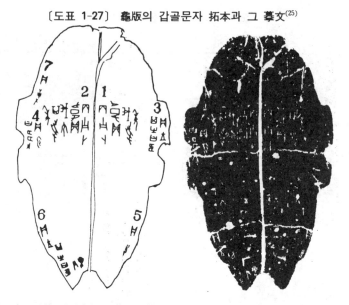

6. 貞 王其 屮(有)曰 多尹 若

   (물었다. 왕은 多尹에게 "할 말이 있는가"라고. 상제는 왕의 행위를 허락하였다.)

7. 貞 使(事)

   (물었다. "사람을 시켜 제사를 올리게 할 것인가"라고.)

　괄호 안의 해석은 대개의 뜻을 옮겨 놓은 것으로 불안한 감이 있지만 위의 내용은 1과 2에서 알 수 있듯이 금년에 上帝가 곡물에 풍작이 들게 하여 줄 것인지 어떨 것인지를 왕의 명령으로 당시의 韋라는 점복자가 신에게 貞問한 말을 귀갑에 새겨 놓은 卜辭이다. 이와 같이 卜辭의 첫머리 형식은 대개 점친 날의 干支를 앞세우고 貞人의 이름을 밝힌 다음 占卜의 내용이 기록되어 있다.

　그런데 위의 釋文에서 볼 수 있듯이 龜版의 중앙에 있는 종선(이를 千里界라고 함)을 중심으로 하여 1의 경우는 左에서 右로, 2의 경우는 右에서 左행으로 읽는다. 또 어떤 卜辭는 위에서 아래로, 또는 그 반대의 순서도 있어서 그 배열과 독법은 일정하지 않으므로 주의할 필

---

(25) 水上靜夫《漢字語源事典》(1983: 243～245) 참조.

요가 있다.

卜辭는 神意와 관계되므로 誤記가 있어
서는 안되었을 것이다. 지금까지 출토된 갑골
에는 改削의 흔적이 보이지 않는다고 하니
이를 새긴 사람은 필시 전문적인 工人 기술
자였을 것으로 생각된다.

또 갑골문자는 필획이 일정하지 않아 편
방의 위치가 바뀐 글자도 있는가 하면 一字
數形의 글자도 적지 않다(〔도표 1-28〕 참조).

〔도표 1-28〕 甲骨文字의 異體

龍	犬	豕	鹿	馬	羊

제4절 金 文

1. 金文의 명칭과 靑銅器의 상징

갑골문자 다음으로 역사가 오래인 한자는
金文이다. 이것은 殷나라 말기로부터 周代(B.C. 1122~221)에 걸쳐 제
사와 향연 등에 사용된 청동기(bronze: 구리와 주석의 합금)에 주조한
고문자로서의 한 書體인데 혹은 鍾鼎文이라고도 일컫는다. 그러나 이들
청동기에는 鍾・鼎(솥 : 정)뿐 아니라 觶(잔 : 치)・彝(종묘제기 : 이)・卣
(술통 : 유)・尊(술그릇 : 준)・盉(조미그릇 : 화)・敦(黍稷을 담는 그릇 :
대)・爵(술잔 : 작)・斝(옥잔 : 가)・盤(소반 : 반) 등 많은 것이 있으므
로 오히려 金文이라는 용어가 더 합당하다.[26]

이 청동기 문화는 殷・西周 시대에는 왕가나 왕족・귀족의 전유물
로서 가장 성행하였지만 東周 시대[27]에는 각 지방의 제후들도 각종의

---

(26) 후세에도 물론 銅器 위에 주조하여 넣은 문자가 없는 것은 아니나, 여기에서 말
하는 金文이란 周代 또는 그 이전에 제조된 銅器上의 문자에 한정되는 명칭이다.

(27) 周 武王이 東征, 殷都를 공략하고 혁명에 성공하여(B.C. 1122?) 鎬京(=西都. 섬
서성 장안현의 서남, 또는 西安시의 서쪽이라고도 함)에 도읍을 정한 뒤로부터
250여년이 지난 B.C. 771경 幽王이 犬戎(중국 서방의 이민족의 명칭)亂으로 죽기
까지를 西周 시대라 한다. 그 뒤 平王이 도읍지를 鎬京에서 동방의 洛陽(=洛邑.
지금의 하남성 낙양시)으로 천도(周室東遷)한 때부터 秦始皇이 秦帝國을 세우기까

청동기를 사용하였다. 그
器形은 대개 龍山 문화
시대의 토기 계보를 계승
한 것으로 보이는 것이
많다. 그러나 先秦 시대로
부터 漢代에 鐵이 발견됨
으로써 점차 사회의 표면
에서 사라지게 되었다.

중국의 청동기는 圓
形, 方形, 壺形 등 여러 형
태가 있으며 거기에 장식
된 문양도 夔鳳紋(기봉문),
雷紋, 蟬紋 등을 비롯하여
다양한 동물 문양이 주조
되어 있다. 그러나 일단
동주 시대에 들어오면 일
변하여 괴이한 동물 문양
은 자취가 끊어진다. 그
대신 帶狀紋, 波狀紋 혹은
평면 기하학적 문양, 간소
한 선이나 그것이 교차된 문양 외에 식물이나 새·물고기 따위의 구도
를 배합한 문양 등이 나타나게 된 것이 특징이다.

이상의 청동기는 형태와 문양 외에 그 크기도 여러 종류가 있는데
대형의 기물은 사람이 들어갈 만한 것도 있다. 이것은 필시 음식물을
담기 위한 실용적 용도보다는 오히려 소유자의 권력이나 권위의 상징
물이었을 가능성이 높다. 그 증거를 《春秋左氏傳》(宣公 3년조)에서 찾
아볼 수 있다. 즉, 楚나라 군주가 周나라 천자의 직할지 경계선에서 군
사 대열을 정리하여 관병식을 가졌다. 주나라 定王(B. C. 606~586 재

───────────────

지를 정치사적으로 東周시대라 한다. 동주 시대는 편의상 春秋 시대(B.C. 770~
403)와 戰國 시대(B. C. 403~221)의 2기로 나눔이 통례이다.

위)은 왕손 滿으로 하여금
초나라 군주를 위로하게
하니 그는 滿에게 천자를
상징하는 九鼎(28)의 크기
와 무게를 묻는 것이었다
(楚子問鼎之大小輕重焉).
그러자 滿은 답하기를
"천자가 되기란 그 사람
의 덕 여하에 달린 것이
지 구정에 관계가 있는
것은 아니오"(對曰 在德,

〔도표 1-30〕 殷과 周의 세력 범위

不在鼎)라고 말하였다는 내용이 그것이다. 초나라 군주가 그와 같이 질
문한 까닭은 周의 천하를 빼앗아 권력의 상징인 周鼎을 운반할 경우를
상정한 것으로 이해된다. 이 예를 보아서도 대형의 청동기는 한편으로
는 권력자의 상징이요, 특히 鼎은 국가 권위의 표상으로서 중히 여겼음
을 짐작할 수 있다.

2. 청동기상의 문자와 서체

이상 말한 청동기에 주조되어 있는 글자(銘文)가 곧 金文인데, 이
것은 殷末에서 周末에 이르기까지 나타나므로 신구 생성 연대는 천 년
가까운 격차가 있어서 자형과 서체도 그만큼 다양하다. 金文이 갑골문
자보다 오히려 한자의 원시형이나 또는 圖形 단계를 보여 주는 예도
없지 않으나(〔도표 1-31〕 참조) 대체로 金文 쪽이 문자로서의 기능이
높아지고 자형이 고정되기 시작한 것은 사실이다. 또 형성자가 현저하
게 불어나고 형부의 증가로 인하여 글자의 뜻을 분명히 나타내려는 의
식이 강하여지기 시작하였다.

---

(28) 아홉 개의 솥인 구정은 원래 夏나라 禹王이 만들었다 한다. 이것은 본시 종묘의
제사 기구로 사용되었던 것이나 뒤에는 천자 자리를 이어 받는 표지가 되었다고
한다.

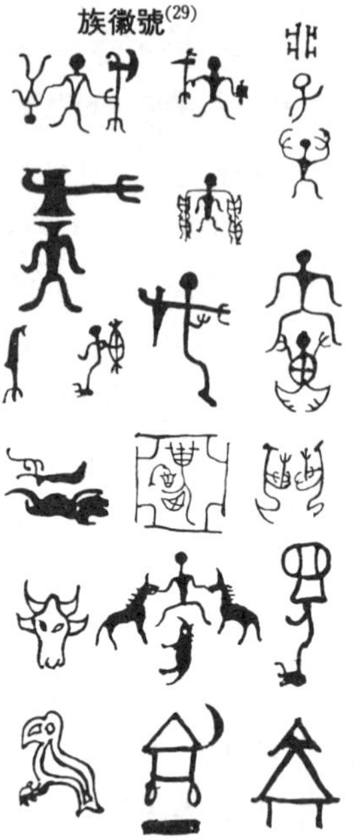

西周 시대의 최대의 유산은 풍부한 金文
자료에 있다고 할 정도로 많은 청동기들(약
2천기 정도)이 발견되었다. 이 중에는 물론
銘이 없는 것도 있지만 적은 것은 1자로부터
많은 것은 200자가 넘은 것도 있다.[30] 그 내
용은 기물의 제작자나 소유자의 씨족명이 있
는가 하면, 또는 기물의 祝辭라든가 그 기물
제작의 사유, 祖先의 송덕, 제사 관계의 사항
등을 기록한 것도 있다. 그리고 문자가 주조
된 위치는 기물의 귀(耳) 아래 또는 밑바닥
이나 내부 등 일정하지 않다. 자형이나 서체
면에서도 殷代에 비하여 圖象性을 벗어나 문
자로서의 자형이 완성되어 가는 과정에 있기
는 하지만 그 중에는 실용적인 면보다는 다
분히 예술성(장식적, 공예적)을 띤 것도 많은
것이 특징이다.[31]

[도표 1-31] 殷·周 청동기
銘文 중 圖形 계통의
族徽號[29]

명문의 주조 방식은 陰文(凹형)
과 陽文(凸형)이 있는데 전자를 款
(관)이라 하고, 후자를 識(지)라고
한다. 그리고 지금까지 알려진 金文
의 수는 6천여 자에 달한다고 하니
갑골문자보다 2천여 자가 더 많은
셈이다.

이제 金文의 보기를 세 가지만
예시하여 이해를 돕고자 한다.

[도표 1-32] 殷·周代의 金文[32]

1. 殷代의 伯申鼎   2. 周代의 達敦

(29) 《考古》1972-3, p. 13에서 전사함.
(30) 현재까지 발견된 것 중 자수가 가장 많은 것은 「毛公鼎銘」(周 宣王 때 또는 이설
도 있음)으로 32 행 497자에 달한다.
(31) 西周 시대의 金文은 자형과 서체의 특징을 고려하여 전기·중기·후기·말기의
4기로 나누어 보기도 한다.
(32) 薛尙功 原寫 《臨宋寫本 歷代鍾鼎彝款識法帖》, 臺北 廣文書局 영인본(1972)에서
전사함.

위의 〔도표 1-32〕 중 1은 "白(伯)申乍(作)寶彝"(백신이 보이를 만들다)의 銘文이다. 2는 周代의 達敦(달대)라고 하는데, 그 내용은 "達乍(作)寶敦 其萬年子孫 永寶用"(達이 보대를 만드노니 만년 자손이 영구히 사용할지어다)의 축원이다. 敦(대)란 기장을 담는 그릇이다.

오른편의 〔도표 1-33〕은 周初의 金文인데, 그 釋文을 옮기면 다음과 같다.

〔도표 1-33〕 御正衛敦銘

"五月初吉甲申 懋父賞玌(御)正衛 馬匹自王用乍(作) 父戊 寶隓彝"

(5월 초 吉甲申 날에 懋父 御正衛에게 말 한 필을 상으로 주다. 왕으로부터 내리다. 이를 이용하여 父戊의 寶隓彝를 만들다.)

글 가운데 懋父(무부)는 伯懋父라고도 일컫는바 명백한 史傳을 찾을 수는 없으나 周初에 꽤 높은 지위에 있었던 인물로 보인다.

위의 서체는 시종 군더기의 점이나 획도 없는 참으로 整正謹直한 서법·서체의 표본이다. 흠을 찾는다면 너무도 귀족적이어서 오히려 호방함과 박력이 없는 점일 것이다.[33]

대체로 청동기 문화와 그 문양은 다른 고대 문화권에서도 흔히 보인다. 그러나 여기에 문자가 기재되어 있는 점은 중국 고대 청동기 문화의 큰 특색으로서 가치가 있다.

殷·西周 시대에 주조된 동기 작품의 書風은 雄壯派와 秀麗派, 혹은 柔軟體와 勁直體의 구별이 있지만 대개 자획이 굵고 정제되어 중량감의 맛이 있다. 이에 반하여 東周(춘추·전국) 시대의 金文 서풍은 자획이 가늘고 필치가 정교하지 못하여 웅휘한 맛이 적다고 말한다. 그것은 춘추 시대(B.C. 770~403)로부터는 銅器의 제작자가 왕실을 떠나 諸侯나 卿大夫에게 옮겨지면서 자작의 동기가 출현하기 시작하였으므로 점차 서체와 자형도 지방차가 생겼기 때문이다. 그러다가 전국 시대(B.C. 403~221)에는 각 열국간에 완전히 서체의 분화를 초래하였다.

---

(33) 水上靜夫 (1983: 262-3) 참조.

그러면 東周 시대에
서체가 변한 까닭은 무엇
일까. 水上靜夫(1983: 258)
에서는 다음과 같은 점을
지적하고 있다.

〔도표 1-34〕 춘추·전국 시대 제후의 할거

① 周王室의 통제력
   붕괴
② 열국 제후들의 독
   립국적 자각의 풍조
③ 周 왕실의 서체를
   피하려고 한 의식
   적 노력

④ 독립국적인 열국의 단절 상태가 가져온 자연의 문화 현상
⑤ 국내 기밀 보존의 방첩 의식이 생김으로 인한 고의적 변체
⑥ 청동기 제작자의 사회적인 계급·환경의 변화
⑦ 문자가 본질적으로 가진 복잡성에서 간이화로의 흐름의 발생

그리하여 전국 시대의 金文은 각국 독자의 자형(서체)으로 변하기
에 이르렀다.

제5절 古文과 籒文

1. 古 文

한자의 자형을 설해한 중국 제일의 책은 재언할 필요도 없이 後漢
때 許愼이 지은 《說文解字》이다. 그런데 《說文》敍에 보면 「今敍篆文,
合以古籒」라 하고 또 「篆書即小篆」이라 하였으니 여기에서 篆文(전문)
은 篆書와 같고, 古籒(고주)란 古文과 籒文의 합칭임을 알 수 있다. 그
러면 古文이란 무엇인가?

《說文》敍에 의하면 고문에 대하여 다음과 같이 언급한 대목이 보

인다.

① "郡國亦往往於山川得鼎彝, 其銘即前代之古文, 皆自相似."
② "孔子書六經, 左丘明述 春秋傳, 皆以古文."
③ "是時秦燒滅經書, 滌除舊典, … 而古文由此絶矣."
④ "是有六書 一曰 古文, 孔子壁中書也.(34) 二曰奇字 即古文而異者也."
⑤ 若此者甚衆, 皆不合孔氏古文."(번역 생략)

위의 인용문들을 일단 종합하여 보면 許愼이 말한 古文이란 바로 漢대에 발굴한 각종 金文을 비롯하여 고대의 經典에 쓰인 서체를 가리킨 듯하다. 허신 시대에는 아직 갑골문자의 실물은 확인되어 있지 않았던 것이 확실하므로 고문 속에 이것은 포함되지 않을 것이다. 그렇다면 남는 것은 金文과 壁中書 등의 古文經에 쓰인 서체로 한정될 가능성이 높다.《說文》敍에 이른바「秦書八體」라는 것이 나오는데 大篆부터 열거하고 '古文'이란 명칭은 없다. 또 王莽이 정권을 장악하고 大司空(官名) 甄豐에게 명하여 문헌을 정리하게 하고 새로이 6종의 서체를 제정한

것을「王莽六體」라고 한다. 그 중 첫째가 古文인데 이를 공자벽중서라고 밝힌 것을 보아서도 알 수 있다.

그런데 실제로《說文》의 9,353자의 해설 가운데 古文이라 하여 인용한 자는 450여 자가 있지만 그 내용은 두 가지로 구별할 수 있다.

그 하나는 〔도표 1-35〕에 보인 바와 같이 篆文(小篆)과 다른 古文經에 쓰인 자형을 가리킨 것이요, 다른 하나는 언어를 기록할 때 한

〔도표 1-35〕《說文》중의 古文

(34) 孔子壁中書(=孔壁書・壁中書)란 前漢 景帝(B.C.156~141)의 아들인 魯恭王(이름은 劉餘)이 궁실을 수축하는 일이 취미여서 지금의 산동성 曲阜에 있는 공자의 옛집을 허물다가 벽 속에서 발견한《禮記・尙書・春秋・論語・孝經》등의 경서를 일컫는다. 이는 진시황 때 焚書坑儒의 화를 피하기 위하여 후손들이 고서를 벽 속에 숨겨 두었던 것이다. 이것을 武帝(B.C.140~87) 때에 孔安國(공자의 12세손)이 해독하였다고 전한다.

글자가 여러 가지 뜻으로 쓰이는(假借)상황을 설명한 경우이다. 즉 다음의 보기가 그것이다.

> ①「哥, 聲也. 从二可. 古文以爲歌字.」
> ②「疋, 足也 …… 弟子職曰 問疋何止, 古文以爲詩大雅字, 亦以爲足字. 或曰胥字, 一曰疋記也.」
>
> 〔疋(소)는 발의 뜻이다. 제자직(管子의 서편명)에 이르기를 "(어른이 누울 때의) 발은 어느 쪽에 두어야 하는가를 묻다"라 하였다. 또 고문으로는 《詩經》의 大雅자로 보기도 하며 '足'자로 간주하기도 한다. 또는 胥(소)자라 하기도 하고 혹은 疋記의 뜻으로도 쓴다.〕

2. 籒　文

《說文》의 체제는 각 한자의 篆文(小篆)형을 머리 글자로 제시하고 자의와 자형을 풀이한 다음 어느 자(A)에 대해서는 ① 古文 B, ② 籒文 C, ③ A 或从 D, 또는 ④ 篆文 E와 같은 異體字形을 예시하여 놓았는데 그 보기를 들면 다음과 같다.

> ①「二. 高也, 此古文上」
> ②「靣. 溥也. …… 㫄, 古文旁. 㫄, 亦古文旁. 㫄, 籒文.」
> ③「祀. 祭無已也. 从示 巳聲. 禩, 祀 或从異.」
> ④「二. 底也. 从反二爲二. 丅, 篆文 下.」

위의 보기에서 고문은 상술한 바 있거니와 ③④는 아마도 자형과 자음은 같아도 자형이 다른 별체자로서의 重文형을 나타낸 것으로 생각된다.

그러면 籒文이란 무엇일까. 이것은 籒書라고 하며 곧 大篆의 자체를 가리킨다. 먼저 《漢書》(권 30. 藝文志)를 보면 "史籒十五篇"이라는 기록이 있는데, 班固(32~92)는 그 注에서

> "周宣王 太史作 大篆十五篇; 建武時, 亡六篇矣."

라고 하였고, 또 同書 小學類 後敍에서

"史籀篇者, 周時史官 敎學童書也; 與孔氏 壁中古文異體."

라고 하였는데, 許愼도 《說文》 敍에서 바로 班固의 「藝文志」를 근거로 하여

"及宣王大(太)史籀, 著大篆十五篇, 與古文或異."

라고 하였다.

위의 기록에 의하면 우리는 다음 두 가지 문제를 지적할 수 있다. 첫째, 籀文(大篆)은 古文과 명백히 구별된다는 사실이고, 둘째 籀文은 周 宣王(B.C. 827~782 재위) 때의 太史[35] 籀(주)가 제작하였다는 점이다. 그러나 후자의 문제만은 이설이 있다.

王國維는 「史籀篇疏證序」에서 《說文》의 「籀, 讀書也」, 「讀, 籀書也」라 풀이한 점을 근거로 하여 '籀·讀' 2자가 고대에는 동음 동의자였다고 보아 史籀는 인명이 아니라 書名(太史가 읽는 책, 즉 太史讀書의 뜻)이라고 주장하였다. 또 이것은 주 선왕 때가 아니라 춘추·전국 시대에 秦나라 사람이 이를 만들어 아동들을 가르쳤던 책이라고 단정하였다.[36] 그러므로 王國維는 古文과 籀文은 전국 시대에 동시에 사용되고 있던 서체로서 다만 그 사용 지역만이 다를 뿐이라고 하였다. 다시 말하면 양자는 시간적 선후 관계가 아니라 같은 시기에 동방의 나라(齊·魯 등)에서 사용되고 있던 것이 古文이고, 西周의 故地, 뒤의 秦나라 부근에서 사용되고 있던 서체가 籀文이라는 것이다. 그리하여 古文·籀文은 결국 東西 二土에서 사용한 문자의 異名이라고 결론지었다.[37]

秦은 서쪽에 흥기했던 나라로서 건국 뒤에는 현재의 西安에 도읍하였을 뿐 아니라 바로 진시황 때 李斯 등이 大篆을 개량하여 小篆을 만들었다는 사실을 상기하면 왕국유의 견해는 충분히 참고할 가치가 있을 것으로 여겨진다.

현재 일반적으로 알려진 籀文의 대표적 예로는 "石鼓文"을 든다.

---

(35) 太史란 중국의 옛 관명으로 법전이나 기록들을 취급한 史官과 천문이나 역법 등을 다룬 曆官을 겸한 관리인데, 그 長을 太史令이라 한다.

(36) 蔣伯潛(1946: 100~101)도 史籀를 서명으로 추정하였다. 그러나 林尹(1971: 211~213)에서는 이에 대하여 부정하는 입장을 취하였다.

(37) 王國維 《觀堂集林》 (권7) 중의 「戰國時秦用籀文六國用古文說」과 「說文所謂古文說」, 阿辻哲次 《漢字學》 (1985: 96) 참조.

석고문이란 열 개의 북(鼓)처럼 생긴 돌에 고문자가 새겨져 있어 붙여진 이름이며, 중국에 있어서 最古의 石刻에 속한다. 唐나라 때 陳倉(섬서성 寶雞의 東쪽)의 田野에서 발견된 것으로 鄭餘慶이 이것을 섬서성 鳳翔府에 있는 孔廟로 운반하여 놓았던 것인데, 그 중 一鼓가 없어졌던 것을 그 후 宋나라 때 向傳師가 민가에서 이를 찾아냈다고 한다. 宋나라가 망하자 金人이 이를 燕京으로 옮겨 놓은 바 있고, 元나라 때 北京에 있는 孔廟로 옮겨 지금에 이르고 있다.

〔도표 1-36〕 石鼓文(第一鼓)

避馬既驈　避車既好　避馬既同　避(吾車既工

　그 原石은 높이가 약 3척이고 鼓의 사면에 문자가 새겨져 있다. 全文의 자수는 원래 약 700여자로 되었을 四言體로서 체제는 詩經과 흡사하며 그 내용은 漁獵에 관한 기사이다. 그러나 아깝게도 宋代에 마멸을 입어 그 반 이상을 알아볼 수 없게 되었으므로 현재 十鼓 중에서 해독이 가능한 자는 200여 자에 불과하다.

　石鼓의 제작 연대도 그 설이 구구하다. 혹자는 周나라 文王이 渭陽에서 사냥을 한 일이 있었기 때문에 이 때 만들어진 것이라고 보는가 하면, 程大昌(1123~1195)은 周나라 成王이 岐陽에서 사냥을 한 일이 있다 하여 成王 때의 작으로 보았다. 한편 韋應物(唐, 玄宗時人), 韓愈(768~824) 등은 그 문체가 《詩經》大雅의 「車攻, 吉日」두 시와 상사한 점을 근거로 들어 周 宣王 때의 작으로 단정하였는데, 張懷瓘의《書斷》이나 趙明誠(1081~1129)의《金石錄》에서도 이 설을 따르고 있다. 이와 같이 정확한 연대는 미상이나 다만 周나라 때 만들어진 것이라는 점에는 이론이 없다. 어쨌든 자형면에서 볼 때 위의 석고문은 모두가 方形이고 필획이 일반적으로 조세한 점에서 소위 갑골문자나 金文 등

과는 상이함을 알 수 있다.[38]

제 6 절 篆文(小篆)

1. 秦始皇의 문자 통일과 小篆

서체명으로서의 小篆은 혹은 篆文, 秦篆, 篆書라고도 일컫는다.[39] 우리는 앞에서 古籀란 古文과 籀文을 합칭한 명칭으로서 籀文은 곧 大篆과 같은 것임을 알았다. 그러므로 여기에서는 小篆에 대하여 살펴볼 차례이다. 먼저 《說文》敍 중의 다음 인용문에 눈길을 돌려 보자.

"其後諸侯力政, 不統於王. 惡禮樂之害己, 而皆去其典籍, 分爲七國……(중략)……言語異聲, 文字異形. 秦始皇帝初兼天下, 丞相 李斯 乃奏同之, 罷其不與秦文合者. 斯作《倉頡篇》, 中車府令 趙高作《爰歷篇》, 大史令 胡母敬作《博學篇》. 皆取史籀大篆, 或頗省改, 所謂小篆者也."(번역 생략)

위의 주요 내용은 7국의 언어와 문자가 서로 달랐는데 진시황이 천하를 통일하자 승상 李斯가 문자도 통일할 것을 상주하여 秦의 문자와 부합하지 않은 것은 모두 없애 버렸다. 그리고 小篆이란 史籀와 大篆을 취하여 다소 줄이고 고친 것이라고 말한 것이다. 여기에서 한 가지 중요한 사실은 周代와 秦代에 있었던 書同文字(문자 통일) 운동이라 하겠다. 周나라 때 이루어진 《大篆十五篇》이 일종의 標準字體로서 아동의 문자 교육을 위하여 이루어진 것이라고 한다면 이는 周代 官定의 문자 운동이라 이를 만하다.

그러나 周나라가 망한 후 천하는 사분 오열의 상태에 놓이게 되었다. 이보다 전국 시대에 이르러서는 七國이 분립하여[40] 일체의 제도가

---

(38) 林尹 (1971: 213) 참조.
(39) '篆'의 본뜻은 무엇일까. 《說文》에 의하면 「篆, 引書也」로 풀이하였다. 그 자형은 「竹(筆의 생체)＋彖聲」의 형성자이니 竹帛에 글씨를 쓸 때 붓을 들고 위에서 아래로 끌어당겨 쓰는 서체의 뜻으로 이해된다.
(40) 七國이란 戰國 시대의 秦·楚·燕·齊·韓·趙·魏 등을 말하는데, 이들은 세력

통일되지 못하였을 뿐더러 심지어 언어는 물론 문자의 서체마저도 서로 달랐다. 그리하여 진시황은 중국 역사상 처음으로 통일 국가를 이룩하고 정치적 권력으로써 문자의 통일까지를 기획하였다. 그 결과 李斯, 趙高, 胡毋敬(호무경) 등으로 하여금 秦代 官定의 표준 문자(小篆)를 만들어 《倉頡篇》, 《爰歷篇》, 《博學篇》 등 三種書를 편찬케 하였으니, 秦나라는 통일한 지 비록 15년(B.C. 221~206)의 역년에 불과하였으나 이 짧은 기간 동안에 이룩해 놓은 사업 중에는 문화사적인 면에서 의의 있는 업적도 많다. 특히 문자 통일 운동은 중국 문자사에서 높이 평가되고 있다.[41]

그런데 위의 인용문에서 小篆은 大篆을 줄이고 고쳐 만들었다는 말은 무엇을 뜻하는가? 이 점에 대하여는 《說文》 敍의 「皆取史籒大篆, 或頗省改」 下의 段玉裁 注에 꽤 상세하게 설명되어 있다.

"省者, 減其繁重; 改者, 改其怪奇. ……(중략)…… 云取史籒大篆 或頗省改者, 言史籒大篆, 則古文在其中. 大篆既或改古文; 小篆復或改古文大篆. 或之云者, 不盡省改也. 不改者多, 則許所列小篆固皆古文大篆. 其不云古文作某, 籒文作某者, 古籒同小篆也; 其既出小篆, 又云 古文作某, 籒文作某者, 則所謂或頗省改者也." (번역 생략)

여기에서 알 수 있는 바와 같이 '省'이란 번잡한 자형을 보다 단순한 자형으로 줄였다는 뜻이고, '改'란 괴이 기묘한 자형을 고쳤다는 뜻으로 풀이된다. 大篆은 이미 혹은 古文을 고친 것인데, 小篆은 다시 古文이나 大篆을 고친 것이 있다는 데서 문자 통일의 방법을 알게 한다.

그러면 과연 許愼의 말대로 小篆은 古文이나 大篆보다 자형이 단순한 것인가? 꼭 그렇지만은 않은 것을 다음의 보기에서 알 수 있다.

이 백중하여 서로 雄長을 다투었으므로 혹은 七雄이라고도 한다.

(41) 진시황은 B.C. 221년에 6국을 병합하여 천하를 통일하고 전국을 36개 군으로 분할하였다. 그리고 그는 제국을 수립한 뒤 획일적인 문화정책을 단행하여 法律·度量衡·車軌·律曆·衣冠 등의 통일을 꾀하였다. 그리고 대외적으로는 북방의 蠻族을 몰아내고 만리장성을 축조하여 국위를 선양한 한편, 내정면에서는 분서갱유 등 엄청난 시위 정책을 감행하였다.
　　戰國 시대에는 7국의 서체가 상이하였으므로 이제 통치상 중앙정부의 법령을 따르게 하려면 무엇보다 먼저 문자를 통일하지 않을 수 없었다. 그리하여 당시에 秦나라에서 통용된 籒文을 기초로 하고 이를 개량하여 새로이 小篆體를 제정함으로써 마침내 문자를 통일하게 된 것이다.

예컨대 大篆과 小篆의 자형 사이에는 다음과 같은 관계가 있다.[42]

1) 大篆을 줄인 小篆

　　📜 → 📜　（折）

　　📜 → 📜　（述）

　　📜 → 📜　（敗）

2) 大篆을 고친 小篆

　　📜 → 📜　（馬）

　　📜 → 📜　（皮）

　　📜 → 📜　（癸）

3) 大篆과 小篆이 다른 예

　　📜 → 📜　（子）

　　📜 → 📜　（雰）

　　📜 → 📜　（銳）

4) 大篆이 小篆보다 자형이 단순한 예

　　📜 → 📜　（蓬）

　　📜 → 📜　（歸）

　　📜 → 📜　（昌）

일반적으로 漢字의 자형이 복잡한 것에서 비교적 단순한 형으로 변천한 것은 사실이지만, 또 반대의 현상도 있어서 반드시 한자 자형의 繁簡으로써 大篆과 小篆의 차이를 설명할 수는 없다.

2.　小篆의 실례

현존한 小篆 중 가장 오랜 자료로서는 진시황이 천하를 통일하고 국내를 巡遊하며 여러 명산에 세워 놓은 秦의 송덕비가 있다. 진시황은 28년(B.C.219)에 東行하여 鄒嶧山(추역산: 산동성 추현)에 올라 魯나

---

(42) 《說文》에 籒文으로 예시된 자수는 219(또는 233자라는 통계도 있음)자이다. 古 籒와 小篆의 자세한 대비는 林漢仕《說文重文彙集》(1972; 臺北)이 참고된다.

라의 여러 儒生 등과 의논하여 秦의 송덕
비를 세웠다. 그리고는 다시 泰山(산동성
泰安)에 올라 封禪祭를 거행하였다(봉선이
란 천명을 받아 지상을 주재한 자에게만 허
락된 祭이다). 역시 여기에서도 秦나라의 위
덕과 자신의 공적을 칭송한 글을 돌에 새
기게 하였는데, 그것이 곧「泰山刻石」이다.
그 원석은 청나라 때 불에 훼손되어 현재
의 잔석에는 20여 자가 남아 있을 뿐이다.(43)

이 밖에도 嶧山(B.C. 219), 琅邪(낭야:
산동성 諸城. B.C. 219), 芝罘(지부: 산동성
福山, B.C. 218), 碣石(갈석: 하북성 昌黎.
B.C. 215), 會稽(회계: 절강성 紹興. B.C.
210)에도 行幸하여 세운 기념비의 잔석이
있는데 이들 각석의 글씨는 李斯가 썼다고
한다.

이와 같이 비록 秦代의 小篆을 보여
주는 유물은 많지 못하나 다행히《說文》에
는 9,353자에 달하는 소전자가 수록되어 있
으므로 자형의 연구에는 불편이 없을 정도
이다.

〔도표 1-37〕泰山刻石

〔도표 1-38〕嶧山刻石

"以開爭理 功戰日作 流血
於野 自泰古始 世無萬數"

---

(43) 그러나《史記》(권 6)「秦始皇本紀」에「泰山刻石」의 辭가 실려 있으므로 그 내
용을 파악할 수 있다.
  cf. 皇帝臨位, 作制明法, 臣下修飭. 二十有六年, 初幷天下, 罔不賓服. 親巡遠方黎民,
  登玆泰山, 周覽東極…(중략)… 化及無窮, 遵奉遺詔, 永承重戒."

제 7 절   特殊 書體

秦나라 초기에 大篆의 점획을 줄이고 고쳐 만들었다는 小篆 외에
도 또 몇 가지 특수한 용도의 서체가 있었음을 확인하게 된다.《說文》
敍에 보면 다음의 八體가 있었다.

"自爾秦書有八體: 一曰大篆, 二曰小篆, 三曰刻符, 四曰蟲書, 五曰摹印,
六曰署書, 七曰殳書, 八曰隸書."

大篆과 小篆은 이미 설명하였고, 隸書에 대하여는 후술할 것이므로
여기에서는 나머지 5종의 서체와[(44)] 蝌蚪(과두)문자에 대하여만 간략히
예시하기로 한다.

1. 刻符와 署書

'刻符'란 符節 위에 새겨 놓은 문자이고, '署書'
는 편액용으로 쓴 문자를 말하는데, 당시의 부절이
나 편액이 남아 있지 않으므로 두 가지 서체가 어떠
한 형태의 것이었는지 현재로서는 예증하기 어렵다.

2. 蟲   書

蟲書는 一名 鳥蟲書(조충서)라고도 칭하는 서
체인데,《說文》敍에 의하면「鳥蟲書, 所以書幡信
也」라고 하였다. 여기 幡(표기 : 번)은 旛(기 : 번)과
같으니 旛信이란 깃발(旗幟) 위에 신호용으로 써
넣은 문자의 서체를 말하는 듯하다. 그러나 실제는
劍, 戈, 矛 등에도 쓰였다. 그 예로 公劍과 古戈에
쓰인 蟲書를 예시한다.

여기에 쓰인 8자가 무슨 자이며 그 내용이 무

〔도표 1-39〕 **蟲書**

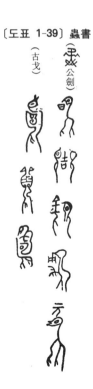

(古戈)　(公劍)

---

(44) 林尹 (1971: 220~221) 참조.

엇인지는 아직 확인하기 어렵다. 다만 기타의 서체와 견주어 볼 때 글자마다 새의 형상을 갖추고 있으므로 이를 가리켜 鳥蟲書 또는 鳥篆이라고도 칭한다.

3. 摹 印

摹印(모인)은 《說文》敍에 「繆篆, 所以摹印也」라고 한 바와 같이 印章을 새길 때 쓰인 서체임을 알 수 있다. 아래의 예는 秦璽文(새문)으로 "受天之命, 皇帝壽昌"이 그 釋文이다.

〔도표 1-40〕 摹 印

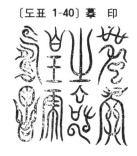

4. 殳 書

'殳'는 兵器를 가리킨 자이므로 殳書(수서)란 일체의 병기에 쓰인 題字를 말한다.

여기의 예는 "大良造鞅造戟"과 "呂不韋戈"에 새겨진 殳書이다. 이 자형의 구조는 《說文》 중의 篆文과 비슷한데, 그 필획이 가는 것은 마치 갑골문자와도 같다. 혹자는 자형의 대소가 정제되어 있지 못하고 필획 또한 제멋대로 쓰여진 것이라 하여 篆草의 남상으로 보기도 한다.

지금까지 예시한 蟲書, 摹印, 殳書 등을 통하여 살펴볼 때 八體 중 大·小篆을 제외한 六體는 아마도 지금의 광고라든가 상점의 간판에 쓰는 圖案字와 같이 어느 정도의 예술성을 띤 서체가 아니었을까 추측된다. 《漢書》藝文志에서 말한 "八體六技"에 대하여 八體 중의 6종은 技術字라고 보는 사람이 있는데, 이 견해가 옳다면 이외의 大篆과 小篆만이 통일된 漢字의 正體였다고 믿어도 좋을 것이다.

5. 蝌蚪文字

한자의 고문 가운데 과두문자라는 일종
의 서체가 있다. 붓과 먹이 사용되기 이전에
는 나무나 대쪽에 칠을 사용하여 글자를 썼
는데 글자의 점획이 머리는 굵고 꼬리는 가
늘어서 그 서체가 마치 올챙이와 비슷한 까
닭으로 붙여진 명칭이다.

〔도표 1-42〕 과두문자

孔壁書의 한자는 모두 漆書로 된 것이다.
晋나라 太康(武帝의 연호) 연대(280~289)에
汲縣의 고가에서 先秦 시대의 竹簡이 다수 발견되었는데(이것을 「汲冢
書」라고 함) 역시 과두문자의 서체였다고 한다.[45]

제 8 절　隷書와 草書

이 절에서는 한자의 변천 과정 중에 발생한 예서와 초서의 서체에
대하여 간략히 살펴보기로 한다.[46] 후술한 터이지만 楷書(해서)는 예서
가 다소 개변된 것이고, 또 行書는 隷草 간의 서체이기 때문에 이들을
예서와 초서의 범주에 포함하여 살펴보아도 좋으리라 생각된다.

1. 隷　　書

신석기 시대의 토기 부호를 논외로 한다면 한자는 갑골문자와 金
文, 篆文이 발전 변형되어 秦代에 이르렀다. 이들을 일괄하여 古體 문

---

(45) 水上靜夫 (1983 : 287~288) 참조.
(46) 蔣伯潛(1946 : 110)은 漢字의 변천과정을 3 期로 나누었다.
　　　제 1 기 : 古文時代
　　　제 2 기 : 篆文時代
　　　제 3 기 : 隷草時代

자라고도 한다. 그런데 시대에 따른 정치·사회의 변화에 순응하여 새로운 서체가 생겨나게 되었는데, 그 중요한 것 중의 하나가 近體字라고 할 수 있는 예서체이다. 籒書나 秦篆은 金文처럼 곡선이 많고 좌우의 균형을 맞추기 위하여 장식적인 획이 많아서 碑銘 등에는 적합하였지만 실용면에서는 불편한 것이었다. 그리하여 마침내 篆書의 필획을 생략하고 곡선이나 원을 직선과 方形으로 簡易化하여 장방형의 서체를 구성함으로써 예서가 탄생되었다. 예서의 출현은 한자 발전 과정에 있어서 한 차례의 중대한 개혁이었던 것이다.

《說文》敍의 「秦有八體」라는 기록에 의하면 예서는 이미 秦代에 생겨난 서체임을 알 수 있다. 그러면 예서가 생겨나게 된 까닭과 역사적 배경은 무엇일까? 먼저 다음의 세 가지 기록을 들어보자.

(1) 是時 (秦)始造隷書矣, 起於官獄多事, 苟趨省易, 施之於徒隷也." 班固《漢書》「藝文志」
(2) 是時 秦燒滅經書, 滌除舊典, 大發吏卒, 興戍役, 官獄職務繁; 初有隷書, 以趣約易, 而古文由此絶矣."《說文》敍
(3) "秦旣用篆, 秦事繁多, 篆字難成, 即令隷人佐書曰: 隷字 漢人用之 …… 隷書者篆之捷也." 晋, 衛恒《四體書勢》(번역 생략)

위의 기록에서 우리는 다음 세 가지 사실을 지적할 수 있다.

첫째, 예서는 秦나라 때 시작되었다.

둘째, 예서가 생겨난 원인은 秦나라 때에는 官獄이 다사하였는데, 篆文은 번잡하여 쓰기가 어려웠으므로 사무의 능률을 위하여 간편하고 민첩하게 쓸 수 있는 字體를 만들 필요를 느끼게 되었다. 이런 점에서 예서는 전문의 속기체라 할 수 있다.

셋째, 이 字體는 秦나라 때에 죄수 무리(徒隷)들이 쓴 공문에 근근히 사용되었기 때문에 그 이름을 隷書라고 칭하였다.[47]

---

(47) '隷'자는 《說文》에 「附箸(着)也」라 한 바와 같이 무엇인가에 '부속·예속된' 뜻을 나타냈다. 여기에서 '하인·종'의 뜻이 생겨났다. 그런데 隷書의 隷[*liäd]>liei〕를 吏[*ljag>lji〕의 音假로 본다면 隷書란 하급 官吏들이 사무의 능률을 위하여 사용한 약체자로 볼 만하다. 예서는 漢代에는 史書(사무소의 문서에 사용한 자) 또는 佐書(佐史라는 속관들이 쓴 자)로도 칭하였다. 예서라는 명칭의 유래에 대해서는 아직도 이설이 있다. 심지어는 秦代에 제정된 小篆에 예속된 문자의 뜻으로 예서라 명명하였다는 견해도 있다.

그러면 예서의 제작자는 누구일까. 흔히 진시황 때의 程邈(정막)이라고 일컫게 된 까닭은 다음의 기록에 근거를 두고 있다.

(1) “三曰: 篆書, 即小篆, 秦始皇帝, 使下杜人 程邈所作也.”[48] 《說文》敍
(2) “程邈刪古立隷文.” 蔡邕 《聖皇篇》
(3) “下杜人 程邈爲衙役隷, 得罪始皇, 幽繫雲陽十年. 從獄中作大篆 …… 或曰 程邈所定乃隷書也.” 晋, 衛恒 《四體書勢》
(4) “程邈變篆爲隷, 漢碑所用之字.”《史記》論字例 (번역 생략)

즉 진시황 때 죄수였던 下杜(지명) 사람인 정막이 고문과 전문을 변개하여 예서를 제정하였다는 내용이다.

그러나 일종의 문자 서체를 어느 개인이 능히 창작해 낼 수 있을까의 문제는 문헌의 기록만을 믿기에 앞서 깊이 재고해 보는 것이 마땅하다. 앞서 말한 小篆도 李斯, 趙高, 胡毋敬 등이 정리한 결과였던 바와 같이 隷書도 1인의 소작이라기보다는 여러 층의 관원들이 공동 창안한 결과가 아니면, 혹 程邈은 小篆과 隷書 양자나 혹은 그 중의 한 가지 정리 작업에 참가하였던 사람으로 보는 편이 더 옳지 않을까 생각한다.

예서는 문자의 기능면에서는 장점이 많은 것이 사실이지만 이로부터 한자 본래의 조자법과 자형 구성상의 요소를 알기 어렵게 된 자가 많아지게 되었다. 다시 말하면 상형자의 의미가 없어지고 회의·형성자의 분석이 어렵게 된 것이다. 예를 들면 ‘香’자의 篆文형은 「黍(서)＋甘(감)」이 합하여 된 회의자이므로 본시 “기장(곡식) 맛이 달콤하다”는 뜻을 추출할 수 있었다. 그러나 예서의 ‘香’자 구성에서는 그러한 뜻을 찾아내기 어렵다. 또 ‘書’자의 전문형은 「聿(율)＋者(자)聲」의 형성자이므로 書〔*ʔt'iag(śiag)＞ɕiwo〕자의 음은 者〔*tiăg(t̂iăg)＞t̂ɕia〕자의 음과 유관한 것이었다. 그러나 예서의 ‘書’자에서는 字音의 유래를 찾을 수 없다.

그러면 小篆을 개혁한 隷書는 원래의 자형과 어느 정도 달라졌는가를 일별하기 위하여 다음의 예를 주의하여 보자(林尹, 1971: 223 참조).

---

(48) 圈點친 13자는 段玉裁가 이미 지적한 바와 같이 이 뒤에 계속되는 「四曰左書即秦隷書」 下로 들어갈 말이 잘못 기재된 것이다.

①은 "春奏奉秦泰" 등 다섯 자의 소전형인데, 보는 바와 같이 상반의 형체가 서로 달랐던 것이 ②의 예서에는 그 상반이 모두 '夫'으로 변개되었다. ③은 "無馬鳥燕魚然"의 소전형인데, 이들은 그 하반의 형체가 각각 달랐던 것이 ④의 예서에서는 모두 '灬'로 개변되어 버렸다. 예서가 소전에 비하여 어느 만큼 달라졌는가는 이 예만으로도 충분히 알 수 있을 것이다.

〔도표 1-43〕 小篆과 隸書의 차이

2. 楷 書

隸書의 형체와 결구를 약간 개변하여 만들어낸 자체가 곧 현행의 한자체인 楷書(해서)이다. 그리하여 秦漢의 예서를 "古隸"[49]라고 하는 반면에 해서를 "今隸"라고 말하기도 한다. 또 본시 楷書의 '楷'자는 '법식, 모범'의 뜻이 있다. 그러므로 해서란 법식을 갖추어 쓴 모범스런 글자라는 뜻에서 "眞書"[50] "正書"[51]라고 칭하기도 한다.

그런데 해서의 기원에 대하여는 다음과 같은 제설이 있다.

(1) 程邈 所作說
"程邈所作隸書, 今時正書是也." 梁, 庾肩吾《書品》

(2) 王次仲 所作說
"漢時有王次仲者, 始以隸書作楷法." 宋, 《宣和書譜》

(3) 陳遵 所作說
"漢陳遵 善隸書, 與人尺牘, 主皆藏之以爲榮, 此其開創隸書之善也. 爾後鍾元常 王逸少, 各造其極" 張懷瓘《書斷》(번역 생략)

위의 인용문에서 말한 예서란 소위 "今隸"를 가리키는 것인데, 보

(49) "開皇二年五月, 長安民掘得秦時鐵稱權, 旁有銅涂鑑二所, 其書兼爲古隸."《顏氏家訓》
(50) "字皆眞正曰眞書" 張懷瓘《六體書論》.
(51) "所謂楷書, 即今之正書也." 宋, 《宣和書譜》.

는 바와 같이 해서의 창시자도 1인에 그치지 않는다. 더구나 宋나라 때의 《宣和書譜》에서

"西漢之末 隷字刻石, 間雜正書. 降及三國 鍾繇[52]乃有賀克捷表, 假盡 法度, 爲正書之祖."

라고 말한 기록에 의하면 이미 西漢 말의 刻字에서 正書를 간간히 섞어 썼다는 것이니, 어느 개인의 소작이라기보다는 오히려 한자의 점진적 변천으로 보는 것이 옳다고 생각한다. 동시에 예서와 楷書는 다만 필세 가 약간 변한 것에 불과하기 때문에 예서가 얼마간 통용되다가 점차 해서가 출현하게 되자 書寫에 편이한 표준적인 통용 문자로 인정 받아 마침내 그 자리를 굳힌 것이라고 생각된다. 이렇게 하여 唐代에는 이미 해서가 일반적으로 성행하게 되었다.[53]

이상의 楷書 외에 行書가 있다. 행서는 곧 해서를 흩뜨려 쓴 서체 로서 해서체와 초서체의 중간에 위치한 서체이다. 행서는 '行狎書'의 약 칭으로 친한 사람끼리 주고 받은 편지 등에 쓰인 서체의 뜻이다. 전한 바로는 행서는 後漢 때 劉德昇(2세기 후반)이 창작했다고 하지만 널리 쓰이기는 4세기 초부터였다.

행서 중의 일품으로는 흔히 王羲之의 「蘭亭敍(序)」를 든다. 왕희지 는 晋, 永和 9년(353) 3월 3일 자기 별장이 있는 會稽山(절강성)의 蘭 亭으로 당시의 명사 41명을 초청하여 曲水宴을 베풀었다. 그 때 참가 했던 귀족 명사들이 지은 시를 모아 시집 《蘭亭集》을 엮고 그 서문을 쓴 것이 저 유명한 「蘭亭序」라 하므로 여기에 참고로 전사하여 둔다.

(52) 鍾繇(종요: 151~230)는 魏나라 때의 명필.
(53) 한자의 서체면에서 楷書·行書·草書의 세 가지가 완숙하게 된 시기는 東晋(317 ~420) 중엽이었다. 魏의 鍾繇(151~230), 晋의 王羲之(303~379)에 의하여 해서 의 전형이 보이지만 당시에는 아직 해서라는 명칭이 생겨나지 않았다.
　隋·唐 시기는 楷書의 전성기였다. 그럼에도 唐代 張懷瓘의 《書斷》에 실려 있는 서체는 古文·大篆·小篆·八分·隷書의 5종이요, 楷書의 명칭은 없다. 요컨대 唐 대에 이르기까지 해서는 예서에 포함되어 있어 독립 서체로 인정 받지 못 하였다. 왜냐하면 六朝 시대까지도 楷書는 字樣이 일정하지 아니하여 어느 것이 옳은지를 판별하지 못할 정도였다.
　楷書의 통일은 唐 초에 시작되었다. 太宗(627~649 재위)은 經書에 오자가 많은 것을 바로잡기 위하여 顔師古(581~645)에게 교정을 명한 것이 계기가 되었다. 顔 師古가 異體 문자를 빼내어 시비를 판정하였는데, 이것을 당시인들은 「顔氏字樣」 이라 칭하여 전사하였다. 中澤希男 《漢字·漢語槪說》(1982), p. 22 참조.

〔도표 1-44〕 王羲之의 「蘭亭序」[54]

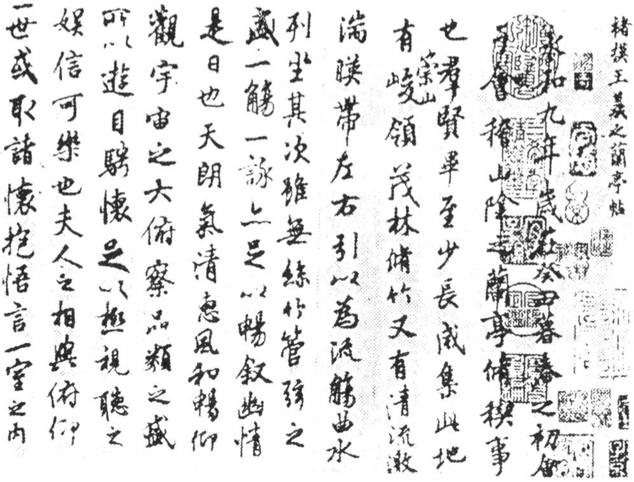

3. 草 書

지금까지 살펴본 한자의 서체 외에 우리는 또 초서라는 것이 있음을 알고 있다. 《說文》敍의 「漢興, 有草書」가 그 근거이다. 이 기록대로 믿는다면 초서는 漢나라 때 생겨난 서체의 일종임을 알게 된다. 그러나 여기에도 이설이 있다.

(1) "漢興而有草書, 不知作者姓名." 晋, 衛恒《四體書勢》
(2) "草書起於漢時, 解散隷法, 用以赴急." 庾肩吾《書品》
(3) 夫草書之興也, 其於近古乎? 上非天象所垂, 下非河洛所吐, 中非聖人所造. 蓋秦之末, 刑峻綱密, 官書煩冗, 戰攻並作, 軍書交馳, 羽檄紛飛, 故爲隷草趣急速耳." 趙壹《非草書》
(4) "蔡邕云: 昔秦之時, 諸侯爭長, 簡檄相傳, 望烽走驛, 以篆隷之難, 不能救速, 遂作赴急之書, 蓋今草書." 梁, 武帝《草書狀》(번역 생략)

위의 (1)(2)는 초서의 발생을 漢대로 본 데 반하여 (3)(4)는 秦대로 보았다. 이 중 어느 시기가 꼭 옳은 것인지 확언하기는 어려우나, 唐蘭은 B.C. 46년의 一簡에 분명히 초서로 쓰인 것이 있다 하여 초서는 늦

---

(54) 鈴木修次《漢字》(1975: 101)에서 전사함.

어도 前漢 말, 後漢 초에는 성숙하게 쓰였던 것으로 추정하였다.[55]

그런데 이러한 초서가 쓰이게 된 동기는 (3)(4)의 인용문에 비교적 잘 나타나 있다. 대개 秦나라 말 경에는 나라가 어지럽고 제후가 어른을 다투었는데, 편지나 격문을 서로 보낼 때에는 전서나 예서로서는 급히 글을 쓰기 어려웠으므로 자연히 字體의 規矩를 지키지 않고 흘려쓴 데서 초서라는 서체가 발생되었다는 내용이다.

초서의 발생 시기도 이설이 있어 확언하기 어렵듯이 이 서체의 창시자가 누구인지의 문제도 확실히 밝히기 어렵다. 晉, 衛恒의 《四體書勢》에

"漢興而有草書, 不知作者姓名. 至章帝時, 齊相杜度號稱善作. 後有 崔瑗, 崔實, 亦皆稱工."

이라는 기록을 보면 漢나라 章帝 때(76~88)의 杜度라는 사람이 초서를 잘 썼고, 그 뒤 최원, 최실 등이 초서에 뛰어났다는 사실을 간취할 수 있다.[56]

漢대의 隷草를 혹은 章草라고도 칭하거니와, 그 후 唐대에 張旭, 懷素와 같은 사람에 의하여 임의로 자형을 고쳐 쓰기 시작한 狂草에 이르러서는 하나의 예술성을 띤 서예로까지 발전하게 되었다.

이 밖에도 서체의 종류로는 예서의 한 가지로서 後漢 시대에 행하여진 八分書, 또 서도가로 유명한 蔡邕(채옹: 132~192)이 창시하였다는 飛白 등이 있다. 그러나 이러한 서체들은 저자가 의도한 문자학과는 거리가 먼 書藝의 문제에 속하므로 일일이 설명하지 않기로 한다.

제 9 절 中國의 文字 改革

위에서 살펴본 바와 같이 한자는 적어도 갑골문자 이래로 시대에 따라 자형·서체 면에서 많은 변화를 거쳐왔다. 특히 漢대 이후로 隷書·楷書가 쓰이면서 한자가 간략화한 것이 많은데, 이것은 字體의 변

---

(55) 唐蘭 《中國文字學》(1971), p. 172 참조.
(56) 張懷瓘의 《書斷》에도 "自杜度妙於章草, 崔瑗, 崔實父子繼能"이라고 하였다.

화에 그치지 않고 구조의 簡化를 초래하기까지 하였다. 唐·宋·元대의
俗字에서 그러한 점을 잘 관찰할 수 있다.

20세기에 이르러서도 簡略字 채용의 주장은 하나의 운동으로 번졌
다. 1909년 《教育雜誌》 창간호에서 陸費逵는 보통 교육에는 속체자를
채용하자는 논문을 발표하여 간략자 운동의 분화구를 열었다. 또 그는
1921년에는 「한자 정리의 의견」을 발표하고 자수의 제한, 필획의 감소
를 주장하였다. 1922년에 錢玄同은 國語統一籌備委員會에 「현행 한자
의 필획 감소안」을 제출하며, 문자는 일종의 工具인데 필획이 많으면
쓰기도 불편하고 시간도 낭비된다는 내용을 들어 간략자를 정자로 채
택할 것을 주장하였다. 또 중화민국 교육부는 1935년 8월 「第一批判簡
體字表」(324자)를 공포하였지만 실제로 추진되지는 못하였다. 그 뒤에
도 간략자의 수집이 성행하여 1936년 10월 容庚은 《簡體字典》을 출판
하였고, 동년 11월에 陳光堯는 《常用簡字表》(3,150자)를 출판한 바가
있다.

그러다가 1950년대에 중국 정부에서는 한자 간략화의 연구를 시작
하였다. 즉 1952년에 중국문자 개혁연구위원회가 설립되어 한자 간략
화안을 기초하고 1955년 1월에 중국문자 개혁위원회는 「漢字簡略化方
案草案」을 발표하였다. 그리고는 전국의 문자학자, 각 省·市 학교의
어문 교사는 물론, 部隊·工會의 文教工作者 등 20만인이 참가 토론한
의견을 들어 이를 수정하였다. 그리하여 國務院의 '漢字簡化審訂委員
會'의 심의를 거친 다음 다시 1955년 10월 전국 문자개혁회의에 제출
하여 토의 끝에 채택되었다. 그 결과 마침내 1956년 1월 28일 '국무원
전체회의 제23차 회의'에서 「漢字簡化案方案」이 공포되었다.

그 당시의 한자 간화 방안은 3부분으로 나뉜다. 〔도표 1-45〕는
230개 간화 한자로서 신문·잡지에서 시용한 다음 1956년 2월 1일부
터 전국의 인쇄와 문건에서 일률적으로 통용하도록 한 것인데, 古籍의
飜印 등 특수 목적 이외에는 원래의 繁體字(괄호안의 자)는 모든 인쇄
물에서 사용을 금지시킨 자들이다. 그리고 〔도표 1-46〕과 〔도표 1-47〕
은 285개 간화 한자와 54개의 簡化偏旁자인데, 이들은 이후 다수의 의
견을 참작 수정한 다음 정식 시행하기로 한 것이다. 물론 이들도 현재

쓰이고 있는 것이지만 이 외에도 1977년 12월 20일 人民日報에서는
다시 172자를 새로이 발표한 바 있으나 여기에서는 생략한다.[57]

〔도표 1-46〕 **漢字簡化第一表**

罢 (罷)	复 (復複覆)	拟 (擬)	克 (剋)
卜 (蔔)	达 (達)	乐 (樂)	开 (開)
备 (備)	斗 (鬥)	类 (類)	垦 (墾)
宝 (寶)	担 (擔)	累 (纍)	恳 (懇)
报 (報)	胆 (膽)	里 (裏)	困 (睏)
办 (辦)	当 (當噹)	礼 (禮)	号 (號)
板 (闆)	党 (黨)	丽 (麗)	后 (後)
帮 (幫)	灯 (燈)	厉 (厲)	护 (護)
别 (彆)	逐 (敵)	励 (勵)	画 (畫)
标 (標)	淀 (澱)	离 (離)	划 (劃)
表 (錶)	点 (點)	了 (瞭)	伙 (夥)
边 (邊)	电 (電)	刘 (劉)	怀 (懷)
宾 (賓)	垫 (墊)	帘 (簾)	坏 (壞)
补 (補)	独 (獨)	联 (聯)	会 (會)
辟 (闢)	夺 (奪)	粮 (糧)	欢 (歡)
朴 (樸)	对 (對)	灵 (靈)	环 (環)
扑 (撲)	断 (斷)	罗 (羅囉)	还 (還)
么 (麽)	冬 (鼕)	乱 (亂)	几 (幾)
迈 (邁)	东 (東)	个 (個)	击 (擊)
霉 (黴)	动 (動)	盖 (蓋)	际 (際)
蒙 (矇濛懞)	态 (態)	干 (乾幹)	家 (傢)
弥 (彌瀰)	台 (臺檯颱)	赶 (趕)	价 (價)
蔑 (衊)	头 (頭)	谷 (穀)	借 (藉)
庙 (廟)	体 (體)	刮 (颳)	旧 (舊)
面 (麵)	铁 (鐵)	过 (過)	艰 (艱)

(57) 중국의 문자 개혁에 대한 자세한 사항에 대하여는 다음의 논저로 미룬다.
　　成元慶《中國簡字化》(1985, 건국대 출판부).
　　文璇奎《中國言語學》(1970), pp. 413~428.
　　陳章太,「中國의 漢字簡體化 問題」,《새국어생활》(국립국어연구원) 1-4 호(1991),
　　pp. 115~126.

范 (範)	条 (條)	归 (歸)	荐 (薦)
奋 (奮)	听 (聽)	关 (關)	歼 (殲)
丰 (豐)	团 (團欄)	观 (觀)	尽 (盡儘)
妇 (婦)	难 (難)	巩 (鞏)	姜 (薑)
举 (舉)	执 (執)	师 (師)	碍 (礙)
剧 (劇)	这 (這)	舍 (捨)	尔 (爾)
据 (據)	折 (摺)	晒 (曬)	医 (醫)
卷 (捲)	战 (戰)	寿 (壽)	义 (義)
齐 (齊)	征 (徵)	沈 (瀋)	压 (壓)
气 (氣)	症 (癥)	伤 (傷)	叶 (葉)
窃 (竊)	証 (證)	声 (聲)	优 (優)
乔 (喬)	朱 (硃)	帅 (帥)	犹 (猶)
秋 (鞦)	筑 (築)	双 (雙)	邮 (郵)
千 (韆)	准 (準)	热 (熱)	养 (養)
迁 (遷)	庄 (莊)	灶 (竈)	痒 (癢)
区 (區)	种 (種)	总 (總)	样 (樣)
确 (確)	众 (衆)	辞 (辭)	蝇 (蠅)
权 (權)	迟 (遲)	才 (纔)	应 (應)
劝 (勸)	丑 (醜)	参 (參)	务 (務)
牺 (犧)	尝 (嘗)	惨 (慘)	袜 (襪)
系 (係繫)	偿 (償)	蚕 (蠶)	为 (爲)
协 (協)	厂 (廠)	从 (從)	伪 (僞)
献 (獻)	称 (稱)	聪 (聰)	万 (萬)
咸 (鹹)	惩 (懲)	洒 (灑)	余 (餘)
衅 (釁)	处 (處)	扫 (掃)	御 (禦)
向 (嚮)	触 (觸)	丧 (喪)	吁 (籲)
响 (饗)	出 (齣)	苏 (蘇囌)	郁 (鬱)
兴 (興)	冲 (衝)	虽 (雖)	与 (與)
选 (選)	虫 (蟲)	随 (隨)	远 (遠)
旋 (鏇)	湿 (濕)	孙 (孫)	云 (雲)
只 (祇隻)	时 (時)	松 (鬆)	运 (運)
致 (緻)	实 (實)	爱 (愛)	拥 (擁)
制 (製)	势 (勢)		

〔도표 1-46〕 漢字簡化第二表

坝 (壩)	籴 (糴)	兰 (蘭)	录 (錄)
摆 (擺襬)	递 (遞)	拦 (攔)	陆 (陸)
笔 (筆)	迭 (疊)	栏 (欄)	龙 (龍)
币 (幣)	跎 (墮)	烂 (爛)	忐 (慮)
毕 (畢)	队 (隊)	砾 (礫)	滤 (濾)
毙 (斃)	吨 (噸)	历 (曆歷)	驴 (驢)
盘 (盤)	摊 (攤)	隶 (隸)	沟 (溝)
凭 (憑)	滩 (灘)	篱 (籬)	构 (構)
苹 (蘋)	瘫 (癱)	猎 (獵)	购 (購)
仆 (僕)	坛 (壇罎)	疗 (療)	顾 (顧)
买 (買)	叹 (嘆)	辽 (遼)	国 (國)
卖 (賣)	誊 (謄)	浏 (瀏)	龟 (龜)
麦 (麥)	粜 (糶)	炼 (煉)	柜 (櫃)
梦 (夢)	厅 (廳)	练 (練)	广 (廣)
灭 (滅)	涂 (塗)	怜 (憐)	夸 (誇)
亩 (畝)	图 (圖)	邻 (鄰)	扩 (擴)
发 (發髮)	椭 (橢)	临 (臨)	块 (塊)
飞 (飛)	恼 (惱)	两 (兩)	亏 (虧)
矾 (礬)	脑 (腦)	俩 (倆)	矿 (礦)
坟 (墳)	镊 (鑷)	辆 (輛)	合 (閤)
粪 (糞)	酿 (釀)	岭 (嶺)	汉 (漢)
风 (風)	宁 (寧)	龄 (齡)	壶 (壺)
凤 (鳳)	农 (農)	卢 (盧)	沪 (滬)
肤 (膚)	疟 (瘧)	泸 (瀘)	胡 (鬍)
麸 (麩)	蜡 (蠟)	芦 (蘆)	华 (華)
带 (帶)	腊 (臘)	炉 (爐)	获 (獲穫)
导 (導)	来 (來)	庐 (廬)	回 (廻)
单 (單)	垒 (壘)	虏 (虜)	秽 (穢)
邓 (鄧)	娄 (婁嘍)	卤 (鹵滷)	汇 (匯彙)
轰 (轟)	牵 (牽)	郑 (鄭)	术 (術)
饥 (饑)	纤 (縴纖)	嘱 (囑)	书 (書)
鸡 (鷄)	签 (簽籤)	烛 (燭)	树 (樹)
积 (積)	亲 (親)	浊 (濁)	属 (屬)

极 (極)	寝 (寢)	专 (專)	铄 (鑠)
継 (繼)	蔷 (薔)	桩 (椿)	扰 (擾)
夹 (夾)	墙 (牆)	壮 (壯)	认 (認)
阶 (階)	枪 (槍)	装 (裝)	让 (讓)
节 (節)	庆 (慶)	妆 (妝)	杂 (雜)
疖 (癤)	曲 (麴)	状 (狀)	凿 (鑿)
洁 (潔)	琼 (瓊)	钟 (鐘)	枣 (棗)
胶 (膠)	穷 (窮)	肿 (腫)	脏 (庄髒)
监 (監)	习 (習)	齿 (齒)	脏 (臟)
舰 (艦)	戏 (戲)	彻 (徹澈)	钻 (鑽)
鉴 (鑒)	虾 (蝦)	产 (產)	纵 (縱)
硷 (鹼)	吓 (嚇)	缠 (纏)	灿 (燦)
拣 (揀)	写 (寫)	搀 (攙)	仓 (倉艙)
茧 (繭)	泻 (瀉)	谗 (讒)	层 (層)
紧 (緊)	胁 (脅)	馋 (饞)	窜 (竄)
烬 (燼)	亵 (褻)	忏 (懺)	丛 (叢)
仅 (僅)	显 (顯)	尘 (塵)	啬 (嗇)
进 (進)	宪 (憲)	衬 (襯)	涩 (澀)
将 (將)	县 (縣)	长 (長)	伞 (傘)
奖 (獎)	象 (像)	础 (礎)	肃 (肅)
浆 (漿)	乡 (鄉)	刍 (芻)	岁 (歲)
桨 (槳)	须 (鬚)	疮 (瘡)	恶 (惡噁)
酱 (醬)	悬 (懸)	适 (適)	袄 (襖)
讲 (講)	逊 (遜)	杀 (殺)	肮 (骯)
惊 (驚)	寻 (尋)	摄 (攝)	儿 (兒)
竟 (競)	滞 (滯)	兽 (獸)	艺 (藝)
惧 (懼)	质 (質)	审 (審)	亿 (億)
启 (啓)	斋 (齋)	渗 (滲)	忆 (憶)
岂 (豈)	赵 (趙)	绳 (繩)	亚 (亞)
壳 (殼)	昼 (晝)	圣 (聖)	哑 (啞)
窍 (竅)	毡 (氈)	胜 (勝)	业 (業)
爷 (爺)	讪 (鹽)	韦 (韋)	园 (園)
尧 (堯)	阴 (陰)	卫 (衛)	渊 (淵)
钥 (鑰)	隐 (隱)	稳 (穩)	愿 (願)
药 (藥)	阳 (陽)	网 (網)	酝 (醞)

忧 （憂）	无 （無）	屿 （嶼）	佣 （傭）
艳 （艶）	雾 （霧）	誉 （譽）	踊 （踴）
厌 （厭）	洼 （窪）	跃 （躍）	痈 （癰）
严 （嚴）			

〔도표 1-47〕 漢字偏旁簡化表

纟 （糸）	勿 （昜）	当 （當）
见 （見）	呙 （咼）	钅 （罩）
讠 （言）	马 （馬）	会 （會）
贝 （貝）	刍 （芻）	肃 （肅）
车 （車）	师 （師）	乂 （義）
至 （坙）	米 （燃）	兴 （閪）
钅 （金）	鱼 （魚）	金 （僉）
长 （長）	鸟 （鳥）	农 （農）
门 （門）	娄 （婁）	宾 （賓）
东 （東）	区 （區）	齐 （齊）
仑 （侖）	产 （產）	寿 （壽）
冈 （岡）	专 （專）	监 （監）
戋 （戔）	发 （發）	収 （臨）
収 （臤）	单 （單）	齿 （齒）
韦 （韋）	几 （幾）	卖 （賣）
页 （頁）	乔 （喬）	龙 （龍）
风 （風）	只 （戠）	罗 （羅）
仐 （食）	尧 （堯）	䜌 （戀）

　　이상의 표에서 보는 바와 같이 현재 中國에서 사용하고 있는 簡體字를 자세히 관찰하여 보면 다음과 같은 여러 가지 방법이 병용된 것임을 알 수 있다.

　　(1) 宋・元 이후의 민간 속자를 채용한 예: 战・团・几(幾) 등
　　(2) 민간 약자를 채용한 예: 斗(鬪)・伞(傘) 등
　　(3) 새로이 회의 문자를 만든 예: 队(隊)・阴(陰)・阳(陽) 등
　　(4) 필획을 줄인 예: 灭(滅)・开(開)・里(裏) 등
　　(5) 형성자의 성부(음부)를 고친 예: 沟(溝)・运(運)・历(歷) 등

(6) 초서체를 취택한 예: 东(東)·为(爲)·书(書) 등
(7) 간단한 古字를 부활한 예: 从(從)·云(雲)·丰(豐) 등
(8) 기타 윤곽만 남은 예: 齐(齊)·当(當)·尔(爾) 등

　물론 문자의 제일차적 용도는 궁극적으로 말을 기록하는 부호이다. 그러나 중국의 한자는 오랜 역사 기간을 통하여 전통성을 다져온 문자임은 물론 뜻글자로서의 한자 특유의 구성 원리가 글자마다 갖추어져 있다. 그런데 간자화의 과정에서 한자가 지닌 독특한 묘미가 없어지거나 반감되고 말았다. 뿐만 아니라 중국의 고전을 읽기 위해서는 불가피 과거의 번체자를 익혀야 할 것이므로 자칫 이중 문자 습득의 부담도 예상된다. 그럼에도 불구하고 이러한 간자화 운동이 계속 추진되어 간체자가 불어날 것인지 지켜 볼 일이다. 현재 한국이나 일본에서 쓰이고 있는 것과는 너무도 다른 면이 있기 때문이다.

제 3 장
漢字(中國文字)學

제 1 절　漢字의 創造 起源說

　　중국 문자인 한자도 타민족의 문자와 마찬가지로 처음에는 언어와 문자가 분리된 그림(회화)기사에서 출발하였으나, 점차 언어와 결부된 상형문자의 단계를 거쳐 마침내 표어문자(logography, 또는 표의문자 ideography, semasiography 라고도 함)의 완성을 보게 되었다.

　　그런데 전술한 바와 같이 본시 상형문자란 형상을 가진 구체물은 이를 본떠 문자화할 수 있으나, 무형적인 추상의 뜻을 나타내기는 어렵다. 그리하여 서양의 알파벳은 상형에서 어음을 기록할 수 있는 표음문자(phonography)로 변천하였던 것인데, 이와 달리 한자는 애초의 상형문자를 교묘히 변개하여 形狀意義와 語音意義를 거의 자유로이 나타낼 수 있는 표어문자를 완성한 데에 그 특징이 있다.

　　그러면 한자는 과연 어느 시대 누구에 의하여 창조되어진 것일까. 중국의 여러 문헌에 의하면 매우 전설적이나마 그 설이 일치하지 않은데, 그 중 몇 가지 설을 들어보면 다음과 같다.

1.　伏犧氏의 八卦說

《說文》敍에 의하면

“古者庖犧氏之王天下也. ……於是始作易八卦.”

라 하였고, 孔穎達(574~648) 注疏의 《尙書》序에도

"古者伏犠氏之王天下也. 始畫八卦, 造書契, 以代結繩之政, 由是文籍
生焉. 伏犠・神農・黃帝之書, 謂之三憤, 言大道也; 少昊・顓頊・高辛・
唐・虞之書, 謂之五典, 言常道也." (번역 생략)

라는 기록이 있다.

伏犠(伏義・庖犠・炮義로도 기록됨)氏는 기원전 3천년 경에 처음으
로 사람들에게 漁獵과 목축을 가르치고 또 女媧(여와)를 아내로 맞이
하여 혼인의 법을 정했다고 전하는 중국 전설상의 제왕이다. 그는 황하
에서 모습을 드러낸 한 마리의 龍馬 등에 새겨진 기묘한 기호(河圖, p.
30 참조)에 암시를 받아 천지 자연의 현상을 관찰하고 이것을 상징화
하여 易占의 판단 기초가 된 八卦(p. 32)를 만들었다는 전설이 있다. 그
런데 이 기호가 한자를 만든 기초가 되어 여러 가지 자형이 고안되었
다는 설이 곧 한자의 팔괘 기원설이다.

그러나 복희씨가 과연 실존 인물이었는지는 믿기 어렵다. 이것은
오히려 대개 다른 민족의 고대 전설에서 보는 것처럼 중국에서도 무엇
인가 인간 생활에 유익한 것을 발명・발견한 사적을 상상적인 위대한
인물과 결부시킴으로써 정당성을 부여하려는 동기에서 생긴 결과, 말하
자면 복희씨는 중국 역사상 문화 영웅・설화의 주인공으로 보는 편이
옳지 않을까 여겨진다. 그렇다면 한자의 팔괘 기원설은 일종의 「傳說
加上의 법칙」[1]에 지나지 않을 것이다.

다만 위의 인용문에서 추출할 수 있는 것은 문자 이전의 비망적
표의 수단으로 八卦→結繩→書契가 있었다는 점이다. 그렇다고 이것
들이 문자는 아니다. 그럼에도 불구하고 공영달이 "이로써 文籍이 생겨
났다"고 말한 것은 팔괘 등을 진정한 문자로 오인한 데서 연유한 것이
라 하겠다.

2. 朱襄說

이는 복희씨의 신하 주양이 문자를 창조하였다고 보는 설이다. 즉

---

(1) 水上靜夫《漢字語源事典》(1983), p. 8.

《古三憤》에 "伏犧始畫八卦, 命臣飛龍氏 造六書"라는 기록이 있는데, 여기에서 飛龍은 《帝王世紀》의 "伏羲命 朱襄爲飛龍"에 따르면 곧 朱襄임을 알 수 있다.

그러나 현전하는 三憤은 晋나라 阮咸의 注를 託名한 僞書로서 진정 三憤이라는 책이 있었는지 없었는지조차 단정하지 못하고 있다. 왜냐하면 三憤이라는 이름은 《春秋左傳》(昭公 12년)에 보이는데, 杜預(222~284)는 注에서 '古書'라 하였고, 賈逵(174~228)는 '三王之書', 張平子는 '三禮'라 하는 등 의문이 많을 뿐 아니라, 더구나 '六書'의 설은 믿을 수 없기 때문에 이 설도 근거가 희박하다.[2]

3. 倉頡說[3]

한자의 창힐 조자설은 戰國 시대와 漢初人의 저작에서부터 가장 광범하게 전승되고 있다. 그 사실의 진위는 뒤로 미루고, 우선 이와 관련된 몇 가지 기록을 제시하여 보면 다음과 같다.

(1) "好書者衆矣, 而倉頡獨傳者一也." 《荀子》 解蔽篇
(2) "奚仲作車, 蒼頡作書," 《呂氏春秋》 君守篇
(3) "古者倉頡之作書也. 自環者謂之厶, 背厶謂之公." 《韓非子》 五蠹篇
(4) "倉頡之初作書, 蓋依類象形, 故謂之文. 其後形聲相益, 即謂之字." 《說文》 敍
(5) "倉頡作書, 以敎後詣." 李斯 《倉頡篇》
(6) "昔者 倉頡作書, 而天雨粟, 鬼夜曲." 《淮南子》 修務訓 (번역 생략)

그러나 창힐 조자설에 대해서는 후술하기로 한다.

4. 沮誦, 倉頡說

이는 黃帝 때에 저송과 창힐이 함께 문자를 만들었던 것처럼 기록된 사실에서 나온 설이다. 즉 《世本》 作篇에 "沮誦, 蒼頡作書"라는 기

(2) 蔣伯潛(1946), pp. 37~38 참조.
(3) '倉'자는 문헌에 따라 '蒼'으로도 기록되어 있으나 동일인의 同音異記로서 '伏羲'를 '伏犧'로 기록한 바와 같다.

록을 위시하여 衛恒의 《四體書勢》에도 "昔在黃帝, 有沮誦, 蒼頡者始作
書契"라 한 기록이 전한다.

그러면 과연 저송은 어떠한 인물이었을까. 馬夷初는 그를 곧 祝融
의 異記同人으로 보았다.[4] 왜냐하면, 고대의 인명 표기는 마치 오늘날
외국 인명을 번역·기록한 것과도 같이 다만 일정한 음성이 있을 뿐
고정된 글자가 없었기 때문에 祝融은 고서에 "祝融爲火正"이라고 한
기록을 근거로 馬氏는 그가 불의 사용을 발명한 사람으로 보았다. 게다
가 《莊子》法篋篇에서는 祝融氏를 伏羲氏 앞에 열거하고 있는가 하면,
祝融氏는 있어도 燧人氏가 없는 점을 미루어 祝融은 즉 燧人이 아닌가
하는 의문까지 제시하였다. 이에 대하여 蔣伯潛은 축융씨는 결코 한 사
람만을 가리킨 것이 아니요, 오늘날 우리들이 明朝·淸朝·李家·張家
라고 칭하는 것과 흡사하며, 또 馬氏가 지적한 대로 문자의 창조를 伏
羲 이전이라고 보는 것은 그 증거를 실증하기가 어렵기 때문에 결국
沮誦, 倉頡설도 믿기 어렵다고 하였다.[5]

5. 梵, 佉廬, 倉頡說

이도 결국은 창힐이 중국의 문자를 최초로 창제하였다는 설과 다
를 바 없으나 다만 梵, 佉廬(거려)를 병기한 점만이 다르다. 즉 그 근
거로는 《法苑珠林》에

　　"造書三人: 長曰梵, 其書右行; 次曰 佉廬, 其書左行; 少者蒼頡, 其書
　　下行."

이라 하고, 또 이어서

　　"梵, 佉廬, 居於天竺; 黃史蒼頡, 居於中夏."

라는 기록을 든다. 이 기록에 따르면 梵과 佉廬는 인도에서, 그리고 倉
頡은 중국에서 처음으로 문자를 창조하였다고 풀이할 수 있다. 그러나
이는 저 唐나라 때의 釋 法琳이 《破邪論》에서

---

(4) 그러나 劉恕의 《通鑑外記》에는 "帝命蒼頡爲左史, 沮誦爲右史"라고 하였다.
(5) 蔣伯潛, *ibid.*, pp. 38~39, 謝雲飛(1971), p. 44.

"佛遣三弟子, 震旦敎化, 儒童菩薩, 彼稱孔子; 光淨菩薩, 彼稱顔回; 摩
訶迦葉, 彼稱老子."

라고 한 설과 다름없는 佛家의 부회에 불과하다.⁽⁶⁾

　　이상의 다섯 가지 설 중에서 가장 널리 알려진 것은 창힐의 조자
설이다.

　　그러면 도대체 倉頡은 어느 시대,⁽⁷⁾ 어떠한 인물이었을까? 이에 대
하여는 크게 세 가지 이설이 있다. 첫째는 창힐을 상고의 제왕으로 보
는 설이요,⁽⁸⁾ 둘째는 그를 황제의 史官이라고 보는 설이며,⁽⁹⁾ 셋째는 시
대의 擬人化로 보는 설이다.

　　첫째, 창힐을 제왕으로 보는 까닭은 《呂氏春秋》君守篇에 "蒼頡作
書"라 한 다음 同書 勿躬篇에서도 "史皇作圖"라 하였으며, 또 《淮南子》
修務訓의 "史皇産而能書" 등에 산견된 '史皇'에 연유한다. 위에서 '作書'
라든가 '作圖'는 실은 같은 사실을 말하는 것이며, '史皇'은 곧 倉頡과
동일인이다.⁽¹⁰⁾

　　그러면 어찌하여 창힐을 사황이라고 하였을까. 위의 《淮南子》의
"史皇産而能書"에 대한 高誘의 注에 의하면 창힐은 나면서부터 새의
발자국을 보고 글자를 만들 줄 알았기 때문에 호를 史皇 또는 頡皇이
라 하였다는 것이다.⁽¹¹⁾

　　그런데 '史'와 '書'는 한자의 形·音·義가 상사한 점에서 양자는
밀접한 관계가 있다. 다시 말하면 '史'와 '書'는 공히 손으로 筆을 잡고
있는 형상을 나타낸 자이며, 두 자음은 다 審〔ɕ〕모에 속하므로 성모가

---

(6) 謝雲飛, *ibid.*, p. 47 참조.
(7) 倉頡의 시대에 대하여 徐整은 "在神農 黃帝之間"이라 하였고, 譙周는 "在炎帝之
　　世", 衛恒은 "當在庖犧, 蒼帝之世", 愼到는 "在庖犧之前"이라고 보는가 하면, 심지
　　어 張揖은 "蒼頡爲帝王, 生於禪通之紀"라고 말하는 등 참으로 그 연대는 일정하지
　　않다.
(8) 崔瑗, 曹植, 蔡邕, 索靖 등은 모두 "古之王也"라 하였다.
　　cf. 謝雲飛(1971) p. 47; 孔穎達 《尙書序正義》, 杜學知(1971) p. 58 참조.
(9) 司馬遷, 班固, 韋誕, 宋衷 등은 한결같이 "蒼頡, 黃帝之史官也"라 하였으며, 許愼
　　도 《說文》敍에서 "黃帝之史倉頡"이라 말하고 있다.
(10) 이와 달리 唐蘭은 史皇과 蒼頡은 서로 다른 두 사람으로 보았다(謝雲飛, *ibid.*,
　　p. 47).
(11) "史皇 倉頡, 生而見鳥跡知著書, 號曰史皇, 或曰頡皇" 《淮南子》, 高誘 注.

같다. 그러므로 史皇은 결국 書皇을 뜻한다고 볼 수 있다. 그리고 '皇'
은 크다(大)는 뜻이다.[12] 그러므로 창힐이 문자를 창조한 시조라고 보
았던 후대인들이 그의 공을 크게 여겨 '皇'이라 칭하였던 것이지 결코
字義대로 황제로 풀이하기에는 근거가 충분하지 않다고 여겨진다.[13]

둘째, 창힐을 황제의 사관으로 보는 설은 앞의 주(9)로 미룬다.

셋째, 창힐을 시대의 의인화로 본 사람은 杭州 사범학교 교장을 지
낸 蔣伯潛이다. 그는 '倉·蒼·創'은 모두 倉聲을 취한 자이며, 頡(*giet
/*ɤiet)은 契(*kʻiat/kʻiet)와 同韻이므로 '蒼頡'은 결국 '創契'라고 보았
다. 따라서 앞의 4.에서 말한 '沮誦'은 '佐誦'과 字音이 서로 가까운 점
에서 '蒼頡沮誦'은 곧 '創契佐誦', 다시 말하여 '創造書契, 佐助記誦'의
뜻이니 蒼頡 沮誦은 문자 창조의 시대를 대표하는 의인화라고 말한다.
이것은 고대의 전설에서 가령 燧人氏가 불의 사용을 발명한 시대를 대
표한다거나, 有巢氏가 構木으로 巢를 발명한 시대를, 伏羲氏가 목축의
시대를, 神農氏가 農業의 시대를, 軒轅氏가 수레(車)를 발명한 시대를
대표하는 바와 흡사하다고 보는 견해이다.[14]

이와 같이 창힐에 대하여는 여러 설이 있으나 사실 그는 실존했던
특정 인물이 아니라 후세인들이 문자의 창안자로서 문화 영웅시한 가
공의 賢者로 해석하는 편이 옳지 않을까 생각된다.[15]

본시 문자란 한두 사람의 창의에 의하여 일조일석에 만들어질 수
있는 것이 아니다. 또한 문자의 생성 과정에서 볼 때 한글이나 八思巴

---

(12) "皇, 大也"《說文》; "皇, 美也"《廣雅》.

(13) 蔣伯潛, *ibid.*, p. 40;《辭海》上, p. 528, 史皇條 참조.

(14) 蔣伯潛, *ibid.*, p. 42 참조.

(15) '倉詰'의 '倉'은 '創'과 동계이고 '詰'은 '結·頁'과도 상고음이 유사하므로 창힐이란
곧 '문자를 창시한 賢者'로 해석하는 경우이다. 또 한편 창힐을 '商契'의 전음으로
보는 견해도 있다. 마치 后稷을 周나라의 遠祖로 일컫듯이, 契는 商(殷)나라의 원
조이므로 殷代人들이 문자를 자기들 왕조의 시조인 契가 만들었다고 믿은 데서 나
온 명칭으로 보기도 한다.
또 최근에 일본의 貝塚茂樹는 창힐의 조자 전설에 대하여 이색적인 해석을 제기
하였다. 즉 周代의 詩나 金文에 보이는 蹌蹌(잔치 때 손님에게 분주하게 酒食을
접대하는 동작의 뜻)의 '蹌'이 '倉'과 동음이므로 창힐은 고대에 귀인의 연회 자리
에서 鳥獸와 함께 춤을 추는 사람이었다. 이것이 근원이 되어 창힐이 조수의 발자
국을 보고 문자를 발명했다는 전설이 파생된 것으로 보았다. 貝塚茂樹,「漢字の起
源」,《日本語の世界》(1981), p. 8 참조.

문자와 같은 경우를 제외하고는 대개가 그림 기사에서 점차 변성하여 계기적으로 발전된 것이지 단시간에 돌변적으로 완성된 것이 아니기 때문이다. 중국의 한자 역시 예외가 아니어서 처음에는 어떤 구체물을 본뜬 그림 형식에서부터 점진적 변화 과정을 거쳐 비로소 문자로서의 형체를 갖추게 되었다. 그러므로 문자의 창조는 어느 한 시대에 어느 한 사람에 의하여 완성된 것이라고 말하기는 어렵다. 그 증거의 한 예로 甲文에 쓰인 '人'자는 그 자형에 있어서 76개의 異體가 있다고 한다. 그 중 여덟 가지 자형만을 보아도 다음과 같은 것들이 있다.

만약 문자가 어느 한두 사람에 의하여 창조되었다면 이와 같은 이체가 생길 가능성은 적을 것이 아닌가. 이런 점에서 앞의 《筍子》解蔽篇의 기록대로 "好書者衆矣, 而倉頡獨傳者一也"라는 말이 주목된다. 그는 '作書者'라 하지 않고 '好書者'라 하였으며, 창힐 등 한두 사람만을 지칭하지 않고 '衆矣'라 한 점에서 그의 견해가 타당하지 않을까 싶다.

제 2 절 文字의 本義와 文字學의 명칭

1. 文字의 본뜻

'文字'란 원래 「文＋字」의 합성어이다. 따라서 '文'은 '文'이고 '字'는 '字'이어서 곧 양자의 성질은 같은 것이 아니다.

《說文》에 보면

文：「錯畫也. 象交文.」
字：「乳也. 从子在宀下.」

로 풀이되어 있다. '文'은 '紋'과 같은 뜻이니 곧 두 무늬가 交互된 것을 나타내므로 物象의 기본이라 하겠다. 반면에 '字'는 집

〔도표 1-49〕

字	文	
		甲骨
		金文
		篆文

안에서 자식이 불어나는 뜻을 내포하고 있다.

그러면 이는 대체 무슨 뜻인가?《說文》敍의 기록은 그 차이를 명료하게 설명하여 주고 있다. 즉,

"倉頡之初作書, 蓋依類象形, 故謂之文; 其後形聲相益, 卽謂之字."

라 하였으니, 이에 따르면 '依類象形'의 글자는 모두 '文'이고, '形聲相益'의 글자는 '字'로 규정하였음을 알 수 있다.

의류상형의 방법에는 두 가지가 있는데, 하나는 구체형이요, 또 하나는 추상형이다. 가령 ⊙(해)나 火(불)과 같은 상형자는 실체를 가히 본뜰 수 있으므로 구체형이다. 그러나 ⊥(한 개의 사물이 다른 사물의 상면에 있음을 나타냄)이나 丿(右에서 左로 구불어진 것을 나타냄)과 같은 지사자는 실체를 그릴 수 없는 것이므로 곧 추상형이다. 의류상형의 '文'은 구체형이건 추상형이건 이를 분석하여 낼 수 없는 獨體(單體)의 初文(單字)인데, 이야말로 한자 구조의 근본이다.

그러나 수많은 사물이나 복잡한 개념 등을 의류상형의 초문만으로는 모두 나타내기가 어려웠으므로 마침내 形聲相益의 방법을 창안하여 내게 되었다.

형성상익의 방법에도 두 가지가 있다. 하나는 「形＋形」의 相益이요, 또 하나는 「形＋聲」의 相益이다. 가령 信(人＋言)이나 武(止＋戈)와 같은 회의자는 전자의 예이고, 柏(木＋白), 梅(木＋每)와 같은 형성자는 후자의 예이다. 만약 '柏·楓·桃·柚'등을 상형으로 나타낸다고 하면 그것들이 명백하여지지도 않을 뿐더러 사실상 불가능하다. 그러므로 形符(義符)를 '木'으로 하여 그 종류를 나타내 주고, 또 이 글자를 보자마자 이것은 樹木 혹은 수목과 관계 있는 것이라는 점을 알려 주는 동시에, '白·每·風·兆·由'등은 성음을 알게 하여 그 글자가 어떻게 읽히는가를 지시하여 준다. 형부를 보아 그것이 속한 종류를 알고, 성부를 보아 그 음을 아는 것이 형성상익이다. 모든 형성상익의 字는 形形相益이건 形聲相益이건 어느 것이나 둘 또는 그 이상의 초문이 배합하여 이루어지므로 합체(또는 複體)라고 한다. 따라서 文과 字의 차이는 다음과 같이 정리할 수 있다.

文 : 依類象形…… 원시 구조의 초문이므로 둘 또는 그 이상의 독립
　　　　　　　성분으로 분석이 불가능한 글자 ……………… 獨體
字 : 形聲相益…… 초문이 배합하여 생성된 것이므로 둘 또는 그 이
　　　　　　　상의 文으로 분석이 가능한 글자 …………… 合體

　　한자를 대개 상형자로 오해하기 쉬우나 초문은 결코 그 수가 많지
않다.《說文》에 수록된 초문의 수는 겨우 489자에 불과하다. 그러므로
초문은 유한적이다. 그러나 초문을 배합하여 불어난 글자 수는 어떤
사실의 수요에 따라 거의 한없이 증가할 수 있다. 따라서《說文》에 수
록된 9,353자 중에 8,864자는 곧 합체자이다. 만약 우리가 유한적인 초
문을 알고 합체의 원리를 터득한다면 생성 가능한 글자 수는 수만 자
까지도 불어날 수 있다.(16)《說文》敍에서 "文者物象之本, 字者孳乳而浸
多也"라고 한 말은 바로 이러한 한자의 특성을 지적한 것이다.
　　지금까지 '文'과 '字'의 다름을 알아 보았다. 그런데 이 밖에 지금의
文字의 뜻으로 고대에는 '書', '名'이라는 명칭을 쓰기도 하였다.

書 : "倉頡之初作書", "箸於竹帛謂之書"《說文》敍
　　"書者文字"《經典釋文》
名 : "掌達書名"《周禮》外史, 鄭玄注 : "古曰名, 今曰字"
　　"百名以上書於策, 不及百名書於方"《儀禮》聘禮記
　　"夫名不正則言不順, 言不順則事不成"《史記》권 47.「孔子世家」

이 때의 '名'은 지금의 문자와 같은 뜻이다. 일본에서는 지금도 假名
(kana)·眞名(mana)가 문자의 명칭으로 쓰이고 있다.
　　그런데 '文'과 '字'는 시대에 따라 그 쓰임이 달랐다.
　　顧炎武(1613～1682)가《日知錄》에서

"春秋以上 言文不言字, 如《左傳》「於文止戈爲武」…… 中庸「書同文」
之類"

라고 말한 내용에 의하면 춘추 시대 이전에는 文이라 하고, 字라 칭하
지 않았음을 알겠다.

─────────────
(16)《康熙字典》(1715)에 수록된 한자 수는 이체자를 포함하여 42,174자, 일본의《大
漢和辭典》에는 48,902자, 臺灣의《中文大辭典》(1973)에는 49,905자가 수록되어
있다.

그러면 '字'라는 명칭은 어느 시대부터 처음으로 쓰이기 시작하였을까? 江永(1681~1762)의 《羣經補義》에

"其稱書名爲字者, 蓋始於秦呂不韋著《呂氏春秋》, 縣之咸陽市曰: 有能增損一字者予千金."

이라는 기록이 있다. 즉 秦의 呂不韋가 《呂氏春秋》를 짓고 한 글자라도 증감할 사람이 있으면 천금을 주겠다고 현상금을 걸었던 때로부터 처음으로 '字'가 문자의 뜻으로 쓰이기 시작하였다는 내용이다.

그렇다면 '文字'의 합칭은 어느 때에 비롯하였을까? 그것은 秦나라 통일 이후라고 한다. 즉 진시황이 천하를 통일한 후에 그가 琅邪(낭야) 刻石(B.C. 219)에서 「書同文字」라 하였던 것이 합칭의 시초라고 한다.

위에서 살펴본 바에 의하면 文字의 명칭은 시대에 따라 혹은 조자의 원리에 따라 다르게 쓰였음을 알 수 있다. 그러나 결국 '書'는 글자를 쓰는 면에 치중한 이름이고, '名'은 문자의 성음을 강조한 명칭이다. 또 '文'이란 문자의 형체를, '字'는 문자의 발전을 강조하여 부른 명칭으로 구별하면 좋을 것이다.

2. 文字學의 명칭

중국에서 民國 이전에는 문자학을 일컬어 '小學'이라고 하였다. 소학이라는 명칭은 이미 前漢 시대에 이루어졌다. 後漢의 班固(32~92)는 전한 劉歆(?~23)의 《七略》을 근거로 한 《漢書》藝文志 중 「六藝略」 끝에 小學類 저술 45편을 실었는데, 이 모두가 아동의 識字用字書와 字義를 해석한 책들이다(p.114 참조). 그런데 후면의 序에서

"古者八歲入小學,[17] 故周官 保氏[18]掌養國子, 敎之六書."

라 하였고, 《說文》 敍에도

---

(17) 고대에 小學에 들어간 나이는 典籍에 따라 차이가 있다. 《禮記》內則에는 "十年出就外傅"이라 하였고, 《尙書》大傳에는 "十有三年始入小學"이라 한 기록을 보면 대략 8歲에서 15歲까지가 고대에 小學의 입학 연령이었던 것 같다.

(18) 保氏는 周官 중 地官司徒의 屬官(교육 관장)이다. 《周禮》地官條에 "保氏掌諫王惡, 而養國子以道, 乃敎之以六藝"라 하였다.

"周禮 八歲入小學, 保氏敎國子, 先以六書."

라는 기록이 있다.

고대인들은 어린이가 학교에 가면 먼저 글자를 배워야 한다고 생각한 것이다. 글자를 배우기 위해서는 반드시 문자의 구조와 운용을 알지 않으면 안된다. 그러므로 小學 안의 保氏는 먼저 그들에게 六書를 알도록 하였다. 그들은 매우 간단한 원리로부터 무궁무진한 글자를 터득시키는 것이 글자를 가르치는 가장 과학적인 교수법이라고 생각하였을 것이다. 소학의 본뜻이 학교임에도 불구하고 保氏가 소학에서 먼저 육서를 가르쳤기 때문에 과거에는 문자학을 小學이라고 칭하였던 것이다.

명칭상 小學은 大學과 상대적인 것이다. 朱熹의《大學章句》序에는 다음과 같은 설명이 있다.

> "인생은 8세가 되어 왕공으로부터 서인의 자제에 이르기까지 모두 小學에 들어가면 灑掃, 應對, 進退의 예절과 禮·樂·射·御·書·數의 文을 가르친다. 그리고 15세가 되어, 즉 天子의 元子, 衆子로부터 公卿大夫 元士의 適子에 이르기까지 백성의 수재로서 모두 大學에 들어가면 正心을 궁리하고 자기를 수양하며 사람을 다스리는 도를 가르친다."

그런데 소학 안의 과정은 周禮(곧 周官임) 保氏節의 기록에 의하면 六藝와 六儀가 있었음을 알게 한다. 六藝는 "五禮, 六樂, 五射, 五馭, 六書, 九數"를 말하고, 六儀는 "祭祀之容, 賓客之容, 朝廷之容, 喪紀之容, 軍旅之容, 車馬之容"을 포괄한 것이므로 대체로 朱熹가 말한 "禮·樂·射·御·書·數之文, 灑掃應對 進退之節"과 가깝다.

이렇게 볼 때 육서는 다만 保氏가 소학에서 가르친 12과정 중 1종에 지나지 않으므로 六書의 學을 小學이라 칭한 것은 합당치 못하다. 唐대의 顔師古(581~645)도《漢書》를 作注한 杜鄴傳의 "尤長小學" 下注에서 "小學謂文字之學也"라고 해설하였다. 그도 곧 小學을 文字의 學으로 파악한 것이다.

宋대에 晁公武가 지은《郡齋讀書志》에서도 문자의 학이라는 명칭을 제기한 바 있는데, 그 내용은 다음과 같다.

"문자의 학은 무릇 세 가지가 있다. 그 하나는 체제이니 점획은 縱橫曲直의 다름이 있음을 말하는 것이고, 둘째는 訓詁이니 칭위는 古今과 雅俗의 다름이 있음을 말하는 것이며, 셋째는 음운이니 호흡은 淸濁과 高下의 다름이 있음을 말한다."

나아가서 문자학의 내용은 응당 體製・訓詁・音韻 등 세 가지 면을 포괄해야 된다고 주창하였으면서도《郡齋讀書志》經部 第十類의 類名은 오히려 구태의연하게 "小學" 두 글자를 사용하고 있어서 그도 역시 문자학이라는 바른 명칭은 내걸지 못하였다. 그리하여 소학이라는 명칭은 淸대의 유학자에 이르기까지 정정되지 않은 채 계속 답습되어 왔다.

그러던 것이 民國에 이르러 章炳麟(字 : 太炎)은 소학에 대하여 큰 공헌을 남겼다. 그는 "周禮八歲入小學……"이라는 기록에 의거하여 小學을 전적으로 文字學이라 간주하는 것은 옳지 않다고 주장하고 다음과 같이 말하였다.

"六書는 물론 小學의 기본이기는 하지만, 周禮에서 말한 소학에는 사실상 禮・樂・射・御・書・數와 六容이 있었다. 육서를 빼놓고도 五藝와 六容이 있었으므로 육서가 소학의 전부라고는 말할 수 없다. 일부의 사물을 가지고 전체의 명칭을 삼는 것은 불합리하기 때문에 우리는 마땅히 이름을 고쳐야 한다."[19]

그 뒤로 章炳麟의 제자였던 錢玄同과 朱宗萊는 스승의 의견에 따라 錢氏가 전담하여 집필한 「音篇」과 朱氏가 전담한 「形篇」, 「義篇」을 합본하여《文字學》[20]이라는 책을 간행하였는데, 文字學이라는 정식 명칭이 쓰이기 시작한 것은 이 때부터이다.

제3절 文字學의 내용과 연구 범위

문자란 언어를 기록하는 일종이 기호라고 하였다. 그러므로 언어를 표기할 수 있는 문자로 정착하기 위해서는 먼저 字形을 갖추어야 하

---

(19) 章炳麟,「論語言文字之學」《國粹學報》林尹 (1971), p. 29 재인용.
(20) 錢玄同・朱宗萊《文字學 : 形音義篇》(1921), 中華書局.

고, 음성 언어(입말)와 서사 언어(글말)를 연결하여 읽을 수 있는 字音
이 있어야 하며, 전달의 기능을 달성하기 위해서는 일정한 字義를 가져
야 한다. 특히 漢字는 위의 세 가지 중에 한 가지라도 제외하면 문자로
서의 기능을 잃고 만다. 이런 뜻에서 「形·音·義」를 한자의 三大 要素
라고 한다.

그리하여 한자는 자형상으로 字音을 기록하기도 하고, 字義를 표현
하기도 한다. 자음상으로 物形의 음을 흉내내기도 하며, 物義의 음을
본뜨기도 한다. 또 자의상에서 자형의 근거를 찾기도 하며, 자음의 유
래를 추구하기도 한다. 이것이 곧 한자가 가진 특성이다.

가령 마음 속에 '해'나 '달'이 생각나면 해(日)는 實하고, 달(月)은
闕한 것이므로 '實'과 '闕'의 성음을 취하고, 그 뒤에 다시 해와 달의 형
상에 따라 ⊙, ☽과 같은 자형을 결정한다. 이것은 義를 거쳐 音이 생
기고, 音을 거쳐 유형의 문자를 제작한 과정이다.

또 《說文》에서는 天, 川을 다음과 같이 설명하였다.

「天, 顚也. 至高無上, 从一大.」
「川, 毌穿通流水也 …… 言深〈《之水會爲川也.」

하늘(天)은 머리 위에 있으므로 '天'을 顚(이마 : 전)이라고 불렀는
데, 天·顚은 고음이 같다. '川'은 꿰뚫고 흘러간다 하여 穿(통할 : 천)이
라고 불렀는데, 川·穿은 그 음이 같다. 이는 사물의 형을 모방한 음
이다.

역시 《說文》에 보면

「葬, 臧也. 从死在茻中, 一其中所以荐之.」
「戶, 護也. 半門曰戶, 象形.」

이라 하였다. '葬'의 뜻은 풀 속에다 시체를 감춘다(臧)는 뜻이므로 葬
을 '臧'으로 풀이한 것인데, 두 자는 음이 같다. 그리고 '戶'의 뜻은 사
람의 생명과 재산을 보호하는 것이므로 '戶'는 '護'라고 해설하였는데,
역시 두 자는 음이 같다. 이는 物의 뜻을 나타낸 음이다.

그리고 독체의 초문을 예로 든다면 '日·月·山·川'은 한편으로는
⊙ ☽ ⛰ 《《의 자형에서 그 뜻을 상상할 수 있고, 또 한편으로는 '實·

關·宣·穿'의 성음을 통하여 그 뜻을 추지할 수 있다. 합체자도 마찬
가지이다. 가령 '淺·錢·殘·賤'은 한편으로는 '水·金·歹·貝'의 형부
에 의하여 그 성질을 분석할 수 있고, 또 한편으로는 戔(잔, 전)의 성
부에 의하여 이들이 필시 작다(小)는 뜻이 내포되어 있음을 이해할 수
가 있다.「形＋形」의 회의자는 물론이고 성음상에서도 언어의 근원을
종극에까지 추구하여 보면 상호간의 의의 관계를 찾아낼 수 있는 경우
가 있다. 이는 자의면에서 자형과 자음의 유래를 밝히는 예이다.

위에서 한자의 요소로 形·音·義를 지적하고 삼자의 긴밀한 관계
를 예시하였다. 그러나 시대에 따라 이에 대한 취급 태도는 다소 다름
이 있었다.

먼저《漢書》藝文志에 수록된 小學類의 書目 조항을 들어 보기로
하자.

史籒 15篇：周宣王 太史, 作大篆十五篇, 建武時(25〜57)亡六篇矣.
八體六技
蒼頡 1篇：上七章 秦丞相 李斯作; 爰歷六章 車府令(21) 趙高作; 博學
　　　　七章 太史令(22)胡毋敬作.
凡將 1篇：司馬相如作.
急就 1篇：元帝時 黃文令 史游作.
元尙 1篇：成帝時 將作大匠 李長作.
訓纂 1篇：揚雄作.
別字 13篇
蒼頡傳 1篇
揚雄 蒼頡訓纂 1篇
杜林 蒼頡訓纂 1篇
杜林 蒼頡故 1篇：凡小學十家, 四十五篇. 入揚雄, 杜林二家二篇.

등이다.

위에 열거한 소학류 책들은 당시 아동들에게 글자를 가르치기 위
하여 편찬한 識字敎本이다. 이 가운데《史籒·蒼頡·凡將·急就·元尙·
訓纂》등의 篇은 당시 中國에서 통용된 문자로써 韻句를 편성하여 기

---

(21) 中車府令이라고도 하며 車를 관할하는 벼슬.
(22) 天文曆星을 관장하는 벼슬.

억과 암송에 편리하도록 만든 것이다. 문자는 될 수 있는 대로 중복을
피하였는데, 《凡將》과 《訓纂》은 전편을 통하여 1자도 중복된 것이 없
다. 《蒼頡傳·蒼頡訓纂·蒼頡故》 등은 문자의 형을 열거한 외에도 간단
한 해석을 덧붙였다. 《八體六技》는 각 글자의 다른 書法을 한데 편집한
것이요, 《別字》는 잘못 쓴 자를 모은 것이다. 이를 미루어 보면 前漢의
소학서 내용은 문자의 형체 면에 치중한 것이 아닌가 한다.

　이처럼 형체가 위주이었던 소학서는 시대에 따라 그 내용도 점차
로 확대되었다.

　《隋書》 經籍志 小學類 後序에

　　"魏世又有訓詁, 說文, 字林, 音義, 聲韻, 體勢等諸書"

라고 하였다. 訓詁는 字義를 논하고, 聲韻은 字音을, 體勢는 字形을 전
문적으로 논한 것이다.

　宋대에 나온 王應麟(1223~1296)의 《玉海》에서도 소학을 체제, 훈
고, 음운으로 나누었는데, 晁公武도 역시 같은 분류법을 쓰고 있다.

　淸대의 《四庫全書》에서는 소학류를 나누되 《爾雅》 이하를 훈고류
로, 《說文》 이하를 자서류로, 《廣韻》 이하를 성운류로 하였다. 문자학은
응당 자형, 자의, 자음 등 세 방면을 포괄, 연구해야 함을 인식한 것이
라 하겠다.

　민국 이후로 唐蘭(1901~1979)은 문자학은 마땅히 성운과 훈고를
제외하고 자형만을 설명하면 된다고 주장한 바 있다.[23] 자형의 구조와
변천만을 연구 대상으로 삼는 문자학을 협의의 문자학이라고 하는데,
이는 前漢의 문자학 내용과 상부한다. 이와 달리 錢玄同·朱宗萊가 공
저한 《文字學》은 音篇·形篇·義篇으로 나누어져 있는데, 이러한 광의
의 문자학은 前漢 이후로 발전한 문자학의 형태이다.

　한자는 무릇 한 개의 文이건 字이건 반드시 形·音·義의 세 요소
를 구비하여야 제 구실을 할 수 있다. 黃侃(字, 季剛 : 1886~1935)은
《聲韻略說》[24]에서 "形音義 세 가지는 비록 다름이 있으나 실상은 同依

---

(23) 그의 《中國文字學》에는 聲韻과 訓詁에 대한 설명이 전연 없다.
(24) 黃侃 《黃侃論學雜著》(1960), 臺北 pp. 93~137 참조.

一體이다. 즉 눈으로 보고 관찰할 수 있는 것이 形이고, 귀로 듣고 알수 있는 것이 聲이며, 생각하여 얻을 수 있는 것이 義이다. 그 하나가 있으면 반드시 그 둘이 있다"라고 하였다. 이 말은 곧 문자의 연구는 모름지기 상기 세 요소를 꿰뚫어야 한다는 뜻이다. 겨우 문자의 기원·변천만을 안다거나 혹은 문자의 形·音·義를 따로 떼어 상호간의 관계를 추구하지 못한다면 漢字의 전모를 인식하였다고 말하기 어렵다. 따라서 한자를 연구하는 문자학은 광의의 문자학으로 지향되어야 할것이다.

　　이상의 논의를 정리하여 文字學의 연구 범위를 종합하면 다음과 같다.

$$
文字學
\begin{cases}
字形 \cdots\cdots 字形學 \\
字音 \cdots\cdots 聲韻學(音韻學) \\
字義 \cdots\cdots 訓詁學
\end{cases}
$$

　　결론적으로 漢字學(文字學)은 한자를 연구하는 학문으로서 그 임무는 한자의 발생·진화·특성 등을 밝히고, 한자 구조의 법칙과 운용의 조리를 탐구함과 동시에 형체·성운·의의상으로 가지는 특수 관계를 이해하여 넓게는 동양학의 연구에 이바지하고 또한 한자의 발전 방향을 모색하는 데 있다고 하겠다.

제 4 장
中國文字學 略史

중국인의 문자 연구는 각종 문헌 자료에 의하면 이미 周나라 때부터 시작되었음을 추지할 수 있다. 그러나 한자의 연구가 문자학으로서 하나의 체계적인 학문으로 성립된 것은 後漢 때 許愼의 《說文解字》가 나온 뒤부터이다. 그러다가 魏・晉 시대 이후로 자형, 자음, 자의의 연구는 점차 방향을 달리하여 발전되었는데, 淸代에 들어서면서 드디어 모든 연구가 절정을 이루었다.

그러므로 광의의 문자학 연구사를 기술하려면 적어도 ① 秦漢 시기 ② 魏晉南北朝 시기 ③ 隋唐 시기 ④ 宋元明 시기 ⑤ 淸代 시기 ⑥ 近代・現代 시기 등으로 구분하여 발전 과정을 고찰해야 마땅할 것이다. 그러나 졸저는 문자학사의 전문서가 아니므로 여기에서는 다음과 같이 5절로 나누어 간략히 서술하는 데 그치고자 한다.

제 1 절 文字學의 開創 時期

중국에서 문자의 교육은 오래 전부터 시행되었다. 《周禮》秋官 大行人에 보면 "王之所以撫邦國諸侯者, 九歲屬瞽史,[1] 諭書名"이라는 말이 있고, 또 《說文》敍에도 "周禮, 八歲入小學, 保氏敎國子, 先以六書"라는 기록이 전한다. 이 증언에 따르면 周代(戰國 시대)에 이미 문자 교육이 실시되었으며, 한자의 자형 구조에 대해서도 상당한 관심이 있었던 것

---

[1] 瞽史(고사)란 周官의 명칭이다. 瞽는 樂師로서 음악을 관장하고, 史는 大史・小史로서 음양・천문・예법의 書를 관장하였다.

으로 보인다. 秦나라 이전의 전적 중 《春秋左傳》에 「止戈爲武」(宣公 12년), 「反正爲乏」(宣公 15년), 「皿蟲爲蠱」(昭公 원년)와 같은 자형 구조의 해설이 있고, 《韓非子》(五蠹)에도 "倉頡之作書也, 自環者謂之厶, 背厶者 謂之公"이라 하여 '厶(私)·公'자의 의미를 해석한 바가 있다.

또 이 시기에 이미 한자의 訓詁와 고금 방속의 언어 차이도 인식하였다는 증거를 《爾雅》에서 찾아볼 수 있다.[2] 우선 《爾雅》의 명칭은 漢末 劉熙의 《釋名》에

"爾雅: 爾, 昵也; 昵, 近也. 雅, 義也; 義, 正也. 五方之言不同, 皆以近正爲主也."

라 한 바와 같이 爾雅란 雅言에 가깝게 한다는 의미로 해석된다. 《論語》述而편에 "子所雅言, 詩書執禮, 皆雅言也"라는 말이 있다. 이것은 공자는 魯나라 사람이어서 일상 생활에는 魯 방언을 사용하면서도 시서 집례의 경우에는 正言을 쓴다는 뜻이다. 雅言, 正言은 북방 황하 유역 지구의 공통어, 즉 中夏의 말을 가리키니 지금 같으면 일종의 표준어와 같은 용어이다.[3]

사실 周대에 平王이 鎬京에서 洛陽으로 동천한 이후(B.C. 770~)로 왕실의 세력은 날로 쇠약하여졌다. 게다가 제후들의 패권 다툼으로 전쟁이 빈번하여 백성들의 삶이 불안하여지자 이주자들이 늘어남으로써 점차 언어에도 큰 변화가 생겨났다. 따라서 지역 방언의 소통이 어려워진 까닭에 표준이 될 만한 中夏의 雅言으로써 이를 훈고할 필요성이 생겨난 배경을 알아야 한다.[4]

《爾雅》는 《漢書》 藝文志에는 "三卷二十篇"이라 하였지만 현재는

---

(2) 《爾雅》의 作者는 크게 세 가지 설이 있다. ① 孔子 門人所作說(鄭玄), ② 周公 所作說(張揖), ③ 秦漢 때 學詩者들이 纂集하였다는 說(歐陽修).
　　林尹 《訓詁學槪要》(1972), pp. 210~221 참조.
(3) 周祖謨는 이에 관련하여 다음과 같이 말하였다.
　　"春秋時代의「雅言」就是一般所說的官話, 這種官話就是「夏言」."《問學集》下册 (1966), p. 701.
(4) 춘추·전국 시대에 訓詁가 흥기하게 된 이유는 대체로 네 가지를 들 수 있다. ① 언어의 발전 과정에서 생긴 古今語와 방언의 차이, ② 書寫의 文言과 口語에서의 用詞의 차이, ③ 사회 발전으로 名物이 많아지자 一詞多義 현상이 보편화한 점, ④ 언어의 작용에 대한 인식이 높아진 점 등이다.

19편만이 전한다. 이 책은 王充(89-104년 간에 졸함)도 《論衡》에서 "爾雅之書, 五經之訓"이라 말한 대로 전통적으로 중요시되어 宋대에는 13經에 끼게 되었다.

《爾雅》와 매우 비슷한 책으로는 揚雄(B.C.59~A.D.18)의 《方言》(原題는 「輶軒使者絶代語釋別國方言」임)이 있다. 두 책은 언어 정책상 필요한 字書였음은 물론이지만, 특히 《方言》은 말의 고향이 기재되어 있어서 문헌의 해석을 확실히 하는 데 편의를 제공한 점에서도 가치 있는 문헌이다. 예컨대 《方言》 첫머리에

  "黨·曉·哲, 知也. 楚謂之黨, 或曰曉, 齊宋之間謂之哲."

이라 하였다. 여기에서 '知'는 표준·공통어에 해당한다. 이것은 마치 《爾雅》(釋詁 第一)에서 "初·哉·首·基·肇·祖·元·胎·俶·落·權輿: 始也"라고 표현한 방법과 흡사하다.

  秦나라 때에 진시황은 천하를 통일한 뒤 이른바 '書同文字'정책을 추진하였다.[5] 그 때 중앙정부의 최고 간부였던 李斯는 《倉頡篇》을, 趙高는 《爰歷篇》을, 胡母敬은 《博學篇》을 저술하였다. 이것은 모두 小篆을 이용하여 편집한 책으로 당시 문자 학습 교본의 표준이 되었다.

  劉邦이 漢나라를 일으키자 蕭何가 제정한 律令에서도 문자 교육을 매우 중시하였는데, 《漢書》藝文志는 그 율령을 인용하여 다음과 같이 전하고 있다.

  "太史試學童, 能諷書九千字以上, 乃得爲史. 又以六體試之, 課最者以爲尙書御史, 史書令史. 吏民上書, 字或不正, 輒擧劾."

즉, 전한 시대에는 太史가 학동에게 문자에 관한 시험을 보였는데, 이 때 9천자 이상의 글자와 자음을 이해한 자에게는 군·현에서 문서를 관장하는 관리(史)로 임용하였다. 그리고 다시 여섯 가지 서체[6] 시험을 보여 가장 우수한 자는 중앙에서 문서를 관장하는 상서·어사[7]의

---

(5) 六國 시대에는 문자가 극히 雜亂하여 각국 각지마다 자형과 자음이 달랐으므로 秦始王은 문자 통일의 필요성을 깨달은 것이다.
(6) 六體란 '古文·奇字·篆書·隷書·繆篆·蟲書'를 가리킨다. 《漢書》藝文志 참조.
(7) 尙書란 주로 문서의 發布를 담당한 벼슬이고, 御史는 관리의 부정을 규탄한 벼슬이다.

史書令史[8]가 되고 관리나 백성들의 상소문에 글자가 바르지 못하면 심판을 받았다는 내용이다. 이 점을 고려하면 당시에 어느 정도로 문자의 정해가 요구되었는지를 알게 한다.

漢대 초에는 민간에서 아동들에게 문자를 가르치는 書師가 《倉頡·爰歷·博學篇》의 세 편을 하나로 합하여 광의의 《倉頡篇》을 만들었다. 이것은 60자를 1장으로 하여 55장으로 구성되었던 것이라 하니 모두 3,360자를 정리한 당시의 표준적인 識字敎科書였다.[9]

前漢 때에는 문자를 개정 정리하기 위하여 두 차례의 대회를 소집한 일이 있다. 《漢書》藝文志에 의하면 위의 《倉頡篇》은 옛 글자가 많아서 俗師들이 잘 읽지 못한 자가 있었으므로 宣帝(B.C.73~49) 때에 齊나라 사람을 불러다가 俗讀을 바로잡게 하였다. 張敞이 정독법을 배워 자기 외손인 杜林(?~47)에게 전하였던바, 杜林은 《倉頡訓纂》과 《倉頡故》를 지어 처음으로 字義를 해석하는 주해를 붙였으므로 漢人들은 그를 小學의 창시자로 숭앙하였다.[10] 또 한 차례는 平帝(1~5 재위) 때 爰禮 등 100여 인을 불러 그들이 알고 있는 글자를 궁중에서 써 보도록 한 일이 있었는데, 이에 揚雄(B.C.53~A.D.18)은 《訓纂篇》을 짓게 되었다. 이 사실은 《說文》敍에도 기록되어 있다.

그러나 前漢 때의 학술계는 당시의 今文經派에게 독점되어 古書는 갈수록 어렵게 되었다. 따라서 俗儒鄙夫들이 漢대에 통용된 隸書를 근거로 하여 문자를 해설하였기 때문에, 「馬頭人爲長」, 「人持十爲斗」, 「土力于乙者爲地」, 「八推十爲木」, 「蟲者屈中也」(蟲자는 中자를 굽힌 것)와 같이 자형을 멋대로 해석한 일이 많았다. 그러기 대문에 이 시기까지의 문자학은 識字 교육을 위한 실용 본위에 그쳤을 뿐 아직 체계적인 학으로 수립되지 못한 것이었다.

---

(8) 史書는 漢代에 관청에서 관리들이 공적인 문서(공문서)에 썼던 書體를 가리키며, 令史란 하급 관리를 뜻한다. 따라서 '史書令史'란 공문서를 쓰는 일을 맡은 관리의 뜻이다. 위의 인문에서 太史에 의한 문자 시험은 곧 국가 통치에 불가결한 다량의 문서를 쓰는 관리를 채용하기 위하여 실시했던 것으로 생각된다.

(9) 그 뒤에 나온 동종의 책명에 대하여는 《漢書》藝文志 참조(본서 p.114).

(10) 《漢書》杜鄴傳에 "世言小學者 由杜公"이라 하여 杜林을 문자학의 창시자로 보았다.

제 2 절   文字學의 確立 時期

중국에서 문자학의 확립은 古文經과 밀접한 관계가 있다. 고문경은 두 가지 원류가 있는데, 한 부류는 《毛詩·費氏易·左氏傳》 등과 같은 傳世의 古書이고, 또 한 부류는 소위 孔子의 壁中에서 얻은 《禮記·春秋·論語·孝經》 등의 고서이다(p. 77, 주 34 참조).

劉歆(?~23)[11]은 學官에서 이들 古文經을 가르치게 하기 위하여 그 당시 교육을 주지하던 太常[12]으로부터 학관에서 글을 가르치던 박사들에게까지 편지를 보냈다. 그러나 태상이나 박사들은 모두 당시의 今文經學家들이었기 때문에 劉歆의 건의를 받아들이기는커녕 그를 國都에서 추방하였다. 이것이 바로 今古文의 싸움이 생긴 최초의 사건이다.

고문경은 秦 이전의 古籒 문자로 쓰여진 것이어서 漢대의 금문경에서 사용한 隷書보다는 훨씬 오랜 것이다. 그러므로 고문경학자들은 고문경에 쓰인 문자로부터 능히 한자의 원류와 그 법칙을 연구하여 낼 수가 있었다. 동시에 劉歆, 鄭衆, 賈逵(30~101)에 의하여 六書의 條例는 더욱 더 그 연구가 성숙하여지게 되었다. 그러다가 賈逵의 제자인 許愼[13]

---

(11) 劉歆은 孔子의 참뜻을 바로 전하기 위하여 古文經書를 중시하였다. 때마침 그의 외척인 王莽 시대에 유흠이 太師公으로 중용되자 이 때의 官學界는 古文이 今文(隷書體)을 압도하여 고문경의 학문을 교수하는 博士官이 설치되었다. 이 때 그는 父 劉向과 함께 궁중의 秘藏書를 교열하고 부친이 사망하자 천하의 서적을 모아 유업을 계승, 중국 최초의 분류 도서목록인 《七略》을 완성하였다. 그러나 왕망의 세력은 불과 15년에 그치고 뒤에 劉秀(後漢 光武帝)가 漢을 부흥하자 古文經을 신봉하던 왕망 일파는 무너지고 다시 官學에서는 今文經 학파가 채용되기에 이르렀다.

(12) 秦나라 때 奉常이라 하였던 官名인데, 漢나라 때 太常으로 고쳤다. 九卿의 하나로 宗廟의 禮儀를 관장한 직이었는데 淸末에 폐지되었다.

(13) 許愼은 중국 문자학의 창시자로 유명하지만 《後漢書》 儒林傳에는 다음과 같이 간략히 기록되어 있을 뿐이어서 자세한 사적은 알기 어렵다.

許愼 字叔重, 汝南 召陵(지금의 河南성 郾城현: 저자 주)人也. 性淳篤, 少博學經籍, 馬融常推敬之, 時人爲之語曰: 五經無雙許叔重. 爲郡功曹, 擧孝廉, 再遷除洨長, 卒于家. 初愼以五經傳說臧否不同, 於是撰爲 五經異義, 又作 說文解字 十四篇, 皆傳於世."(全文임)

위의 인문에 따르면 孝廉推擧로 汝南郡 工曹와 洨長(地方官)을 지내다가 집에서 졸한 것으로 나타난다. 그러나 그의 아들 許沖이 建光 원년(121)에 《說文解字》를 조정에 獻上하면서 올린 上表文 중의 "臣父故大尉南閣祭酒愼, 本從逵受古學"(《說

에 이르러 당시에 "五經無雙許叔重"[14]이라는 명성을 떨치고 있던 그는 古文經, 《史籀篇》·《倉頡篇》과 鼎彝, 古器 등에 쓰인 古文을 근거로 하여 중국 최초의 언어학의 명저요 漢字學의 寶典이라 일컫는 《說文解字》를 완성함으로써 문자학의 확립 시기를 맞게 되었다.

《說文解字》가 완성된 해는 和帝 永元 12년(A. D. 100)이었으나 그의 아들 許沖이 이를 조정에 헌상한 것은 安帝 建光 원년(121)이었다. 20년간은 아마도 推敲에 종사하다가 그 무렵 병석에 있었던 許愼은 대신 아들을 시켜 이 책을 황제에게 진상한 것으로 보인다. 허신이 《說文》을 저술하게 된 동기는 兩漢의 정치 사상 및 학술 경향과 밀접한 관계가 있다.

《說文》 敍에

"蓋文字者, 經藝之本, 王政之始, 前人所以垂後, 後人所以識古. 故曰本立而道生, 知天下之至賾而不可亂也."

라고 하였다. 즉 문자란 학문(經藝)의 근본이며 왕에 의한 통치의 기초이다. 또한 前代人들이 후세에 수범하는 도구인 동시에 후세인들이 전대의 학문을 배우는 도구이다. 그러므로 《論語》(學而篇)에서는 "근본이 정해져야 비로소 道가 생긴다"라고 하였고, 《周易》에서는 "천하의 지극히 깊은 것을 알아야 어지럽게 하지 못한다"[15]고 한 내용이다.

이 말 속에 許愼의 문자관과 《說文》의 저술 동기가 잘 드러나 있다. 다시 말하면 經書는 인간이 살아가는 규범을 밝힌 고전이므로 이를 바르게 해석하려면 단 한 글자라도 바르게 해석하는 데서 출발해야 한다고 믿었다. 그리하여 당시에 今文學者들이 문자를 함부로 해석하는

文》十五 下, 9a)에 따르면 大尉南閣祭酒(大尉府)를 지내다 사임하였음을 알 수 있다. 동시에 "愼博問通人, 考之於逵, 作說文解字"(《說文》十五 下, 10a)의 말에서 許愼이 賈逵의 제자임도 밝혀진다. 高明은 「許愼生平行迹考」, 《臺灣 國立政治大學報》 第18期(1968: 7)에서 許愼의 生年을 建武 말년(55 이전)으로 보았는데, 許沖의 上表文을 감안하면 그의 생졸 연대는 아마도 55 이전~121 이전으로 추정된다.
(14) 許叔重(許愼의 字)을 「五經無雙」으로 평한 까닭은 「重 : 雙」자음의 押韻을 고려한 것이다. 《後漢書》 중의 時人評語는 압운에 의거한 예가 많다. 「五經復輿 魯叔陵」(魯丕傳), 「五經從橫 周宣光」(周擧傳), 「殿中無雙 丁考公」(丁鴻傳)과 같은 평어가 그러하다.
(15) 이 대목의 《周易》(繫辭 上) 원문은 "言天下之至賾, 而不可惡也, 言天下之至動, 而不可亂也"이다.

俗說과 野言을 비판하고 이를 시정하려고 하였던 것이다.

《說文》이 중국문자학(한자학)에 끼친 공헌은 대략 다음 다섯 가지로 요약할 수 있다.

(1) 六書의 이론으로써 한자의 구조와 운용의 원칙을 해설한 점.

(2) 古文·籒文과 篆文에 의거하여 한자의 원류와 발전의 관건을 파악한 점.

(3) 한자의 본뜻을 풀이하고 假借와 引伸의 기초를 수립한 점.

(4) 한자의 전통을 존중하고 여러 경전과 문헌에서 산발적으로 행하여진 문자의 해설을 집대성한 점.

(5) 9,353자의 한자를 540부수로 귀납한 방법이 후세의 字書 편찬에 있어서 문자 배열의 길을 열어 준 점 등이다.

이리하여 오늘날까지도 한자의 의미와 구조를 밝히려 할 때는 이 책이 典範으로 이용되고 있다.[16]

《說文》 외에도 後漢 말년에 나온 문자학의 중요 서적 중에 劉熙가 지은 《釋名》이 있다. 이 책은 저자 개인의 관찰에 따라 音訓法(pp. 713~725 참조)을 응용하고, 음이 가깝거나 혹은 같은 문자로써 一事一物을 명명한 유래와 그 取義의 단서를 추구하였다. 물론 현대 언어학적 안목으로 본다면 너무 주관에 흘러서 황당한 면도 있다. 그러나 저자는 사물 명명의 연유를 충분히 탐구하여 어음(성음)과 어사 의미와의 관계를 밝혔을 뿐 아니라, 당시의 방언을 이용하여 이를 증명하려 한 점 등 탁견이 많이 드러나 있으므로 지금도 귀중하게 여기는 문헌이다.

---

(16) 1899년 甲骨文字가 발견된 뒤 현대 학자들의 논저에서는 《說文》을 비판하는 태도가 강하여졌다. 예를 들면 董作賓의 제자인 胡厚宣은 「五十年甲骨學發現的總結」(1951, 上海 商務印書館, p. 2)에서 갑골문자의 발견과 연구에 따라 적어도 《說文》의 $\frac{2}{10}$ 내지 $\frac{3}{10}$이 수정된다고 하였다. 또 王力 《中國言語學史》(李鍾振·李鴻鎭 공역, 1983, 啓明大 pp. 65~69)에서는 ① 자형에 대한 잘못된 해석, ② 자형에 따라 자의를 해석함으로써 견강부회를 면치 못한 점, ③ 성훈 등의 비과학적 해설 등을 들어 결점을 지적하였다.

그러나 《說文》은 그 시대의 산물이므로 모두 비과학적인 것으로 비판만 해서는 안되고 오히려 漢대라고 하는 시대 상황과 학술의 사조를 고려하며 이를 공시적으로 연구하여 그 가치를 인정해야 할 것이다.

제 3 절 文字學의 發展 時期

魏·晉 시대로부터 明 말까지는 중국문자학의 발전 시기라 할 수 있다. 이 기간 중의 문자학은 形·音·義 방면을 비롯하여 六書의 이론에 이르기까지 전문적인 저작이 많이 나왔다.

1. 字形(字樣)學

晉의 東萊 현령 呂忱이 撰한 《字林》은 《說文》을 증보한 字書이다. 唐나라 封演의 《封氏聞見記》에

"晋有呂忱, 按羣典搜求異字, 撰字林七卷, 五百四十部, 凡一萬二千八百二十四字, 諸部皆依說文, 說文所無者, 皆呂忱所益."

이라 한 데서 부수와 자수를 알 만하다.[17]

그리고 《魏書》江式傳에도

"尋其況趣, 附託許愼說文, 而按偶章句, 隱古籀奇惑之字, 文得正隷, 不差篆意."

라 한 점으로 보아 이 책은 隷書를 준거한 듯하나 지금은 전하지 않는다.

南北朝의 南陳 시대에 顧野王(字, 希馮. 現 江蘇 吳縣人, 519~581)이 지은 《玉篇》30 권(543)이 있는데, 《說文》과 《字林》에 의거하여 542 부로 나누었으나 차례만은 《說文》과 약간 다르다. 수록된 자수는 16,917 자이다. 각 자를 주해할 때 음을 먼저 밝히고, 다음으로 音, 證, 案, 廣證, 體의 순서로 五例의 방법을 취하였다. 그러나 아깝게도 현재 日本에 보존되어 있는 原文(古逸叢書에 影印되었음)은 그 일부에 불과하다 (62 部 2,052字). 그리고 曹棟亭本, 澤存堂本, 建安鄭氏本 또한 모두가 증가본이거나 약출본이어서 注文이 대부분 삭제되어 버렸다. 현재 널리

---

(17) 唐, 張懷瓘의 《書斷》에 의하면 呂忱의 字는 伯雍인데 문자에 박식하였다 하고, "說文之類, 少篆之工, 亦叔重之亞也"라 하였다.

이용되고 있는 것은 張士俊의 澤存堂 刻本인《大廣益會玉篇》이다.

唐대에 이르러 李陽冰은 篆·籒書를 중흥시켜 說文을 刊定하고 新說을 제기한 바 있다.[18]

南唐에서 北宋 초에 걸쳐 徐氏 형제는《說文》을 연구하였는데, 徐鍇(920~974)[19]는《說文繫傳》(40권, 이를 小徐本 說文이라 칭함)을 지어 李陽冰이《說文》을 함부로 고친 점을 몹시 공박하였다. 그의 형인 徐鉉(916~991)은 또《說文》을 校定하였는데, 이것이 세칭 大徐本 說文이라고 일컬어지는 책이다.[20]

〔도표 1-50〕 小徐本 (四部叢刊本)

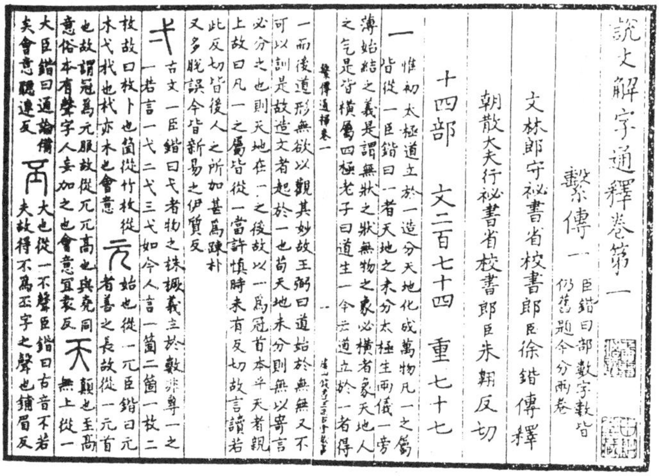

---

(18)《崇文總目》에 "李陽冰 刊定說文二十卷"이라는 기록이 있으나 지금은 전하지 않는다. 李陽冰은 李白의 시에도 가끔 등장한 인물인데 篆書의 명수로서 秦나라 李斯의 후계자는 바로 자기라고 호언하며《說文》의 小篆을 자기체로 고쳤다고 한다. 그러나 개중에는 취할 만한 것도 있다. 예컨대 許愼은 '木'자를 「从屮, 下象其根」이라 하였는데, 이를 李陽冰은 「象木之形」으로 고친 따위이다.

(19) 徐鍇는《宋史》(권 444) 文苑傳에 나타난다. 字는 楚金. 4살 때 부모를 잃어 독학으로 글을 익혀 北宋 初에 右內史舍人이 되었다. 그는《說文繫傳》의 祛妄편에서 앞의 李陽冰의 억설을 비판하였다. 한 예를 들면
　　"弌. 陽冰曰: 弌, 質也. 天地旣分, 人生其閒, 皆形質已成, 故一二三質從弋. 臣鍇以爲, 弋之訓質, 蒼雅未聞, 旣云, 天地旣分, 人生其閒, 皆形質已成, 乃從弋, 則一二之時, 形質未成, 何得從弋, 其謬甚矣."와 같다. 이러한 예가 56자에 달한다.

(20)《說文解字》는 後漢 때 許愼의 저술(100)임은 물론이지만 현재 우리가 이용하고 있는 텍스트는 北宋 초에 徐鉉이 칙명을 받들어 행한 校定本이다. 宋 太宗 雍熙 원년(984)에 교정을 마쳐 태종에게 진상하였다. 徐鉉 역시《宋史》(권 441) 文苑傳에 편모가 적혀 있다. 字는 鼎臣, 楊州 廣陵人이다.

〔도표 1-51〕 大徐本(四部叢刊同系影印本)

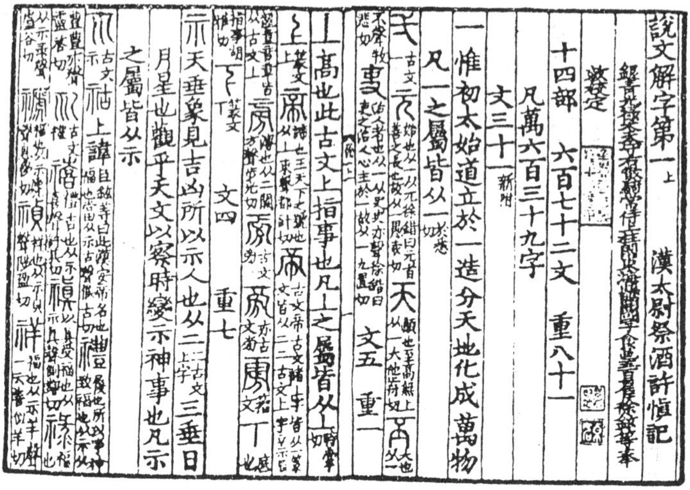
說文解字第一上　漢太尉祭酒許愼記
十四部　六百七十二文　重八十一
凡萬六百三十九字
文三十一 新附
一 惟初太始道立於一造分天地化成萬物凡一之屬皆从一
元　天　丕　吏
文五　重一
上 高也此古文上指事也凡上之屬皆从上
帝　旁　下
文四　重七
示 天垂象見吉凶所以示人也从二三垂日月星也觀乎天文以察時變示神事也凡示之屬皆从示
祜　禮　禧　禛　祿　禠　禎　祥

한자는 隸書에서 楷書로 넘어오는 동안 서사 방법에 혼란이 많이 생겼다. 顔之推(531～591?)의《顔氏家訓》雜藝篇에

> 眞草書迹, 微須留意, 江南諺云, 尺讀書疏, 千里面目也. …然以爲楷式, 畫虎不成, 多所傷敗, 至爲一字, 唯見數點, 或妄斟酌… (번역 생략)

이라 하였으니 北朝의 문자 혼란이 어떠하였던가를 짐작할 만하다. 그리하여《顔氏家訓》書證篇에는 "從正則懼人不識, 隨俗則意嫌其非, 略是不得下筆也"라고 한탄한 대목이 있다.

이와 같은 시대적 배경 속에서 마침내「俗字學」과「字樣學」이 출현하였음은 당연한 귀결이었다. 전자의 대표작은 服虔의 저술로 알려진《通俗文》으로 당시의 속자를 전문적으로 수집한 것이다.《顔氏家訓》書證篇에서 "文義允愜, 實是高才"라 하고, 또 "河北此書, 家藏一本"이라고 말한 점을 미루어 보면 이 책이 꽤 널리 유포되었던 것임을 알 수 있다.

그 뒤로 王義의《小學篇》, 葛洪의《要用字苑》, 何承의《天纂文》, 阮孝의《緖文字集略》을 비롯하여 敦煌에서 발견된 唐人의《俗務要名林》,《碎金》따위는 모두 이 계통에 속한다. 이 책들은 당시의 전적상으로 고증하면 물론 그 공은 있으나 자형면에서 육서에 합치하지 않고 正體

가 아니기 때문에 시대에 따라 도태되거나 散佚되고 말았다.

字樣의 學은 楷書의 필획을 확고히 하여 표준의 자형을 결정하는 데 그 목적이 있었다. 주요 저작 중에는 顔師古(581~645)의 《顔氏字樣》(1권), 杜延業의 《羣書新定字樣》, 顔元孫(顔師古의 손자)의 《干祿字書》(774), 歐陽融의 《經典分毫正字》, 唐 玄宗 開元 23년(735)작의 《開元文字音義》 및 《開成石經》과 동시에 간행된 張參의 《五經文字》(776), 唐玄度의 《新加九經字樣》(837) 등이 있다. 후대의 목판 등 인쇄에는 《開成石經》, 《五經文字》, 《九經字樣》 등의 자체를 표준으로 삼았기 때문에 1200년 말경에 한자의 자체는 俗에 흔들리지 않고 楷書가 규범 서체로서 온정하게 통일되기 시작하였으니 이는 문자학사상 字樣學이 남긴 하나의 중요한 성과라 하겠다.

2. 字 音 學

魏나라 孫炎은 《爾雅音義》를 저술하고 反切을 개시·채용하였는데, 이것은 중국의 음운학상 일대 발명이었다. 이어서 李登이 지은 《聲類》는 중국 최초의 운서라 하나 지금은 전하지 않는다. 이 뒤로 음운서가 봉출하였으니 그 중 주요한 저작으로는 呂靜의 《韻集》, 夏侯該의 《韻略》, 陽休之의 《韻略》, 周思言의 《音韻》, 李季節의 《音譜》, 杜臺卿의 《韻略》 등이 있었으나 역시 실전되었다. 그리고 위진 남북조 시대를 통틀어 대성한 韻書로는 隋나라 陸法言의 《切韻》(601)이 있다. 이 운서야말로 서문에서 밝혔듯이 "論南北是非, 古今通塞. 欲更捃選精切, 除削疏緩"한 운서 중의 경전이다(pp. 585~589 참조). 《切韻》은 平上去入으로 분권하였는데, 평성은 다시 상하로 나누었으므로 모두 5권이다. 평성 54운, 상성 51운, 거성 56운, 입성 32운 도합 193운이며, 수록된 자수는 12,158자이다.

王仁昫의 《刊謬補缺切韻》(706?), 孫愐의 《唐韻》(751), 李舟의 《切韻》은 물론, 宋나라 陳彭年 등이 편찬한 《大宋重修廣韻》(1008), 丁度의 《集韻》(1037) 등은 모두 陸法言의 《切韻》을 계승하여 약간씩 수정 증보한 운서들이다.

3. 字 義 學

後漢 말년에 漢學의 正宗인 鄭玄(127~200)은 今古文을 합하여 經書를 주석하였다. 실상 남북조 시대 이후로 경서에 대한 해석이 구구하였는데 隋·唐대의 諸儒들도 불경의 번역에 영향를 받아 音義의 學과 義疏의 學에 관심이 깊었던 것이다. 集解라든가 刊正의 學이 나오게 된 까닭도 실은 해석이 분기한 데다 사본이 일치하지 않았기 때문이다. 마침내 顔師古(581~645)의 《五經正義》가 나온 뒤에야 비로소 경서는 異說이 없어지다시피 하였다.

後漢의 樊光, 李巡, 魏나라 孫炎 등도 모두 《爾雅注》를 쓴 바 있으나 이를 집대성한 노작이라면 아무래도 晋나라 郭璞(276~324)의 《爾雅注》를 꼽을 것이다.

郭注의 특색을 네 가지만 들면 다음과 같다.

(1) 方言을 인용하여 《爾雅》를 증명한 점

(2) 당시의 언어를 증거로 하여 《爾雅》를 넓힌 점

(3) 언어의 通轉을 밝힌 점

(4) 語義의 변천을 밝힌 점

게다가 취재가 풍부하고 태도가 신중·세심할 뿐더러 이전의 注가 빠뜨린 것들을 바로잡았기 때문에 이 책이 나오자 기간의 주들은 폐기되고 말 정도였다.

魏나라 張揖의 저작에 《廣雅》가 있다. 《廣雅》의 격식은 《爾雅》와 같은데, 《易·書·詩·三禮·三傳》 등 經師의 訓과 《論語, 孟子, 鴻烈, 法言》의 注, 《楚辭, 漢賦》의 解, 《讖諱》의 記, 《倉頡, 訓纂, 滂憙, 方言, 說文》의 설을 수집하여 爾雅를 보충하였으므로 책명을 《廣雅》라 하였다. 이는 훈고학에 있어서 불후의 명저이다.

唐나라 때 陸德明이 지은 《經典釋文》(30권, 583)은 유가의 경전에 전하는 문자 音義를 해석한 책으로 후세의 경학, 음운 연구자에게 귀중한 문헌이다.

또 宋대에 나온 《爾雅》의 해설서로는 邢昺(932~1010)의 《爾雅疏》가 있다. 그는 여기에서 郭璞이 注한 것 중 미상한 점을 보충하고 舊籍

을 증거로 인용하여 郭注를 증명하기도 하였다. 聲近通借와 音義相同으로써 같은 뜻의 여러 글자를 설명하고 풀이한 점들은 곧 訓詁의 방법을 밝힌 것이라 하겠다.

元대에는 宋나라 유학자들의 經說을 고수하고 注疏를 소홀히 하였기 때문에 고음이나 고의에 저촉된 바가 많았다.

明末에 이르러 朱謀埠의 《駢雅》(1587), 楊愼(1488~1559)의 《古音複字》, 方以智(1579~1671)의 《通雅》(52권)와 같은 책들은 모두 聲近義通의 이치를 밝혔으며, 사물의 명칭과 훈고, 음운을 상론하였기 때문에 실로 淸대 考證學의 門을 열어준 셈이다.

4. 六書의 이론

宋대에 王子韶(字 : 聖美)는 '右文說'을 제창하여 형성자의 성부는 음뿐 아니라 뜻을 나타내므로 성부가 같은 자는 대개 공통적인 기본의 미를 지닌다(p. 314 참조)고 하였는데, 이는 훈고학에서 흔히 중하게 여기는 조례 중의 하나이다.

역시 宋나라 鄭樵(1104~1160)는 《象類書》(11권)를 짓고, 獨體는 文, 合體는 字라고 하였다. 또 330母를 形의 主로 세우고, 870子를 聲의 主로 세워 도합 1,200文이면 무한히 많은 글자를 이루어 낼 수 있다고 하였다. 그는 《說文》의 '句', '半' 등의 部는 성부이지 형부가 아니므로 부수로 볼 수 없다고 비평하고 許愼 이후의 540부를 병합하여 330부를 설정하였다. 이것은 후대의 자전 부수의 단서가 되었는데, 불행히도 이 책은 실전되었으므로 전모를 알기 어려우나 그의 다른 저작인 《通志》六書略에서 가히 육서 이론의 대강을 엿볼 수 있다.

元나라 때에 楊桓이 지은 《六書統》(20권), 戴侗의 《六書故》(33권), 周伯琦의 《六書正譌》(5권)라든가, 元·明 사이에 간행된 趙撝謙의 《六書本義》(12권), 그리고 明나라 때 간행된 魏校의 《六書精蘊》(6권), 楊愼의 《六書索隱》 등은 모두 六書에 대하여 쓴 책들이다.[21]

---

(21) 六書 이론을 둘러싼 역대 학자들의 제설은 丁福保《說文解字詁林》第一册,「六書總論」
　　　(pp. 101~233)에 집성되어 있으므로 문자학사의 관점에서 참고해야 할 자료들이다.

제 4 절 文字學의 全盛 時期

清대는 중국 문자학의 전성 시대라고 말할 수 있는데, 그 연유로는 다음 두 가지를 생각할 수 있다.

첫째, 顧炎武(1613~1682)와 같은 대학자가 출현하여 문자학의 연구를 극력으로 선도·제창한 때문이요,

둘째, 淸대는 법의 기강이 매우 엄하였으므로 유명한 학자들이 이름을 감추고 은퇴하여 훈고학의 고증에 전력을 기울였기 때문에 여기에 자연히 문자학이 왕성하여지게 되었다.

顧炎武는 宋·明 이래로 나타난 '明心見性'의 空談을 修己治人의 實學으로 바꾸고, 공담을 배척하면서 '舍經學無理學'의 설을 주창하였다. 또 학문을 가르치는 사람은 宋나라 유학자들의 속박을 벗어나 직접 古經에서 義理를 구해야 한다고 하였다. 또한 "讀經自考文始, 考文自知音始"라고 주장하고 수천 년 이전의 전적과 義理를 연구하려면 먼저 음운을 알고 문자를 풀이하며 훈고를 밝히지 않으면 안된다고 하였다. 그리하여 30년을 지나는 동안에 《音論》3권, 《詩本音》10권, 《易音》3권, 《唐韻正》20권, 《古音表》2권 등 이른바 音學五書를 저술하였다. 여기에서 淸대 300년간의 성운, 문자, 훈고학 연구의 길이 트인 것이다.

淸대의 성운학 부문의 성취는 古韻學, 古聲學, 切韻學으로 나뉜다.

1. 古 韻 學

古韻學은 淸대 이전에 宋나라의 吳棫(1100?~1154), 鄭庠, 元나라의 戴侗, 明나라의 陳第(1541~1617) 등이 탐구한 바 있다. 그들은 《易, 詩, 楚辭》의 압운으로써 고운의 현상을 밝히기도 하고, 혹은 唐韻을 합병함으로써 고운의 部(group)를 밝혀내기도 하였다. 이리하여 후세인들의 古韻 연구에 선공을 남겼다.

顧炎武는 한편으로는 《詩·易》의 음을 근거하여 고운의 실태를 밝히고, 또 한편으로는 '就唐韻求其合' 외에 다시 '析唐韻求其分'의 방법을

통하여 古韻을 「東·支·魚·眞·蕭·歌·陽·耕·蒸·侵」 등 10부로
분석하였다. 이 뒤로 江永(1681~1762)은 《古韻標準》(4권)을 짓고, 시
300편과 기타 운문의 고음을 고증한 나머지 「東·支·魚·眞·元·蕭·
歌·陽·庚·蒸·尤·侵·覃」 등 13부를 분석하였다.

段玉裁(1735~1815)는 《六書音均表》를 만들어 「支」부를 「支·脂·
之」 등 3부로 나누고, 「眞」부에서 「諄」부를 추출한 다음 「尤」부에서
「侯」부를 分出함으로써 古韻 17부를 확정하였다. 위의 古韻은 詩經韻,
羣經韻 및 形聲 편방을 귀납한 결과였다.

戴震(1723~1777)은 段玉裁의 스승이었으나 그의 《聲韻表》는 《六
書音均表》보다 뒤에 이루어졌다. 그는 '陰陽同入說'을 제안하고 陰聲·
陽聲·入聲 셋으로 나누었는데, 그 중 입성으로는 「戹·乙·靄·遏·
億·噩·約·屋·邑·鞨」을 설정하였다. 그리고 段玉裁의 「眞·諄」을
합하여 「殷」부로 하고, 「尤·侯」를 「謳」부로 통합하였기 때문에 25부
가 되었다.

孔廣森(1752~1786)은 '陰陽對轉'의 이치를 밝혀내고, 詩에 보이는
字를 目으로 하여 18부를 정하였는데, 段玉裁와 다른 것은 「東·冬」
부분이며, 「眞·諄」은 나누지 아니하였다. 또, 《廣韻》에 보이는 「緝·
合」 등 9운은 「合」부로 설정하였다.

王念孫(1744~1832)의 《古韻譜》는 《詩經》·《楚辭》 등에 쓰인 韻文
을 고증하고 切韻의 예를 따르지 아니하였으므로 段玉裁보다 「至·祭·
緝·盍」 등 4부가 더 많은 21부가 되었다. 그런데 그 후에 저술한 《合
韻譜》에서는 孔廣森(1752-1786)이 「東·冬」을 分韻한 바를 따라 22부
로 증가시켰다.

江有誥(?~1851)는 《音學十書》의 저자이다. 그는 《說文》의 形聲으
로써 300편의 詩韻을 고증하고 顧炎武와 段玉裁의 설을 증정하여 21
부를 정하였다. 이는 王念孫과 매우 합치된 것인데, 다만 「至」부가 적
을 뿐이다.

民國 이후 章炳麟(字, 太炎: 1868~1936)은 古韻을 23부로, 黃侃
(字, 季剛: 1886~1935)은 30부로 나누었다. 臺灣의 陳新雄은 《古音學
發微》(1972)에서 과거 여러 학자들이 연구한 古韻의 分部를 소개, 비판

하고 古韻을 32부로 설정하였다.

2. 古聲學

淸代의 古聲學은 古韻學에 비하면 성과가 적은 편이다. 古聲의 연구에 업적을 남긴 사람으로는 錢大昕(1727~1786)을 들 수 있다. 그는 《十駕齋養新錄》(권 5)의 '古無輕脣音'항에서 "凡輕脣之音, 古讀皆爲重脣"이라 하고, 또 '舌音類隔之說不可信'항에서는

"古無舌頭舌上之分, 知徹澄三母, 以今音讀之, 與照穿牀無別也; 求之古音, 則與端透定無異."

라고 주장하고, 이어서

"古人多舌音, 後代多變爲齒音, 不獨知徹澄三母爲然也."

라고 설명하였다.

民國 이후로 章炳麟은 《國故論衡》에서 '古音娘日二母歸泥說'을 내세웠고, 曾運乾(1884~1945)은 「喩母古讀考」(1927)에서 '喩四古歸定說'을 제기하였는데, 「切韻五聲五十一紐考」(1927)에서는 또 '喩三古歸匣說'을 주장한 바 있다. 그리하여 黃侃은 이전의 여러 학자들의 설을 널리 종합하고 비교·연구하여 古聲 19紐를 확정하였다[22](pp. 632~633 참조).

3. 切韻學

淸대의 切韻學은 陳澧(字, 蘭甫: 1810~1882)의 《切韻考》가 으뜸가는 저술이다. 그는 반절을 이용하여 中古 聲韻을 계통적으로 연구하였다. 그가 연구한 반절의 조례와 방법은 다음과 같다.

"切語之法, 以二字爲一字之音, 上字與所切之字雙聲, 下字與所切之字疊韻. …… 今古切語之法, 皆由此而明之. 切語上字與所切之字爲雙聲, 則切語上字同用者, 互用者, 遞用者, 聲必同類也; …… 今據此系聯之, 爲

(22) 黃侃 《音略》(《黃侃論學雜著》), pp. 62~92 참조.

切語上字四十類. …… 切語下字與所切之字爲疊韻, 則切語下字同用者,
互用者, 遞用者, 韻必同類也. …… 今據此系聯之, 爲每韻一類, 二類, 三
類, 四類."《切韻考》卷一 (번역 생략)

이 방법은 매우 과학적이다. 구체적인 내용은 뒤의 字音論에서 논술할
것이므로 여기에서는 생략한다.

黃侃은 중고음을 41 성류로 분석하였다. 이것은 陳澧의 40 성류에서
明〔m〕류를 明・微〔m〕류로 나누었기 때문에 1 류가 많아진 것이다.

淸대의 文字學은 주로《說文》위주이었지마는 이전의 연구에 비하
면 큰 성과를 거두었다. 앞에서 인용한 바와 같이 顧炎武는 "讀經自考
文始, 考文自知音始"라고 주장하였다. 그러나 불행하게도 明나라 때에
는《說文》이 간행되지 아니하였으므로 그는 생애 중에 끝내 이를 접하
지 못하였다. 그리하여 '知音'에서 '考文'으로 나아갈 수가 없었던 것은
유감스런 일이다. 順治 10 년(1653)에야 汲古閣 毛氏가 비로소 宋本을
근거로 하여 徐鉉本《說文》을 重刊하였고, 乾隆 47 년(1782)에는 汪啓
淑이 徐鍇의《說文繫傳》을 刻印하였기 때문이다.

4. 說 文 學

이리하여 한자의 부흥과 더불어 說文學도 창성하기 시작하였다. 그
중에도 큰 업적을 남긴 사람은 段玉裁(1735~1815), 桂馥(1736~1805),
王筠(1784~1854), 朱駿聲(1788~1858) 등 說文의 四大家이다.

段玉裁는《說文解字注》(30 권)를 지었다.[23] 그는 善本을 택하여 許

---

(23) 지금 우리가 가장 널리 이용하고 있는 대표적인《說文》은 段玉裁가 이 책 전반에
걸쳐 종합적인 주석을 가한《說文解字注》本(약하여 段注本이라 함)이다. 段玉裁의
자는 若膺, 호는 懋(茂)堂으로 江蘇 鎭江府 金壇縣 사람이다. 26 세 때 鄕試에 합
격하고 顧炎武의《音學五書》를 읽고 音均學을 배웠으며, 42 세 때에《說文》을 읽기
시작하였다. 60 세 때 注를 짓기 시작하여 73 세(1807) 때에《說文解字注》30 권을
완성하였다. 그리하여 1813 년에 注를 刊刻하기 시작하여 1815 년 5 월에 전질이
간행되자 段玉裁는 그 해 9 월 8 일에 졸하니 향년 81 세였다. 이 밖에도 저술이 많
지만 설문에 관련된 것만을 가려 보면《汲古閣說文訂》1 권,《說文轉注釋例》,《六
書音均表》5 권,《經韻樓集》12 권 등이 있다. 段玉裁와《說文解字注》에 관련된 자
세한 사항은 阿辻哲次《漢字學》(1985) pp. 175-286 에 상론되어 있다. 당시 京師로
있던 72 세의 王念孫은 段玉裁의 사망 소식을 듣고 "若膺死, 天下遂無讀書人矣"라
고 애도하였다 한다.

〔도표 1-52〕 段玉裁《說文解字注》(經韻樓原刊本)

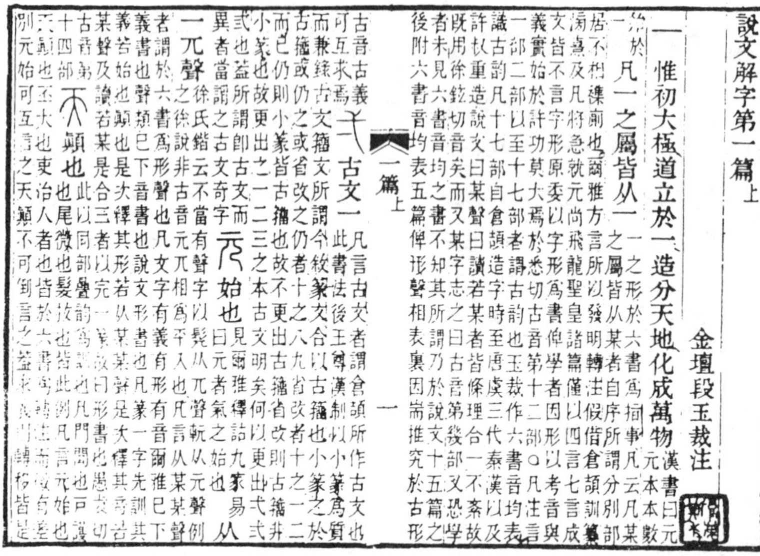
說文解字第一篇上
金壇段玉裁注
一 惟初大極道立於一造分天地化成萬物 凡一之屬皆从一
一篇上
古文一
元 始也
天 顛也

愼의 책을 校勘하고 俗字를 수정하였으며, 옛 차례를 考正하고 원문을 바로잡았다. 許愼書의 立文을 部로 나누고 辭說解에 속한 것은 經書를 인용하여 정밀하게 분석·설명하였음은 물론 훈고의 득실을 상고하여 古韻의 分部를 정정함으로써 《說文》이 곧 字形學의 寶典이 되게 하였다. 또한 성운·훈고학상으로도 증거를 삼을 수 있는 귀중한 책이다. 그리하여 王念孫은 段注가 완성된 이듬해(1808)에 쓴 서문에서

> "例以本書, 若合符節, 而訓詁之道大明, 訓詁聲音明而小學明, 小學明而經學明, 蓋千七百年來無此作矣." (번역 생략)

라는 찬사를 아끼지 않았다.[24] 언필칭 이 저술이야말로 《說文》의 연구사에서 불멸의 공적을 남긴 것이다.

그럼에도 불구하고 段玉裁는 너무 자신에 넘쳐 왕왕 자기가 추정한 바에 따라 《說文》의 글자를 교정하는 등 독단에 빠진 대목도 없지

(24) 段玉裁는 《說文解字注》를 완성하기 이전(1786?)에 《說文解字讀》이라는 장편의 원고를 마련하였는데, 그 일부가 현재 北京圖書館에 보존되어 있다. 《段注本》 권말에 盧文弨가 乾隆 51년(1786)에 쓴 서문은 「說文解字讀序」로 되어 있다. 이 서문에서 盧文弨는 "蓋自有說文以來, 未有善於此書者"라고 칭찬한 것을 볼 수 있다.

않다. 그 때문에 淸대에 段注의 잘못을 指拆한 저술이 나오게 되었다. 예를 들면 鈕樹玉은 《段氏說文注訂》(8권, 1823)을 짓고, 引證이 풍부하고 심오하지만 許愼書와 맞지 않은 점들을 일일이 지적하였다. 또 徐承慶은 《說文解字注匡謬》(8권)를 지어 段注本의 폐를 15종으로 나누어 논하였다.

桂馥은 《說文解字義證》(50권, 1870 완성)을 지었다. 그는 먼저 한자마다 《玉篇》, 《廣韻》, 《藝文類聚》, 《太平御覽》 등에 인용된 자에 따라 한자의 근원을 밝히고 해설을 바르게 하려고 노력하였다. 그리고 徐鉉·徐鍇本의 訛誤를 정정한 점 등이 段注本과 병칭할 만한 대저이다.

王筠은 《說文釋例》(20권, 1837)와 《說文句讀》(30권, 1843 완성) 외에 《說文繫傳校錄》, 《說文新附校正》 등을 지었다. 이 중 《句讀》의 自序에 보면 "或增或刪或改, 以便初學誦習, 故名之曰句讀"이라 한 데서 책명의 의도를 짐작할 수 있다. 이 책에는 段注와 다른 점이 다섯 가지가 있는데, ① 刪篆 ② 一貫 ③ 反經 ④ 正雅 ⑤ 特識이 그것이다. 그리하여 한 글자가 두 번 나오는 것은 부수를 따져 이를 바로잡았고, 어느 자가 義·形·音의 차례로 설명이 되지 않은 것은 이를 일관성 있게 시정하였다. 또 《說文》에서 인용한 篆文이 원본과 다른 것은 古本에 따라 교정하기도 하였다. 그는 특히 4인 중에서도 고문자를 중요시하여 문자를 해석한 데 특징이 있거니와 그러한 태도는 《釋例》에 잘 나타나 있다.

朱駿聲은 《說文通訓定聲》(18권, 1848)을 지었는데 설문 주석본으로는 매우 이색적인 저작이다. 이 책명은 세 가지 뜻을 담고 있다. 첫째, '說文'이란 이 책에서 설명한 문자의 本形·本義를 대표한 것으로 《說文解字》라는 책명의 약칭이 아니다. 둘째, '通訓'은 전주·가차를 포함한 것으로 이 책의 핵심적이고 특색을 지닌 부분이다. 책머리에서 "통할 수 있어 통한 점이 전주이고, 통할 수 없는 것이 가차이다"라고 하였다. 셋째, 定聲은 "一字의 字體로 聲을 정하고 韻에 대하여 성을 정하며 通轉의 이치에 따라 正聲과 變聲을 정하였다"고 한 데서 책명의 유래를 알 수 있다. 그리하여 형성자의 성부를 '母'라고 하여 《說文》 9천 여자를 1,137母에 따라 배열하고 성부 밑에만 반절을 달았다. 그리고 古韻을 18부로 나누었는데, 韻目名을 《周易》의 卦名에서 취한 것도 특이하다.

5. 訓 詁 學

清대에는 訓詁學이 매우 발달하였을 뿐 아니라 그 업적도 많은데, 이 방면을 선도한 학자도 顧炎武이었다. 그는 《日知錄》, 《詩本音》의 저서를 통하여 古音, 古義에 대한 연구를 개척하였는데, 그와 동시대인으로 黃宗羲(1610~1695)와 王夫之(1619~1692)를 들 수 있다. 黃은 讀經과 讀史에 앞장서서 河洛方位圖說의 착오를 비난하고 胡渭(1633~1714)의 《易圖明辨》의 선단을 열어 놓았다. 또 《授書隨筆》이라는 저서는 閻若璩(1636~1704)의 《僞古文尙書疏證》을 낳게 하였다. 이 밖에 王夫之는 《周易稗疏》, 《詩經稗疏》, 《四書稗疏》를 지었는데, 이들은 모두 名物 제도를 해설한 것으로 귀중하다.

乾隆·嘉慶 시대(1736~1820)에 있어서는 惠棟(1697~1758)과 戴震(字, 東原: 1723~1777)이 漢學의 元宗이다. 惠棟은 《九經古義》(16권)에서 古音으로써 古義를 설명하고 《毛傳》 鄭注의 취지를 밝혔다. 戴震은 《毛鄭詩考正》, 《孟子字義疏證》, 《爾雅文字考》, 《方言疏證》 등을 저술하여 그의 탁월한 식견을 보였다. 그는 "故訓이 밝으면 古經이 밝고, 古經에 밝으면 賢人과 聖人의 의리가 밝아진다"고 주장하고, 또 "字學, 故訓, 音聲은 본시 떨어진 것이 아니다"라고 말하였다. 그가 구한 훈고의 준칙은 '通古音, 曉古字, 明歸納, 重證據'로서 매우 실증적 정신에 입각한 것이었다.

惠棟의 제자 중에 江聲(1721~1799)이 있는데, 그는 《尙書集注音疏》를 지었고, 余蕭客(1729~1777)은 《古經解鉤沉》을 내었다. 王鳴盛(1722~1797), 錢大昕(1728~1804)도 역시 惠棟의 영향을 받은 사람들이다. 王鳴盛은 《周禮軍賦說》, 《尙書後案》, 《十七史商榷》을 지어 漢儒의 법도를 독실하게 지켰다. 한편 錢은 《二十一考異》, 《十駕齋養新錄》을 짓고 經史·音韻에 관하여 많은 것을 밝혀냈다.

戴震의 제자로는 段玉裁, 王念孫(1744~1832), 孔廣森(1752~1786)

등이 있다. 段玉裁는 《說文解字注》 외에도 《古文尚書》, 《毛詩》, 《周禮》, 《儀禮》에 대하여도 고루 저술한 바가 있다. 王念孫은 《廣雅疏證》(10권)을 지어 고음을 연구하고 古義를 천명하였기 때문에 段玉裁는 "能以古音得精義, 天下一人而已"라고 그를 칭찬할 정도였다. 그리고 孔廣森의 《公羊通義》는 당시에 絶學으로 일컬어진 명저이다.

《爾雅》 방면에는 邵晉涵(1743~1796)의 《爾雅正義》와 郝懿行(1757~1825)의 《爾雅義疏》가 있다. 《方言》 방면에는 杭世駿(1696~1773) 등이 계승자로 알려져 있다. 이 밖에 淸의 유학자들은 훈고학에 있어서 또 하나의 새로운 길을 터 놓았으니 곧 語詞의 뜻을 구별하여 설명한 일이다.

虛字의 뜻은 본디 확실히 지시하기가 어렵다. 그런데 이전의 注疏者들은 이를 오해하여 實字 實義로 보고 이른바 '辭也'니 '語助'니 따위로 뒤범벅하여 詞彙와 혼합하여 말하였던 것이다. 그리하여 淸나라 때 劉燦(1780~1849)은 그의 저술 《支雅》의 첫머리에 釋詞篇을 실었고, 劉淇는 《助字辨略》에서 助字에 대하여 광범한 연구를 행하였다.

王念孫의 아들 王引之(1766~1834)는 《經傳釋詞》(10권)를 지어 연역·귀납의 방법을 채택하고 文義·辭例·句法·異文을 참고하여 古書 虛字의 訓釋을 전문적으로 다루었다. 釋字의 예는 먼저 본뜻을 제시하고 다시 가차의 뜻을 열거함과 동시에 經籍의 예구를 들어 이를 증명하였다. 이 밖에도 王引之는 《經義述聞》(32권)을 지어 고서에서의 오독이나 잘못 풀이한 문구들을 교감·훈고하였다.

古書의 章句 조직은 후대인의 것과 같지 않으므로 이해하기 어려운 장구라든가 수사법 등이 고서를 읽을 때 자칫 착오를 낳게 하는 일이 많다. 이를 시정하기 위하여 兪樾(1821~1906)은 《古書疑義擧例》(7권)를 저술하였다. 고서의 문법, 훈고, 수사, 교감에 이르기까지 정밀한 연구를 가하였기 때문에 劉師培(1884~1919)는 千古未有의 絶作이라고 평하였다 한다. 兪樾의 저술에는 또 《羣經平議》, 《諸子平議》가 있는데, 이 모두가 王念孫 父子의 《讀書雜志》나 《經義述聞》에 비견할 만한 명저이다.

이상 살펴본 바와 같이 淸대에 訓詁學이 추구한 목표는 주로 經典

의 해석과 隋·唐 이전의 고서를 해석하는 데 있었다. 그리고 당시의
학자들이 응용한 주요 방법은 ① 성음 면에서 한자의 가차를 推求한
점, ② 한자의 본뜻을 확정하고 引申義를 밝힌 점, ③ 고서 중의 相同
文句를 비교하여 詞義를 考定한 점, ④ 聲音에 따라 字義를 찾으려 한
점 등이라 하겠다.

제5절 文字學의 新展望

《說文》·《廣韻》·《爾雅》를 중심으로 한 중국의 문자·성운·훈고
학은 淸나라 때에 공전미유의 발전을 거듭하여 최고의 경지에 다달은
감이 있다. 1912년 民國 수립 이후로 중국의 문자학자들은 한편으로는
청대 학자들이 자리잡아 놓은 튼튼한 기반 위에서 《說文》·《廣韻》·
《方言》 등에 대하여 먼저 총정리와 보충 작업을 수행하고, 또 한편으로
는 金石·甲骨·敦煌 寫本 등의 자료를 이용함은 물론 서구의 비교문
자학과 언어학의 지식을 받아들이게 되었다. 이리하여 한자의 자형·자
음·자의에 관한 연구는 說文·廣韻·爾雅의 범위를 벗어나 폭넓게 연
구되기 시작하였다.

字形學의 부문에는 丁福保가 편찬한 《說文解字詁林》이 설문 주해
의 총결산으로서 許愼 이래의 字形學을 대표한다. 이 책은 江蘇省 無錫
사람인 丁福保가 22세(淸, 光緒 21년, 1895) 때 南菁書院에서 修業할
당시부터 30년에 걸친 수집과 정리 끝에 완성한 것으로 完帙은 1928
년에 商務印書館에서 출판한 거작(총 22,000 페이지)이다.

본문은 徐鉉의 이른바 大徐本의 원 차례에 따라 글자마다 한 조목
으로 제시하였다. 각 책의 차례는 大徐本을 제1류로 하고 이에 속한
각 학자들의 20종에 달하는 저술을 考訂하여 부기하고, 徐鍇의 小徐本
(說文繫傳)은 제2류로 하여 이에 속한 각 학자들의 5종의 저술을 고정·
부기하였다. 段玉裁의 《說文解字注》는 제3류로서 段注의 전문 저술 10
종을 보충하였고, 桂馥의 《說文義證》은 제4류로, 王筠의 《說文句讀》과
《說文釋例》는 제5류로, 朱駿聲의 《說文通訓定聲》은 제6류로 분류, 수

록하였다. 그리고 《說文》
과 관계 있는 여러 학자들
의 논저를 제7류로 실었
는데, 여기에 章太炎의 《文
始》를 비롯하여 총 107종
이 망라되어 있다. 제8류
는 각 학자들의 引經考證
과 古語考 등 총 21종을
수록하였다. 제9류는 여러
학자들의 자구 해석에 관
한 것을, 제10류는 金石·
갑골문자에 관한 7종의
저술을 수록하였다.

〔도표 1-53〕 《說文解字詁林》(영인본)

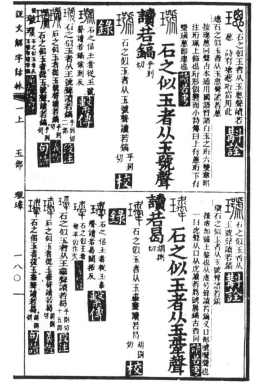

　　각 책의 原敍와 例言
및 說文 혹은 六書 등 문
자의 총론을 全書의 앞에
수록하여 이를 前編이라
하고, 說文 逸字의 考釋을
뒤에 부록하여 이를 後編
이라 하였다. 하여간 許愼 이후 한자 연구에 관한 1,000여 종 이상의
저술이 집대성되어 있으므로 가위 이 방면의 사전이라 일컬어도 좋을
만하다.

　　金石文字의 기원은 상당히 빨랐던 것으로 《墨子》兼愛篇에 다음과
같은 기록이 있다.

　　"何以知先聖六王之親行之也？ 子墨子曰: 吾非與之並世同時, 親聞其聲,
　　見其色也; 以其所書於竹帛, 鏤於金石, 琢於盤盂, 傳遺後世子孫者知
　　之."(번역 생략)

　　墨子가 말한 先聖六王이란 禹·湯·文·武王을 포함한다. 다시 말
하면 夏·商·周나라 시대에 중국에서는 竹帛에다 글씨를 썼고, 金石에

다 조각을 하였으며, 盤盂에다 문자를 새긴 것이 있다는 말이다. 현존하는《三代吉金》에 의하면 墨子의 말이 사실임을 확인할 수 있다.《禮記》大學篇에는 湯王의 盤銘이 실려 있고,《春秋左傳》(昭公 7년)에는 正考父의 鼎銘이 실려 있음을 보아서도 알 만하다.

《說文》에서도 이미 금석 문자를 끌어 들여 文字의 遠流를 간략히 설명하고 있다. 同書 敍文에

"郡國亦往往於山川得鼎彝，其銘即前代之古文，皆自相似. 雖叵復見遠流，其詳可得略說也."

라고 한 기록을 보면 金石文에 대한 관심도를 엿볼 수 있다. 그러나 애석하게도 漢대에 출토된 金石의 수가 많지 못하였는지 許愼이《說文》에서 인용한 古文의 수는 450여 자에 불과하다.

宋대에는 金石을 수집하는 풍조가 성행하였다. 그러나 歐陽修(1007~1072)의《集古錄》이나 趙明誠(1081~1129)의《金石錄》은 다만 器圖만 있을 뿐 여기에 새겨진 문자를 써놓지 아니하였다.

薛尙功의《歷代鍾鼎彝器款識法帖》[25]이 나오면서부터 고대의 여러 器物에 새겨진 詞와 문자가 箋釋의 대상이 되었고, 동시에 金石文의 연구를 위한 최초의 저작이 되었다.

元・明 양대에는 金文을 연구하는 사람이 적었다. 淸대에야 官에서 修纂한《西淸古鑑》・《西淸續鑑》甲・乙編과《寧壽鑑古》등이 있을 뿐인데, 이들은 모두 器物의 그림뿐 아니라 문자를 모사하여 해석까지 덧붙였다.

淸 말에 吳大澂(1835~1902)은《說文古籀補》에서 金文을 이용하여《說文》을 보완하였는데, 찾아보기 편리하게 되어 있어서 金文을 정리하는 데는 비교적 좋은 책이다.

1910년대 이후로 출간된 林義光의《文原》, 徐文鏡의《古籀彙編》, 于省吾의《雙劍誃吉金文選》, 楊樹達의《積微居金文說》, 容庚의《金文編》・《金文叢考》・《金文續考》・《殷周金文辭大系》등은 모두 金文 연구의 성과를 대표하는 업적들이다.

(25) 宋나라 薛尙功이 原寫한 것을 淸나라 孫星衍이 主持 臨刻하여 淸 仁宗 嘉慶(1807)에 간행하였는데, 1972년 臺灣 廣文書局에서 영인하여 널리 유포되었다.

이상의 金文 외에 淸 光緖 25년(1899)에 처음으로 발견된 갑골문
자는 종래에 볼 수 없었던 중국의 고문자를 확인 연구하는 데 중요한
계기가 되었다. 이것은 마치 이집트의 고대 문자가 나폴레옹의 원정으
로 로제타 石이 발견됨으로써 해독이 가능하게 된 바와 같은 역사적
사실이었다. 갑골문자의 발견 경위와 그 내용에 대해서는 전술하였으므
로(pp. 64~71) 여기에서는 생략한다. 이 뒤로 갑골문자와 관련된 많은
논저가 발간되었고 종래 《說文》의 자형 해설에 오류가 있는 사실도 밝
혀지게 되었다. 예컨대 '行'자는 《說文》에 「人之步趨也. 从彳亍」이라 하
였지만 실상 갑골문자형은 ꝕ과 같아서 네 갈래 길의 형상을 그린 상
형자였던 것이다. 許愼 시대는 물론 그 자신도 갑골문을 몰랐기 때문이
다. 그러나 이제는 이 방면의 연구가 왕성하여 웬만한 常用字는 甲文·
金文·篆文 등을 대교하여 볼 수 있는 자료가 많으므로 앞으로 漢字의
祖形과 변천 과정을 연구하는 데 편리하게 되었다.[26]

지금까지 우리는 漢字의 最古形을 기원전 1300년 전후의 갑골문자
에서 찾고 있음이 예사이다. 그러나 이미 앞에서 살펴본 바와 같이(제
2장, pp. 54~64) 중국에서는 1950년대로부터 고대 유적의 발굴로 고고
학이 활발하게 연구되고 있다. 그리하여 종래에 알려지지 않았던 신석
기 시대의 많은 토기와 함께 거기에 새겨진 부호들이 발견되어 학자들
의 주목을 끌고 있다. 현재로서는 그 부호의 해석이 시도 단계에 머물
러 있지만 어느 때인가 해독이 가능하게 된다면 한자의 기원은 이 시
기까지 소급될 가능성도 있다. 그렇게 되면 이후의 문자학은 새로운 전
기를 맞지 않을까 기대된다. 최근에 중국에서 古文字學이 활발히 연구
되고 있는 경향도 우연이 아니다.[27]

---

(26) 최근에 간행된 것으로는 徐中舒 主編 《漢語古文字字形表》(1981, 四川辭書出版社),
高明 編 《古文字類編》(1987, 中華書局)과 日本의 師村妙石 編, 《古典文字字典》
(1990, 東方書店) 등을 이용할 수 있다.
(27) 이 방면의 이해에는 高明 《中國古文字通論》(1987, 文物出版社)이 참고된다.

제 2 편

字 形(六書) 論

제 1 장
六書 槪說

제1절 六書의 명칭과 차례

許愼은 《說文》 敍에서 《周禮》를 근거로 六書에 대하여 다음과 같이 정의하였다.

「周禮：八歲入小學, 保氏敎國子, 先以六書.
一曰指事：指事者, 視而可識, 察而見意, 上下是也.
二曰象形：象形者, 畫成其物, 隨體詰詘, 日月是也.
三曰形聲：形聲者, 以事爲名, 取譬相成, 江河是也.
四曰會意：會意者, 比類合誼, 以見指撝, 武信是也.
五曰轉注：轉注者, 建類一首, 同意相受, 考老是也.
六曰假借：假借者, 本無其字, 依聲託事, 令長是也.」

이와 같이 허신은 육서를 각각 4언 2구로 간단히 정의한 다음 두 글자씩을 예로 들어 놓았다. 그나마 정의항은 「識(지)：意, 物：詘, 名：成, 誼：撝, 首：受, 字：事」자들이 각각 압운의 제약을 받고 있어서 구체성이 없다. 정의의 내용은 해당 장에서 후술할 것이다.

《周禮》(권 14) 「地官 保氏」[(1)]항을 보면

"保氏掌諫王惡, 而養國子以道, 乃敎之六藝： 一曰五禮,[(2)] 二曰六樂,[(3)]

---

(1) 《周禮》는 儒家가 이상으로 하는 周代의 職官制를 기록한 경서로서 《禮記》, 《儀禮》와 더불어 三禮라 칭한다. 周禮의 여러 관직은 天官・地官・春官・夏官・秋官・冬官 등 6종으로 나뉜다. 여기 地官은 司徒라는 官에 딸려 토지와 인민에 대한 직무를 관장한다. 保氏는 관명인데 왕의 잘못을 간하고 國子(제후의 자제)의 교육(6종의 학예)을 담당하였다.
(2) 五禮는 吉禮・凶禮・賓禮・軍禮・嘉禮 등 5종의 예법.
(3) 六樂은 雲門・大咸・大韶・大夏・大濩・大武 등 6종의 음악.

三曰五射,[4] 四曰五馭,[5] 五曰六書, 六曰九數.[6]"

라는 대목이 있는데, 이것이 六書라는 용어가 經書에 나타난 시초이다.

그러면 六書란 무엇인가?《周禮》는 이를 분명히 밝히지 아니하였으므로 후대인들이 말한 명칭이나 차례에 異同이 있게 되었다. 班固 (32~92)는 《漢書》藝文志 六藝略 小學類 後敍에서

"古者八歲入小學, 故周官保氏掌養國子, 教之六書: 謂 象形, 象事, 象意, 象聲, 轉注, 假借, 造字之本也."

라고 하였는데, 引文 중의 周官은 곧 周禮를 가리킨다. 여기에서 六書의 명칭과 차례는 《說文》敍와 다름을 볼 수 있다. 鄭玄(127~200)은 《周禮》注에서

"六書: 象形, 會意, 轉注, 處事, 假借, 諧聲也."

라고 하였으니, 이 또한 班固나 許愼과도 다르다.

〔도표 2-1〕 六書의 명칭과 차례

인 명	서 명	명칭과 차례
班 固	漢書藝文志	象形, 象事, 象意, 象聲, 轉注, 假借
鄭 衆	周禮解詁	象形, 會意, 轉注, 處事, 假借, 諧聲
許 愼	說文解字敍	指事, 象形, 形聲, 會意, 轉注, 假借
衛 恒	四體書勢	指事, 象形, 形聲, 會意, 轉注, 假借
顧野王	玉 篇	象形, 指事, 形聲, 轉注, 會意, 假借
陳彭年	廣 韻	象形, 會意, 諧聲, 指事, 假借, 轉注
鄭 樵	通志六書略	象形, 指事, 會意, 諧聲, 轉注, 假借
王應麟	困學紀聞	象形, 指事, 會意, 諧聲, 轉注, 假借
張 有	復 古 篇	象形, 指事, 會意, 諧聲, 假借, 轉注
趙古則	六 書 本 義	象形, 指事, 會意, 諧聲, 假借, 轉注
吳元滿	六 書 正 義	象形, 指事, 會意, 諧聲, 假借, 轉注
戴 侗	六 書 故	指事, 象形, 會意, 轉注, 諧聲, 假借
楊 桓	六 書 溯 源	象形, 會意, 指事, 轉注, 諧聲, 假借
王應電	同 文 備 考	象形, 會意, 指事, 諧聲, 轉注, 假借

---

(4) 五射는 白矢・參連・剡注・襄尺・井儀 등 5종의 궁술.

(5) 五馭는 鳴和鸞・逐水曲・過君表・舞交衢・逐禽左 등 5종의 승마 기술.

(6) 方田・粟米・差分・少廣・商工・均輸・方程・贏不足・旁要 등 9종의 산술. 지금 수학에서 쓰는 방정식의 명칭은 九數 중의 '方程'에서 나온 것이다.

　　이제 역대 여러 학자들의 六書에 대한 명칭과 차례를 일별하기 위하여 대조표를 작성하면 〔도표 2-1〕과 같다. 이 표에서 알 수 있는 바와 같이 육서의 명칭 중에 각인 공통의 것은 象形, 轉注, 假借뿐이다. 그 나머지는

　　指事＝處事＝象事,　形聲＝象聲＝諧聲＝龤聲.

과 같은 이칭이 있다.

　　그러면 이처럼 상이한 명칭 중에 어느 것이 가장 타당한 것일까? 먼저 班固의 四象을 보면 '象形·象事·象意·象聲'의 네 가지다. 物은 形이 있으므로 당연히 '象'이라 할 수 있다. 그러나 事·意·聲은 形이 없으므로 象이라고 할 수 없다. 따라서 班固의 象事, 象意, 象聲 세 가지 명칭은 타당한 것이라고 보기 어렵다.

　　또 指事를 鄭衆은 '處事'라고 하였지만 指事보다 명확한 것 같지 않다. '指'는 '指示·指明'의 뜻이고, '事'란 동작·상태·위치 등과 같이 추상적인 것이므로 구체적인 형으로 본뜰 수가 없다. 그리하여 애초에 조자자들은 다만 부호로써 지시·지명할 수밖에 없었던 것이다. 만약 處事라고 한다면 개념이 쉽사리 통하지 않는다.

　　形聲은 형부와 성부가 서로 결합한 것이다. 그런데 諧聲 혹은 龤聲(해성)이라 칭한다면 오로지 성부만 중요시되고, 형부가 감추어져 형성이라는 의미가 분명하게 드러나지 않는다. 이와 같은 견지에서 六書의 명칭은 許愼의 것이 타당하다고 여겨진다.

　　다음으로 六書의 차례는 어떠한가? 後漢의 班固, 許愼, 鄭衆 3인의 서술이 상이하여 그 뒤의 문자학자들 역시 일정하지 않다. 班固는 역사학자의 한 사람이다. 그는 문자 제정의 과정을 숙고하되, 고대인들은 최초에는 아마도 실물의 형상만을 겨우 그려 낼 수 있었을 것으로 보아 상형을 첫번째로 내세운 것이 아닐까. 그 후에 비로소 추상성의 동작·상태·위치 등을 그릴 줄 알았다고 여겼기 때문에 象事(指事)를 두번째로 열거하였다. 그리고 사물에 속하지 않는 관념이란 어느 것이나 본뜰 수 있는 형이 없고 지시할 수 있는 事가 없기 때문에 고대인들은 두 개의 文을 합하여 일정한 뜻을 표현하였으므로 象意(會意)를 세번

째로 내세웠을 것이다.

漢字는 형체면의 衍變에 있어서 會意에 이르러서야 무한한 발전이 가능하였다. 이 때문에 선인들은 衍形 외에 衍音의 방법을 창안하고 形과 聲을 相配하여 형성자를 만듦으로써 마침내 어떠한 말이든지 문자로 표기할 수 있게 되었다. 班固가 象聲(形聲)을 四象의 맨끝에 나열한 까닭은 바로 이러한 연유가 아닐까 생각한다.

班固와 달리 許愼은 經學家이었다.《後漢書》儒林傳에 의하면 그는 당시에 '五經無雙'이라는 명성을 떨치고 있었다 한다.《說文》이라는 책도 部首의 배열은 물론이요, 문자의 해설 등에 때때로 許愼의 경학적 견해가 들여다 보인다. 그는 지사를 상형에 앞세웠다.《說文》에 수록된 문자의 순서를 보면 '一'자에서 시작하여 '亥'자로 끝맺고 있다. 이러한 부수의 안배와, 또 '一'자의 해설에서 "惟初太極, 道立於一, 造分天地, 化成萬物"이라고 말한 것과는 밀접한 관계가 있다. 왜냐하면, "造分天地, 化成萬物"의 '一'은 곧 한 개 지사의 초문이기 때문이다. 그러므로 자연히 지사를 맨앞에 세우게 되었다. 또 '亥'는 12支名(子 · 丑 · 寅… 亥)의 끝자이다. 따라서 9,353자 중 최후의 자로 '亥'자를 택한 것으로 보인다.

許愼은 또 형성 다음에 회의를 말하여 지사, 상형, 형성, 회의의 차례를 이루고 각각 '上 · 下', '日 · 月', '江 · 河', '武 · 信'을 예로 들었다. 上, 下는 '—'이 연접한 형이니 고문에서는 본시 '二, 二'와 같이 썼던 것으로 이는 天地 兩儀를 대표한다. 또 '日月'은 곧 天象이요, '江河'는 地理이며, '武信'은 人事이다. 이 네 가지 가운데 은근히 兩儀와 三才(天地人)의 結構를 내포하고 있으니 결코 우연이라기보다는 許愼의 경학사상에 연유한 안배이었을 것이다. 다시 말하여 許愼의 우주 인생관의 산물로 봄 직하다.

그러나 후세에 六書의 차례를 정할 때 王鳴盛(1722~1797)의 「六書大意」라든가 程棫林의 「六書次第說」, 張行孚의 「六書次第說」 등은 모두 許愼을 宗으로 하였고, 孔廣居의 「論六書次第」, 黃以周 「六書通攷」 등은 班固의 차례를 따랐다.[7] 鄭衆의 설을 따른 사람은 아주 드

(7) 이상 제설의 본문은 丁福保《說文解字詁林》第1册, pp. 107~118에 수록되어 있다.

물다.

本書에서는 六書의 명칭은 許愼을, 차례는 班固를 따르기로 한다. 그 까닭은 班固의 차례가 문자의 발전 과정을 설명하기에 합당하기 때문이다.

끝으로, 앞의 引文에서 班固가 六書를 "造字之本也"라고 말한 점을 검토하여 보기로 하자. 결론부터 말하면 육서 중에 상형·지사·회의·형성은 물론 조자의 방법이지만, 이와 달리 전주·가차는 용자의 방법에 불과하다. 그런데 어찌하여 班固는 六書를 모두 造字의 本이라고 하였을까. 이 문제는 다음의 세 가지 추론이 가능하다.

첫째, 班固는 전주와 가차를 조자의 방법으로 오인하였다. 그 뒤로 曾國藩(1811~1872) 같은 사람도 省體形聲을 轉注로 착각하고 전주를 조자의 방법으로 보았다. 班固 역시 그러한 것이 아닐까.

둘째, 班固는 글자를 신중하게 사용하지 아니하였다. 그가 쓴 '造字'의 '造'자도 象事, 象意의 '象'과 마찬가지로 잘못 쓴 것이 아닐까.

셋째, 후세인들이 班固의 책을 함부로 고친 결과가 아닐까. 唐代에 顔師古(581~645)가 注한 班固의 이 절에 의하면

"文字之義, 總歸六書, 故曰: '立字之本'焉."

으로 기록되어 있다. 顔師古가 故曰 이하에서 인용한 班固의 원문이 '立字之本'이었다면 唐代에 본 《漢書》 藝文志는 '造字之本'은 아니었을 것이다. 六書란 것이 문자의 구조와 운용 체계의 기본을 건립한다는 의미라면 '立'을 '造'로 고친 것이 전연 무근하다고만 보기는 어려운 것이다(이상 林尹, 1971: 51~55 참조).

제 2 절 六書 三耦說

六書는 혹은 六本[8]이라 칭한 바도 있거니와 이것은 문자에 관한

---

(8) 荀悅의 《漢紀》(권 25)에 "凡書有六本, 謂象形·象事·象意·象聲·轉注·假借也"라는 기록이 있다(阿辻哲次, 1985: 111 재인). 《漢紀》는 後漢 獻帝(189~220 재위)가 독서를 좋아하였는데 班固의 《漢書》가 번잡하다 하여 읽기 쉽도록 荀悅에게 명

여섯 가지 기본 원칙을 말한 것으로 이해된다. 그러나 《周禮》에서 처음으로 六書라는 명칭이 쓰이기 시작한 이래 그 권위를 빌려서인지 지금까지 이 용어를 답습하고 있다.

그런데 六書의 본질과 내용을 면밀히 관찰하면 다음 세 가지 짝으로 구분됨을 알 수 있다.

① 「文」으로서의 象形·指事
② 「字」로서의 會意·形聲
③ 用字 원칙으로서의 轉注·假借

이와 같이 六書를 세 그룹으로 나누는 방법을 六書三耦說이라고 하는데, 南唐 때 《說文》을 부흥시킨 徐鍇(920~974)가 주장한 것이다.[9] 위에서 ①②는 개별 문자에 대한 造字의 원칙이고, ③은 용자의 원칙에 속한다.

그러면 이상의 원칙에 따라 한자의 구조와 용법을 고려하여 본질적인 차이가 무엇인지를 살펴보기로 한다.

1. 文과 字의 차이

한자의 생성 과정에서 우선 獨體(單體)의 初文인 상형과 지사는 '文'이라 하고, 이 文이 다시 상합하여 구성된 회의와 형성은 '字'라고 한다. 그러므로 ①과 ②는 독체인가 합체인가의 차이로 구별된다(p. 109 참조).

2. 體와 用의 차이

육서 중 ①②는 조자의 원칙으로서 體에 속하고, ③은 용자 원칙이므로 用에 속한다. 이것은 어디까지나 한자의 생성 방법을 귀납적으로 유추하고 훈고학이 발전된 결과 확인된 사실이다. 明代에 楊愼

하여 《左傳》 형식으로 前漢의 역사를 새로이 쓰도록 하여 나온 책이다.
(9) 徐鍇 《說文繫傳》 권 1, '上'자 항 참조.
　　이 뒤로 蔡金臺와 龍學泰도 각각 「六書三耦說」을 간략히 논술한 글이 있거니와 그 내용은 丁福保, *ibid.*, Ⅰ, pp. 118~119로 미룬다.

(1488~1559)은 《六書索隱》에서

> "六書, 象形居其一, 象事居其二, 象意居其三, 象聲居其四, 假借者, 借
> 此四者也; 轉注者, 注此四者也. 四象以爲經, 假借轉注以爲緯."

라고 하였다. 즉 그는 상형·상사·상의·상성의 四象을 '經'이라 하고,
가차와 전주를 '緯'라고 구별하였다. 그 뒤 淸대에 戴震(1723~1777)은
이를 기초로 하여 육서를 四體, 二用으로 나누었다. 그가 「答江愼修論
小學書」[(10)]에서 지사·상형·해성·회의의 네 가지는 "書之體"라 하고,
전주와 가차는 "所以用文字者, 斯其兩大端也"라고 말한 내용이 그러
하다.

3. 實과 虛의 차이

이것은 상형과 지사가 어떤 점이 다른가를 지적한 것이다. 王筠
(1784~1854)은 《說文釋例》 권 1에서

> "觀乎天文, 觀乎人文, 而文生焉. 天文者, 自然而成, 有形可象者也. 人
> 文者, 人之所爲, 有事可指也. 故文統象形指事二體."

라고 하였거니와 우주간에는 事와 物이 양단을 이룬다.

그림으로써 실물의 형상을 그린 것을 상형이라 하고, 부호로써 어
떤 상태의 성질과 모양을 나타내는 것을 지사라고 한다. 상형으로 그릴
수 있는 것은 대개 명사로서 실체가 있는 것임에 반하여, 지사의 방법
으로 나타내는 것은 대부분 동사나 형용사로서 추상적이다. 그러므로
상형과 지사의 차이는 대상이 실체와 추상이라는 점에서 다르다. 이것
이 '實'과 '虛'의 차이이다.

4. 形과 聲의 차이

이것은 회의와 형성의 다른 점을 지적한 것이다. 양자는 ①의 초

---

(10) 편지 형식으로 된 戴震(대진)의 이 소론은 丁福保, *ibid.*, I, pp. 236~237에 수록
되어 있다.

문들이 결합한 합체자라는 점은 같다. 그러나 회의는 두 요소가 「形符＋形符」(形形相益)의 자격으로 결합하여 새로운 뜻을 나타내는 조자 방법임에 반하여, 형성은 「形符＋聲符」(形聲相益)의 구조로서 형부는 사물의 종류나 개념(뜻)을 지시하고, 성부는 새로 조자된 글자의 음을 나타내는 점이 다르다.

5. 繁과 省의 차이

이것은 전주와 가차의 다른 점을 지적한 것이다.

章炳麟(1869~1936)은 《國故論衡》 중의 「轉注假借說」에서 다음과 같이 말하였다.

"轉注者, 繇而不殺, 恣文字之孳乳者也. 假借者, 志而如晦, 節文字之孳乳者也. 二者消息相殊, 正負相待, 造字者以爲繇省大例."

(전주란 문자가 번성하여져도 이를 없애지 아니하여 문자의 번식을 그대로 방임해 두는 것이다. 가차란 표기는 되었으나 뜻이 명확히 드러나지 않은 것으로 문자의 번식을 절제하는 것이다. 이 두 가지는 생과 멸이 서로 다르고, 음양의 변화가 서로 교체되는 것이니 조자법은 크게 번성과 생략의 두 가지 예가 있는 것으로 생각된다.)

이 내용을 바꾸어 말하면 전주는 뜻은 같은데 글자가 여럿이므로 문자의 운용 면에서는 번다한 일이지만, 가차는 한 글자가 여러 가지 뜻으로 쓰이기 때문에 한자가 계속 불어나는 일을 막아 준다는 뜻이다. 따라서 전주가 문자의 중복을 초래한 것이라면, 가차는 문자의 부족을 보충하는 기능을 부리므로 양자는 繁과 省으로 구별된다.

이상의 설명을 종합하여 표로 나타내면 다음과 같다.[11]

---

(11) 林尹(1971), p. 58 참조. 그리하여 《說文》의 9,353자를 조자법에 따라 분류한 결과는 상형: 364자, 지사: 125자, 회의: 1,167자, 형성: 7,697자라 하니(林尹, *ibid.*, p. 61), 형성자가 80%를 차지하는 한자의 특성을 알 수 있다.

象形 : 본뜰 수 있는 실체의 형이 있
　　　으므로 명사가 많다.
　　　예 : '日・鳥・魚・龜' 따위 ………… 實

指事 : 본뜰 수 있는 실체가 없어 추
　　　상의 형을 지시하므로 형용사,
　　　동사가 많다.
　　　예 : '一・上・丁・八' 따위 ………… 虛

依 類 象 形
(獨體 : 文)

會意 : 형부와 형부가 서로 결합하여
　　　새로운 뜻을 나타낸다.
　　　예 : '武・信・公・仁' 따위 ………… 形

形聲 : 형부와 성부가 서로 결합하여
　　　반은 종류를, 반은 음을 나타
　　　낸다.
　　　예 : '江・河・松・柏' 따위 ………… 聲

形 聲 相 益
(合體 : 字)

體
(造字法)

轉注 : 그 작용은 同義異形의 자를 상호
　　　훈석하여 능히 歸類케 하는 데
　　　있다.
　　　예 : '考・老・但・裼' 따위 ………… 繁

假借 : 그 작용은 음이 같고 뜻이 가
　　　까운 자를 빌려 조자의 곤란을
　　　더는 데 있다.
　　　예 : '令・長・難・易' 따위 ………… 省

用
(用字法)

제 2 장
象　　形

제 1 절　象形 槪說

1.　定義와 內容

《說文》敍에 의하면 象形에 대하여

「象形者, 畫成其物, 隨體詰詘, 日月是也.」

라고 정의하였다. 象形의 '象'은 '像'의 가차자이므로 상형은 곧 어떤 사물의 형상을 본뜬다는 뜻이다. 그리고 詰詘(힐굴)은 屈曲의 뜻이므로 물체의 윤곽을 따라 굴곡의 선을 이용하여 그 물체의 형상을 그려 내는 것으로서 ⊙ ⫮ 등이 그 예이다.

상형자는 원래는 원시적 그림에서 출발하였으므로 처음에는 原事物(物體)의 모양과 비슷하였으나, 시간이 경과함에 따라 大衆因襲의 까닭으로 그 형태가 점차 간단하여져서 마침내 원사물과 거리가 멀어지게 되었다.

'萬'자를 그 예로 들 수 있다. 《說文》에 보면 「𧒒, 蟲也, 从厹, 象形」이라고 한 바와 같이 '萬'자는 본시 알을 많이 까는 일종의 毒蟲을 상형한 자이었는데, 점차 이를 매우 많은 수를 지칭하는 데 사용하게 되었다. 그리하여 楷書의 '萬'은 실상 무슨 벌레를 본뜬 것이었는지 이미 알아보기 어렵게 되었다. 그러나 篆文의 𧒒자를 보면 처음의 𠃜은 한 쌍의 毒螫(독석)의 형상을 그린 것이요, ×로써 몸에 있는 環節을 나타냈으며, 꼬리는 厹(짐승발자국 : 구)로 나타냈으나 이 역시 원형과는 거리가 있다. 그런데 篆文 이전의 甲文에는 🐛, 🦂과 같이 쓰였으니 이는 누구나 한 마리의 전갈 모양임을 쉽게 판단할 수 있을 것이다.

현재 우리가 확인할 수 있는 漢字의 最古形은 殷대의 甲骨文字이다. 그런데 周대의 金文과 秦대의 篆文으로 발전하는 과정에서 상형자의 본래의 모습이 어느 정도로 달라졌는지는 아래의 〔도표 2-2〕를 보아서도 잘 알 수 있다. 또 고대 문자의 단계로 소급할수록 그 자형이 대상물의 형상을 마치 데쌍식으로 나타낸 그림 문자로서의 요소가 많다는 사실도 아울러 간파할 수 있을 것이다.

〔도표 2-2〕 **동물의 형상을 본뜬 상형문자**[1]

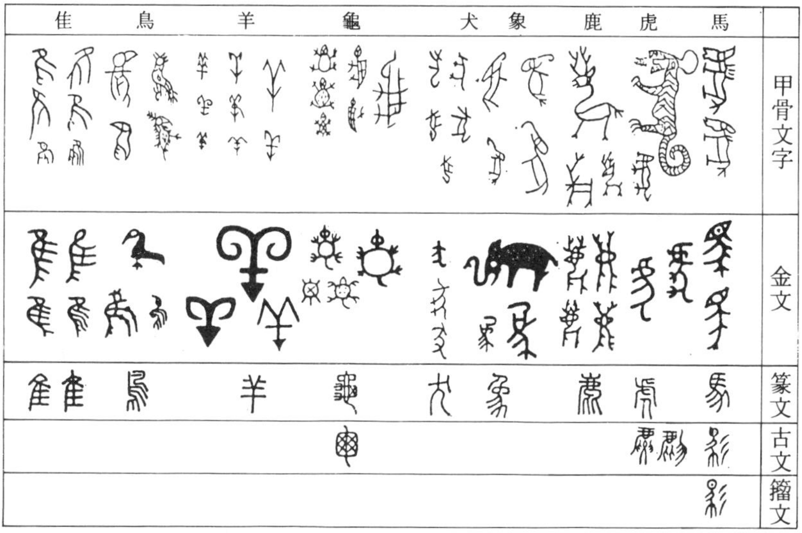

佳	鳥	羊	龜	犬	象	鹿	虎	馬	
									甲骨文字
									金文
									篆文
									古文
									籀文

이와 같이 楷書體의 상형자는 비록 원사물의 형상과는 거리가 아주 멀지라도 최초로 글자를 만든 시대로 소급하여 올라가면 양자간의 상사성을 추구할 수 있다.

2.　象形의 대상

상형자가 「畫成其物」이라면 어떠한 존재물이든지 간단한 선을 이

---

(1) 水上靜夫 《漢字語源事典》(1983), pp. 145~146 참조.

용하여 그 윤곽을 그려 낼 수 있으며, 쉽사리 그 형을 판별할 수 있는
상형자를 만들어 낼 수가 있다. 그 중 몇 가지 실례를 들어 보자.

天象	⊙	☽	?	雨	(日 月 雲 雨)
地理					(山 阜 水 泉)
動物					(鳥 犬 虫 魚)
植物					(竹 木 禾 瓜)
服飾					(糸 帽 巾 裘)
器物					(舟 車 鬲 壺)

이들은 사물의 종류로 본 상형자의 예이다.

3. 象形의 위치

그런데 하나의 사물을 볼 때에는 정면이냐, 후면이냐, 혹은 측면이
냐의 위상에 따라 그 형상이 같지 않다. 그러므로 상형자는 조자할 당시
에 사람이나 사물이 취하여진 각도를 주의할 필요가 있다. 일반적으로
우리들이 하나의 물체를 볼 때에는 상하 사방에서 상황을 살피는 것이
예사이다. 이 중에서 좌우 양쪽을 합하여 側視라고 한다면 결국 물체를
보는 방법은 다음의 다섯 가지 방법으로 종합할 수가 있다. 따라서 상
형자도 다음의 다섯 가지 시점으로 판별하여 보는 것이 편리하다.

仰觀	⊙	☽	?	雨	(日 月 雲 雨)
俯察	田				(田 舟 川 井)
迎視					(山 木 口 鼻)
隨視					(牛 羊 矢 燕)
側視					(人 鳥 馬 象)

위의 예들은 상형자마다 사물을 그린 방향과 각도가 달랐음을 알
려 준다.

4. 象形字의 유형

상형자는 조자의 방법에 따라 크게 獨體象形, 增體象形, 省體象形,

變體象形 등으로 나뉜다.

독체 상형이란 위에 보인 상형자와 같이 사물의 원형을 본떠 그린 것으로 형체상 가감이 없어 비교적 식별하기가 쉬운 것을 말한다. 그러므로 혹은 純體象形이라 일컫기도 한다.

반면에 증체 상형이란 단순한 상형만으로는 그것이 무슨 사물인지 명백하게 나타나지 않을 경우에 다른 형체를 여기에 증가하여 보충한 상형자를 말한다. 예컨대 '果'는 그 형이 ⊕인데, 田畓의 '田'과 구별하기 어려우므로 여기에 木을 증가하여 果자를 만들었다. 이 때 '木'은 音·義를 가진 文이지만 ⊕는 단순히 열매의 모양을 나타낸 형체에 불과하다. 이러한 상형자를 合體象形이라고도 한다. 그러나 '合體爲字'라는 말의 '合體'와 혼동될 가능성이 있으므로 이를 구별하기 위하여 증체 상형으로 칭하기로 한다.

생체 상형이란 기성의 독체 상형자에서 형·획의 일부를 감생하여 조자한 것을 말한다. 예를 들어 烏는 鳥에서 '·'을 뺀 것으로 전신이 검어서 눈알마저 잘 보이지 않는 가마귀를 나타낸 따위이다. 그리하여 '烏'는 '鳥'보다 한 획이 적다. 변체 상형은 그 예가 매우 적다.

5. 象形字의 특징

그러면 수많은 한자 중에서 어떤 것을 상형자로 보아야 할 것인가? 象形과 指事, 會意, 形聲간의 차이를 명확히 밝혀 두고자 한다.

六書 중에서 상형과 지사는 어느 것이나 《說文》 敍에서 밝혔듯이 이른바 「依類象形」의 獨體 初文이다. 그러나 許愼이 말한 依類象形의 '類'에는 物의 類와 事의 類 두 가지가 있다. 그러므로 象形은 物의 類에 의하여 「畫成其物, 隨體詰詘」함으로써 구체적인 사물형을 본뜬 것임에 반하여, 指事는 事의 類에 의하여 「視而可識, 察而見意」함으로써 추상적인 事를 본뜬 점에 차이가 있다(자세한 내용은 指事槪說을 참조할 것).

象形과 會意의 차이는 너무도 명백하다. 상형은 독체의 文임에 반하여 會意는 합체의 字이기 때문이다. 앞에서 말한 증체 상형은 자칫하면 회의자와 혼동할 가능성도 없지 않다. 그러나 증체 상형은 증체되기 이전의 형체와 증체되어진 형체 중에 반드시 하나는 文을 이루지 못한 것이 있다. '果'에서 ⊕가 그렇고, 𣱃(母)자는 𣱃(女)에다 ⸚을 증체한 것인데, 후자 역시 文을 이루지 못한다. 다시 말하면 '果'와 '母'를 구성한 요소 중에서 어느 하나만이 文을 이루고 다른 하나는 文을 이루지 못하므로 여전히 독체이다. 이와 달리 회의자는 반드시 둘 혹은 그 이상의 文이 배합하여 이루어진다. 이 점이 바로 증체 상형과 회의자가 구별되는 관건이다.

增體象形과 形聲의 구별도 마찬가지이다. 篆文에 의거할 때 증체 상형은 一體만이 文을 이루지만, 형성은 반드시 둘 혹은 그 이상의 文을 이룬 형체가 결합되어 있는 점이 다르다. 예를 들면 齒(齒)자는 '止' 聲을 겸하고 있는데, 하부의 𣴎만으로는 文을 이루지 않기 때문에 이는 마땅히 독체의 文에 속하는 증체 상형으로 보아야 할 것이다. 이런 예를 혹은 加聲象形 혹은 兼聲象形이라 칭하기도 한다(林尹, 1971 : 86).

이상의 설명에 의하면 상형에는 두 가지 성질이 있음을 알 수 있다. 첫째, 상형은 반드시 구체형을 본뜬 것이므로 지사와는 다르다는 점이요, 둘째, 상형은 독체적이므로 회의나 형성과도 구별된다는 점이다.

《說文》에 실린 9,353자의 한자 중에 상형으로 간주되는 자수는 364자인데 그 중에서 순수한 독체 상형자는 242자에 불과하다. 따라서 한자가 모두 상형문자인 것은 아니다.

제 2 절 獨體象形

상형자는 구체적인 사물의 형상을 본뜬 것이므로 편의상 取類의 대상에 따라 이를 분류·예시하여 보기로 한다. 각 字의 「 」안의 해설은 段玉裁(1735~1815)의 《說文解字注》本(1815, 段注本으로 통칭함)에 의거하였다.

1. 天 象

□ (日)「實也. 大昜之精 不虧. 从○一, 象形. □, 古文 象形.」

○은 태양의 윤곽을, 一은 그 가운데가 이지러지지 않은 것을 본뜬 것이라고 段玉裁는 풀이하였다. 이에 반하여 鄭樵(1104~1160)는 "其中 象日烏之形"으로 보았고, 王筠(1784~1854)은 "外以象其體之圓, 內以象 其無定之黑影也"[2]라고 설명하였다. 그러나 '日'은 고문에서는 □로, 金 文에서는 ⊙로 쓰였던 점을 고려하면 王筠의 풀이가 옳을 듯하다. 그러 므로 許愼이 「从○一」이라고 말한 것을 회의의 해설로 오해해서는 안 된다. ○과 一은 각각 독립 음의를 가진 문자가 아니기 때문이다.

본문 중의 「實也」는 '日'의 음을 나타낸 것이요, 「大昜之精」은 '日' 의 뜻을, 「不虧」는 그 형상의 특징을 말한 것이다. 대개 문자를 처음으 로 만들 때에 사물의 형태는 그려 낼 수가 있었지만, 그것의 음은 나타 내기가 어려웠으므로 '實'로써 '日'의 音訓을 밝힌 것이다. 다시 말하면 문자가 창조되기 이전에 이미 음성 언어는 존재하였다. 그런데 특히 한 자의 조자 과정에서 가령 '태양'을 예로 들 때, 먼저 그 형상을 본떠 ⊙ 의 字形을 만들었으면 다음에는 여기에 字音과 字義를 부여하지 않으 면 안되었다. 이 때 태양은 언제나 이지러지지 않고 원만하므로 '實'자 의 음으로 '日'의 뜻을 설명하는 방법을 채택하였는데 '日·實'은 서로 운모가 같다.[3]

이와 같이 어음이 같거나 또는 상사한 음의 낱말(문자)로써 어떤 다른 낱말의 뜻이나 어원(명명의 유래)을 설명하는 방법을 音訓(또는 聲訓)法[4]이라고 한다. 이것은 인간이 일찍부터 심리적으로 말의 어원 을 밝혀 보고자 했던 증거인데, 중국에서는 漢대에 이러한 풍조가 강하

---

(2) 謝雲飛(1971), p. 86.

(3) 日 : *njĕt(njet)＞nzjet＞zĭ[4]
실(實) : *djĕt(djet)＞dzjet＞sĭ[2]
위의 음은 *上古音＞中古音＞北京音의 순서이다. *표의 상고음과 중고음은 Karl- gren 의 재구음을 저자가 다소 수정한 것이고, ( )안의 음은 董同龢의 재구음이다. 本書 중 특별히 書名을 밝히지 않은 음성 표시는 周法高 主編의 《漢字古今音彙》 (1973)(香港, 中文大學出版)에 의한 것임을 밝혀 둔다. 이하도 같은 순서이다.

(4) 音訓法에 대하여는 本書, pp. 713~725 참조.

였다. 《說文》에서 「月, 闕也」, 「狗, 叩也」, 「馬, 武也」, 「戶, 護也」라고 한 예들이 그것이다. 漢나라 때 劉熙의 《釋名》은 음훈법을 응용한 대표적 저술이다.

　　 ☽ (月) 「闕也. 大舍之精. 象形.」

　　달은 둥글기도 하고 이지러지기도(闕: 휴) 하는데, 해의 형상과 혼동을 피하기 위하여 이지러졌을 때의 모양을 그렸다.

　　段玉裁는 달(月)이 차지 않은 형상을 상형한 것이라 하였다. 王筠은 "月缺時多, 滿時少, 故象其闕以與日別, 其內則象地影也"로 풀이하였는데, 이 중에 그 안의 ㅣ가 地影을 본떴다 함은 篆文에 의한 자형의 풀이이다. 段대의 갑골문(이하 甲文으로 약칭함)에서는 ☽, ☾와 같이 상형하였으므로 王筠이 말한 地影은 보이지 않는다.

　　'月'을 "闕也"라 한 것도 역시 음훈법에 의한 해설이다.

　　 ☷ (雨) 「水從雲下也, 一, 象天, ∩, 象雲, 水霝其間也, …… 🌧, 古
　　　　　 文.」

　　'雨'자는 甲文에서는 ⫲로, 金文에서는 ☷ 혹은 ☷ 등으로 기사하였는데, 이들은 어느 것이나 비가 구름으로부터 떨어지는 형상을 본뜬 자이다. 상부의 '一'가 생략된 형은 비가 올 때에는 하늘이 보이지 않기 때문이다.

　　 ☁ (雲) 「雲, 山川气也. 从雨, 云, 象回轉之形. ☁, 古文 省雨. ☁, 亦
　　　　　 古文 雲.」

　　☁, ☁ 등은 원래 뭉게구름이 피어나는 모양을 본뜬 상형자이다. 그런데 뒤로 '云'이 云謂한다는 뜻으로 가차되어 쓰이자 본뜻이 없어지므로 후에 '雨'를 더하여 구름의 뜻을 나타내게 되었다.

　　 ⧉ (气) 「雲气也. 象形.」

　　이는 원래 구름이 희미하게 피어나는 형상을 본뜬 자이다. 후세에 여기에다 '日, 米' 등을 붙여 여러 뜻을 나타냈다. '气'는 원래 雲气를 가리킨 자요, '氣'는 손님에게 주는 양식(饋客之芻米)의 뜻으로 썼기 때

문에 그 뒤로 '气'를 빌어 구걸(乞)하는 뜻에 전용하자 '氣'를 '雲气'의
뜻으로 쓰게 되었다. cf. 气(기운 : 기, 구할 : 걸)

> 畠 (申)「神也. 七月侌气成, 體自申束. 从臼, 自持也. …… 㲃, 古文
> 申. 畠, 籒文申.」

'申'은 '電'의 고문이다. 《說文》의 '虹'자 하에 「申, 電也」라 하였다.
그러므로 지금의 '電'자는 '申'에 '雨'를 더함으로써 별개의 한자로 분화
된 것임을 알겠다.

고문의 㲃은 구름 속에서 번개가 번쩍이는 모양을 상형한 것이었
는데, 籒文(주문)에서 차츰 변하여 畠, 畠이 되었다가 楷書에서 마침내
'申'으로 고정되었으므로, 번개가 번쩍이는 형상을 찾아보기 어렵게 되
었다. 고대인들은 雷電은 天神에게서 발생되는 것으로 알았기 때문에
'神'자는 '申'을 끼고 있고, 許愼도 이를 神으로 풀이하였음을 알 만
하다.

본문 중의 「七月侌气成……」은 '申'자의 본뜻과는 무관한 것으로
五行思想에서 나온 설명이다.

중국에서 陰陽·五行설은 戰國 시대에 창시되어 前漢의 董仲舒에
이르러 유학과 결부되었고, 後漢 때는 이 설이 대성한 시기이다. 許愼
은 五經에도 뛰어난 유학자였으므로 《說文》에서는 이와 결부된 설명이
많이 나오는 점을 유의해 둘 필요가 있다. 즉 '申'은 干支자인데, 이는
아래와 같이 12개월 중 7월에 해당한다.

11월	12	1	2	3	4	5	6	7	8	9	10
子	丑	寅	卯	辰	巳	午	未	申	酉	戌	亥

그리하여 '申'자에 「七月」이란 말이 쓰였고, 또 7월은 卦形이 ䷋
(否卦)이므로 陰爻가 시작되어 10월(亥)에는 ䷁(坤)괘가 되므로 "7월
에 음기가 이루어지면 몸이 절로 펴졌다 움츠려졌다 한다"라고 풀이한
것이지만 '申'자의 본뜻과는 거리가 멀다.

2. 地　理

山 (山)「宣也. 謂能宣散气, 生萬物也. 有石而高, 象形.」

'山'은 윗 부분은 산봉우리를, 밑 부분은 그 洞穴을 본떴다. 甲文의 이나, 金文의 山은 원시적 상형자이다.

厂 (厂)「山石之厓巖, 人可尻. 象形. 厈, 籒文 从干.」

厂(한, 엄)은 굴바위를 본뜬 자이다. 丿는 山의 體이고 一는 언덕의 형이라고 王筠은 풀이하였다. 본문의 내용에 대하여 段玉裁는 하주에서

"厓, 山邊也; 巖者, 厓也. 人可居者, 謂其下可居也, 屋其上則謂之广, 謂象嵌空 可居之形."

이라고 주하였다.

籒文에서는 여기에 '干'을 가하여 厈(한)으로 썼던 것을 후세에 다시 '山'을 가하여 '岸'자가 되었다.

水 (水)「準也. 北方之行, 象衆水竝流, 中有微陽之气也.」

長短의 선들은 모두 많은 물이 나란히 흐르는 물결을 상형하였다. 물은 높고 낮음이 없이 均平하므로 '準'이라 풀이하였다. 《釋名》에서도 "水, 準也. 準, 平物也"로 해설한 바와 같다. 「北方之行」이나 「中有微陽之气也」라 함은 모두 陰陽 五行의 설이지 글자를 풀이한 것은 아니다. 水 를 비스듬히 보면 마치 八卦의 ☵과 비슷한데, --은 陰柔 부호이고, 一은 陽剛 부호이므로 許愼은 이를 연상하여 「中有微陽」이라고 하였다.

여기에서 또 '水'는 왜 「北方」이라 하였을까. 五行(木·火·土·金·水)과 五方, 五色, 十干 등과의 관계를 미리 표로 예시하여 후술에 도움을 주고자 한다(p. 163 참조). 이처럼 '水'는 북방에 해당하기 때문이다.

川 (川)「毌穿通流水也.「虞書」曰: 濬〈, 巜距川. 言深〈 巜之水, 會爲川也.」

〈 (견)은 가느다랗게 흐르는 물결, 巜 (괴)는 조금 큰 것, 巛 (천)은

五行	五方	五季	五色	五味	五臟	五常	五音	十干
木	東	春	青	酸	肝	仁	角	甲·乙
火	南	夏	赤	苦	心	禮	徵	丙·丁
土	中	季夏	黃	甘	脾	信	宮	戊·己
金	西	秋	白	辛	肺	義	商	庚·辛
水	北	冬	黑	鹹	腎	知	羽	壬·癸

가장 큰 물결이다. 〈, 《 들이 모여서 내(川)를 이룬다는 뜻이다. 甲文
에는 ⦀으로 쓰인 점을 미루어 두 언덕 사이로 물이 흘러 가는 형상을
본뜬 것이라 하겠다. '川'은 昌緣切, '穿'도 昌緣切이니 그 음이 같으므
로 '穿'은 곧 음훈법에 속한다.

 ⅏ (泉)「水原也. 象水流出成川形.」

물이 石穴 또는 땅 속에서 흘러 나오는 형상을 본떴다. 본문의 내
용은 내(川)는 반드시 그 근원이 되는 '泉'이 있다는 뜻이지, '泉'이 반
드시 내를 이룬다는 뜻은 아니다. 하부의 三岐는 마치 '川'자 형과도 비
슷하다. 鄭樵는 "泉本錢字, 象錢貨之形, 借爲泉水之泉"이라 하였으나 잘
못이다. 甲文에서는 ⅏으로 썼는데, ⌂은 물이 나오는 곳을, ⌶은 물이
나오는 형상을 본뜬 것임이 확연하다.

 ⺣ (火)「焜也. 南方之行, 炎而上. 象形.」

불의 형상은 위는 뾰족하고 아래는 넓다. 양쪽의 두 점은 솟아 오
르는 불꽃을 상형한 것이다. 甲文은 ⺣로, 金文에서는 ⺣로 기사하였으
니 그 형상이 더욱 확연하다.

본문의 焜(훼)는 불이 활활 탄다는 뜻이므로 '火'와 '焜'는 전주된
다. 「南方之行」이란 解字와는 무관한 經學家의 부회이다.

 ⻏ (阜)「大陸也. 山無石者. 象形. ⻏, 古文.」

전문은 지세가 층층으로 상첩되어 있는 형상을 본뜬 것이요, 고문
의 상부는 흙덩어리를, 하부는 흙 층계를 가히 오를 수 있음을 상형한
자이다. 그리하여 甲文에서는 ⻏로, 혹은 약하여 ⻏로 나타내기도 하였
다. 金文형은 오히려 실상에 가까이 ⻏형으로 나타낸 것을 볼 수 있다.

《釋名》에서는 "土山曰阜"라고 풀이하였다. 그런데 한편으로는 외나무 사닥다리를 본뜬 자로 보는 견해도 있다(高鴻縉, 1960: 178).

　　　　仚 (丘)「土之高也. 非人所爲也. 从北从一. 一, 地也. 人居在丘南,
　　　　　　　 故从北, 中邦之居, 在昆侖東南(丘). 一曰四方高, 中央下爲
　　　　　　　 丘, 象形. 坓, 古文 从土.」

　'丘'의 甲文형은 ▨이니 사방이 높고 가운데가 낮은 언덕(小山)을 상형한 자요, 金文의 ▨도 이와 비슷하다. 따라서 許愼이 「从北从一」로 해설한 것은 잘못이며, 段玉裁가 이를 회의자로 본 점 역시 잘못이다. 본시 언덕은 小山이므로 두 봉우리를 나타냈고, 大山은 세 봉우리로 나타낸 것이 아닌가 한다. 甲文 이후 篆文에서 ▨로 변하고 다시 隷書에서 '丘'가 되었으므로 조자의 본원을 찾기 어렵게 되었다. 「在昆侖東南」 운운한 許愼의 설해는 부회에 불과하다. 인위적으로 만든 高土는 '京'이요, 그 반대는 '丘'이므로 「非人所爲」라 한 것이다.

　　　　土 (土)「地之吐生萬物者也. 二象地之上, 地之中, ｜, 物出形也.」

　'土'의 甲文형은 ▨, ▨이니 곧 땅 위에 있는 흙덩이를 상형한 것이다. 본문에서 「地之上, 地之中」이라 한 것은 자형에 의한 해설로 보인다. 어쨌든 흙은 식물이 뿌리를 뻗고 발아하여 생장할 수 있는 요람이므로 《釋名》에서도 "土, 吐也, 吐萬物也"라고 하였음을 알 수 있다. '土, 吐'는 그 음이 같다.

　　　　田 (田)「𨼅也. 樹穀曰田, 象形. 囗十, 千百之制也.」

　논밭 사이의 두둑길(阡陌 : 천맥)이 종횡으로 벌려 이어진 형상을 본뜬 자이다. 혹 '从囗 从十'으로 분석하는 예도 있으나 잘못이다.

　곡식을 심는 곳은 田, 채소를 뿌리는 곳은 圃, 과수를 가꾸는 곳은 園이라 한다. 本文의 '𨼅'은 '陣, 陳'과 같이 벌린다(列)는 뜻인데, '田'은 待年切, '𨼅'은 直刃切로 古音이 같다.[5]

　　　　畮 (疇)「疇, 耕治之田也. 从田. 畮, 象耕田溝詰詘也. 畮 㫃, 或省.」

─────────────
(5) 田 : *dien(d‘ien)＞dien＞t‘ian²[t‘ien]
　　 𨼅 : *dǐěn(d‘ien)＞dǐěn＞tʂ‘ən²

는 구불구불한 물고랑이나 밭고랑(田溝)을 본뜬 자인데, 혹은 '田'을 덧붙여 해서에서 '疇'가 되었다. '田'은 待年切, '疇'는 直由切이니 양자는 성모가 같다.

3. 人 體

(人)「天地之性 最貴者也. 此籀文, 象臂脛之形.」

사람이 옆으로 몸을 구부리고 서 있는 형상을 본떴다. 팔과 종아리의 모양이 뚜렷하다.

(女)「婦人也. 象形.」

'女'자가 金文에는 형으로 되어 있는 점을 미루어 두 손은 깍지를 끼고 무릎을 꿇고 곧게 앉아 있는 모습을 본뜬 것임을 알 만하다. 본시 처녀는 '女'라 하고 適人은 '婦'라고 하였으나 총칭하여 婦人이라고 하였다.

《釋名》에 보면 "女, 如也. 婦人外成如人也. 少如父敎, 嫁如夫命, 老如子言"이라는 말이 있다.

(子)「十一月昜气動, 萬物滋, 人以爲偁, 象形.」

윗부분은 아이의 머리를, 가운데는 팔뚝을, 하부는 강보 안에 싸여 있는 다리를 상형한 자이다. 본문의 내용은 陰陽·五行의 설로 부회한 해설일 뿐('申'자 참조. p.161), 결코 글자의 본뜻은 아니다. '子'의 뜻은 幼兒여야 옳겠다. '子'를 끼고 있는 字들이 대개 유아 아니면 작다는 뜻을 내포하고 있는 것은 이 까닭이다.

甲文에는 , , 등으로, 金文에는 , , 등의 형으로 씌었다.

⊗ (囟)「頭會匘蓋也. 象形. , 古文 囟字.」

嬰兒의 머릿골은 합해지지 아니한 것이기 때문에 ⊗ 위에 숨구멍이 뚫려 있다. 따라서 '思'자는 ⊗ 밑에 '心'을 붙여 만들었다. '囟, 思, 心'은 모두 그 성모가 心〔s〕모에 속한다.

𦣻 (耳)「主聽者也. 象形.」

외부는 귀의 모양을 본뜬 것이고, 가운데에 있는 점은 귀의 구멍이다. 王筠은 귀의 외곽은 두 층이 있으므로 글자의 상부가 兩筆로 겹쳐 있다고 풀이하였다.

甲文에는 𝄐, 金文에는 𝄐, 𝄐형 등으로 씌었는데, 篆文에서는 약간 자형이 변하였고, 해서에서는 상형의 근원을 알기 어렵게 되고 말았다.

𫝆 (目)「人眼也. 象形. 重童子也. ◉, 古文目.」

'目'의 자형은 다양하다. 甲文에는 ▱, ▱ 등으로, 金文에서는 ▱, 𝄐 등으로 쓴 것을 篆文에서 곧게 고쳤으므로 원형과는 상당히 멀어지게 되었다. 외곽은 눈두덩을 상형하였고, 내부는 눈동자를 그린 것이다.

𝄐 (口)「人所以言食也. 象形.」

'口'는 원래 사람이 말을 하고, 먹는 데 사용하는 입의 모양을 상형한 자이다.

𝄐 (自)「鼻也, 象鼻形.」

'自'는 '鼻'의 고자로서 원래 사람의 코를 상형하였다. 甲文에서는 𝄐, 金文에서는 𝄐형으로 씌어 코의 원형과 흡사하다.

𝄐 (牙)「壯齒也. 象上下相錯之形.」

어금니(牙)는 보통의 이(齒)보다 크므로 「壯齒(장치)」로 풀이하였다. 현재 臼齒(구치)로 불리운다. 金文형에는 𝄐, 𝄐형 등이 있어 개의 이빨을 그린 것으로 보기도 한다. 기타본은 「牡齒也」로 풀이하였다.

𝄐 (百)「頭也. 象形.」

𝄐 (首)「古文 𝄐 也. 巛象髮.」

위의 두 자는 一字異構의 자이다. 상형의 초문은 결코 그 구조가 일정하지 않았으므로 '首'자는 머리털을 그려 넣기도 하고 생략하기도 하였다.

𝄐 (𦝠)「顄也. 象形.」

이는 글자를 만들 때 側視에 의한 것임이 분명하다. 만약 ⊖로 그렸다면 이는 사람의 턱을 상형한 것이 뚜렷하여지기 때문이다. 지금의 頤(턱 : 이)자는 篆文이 변천한 자형이다.

⺁ (民)「衆萌也. 从古文之象 …… ⺁ 古文民.」

뭇 백성(氓 : 맹)의 뜻이다. 그러나 金文형은 ⻏ ⺁과 같아서 두 가지 관점이 있다. ① 눈동자가 눈두덩 밖으로 튀어 나온 장님을 상형한 자, ② 나무에 구멍을 뚫는 자루 달린 송곳을 상형한 자로 보는 것이다. 그렇다면 백성이란 본뜻이 아니고 차용의 뜻일 것이다.

⻗ (而)「須也. 象形.《周禮》曰 : 作其鱗之而.」

맨 위의 ─은 코끝을 본뜬 것이고, │은 人中을 본떴으며, 다음의 半圓은 입 위의 수염을, 맨 아래의 ⻆은 입 아래의 수염을 본뜬 것이다.
段注本 외의 他本에는 「頰毛也. 象毛之形」으로 해설되어 있음을 부기한다.

⺗ (心)「人心, 土臓也. 在身之中, 象形. 博士說 以爲火臓.」

'心'자의 金文형은 ⺗ ⺗ 등이어서 심장의 형상을 본뜬 것임을 알 수 있다. 뒤에 마음, 생각하다(思)의 뜻으로 쓰인 것은 마치 영어에서 heart가 mind의 뜻을 가진 점과도 부합된다. 본문에서 「土臓」이라 한 것은 古文《尙書》설이요, 火臓은 今文家의 설이다(p. 163 표 참조).

吕 (呂)「脊骨也. 象形.」

'呂'는 척추뼈가 상하로 서로 이어져 있는 형상을 본떴다.

⺀ (乖)「背呂也. 象脅肋形.」

'│'는 등골이 몸 한 가운데에 곧게 있는 형상을, '─'은 사람의 허리를, '⺀'은 좌우 늑골을 상형하였다. 본시 脅(협)은 옆구리이고, 肋(륵)은 갈빗대를 칭한다. '⺀'는 속자로 乖(괴)로 쓰게 되었다.

⺔ (手)「拳也. 象形. ⺔ 古文手.」

'手'는 다섯 손가락의 모양을 본뜬 자이다. 손이란 펴면 '手'이고,

오무리면 拳(권)이어서 실상은 하나이므로 篆文에서는 양자를 互訓하였다. '手'를 편방으로 쓸 때에는 ㄑ ㄕ ㄕ 와 같이 三指로 약하였음을 알 수 있다.

ㄑ (又)「手也. 象形. 三指者, 手之列多, 略不過三也.」

'又'자는 원래 세 손가락을 본뜬 자로서 지금의 '右'자에 해당한다. 殷·周 시대에는 '有'의 뜻으로 빌려 쓰다가[6] 후에 다시 '또, 다시'의 뜻으로 가차되었다.

ㄕ (ナ)「左手也. 象形.」

'ナ'는 지금의 '佐'자에 해당한다. 《說文》 '左'부에 「𠂇, ナ手相左也. 从ナ工」이라 하였으니 又(右)手와 ナ手가 합하면 相助의 뜻이 되지 않겠는가. 《說文》 '又'부에 「右, 助也. 从又口」로 풀이한 이유도 가히 짐작할 수 있다.

ㄓ (止)「下基也. 象艸木出有阯, 故以止爲足.」

'止'자는 위는 발가락을, 아래는 발뒤꿈치를 본떴다. 甲文과 金文에서 ㄓ, ㅂ형으로 쓴 것을 보면 足形을 상형하였음이 분명하다. 그러므로 「艸木出有阯」란 옳지 않은 해설이다. 甲文에서는 '步'자를 ㄓ로 썼던 것을 篆文에서는 ㄓ로 표기하였으니 이는 곧 좌우의 발이 앞으로 나아감을 나타낸 것이다. 따라서 '止'가 '足'의 뜻으로 쓰였던 사실을 알 수 있다.

ㄟ (厷)「肱, 臂上也. 从又 从古文厷 ㄟ, 古文厷. 象形.」

ㄟ은 구부린 팔(曲肱)을 상형한 初文이요, 肱(厷)은 後起字이다. 즉 ㄟ에 ㄑ를 가하여 厷이 되고, 또 여기에 '肉'을 가하여 肱(팔 : 굉)이 되었음을 알겠다.

ㄌ (力)「筋也. 象人筋之形.」

'力'은 사람의 근육이 이어져 있는 모양을 상형하였다. 段玉裁는 注

---

(6) "豕卅又二"(돼지 32 마리) 《卜辭通考》
　　cf. 乃出兵, 旬有五日(이에 군대를 일으킨 지 15일) 《左傳》 文公 16년조.

에서 "人之理曰力, 故木之理曰朸, 地之理曰阞, 水之理曰泐"이라고 말하였다.

也 (也)「女侌也. 从乀象形, 乀亦聲.」

'也'는 金文에서는 也로 쓴 바와 같이 원래 女陰을 상형한 것으로 본뜻 또한 그러하였는데, 후에 허사로 가차되었다. 본문에서 「乀亦聲」이라고 한 것은 字音이 비록 乀(흐를 : 이)에 가까웠을지언정 그것이 곧 음은 아니므로 許愼의 판단 착오라 하겠다. 즉 也자에서의 乀는 문자가 아니다. cf.「乀, 流也. 从反厂. 讀若移.」

4. 動 物

鳥 (鳥)「長尾禽總名也. 象形. 鳥之足似匕, 从匕.」

새가 서 있는 모습을 옆에서 보고 그린 자이다.

隹 (隹)「鳥之短尾總名也. 象形.」

隹(추)는 꼬리가 짧은 새들의 총칭이라 하였다. 머리, 부리, 눈, 날개의 형상을 본떴다. 甲文에서는 , 와 같이 상형하였고, 金文에서도 와 같이 기사하였다.

朋 (朋)「古文鳳, 象形. 鳳飛羣鳥從以萬數, 故以爲朋黨字.」

'朋, 鵬, 鳳'은 모두 동종 무리의 새를 가리킨 一字 三體인바, 그 후로 '朋'을 빌어 朋黨의 뜻으로 쓰게 되었다. 자형은 지금의 孔雀을 상형한 것이다. '朋·鳳'은 성모가 같고 운모도 서로 가깝다.

燕 (燕)「玄鳥也. 𦦨口, 布翅, 枝尾, 象形.」

'燕'은 제비의 전체 형상을 본뜬 자이다. '廿'은 집게 같은 작은 부리를, '北'은 펼친 날개를, '火'은 가위 같은 꼬리의 모양이다. 甲文형은 이니 그 형상이 제비와 아주 가깝다.

乞 (乞)「燕燕乞鳥也. 齊魯謂之乞, 取其鳴自謼. 象形也.」

'乞'은 제비가 나는 형상을 본뜬 자인데, '燕'과 '乞'은 그 성모가 같다. 제비가 지저귀는 소리를 본뜬 의성자이다.

﷽ (於)「﷽, 古文烏. 象形. ﷽, 象古文烏省.」

'於'는 원래 가마귀가 날아가는 형상을 본뜬 자였는데, 秦·漢 무렵에 '烏'와 음이 같으므로 '于'의 뜻으로 가차되었기 때문에 일찍이 그 본뜻을 잃고 말았다. '於希'는 '烏乎'로 古讀한 사실을 미루어 '於·烏'는 본래 같았던 것을 알 수 있다.

﷽ (舃)「誰也. 象形.」

'烏, 焉, 舃'은 모두 상형인데 그 首形만이 각각 다르다. 여기 舃(신 : 석)은 본래 까치(誰 : 작)를 상형한 것이었으나 후세에 履(신 : 리)자의 뜻으로 차용되었으므로 별도로 誰(鵲)자를 만들어 쓰게 되었다.

﷽ (焉)「焉鳥. 黃色, 出於江淮, 象形.」

'焉'자의 金文형은 ﷽이다. 머리 위에 冠毛가 있는 黃鳥, 즉 꾀꼬리를 상형한 자이었으나[7] 본뜻을 잃고 어조사로 쓰이게 되었다.

﷽ (羽)「鳥長毛也. 象形.」

鳥類의 두 개의 깃털이 상첩한 형상을 본뜬 자이다.

﷽ (牛)「事也. 理也. 像角頭三, 封, 尾之形也.」

'屮'은 머리와 두 뿔을, '一'은 肩甲이 솟돋은 곳(封)을, 'ㅣ'는 쇠꼬리를 상형하였다고 풀이할 수도 있다. 그러나 ﷽와 같이 보면 '牛'자는 소의 두 뿔, 두 귀, 그리고 머리를 정면에서 본뜬 것이 옳다고 하겠다. 「事也」라 한 까닭은 소는 밭가는 일을 능히 할 수 있기 때문이요, 「理也」라 함은 行動作息이 유리하기 때문에 '事·理'로 풀이하였다. 그러나 3자는 별개의 뜻이다.

---

(7) 그러나 이에 대하여는 諸說이 있다.
　　鄭樵 : "焉即鳶字."
　　戴侗 : "白焉, 雉屬 今俗書作鵬."
　　段玉裁 : "今未審何鳥也."
　　桂馥 : "禽經 : 黃鳥謂之焉."
　　《形音義綜合大字典》(1971), 臺北, 正中書局, p. 890.

羊 (羊)「祥也. 从丫象四足尾之形. 孔子曰 : 牛羊之字 以形擧也.」

소(牛)와 羊은 모두 머리 모양을 상형한 것이지 결코「四足尾之形」은 아니다. 羊의 뿔은 쇠뿔과 달리 아래로 굽은 것이 대부분인데, 羚과 같이 보면 羊頭를 정면에서 본뜬 것임이 확연해진다. 甲文의 羊, 金文의 羊형도 매한가지이다.

본문에서「祥也」라 한 것은 '羊'의 음훈이다. '羊'은 與章切이고, '祥'은 似羊切이니 운모가 같음을 알 수 있다. 羊은 곧 祥瑞로운 동물로 간주한 까닭이다.

馬 (馬)「怒也. 武也. 像馬頭, 髦, 尾, 四足之形.」

'馬'의 甲文은 馬이고, 金文형은 馬이다. 말이 성내어 서 있는 형상을 側視로 상형한 것이다.「怒也. 武也」는 '馬'의 음훈이니, '馬·怒'는 운모가 동류에 속하고, '馬·武'는 역시 성모가 같다. 말은 본래 威武가 당당한 짐승에 속하므로 이렇게 풀이한 듯하다.

犬 (犬)「狗之有縣蹏者也. 象形. 孔子曰 : 視犬之字, 如畫狗也.」

'犬'은 甲文에서는 犬 혹은 犬형으로, 金文에서는 犬형으로 기사하였다. 그러므로 篆文도 側視로 본 개의 형상을 본뜬 것임을 알 수 있다. 이 자는 후세에 '句'자를 가하여 '狗'가 되었다.

豕 (豕)「彘也. 竭其尾 故謂之豕, 象毛足而後有尾. 讀與豨同.」

'豕'의 甲文형은 豕, 豕, 金文형은 豕, 豕 등이니 곧 側視로써 돼지의 전체 형상을 본뜬 자이다. 가축은 豕(시)이고, 야생 돼지는 彘(체)라고 한다. '竭'은 負擧(들어올리다)의 뜻이니 돼지는 성을 내면 꼬리를 세워 올리므로「竭其尾」라고 한 듯하다.

亥 (亥)「荄也. 十月微昜起接盛侌. 从二. 二, 古文上字也. 一人男, 一人女也. 从乚象裹子咳咳之形也. 丂 古文亥.」

음력으로 寅이 正月이면 亥는 10월이다. 10월이 되면 大地 위(二)에 陰이 성한다고 보았다. 一男一女는 陰陽의 相合이니 子가 女에 붙은 것, 즉 陰이 성함을 나타낸다. 따라서 "荄也"라 한 까닭은 나무 뿌리 밑에 양기가 감추어 있다는 易學的 설명이지 조자의 근본은 아니다.

'亥'자의 甲文형은 丏 丐와 같으므로 '豕'와 같이 돼지를 상형한 자로 보는 견해가 있는데(加藤常賢, 1982 : 951) 이것이 옳을 것이다.

豸 (豸)「獸長脊, 行豸豸然, 欲有所司殺形.」

짐승의 長脊과 頭足의 모양을 본뜬 것으로, 늑대(豺 : 시) 같은 짐승이 잡아 먹을 것을 노리고 서 있는 모습을 側視로 상형한 자이다.

虎 (虎)「山獸之君. 从虍 从儿, 虎足象人足也.」

'虎'는 호랑이를 상형한 자이다. 甲文의 𧇾나 金文의 𧇷형을 근거로 살펴보면 側視에 의하여 입이 크고 몸이 긴 늙은 호랑이를 그린 것이 역연하다. 그럼에도 불구하고 許愼은「从虍从儿」이라 하여 마치 회의처럼 해자하고 있는데, 이는 篆文의 자형만을 분석한 오류라고 본다.

象 (象)「南越大獸, 長鼻牙, 三年一乳, 象耳牙四足尾之形.」

코끼리가 서 있는 모양을 側視로 상형하였다. 긴 코와 큰 귀, 거대한 몸, 긴 이빨과 꼬리 및 二足을 그린 것이다. 따라서「四足」이란 합당치 않다. 甲文의 𧰼형은 코끼리의 긴 코를 잘 나타낸 것이라 하겠다.

段玉裁는 注에서 "사람들은 코끼리가 사는 것을 보고자 하여 그림을 그려 그 삶을 상상한다. 그러므로 사람들이 마음으로 상상하는 바는 모두 이를 象이라 한다"라고 말하고 있다. 《周易》에서도 '象'은 '想像'의 뜻으로 가차, 사용하였으니 이는 聲에서 義를 얻은 것이지 形에서 義를 얻은 것은 아니다. '象·像'은 徐兩切로 동음이다.

鹿 (鹿)「鹿獸也. 象頭角四足之形. 鳥鹿足相比, 从比.」

'鹿'의 甲文은 𪊽형이고, 金文은 𪊽형이니 모두 사슴이 側立한 형상에서 머리, 뿔, 몸, 꼬리, 二足 등 몸 전체를 상형하였다. 篆文에서는 뿔이 갈라지지 않아 원형과는 거리가 멀어지게 되었다. 본문 중「四足之形」이란 許愼의 오판일 것이다.

兎 (兎)「兎獸也, 象兎踞, 後其尾形. 兎頭與兔頭同.」

토끼가 쪼그리고 앉아 있는 형상을 본뜬 것인데, 후면에 노출된 것은 토끼의 꼬리이다. 甲文은 &형이고, 金文형은 &이다.

&(鼠)「穴蟲之總名也. 象形.」

王筠은《文字蒙求》에서 이 글자는 옆으로 보면 큰 머리와, 엎드린 몸과 꼬리를 끌고 있는 형상이라고 하였다. 그러나 甲文에서는 &로 썼으니, 쥐의 생김새와 먹이를 물고 있는 모습을 그린 것이요, 金文형은 &이니 이빨과 크게 벌린 입을 상형한 것임을 알 수 있다.

&(虫)「一名蝮. 博三寸. 首大如擘指, 象其臥形.」

이는 머리가 큰 뱀을 본뜬 것인데, 미세한 하등 동물은 모두 날아다니는 매미나 기어다니는 도마뱀이나, 털이 긴 쐐기나 털이 없는 지렁이나, 甲殼類의 자개나, 비늘이 있는 蛟龍 등 어느 것이나 '虫'을 편방으로 한다.

&(它)「虫也. 从虫而長. 象冤曲垂尾形. 上古艸尻患它, 故相問無它
    乎. 蛇, 它或从虫.」

&는 몸을 구부려 둥글게 사린 뱀을, &는 몸을 내려 편 큰 뱀을 상형한 것이다. 金文에서는 &형으로 기사하였다. 상고 시대에는 풀 속에 사는 뱀을 두려워한 나머지 서로 뱀이 없느냐고 물었다는 것인데, 여기 「上古」란 神農氏 이전이라고 段玉裁는 덧붙이고 있다.

&(巳)「巳也. 四月易气 巳出, 陰气 巳藏. 萬物見, 成彣彰, 故巳爲
    它, 象形.」

'巳'는 처음 뱀의 형상을 본뜬 자인데, 뱀은 동면하는 동물로 대개 음력 4월쯤이면 다시 출현하므로 十二地支로 '巳'는 4월을 대표한다 (p. 161 참조).

한편 高鴻縉(1960 : 132)에서는 甲文, 金文의 & &형을 예로 들어 애초에는 胎兒(大頭小尾形)의 형상을 본뜬 자로 보았다.

&(巴)「蟲也. 或曰 : 食象它. 象形.」

'巴'는 지금의 이무기를 가리킨다.《山海經》에서도 "巴蛇食象, 三歲而出其骨"이라고 하였다. 즉 코끼리를 잡아 먹는 뱀이라는 뜻이다.

　　 (魚)「水蟲也. 象形. 魚尾與燕尾相似.」

　　물고기의 머리와 배, 지느러미, 꼬리를 상형하였다. 　이나 　는 모두 '火'를 하부에 가지고 있음이 같은데, 이는 꼬리가 갈라진 모양을 상형한 것일 뿐 결코 '火'자는 아니다.

　　 (黽)「鼃黽也. 从它. 象形. 黽頭與它(蛇)頭同.」

　　두꺼비류의 형상을 본뜬 것으로 위는 그 머리를, 아래는 큰 배(腹)를 나타낸 것이다. '鼃(왜)는 '蛙'(와)의 고금자로서 맹꽁이의 뜻이다.

　　 (龜)「舊也. 外骨內肉者也. 从它, 龜頭與它頭同;天地之性, 廣肩無雄, 龜鼈之類 以它爲雄. 　, 象足, 甲, 尾之形. 　, 古文龜.」

　　고문 　는 위에서 내려다보았을 때의 거북의 형상이다. 篆文을 옆에서 보면 　와 같아서 거북의 머리와 등딱지(甲), 발, 꼬리 등의 생김새를 본뜬 것이 된다. 흔히 거북은 천년 동안이나 산다고 하였으므로「舊也」라고 풀이하였다.

　　 (易)「蜥易, 蝘蜓, 守宮也. 象形.」

　　도롱뇽(蜥易)은 풀 속에 사는데 다리가 넷인 뱀이고, 도마뱀(蝘蜓)은 담 속에서 산다고 하였다. 守宮은 도마뱀의 방언이다. 　은 그 머리와 네 개의 다리를 본뜬 것이다.

　　 (萬)「蟲也. 从厹, 象形.」

　　'萬'의 甲文은 　형으로 되어 있다. 이것은 독을 품고 있는 한 쌍의 집게를 가진 전갈(蠍 : 헐)을 본뜬 자이다. 전갈은 알을 매우 많이 낳기 때문에 가차하여 숫자의 萬으로 쓰이게 되었다.

　　許愼이「从厹」라 풀이한 것은 篆文형에 의존한 오해이다.

　　 (貝)「海介蟲也. 居陸名猋, 在水名蜬, 象形. 古者貨貝而寶龜, 周而有泉 至秦廢貝行錢.」

　　上半의 'θ'은 조개의 외각을, 아래의 'ハ'은 밖으로 나온 촉각을 상형하였다. 甲文의 　, 　형이나 金文형의 　는 실물의 형상에 가깝다.

'貝'는 고대에는 화폐(泉, 돈 : 천)로도 사용하였기 때문에 《說文》에서 「古者貨貝而寶龜」라 하였다. 현재 '賣, 買, 財, 貴'자 등이 '貝'를 취하고 있는 연유를 알 것이다.

　　角 (角)「獸角也. 象形.」

위는 뾰족한 뿔 끝을, 아래는 體를, 가운데는 무늬 모양을 본떴다. 甲文에서는 角, 角 등과 같이 나타냈다.

　　咼 (咼)「剔人肉置其骨也. 象形. 頭隆骨也.」

咼(과)는 튀어 나온 융골의 형상을 본뜬 자로 '骨'의 초문이다.

　　肉 (肉)「胾肉. 象形.」

'肉'은 살 덩어리의 모양인데, 가운데는 살의 무늬이다. 胾肉(자육)은 큰 고깃점으로 鳥獸 등의 살을 말한다.

　　毛 (毛)「眉髮之屬 及獸毛也. 象形.」

毛髮의 모양을 상형하였다. 대개 '眉'는 눈 위의 털이고, '髮'은 머리 털을 가리킨다.

5. 植　物

　　木 (木)「冒也. 冒地而生, 東方之行, 从屮, 下象其根.」

위는 나무의 가지를, 아래는 그 뿌리를 본떴다. 段玉裁가 注에서 "屮象上出. 丌象下垂"라고 한 것은 좋으나, 許愼이 "从屮"로 해자한 것은 잘못이다. 이것은 순수하게 나무의 실상을 상형한 것에 불과하기 때문이다. 甲文의 木이나, 金文의 木형 등을 보아서도 상형의 증거를 살필 수 있다.

本文의 「冒也」는 나무가 감히 땅을 뚫고 위로 생장하여 나온다는 뜻에서의 음훈이다. 그리고 「東方之行」은 경학적 설명에 불과하다(p. 163 참조).

　　禾 (禾)「嘉穀也. 以二月始生, 八月而孰, 得之中和, 故謂之禾. 禾,

木也, 木王而生, 金王而死, 从木, 象其穗.」

'禾'는 아래로 드리운 벼의 이삭과 잎사귀, 줄기, 뿌리의 전 모양을 상형하였다. 甲文의 ⚭, 金文의 ⚭를 보면 더욱 벼의 형상이 뚜렷하여진다. 그러므로 許愼이 「从木, 象其穗」라고 한 데서 '从木'이라 설명한 것은 옳지 않다.

「木王而生」 운운한 것은 經學家의 설명이요, 「得之中和」 운운한 말은 儒家의 풀이에 불과하여 결코 '禾'의 본뜻은 아니다.

來 (來) 「周所受瑞麥, 來麰也. 二麥一夆, 象其芒束之形. 天所來也, 故爲行來之來. 詩曰 : 詒我來麰.」

'來'는 원래 보리(麥)의 상형자이다. 甲文의 ⚭, 金文의 來에서 본 바와 같이 보릿대의 단단한 줄기와 까끄라기(⚭)를 본뜬 것이다. 보릿대의 줄기는 볏줄기보다는 비교적 단단하므로 꼭대기의 이삭이 숙여지지 아니하였다.

본문의 「二麥一夆」은 瑞麥을 말한다. 마치 「二米一秠」가 瑞黍를 가리키는 것과도 같다. 하늘로부터 떨어진 '麥'을 來麰(래모) 혹은 단순히 '來'라고 하였는데, 이로 말미암아 모든 것이 다다르는 것을 가리켜 '來'라고 하게 되었다. '來'가 왕래의 뜻으로 가차된 연유를 알 만하다.

그러나 실상은 '來'가 '보리'의 뜻이고, '麥'이 '온다'는 뜻이어야 옳다. 왜냐하면 '麥'은 「从夂來聲」인데 여기 夂(치)는 뒤에 온다는 뜻이기 때문이다. 그런데 甲文 시대 이후로 두 자가 바뀌어 지금은 완전히 뜻이 뒤바뀌고 말았다.

艸 (艸) 「百卉也. 从二屮.」

'艸'는 甲文의 ⚭형에서 볼 수 있는 바와 같이 풀이 돋아난 형을 본뜬 것이다. 許愼은 「从二屮」이라 하였거니와 屮(철)과 艸(초)는 실은 1자의 繁簡 二體에 불과하다.

竹 (竹) 「冬生艸也. 象形. 下垂者箁箬也.」

죽순은 겨울에 날 뿐더러 가지나 잎사귀도 잘 시들지 않는 풀 줄기에 속하므로 「冬生艸」라고 하였다. 箁箬(부약)은 곧 죽순 껍질이다.

대나무가 장대하여지면 죽순 껍질은 줄기에서 벗겨져 떨어진다. 金文에
서 ⫯⫯으로 쓴 바와 같이 이 자는 곧 댓잎을 상형한 자이다.

ᅍ (瓜)「𧆛也. 象形.」

바깥 부분은 오이 덩굴을, 가운데는 오이의 열매(𧆛, 풀 열매 : 라)
를 상형하였다.

米 (米)「粟實也. 象禾黍之形.」

'米'는 散開한 낟알을 본뜬 것이다. 粟(속)은 嘉穀의 열매인데, 가
곡은 곧 벼와 옥수수이다. 甲文에서는 ※로 기사하였으니, 원래는 조나
벼와 같은 곡식의 낟알이 알알이 박힌 형상을 본뜬 자로 보인다.

韭 (韭)「韭菜也. 一種而久生者也. 故謂之韭. 象形. 在一之上. 一,
         地也.」

부춧잎이 땅 위로 돋아 올라온 형상을 상형하였다. 오래 사는 식물
이어서 韭(구)라 하였다는 말인데, '韭, 久'는 공히 舉友切로 그 음이
같다.

6. 服　飾

𧘇 (衣)「依也. 上曰衣, 下曰常, 象覆二人之形.」

'衣'는 옷의 양쪽 소매와 좌우의 옷깃이 서로 덮고 있는 모양을 본
뜬 자이다. 許愼이 「象覆二人之形」이라 한 것은 篆文의 형에 의지한 부
회라고 할 것이다. 甲文형은 ᐞ ᐞ로, 金文도 이와 비슷하게 쓴 것을
보아서도 알 수 있다.

본문에서 「依也」라고 풀이하였는데, 이에 대하여 段玉裁는 "依者,
倚也. 衣者, 人所倚以蔽體者也"라고 注하였다. '常'은 裳(치마 : 상)의 뜻
이다.

糸 (糸)「細絲也. 象束絲之形. ᪥, 古文糸.」

'糸'는 실꾸러미 모양을 본뜬 상형자이다. 本音은 '멱'이요, 한국음

'사'는 우리 나라에서 형성된 속음이다.

求 (求)「裘, 皮衣也. 从衣 象形. 與衰同意. 求, 古文裘.」

'求'는 갖옷의 초문으로 짐승의 가죽 모양을 상형하였다. '求'는 후에 '衣'를 가하여 裘(갖옷 : 구)가 본뜻을 대신하게 되자 '求'는 구한다는 뜻으로만 쓰이게 되었다.

甲文에서는 求로 쓴 것을 金文에서는 求로 변화하였는데, '十'은 獸頭를, '朴'은 毛髮이 아래로 늘어진 형상을 나타낸 것으로 보인다.

巾 (巾)「佩巾也. 从冂, ｜象系也.」

'巾'은 巾屬의 총명이지 결코 패건만은 아니다. 巾은 巾과 같이 수건 따위를 접어 놓은 형상을 본뜬 듯하다.

文 (文)「錯畫也. 象交文.」

'文'은 '紋'의 본자로서 흔히 무늬의 형상을 본뜬 것으로 본다. 그러나 加藤常賢(1982 : 218)에서는 甲文의 文, 金文의 文형 등으로 미루어 옷소매를 가슴 앞으로 교차한 형으로 보았다. 가슴에는 심장이 그려진 글자도 있다.

7. 築　物

宀 (宀)「交覆深屋也. 象形.」

'宀'은 甲文형을 보면 宀형으로 되어 있으니 지붕과 두 벽을 상형한 것임을 알 수 있다. 이것이 고대 원시민들의 집 구실을 한 흔적이다. '家, 室, 宮, 字' 등과 같이 宀(움집 : 면)을 편방으로 삼은 한자들은 대개 거실의 의미를 내포하고 있다.

广 (广)「因厂爲屋也. 从厂, 象對刺高屋之形. 讀若儼然之儼.」

广(엄)에 대하여 段玉裁는 "謂對面高屋森聳上刺也, 首畫象巖上有屋"이라 하였고, 王筠은 "此堂皇之形, 前面無牆"이라고 풀이하였다.

許愼이 말한 바는 篆文의 자형에 의거한 해자이며 「从厂」은 더욱

아니다. 金文형이 个임을 보아서도 알 만하다. 그러므로 王筠의 설명이
타당하다고 보겠다.

　門 (門)「聞也. 从二戶, 象形.」

　'門'은 甲文의 𠕋에서 보는 바와 같이 문 전체를 상형한 자이다. 그
러므로 "从二戶"란 篆文형에 따른 오해이다. 두 짝문을 본뜬 자형에 불
과하다. '聞'이란 안에서 밖의 소리를 들을 수 있고, 밖에서 집 안의 소
리를 들을 수 있으므로 '門'을 '聞'으로 음훈하였다.

　戶 (戶)「護也. 半門曰戶, 象形.」

　《說文》에 의하면「半門曰戶」라 하였으니 '門'은 상형이고, '戶'는 그
생체로 볼 가능성도 있다. 한편「門, 从二戶」라 한 말은 '戶'는 상형이
지만 '門'은 회의가 될 수 있다. 그러나 사실은 '戶'는 외짝문(지게문)을
상형한 것이요, '門'은 쌍문을 본뜬 자이므로 모두 상형이다.

　'戶'를 "護也"라 한 까닭도 외부인으로부터 집안의 재산과 생명을
지켜 준다는 의미에서 그렇게 음훈하였다.

　囱 (囱)「在牆曰牖, 在屋曰囱, 象形. ⊞, 古文.」

　'囱'은 '窗'의 초문으로 바깥은 창틀의 모양을, 안은 交木을 본뜬 상
형자이다. 고문형은 ⊞이라 하였으나, 金文에서는 囱형으로 씌었다. 담
장에 단 것은 牖(바라지 : 유)라 하고, 집안에 단 것은 囱(창)이라 한다
는 뜻이다.

　瓦 (瓦)「土器已燒之總名, 象形也.」

　金文의 瓦형으로 보아 지붕에 얹은 기와의 모양을 본뜬 것이 확연
하다.

　井 (井)「八家爲一井, 象構韓形, ·甕象也. 古者伯益 初作井.」

　'韓(한)'은 우물 위에 나무로 짜 얹은 틀(木欄)이고, 甕(옹)이란 물
을 긷는 그릇이다. 井은 나무틀의 모양을, 안의 ·은 바가지의 형상을
본떴다고 하였다. 그러나 ·은 井穴을 상형한 것으로 보기도 한다.

　「八家爲一井」이란 井田制의 설인데, 그 이전에 이미 井은 있었으니

후세의 제도로써 문자를 설해한 예이다.

舍 (舍)「市居曰舍, 从△, ㄓ, 口. ㄓ, 象屋也, 口, 象築也.」

객사의 지붕(△)과 집 모양, 축대(口) 등을 나타낸 상형자이다. 한편 느긋이 입으로 숨을 쉬며 쉰다는 뜻에서「口十余聲」의 형성자로 보는 견해도 있다.

8. 器 物

鼎 (鼎)「三足兩耳, 和五味之寶器也. 象析木以炊. 貞省聲.」

鼎(정)은 사기나 銅으로 만든 고대의 烹器(팽기)이다. 상부의 目은 원래 貝(조개)를 본떴는데, 상고 시대에는 조개 껍질로 식기를 대신하였던 흔적을 엿볼 수 있다. 하부는 나무를 쪼개어 불을 때는 형상이다. 金文에서는 ㅆ, ㅃ과 같이 썼으니 三足 兩耳가 확연하다.

鬲 (鬲)「鼎屬也. 實五觳, 斗二升曰觳, 象腹交文, 三足.」

위는 오지병의 뚜껑과 입을, ×는 腹交의 무늬를, 아래는 세 발을 상형하였다. 金文에는 ㅆ 혹은 ㅆ형으로 씌어 있다.

丙 (丙)「位南方. 萬物成炳然, 会气初起, 易气將虧, 从一入冂.」

본문의 내용은 모두 음양・오행설에 따른 것이고 자형의 구조를 마치 회의자처럼 풀어 놓았다. 그러나 金文의 ㅉ, ㅁ형 등을 보면 실상은 상면에 제물을 차릴 수 있는 커다란 祭床을 상형한 자에 불과하다.

豆 (豆)「古食肉器也. 从口, 象形. 豈, 古文豆.」

'豆'는 고대에 음식물을 담았던 그릇으로 위는 그 뚜껑을, 가운데는 容項을, 아래는 받침을 상형한 것이므로, 「从口」란 옳지 않다. 원래는 식기였으나 그 후 祭器로 쓰이게 되었다. 《爾雅》에 "木豆爲之梪, 竹豆謂之籩"이라 하였고, 《周禮》「考工記」에 "食一豆肉은 中人의 食"이라 한 기록을 보면 그 크기를 가히 잠작할 수 있겠다. '豆'에 '木'을 가하여 '梪'가 되었는데, 2자는 음의가 같고 본래는 1자였다.

壺 (壺)「昆吾圜器也, 象形. 从大 象蓋也.」

壺(호)는 술병의 뚜껑과 병몸과 손잡이를 상형하였다. 金文에 쓰인 壺, 壺, 壺형 등은 한층 원형에 가깝다. 그러므로 「从大」란 篆文형만을 의존한 해설이다.

昆吾에 대하여 林尹(1971 : 77)은 《說文》 缶부 匋자 항의 「古者, 昆吾作匋」에 근거하여 陶器를 처음으로 만든 사람으로 보았다. 그러나 朱駿聲은 "昆吾雙聲連語, 壺之別名"이라 하였고, 李國榮(1960 : 71)은 "急言之爲壺, 緩言之爲昆吾"라고 보았다. 후자의 견해가 옳을 듯하다. 왜냐하면 '疾黎'를 '茨'라 하고, '之于, 之乎'를 '諸'라 하는 예와 동궤로 볼 수 있기 때문이다(p. 573 참조).

缶 (缶)「瓦器, 所以盛酒漿, 秦人鼓之以節謌, 象形.」

술이나 장을 담았던 일종의 그릇이었는데, 秦나라 사람들은 이를 두들기며 노래를 불렀다는 뜻이다.

缶(부)는 殷·周대의 고문으로는 缶형으로 썼으니 아마도 위는 그 자루를, 아래는 그 容을 상형하였던 것 같다. 여기에 '瓦'를 가하여 甂(부)로 쓰기도 한다.

酉 (酉)「就也. 八月黍成, 可爲酎酒, 象古文酉之形也. 丣, 古文酉, 从丣, 丣爲春門, 萬物已出, 丣爲秋門, 萬物已入, 一, 閉門象也.」

'酉'는 원래 술을 담는 그릇을 상형한 자인데, 甲文의 酉, 酉, 酉형이라든가, 金文의 酉형 등이 원형과 상사함을 엿보게 한다.

'酉'는 혹은 상부나 그 旁에 點滴形을 넣어 酋, 酒형으로 쓰기도 하였는데, 전자는 뒤에 酋長의 뜻으로 가차하여 썼고, 후자는 '水'를 붙여 酒(酒)가 되었다. 《周禮》에서 '酋人'은 곧 '酒人'의 뜻인데 다시 변하여 추장의 뜻이 된 것이다.

본문의 "就也"는 술을 성취한다는 뜻이어서 '酉'를 '就'로 풀이하였는데, '酒'에 대하여도 역시 "就也"로 풀이하였다. 이것은 고대에 2자가 통용되었던 사실을 알려 주는 증거이다. 그리고 「古文酉……」 이하는 자형과는 무관한 음양·오행설이다.

8월이 되면 수수가 여물어 술을 담글 수 있으므로 干支에서 ‘酉’는 8월을 대표하게 되었다(p. 161 참조).

　　乭 (斗)「十升也. 象形, 有柄.」

‘斗’의 金文형은 乁이니 마치 북두칠성의 형상과 흡사하다. 위는 斗 형을, 아래는 그 자루를 본뜬 것으로 본래 물을 푸는 容器를 상형하였던 자인데, 篆文에 이르러 원형과는 거리가 멀어지게 되었다.

‘斗’자는 후세에 量器의 ‘말’에 차용되었으므로 許愼은 “十升也”라고 풀이한 것이다.

　　丿 (勺)「枓也. 所以挹取也. 象形. 中有實, 與包同意.」

바깥은 국자(숟갈)의 입이 크고 자루가 달린 것을, 가운데의 점은 거기에 담겨진 내용물을 나타냈다.

「與包同意」라는 말은 ‘包’가 사람의 뱃속에 임신한 아이가 있는 것을 나타내듯이, 勺(작)은 술이나 장을 담는 그릇이라는 점에서 그 뜻이 같다고 한 것이다. 위의 ‘斗’는 크고 깊은데 ‘勺’은 작고 얕은 차이가 있다.

　　乚 (匕)「所以用比取飯, 一名柶.」

匕(비)는 음식을 뜨는 숟가락의 모양을 본뜬 상형자이다. 段玉裁는 注에서 “比當作匕, 匕即今飯匙也”라고 하였다. 《說文》木部 ‘柶’자 하에 보면 「柶, 匕也」라 하였고, 匕부 ‘匙’자 하에서도 「匙, 匕也」로 풀이하였다. ‘匕’는 숟가락(匙)의 초문이며, 柶(숟가락 : 사)는 ‘匕’의 별칭이다.

蘇林이 注한 《漢書》에도 “北方人은 匕를 匙라고 한다”라는 말이 있다.

　　皿 (皿)「飮食之容器也. 象形. 與豆同意.」

위는 음식을 담을 만한 그릇을, 가운데는 그 體를, 아래는 그 밑바닥을 본떴다. 甲文형의 皿은 이를 잘 보여 준다.

‘豆’자도 역시 “古食肉器”이므로 「與豆同意」라고 한 것이다.

丿 (刀)「兵也. 象形.」

상단은 칼의 자루이고, 아래는 칼등과 날을 상형하였다. 金文에서는 혹은 刂, 刅형으로 썼던 것을 篆文에 이르러 簡化하였음을 알 수 있다. 「兵也」란 병기의 뜻이다.

∪ (凵)「凵盧, 飯器, 以柳作之, 象形.」

'凵, 盧'는 모두 버들가지로 만든 밥그릇(器具)을 말한다. 《說文》에 「筥, 凵 或从竹 去聲」이라 한 바와 같이 凵(거)는 筥(대밥그릇 : 허←거)와 같은 뜻이다.

𠙵 (曲)「象器曲受物之形也. 或說曲, 蠶薄也.」

'曲'자는 원래 물건을 담을 수 있는 曲器의 일종을 상형한 자이었는데, 후에 구불어진 것을 칭하게 되었다. 한편 '누에 발'의 뜻도 있다.

匚 (匚)「受物之器, 象形. 讀若方.」

匚(방)은 대로 만든 그릇인데 지금의 匡(밥그릇 : 광)자의 초문이다.

丌 (丌)「下基也, 荐物之丌, 象形. 讀若箕同.」

丌(기)는 평평하고 아래는 다리가 있어서 그 위에 祭物을 차릴 수 있는 상이다. 따라서 '奠'자는 丌를 끼고 있다. '丌, 箕'는 居之切이니 그 음이 같다.

几 (几)「尻几也. 象形. 周體 五几 : 玉几, 雕几, 彤几, 鬃几, 素几.」

'几'는 나지막한 의자로서 고인들이 자리를 잡고 앉을 때 몸을 기대었던 도구를 상형한 자인데, 지금의 机(안석 : 궤)와 같다.

𠀠 (其)「箕, 所以簸者也. 从竹, 𠀠, 象形. 丌, 其下也. 𠀠, 古文箕.」

이는 애초에는 겨를 날리는 키의 모양을 상형하였으나 그 뒤에 성부로 丌를 가하여 '其'가 되고, 다시 편방에 '竹'을 더하여 '箕'가 되었다. 이렇게 되자 '其'는 다시 대명사로 가차되어 쓰이게 되었다.

𦥑 (臼)「春臼也. 古者掘地爲臼, 其後穿木石, 象形. 中象米也.」

臼(구)는 본시 곡식을 빻는 절구의 형상을 본뜬 자이다. 옛날에는 땅을 파서 절구로 이용하다가 그 뒤에는 나무나 돌을 파서 절구를 만들었다고 하였다. 許愼은 「中象米形」이라고 하였으나 실은 절구 안의 벽이 울퉁불퉁한 형상을 나타내는 것으로 보는 편이 옳을 듯하다.

斤(斤)「斫木斧也. 象形.」

'斤'는 도끼 머리와 그 자루를, 아래의 ㇎는 도끼로 찍어낸 나무를 나타낸 것이다. 한편 甲文형 중에는 ㇉자가 있어 자귀나 호미류를 상형한 자로 볼 수도 있다. 지금 斧(도끼 : 부)자에 '斤'의 본뜻이 담겨 있다.

矛(矛)「酋矛也. 建於兵車, 長二丈, 象形. 𢦔, 古文矛从戈.」

창끝이 구불어진 것을 蛇矛라고 하는데, 矛는 곧 창끝이 구불어진 모양을 나타내고, 나머지는 창의 纓飾을 상형한 것이 아닌가 한다.

《周禮》「考工記」에는 酋矛, 夷矛라는 것이 있는데, 전자는 그 길이가 4尺이고, 후자는 3尋이라고 하였다.

戈(戈)「平頭戟也. 从弋, 一衡之. 象形.」

고대의 병기는 크게 두 종류로 나뉘는데, 하나는 勾兵(矛)이요, 또 하나는 刺兵(戈)이다. 여기 戟(극)은 二用을 겸한 것이다.

'戈'는 甲文에 戈로 되어 있으니 상부는 勾刃을, 왼쪽은 刺刃을, 오른쪽은 垂纓의 모양을 상형한 것으로 보인다. 따라서 「从弋一衡之」는 許愼의 착오이다(段注本 외의 他本에는 「从弋一橫之」라 함).

戉(戉)「大斧也, 从戈乚聲.」

戉(월)자의 甲文은 戉, 戉, 戉 등의 형이고, 金文은 戉 혹은 戉형임을 보아 도끼모양을 본뜬 것임이 확실하다. 그러므로 「从戈乚(궐)聲」의 형성자로 해자한 것은 따르기 어렵다. 지금의 鉞(도끼 : 월)은 戉에서 나온 후기자이다.

戊(戊)「中宮也. 象六甲, 五龍相拘絞也, 戊承丁, 象人脅.」

戊(무)의 甲文형은 戊, 金文형은 戊, 戊와 같이 도끼모양의 병기를 상형하였다. 朱駿聲은 '戊'를 '矛'의 고자로 보았으나 확인하기 어렵다.

오히려 '戉, 戊'는 동일자였던 것이 성모의 음변으로 2자가 되었다고
보는 견해가 옳을 듯하다. 干支로 쓰이는 '戊'는 가차에 지나지 않는다.
　本文의 「中宮」은 경학자의 설에 불과하다. 十干 중 '戊·己'가 방위
로는 중앙에 속하기 때문에 그렇게 풀이한 것이다(p. 163 참조). 「戊承
丁」은 甲, 乙, 丙, 丁, 戊……의 순서를 말한 것이고, 「象人脅」이란 다
음과 같이 '戊'가 옆구리를 나타내기 때문이다.

十干:	甲	乙	丙	丁	戊	己	庚	辛	壬	癸
人體:	頭	頸	肩	心	脇	腹	臍	股	脛	足

戌（戊）「威也. 九月昜气微, 萬物畢成, 昜下入地也. 五行土生於
　　　戊, 盛於戌. 从戊一, 一亦聲.」

甲文형 戌에서 볼 수 있듯이 戊(술)자는 도끼처럼 날이 넓은 병
기를 상형한 자이다. 許愼은 오행설에 근거하여 장황하게 풀이하고 또
겸성 회의자로 분석하였으나 篆文형에 의한 부회일 뿐이다.

弓（弓）「窮也. 以近窮遠者, 象形. 古者揮作弓.《周體》六弓: 王弓,
　　　弧弓, 以躲甲革甚質, 夾弓, 庾弓, 以躲干侯鳥獸, 唐弓, 大
　　　弓, 以授學躲者.」

줄을 매지 않은 활을 본뜬 자이다. 위의 一은 활 자루이며, ᄅ은
활의 모양을 본뜬 것이요, 아래로 늘어진 것은 활줄(弦)이다. 고대인들
은 활을 사용할 때라야 비로소 시위를 매고, 평시에는 줄을 늦추어 둠
으로써 활의 탄력을 잃지 않게 하였다.
　甲文에는 弓 혹은 弓형으로, 金文에는 弓, 弓형 등으로 씌었는데,
篆文형은 활을 풀어 놓은 모양을 상형한 것이라 하겠다.

矢（矢）「弓弩矢也. 从入, 象鏑, 栝, 羽之形. 古者夷牟 初作矢.」

화살의 모양을 상형하였다. 甲文의 자형은 矢, 矢이고, 金文은 矢,
矢형임을 보아 화살촉과 화살의 밑뿌리를 본뜬 것임이 분명하다.
　'弓'은 手射이고, 弩(쇠뇌: 노)는 蹶張의 차이가 있으므로 「弓弩矢
也」라 하였다.

夕 (舟)「船也. 古者共鼓, 貨狄刳木爲舟, 剡木爲楫, 以濟不通, 象
形.」

'舟'는 옛날의 배의 형상을 본뜬 자인데, 甲文은 ⩜ 또는 夕형이고,
金文도 역시 夕, ⩗, ⩘ 등 형으로 쓰였다. 段玉裁는 注에서 共鼓와 貨
狄은 堯舜 간의 사람으로 보고, 貨狄은 즉 化益이요, 化益은 곧 伯益이
아닌가 하였다.

車 (車)「輿輪之總名也. 夏后時奚仲所造, 象形.」

'車'는 옆에서 보면 한 개의 교자와 수레 굴대, 그리고 두 개의 바
퀴가 굴러 가는 형상이다. 甲文에는 ⚏, ⚎ 등으로 쓰이기도 하였다.
軒轅 시대에 이미 車服이 있었다 하니 夏后 때에야 奚仲이 車를 만
들었다는 말은 믿기 어렵다.

多 (勿)「州里所建旗, 象其柄, 有三游, 襍帛, 幅半異, 所以趣民, 故
遽偁勿勿. 㫃, 勿 或从㫃.」

'勿'은 본시 마을에 내걸었던 旗의 세 깃발이 바람에 나부끼는 형
상을 본뜬 자이다. ∫가 旗의 자루인 양 해자하였으나 정작 자루까지
상형하였다면 㫃형이 되었을 것이다. 본문의 「幅半異」란 깃발의 上半과
下半의 색깔이 다름을 말하고, 「所以趣民……」이하는 '勿'자의 引伸義를
밝힌 것이라 하겠다. 㫃(동리기 : 물)은 「从㫃勿聲」의 후기 형성자이다.

華 (華)「箕屬, 所以推糞之器也. 象形.」

華(키 : 필)은 위는 똥을 밀어 내는 도구의 부분을, ㅣ는 그 자루를
상형하였다고 하였으나 애초에는 그물을 상형한 자로 보인다.

网 (网)「庖犧氏所結繩, 以田以漁也. 从冂, 下象网交文.」

网(망)은 甲文에 ⊠ 혹은 ⊠형으로 되어 있음을 보아 고기를 잡는
그물의 모양을 상형한 자임을 알 수 있다. 따라서 「从冂」이라 함은 잘
못이며, 罔, 圈, 網 등의 한자는 모두 후기자들이다.

冊 (册)「符命也. 諸侯進受於王者也. 象其札, 一長一短, 中有二編之
形. 笧, 古文册从竹.」

'册'이란 제후가 王께 나아가 받은 符命을 가리킨 것이었는데, 인신하여 모든 竹木簡版의 文書를 칭하게 되었다. 고대에는 종이가 없었으므로 竹簡에 글을 썼는데, 一簡만으로는 많은 글자를 다 기록할 수 없어 이를 엮어서 쓰지 않을 수 없었다.

'册'자는 金文에서 冊으로 썼기 때문에 고문에서 상체의 ♦♦형을 모방하여 상부에 竹을 가하였던 것이므로 「古文册从竹」으로 풀이한 것은 잘못이 아닌가 한다.

漢대의 竹簡은 그 길이가 2尺 4寸, 1尺 2寸, 8寸, 6寸 등이 있었는데 六經, 律令, 禮制 등 중요한 것은 2尺 4寸의 册이 사용되었다고 한다.

珡 (琴)「禁也. 神農所作, 洞越, 練朱五弦, 周時加二弦, 象形.」

"洞越"이란 琴身의 빈 속(孔)을 가리키고, '練'이란 음질이 濁한 것을, '朱'는 붉은 색깔을 말한다. '琴'은 琴上에 있는 雁柱와 弦을 상형하였다.

거문고 소리는 가위 陶養性靈하므로 사람이 함부로 고치는 일을 금한다는 뜻에서 "禁也"로 풀이하였다는 설이 있으나(李國英, 1960 : 82) 오히려 正聲이 아닌 淫邪를 금하는 악기라는 뜻이 옳을 것이다.

古音에 宮, 商, 角, 徵, 羽의 五音에 따라 현의 수도 五弦이었던 것을 周대에 文·武王이 宮·徵音을 다시 바꾸게 되자 각각 一弦씩을 증가시켰다고 한다. 그리하여 文武弦이라는 별칭이 있다.

个 (丁)「夏時萬物 皆丁實. 象形. 丁承丙, 象人心.」

'丁'의 金文형은 ↑이니 못(釘)의 모양을 상형하였다. 후에 干支名으로 가차되었으므로 「丁承丙」이라 하였고, 다시 壯丁의 뜻으로 쓰이게 되었다. 「象人心」에 대하여는 p.185 표 참조.

午 (午)「啎也. 五月侌气啎屰, 昜冒地而出也. 象形. 此與矢同意.」

'午'는 '杵'(저)의 초문으로 원래 절구공이를 상형하였던 자인데, 篆文형에서는 그 형상을 알아보기 어렵게 되었다.

《說文》 木부에 「杵, 舂杵也. 从木午聲」이라 하였는데, 이는 마치

'豆~梪, 匚~柩'의 관계와 같이 '木'을 가하여 그 質을 나타냈음을 알 수 있다. 甲文에서는 ⎬, ⎬형으로, 金文에서는 ⎬, ⎬, ⎬, ⎬ 등 여러 형태로 쓰였음을 보면 절구공이의 형상이 확연하다.

　　許愼의 해설은 경학적 설명일 뿐 결코 제자의 근원을 풀이한 것은 아니다.

　　　王 (王) 「天下所歸往也. 董仲舒曰: 古之造文者 三畫而連其中謂之
　　　　　　王. 三者, 天地人也 而參通之者王也. 孔子曰: 一貫三爲王.
　　　　　　𝍏 古文王.」

　　《說文》의 해설과 자형 분석은 王을 미화한 내용에 지나지 않는다. 甲文의 ⚎ ⚎, 金文의 ⚎ 등을 관찰하여 보면 애초에는 노예 사회에서 하부 조직을 다스리는 데 필요한 일종의 무기를 상형한 자로 보인다. 따라서 지금의 王의 뜻은 뒤에 생긴 자의일 것이다.

　　　王 (玉) 「石之美有五德者. 潤澤以溫, 仁之方也; 䚡理自外, 可以知
　　　　　　中, 義之方也; 其聲舒揚, 專以遠聞, 智之方也; 不撓而折,
　　　　　　勇之方也; 銳廉而不忮, 絜之方也. 象三玉之連, ｜其貫也.」

　　玉에 대하여 가능한 찬사를 다 늘어 놓았으나 실은 옥의 모양은 상형하기 어려우므로 3개의 玉을 꿰어 놓은 모양을 側視形으로 본뜬 것에 불과하다.

　　　半 (干) 「犯也. 从一 从反入.」

　　「从反入」이란 '干'자의 자형을 풀이한 것으로, 즉 人(人)자를 거꾸로 한 형을 가리킨다. 그러나 실상은 끝이 두 갈래진 창 모양을 본뜬 자이니, 金文의 ⚎, ⚎ 형 등을 보면 기물의 형태를 짐작할 수 있다.

제 3 절　增體象形

　　증체 상형이란 일정한 音, 義를 가진 하나의 상형자만으로는 그것이 무슨 사물인지 분명하지 않을 때, 독립된 음, 의가 없는 다른 형체를 이에 더하여 새로운 음, 의를 가지도록 조자한 상형자를 말한다. 아래의 예들이 이에 속한다.

霜 (雹)「雨冰也. 从雨, 包聲. 霜, 古文雹如此.」

雹(우박 : 박)은 "从雨包聲"의 형성자이나, 고문의 霜은 증체 상형이다. &은 단순히 우박의 형상을 나타낸 부호에 불과하기 때문이다.

岅 (岳)「嶽, 東岱, 南霍, 西華, 北恒, 中大室, 王者之所以巡狩所至, 从山, 獄聲. 岅, 古文 象高形.」

岅은 산 위에 또 큰 산이 있음을 본떴으니 지금의 '岳'자이다.

南霍(남곽)은 衡山으로 湖南省 衡州에 있다. 《爾雅》에서는 霍山을 南嶽이라 하고, 恒山은 北嶽이라고 하였다. 본문 중「中大室」이 타본에는「中泰」이다. '岳'은 嶽(악)의 고문이다.

石 (石)「山石也. 在厂之下, 口, 象形.」

낭떠러지(厓) 아래에 있는 돌의 형상을 본떴다. 여기 '口'는 입의 뜻이 아니라 단순히 돌을 상형한 부호에 불과하다. 그러나 이와 달리 '石'의 甲文형은 石이므로 "口十丆(石)聲"의 형성자로 보기도 한다(加藤常賢, 1982 : 610).

州 (州)「水中可尻者曰州, 水匃繞其旁. 从重川. 昔堯遭洪水. 民尻水中高土, 故曰九州. …… 州, 古文州.」

'州'의 甲文형은 州이고, 金文형은 州형이니 본문 중 古文이란 곧 이를 가리킨다. 이는 '川'에다 물 가운데 사람이 살 만한 육지의 부호로 ○을 가하였으므로 증체 상형이다.

母 (母)「牧也, 从女, 象裏子形. 一曰 : 象乳子也.」

'母'는 女(女)에다 양쪽 젖을 나타내는 부호로 두 점을 더한 증체 상형이다. 이런 점에서 본문의「象乳子也」는 오히려「从女 象乳形」으로 해자하였어야 옳았을 것이다.

谷 (谷)「口上阿也. 从口, 上象其理.」

'笑'(웃을 : 갹)은 사람이 웃을 때 입(口) 위의 근육에 仌처럼 주름 살이 서는 형상을 상형하였다. 아마도 이를 그림으로 나타낸다면 ⛄형 쯤 되었을 것이다.

'谷'(곡)과 '笑'은 혼동하기 쉬우므로 주의하여야 할 자형이다.

眉 (眉)「目上毛也. 从目, 象眉之形, 上象頟理也.」

'丿'은 눈 위의 눈썹을, 仌은 이마의 주름살을 상형하였다. '目' 이외 의 부호는 독립적 文을 이루지 못하므로 역시 중체 상형이다.

肩 (肩)「髆也. 从肉 象形. 肩, 俗肩从戶.」[8]

'尸'는 결코 '戶'의 뜻이 아니고, 어깨 위는 方闊하나 아래로 늘어뜨려 려진 생김새를 상형한 부호에 불과하다. 기존의 문자로는 오직 '肉'이 있을 뿐이다. 秦篆에서 '戶 + 肉'으로 변하였다.

胃 (胃)「穀府也. 从肉, ⊠, 象形.」

⊠는 원래 문자를 이루지 못하고 오로지 위 속에 먹은 쌀(음식물) 이 들어 있음을 나타냈을 뿐이다.

兒 (兒)「孺子也. 从儿, 象小兒頭囟未合.」

ㅂ은 절구의 상형자인 臼(구)가 아니고, 小兒의 腦가 아직 합하여 지지 않은 형상을 본뜬 것이며 '儿'은 '人'의 古文 奇字이다.

皃 (皃)「頌儀也. 从儿, 白象面形.」

白은 얼굴의 모양을 '儿'에 가하여 용모의 뜻을 나타낸 '皃'가 되었 다. 현재의 '頿, 貌'는 뒤에 생긴 형성자이다.

要 (要)「身中也, 象人要, 自臼之形, 从臼.」

《說文》에 臼(손깍지낄 : 곡)자가 있다. 곧 두 손을 마주 잡는다(拱手 또는 手指相錯)는 뜻이다. 따라서 '要'의 篆文형은 사람이 두 손을 허리 에다 바싹 밀착시킨 모양을 상형한 것인데, 중간의 형체는 文을 이루지 않는 부호이다. 후에 '肉'을 가하여 지금은 '腰(허리 : 요)로 쓰인다.

---

(8)《說文》중 重文 아래에 '俗' 또는 '今文'이라 부연한 것은 모두 漢나라 때의 篆文을 가리킨다.

段注本 《說文》에는 ⶾ形으로 되어 있어 자형이 약간 다르다.

ⶾ (足) 「人之足也, 在體下. 从口止.」

'止'는 발바닥에 발가락이 달려 있는 형상을 본뜬 자이지만, 상부의 '口'는 입의 뜻이 아니다. 徐鍇는 다리의 정강이 모양을 나타낸 것으로 보았다. 그렇다면 許愼이 마치 회의자처럼 풀이한 것은 잘못이라 하겠다.

ⶾ (番) 「獸足謂之番, 从釆, 田象其掌.」

짐승의 발톱은 분별이 있으므로 「釆, 辨別也, 象獸指爪分別也」라고 풀이하였듯이 釆(변)은 원래 지사자인데, 여기에 동물의 발바닥을 나타내기 위하여 '田'을 가하였다. 여기 '田'은 결코 밭(田)의 뜻이 아니다.

ⶾ (隹) 「雓, 祝鳩也. 从鳥 隹聲. 隹, 雓 或从隹一, 一曰鶉字.」

雓(아롱비둘기 : 추)자는 혹은 隹(새매 : 준)자로도 쓴다고 하였다. 그런데 '隹'의 甲文형은 ⶾ과 같다. 甲文의 ·는 새매(독수리)의 발톱이 날카로움을 나타낸 부호이다. 小篆에서의 一도 그와 같으므로 회의자가 아니다.

ⶾ (蜀) 「葵中蠶也, 从虫, 上目象蜀頭形, 中象其身蜎蜎.」

ⶾ만으로는 문자를 이루지 않으므로 '蜀'은 '虫'에 가하여진 증체 상형이다. 葵(규)는 누에가 먹는 뽕을 말한다. 위의 '目'은 누에의 머리를, ⟩는 누에의 몸이 꿈틀거리는 모양을 상형하였다. 《毛傳》에 "蜎蜎은 蠋兒인데, 蠋(뽕나무벌레 : 촉)은 桑蟲"이라고 하였다.

ⶾ (血) 「祭所薦牲血也. 从皿, 一, 象血形.」

'血'은 祭를 올릴 때 그릇에 희생 동물의 피가 담긴 형상을 상형하였다. '血'은 본시 饗用의 가축의 피를 칭하였던 것이 인신하여 일체의 혈액을 칭하게 되었다.

ⶾ (革) 「獸皮治去其毛曰革. 革, 更也. 象古文革之形 …… ⶾ 古文
革從卅. 卅年爲一世, 而道更也, 臼聲.」

동물의 생가죽을 가리킨 자인데, 여기에서 나아가 고치다(更)의 뜻으로 쓰이게 되었다. 《설문》에서는 (三十)에다 臼(국)聲을 붙인 형성자로 풀이하였으나 의심스럽다. 古文형은 오히려 두 손(臼)으로 짐승의 털을 벗긴 가죽모양(: 짐승의 머리와 몸(꼬리)을 나타냄)을 상형한 자로 볼 수 있다. 고문형이 위는 廿, 아래는 十이므로 이라 하였다.

(皮)「剝取獸革者爲之皮. 从又 爲省聲. 古文皮, 籒文皮.」

《說文》에서는 생체 형성으로 자형 구조를 해설하였다. 그러나 金文형 에 따르면 손(又)으로 벗겨낸 짐승( )의 가죽( )을 나타낸 자로 보인다. 여기에서 'ㅋ'만이 文이고 나머지는 증체 부호이므로 증체 상형자이다.

(果)「木實也. 从木, 象果形, 在木之上.」

나무(木) 위에 과실이 열린 형상을 본떴다. 甲文에는 혹은 형으로 쓰였음을 볼 수 있다.

(朿)「木芒也, 象形. 讀若刺.」

나무(木)에 달린 가시랭이를 상형한 것으로 朿(치)는 刺(자)의 초문이다. 甲文, 金文형은 , 이다.

(桼)「木汁可以髹物, 象形. 桼如水滴而下.」

나무 줄기와 껍질 아래로 진액이 흘러 내리는 모양을 상형한 것으로 지금의 漆(옻 : 칠)자의 초문이다.

(桑)「蠶所食葉木. 从叒木.」

'桑'자의 甲文형은 , 등으로 쓰였음을 보아 나무에 가지와 잎이 많이 달려 있는 뽕나무 모양을 상형한 것임을 알 수 있다. 그런데 許愼은 「从叒木」의 회의자로 풀이하고 이를 叒(약)부에 넣은 것은 전자에 의거한 해자이다. cf.「叒, 日初出東方湯谷所登榑桑, 叒木也, 象形」

(巢)「鳥在木上曰巢, 在穴曰窠, 从木, 象形.」

는 새의 형상을, 는 새집의 형상을 본뜬 것이지만 '木'을 제외

한 두 가지 형체는 어느 것이나 독립의 문자가 아니다. 즉 새가 깃드는
보금자리이다.

冃 (冃)「小兒及蠻夷頭衣也. 从冂, 二, 其飾也.」

冃는 '帽'자의 초문이다. 冂(덮을 : 멱)은 문자이나 '二'는 모자의 장
식을 나타내는 부호에 불과하다. 小兒는 冠을 쓸 수 없고 夷狄이 쓰는
것도 역시 冠이라 할 수 없기 때문에 冃(어린이 머리수건 : 모)라고 하
였다.

向 (向)「北出牖也. 从宀 从口. 詩曰 : 塞向墐戶.」

'向'은 '宀'에다 '口'를 증체하여 북쪽으로 낸 창을 가리키게 되었다.
'口'는 창구의 모양을 본떴을 뿐 입의 '口'자가 아니다. 《詩經》에 "들창
을 막고 문을 진흙으로 바르네"라는 시구가 있다. 음력 10월이 되면
황하 유역은 서북풍이 불어 오므로 북쪽 창문을 막아 추위를 면하였다.

凷 (凷)「墣也. 从土凵, 凵, 屈象形. 塊, 俗凷字.」

凷(괴)는 文을 이루는 '土'에다 흙덩이의 형상을 상형하였다. 塊
(괴)자는 뒤에 이룩된 형성자이다.

軎 (軎)「車軸耑也. 从車, 象形.」

'車'에다 바퀴의 굴대 끝모양을 상형하여 증체하였다. cf. 軎(굴대
끝 : 세).

豊 (豊)「行禮之器也, 从豆, 象形. 讀與禮同.」

'豆'(古食肉器也)에다 대(竹)로 만든 그릇의 형상을 증체한 것으로,
'禮'의 고자이다.

豐 (豐)「豆之豐滿也. 从豆象形. 一曰 : 鄕飮酒有豐侯者. 豎 故文豐.」

豊(례)와 豐(풍)은 지금은 별자이지만 처음에는 거의 같은 뜻으로
쓰였다. '豐'은 큰 그릇(大豆)을 가리킨다. 대그릇에 과일 따위가 가득
히 담긴 형상을 나타낸 자로 보인다. 丰(봉)이 음을 나타내는 형성자로
보는 관점도 있다.

聿(聿)「所以書也. 楚謂之聿, 吳謂之不律, 燕謂之弗. 从聿一(聲).」

《說文》에는 '붓'의 명칭에 대한 방언과 자형이 풀이되어 있다. 段注本은 會意로, 他本에는 형성자로 해자하였다. 그러나 甲文형은 聿, 聿과 같아서 손(又)으로 붓(聿, ㅣ로 붓을 나타냄)을 들고 있는 형상이므로 증체 상형자로 간주된다.

盾(盾)「瞂也. 所以扞身蔽目. 从目, 象形.」

'目'에다 방패의 형상을 본떠 증체하였다. cf. 瞂(방패 : 벌)

齒(齒)「口斷骨也. 象口齒之形, 止聲. 齒 古文齒字.」

音義를 가진 '止'에다 입의 상하에 있는 이(齒)의 모양을 상형하였다. 이러한 상형자를 혹은 加聲象形이라고도 한다(林尹, 1972 : 86). 그런데 甲文형은 齒과 같은 독체 상형자였다.

主(主)「鐙中火主也. 主, 象形. 从丶, 丶亦聲.」

원래 등잔의 불이 타는 심지를 가리키던 것이 후에 (불을 관리하는) 主人의 뜻으로 가차되었다. 甲文의 主는 나무 위에 불이 타고 있는 형상을 상형하였다.

衰(衰)「艸雨衣. 秦謂之萆, 从衣, 象形.」

풀로 만든 雨衣를 상형하였다. 蓑(도롱이 : 사<솨)의 본자이다.

夫(夫)「丈夫也. 从大一, 一以象先. 周制八寸爲尺, 十尺爲丈, 人長八尺 故曰丈夫.」

'一'은 數의 一자가 아니라 戴冠의 형을 나타낸 부호(비녀)에 불과하다. 童子는 머리를 풀지만 남자는 스무 살이 되면 束髮戴冠하여 성인이 된다. 그러므로 '夫'는 성년 남자를 칭한다. cf. 先(簪, 비녀 : 잠의 초문)

面(面)「顔前也. 从百, 象人面形.」

사람의 얼굴 모양을 나타낸 자이다.「象人面形」이란 囗을 말한다.

巨(巨)「規巨也. 从工, 象手持之.」

본래는 손잡이가 달린 曲尺(ㄱ자 모양의 곱자)을 상형한 자인데, 후에 크다는 뜻으로 가차되었다.

㐭(升)「十合也. 从斗, 象形.」

'斗'자에다 ╱ 부호를 더하였다. 金文형 禹을 보면 '升'은 斗(p. 182)와 거의 같은 형인데, 다만 가운데에 점획이 들어 있다. 이것은 마치 ㇗(勺)자와 같이 기물 안에 든 실물을 형상화한 것이다.

제 4 절   省體象形(變例)

旣成의 독체 상형자를 모체로 하되, 그 위치와 필획을 바꾸거나 혹은 형체를 감생하여 새로운 音·義를 가지도록 만들어 낸 상형자를 말한다. 전자를 변체 상형, 후자를 생체 상형이라고 한다.

㇉(烏)「孝鳥也. 象形.」

까마귀는 전신이 검기 때문에 그 눈을 식별하기가 어렵다. 그러므로 '鳥'는 눈이 그려진 반면에 가마귀는 눈이 생체되었다. 까마귀는 새끼가 자라면 어미를 먹여 살리는 조류이므로 「孝鳥」라 하였다.

肖(虍)「虎文也. 象形.」

'虍'는 호랑이의 전신을 상형한 '虎'에서 '儿'을 생체하였다. 늙은 호랑이의 문채(花紋)를 나타낸 것이다.

田(甶)「鬼頭也. 象形.」

'鬼'자에서 아래의 '儿'과 '厶'를 생략한 것으로 귀신의 머리(甶 : 불)를 형상화하였다.

彑(彑)「豕之頭, 象其銳而上見也. 讀若罽.」

彘(돼지 : 체)나 彖(돼지 달아날 : 단) 등에서 그 하반을 감생하여 돼지의 머리(彑, 계)를 나타냈다. cf. 罽(물고기 그물 : 계)

片 (片)「判木也. 从半木.」

'片'은 朩의 左半을 생략한 것이므로 결국 判木, 즉 반 조각의 재목 (널빤지)을 가리킨다. 饒炯은 '版'자의 초문으로 보았다.

爿 (爿)「反片爲爿. 讀若牆.」

爿(장)은 위의 '片'의 위치를 반대로 바꾼 자형이므로 변체 상형에 속한다. 한편 《說文》에 「牀, 安身之几坐也. 从木爿聲」을 참고하면 사람이 걸터 앉는 기물형 几을 위치를 바꾸면 爿형이 되므로 牀(평상 : 상)의 초문이 아닐까도 생각된다.

歺 (歹)「列骨之殘也. 从半冎. ᠙, 古文歺.」

歹(알)은 살을 발라 내고 뼈만 남은 형상인데, 「从半冎」란 冎(과 : 骨의 초문)의 생체 상형임을 말한다.

羊 (丷)「羊角也. 象形.」

羊(羊)에서 =를 감생하여 羊의 뿔이 갈라진 모양을 나타낸 자이다. cf. 丫(양뿔 벌어진 모양 : 개)

父 (父)「巨也. 家長率敎者. 从又擧杖.」

《說文》에 따르면 父는 손(又)으로 매(│)를 들어 올린 형상을 본뜬 자이다. 父의 지엄함을 나타낸 자라고 하겠다. 甲文형도 父로서 篆文과 거의 비슷하다. 그러나 金文형은 父처럼 자형이 다르다. 그리하여 이설이 있다. 즉 │를 불심지(火主)형으로 보느냐, 또는 돌도끼(石斧)형으로 보느냐에 따라 근원이 달라진다. 혹 후자로 본다면 손(又)에 도끼를 들고 있는 자형이므로 증체 상형자가 될 것이다.

제 3 장
指   事

제 1 절 指事 槪說

1. 定義와 內容

指事란 무엇인가. 《說文》敍에 의하면

「指事者, 視而可識, 察而見意, 上下是也.」

라고 정의하였다.

指事란 말 그대로 어떤 사건이나 현상(事象)을 가리킨다는 뜻이므로 문자론적 관점에서는 일정한 부호로써 事象의 뜻을 나타내는 것이 지사라 할 수 있다. 바꾸어 말하면 구체적인 형태로써 나타낼 수 없는 추상적 관념, 사건 내용, 상태 또는 사물의 관계 등을 점이나 선을 이용하여 상징적으로 나타내는 기호이다. 이런 점에서 指事를 혹은 象事, 處事로 칭한 일이 있었다.

앞에서 확인한 바와 같이 象形이란 우리가 눈으로 볼 수 있고 혹은 손으로 만져 볼 수 있는 구체적 사물이 존재하므로 그 대상을 본떠 문자로서 기호화할 수 있다. 그러나 '事'란 본시 본뜰 수 있는 구체적 형체가 없기 때문에 오로지 추상적 부호를 사용하여 그 事의 상태를 지시하여 밝힐 수밖에 없다. 따라서 부호를 보고 그것의 事象을 식별할 수 있고, 그 부호를 관찰하여 그것이 지시하는 뜻을 가히 알아차릴 수 있는 것이 지사이다. 예를 들면 ⊥(上)은 하나의 사물이 다른 사물의 상면에 있음을 지시하고, ⊤(下)는 이와 반대로 다른 사물의 하면에 있

음을 지시한다. 이를 구체적으로 설명하면 '指'의 방법에는 다음의 네
가지가 있다.

2. 「指」의 방법[2]

(1) 獨體形 指示

독체란 증가나 감소 혹은 변화가 전연 없는 단순 형체를 말한다.
─로써 어느 하나의 사물을 나타내거나 ⟨⟩(八)로써, 分別을 나타내는
따위 또는 ᄉ(집)으로써 三合을 나타내고 𦫫로써 整齊를 나타내는 것과
같다. 이들은 모두 단순한 형체로써 어떠한 事象을 지시하는 예이다.

(2) 增體形 指示

증체란 원래 文을 이룬 형체에다 다시 文을 이루지 못하는 부호를
가한 것을 말하는데, 여기에는 다시 두 가지 경우가 있다.

하나는 증가된 부호로써 어떠한 사정을 표시하는 경우이다. 夾(夾,
물건 훔칠 : 섭)은 夾에다 'ᄊ'을 증가한 것이니, 겨드랑이 밑에 물건을
감추고 있음을 표시한다.

또 하나는 증가된 부호가 어떠한 부위를 지시하는 경우이다. 예를
들면 夾(亦)은 '夾'에서 이루어진 글자인데, 증가된 'ハ'이 겨드랑이 밑
의 부위를 지시하는 바와 같다.

(3) 省體形 指示

생체란 이미 이루어진 文의 형체에서 부분적으로 필획을 감생하여
어떠한 事象을 나타낸 것이다. ᄇ(口)는 독체상형의 文인데, 여기에서
상면의 ─을 생략하여 ∪이 되었다. 즉 입벌림(張口)을 뜻한다. 飛(飛)
는 독체지사의 文인데, 여기에서 三片의 깃털을 감생하여 卂(卂, 迅의
초문 : 신)이 되었다. 鳥類가 날아가는 상태가 아주 빨라서 깃털이 뚜렷
이 보이지 않음이다. 이는 생체로써 어떠한 事象을 지시하는 예이다.

---

(1) 이하 指事의 성질에 대하여는 林尹(1972: 87~92) 참조.

(4) 變體形 指示

변체에는 다음의 두 가지가 있다.

하나는 위치의 변경이다. 𠃌은 본래 독체상형인데, 이를 뒤바꾸어 쓰면 𠂉가 된다. 이는 사람(人)이 변화(七 : 化의 초문)가 생겼음을 나타낸다.

또 하나는 필획의 변경이다. 𣎼(木)은 본시 독체상형인데, 위끝이 구불어져 𥝌(禾 : 계)가 되었다. 나무가 생장하면 방해를 입어 구불어짐을 나타내기 위해서이다. 大는 사람이 팔·다리를 넓게 편 상태를 나타낸 독체지사자로서 차지한 공간이 아주 크다. 여기에서 하면의 다리를 교차시켜 交(交)가 되었다. 즉, 두 다리가 꼬인 형상이니, 이들은 변체로써 事의 상태를 지시하는 예이다.

3. 「事」의 내용

그러면 '事'의 내용은 무엇인가?

(1) 事는 관념을 나타낸다.

⊥, 丅는 공간적 관념이요, 才, 久는 시간적 관념이다.

(2) 事는 상태를 나타낸다.

旲은 日出 天明의 상태를 나타낸다.

(3) 事는 동작을 나타낸다.

屮(出)은 풀이 생장하는 동작을, 凵(曰)은 말하는 동작을 나타낸다.

(4) 事는 사물의 명칭을 포괄한다.

夾(亦), 彐(寸)은 인체의 명칭이고, 夲(本), 朱(末)은 식물의 명칭이다. 이들은 대개 부호를 증가하거나 부위를 지시하는 방법을 이용한다.

위에서 말한 바와 같이 독체, 증체, 생체, 변체의 방법을 이용하여 사물의 관념, 상태, 동작을 표시하는 것이라든가, 부호를 증가하거나 부위를 지시하여 사물의 명칭을 지명하는 것이 곧 지사이다.

許愼이 指事를 정의한 내용은「視而可識, 察而見意」여덟 자에 불과
하다. 그런데 엄밀히 따지면「視而可識」란 상형과 혼동하기 쉽고,「察
而見意」란 회의와 혼동할 우려가 있다.

그렇다면 지사와 상형, 지사와 회의는 어떻게 구별할까가 문제
이다.

4. 指事와 象形의 相異點

《說文》의 9,353자 중에 許愼이 지사로 밝힌 예는 오직 ⊥(上) 1자
뿐인데,《說文》敍에서 丅(下)를 덧붙여 두 자가 된 셈이다. 그 밖의
지사자는 六書 중 어느 것에 속한다고 밝히지 아니하였거나, 혹은「象
形」,「象某某之形」,「从某象某某之形」으로 註明하였을 뿐이다. 이 중에
는 지사가 아닌 예도 있고, 상형임이 확실한 예도 있기 때문에 후세인
들이 더러 지사와 상형의 차이를 착각하게 되었다.

그러나 지사와 상형은 다음과 같은 상이점이 있다.

(1) 상형은 可象의 실물이 있으나, 지사는 그렇지 않다.

徐鍇(920~974)는《說文繫傳》의 ⊥자 下에서

"物之實形, 有可象者, 則爲象形, 山川之類 皆是物也. 指事者, 謂物事
之虛無, 不可圖畵, 上下之義, 無形可象, 故以⊥丅指事之."
(사물의 실형은 가히 본뜰 수 있는 것으로 상형이 되니 山·川 따위는 다
사물이다. 지사는 物이나 事가 형체가 없어 허무하므로 그림으로 그릴 수
가 없다. 위·아래의 뜻은 본뜰 수 있는 형체가 없으므로 ⊥丅로써 이를
나타낸다.)

라고 설명하였다. 이는 가장 핵심을 꿰뚫은 설명이라 하겠다.

(2) 상형은 오직 一物만을 본뜰 뿐이지만, 지사는 博類 衆物이다.

段玉裁(1735~1815)는《說文解字注》(p. 762)에서

"指事之別於象形者, 形謂一物, 事咳衆物, 專博斯分."
(지사와 상형이 다른 점은 상형의 대상은 사물이 하나뿐이지만, 지사의 대
상은 여러 가지가 있으므로 널리 나뉜다.)

이라 하고 '日・月・上・下'를 그 예로 들었다. 사실 日・月은 해와 달만을 본뜬 것이지마는 上・下는 위・아래의 관계가 있는 사물은 어느 것이나 본뜰 수가 있다. 가령 ⊥은 사람이 땅 위에 서 있음을 본뜬 것이라 볼 수도 있고, 머리는 어깨 위에 있음을 나타낼 수도 있지 않은가. 그러므로 상형은 하나의 사물만을 본뜬 것이어서 實象이라 한다면, 지사는 널리 중물을 본뜬 것이므로 通象이라 할 수 있다.

(3) 상형은 形狀에 의하여 문자를 만든다. 그러나 지사는 오히려 事로 말미암아 형상이 생긴다.

江聲(1721~1799)은《六書說》에서

"蓋依形而製字爲象形, 因字而生形爲指事."

라고 하였다. 가령 '日・月'은 형상이 있어서 그 物形을 그려 냈으므로 形에 의한 제자는 곧 상형이다. 반면에 '上・下'는 일정한 형상이 없으므로 事로 인하여 形이 생긴다는 뜻이다.

(4) 상형은 사물의 정태를 본뜬 반면에, 지사는 사물의 동태를 표시한다.

'日'은 태양의 외형을, 果는 과실의 외형을, 而(而)는 수염의 외형을 본뜬 정태의 상형이다. 그러나 ⊙은 태양이 솟아 오르는 형상을, 卤(卤: 초)는 오이가 아래로 드리운 형상을 본뜬 동태의 지사이다.

(5) 상형의 본뜻이 대개 명사에 속한 것이라면, 지사의 본뜻은 대부분 명사가 아니다.

而(而)는 상형인데, 용법상 連詞가 되었으나 본뜻은 수염이다. 止(之)도 상형인데, 후세에 동사가 되었으나 본뜻은 발가락이니 어쨌든 명사이다. 앞 장에서 예시한 상형의 정례와 변례의 본뜻은 모두 명사이다. 반면에 지사의 본뜻은 동사, 형용사, 부사가 많다. '立, 飛'는 동사요, '上・下'는 형용사이다.

(6) 소수의 증체지사에는 명사에 속한 자례도 없지 않다. 그러나 이 경우에 증체된 것은 반드시 지시의 부호에 불과하므로 증체상형

에서 증가된 부호가 실체를 본뜬 것과는 다르다.

중체상형과 중체지사의 차이는 결국 명사이냐, 비명사이냐가 구별 의 기준이 된다. 예를 들면 朱 末 勺 爻 爽 등과 같은 중체지사는 비록 명사라 할지라도 증가된 '一, 、, 八' 따위는 모두 지시의 부호에 지나 지 않는다. 그러나 石 妥 胃 등의 중체상형에서 증가된 '口, ⌒, ⊠' 따 위는 혹은 돌이나, 양쪽의 젖, 혹은 胃의 모양을 본뜬 것으로 實象에 가깝다. 이런 점에서 같은 명사라 하여도 중체지사와 중체상형이 구별 된다.

위에 말한 여섯 가지의 상이점을 기준으로 고려하면 한 개의 初文 이 지사인지 혹은 상형인지를 판별할 수 있을 것이다.

5. 指事와 會意의 相異點

(1) 지사는 대개 독체이나, 회의는 반드시 합체이다.

우리는 앞에서 지사의 초문 중 중체를 제외한 독체, 생체, 변체 등 은 어느 것이나 한 개의 형체로써 구성되어 있음을 보았다. 그러나 회 의는 이와 달라서 반드시 두 개의 독립된 글자가 결합하여 구성된다. 그리하여 段玉裁도 《說文》注에서 "合兩文爲會意, 獨體爲指事"라고 한 것이다.

(2) 지사는 중체지사의 경우라도 一體가 文을 이루지만, 회의는 多 體가 字를 이룬다.

王筠은 《文字蒙求》에서

"會意者, 會合數字, 以成一字之意也. 指事或兩體或三體, 皆不成字; 即 其中有成字者, 而仍有不成字者介乎其間, 以爲之主, 斯爲指事也."

(회의는 여러 개의 문자가 모여서 한 자의 뜻을 이룬다. 지사는 혹은 두 세 체라도 그것이 다 별개의 문자는 아니다. 그 중에 문자를 이룬 것이 있 을지언정 불성자가 그 사이에 끼어 무엇을 나타내게 되는데 이것이 지사 이다.)

라고 하였다. 王筠의 이 말은 오로지 중체지사만을 가리킨 듯하다. 중체지사는 독체 외에 어떤 부호가 증가하여 이루어진 것인데, 이 경우에 증가된 부분은 결코 文을 이루지 못하므로 文을 이루는 것은 여전히 증가되기 전의 독체일 뿐이다.

(3) 지사는 事로 인하여 형체가 생기지만, 회의는 文이 합하여 뜻이 생긴다.

胡朋은 「六書指事說」(丁福保, *ibid.*, pp. 185~186 수록)에서

"指事者, 指其事以制字; 會意者, 因其字而會意也"

라고 하였는데, 이 설은 江聲이 지사와 상형의 차이를 논한 바와 비슷하다. 결국 지사는 어떠한 관념, 상태 혹은 동작을 일정한 형체를 이용하여 표시하는 반면에, 회의는 한 글자를 구성하는 개개의 초문의 배합속에서 뜻을 찾아 낸다.

지금까지 지사의 특성이 무엇인가를 살펴보았다. 그러면 지사에는 과연 어떠한 漢字가 있는지 앞의 상형자와 같은 방법으로 예시하여 보기로 한다.

제 2 절　獨體指事

一 (一)「惟初太極, 道立於一, 造分天地, 化成萬物, 弌, 古文一.」

'一'은 한 자루의 붓, 한 개의 책상과 같이 널리 개별적인 사물을 가리킨다. 《周易》繫辭傳의 "易有太極, 是生兩儀"라는 말과 같이 고대의 철학자들은 언제나 숫자를 이용하여 우주의 기원과 형성 과정을 설명하였다. 《禮記》禮運篇에도 "禮必本於大一, 分而爲天地"라는 말이 있는가 하면, 《老子》에도 "一生二, 二生三, 三生萬物"이라는 말이 있는데, 이러한 설명 방법은 바로 許愼이 '一'을 해설한 근거가 되었다.

二 (二)「地之數也. 从耦一. 弍, 古文二.」

《周易》의 "天一地二"의 설명이 許愼의 해설 방법이 되었다.

三 (三) 「數名. 天地人之道也. 於文一耦二爲三 成數也. ໋古文.」

一에다 二를 나란히 하여 三자를 만들었다. 三획으로 三才(天·地·人)의 도를 나타냈으므로 「成數」라 한 것이다. 一부터 五까지는 成數, 六부터 十까지는 生數라고 한다.

亖 (四) 「◯, 侌數也. 象四分之形. ♈, 古文四, 亖, 籒文四.」

亖는 四數를 대표한다. 殷·周 시대부터 이 글자를 썼으나, 周末에 이르러서야 亖 대신 '四'를 사용하기 시작하였다. 본문의 「四分之形」이란 囗는 사방을 나타낸 것이고, ㅅ은 분리함을 나타낸 것이기 때문이다. 그러나 甲文·金文형은 대개 亖와 같으므로 ◯는 실상 입(口)으로 숨을 쉬는 형상을 나타낸 자(呬, 숨쉴 : 히의 본자)로 보는 견해도 있다 (高鴻縉, 1960 : 316).

ㄓ (五) 「五行也. 从二, 侌昜在天地閒交午也. ×, 古文五如此.」

金文에서는 亖와 같이 五數를 나타냈다. 周初에는 亖, ㄓ 두 자를 병용하다가 東周 이후에 전자는 폐기되었다. '五'자의 기원에 대해서는 《說文》의 해설과 달리 甲文의 ㄓ형에 의거하여 애초에는 실(새끼) 감는 기구를 상형한 것으로 보기도 한다.

♈ (六) 「昜之數, 侌變於六, 正於八. 从入八.」

易經의 卦爻에서 六은 陰의 變이고, 八은 陰의 正이라는 데서 나온 설명이다. 《說文》에서는 회의자로 풀이하였으나 篆文에 따른 부회인 듯하다. 甲文·金文형은 ㅅ, ㅆ, ㅅ 등과 같은데 이것이 篆文에서 위와 같이 변형된 것이라 할 때 애초에는 숫자의 뜻이 아니라 집(家屋)의 모양을 본뜬 상형자였던 것으로 보인다. 그런데 아마도 이것은 殷代로부터 屋(옥)과 '六'은 음이 같은 관계로 숫자의 뜻으로 차용되면서 본 뜻이 없어진 것이라 생각된다.

ㄣ (七) 「昜之正也. 从一, 微侌從中衺出也.」

숫자에서 기수는 陽이고 우수는 陰이므로 '七'자에 대해서도 음양의 이치를 들어 해설하였다. 그러나 甲文·金文형은 十이다. 이것은 횡선의 중앙으로 종선을 그어 사물을 끊는 일을 나타냈다. 즉 '切'자의 초문인데 후에 일곱의 뜻으로 가차되어 쓰이자 본뜻이 없어졌다.

)〔 (八)「別也. 象分別相背之形.」

八은 두 선이 좌우로 갈라진 형태로써 분별의 뜻을 나타낸 지사자이다.

九 (九)「易之變也. 象其屈曲究盡之形.」

九는 아주 구불어진 일종의 線條를 상징하였는데, 여기에서 숫자의 極을 나타내게 되었다. 즉 一에서 시작하여 九에서 극을 이룬 것이다. 한편 甲文의 丸, 金文의 커에 따라 원래는 사람의 구부린 팔꿈치(肘)형이라고 보는 견해 외에, 굽은 갈구리(鉤)를 상형하였는데 뒤에 숫자로 가차되었다는 관점 등은 참고할 만하다.

十 (十)「數之具也. 一爲東西, ㅣ爲南北, 則四方中央備矣.」

'十'자는 甲文에는 ㅣ로, 金文에서는 ㅓ, ㅣ, ＋ 등의 형으로 쓰였다. 따라서 許愼이「東西南北」운운한 것은 자형에서 자의를 잘못 찾은 것이라 하겠다. 오히려 나무나 대, 뼈로 만든 바늘의 형태로 보는 것이 옳을 듯하다.

二 (上)「高也. 此古文ㅗ, 指事也.」

작은 물건이 큰 물건의 상면에 있음을 지시한 것이므로 지사자이다.

二 (下)「底也. 从反二爲二. ㅜ, 篆文下.」

작은 물건이 큰 물건의 하면에 있음을 표시한다. 그리하여 '下'와 '底'는 상호 전주된다.

ㅣ (ㅣ)「下上通也. 引而上行, 讀若囟, 引而下行, 讀若退.」

ㅣ은 하나의 직선인데, 밑에서 위로 그을 수도 있고, 위에서 밑으로 그을 수도 있다. 전자는 '신'으로 읽고, 후자는 '퇴'음으로 읽는다. 'ㅣ'은 無聲字이기 때문에 이처럼 독음이 많다. 桂馥은《說文解字義證》에서

"引而上行, 若草木之出土上行也； 引而下行, 若草木之生根下通也"라고
하였다.

　　ノ (ヽ)「有所絶止, ヽ而識之也.」

　　ヽ(주)는 끊는다(絶止)는 부호인데, 句를 끊는 기능 외에 사물을
분별하는 데에도 쓰인다.

　　弖 (니)「相糾繚也, 一曰 瓜瓠結니起, 象形.」

　　許愼은 상형이라 하였으나 잘못이다. 이는 초목의 덩굴이 서로 얽
힘을 나타낸 지사이다.

　　弓 (予)「推予也. 象相予之形.」

　　손으로 물건을 밀어 사람에게 주는 행동을 나타낸 것이다. 弓을 徐
鍇는 "上下相予"의 형으로 보았다. '予'가 '余, 我'의 뜻으로 쓰임은 가
차이다. 그런데 이와는 달리 '予'는 배 짜는 용구 즉 북(杼：서)의 상형
자로 보는 견해도 있는데 참고할 만하다.

　　丂 (乃)「曳詞之難也. 象气之出難也. 弖 古文乃, 豸 籒文乃.」

　　입에서 숨이 나올 때 곧게 올라가지 못하고 구부러진 상태를 그려
말을 빼기 어려움을 나타낸 것으로 楷書로는 '乃'로 쓴다. 기체는 실상
을 갖추지 못하였으므로 曲筆로써 이를 나타낸 지사자이다.

　　丂 (丂)「气欲舒出, ㇗上礙於一也. 丂, 古文以爲亐字, 又以爲巧字.」

　　㇗는 숨이 위로 나오는 모양을 본뜬 것이요, ―은 그 숨을 가로 막
아 차단함을 본뜸으로써 말하는 사람이 바야흐로 생각 중에 있음을 표
시한다. 그리하여 머물러 생각한다는 뜻이 되었다. 亐(于)와 丂(고)는
음은 다르나 자형, 자의가 비슷하여 고문에서는 丂를 亐로 쓰기도 하였
고, 또 丂・巧는 운모가 같아서 고문에서는 巧(교)자의 뜻으로도 가차
되었다.

　　人 (入)「內也. 象從上俱下也.」

　　초목의 뿌리가 땅 위에서 밑으로 뻗어 들어가는 형상이다.

夊 (夊)「從後至也. 象人兩脛 後有致之者. 讀若黹.」

𡕦은 두 정강이(脛)를, ＼는 後有致之者를 본떴다. 이 때 '致'는 앞을 향하여 致送한다는 뜻이다. 그러나 甲文은 이와 다른 Ａ형이다. 이것은 발바닥을 상형한 ㅂ(止)를 거꾸로 향한 자형이다. cf. 夊(뒤에 올 : 치)

夊 (夊)「行遲曳夊夊也. 象人兩脛有所躧也.」

夊(치)는 머리가 나오지 않았으나 夊(편안히 걸을 : 쇠)는 머리가 나왔다. 느럿느럿 종아리를 끌면서 걷는 모습을 나타냈다.

彳 (彳)「小步也. 象人脛三屬相連也.」

잔걸음을 걷는다는 뜻이다. 人脛三屬이란 上股, 中脛, 下足을 말한다.

卜 (卜)「灼剝龜也. 象炙龜之形. 一曰: 象龜兆之縱衡也.」

거북등을 태워 터진 무늬가 가로 · 세로로 있는 형상을 나타낸다. 《說文》에 '占'은「視兆問也」라 하였으니, 거북등을 태워 갈라진 무늬를 보고 길흉을 점친 것이다. 吉兆라는 말은 여기에서 연유한 것임을 알겠다.

凶 (凶)「惡也. 象地穿交陷其中也.」

∪는 땅구덩이를, ×은 그 속에 함정이 있음을 지시하였다. 여기 ×은 결코 '五'의 고문이 아니므로 짐승이 함정에 빠지는 흉악을 나타낸 지사자이다.

屮 (屮)「艸木初生也. 象丨出形, 有枝莖也. 古文或以爲艸字. 讀若徹.」
초목의 떡잎이 땅 위로 올라오는 모습을 본뜬 자이다.

出 (出)「進也. 象艸木益茲, 上出達也.」

초목이 점점 자라 위로 나온 모양을 본뜬 것인데, 뜻이 확대되어 무엇이든지 밖으로 나오는 것은 모두 '出'이라 한다.

그런데 甲文의 出, 金文의 出형을 보면 다 '止'자가 들어 있다. 그리하여 문 밖(ㄴ, ㄱ 로 나타냄)으로 발(止)을 내어 놓아 외출하는 뜻으로 해석하기도 한다. 이것이 옳다면 증체지사자에 해당한다.

ㄟ (乙)「象春艸木冤曲而出, 侌气尙彊, 其出乙乙也. 與丨同意. 乙承甲 象人頸.」

초목의 생장이 어려운 상태를 본뜬 자인데, 해서에서 '乙'이 되었다. 본문의 冤(원)은 굽었다는 뜻이고, '乙乙'은 難出의 모양을 가리킨다.《史記》에 "乙者, 言萬物生軋軋也"라 하였다.「乙承甲…」이하는 p. 163, 185 참조.

才 (才)「艸木之初也. 從丨上貫一, 將生枝葉也, 一, 地也.」

—은 땅을, 위는 줄기와 잎이 처음 나온 형상을, 아래는 뿌리를 본떴다. 본문의「將生枝葉」이란 才에서 줄기는 땅 위로 나왔으나 가지와 잎이 아직 나오지 아니하였음을 말한 것이다. 그리하여 '初·哉·始'와 같은 뜻을 가지게 되었다.

그러나 이것은 篆文형에 의거한 해설이다. 甲文은 屮, ㅓ, 金文은 ㅏ 형이어서 냇물에 土沙가 쌓여 흐름이 막힌 뜻을 나타낸 것으로 보는 견해도 있다.

屮 (之)「出也. 象艸過屮, 枝莖漸益大有所之也. 一者, 地也.」

—은 땅을, 屮는 초목의 가지와 줄기가 자란 모습을 그린 것으로 해서에서 '之'가 되었다. 초목이 땅 위로 나왔다는 뜻에서 일보 확대하여 간다(往)는 뜻이 생기게 되었고, '之子'란 출가한 딸을 지칭하게 되었다.

그런데 甲文형은 ㄖ와 같다. 위는 '止'이고 아래의 —은 출발선을 나타내는 부호라 한다면 애초부터 '之'는 간다는 뜻이 있었던 것으로 볼 수 있다.

卤 (卤)「艸木實垂卤卤然. 象形, 讀若調.」

卤(초)는 오이가 아래로 드리운 형상을 본떴다. 즉, 열매가 주렁주렁 달린 형상이다.

飛 (飛) 「鳥翥也. 象形.」

'翥'(저)는 날아 떠오른다는 뜻이다. '飛'는 곧 새가 목과 날개를 활짝 펴고 날아가는 상태를 나타낸 지사자이다.

釆 (采) 「辨別也. 象獸指爪分別也. 讀若辨.」

동물의 발톱이 구별되는 형상을 본뜸으로써 변별의 뜻을 나타내게 되었다. 采(변)은 '辨'과 음·의가 가깝다.

� (垂) 「艸木華葉垂, 象形.」

꽃잎이 줄기의 위 아래로 내려 숙인 형상을 본떴다. 해서에서 '垂'가 되었다.

□ (囗) 「回也. 象回帀之形.」

주위를 둘러싼 형상이니 '圍'의 초문이다. '回'는 회전의 뜻이고, 帀(두루 : 잡)은 周와 뜻이 같다.

冂 (冂) 「邑外謂之郊, 郊外謂之野, 野外謂之林, 林外謂之冂, 象遠界也.」

坰(들 : 경)자의 초문이다. 멀리 떨어진 곳(들밖)의 경계를 나타낸 자이다.

丿 (丿) 「又戾也. 象ナ引之形.」

오른쪽에서 왼쪽으로 삐친 형상이다. '戾'(려)는 '曲'의 뜻이다.

乀 (乀) 「ナ戾也. 从反丿, 讀與弗同.」

왼쪽에서 오른쪽으로 삐친 형상이다. 서예가는 이를 八法이라고 한다. cf. 乀(파임 : 불)

勹 (勹) 「裹也. 象人曲形, 有所包裹.」

勹는 包(쌀 : 포)자의 초문으로 어느 물체를 싸고 있는 형상이다.

亞 (亞) 「醜也. 象人局背之形. 賈侍中說 以爲次弟也.」

사람의 곱사등이 모양을 본떠 추악의 뜻을 나타냈는데, 지금의 '惡'

자의 초문이다. 또 '醜'는 견준다는 뜻이 있기 때문에 '亞' 역시 전이하여 '차례'의 뜻을 가지게 되었다. 亞父라는 말에도 차례의 뜻이 들어 있다.

그러나 위는 전문형의 해석이요, 甲文형은 , 와 같으므로 곱사등이와는 거리가 멀다. 오히려 옛날 宮室이 사방으로 이어진 모양을 상형한 것으로 보는 편이 자형에 가까울 것이다. 高鴻縉(1960 : 150) 참조.

 (不)「鳥飛上翔, 不下來也. 从一, 一猶天也, 象形.」

許愼은 새가 날아가 보이지 않음을 나타낸 형이므로 否定의 의미로 쓰인다고 하였다. 그러나 鄭樵가 처음으로 '不'은 꽃의 받침과 꼭지 모양을 본뜬 것으로 보았기 때문에 徐灝(서호)나 王筠 등도 같은 방법으로 설명하였다. 甲文·金文의 ,  형을 보아도 이 견해가 옳을 듯하다.

 (至)「鳥飛從高下至地也. 从一, 一猶地也, 象形. 不上去而至下來也.」

새가 높은 곳에서 땅으로 내려오는 형상을 본떠 어느 곳에 이른다(至)는 뜻을 나타냈다. 《說文》에는 「不」부와 「至」부가 연속하여 배열되어 있는데, 그 까닭은 '不'은 올라간다는 뜻이고, '至'는 내려온다는 뜻이기 때문이었을 것이다. 그러나 '至'자도 甲文형은 와 같아서 오히려 새보다는 화살이 땅 위로 떨어지는 형상으로 볼 수 있다.

 (冫)「凍也. 象水冰之形.」

은 물이 얼어 응결된 형상을 본뜬 지사자이나 명사는 冰(얼음 : 빙)이다.

 (冖)「覆也. 从一下垂.」

물건을 덮어 씌운 형상을 본떠 만들었다. cf. 冖(덮을 : 멱)

 (齊)「禾麥吐穗上平也. 象形.」

'齊'자는 혹은 로, 혹은 로도 썼으니 三者가 平列함을 나타낸 것을 알 수 있다. 즉, 벼나 보리 이삭의 위가 가지런한 형상을 본떠 齊平의 뜻을 나타내게 되었다.

卥 (西)「鳥在巢上也. 象形. 日在西方而鳥西, 故因以爲東西之西. 棲,
　　　西或从木妻. 卤, 古文西. 卥, 籀文西.」

이는 본래 새가 보금자리 위에 앉아 있는 형상을 본뜸으로써 棲息
하는 뜻으로 쓰였던 것인데, 후에 가차하여 방위를 칭하게 되었다. 해
가 서쪽으로 지면 새들이 보금자리를 찾기 때문이다. 甲文의 ⿱형은 나
무 위에 지은 새집의 형상이다.

冓 (冓)「交積材也. 象對交之形.」

재목을 받쳐 쌓아 올린 형상을 본떠 結構의 뜻을 나타냈다. 지금의
'構'자의 초문이다.

白 (白)「西方色也. 会用事物色白. 从入合二, 二, 会數. 白古文白.」

본문의 내용은 모두 음양오행설에 따른 해설에 불과하다. 물론 '白'
자의 본뜻에 대해서는 이설이 있다. 甲文·金文형이 대개 白과 같아서
엄지손가락을 밀어 올린 형상으로 주인·우두머리(伯자 참조)의 뜻으
로 보는가 하면, 사람의 용모를 나타낸 '貌'자의 초문으로 보기도 하여
단정하기 어렵다. 어쨌든 희다는 뜻은 가차의에 불과하다. 段注에서는
"出者陽也. 入者陰也, 故从入"이라고 하였다.

工 (工)「巧飾也. 象人有規榘, 與巫同意. ⿱ 古文工 从彡.」

직선이나 직각을 그리는 曲尺을 상형하였다. 곡척은 물건을 만드는
데 쓰이므로 널리 공교함 또는 공작의 뜻을 나타내게 되었다.

互 (互)「笭, 可以收繩者也. 从竹 象形. 中象人手所推握也. 互笭或省.」

'互'는 笭(줄 감는 기구 : 호)의 생체이다. 甲文의 互를 보면 좌우로
번갈아 가며 새끼를 감는 기구를 상형한 자형임을 알 수 있다. 중간의
⿻는 사람이 서로 손을 잡은 형상인데, 또는 감은 새끼를 나타낸 것으
로 보는 견해도 있다.

生 (生)「進也. 象艸木生 出土上.」

'生'의 甲文형은 ⿱, 金文형은 ⿱이다. 초목이 땅 위로 움터 나오는

형상을 본뜬 자이다.

氐 (氏)「巴蜀名 山岸脅之 自旁箸欲落墙者曰氏, 氏崩聲聞數百里. 象形 乁聲.」

'氏'는 원래 뿌리 밑을 가리켰다. 金文의 乁는 뿌리와 씨를 나타낸 자형이며, 姓氏의 氏 역시 根柢에서 인신하였다. 그리하여 《說文通訓定聲》에는 "木本也"라 하였다. '氏'와 '氐'는 그 근원이 같은 자이다.

許愼의 설해는 '氏'자의 뜻과는 무관한 부회이다. 段玉裁는 巴蜀 이하 16자는 一句로서 巴蜀 方語라고 하였다.

大 (大)「天大, 地大, 人亦大焉. 象人形. 古文 亣也.」

사람이 팔다리를 벌리고 서 있는 형상을 본떠 크다는 뜻을 나타낸 자이다.

小 (小)「物之微也. 从八丨見 而八分之.」

篆文에 따르면 회의자로 간주된다. 그러나 甲文을 보면 小와 같으므로 본래는 세 개의 작은 점을 그려 미세함을 나타낸 지사자로 볼 것이다.

回 (回)「轉也. 从口, 中象回轉之形. 回, 古文.」

篆文의 回는 연못의 물이 회전하는 형상을, 古文의 回는 雲气가 회전하는 상태를 본뜬 것이다.[2] 고문자에서는 回로 쓰인 예도 있다.

臣 (臣)「牽也. 事君者, 象屈服之形.」

신하로서 굴복하는 형상이라 하였다. 그러나 이 역시 甲文의 臣, 金文의 臣을 관찰하면 사람이 눈을 부릅뜬다(瞋 : 진)는 뜻이었음을 추지할 수 있다. 신하의 뜻은 뒤에 생겨난 가차의이다.

高 (高)「崇也. 象臺觀高之形. 从冂口. 與倉舍同意.」

甲文의 高, 高, 金文의 高형은 다 높다랗게 지은 다락을 상형하여 높다는 뜻을 나타냈다. 倉·舍자도 윗부분이 人형이므로,「…同意」라

---

(2) 淵은 回水이기 때문에 孔子의 제자인 顔回의 字는 子淵이라 하였다. 〈段注〉

한 것이다.

彳 (行)「人之步趨也, 从彳亍.」

《說文》에서는 걸어간다는 뜻이므로「彳＋亍」의 회의자로 분석하였다. 그러나 甲文·金文 중에는 卅과 같은 자형이 있다. 이것은 십자로를 나타낸 상형자인데, 인하여 사람이 길을 걸어다니는 뜻으로 쓰이게 되었다.

永 (永)「水長也. 象水巠理之長永也. 詩曰 江之永矣.」

여러 갈래의 물줄기가 합하여 멀리 흘러감을 나타내어 '길다, 오래다'의 뜻을 지시하였다.《詩經》(漢廣)에 "양자강은 길고 길어"라는 시구가 있다.

제 3 절   增體指事

증체지사는 증체상형과 마찬가지로 원래 文을 이루는 형체에다 文을 이루지 못하는 虛象의 形(符號)을 더하여 만든 글자이므로 혹은 합체지사라고도 한다. 독체가 正例라면 이하는 變例라 이른다. 아래에 해당 자례를 들어 보기로 한다.

示 (示)「天垂象, 見吉凶, 所以示人也. 从二; 三垂, 日月星也. 觀乎 天文, 以察時變, 示神事也. 三, 古文示.」

'二'은 '上'의 고문이다. 하늘은 위에 있기 때문이다. 따라서 '示'는 '二'에다 日, 月, 星이 아래로 드리워 사람에게 길흉을 보여 주는 형상이다. 川은 日, 月, 星의 실상이 아니므로 二에 증가된 부호에 불과하다. 고문은 三이니, '一'은 하늘을, 아래는 三垂를 나타낸 것이다.

本 (本)「木下曰本, 從木 從丅. 木古文.」

'木'에 증체된 '一'은 나무의 根本處를 표시한 지사부호에 불과하다. 그러므로 段注本대로「從木從丅」보다는 徐鍇本의「从木, 一在其下」가

더 옳을 듯하다. 그러나 金文에서는 ㅄ과 같이 썼던 것을 보면 처음에
는 — 아닌 세 점으로 밑뿌리를 나타냈던 것으로 보인다.

末 (末)「木上曰末, 從木, 一在其上.」

'一'은 나무끝을 나타낸 지사부호이다.

朱 (朱)「赤心木, 松柏屬, 從木, 一在其中.」

'一'은 나무 속이 붉음을 나타낼 뿐인 부호이다. '朱'는 원래 나무의
이름이었는데, 가차하여 색명으로 쓰였다. 붉다는 뜻의 '朱'의 본자는
'絑'이었다(絑, 純赤也《說文》참조).

未 (未)「味也. 六月滋味也. 五行木老於未, 象木重枝葉也.」

'木'자 위에 ⌣을 더하여 나뭇가지가 무성함을 나타낸 자이다. 段注
에는 "未者, 言萬物皆成, 有滋味也"라 하였다:「六月」과의 관계는 p.
161 표 참조.

刃 (刃)「刀堅也. 象刀有刃之形.」

刃(인)은 '刀'에다 ㆍ를 붙여 칼날의 자리를 나타냈다.

立 (立)「住也. 从大在一之上.」

大(大)는 사람을, 一은 땅을 본뜬 것이므로 회의로 보는 사람도 있
다. 그러나 一은 땅을 가리키는 文이 아니므로 지사에 속한다. '立'은
사람이 땅 위에 서 있다는 데에서 멈추어 선다는 뜻을 가지게 되었다.

夾 (夾)「盜竊褱物也. 从亦有所持. 俗謂蔽人俾夾是也. 弘農陝字从
　　　此.」

夾(물건 훔칠 : 섭)은 大에다 겨드랑이(亦, 지금은 腋이 되었다.) 밑
에 숨긴 물건을 부호로 그려 넣어 물건을 훔친다는 뜻을 나타냈다.「蔽
人俾夾」이란 漢代의 속어로서 사람의 눈에 띄지 않게 물건을 훔친다는
뜻이다. 弘農 陝縣은 지금의 河南 陝州인데, '夾'이 들어간 글자가 매우
적으므로 이 예를 들었을 것이다.

亦 (亦)「人之臂亦也. 从大, 象兩亦之形.」

大의 좌우에 있는 두 점은 겨드랑이를 나타낸 허상의 부호이다. '亦'
은 지금은 뜻이 변하였으나, 처음에는 사람의 겨드랑이를 본떠 만든 자
이다. 현재는 腋(겨드랑이 : 액)으로 대치되었다.

ᄇ (曰)「詞也. 从口, ∟象口气出也.」

인간의 생각을 언어로써 표출하여 내는 것을 曰(왈)이라 한다. 그
러므로 '曰'은 입(ᄇ) 위로 숨(气)이 나오는 모양을 본떠 만들었다. '詞'
는 마음 속에 품은 의사를 밖으로 말한다는 뜻이다.

只 (只)「語已詞也. 从口, 象气下引之形.」

입이 닫히면 숨이 밖으로 나오지 못하고 그치기 때문에 본문에서
「下引之」라고 하였다. 「語已」의 已(이)는 '그치다'의 뜻이다. 《詩經》에서
'只'는 혹 句末에 쓰였는데, 《詩經》(柏舟)에 "母也天只, 不諒人只"(어머
님은 하늘 같으신 분 어이 제 마음 몰라 주시나이까!)와 같은 예가 그것
이다. 이 때의 '只'는 구말 어조사이다.

兮 (兮)「語所稽也. 从丂, 八象气越丂也.」

兮(어조사 : 혜)는 丂(고)에다 숨을 들어 올리는 형상을 본뜬 것으
로, 말을 잠깐 그칠 때 나오는 음이다. 흔히 詩歌의 구말 여음으로 쓰
였다. 본문의 越丂는 올린다(揚)는 뜻이다.

乎 (乎)「語之餘也. 从兮, 象聲上越揚之形也.」

'乎'는 聲气가 위로 올라가는 상태를 본떴다. 구말 어조사로 쓰이기
때문에 「語之餘也」라 하였다.

甘 (甘)「美也. 从口含一. 一, 道也.」

입안에 음식물을 넣고 씹어 맛보는 형상을 본뜸으로써 음식물의
甘味를 나타냈다. 一은 글자가 아닌 부호인데, 「一, 道也」의 道는 味道
를 말한 듯하다. 甘은 五美 중의 하나이다(p. 163 표 참조).

旦 (旦)「明也. 从日見一上. 一, 地也.」

지평선 위로 해가 떠오르면 날아 밝아진다. 본문의 '明'은 '朝'와 동

의이다. 《說文》에 「朝, 旦也」로 풀이하였음을 보아서도 알 만하다.

牟 (牟)「牛鳴也. 从牛, 𠃌象其聲气 從口出.」

소의 입에서 숨이 나오는 형상을 본떴으므로 결국 소가 우는 소리를 나타낸 의성어이다. 𠃌는 厶(私)가 아닌 허상의 부호이다.

芈 (芈)「羊鳴也. 从羊, 象气上出. 與牟同意.」

芉(羊의 본자)은 羊을, 「은 숨이 나오는 것을 본떠 양의 울음을 묘사하였다. 본문 중의 「與牟同意」란 글자를 만들 때의 의식이 같았다는 뜻이다. 즉 芈(양이 울 : 미), 牟(소 울음소리 : 모) 두 글자는 동물의 울음 소리가 본뜻이므로 같은 발상에서 조자된 것이다.

久 (久)「從後灸之也. 象人兩脛 後有距(距)也.」

⺈는 人이요, ＼는 사람을 뒤에서 만류하는 부호이니, 결국 사람이 멈추어 서서 움직이지 않음을 나타낸다. 후에 '오래다'의 뜻으로 쓰이게 되었다.

叉 (叉)「手指相錯也. 从又一, 象叉之形.」

손가락 사이에 물건을 끼어 가진 모양을 본뜬 자이다.

尹 (尹)「治也. 从又, ノ, 握事者也.」

한 손으로 事와 권세를 잡고 있는 형상을 본떠 통치의 뜻을 나타냈다. '尹'은 천하를 다스린다는 뜻인데, 《廣韻》에서는 「進也, 誠也」라는 의미까지 부가되었다.

丑 (丑)「紐也. 十二月萬物動用事. 象手之形. 日加丑 亦舉手時也.」

세 개의 손가락을 묶어 놓은(혹은 손에 물건을 쥐고 있는) 형상을 본떠 사람이 하고자 하여도 행하기 어려움을 나타낸 자이다.

農曆으로 丑은 12월을 가리키는데, 이 때는 날씨가 추워 일을 하기가 쉽지 않고, 또 丑時는 밤 1시~3시 사이이므로 역시 활동하기가 어려워서 「紐也」라 하였다. cf. 紐(맬 : 뉴)

寸 (寸)「十分也. 人手卻一寸 動脈謂之寸口, 从又一.」

사람의 손으로부터 1촌 되는 곳에 맥박이 뛰는 곳을 寸口라고 한
다. 寸의 彐는 손(手)이고, 一은 寸口의 위치를 나타낸 부호이다.

尺 (尺)「十寸也. 人手卻十分 動脈爲寸口, 十寸爲尺. 尺, 所以指尺
規榘事也. 从尸 从乙, 乙, 所識也. 周制: 寸, 尺, 咫, 尋,
常, 仞 諸度量 皆以人之體爲法.」

尸은 사람이고, ㄟ은 팔뚝을 본뜬 부호이다. 고대 중국인들은 寸口
에서 팔꿈치까지의 길이를 1尺으로 계산하였다. 본문 중「乙所識也」에
서 '乙'은 甲乙의 乙이 아닌 표지부호임을 말한 것이므로 尺은 회의가
아니고 지사이다.

寸口란 양쪽 손바닥으로부터 한 치(寸) 거리에 뛰고 있는 동맥을
가리키는데, 1寸은 10分이다. 그리고 咫(지)는《說文》에 의하면「中婦
人手長八寸謂之咫」라 하였다. 周나라 도량에 의하면 8촌을 1척이라 하
고, 10尺을 丈이라 하였다. 그리하여 사람의 키가 8尺이면 丈夫라 하였
다. 尋(심)은 양팔의 길이로서 8尺이다. 仞(인)도「伸臂一尋八尺」이
다.(3)

豕 (豕)「豕絆足行豕豕也. 从豕 繫二足.」

돼지의 발이 묶여 걷기가 어려운 형상을 나타냈다. 豕豕은 難行의
모습을 말한다. 현대 玉篇에 발얽은 돼지의 걸음 '축'으로 훈석하여 놓
았다.

馵 (馵)「馬後左足白也. 从馬, 二其足. 讀若注.」

馵(주)자에서 馬에 증체된 '='는 지사의 부호이다. 말의 왼쪽 뒷발
이 희다는 뜻이다.

---

(3) 中國 上古時의 尺度法은 다음과 같다. 寸 : $\frac{1}{10}$尺, 咫 : 8寸, 尺 : 10寸, 丈 : 10尺,
尋 : 8尺, 常 : 16尺.
그런데 1尺의 길이는 역대로 다음과 같이 달랐다.
夏 : 31.10cm, 周 : 19.91cm, 秦 : 27.65cm, 後漢 : 23.75cm, 隋 : 23.55cm, 宋 : 30.72cm,
明 : 31.10cm, 淸 : 32.00cm
그리고 참고로 1斤의 무게를 대비하면 다음과 같다.
周 : 228.86g, 漢 : 258.44g, 隋 : 222.73g, 唐 : 596.82g, 淸 : 506.82g
吳洛《中國度量衡史》(1960), 臺北, p. 73 참조.

秀 (秀)「上諱.」

徐鍇의 《說文繫傳》에 따르면 '秀'에 대하여 "禾實也. 有實之象. 下垂也. 漢光武帝諱, 故許愼闕 而不書也"라고 하였다. 즉 '秀'는 벼 이삭이 아래로 드리운 모양을 본뜬 자인데, 漢나라 光武帝(A.D. 25~57)의 諱가 秀이기 때문에 본문과 같이 「上諱」라고만 제시하였을 뿐 그 이하에 해설을 붙이지 않았다는 뜻이다.[4]

欠 (欠)「張口气悟也. 象气从儿 上出之形.」

儿은 人의 古文奇字이고, 위의 彡은 숨이 나오는 형상을 본떴다. 본문의 '悟'는 깨닫다(覺)는 뜻 외에 解散의 뜻이 있다. 즉 《說文》에 「悟, 解气也」라 한 바와 같이 입을 벌려 숨이 풀려 나오는 것이 곧 하품(欠)이다.

巜 (巜)「害也. 从一雝川.《春秋傳》曰: 川雝爲澤, 凶.」

냇물을 막아 놓은 형상이다. 巛는 災의 초문이다.

㡀 (㡀)「敗衣也. 从巾, 象衣敗之形.」

'巾'을 제외한 나머지 네 개의 점획은 모두 옷이 헤진 모습을 나타낸 지사부호이다. 㡀는 敝(폐)의 초문이다.

昔 (昔)「乾肉也. 从殘肉. 日以晞之, 與俎同意.」

甲文형은 𦱬, 𦱔 등인데, 𕛡은 洪水를 지시한다. 篆文의 설명은 고기를 찢어(𠛱) 햇볕에 말린다는 뜻인데, 이 뜻은 '腊'(석)자에 남아 있고, 지금의 '昔'은 '옛날'의 뜻으로 바뀌었다.

亐 (于)「於也. 象气之舒亐. 从丂 从一, 一者其气平也.」

사람이 감탄(탄식)을 발할 때 입김이 나오는 형상을 나타낸 자이다. 一은 입김의 부호일 뿐 회의자가 아니다.

弟 (弟)「韋束之次弟也 从古文之象. 𢎨 古文弟, 从古文 韋省 丿聲.」

---
(4) 《說文》에 「上諱」로만 밝힌 자는 또 있다. '祜·肇·炟·莊'자 등이 그러하다 '祜'는 後漢 安帝(107~124 재위), '肇'는 和帝(89~105 재위), '炟'은 章帝(76~88 재위), '莊'은 明帝(58~75 재위)의 이름자였기 때문이다.

'弟'자의 고문에 대하여 생체형성자로 풀이하였다. 그러나 甲文의 彘, 金文의 彘 등을 보면 옛날에 병기(弋, 戈 등)의 손잡이를 가죽으로 감아서 사용한 흔적이 엿보인다. 이 때 가죽을 차례로 감는 데서 차례의 뜻이 생기고 또 兄弟의 뜻으로 차용되었다. ノ(별)聲이란 근거를 대기 어렵다.

卒 (卒) 「隸人給事者爲卒. 古以染衣題識, 故从衣一.」

옛날 노예들이 입었던 옷(衣)에다 그 색깔 표식으로 一을 더한 자이다. 그러므로 회의자가 아니다.

靁 (靁) 「黔昜薄動 生物者也. 从雨, 畾, 象回轉形. 𩂣, 籀文靁間有回, 回靁聲也. 𩅝, 古文靁. 𩇓, 古文靁.」

'畾'는 세 개의 '田'자가 아니고, 둥글둥글한 검은 뭉게구름이 서로 마찰하여 여기에서 뇌성이 생기는 현상을 나타냈을 뿐이다. '靁'는 간생하여 '雷'가 되었고, '雷'는 魯回切이니 '回'와 운모가 같다.

「黔昜(陰陽)薄動」이란 우뢰소리를 말하고, 「生物者」는 회전을 말한다.

제4절   省體指事

旣成의 문자에서 필획을 감생하여 일정한 개념을 나타내는 지사자를 생체지사라고 한다. 다음과 같은 한자가 여기에 속한다.

非 (非) 「違也. 从飛下翄, 取其相背也.」

'飛'자의 篆文은 飛인데, '非'자는 여기에서 아래의 양쪽 날개만을 취하고 上半을 생략하여 양쪽 날개가 서로 엇갈리게 등지고 있는 형상을 본떴다. 그리하여 '非'는 어긴다(違)는 뜻을 가지게 되엇다.

卂 (卂) 「疾飛也. 从飛而羽不見.」

飛(비)의 篆文에서 깃털을 생략하여 보이지 않게 함으로써 날아가는 모양이 신속함을 나타냈다. 해서에서 'ㄧ'으로 바뀌었는데 지금의 迅 (빠를 : 신)자의 초문이다.

ㅂ (凵) 「張口也. 象形.」

사람이 입을 벌리면 아래턱이 아래로 벌어지므로 ㅂ(口)에서 윗입 술을 생략하여 그 뜻을 나타냈다. cf. 凵(입벌릴 : 감)

ㄕ (夕) 「莫也. 从月半見.」

해가 진 뒤 달이 희미하게 나타난 형상을 본떠 밤이 다달았음을 나타낸 것이다. 「半月見」이란 '夕'이 '月'에서 생체되었음을 의미한다. 莫(모)는 해가 풀 가운데 있음을 본떠 어둑어둑함을 나타낸 자이다.

ㄱ (了) 「尦也. 从子無臂, 象形.」

손을 구부려 한 곳에 합친 모양을 본떠 交合의 뜻을 나타낸다. 子 (孚)에서 양손을 합하였으므로 팔이 보이지 않은 자형이다. 尦(료)는 다리의 힘줄이 약하다는 뜻이다.

ㄆ (免) 「兎逸也. 从兎 不見足, 會意.」

토끼가 도망가므로 발이 보이지 않아 ㄱ을 생략한 자이다. 許愼이 「會意」라 한 해설은 잘못이다.

제5절   變體指事

기성의 문자를 이용하되 그 위치나 필획을 변형하여 일정한 개념 을 나타내도록 조자된 지사자를 변체지사라 한다.

ㅗ (七) 「變也. 从到人.」

人(亻)을 거꾸로 하여 七(화)가 되었는데, 이것이 바로 '化'자의 초 문이다. 사람이 거꾸로 뒤집힌 형상을 본떠 변화가 생긴 점을 나타낸 것이다.

 (県)「到首也. 賈侍中說: 此斷首到縣県字.」

首(営)를 거꾸로 하여 県(목 베어 거꾸로 달 : 교)가 되었는데, 이것이 '懸'자의 초문이다. 즉, 머리를 거꾸로 하여 매단다는 뜻을 나타냈다.

币 (币)「匃也. 从反之而币也.」

之(之)는 간다(往)는 뜻이다. 이를 거꾸로 쓴 자이므로 앞으로 나아갈 수 없어 되돌아오는 뜻과 동시에 주위를 맴도는 뜻을 나타냈다.

享 (旱)「厚也. 从反亯.」

亯(舍)을 거꾸로 하여 '旱'자가 되었는데, 곧 '厚'자의 초문이다. 亯(즉 '享'자임)은 아랫사람이 윗사람에게 바침을 뜻하고 '厚'는 윗사람이 아랫사람에게 내린다는 뜻이다. 즉 상위자가 하위자에게 상을 내리는 것은 敦厚함을 표시하는 일이다.

派 (厎)「水之衺流別也. 从反永.」

永(氷)은 長流의 뜻이므로 이를 거꾸로 하여 分流를 나타내게 되었다. 지금의 '派'자의 초문이다.

幻 (幻)「相詐惑也. 从反予.」

이 字는 予(予)를 거꾸로 하여 만들었다. 예서에서 幻(환)자가 되면서 원래의 자형이 없어진 것이다.

廴 (廴)「長行也. 从彳引之.」

이는 彳(자죽거릴 : 척)자의 필획을 약간 변형하여 만든 것으로 길게 걷는다는 뜻을 나타냈다.

禾 (禾)「木之曲頭, 止不能上也.」

나무가 자라는 데 방해를 입어 그 끝이 구불어졌음을 나타냈다. 그러므로 위로 더 올라가지 못하고 머물러 있는 형상인데, 지금의 稽(머리 숙일 : 계)자의 초문이다. '稽'자는 지금은 '禾'부에 속하지만 《說文》에는 禾(계)부에 속하였다.

夨 (夭)「屈也. 从大, 象形.」

夭(요)자는 夨를 변형한 것으로 사람의 머리가 곧지 않고 한 쪽으로 기울어진 형상을 나타낸 것이다. 夭折, 夭死의 낱말도 여기에서 유래된 것임을 알겠다.

旡 (旡)「飮食气屰 不得息曰旡. 从反欠.」

欠(頣)은 입을 벌리고 숨을 내쉬므로 하품한다는 뜻인데, 旡(기)는 '欠'을 반대로 쓴 것이므로 숨이 막힘을 나타낸다.

交 (交)「交脛也. 从大, 象交形.」

交는 '大'에다 양쪽 다리를 相交한 형상을 본떠 만들었다. 그러므로 서로 얽혀 교차된 뜻을 나타낸다.

尢 (尢)「𡯂也. 曲脛人也. 从大, 象偏曲之形.」

尢(왕)자는 절름발이를 본떠 만들었다. 즉, 大(大)를 변형하여 다리가 하나는 곧고, 하나는 굽은 형상을 본뜬 것이다.

尸 (尸)「陳也. 象臥之形」

尸(人)자를 오른쪽으로 눕혀 놓은 자형으로 사람이 죽은 것을 나타낸다. 지금의 屍(시)자의 초문이다.

제 4 장
會　意

제 1 절　會意 槪說

1.　定義와 內容

會意란 무엇인가.《說文》敍에 의하면

「會意者, 比類合誼, 以見指撝, 武信是也.」

라고 정의하였다.

이에 대하여 段玉裁는 引文의 下注에서

"誼者, 人所宜也. 先鄭《周禮注》曰: 今人用義, 古書用誼, 誼者本字, 義者假借字. …… 會意者, 合誼之謂也."

('誼'는 사람이 지킬 바, 곧 '옳다'는 뜻이다. 옛날 後漢 때 학자인 鄭玄(127~200)은《周禮注》에서 오늘날은 '義'자를 쓰지만 고서에서는 '誼'자를 썼다. '誼'가 본자이고, '義'는 가차자이다. …… 會意란 곧 뜻을 합한다는 말이다.)

라고 풀이하였고, 王筠도《說文釋例》에서

"會者, 合也, 合誼卽會意之正解. 會意者, 合二字三字之義, 以成一字之義."

라고 설명하고 있다.

이를 보면 段, 王 2인은 모두 合誼라는 말로써 會意를 해석하고 있음을 알 수 있다. 과연 회의란 둘 또는 그 이상의 독립적인 文을 합하여 새로운 뜻을 나타내는 字를 만든 것이므로 상형과 지사는 독체로서의 文(일종의 原素文字)이고, 회의와 형성은 합체로서의 字라는 점은 앞에서 이미 설명한 바 있다.

그러나 회의라는 용어는 一語雙關이어서 「合誼」의 의미 외에도 "그 뜻을 이해할 수 있다"는 의미까지도 내포되어 있다. 따라서 회의란 둘 혹은 그 이상의 초문이 배합하여 하나의 글자를 이룬 것이므로 조금만 주의를 기울이면 능히 그 의미를 이해할 수 있는 것이 많다.

그리고 「比類合誼」란 곧 二類, 三類 혹은 四類의 한자를 차례로 배열·배합하여 하나의 새로운 字義를 합성한다는 뜻이요, 「以見指撝」란 새로이 합성된 字가 뜻하는 바를 발견한다는 뜻이다. 예를 들면, '武'자는 '止'와 '戈'의 두 초문을 차례로 배합하여 새로운 뜻을 이루었는데, 우리들은 이 글자에서 천하의 兵戈를 중지하고 난동을 부리지 않게 하는 것(즉 전쟁을 중지함)이 바로 진정한 武威의 미덕임을 추지할 수 있다. 또 '信'자는 '人'과 '言'이 배합하여 새로운 의미를 나타내게 되었는데, 우리는 이 글자에서 사람이란 자기가 한 번 허락한 말은 기어이 실현할 수 있어야만 신용을 얻을 수 있다는 의향이 내포되어 있음을 깨닫게 된다.[1]

이와 같이 회의문자는 결국 단순한 상형문자나 지사문자만으로는 나타내기 어려운 복잡한 일이나 관념, 의미 등을 표출하기 위하여 둘 또는 그 이상의 구성 요소를 결합함으로써 하나의 새로운 자형을 만들고 여기에 특정 의미와 字音을 나타내게 된 한자라고 말할 수 있다.

이러한 조자법은 상형이나 지사의 구성 방법보다 고도로 진보된 단계이다. 그러므로 會意字形은 일반적으로 어떤 대상이나 개념의 주체를 나타내는 문자의 부분과 그것을 수식하는 문자의 부분으로 나누어 생각할 수 있는 성질의 한자이다.

---

(1) 그러나 '武·信'자의 이와 같은 해석은 漢代의 철학·사상에 따른 것이지 처음부터 그러한 뜻을 나타낸 것인지는 의문이다. 적어도 '武'자에 든 '止'의 본뜻은 발바닥을 뜻한 상형자였기 때문이다.

2. 會意字의 구성 요소

그러면 회의자의 구성 요소와 배합 방법은 어떠한가를 살펴볼 필요가 있다. 먼저 구성 요소에 대하여 王筠은 《說文釋例》에서

"凡會意字, 或會兩象形字以爲意, 或會兩指事字以爲意, 或會一形一事以爲意, 或會一象形一會意, 或會一指事一會意, 皆常也. 然亦有會形聲字以爲意者."(번역 생략)

라고 설명한 바 있다.

이제 引文의 내용을 《說文》의 해설에 의거하여 알기 쉽게 분류·예시하여 보면 다음과 같다.

(1) 2자의 상형자가 합하여 뜻을 이룬 것.
〔예〕 止 + 戈 → 武('止, 戈'는 모두 상형자이다.)

(2) 2자의 지사자가 합하여 뜻을 이룬 것.
〔예〕 乚 + 入 → 亡(乚(隱의 고자), 入은 모두 지사자이다.)

(3) 상형자와 지사자가 합하여 뜻을 이룬 것.
〔예〕 八 + 刀 → 分('八'은 지사이고, '刀'는 상형자이다.)

(4) 상형자와 회의자가 합하여 뜻을 이룬 것.
〔예〕 焱 + 木 → 燊('木'은 상형자이고, '焱'은 회의자이다.)

(5) 지사자와 회의자가 합하여 뜻을 이룬 것.
〔예〕 束 + 八 → 柬('八'은 지사자이고, '束'은 회의자이다.)

이상의 5종에 대하여 王筠은 "皆常也"라 하여 예를 들지 아니하였다. 그러나 "會形聲字以爲意者"에 대해서만은 예를 들어 설명하여 놓았는데, 이를 나누어 보면 다음의 두 종류를 지적할 수 있다.

(6) 형성자와 비형성자가 합한 것.
〔예〕 人 + 言 → 信('人'은 상형자이고, '言'은 「从口 辛聲」의 형성자이다.)

(7) 양체가 모두 형성자인 것.

〔예〕 言 + 殳 → 設 ('言, 殳'는 모두 형성자이다.)

　　　 句 + 攴 → 敂 ('句, 攴'은 역시 형성자이다.)

이상과 같이 회의자의 구성 요소는 모두 7종이 있음을 알 수 있다.[2]

3. 會意字의 배합 방식

다음에는 회의자의 배합 방식에 대하여 살펴보기로 하자.

(1) 異體文字가 상하로 합하여 뜻을 이룬 것.

'止, 戈'가 합하여 '武'의 뜻이 된 것이라든지, '八, 厶'가 합하여 개인을 돌보지 않는(背私) 뜻의 公이 된 것과 같은 따위이다. 《說文》의 해자에서 「从XY」라고 풀이한 자가 대개 여기에 속한다.

(2) 異體文字가 좌우로 합하여 뜻을 이룬 것.

'祝'자는 '示'와 '人, 口'가 합하여(从示 从人口)된 자이고, '析'자는 '木'에 '斤'이 합하여(从木 从斤)된 것과 같은 따위이다. 《說文》의 해자에서 「从X 从Y」라고 풀이한 자가 대개 여기에 속한다.

(3) 異體文字가 상하, 좌우, 내외로 합한 위치로써 가히 뜻을 알 수 있는 것.

'益'자는 '水'와 '皿'이 합한 자인데, 물(水)이 그릇(皿)위에 있으므로 가득히 차 넘치는 뜻이 된다. 또 莫(모)는 해(日)가 잡풀이 우거진(茻 : 망) 사이에 있으므로 日暮의 뜻임을 알 수 있다.

(4) 同體 二字가 합하여 뜻을 이룬 것.

'林'은 二木이 병렬한 자이고, '多' 역시 '夕'이 겹친 자이다.

(5) 同體 三字가 합하여 뜻을 이룬 것.

猋(표)자는 三犬이 모여 개가 달아난다는 뜻인데, 전의하여 어떤 사물의 특성을 나타내기도 한다. 羴(羶 : 전)자는 三羊이 합하여 양 냄새(羊臭), 즉 노린내가 난다는 뜻을 나타낸다.

---

(2) 林尹(1972: 109) 참조.

(6) 同體 四字가 합하여 뜻을 이룬 것.

艸(망)은 衆草이니, 즉 잡풀이 우거진 것을, 品(즙)은 衆口(뭇 입)의 뜻이 된다.

(7) 합체 외에 다시 획이 증체된 자.

‘帶’자를 예로 들어 보자. 이것은 허리띠를 뜻한 자인데, 위의 ‘一’은 허리띠를 찬 모양을, 川는 띠를 맺은 형상을 나타낸 부호에 불과하다. cf.「帶, 紳也 …… 象繫佩之形, 佩必有巾, 从重巾.」《설문》

(8) 합체 안에서 획이 감생된 자.

支(夊)는 ‘手’와 竹(竹)의 半이 합한 자이다.

(9) 회의이면서 동시에 聲을 겸한 자.

‘誼’는 ‘言＋宜’의 회의자인데, 이 중에 ‘宜’는 뜻을 나타냄은 물론 성부 구실을 겸하며, ‘鉤’ 역시 ‘金＋句’의 회의자이나, ‘句’는 굽은(曲) 뜻을 나타냄과 동시에 ‘鉤’자의 聲을 겸한 자이다.

이상 9종의 배합 방식 중에서 (1)~(3)은 異體(異文)會意, (4)~(6)은 同體(同文)會意, (7)~(8)은 變體會意, (9)는 兼聲會意라고 칭한다. 이것이 바로 회의자를 분류하는 근거가 된다.

이처럼 회의 방법에 의한 한자는 그 구성 요소가 되는 각 문자의 뜻을 깊이 헤아려 보면 우선 字音은 차치하고라도 그 뜻을 어느 정도 짐작할 수 있는 것이 많다. 예컨대 休(人＋木)자는 사람이 나무에 기대어 그늘에서 쉬고 있는 뜻을 생각할 수 있고, 析(木＋斤)자는 나무 옆에 도끼(斤)를 놓았으므로 도끼로 나무를 쪼갠다는 뜻에서 점차 분석의 뜻을 가진 동사로 쓰이게 되었음을 추찰할 수가 있다.

이렇게 회의자의 조자의 근원을 살펴보면 여기에는 고대 중국인들의 지혜와 관습, 사고의 태도, 나아가서는 그들의 민속, 풍습, 역사 의식까지도 캐 볼 수 있는 것이 많음을 알게 될 것이다.

4. 會意와 一자형의 처리

회의와 상형·지사의 차이에 대하여는 이미 앞 장에서 상세히 설

명한 바 있다. 그러나 '一'이 들어간 한자 가운데는 세 가지 중 어느 것
에 속할 것인지 단정하기 매우 어려운 예가 많다. 그 예로 '天'자를 들
어 보기로 하자.

《說文》에 「天, 顚也, 至高無上, 从一大」라고 해자하였다. 段玉裁는
注에서 "六書로는 회의이다. 무릇 회의란 2자가 합하여 語를 이루는
것이니, 예를 들면 一大, 人言, 止戈가 모두 그렇다"라고 설명하였다.
그러나 章炳麟은 《文始》(권 3)에서 "本當言從大, 大, 人也; 從一在其上,
指事也. 與末同意, 說文言從一大, 則略也"라 하였으니 오히려 지사로
본 셈이다. 이러한 차이는 곧 段玉裁는 '一'을 숫자의 '一'자로 본 때문
이요, 章炳麟은 '一'을 다만 지시의 부호로 본 견해차에 말미암은 것
이다.

그런데 甲文에서는 '天'을 𡗶으로, 金文에서는 𡗶과 같이 기사하였
음을 미루어 보아, 적어도 天(𡗶)자 위의 '一'만은 기원적으로 '一'자가
아닌 것이 확실하다. '天'의 본뜻은 人頭이어서 甲文에서는 '大' 위에 머
리 모양을 증체하였던 것인데, 篆文에서는 '大' 위에 '一'을 붙여 上天을
지시한 결과 증체지사로 변성하였음을 알 수 있다. 따라서 《說文》에 '
一'이 들어 있는 허다한 한자들, 예를 들면 '本, 末, 朮, 刃, 寸, 不, 至,
立' 등은 모두 지사로 볼 것이지 회의자가 아니다.

회의만이 아니라 형성도 역시 합체이다. 회의가 形形相益이라면,
형성은 形聲相益인 점이 다를 뿐이다. 그러나 회의자 중에는 "从X, 从
Y, Y亦聲"과 같은 방식으로 해자한 것들이 있는데, 이 때 Y요소는 音
보다는 일차적으로는 오히려 義를 중시한 것으로 해석되므로 兼聲會意
로 분류하는 방식을 따르기로 하겠다.

이상 회의자에 대한 몇 가지 중요한 점을 개술하였다. 그러면 해당
한자의 예를 들어 살펴보기로 하자. 다음에 예시한 회의자 중에는 그
기원으로 보아 비회의자도 없지 않으나 기본적으로 《說文》의 자형 해
설을 존중하여 여기에 싣는다.

제 2 절   正體會意

1. 異文字會意

　서로 형체가 다른 둘 또는 그 이상의 자립 문자를 조합하여 새로운 뜻을 나타낼 수 있도록 조자된 한자를 異文字會意라고 한다.

　전술한 바와 같이 이문자 회의는 문자의 배합 방식에 따라 세 가지 유형을 구별할 수가 있으나, 번잡을 피하여 일괄 예시하여 나가기로 하겠다.

　丈 (丈)「十尺也. 从又持十.」

　손(又)으로 尺(十은 尺을 가리킴)을 들고 있는 형을 취하여 10尺의 길이를 나타낸 자이다.

　乳 (乳)「人及鳥生子曰乳, 獸曰產. 从孚乞, 乞者 乞鳥.」

　孚(부)자는 「爪＋子」의 회의자이니 제비(乞)같은 새가 알을 품고 발톱으로 이를 반복하여 뒤집어 새끼를 깐다는 뜻이다. 이렇듯 사람이 자식을 낳아 기르는 것을 乳라고 한다. 金文의 乳는 유방에서 젖이 흘러 내리는 형상을 본뜬 자이다(p. 243 '孔'자 참조).

　亾 (亡)「逃也. 从入乚.」

　乚(隱의 고자)은 숨을 곳을 나타내므로 亡은 들어가(入) 숨는다는 뜻이다.《說文》에「乚, 匿也. 象迟曲隱蔽形」이라 하였다.

　介 (介)「畫也. 从人 从八.」

　사람(人)마다 각기 자기에게 나누어진(八) 본분을 지킨다는 뜻이다. 그리하여 명분이 있는 일정한 한계, 자기의 활동 범위의 뜻으로 「畫也」라 한 것이다. 그러나 이것은 후세의 차용의이고 원래는 사람이 介甲(갑옷)을 입고 있는 형상을 나타낸 증체상형자로 보인다. 즉 介胄(갑옷과 투구)의 '介'가 그 본뜻이다. 甲文의 介가 그 형상을 보여 준다.

　今 (今)「是時也. 从△丆, 丆, 古文及.」

‘今’자에 대하여는 이설이 많다.《說文》에 따르면 여러 세대가 합하여(亼：三合의 뜻) 지금(目前)에 미쳤다(及)는 뜻이 된다. 그러나 甲文형은 亼과 같아서 지붕(人) 아래에 어떤 사물(一)이 숨겨져 있음을 나타낸 것(指事)이거나 또는 ‘屋下日陰形’(會의 원자?)으로 보기도 하고, 혹은 金文의 亼형에 대하여 亼는 ㅂ(口)를 거꾸로 한 자형이므로 입에 무엇인가를 물고 있는 형상을 나타낸 것으로 보는 견해도 있다. 한자 중 今聲을 취한 자(含, 吟, 念 등)는 대개 무엇 속에 함유된(감추어진) 뜻을 내포함에서 그 본뜻의 흔적을 찾을 만하다.

令 (令)「發號也. 从亼卪.」

亼은 三合, 卪은 節符, 瑞信이니, 즉 명령권을 가진 자가 사람을 모이도록 소집, 명령한다는 뜻을 나타낸다.

企 (企)「舉踵也. 从人止. 𠈩, 古文企, 从足.」

사람이 발(止)뒤꿈치를 들고 멀리 바라본다는 뜻을 나타낸 자이다.

仁 (仁)「親也. 从人二. 𢜫, 古文仁. 从千心作. 尼, 古文仁, 或从尸.」

두 사람이 모여 相近, 相親하다의 뜻을 나타낸다. 孔廣森(1752~1786)은 “仁親也. 人莫親于父母, 故从二人爲意. 又二象天地, 蓋仁者天地生物之心, 而人得而生者”라고 풀이하였는데, 좋은 견해라고 생각한다.

付 (付)「與也. 从人 从寸.」

사람이 손(寸)으로 물건을 들어 남에게 준다는 뜻이다. 金文은「人＋又」형이다.

件 (件)「分也.《說文繫傳》. 从人 从牛.」

소는 大物(‘牛’자 참조)이므로 사람이 가히 나눌 수 있다는 뜻에서 구분, 가름의 뜻을 가지게 되었다.《說文》에는 없는 자인데 徐鉉이 추가한 자이다. 한편 남에게 끌려 다니는 노예의 뜻으로 보기도 한다. 고대에 노비는 사물 취급을 받았으므로 ‘物件’이란 말이 나온 듯하다.

伐 (伐)「擊也. 从人持戈. 一曰: 敗也.」

사람(人)이 창(戈)을 들고 친다는 뜻을 나타낸다. 伐과 대조되는 자로 戍(수)가 있다. 戍는 지킨다는 뜻이므로 戌와 같이 사람이 戈 밑에 들어 있고, 또 부수도 「戈」부에 속한다. 그러나 '伐'은 外擊의 뜻이어서 사람이 창 옆에 있는가 하면 부수도 「人」부에 속한 것은 홍미로운 점이라 하겠다.

伏 (伏) 「司也. 从人犬, 犬司人也.」

사람 곁에 개가 엎드려 외인을 살핀다는 뜻을 나타낸다. '司'는 伺(살피다)의 뜻이다.

仰 (仰) 「擧也. 从人卬.」

사람이 높은(卬 : 앙) 곳을 향하여 머리를 들어 올리다의 뜻에서 점차 우러러본다는 뜻으로 쓰이게 되었다.

休 (休) 「息止也. 從人依木, 麻, 休 或從广.」

사람이 그늘을 찾아 나무에 기대어 쉬고 있음을 나타낸 자이다.

位 (位) 「列中庭之左右謂之位. 从人立.」

고대에 조정회의를 할 때에 群臣이 좌우로 벌려 선 것을 '位'라고 하였는데, 점차 모든 사람이 서 있는 자리와 서열을 가리키는 말로 의미가 확대되었다. 段玉裁는 본문 중의 '庭'은 '廷'의 오자로 보고, 그 증거로 《說文》의 「廷, 朝也」를 인용하였다. 또 '中庭'이란 곧 廷中을 뜻한 것으로 보았다.

悳 (悳) 「外得於人, 內得於己也. 从直 从心.」

悳(덕)은 정직한 마음을 가리키는 자로 '德'의 고자이다. 「外得於人」이란 "惠澤使人得之"의 뜻이요, 「內得於己」란 "身心所自得"의 뜻이다.

信 (信) 「誠也. 从人言.」

사람의 말은 모름지기 신용이 있어야 하므로 人과 言을 합하였다.

侵 (侵) 「漸進也. 从人又持帚. 若埽之進, 又, 手也.」

손(又)에 비(帚 : 추)를 들고 일보일보 전진한다는 뜻이다. 예서에서 '巾'을 약하여 '侵'으로 변개되었다.

便 (便)「安也. 人有不便更之. 故从人㪅.」

사람이란 불편한 것은 고쳐 편안하게 하려 하므로「人＋㪅(경)」을 합하였다.

兄 (兄)「長也. 从儿 从口.」

《爾雅》에 "男子先生爲兄, 後生爲弟"라고 하였다. 兄의 본뜻은 滋長인데, 지금은 형제의 뜻으로 쓰이고 있다. 그러나 자형으로 보아 원래는 사람(儿)이 입(口)으로 큰 소리를 낸다는 뜻이었을 것으로 생각된다.

光 (光)「明也. 从火在儿上. 光明意也.」

불(火)이 사람 위에 있으므로 밝다는 뜻이다. 또는 사람이 불을 들고 있어 밝음을 나타낸 것으로도 볼 수 있다.

先 (先)「前進也. 从儿之.」

발(之)을 사람(儿) 위에 놓아 앞으로 나아간다는 뜻을 나타낸다.

卟 (卟)「卜以問疑也. 从口卜. 讀與稽同.」

입(口)으로 길흉을 물어 점을 친다(卜)는 뜻이다. 그러므로 王筠은 卟(점칠 : 계)와 '占'을 동체로 보았고, 朱駿聲은 "與占同意"라 하였다.

內 (內)「入也. 从冂入.」

冂은 '坰'의 고자로 林外 즉 遠界를 가리키므로 먼 곳에서 가까운 곳으로, 혹은 밖에서 안으로 들어온다는 뜻을 나타낸다. 《說文》에「入, 內也」라 하였듯이 두 자는 전주되어 쓰였다. 그런데 甲文은 內, 金文은 內와 같아서 집의 출입구 모양을 나타낸 자형으로도 볼 수 있다.

公 (公)「平分也. 从八厶. 八, 猶背也. 韓非曰: 背厶爲公.」

'八'은 分別相背의 뜻이고, '厶'는 私의 초문이니 '公'은 곧 개인의 욕구를 등지고 돌보지 않는다는 뜻이 내포되어 있다. 그러나 이것은 상

당히 후대에 확립된 의미 해석으로 생각된다. 왜냐하면 甲文형은 屾,
屾, 金文형은 岙, 岙 등과 같기 때문이다. 따라서 주위(囗)가 활짝 열린
(八) 집, 즉 공공 건물을 나타낸 회의자로 보는 견해가 있는데(角川,
1983 : 57) 참고할 만하다.

芇 (共)「同也. 从廿廾.」

二十(廿 : 입)人이 하나 같이 손을 모아(廾, 拱의 고자) 나란히 서
있다는 데서「同也」라 하였다.

兵 (兵)「械也. 从廾持斤, 幷力之皃.」

두 손(廾, 팔짱 낄 : 공)에 무기(斤)를 들고 있음을 나타낸 자로서
고대에 병사가 적을 치기 위하여 가진 각종 器械를 총칭한 것이다.

典 (典)「五帝之書也. 从册在丌上, 尊閣之也. 莊都說：典, 大册也.
　　　 𠔿, 古文典, 从竹.」

丌(기)는 물건을 놓는 탁자이니 고전이 될 만한 책을 이 위에 올
려 놓아 존중의 뜻을 표시하였다.

「五帝之書」란 《左傳》(昭公 12년)에 나온 《三墳五典》을 가리킨다.
《三墳》은 고서명인데, 孔安國은 《尙書》序에서 "伏羲, 神農, 黃帝의 書
를 三墳이라고 하는바 大道를 말하는 것"이라고 하였다. 그리고 《五典》
이란 少昊, 顓頊, 高辛, 唐堯, 虞舜 등 五帝의 書를 말한다고 하였으나
이설이 많다. 어쨌든 許愼이 「五帝之書」라고 훈한 것은 '典'의 본뜻이
아니다. 오히려 위대한 서적이 그 본뜻일 것이다.

兼 (兼)「幷也. 从又持秝. 兼持二禾, 秉持一禾.」

손(又)으로 두 묶음의 벼(禾)를 쥐고 있음을 나타내어 相從, 幷의
뜻을 가지게 한다. '秉'은 한 묶음의 벼를 쥐고 있다. cf. 秝(稀疏適也.
从二禾 : 력)

冬 (冬)「四時盡也. 从仌, 从夂. 夂, 古文終字. 𡕾 古文冬从日.」

仌(冫 : 빙)은 '冰・凍'의 뜻이니 겨울이 되면 물이 얼기 때문이다.
夂(夂)을 '終'의 고문이라 하였는데, 이는 사계절의 마지막 계절임을 나

타낸다.

小 (分) 「別也. 从八刀. 刀以分別物也.」

'八'은 분별을 뜻한 지사자인데, 더구나 칼(刀)은 물건을 가르는 도구이므로 합하여 나눈다는 뜻이 되었다.

𥘅 (初) 「始也. 从刀衣, 裁衣之始也.」

옷을 만들기에 앞서 반드시 칼(가위)로써 옷감을 잘라 내는 일이 곧 옷을 짓는 작업의 시초이므로 刀와 衣를 합하였다.

刅 (創) 「刅傷也. 从刃 从一. 創, 刅或从倉.」

칼로 상처를 낸다는 뜻이다. '刅(상처 : 창)·創'은 동자이다.

別 (別) 「分解也. 从冎 从刀.」

살을 에이면 뼈(冎, 骨의 초문)가 나오듯 칼로 갈라 낸다는 뜻이다. 예서에서 '別'자로 변하였다.

制 (制) 「裁也. 从刀未. 未, 物成有滋味可裁斷. 一曰: 止也.」

'未'는 '味'와 통한다. 과일이 맛있게(未) 익은 것을 칼로 잘라 식용으로 공급한다는 뜻이다. 또는 가지가 무성한 나무(未)를 칼로 알맞게 베는 뜻으로도 해석된다. 예서에서 '制'로 변하였다.

則 (則) 「等畫物也. 从刀貝. 貝, 古之物貨也.」

재물(貝)을 일정한 등급에 따라 (칼로) 나눈다는 뜻에서 차츰 규율, 법의 뜻으로 쓰이게 되었다.

加 (加) 「語相譄加也. 从力口.」

입(口)에 힘(力)을 주어 말을 잘 하면 좋은 일이 붙어나고, 나쁜 말을 하면 나쁜 일이 붙어나므로 후에 증가의 뜻으로 쓰이게 되었다.

'加'에는 사실 날조(誣)의 뜻이 있다. 예컨대 "犧牲玉帛弗敢加也, 必以信"《左傳》(莊公 10 년)이라는 글의 뜻은 "희생을 바치고 옥백을 드려 기도할 때는 감히 거짓을 날조해서는 안되고 반드시 진실로 해야 한다"는 말이다. 또 '加之罪'란 '誣之罪'와 같은 뜻이다. 그러므로 '加'의 본뜻에는 거짓말은 건널 때마다 불어나는 이치가 들어 있다.

劣 (劣)「弱也, 从力少.」

힘(力)이 적어(少) 약함을 나타낸다.

北 (北)「乖也. 从二人相背.」

두 사람이 서로 등을 엇대고 있으므로 상합되지 않음을 뜻한다.

區 (區)「踦區 臧隱也. 从品在匚中. 品, 衆也.」

숨기다의 뜻인 匚(혜)와 衆多의 뜻인 品을 합하여 많은 물건을 숨겨 두는 곳을 가리킨 데서 나아가 구역의 뜻으로 전용되었다.

半 (半)「物中分也. 从八牛. 牛爲物大. 可以分也.」

소는 큰 짐승이므로 가히 반으로 나눌 수 있음을 나타낸 자이다.

卑 (卑)「賤也. 執事者 从ナ甲.」

'甲'은 人頭를 나타내고 ナ는 左의 뜻인데, 고대 풍속에 천인은 왼편에 섰으므로(右尊左卑) 卑는 미천한 사람을 가리킨다. 그런데 甲文의 卑에 대하여 林義光은 손(ナ)에 장군(甲文의 上部를 㠯(缶)의 변형으로 보아)을 들고 賤役에 종사하는 사람을 나타낸 자로 보았다(正中, 1971. 참조).

協 (協)「同衆之龢也. 从劦十. 叶, 古文協, 从口十.」

'十'은 수가 많은 것(衆)을, 劦(협)은 同力의 뜻이므로 합하여 힘을 모으는 뜻을 나타낸다.

占 (占)「視兆問也. 从卜口.」

거북 등에 갈라진 兆文(卜)을 보고 입(口)으로 길흉을 문답한다는 뜻이다.

危 (危)「在高而懼也. 从厃, 人在厓上自卪止之.」

사람이 높은 바위(厃 : 위, 점) 위에서 떨어질까 두려워 節止함을 나타낸다. 金文의 ⚬는 사람이 불 위에 있는 형을 그려 위태로움을 나타낸 자형으로 보인다.

    (印)「執政所持信也. 从爪卪.」

관직자가 손(爪, 손톱으로 손을 대신함)에 가지고 있는 일종의 신분 확인을 위한 信符를 나타낸 자이다. 인하여 후에 도장을 가리키게 되었다.

    (厚)「山陵之旱也. 从厂 从旱. 垕, 古文厚. 从后土.」

'厂'은 厓岩을 상형한 자이니 山陵의 高厚함을 가리킨다. 그러나 徐灝는 '旱'와 '厚'는 고금자로서 物의 厚薄함을 뜻한다고 하였다.

    (原)「水本也. 从灥出厂下. 厡, 篆文 从泉.」

굴바위(厂) 밑에서 샘물(泉)이 나오는 곳을 가리켰는데, 인하여 매사의 근원을 뜻하게 되었다. cf. 灥(많은 물줄기 : 천, 셋샘 : 순)

    (及)「逮也. 从又人.」

앞에 가는 사람을 뒤에 가는 사람이 손으로 닿아 잡는다는 데서 '미치다'의 뜻을 가지게 되었다.

    (取)「捕取也. 从又耳.《周禮》: 獲者取左耳. 司馬法曰: 載獻聝,
            聝者, 耳也.」

《說文》에 '執'을 「捕罪人也」라고 풀이하였고, 《周禮》에서는 죄인을 잡아다 왼쪽 귀를 벤다고 하였다. 그러므로 '取'는 고대의 罰制에서 기원한 자임을 알 수 있다.

    (古)「故也. 从十口. 識前言者也.」

口耳相傳이 十에 이르면 반드시 故事가 된다는 뜻이다. '故'란 凡事의 까닭인데, 이 까닭은 모두 옛날에 감추어진 것이므로 「故也」라 하였다(段注 참조).

    (司)「臣司事於外者. 从反后.」

'后'는 임금의 뜻이므로 그 반대되는 사람은 신하이다. 본뜻은 임금을 위하여 밖에서 정사를 다스리는 사람을 칭한다. '后'는 「繼體君也. 象人形 从口」자이므로 두 글자의 조자의 근원은 같다.

𤰡 (史)「記事者也. 从又持中. 中, 正也.」

역사의 사실을 기록하는 사관은 모름지기 그 태도가 엄정하여야 하므로 '中'과 右手(又)를 합하였다. 그런데 '中'에는 관청의 장부・대장의 뜻이 있음도 참고된다.

𦥑 (右)「助也. 从又口.」

손과 입으로 돕는다는 뜻이므로 《說文通訓定聲》에서는 "手口相助"라 하였다.

𠾂 (各)「異詞也. 从口夂. 夂者, 有行而止之, 不相聽意.」

夂(치)는 사람의 발은 가고 싶으나 뒤에서 밟아 걸을 수 없음을 나타낸 지사자이고, '口'는 言辭의 뜻이니, 즉 언행이 일치하지 않으므로 「異詞也」라 풀이하였다. 그러나 이것이 본뜻은 아닌 듯하다. 甲文형 𠙴에 따르면 높은 곳에서 발(ɤ：止)을 아래로 향하여 내려오는, 또는 집문 안으로 돌아오는 뜻을 나타낸 것이 아닐까 한다.

吉 (吉)「善也. 从士口.」

선비(士)가 한 말(口)은 착하다는 뜻이다.

同 (同)「合會也. 从冃口.」

冃(무・모)는 겹쳐 덮는다는 뜻이니 입과 입을 통하여 말을 만들어 피차 가까워지고 합하여지는 뜻을 나타낸다.

名 (名)「自命也. 从口夕. 夕者, 冥也. 冥不相見, 故以口自名.」

저녁이 되어 날이 어두우면 사람들이 서로의 얼굴을 볼 수 없으므로 입을 열어 자기의 이름을 대지 않으면 식별하기 어려운 데서 '名'이 되었다.

合 (合)「亼口也. 从亼口.」

'亼'은 三合의 형을 나타낸 지사자로서 음은 '집'이다. 그러므로 三

口相同이 '合'이니 곧 물음에 응답함을 뜻한다. 金文의 合에 대하여 林義光은 二物의 상합형을 나타낸 자로 풀이하였다.

世 (世)「三十年爲一世. 从卅而曳長之, 亦取其聲.」

'葉'의 金文형은 竹이어서 林義光은 나뭇줄기와 잎을 상형한 '葉'의 고자로 보았다. 그러나 篆文형은 세 자의 十이 합한 卅(서른 : 삽)에다 乁(流也. 从反厂. 讀若移)를 더하여 끌어당기는 뜻을 나타낸 것으로 보인다. 人生三十年을 一世라고 한다.

告 (告)「牛觸人, 角箸橫木, 所以告人也. 从口 从牛. 易曰: 僮牛之
                告.」

소(牛)는 비록 말(口)은 못하나 뿔로 입을 대신하여 의사를 전한다. 그러므로 '告'는 알린다는 뜻이다. 《周易》(大丑 爻辭)에 "송아지 뿔에 나무를 가로 대어 사람을 받지 못하게 한다"는 말이 있다. 이 때의 '告'는 '牿·牿'(곡)의 뜻이다.

君 (君)「尊也. 从尹口. 口以發號. 𠁱, 古文象君坐形.」

'尹'은 다스린다(治)는 뜻이요, '口'는 발호의 뜻이니, 높은 자리에 앉아 국정을 다스리는 사람을 가리켰는데 점차 至尊者를 칭하게 되었다.

否 (否)「不也. 从口不.」

사리에 맞지 않음(不)을 말한다(口)는 뜻이다.

吹 (吹)「噓也. 从口欠.」

입 밖으로 힘써 出氣(欠)하는 것이니 곧 숨을 크게 내뿜는다는 뜻이다.

命 (命)「使也. 从口令.」

입(口)으로 호령(令)을 내려 사람을 부린다는 뜻이다. 고대에는 令, 命이 동자였다.

周 (周)「密也. 从用口. 𠄗, 古文周字, 从古文及.」

입은 禍福의 근원이므로 모름지기 언어의 사용을 근신하여야 된다. 따라서 '周'는 深密의 뜻이다. 그러나 한편 甲文을 보면 '周'자는 囲, 围와 같다. 전자에 대하여는 상자 안에 貝玉이 빽빽이 들어 있는 형상이라고 보는가 하면(高鴻縉, 1960 : 238), 또는 밭에 벼(禾)가 조밀하게 자라는 형상으로 보는 견해가 있다(加藤常賢, 1982 : 515). 그리고 후자에 대하여 입을 꼭 다물고 말을 하지 않는 뜻으로 해석하는 것도 참고할 만하다.

咸 (咸)「皆也. 悉也. 从口 从戌. 戌, 悉也.」

《說文》의 풀이는 이해하기 어렵다. 朱駿聲은 입을 다물다(緘)의 원자로 보았는데, 이 견해가 옳지 않은가 여겨진다.

譱 (善)「吉也. 从誩 从羊. 此與義美同意. 善, 篆文, 从言.」

羊은 성질이 온순하며 인간에게 吉祥을 상징하는 동물이다. '美, 祥, 善' 등의 자가 모두 '羊'을 취하고 있음은 이 때문이다.

喜 (喜)「樂也. 从壴 从口.」

사람이 악기(壴 : 주)를 가지고 입(口)으로 노래 부르는 소리를 듣고 기뻐한다는 뜻이다.

吠 (吠)「犬鳴. 从口犬.」

개(犬)가 입(口)으로 짖는 것을 나타낸 자이다.

器 (器)「皿也. 象器之口. 犬所以守之.」

여러 개의 그릇(品, 원래는 뭇 입의 뜻이다)을 개(犬)가 지키는 모양을 나타냈다. 그릇은 어느 것이나 주둥이가 있기 때문에 '口'를 취하였는데, 林義光은 '口'를 기물형을 본뜬 것으로 보았다. 그러나 그릇의 뜻은 아무래도 이치에 멀므로 개가 입을 벌리고 숨 쉬는 것이 본뜻에 가깝지 않을까 싶다.

囂 (囂)「聲也. 气出頭上, 从品 从頁. 頁, 首也.」

사람의 머리(頁)를 중심으로 사방에 뭇입(品 : 즙)이 모여 있으니

떠드는 소리가 시끄러울 수밖에 없다. cf. 嚚(시끄러울 : 효)

囚 (囚)「繫也. 从人在口中.」

사람이 옥 안에서 나가지 못하도록 갇혀 있으니 곧 죄수를 가리킨다. '口'는 '둘러싸다'의 뜻인데, '圍'자가 널리 쓰이자 口(위)는 폐자되고 말았다.

因 (因)「就也. 从口大.」

여기의 '口'는 집의 담장을, '大'는 사람을 뜻하므로 사람이 안심하고 몸을 의지한다는 뜻이다.

困 (困)「故廬也. 从木在口中.」

나무(木)가 사면(口)에 갇혀 자라지 못함을 나타낸 자로 후에 곤궁하다는 뜻으로 쓰이게 되었다. 《說文》의 풀이는 허물어진 집을 말한다.

國 (國)「邦也. 从口 从或.」

'或'의 戈는 무기를, 口는 백성을, 一은 영토를 지시한 자인데, 뒤에 四圍의 뜻으로 口를 가하여 '國'자가 되었다. 甲文에서의 或은 「戈＋口」형의 회의자이다.

圖 (圖)「畫計難也. 从口啚. 啚, 難意也.」

나라(口)의 어려운(啚 : 비) 일을 꾀한다는 뜻에서 후에 그림, 지도의 뜻으로 쓰이게 되었다.

坤 (坤)「地也. 易之卦也. 从土申, 土位在申也.」

만물은 땅(土)에서 伸出(申)하여 나오므로 땅을 지칭하게 되었다. 《周易》에서 設卦를 할 때 天은 乾, 地는 坤으로 칭하였다.

堅 (堅)「土剛也. 从臤土.」

《說文》에 「臤, 堅也. 从又臣聲……古文以爲賢字」라고 하였듯이 臤(견)은 '賢'의 뜻으로 가차되기도 하였다. 여기에서는 「土, 臤」을 합하여 흙이 응결하여 단단함을 나타냈다.

或 (或)「邦也. 从囗, 戈以守其一. 一, 地也. 域, 或 或从土.」

'或'은 무기(戈)로 나라(囗)의 땅(一)을 지킨다는 뜻이다. '或'은 '國'의 초문이며 혹은 '域'과 동체자임을 알 수 있다.

報 (報)「當罪人也. 从㚔 从𠬝. 𠬝, 服辠也.」

㚔(所以驚人也 : 녑)은 도적(죄인)의 뜻이고, 𠬝(복)은 다스린다는 말이니 곧 죄인을 처단함을 뜻한다.

墨 (墨)「書墨也. 从土黑.」

글씨를 쓸 수 있는 검은 흙(물감)을 가리킨다.

士 (士)「事也. 數始於一, 終於十. 从一十. 孔子曰: 推十合一爲士.」

하나(一)을 들으면 열(十)을 아는 사람이 선비인데, 선비는 능히 일을 맡으면 감당할 수 있으므로 「事也」로 풀이하였다.

壬 (壬)「善也. 从人士. 士, 事也. 一曰: 象物出地 挺生也.」

사람이 저마다 자기의 소임(士)을 다하면 착하다는 뜻을 나타낸다.

夏 (夏)「中國之人也. 从夊 从頁 从𦥑. 𦥑, 𢪉手, 夊𢕝足也.」

'頁'은 人頭를, 𦥑(곡)은 兩手足을, 夊(쇠)는 사람의 발을 가리키니 圓顱方趾하며, 雙手萬能의 사람, 즉 중국인을 칭한다. 그러나 甲文형은 마치 蝆(매미)의 형상을 상형한 듯한데, 林義光은 매미란 여름에 우는 곤충이므로 이로써 여름을 나타내는 것이라고 하였다. 이와 달리 戴侗은 '𦥑'은 춤추는 사람의 손짓을, '夊'는 발짓을 상형한 것으로 보아 '夏' 를 "舞也"의 뜻으로 풀이하였다(正中, 1972. 참조). 이 견해가 옳다면 《說文》은 중국인을 미화한 부회이다.

外 (外)「遠也. 从夕卜. 卜尙平旦, 今若夕卜於事外矣.」

《說文》에서는 「夕 + 卜」의 회의자로 설명하였으나 '外'자의 의미로 보아 의심스럽다. 우선 '卜'은 龜卜을 위하여 거북등 안쪽을 불송곳 따위로 찌르면 바깥 표면에 균열이 생겨서 神意가 나타난다. 그러므로 '外'의 뜻은 안쪽에 상대한 바깥의 뜻이다. 따라서 '外'자는 '卜'이 의부이고 月(夕으로 나타냄)이 성부인 형성자로 보는 견해(加藤常賢, 1982 : 91)가 타당성이 있다. '外'의 甲文형은 단순히 ⺊뿐인 것이 있으나 金文형은 ⺥와 같다. '月'의 상고음은 *ŋiwăt, '外'의 상고음은 *ŋwɑd인데, 《詩經》에서는 '舌·發'자와 押韻된 것으로 보아서도 알 수 있다.

𣎵 (央)「央中也. 从㓆(大)在ㅂ之內. 大, 人也. 央旁同意. 一曰: 久也.」

사람이 ㅂ(坰의 고문)의 한 가운데에 正立한 형(大)을 나타낸 자로 중앙의 뜻이다. "央取大之中居, 旁取兩旁外廓"(段注)이므로 「央旁同意」라 하였다.

夷 (夷)「東方之人也. 从大 从弓.」

段注本 외의 他本에는 「平也」로 풀이하였으므로 「東方之人也」는 후세의 부회인 듯하다. 위의 '大'는 곧 사람이니 고대 肅愼族을 가리킨다. 그들은 활을 잘 쏘았으므로 中華의 東方 각 민족을 통칭하게 되었다.[3] 金文형은 𠁩와 같이 화살(↑)과 올가미(ㄹ)를 합한 자형이다.

奞 (奞)「鳥張毛羽, 自奮奞也. 从大隹. 讀若睢.」

奞(순)은 큰 새가 털과 날개를 활짝 편다는 뜻이다.

奪 (奪)「手持隹失之也. 从又奞.」

새가 크게 날개를 치며(奞) 손(又)에서 빠져 나감을 나타낸 자이다.

奮 (奮)「翬也. 从奞在田上. 詩曰: 不能奮飛.」

새가 날개를 펴고(奞 : 순) 田野 위로 훨훨 날아간다는 뜻이다.

奴 (奴)「奴婢, 皆古辠人. 周禮曰: 其奴男子入于辠隸, 女子入于舂稾.」

고대에 죄인이 官에 들어가 손을 쉬지 않고 일을 한 것이니, 즉 노비를 뜻한다. 王筠은 "从女又聲"의 형성자로 보았다. 《周禮》에 "이러한

---

(3) 中國人은 스스로를 中華로 자칭하고, 주변의 각 민족을 다음과 같이 불렀다.
東方~夷, 西方~戎, 南方~蠻, 北方~狄, 東北~貉, 西南~羌.

노비들은 남자는 죄례라는 관노를 삼고, 여자는 절구질하고 밥짓는 관노로 삼았다"는 기록이 있다.

🝩 (如)「從隨也. 从女 从口.」

고래로 여자의 미덕이란 父敎를 따르고 夫命을 좇는 것이라고 믿었기 때문에 從命隨行의 뜻으로 풀이하였는데, 지금은 같다는 뜻으로 쓰이고 있다. 그러므로 《白虎通》에서도 "女者, 如也"라 하였다. 敎, 命은 다 입(口)으로 出令하는 뜻이 있다.

🝩 (好)「媄也. 从女子.」

'子'는 남자의 미칭이니 有男 有女이면 곧 즐거운 가정이라 하겠다. 徐灝는 "人情所悅 莫甚於女"이므로 「女 + 子」를 합하였다고 보았다.

🝩 (妙)「好也. 从少女.」

少女는 純眞, 秀麗하므로 누구나 아름답게 본다 하여 至好의 뜻이 되었다.

🝩 (妥)「安也. 从爪女. 妥, 與安同意.」

여자가 나긋나긋하게 좋아서 편안하다는 뜻이다.

🝩 (妾)「有辠女子 給事之得 接於君者, 从辛女. 春秋傳云: 女爲人妾. 妾, 不娉也.」

辛(죄 : 건)은 「干十二」의 회의자인데, '二'은 '上'의 뜻이다. 그러므로 干上은 犯上 즉 범법과 같으니 죄의 뜻이다. '妾'은 죄를 범하여 잡역에 종사하는 여자를 칭한다. 《左傳》(僖公 17년)에 "男爲人臣, 女爲人妾"(남자는 다른 사람의 신하가 되고, 여자는 남의 천한 사람이 될 것이다)이라는 말이 있다. 남자 죄인은 '童', 여자 죄인은 '妾'이다('童'자 참조).

🝩 (婦)「服也. 从女持帚, 灑埽也.」

시집간 여자가 비(帚 : 추)를 들고 일을 하며 지아비에게 服事한다는 데서 「服也」로 풀이하였다.

🝩 (孔)「通也. 嘉美之也. 从乞子. 乞請子之侯鳥也.」

제비가 남쪽에서 날아와 처마에 집을 짓고 알을 낳아 새끼를 까는 것이 가미롭다는 뜻이다. 그런데 甲文은 이와 달리 ⚈과 같은데, 이에 대하여 林義光은 "孔, 通也……本義當爲乳穴, 引伸凡穴之稱, ⟨象乳形, 子就之"라 하여 젖구멍을 나타낸 자로 풀이하였다(p. 229 '乳'자 참조).

𤕚 (孫)「子之子曰孫. 从系子. 系, 續也.」

아들(子)의 뒤를 이어난(系) 아들이니, 즉 손자의 뜻이다.

𡩄 (守)「守官也. 从宀从寸. 从宀寺府之事也. 从寸, 法度也.」

官府(宀)의 법도(寸)를 준수하여 맡은 일을 수행한다는 뜻에서 후에 다스리다, 지키다의 뜻으로 쓰이게 되었다.

𡧀 (安)「靖也. 从女在宀中.」

여자란 집(宀) 안에 조용히 앉아 있어야 평안을 누릴 수 있다는 뜻을 나타낸다.

𡨋 (官)「吏事君也. 从宀𠂤. 𠂤, 猶衆也. 此如師同意.」

衆臣(𠂤, 小阜 : 퇴)이 청사(宀)에 모여 나라 일을 본다는 뜻이다. '吏'는 나라를 위하여 공사를 다스리는 관원이다.

𡩗 (宗)「尊祖廟也. 从宀示.」

天神이나 土地神은 壇上에서 제사를 올리므로 방이 없다. 그러나 宗은 선조의 神主(示)를 모시는 집(宀)이 있어야 한다. 여기의 '宗'은 바로 사당(祖廟)을 가리키므로 선조가 같은 씨족을 '宗'이라고도 한다. 고대 사회에서는 王은 곧 종묘의 主祭人이므로 왕도 宗이라 하였다.

𡫳 (寒)「凍也. 从人在宀下, 从茻上下爲覆, 下有仌也.」

사람이 집(宀) 안에 있는데, 풀이 상하를 덮고 있고 밑에는 얼음 (仌)이 놓여 있다. 날씨가 추운 상태를 잘 나타낸 것이라 하겠다. 본문 중의 「凍也」는 「冷也」라야 옳겠다. 《說文》에 「冷, 寒也」로 풀이한 까닭이다.

𡩟 (寅)「髕也. 正月易气動, 去黃泉欲上出, 侌尙强也. 象宀不達髕寅

於下也. 羼, 古文寅」

'宀'은 거처를, 乁은 인체를, 臼은 두 손을 나타내므로 실은 몸가짐을 근엄하게 한다는 뜻으로 생각할 수도 있다. 段玉裁는 위의 髕(빈)은 濥(인)의 오자로 보았다. 본문의 내용은 음양오행설에 불과하다(p.161 참조). 甲文의 ϟ, 象, 金文의 寅, 東형 등을 자세히 보면 화살과 관계된 자로서 두 손(臼:곡)으로 화살을 곧게 세운 자형이다. 12支名으로 차용되면서 본뜻이 없어진 것을 알 수 있다.

寇 (寇)「暴也. 从攴 完.」

'攴'은 攻擊, '完'은 完聚의 뜻이므로, 완전히 모여 있을 때를 당하여 공격을 받는 일을 寇(외적의 침략:구)라고 한다.

寡 (寡)「少也. 从宀頒. 頒, 分也. 宀分故爲少也.」

집안에 있는 재화를 분배하므로 나머지가 적다는 뜻인데, 널리 부족함을 뜻하게 되고, 또 사람이 홀로 된 것을 범칭하게 되었다.

實 (實)「富也. 从宀貫. 貫爲貨物.」

집안에 돈꾸러미(錢串)가 가득함을 나타낸다. 豊足 饒實의 뜻에서 인신하여 초목의 열매까지 가리키게 되었다.

審 (審)「悉也. 知宷諦也. 从宀采. 審, 篆文宷. 从番.」

采(변)은 변별판단의 뜻이므로 '審'은 덮여 있는 것(宀)을 살펴서 밝힌다는 뜻이다. '宷'은 '審'과 같다. 金文의 審에 대하여 李敬齋는 법정(宀)에서 죄인을 말(口)로 신문함을 나타낸 자로 풀이하였다.

封 (封)「爵諸侯之土也. 从之土 从寸. 寸, 守其制度也. 公侯百里, 伯七十里, 子男五十里. 牡, 籀文封, 从丰土. 坒, 古文封省.」

제후에게 법제(寸)에 따라 일정한 토지를 떼어 준다는 뜻이다. 그러나 金文의 丰은 나무를 심어서 토지의 경계를 나타낸 것이거나[4] 또는 땅에 나무를 심어 생산하는 뜻으로 볼 수도 있다. 또 金文의 封은

---

(4) '封'에는 경계의 뜻이 있다. "無入而封"《左傳》(成公 2년)은 "너희 국경 안에 들어가지 않겠다"는 뜻이다.

'寸'을 더하여 법제의 뜻을 부여하였다.

奠 (奠)「置祭也. 从酋. 酋, 酒也, 丌其下也. 禮有奠祭.」

丌(기)는 제물을 차려 놓는 床인데, 그 위에 술을 올려 놓아 奠祭(전제)를 나타냈다.「置祭」란 술과 음식을 놓고 제사를 올린다는 뜻이다.

尊 (尊)「酒器也. 从酋廾以奉之.《周禮》六尊: 犧尊, 象尊, 箸尊, 壺
　　　尊, 大尊, 山尊, 以待祭祀 賓客之禮. 尊, 尊 或从寸.」

金文형은 尊이다. 양손(廾)으로 술그릇을 받들어 올린다는 데서 널리 공경의 뜻으로 쓰이게 되었다. cf. 尊(술 : 준, 공경할 : 존)

對 (對)「應無方也. 从丵口 从寸. 對, 對或从土. 漢文帝以爲 責對而
　　　面言, 多非誠對, 故去其口, 以從士也.」

'對'의 본자는 '對'였는데, 漢文帝가 얼굴을 마주보고 꾸짖으면 대답을 성실히 하지 않으므로 '口'를 빼고 '士'를 붙였다는 것이다. 그러나 이것은 漢대에 황제의 성덕을 지나치게 높여 아첨한 해설에 불과하다. 甲文의 對, 金文의 對를 보면 초목이 땅 위에서 무성하게 자란 형상을 나타낸 것이므로 '士'보다는 '土'가 들어가야 옳다.《周易》(無妄)에 "先王以茂對"(선왕은 풍성하게 만물을 파종하고 가꾸었다)에서 본뜻을 찾을 수 있다.

就 (就)「就, 高也. 从京尤. 尤, 異於凡也.」

'京'은 높이 쌓아 올린 언덕(絶高之丘)을, 尤(우)는 보통 것과는 다름을 뜻하므로, 결국 높은 언덕 위에 집을 짓고 삶이 본뜻이다.

局 (局)「促也. 从口在尺, 下復局之. 一曰: 博所以行棊, 象形.」

말(口)을 잘못하면 법(尺)에 따라 强迫 拘束한다는 뜻에서 官署를 가리키게 되었다. 한편 戴侗은 '局'을 句(曲의 뜻)와 같이 보아 굽은 것이 펴지지 않음을 뜻한다고 보았다. 나아가 바둑 한 판의 뜻으로도 쓰였다. 본문 중의 '博'은 簙(局戲也. 주사위 : 박)이라야 옳다.

尾 (尾)「微也. 从到毛在尸後. 古人或飾系尾, 西南夷皆然.」

사람을 가리키는 '尸'에 毛(𠂒)자를 거꾸로 붙인 회의자이다. 고대인들이 짐승의 꼬리 따위를 장식으로 달고 다니던 데서 연유하였는데, 「微也」는 곧 微末(짐승의 가는 꼬리)의 뜻이다.

(屋)「凥也. 从尸. 尸, 所主也. 一曰: 尸象屋 从至. 至, 所止也. 屋室 皆从至.」

'尸'는 집(또는 그 주인)을 나타낸 것이므로 사람이 멈추어(至) 사는 곳, 즉 居舍를 뜻한다.

(屚)「屋穿水入也. 从雨在尸下. 尸者, 屋也.」

집(尸)에 구멍이 뚫려 빗물(雨)이 새어 들어온다는 뜻이다. 비밀이 새는 일도 같은 기원인데, 지금은 '漏'자로 쓴다.

(履)「足所依也. 从尸服, 履者也. 从彳夊, 从舟, 象履形. 一曰尸聲.」

사람(尸)이 나막신(舟, 신의 모양이 舟와 비슷하므로)을 신고 길(彳)을 걷는다(夊)는 뜻을 나타낸 자이다. 그러나 정자는 履이고, 履(리)는 속자이다.

(左)「𠂇手相左也. 从𠂇工.」

'𠂇'는 左手를, '工'은 工作의 뜻이므로 왼손으로 혹은 왼편에 서서 일을 돕는다는 뜻이다. 지금의 '佐'에 본뜻이 남아 있다.

(差)「貣也. 左不相値也. 从左𠂹.」

'左'는 不順의 뜻이요, '𠂹'는 乖誤의 뜻이니 '差'는 어긋남을 말한다. 貣(특)은 '忒'의 가차자이다.

(希)「寡也《集韻》. 从爻 从巾.」

실을 섞어 짠 무늬 모양(爻)의 천(巾)을 뜻한 자인데, '稀'와 통하므로 「寡也」라 한 것이다. 《說文》에는 수록되어 있지 않은 자이다.

(師)「二千五百人爲師. 从帀 从𠂤, 𠂤, 四帀衆意也.」

帀(잡)은 '匝'과 같고, 𠂤(퇴)는 작은 언덕의 뜻이므로 사면에 흙을

쌓아 올린 언덕을 가리킨 자인데, 이 언덕 위에 사람도 살고 군사도 주
둔하였던 관계로 周대의 軍制에서 2,500인을 포함한 단위명을 '師'라
하였다. 지금의 師團의 유래를 알 만하다. '旅'는 군사 500인, '伍'는 군
사 5인을 가리킨다.

　　亐 (乎)「語平舒也. 从亐八. 八, 分也, 爰禮說. 乑 古文平 如此.」

　　말을 할 때 입김이 똑바로 나감을 나타낸 자라는 뜻이다. 그러나
金文의 乒 乒 등은 물 위에 평평하게 떠 있는 水草의 형상을 나타낸
상형자로서 '苹'의 본자로 생각할 수 있다. 본문에서 「爰禮說」이란 許愼
이 자형을 분석하면서 자기 개인의 의견 외에 다른 사람이 말한 사실
을 그 근거로 제시한 것이다. 타인의 설을 인용한 일종의 주에 해당한
다.[5]

　　夆 (幸)「吉而免凶也. 从屰 从夭. 夭, 死之事, 死謂之不幸.」

　　夭는 早死(夭折)의 뜻이고, '屰'은 '逆'과 같으므로 夭死(凶禍)의 반
대는 '幸'이다.

　　幼 (幼)「少也. 从幺力.」

　　아직은 힘(力)이 세지 못한(幺, 小也)사람이니 어린이를 가리킨다.
段玉裁는「幺亦聲」의 겸성회의자로 보았다.

　　幾 (幾)「微也, 殆也. 从絲 从戍. 戍, 兵守也. 絲而兵守者危也.」

　　어두운(絲는 幽와 통함) 곳에서 사람이 창(戈)을 들고 지키는 일이
위태롭다는 뜻이다.

　　庚, 庚 (庚)「位西方. 象秋時萬物 庚庚有實也. 庚承己 象人㻌.」

　　甲文의 庚, 篆文의 첫째 형은 열매가 주렁주렁(庚庚) 열린 모양을
본뜬 자로 보인다. 그러나 篆文의 둘째 형에 대하여 李陽冰은 양손(𠬞)
에 방패(干)를 짚고 서 있는 형상을 나타낸 자로 보았다. 위의「位西方

---

(5)《說文》에는 이런 예가 더러 있다.「折, … 从斤斷艸. 譚長說.」,「尟, … 从是少, 賈侍
　　中說.」,「華 象形, 官溥說.」,「貞, … 一曰 鼎省聲. 京房所說.」,「用, … 从卜, 从中. 衛
　　宏說.」,「耿, … 杜林說 耿光也」,「帀, … 从反之而帀. … 周盛說.」,「畜, … 淮南王曰 㽝
　　田爲畜」등이 그 예이다.

⋯⋯ 庚承己」는 역학적 해설에 불과하다(p. 163 참조). 庚 : 臍의 관계는 p. 185 참조.

庫 (庫)「兵車臧也. 从車在广下.」

兵車를 넣어 두는 높은 집(广 : 엄)을 칭하던 것이 널리 창고의 뜻으로 쓰이게 되었다.

庶 (庶)「屋下衆也. 从广炗. 炗, 古文光字.」

집(广)안의 불빛(炗)이 비치는 곳에 많은 사람들이 모여 있음을 나타낸 자이다.

庸 (庸)「用也. 从用庚. 庚, 更事也. 易曰: 先庚三日.」[6]

일을 교대로 한다는 뜻이다.

建 (建)「立朝律也. 从聿 从廴.」

'聿'은 律省, '廴'은 廷省의 자이므로 원래는 조정의 법도를 수립한다는 뜻이었는데, 후에 널리 '세우다'의 뜻이 되었다. 한편 붓(聿 : 율)을 똑바로 세운 뜻으로도 생각할 수 있다.

弄 (弄)「玩也. 从廾玉.」

두 손(廾, 팔짱 낄 : 공)으로 옥을 들고 논다는 뜻에서 점차 '희롱하다, 업신여기다'의 뜻으로 변하였다.

引 (引)「開弓也. 从弓丨.」

화살을 쏘기 위하여 시위를 잡아 당김을 나타낸다. '丨'은 「引而上行」의 지사자이다.

弔 (弔)「問終也. 从人弓. 古之葬者, 厚衣之以薪, 故人持弓會敺禽也. 弓盖往復 弔問之義.」

고대의 풍속에 사람이 죽으면 풀 속에 매장한 뒤 금수가 시체를 해치지 않도록 孝子, 親屬이 활을 가지고 지키던 것을 뜻한다. 「問終」

---

(6) "先庚三日 後更三日"이란 《周易》 巽九, 五爻辭에 있는 말이다.

이란 死者 恤問의 뜻이요, 篆文의 자형은 「人＋弓」이었는데, 예서에서
'弔'로 변하였다.

그런데 甲文·金文은 🐍와 같은 자형이다. 따라서 '弓'은 찾기 어렵
다. 아마도 뱀의 형상이 '人'과 합해진 형이므로 원래는 몸이 구불구불
오그라진 小人을 뜻한 자였던 것으로 보인다. 그리하여 甲文 학자 중에
는 위의 자형을 叔(伯·仲·叔)자로 해석한 일도 있다.

彳 (行)「人之步趨也. 从彳亍.」

彳(척)은 小步, 亍(촉)은 步止의 뜻이므로 두 발로 걸어가는 뜻이
된다. 그러나 실상 甲文·金文 중에 䇂자형이 쓰인 것으로 보아 애초에
는 도로의 사거리를 상형하였는데, 여기에서 간다는 뜻의 지사자로 전
용된 것을 확인할 수 있다.

役 (役)「戍邊也. 从殳彳.」

殳(수)는 병기, 즉 창을 가리킨다. 《詩經》(白殳)에 "伯也執殳, 爲王
先驅"(내 님은 긴 창 들고 왕을 위해 앞장 서셨네)라는 시구가 있다. 그
리고 여기의 '彳'은 巡行을 뜻하니 병기를 들고 순행하는 일, 곧 변방을
지킨다는 말이 된다.

後 (後)「遲也. 从彳幺夂. 幺夂者, 後也.」

종종걸음을 치므로 남에게 앞서 가지 못함을 뜻한다.

敬 (敬)「肅也. 从攴 苟聲.」

자기 자신을 채찍질하여(攴) 남을 소중하게 섬긴다는 뜻이다.

御 (御)「使馬也. 从彳卸. 馭, 古文御, 从又馬.」

'卸'는 金車解馬의 뜻이므로 길을 가다(彳) 멈추어 귀인을 맞이한
다는 뜻인데, 인하여 임금을 가리키는 말이 되었다. 孔廣居는 「彳＋止
＋卩」로 분석하여 行止有節의 뜻으로 풀이하였다.

徹 (徹)「通也. 从彳 从攴 从育. 一曰: 相臣.」

채찍을 가하여(攴) 무소불통(彳)하게 기른다(育)는 뜻이다. 이와

달리 甲文의 **明**은「鬲＋又(手)」형이므로 羅振玉은 식사를 마치고 철거
함을 나타낸 자로 풀이하였다.

衛(衛)「宿衛也. 从韋帀行. 行, 列也.」

두루(帀) 돌아다니면서(行) 지킨다는 뜻이다.

折(折)「斷也. 从斤斷艸, 譚長說. 扸, 篆文㪿 从手.」

도끼(斤)와 끊어진 풀을 합한 자형이다. 인하여 '자르다, 꺾다'의
뜻으로 확대되었다.

埽(掃)「弃也. 从土帚.」

비(帚：추)를 들고 흙이나 먼지를 쓴다는 뜻이다(弃, 쓸어 버릴：
분). 지금은 '掃'로 쓴다.

抑(抑)「按也. 从手反印.」

'抑'과 '印'은 음의가 상통한다. 印章은 위에서 눌러 찍는 것이므로
按印의 뜻으로「按也」라 풀이하였다.

沙(沙)「水散石也. 从水少, 水少, 沙見.」

물에 씻겨 잘게 부서진 모래인데, 물이 얕으면 모래가 보인다.

灋(灋, 法)「刑也. 平之如水, 从水. 廌所以觸 不直者去之, 从廌去.
　　　　　　 佱, 今文省.」

죄를 벌준다는 뜻이다. 廌(해태：치)는 소위 신성스런 동물로서 선
악을 구별하며, 不直한 것이 닿으면 버린다고 한다. 물은 평탄하게 흐
르듯이 '法'은 선악을 공평하게 처리하는 것이므로 '水'를 취하였다.

流(流)「水行也. 从㐬㐬. 㐬, 突忽也. 㳯, 篆文 从水.」

깃발이 아래로 드리우듯이(㐬는 㫃와 같다) 물이 아래로 흐른다는
뜻이다. cf. 㳅(두 갈래 물：추)

沓(沓)「語多沓沓也. 从水曰. 遼東沓縣.」

물이 흘러가듯 말을 줄줄 잘 한다는 뜻이다.

嫐 (涉)「走行瀨水也. 从林步. 嫐, 篆文 从水.」

징검다리를 밟고(步) 물(水)을 건너 간다는 뜻이다.

檁 (漁)「博魚也. 从鱟水. 檁, 篆文瀺 从魚.」

물속에서 고기를 잡는다는 뜻을 나타낸다. 본문의 '博'은 '捕'와 동의이다.

嗁 (邑)「國也. 从囗, 先王之制, 尊卑有大小, 从卩.」

'囗'는 어느 일정한 封域을 나타내고, 卩(절)은 법도와 권력을 나타낸다. 주위를 방비하여 경계를 짓고 그 안에서 백성을 다스리는 구역을 邑이라 하였다. 본문의 「尊卑」란 公, 侯, 伯, 子, 男 등 제후의 급을 말하고, 「大小」란 方 500里, 方 400里, 方 300里, 方 200里, 方 100里 등 封域의 대소를 말한다. 이러한 尊卑 大小는 모두 왕명에서 나오는 것이므로 '卩'을 가하였다.

嚉 (郵)「竟上行書舍, 从邑垂. 垂, 邊也.」

나라(邑)에서 변경 지방(垂, 변방 : 수)에 공문서를 전달하기 위하여 설치한 亭舍를 말한다.

秂 (戒)「警也. 从廾戈.」

두 손(廾)에 창(戈)을 들고 경비한다는 뜻이다.

我 (我)「施身自謂也. 或說我 頃頓也. 从戈手, 手, 古文垂也. 一曰: 古文殺字. 㦴 古文 我.」

甲文의 㦴는 톱(刀鋸) 모양을 상형하였다. 톱은 한 사람이 쓰건, 두 사람이 쓰건 자기쪽을 향하여 끌어 당기므로 「施身自謂」의 뜻이 생기고, 인하여 제 1 인칭의 대명사가 되었다(正中, 1971). 이 밖에 도끼와 같은 무기(戈) 또는 그 무기로 죽인다는 뜻으로 해석하기도 한다(古文형 참조). 어쨌든 '나'의 뜻은 후세에 가차된 뜻임이 확실하다.

域 (域)「邦也. 从囗, 戈以守其一. 一, 地也. 域, 或 或从土.」

병기를 들고 나라(囗)의 토지(一)와 백성의 재산을 지킨다는 뜻으로 된 자이다. 周대에는 或, 國이 고금자로 쓰였다. 즉 '或'은 '國'의 초문이다(p. 241, '或'자 참조).

暴 (暴) 「晞也. 从日出廾米.」

햇볕에 쌀을 두 손(廾)으로 내놓아 말린다는 뜻이므로 「晞也」라 하였다. '사납다'는 뜻의 '暴'은 지금은 구별이 없으나 《說文》에는 「夲」(토)부에 속한 暴이어서 두 자의 形・義가 달랐음을 알 수 있다.

最 (最) 「犯取也. 从冃取.」

어려운 일을 무릅쓰고(冃 : 모) 사람을 해쳐 빼앗아(取) 온다는 뜻에서 후에 '가장, 제일'의 뜻을 가지게 되었다. 「从冃 取聲」의 형성자로 보는 견해도 있다.

思 (思) 「容也. 从心 从囟.」

마음(心) 먹은 바를 두뇌(囟)로 생각한다는 뜻이다. 지금의 '思'자는 「田＋心」으로 변하였으나, 원래의 자형은 囟(숨구멍 : 신)과 心을 합한 자였다. cf. 容(叡, 밝을 : 예의 고자)

息 (息) 「喘也. 从心自.」

心氣가 코(自)로 나오는 것이 숨이라 생각하여 만든 자이다.

惠 (惠) 「仁也. 从心叀.」

心意가 專一(叀, 小謹也 : 전)하면 능히 남을 자기처럼 사랑하여 은혜를 베푸는 마음이 생긴다.

意 (意) 「志也. 从心音, 察言而知意也.」

사람의 언어(音)를 성찰하면 능히 그 뜻한 바 마음(心)을 알 수 있다고 본 것이다.

態 (態) 「意態也. 从心能.」

마음 속에서 일어난 움직임(能, 착할 : 능)이 밖으로 나타나는 것이 곧 태도이다.

爲 (爲)「母猴也. 其爲禽好爪, 下腹爲母猴形. 王育曰：爪象形也. 古文爲, 象兩母猴相對形.」

《說文》에서는 암원숭이의 뜻으로 풀이하였으나 의심스럽다. 甲文의 형, 金文의 형 등으로 보아「爪＋象」이 옳겠다. 그리하여 손(爪)을 흔들어 흉내내는(象) 뜻(僞 참조)으로 보는 견해가 있다. 본문 중의 古文형도 두 손으로 사람을 흔드는 형상이다.

拜 (拜)「首至手也. 从手桊. 古文擽, 从二手. , 揚雄說：擽从兩手下.」

'拜'의 맨끝의 篆文형은 두 손을 마주 잡고 머리를 아래(丁)로 숙여 절함을 나타낸 자로 볼 수 있다.「首至手也」가 他本에는「首至地也」이다. cf. 은 로도 쓰며, 뜻은 '疾也'이고, 음은 '홀'이다.

承 (承)「奉也. 受也. 从手卪収.」

두 손을 공손히 모아(収 : 공) 信節(卪)을 받는다는 뜻이다. 그러나 朱駿聲은 "从手从丞省 會意, 丞亦聲"이라 하여 생체 겸성회의자로 보았다.

敎 (敎)「上所施, 下所效也. 从攴孝.」

'攴'은 윗사람이 행한 바를(上所施), '孝'는 아랫사람이 본받는다(下所效)는 것이다. 《說文》「子」부에「孝, 放也」라 하였듯이, 敎, 孝 2자는 성음이 같다. 자형의 구조로 보면 윗사람이 하는 일을 아랫사람에게 본받도록 매를 때리는 일이 곧 가르치는 일이라고 하겠다.

敗 (敗)「毀也. 从攴貝. 賊, 敗 皆从貝.」

고대 중국인들은 龜殼이나 貝殼을 이용하여 교역의 수단으로 삼았기 때문에 '貝'는 화폐 구실을 하였다. 그런데 돈을 버는 일에만 급급한 사람은 반드시 실패가 따른다고 믿어 '敗'자는「貝＋攴」으로 만들어진 것이다. 또는 재화를 두드리면(攴) 부서지기 마련임을 나타내는 자로도 볼 수 있겠다.

料 (料)「量也. 从米在斗中, 讀若遼.」

쌀(米)의 多少를 말질한다(斗)는 데서 헤아리다의 뜻이 된 자이다.

族 (族)「矢鏠也. 束之族族也. 从㫃 从矢.」

원래는 깃발(㫃 : 언) 아래 화살(矢)이 한 묶음이나 모여 든다는 뜻으로 지금의 鏃(살촉 : 족)자와 동의였다. 겨레의 뜻은 후세의 가차의이다. 段注에 보면 "族族, 聚皃. 毛傳云 : 五十矢爲束"이라 하였다.

旅 (旅)「軍之五百人. 从㫃 从从. 从, 俱也.」

500명의 군사가 旌旗(㫃)를 따라(从) 전진함을 가리킨다. 大司徒 5인은 伍가 되고, 5伍는 兩, 4兩은 卒, 5卒은 旅, 5旅는 師, 5師는 軍이 된다(段注 참조). 伍, 卒, 旅, 師 등은 지금도 군사용어로 쓰이고 있음을 본다.

旬 (旬)「徧也. 十日爲旬. 从勹日.」

徧(변)이란 甲에서 시작하여 열 번째의 干支인 癸에 이름을 뜻한다. 金文형은 旬(勹 + 日)이니 한 달은 三旬으로 平分(勻 : 균)됨을 나타낸 자형이라 하겠다.

早 (早)「晨也. 从日在甲上.」

'甲'은 人頭를 나타내므로 해가 떠서 사람의 머리 위를 비추고 있는 이른 아침(새벽)을 뜻한다. 金文의 早는 우이니 해가 풀 위에 떠오르고 있음을 나타낸 자형이다. cf. 晨(일찍 : 신)

明 (明)「照也. 从月囧.」

(햇빛이나) 달빛이 들창(囧)에 밝게 비추임을 나타낸 자이다. 그러나, 甲文형 중에 明(日 + 月)이 있는 점을 미루어 생각하면, 애초에는 日月의 광명을 합하였음을 엿볼 수 있으므로 篆文의 자형은 宮室을 짓고 농사를 짓기 시작한 때에 만들어진 자임을 추지할 수 있다.

昌 (昌)「美言也. 从日 从曰.」

광명(日)의 언어(曰)라는 뜻에서 「美言」으로 풀이하였는데, 인하여 착하다는 뜻으로 쓰이게 되었다. 그러나 金文형은 昌(日 + 口)이어서 오히려 '唱'의 고문으로 보는 견해도 있다.

昰 (是)「直也. 从日正.」

우주 만물 중에 해만큼 곧고 바른 것이 없다는 점에서 日, 正을 합하였다.

束 (束)「縛也. 从口木.」

'口'는 두른다는 뜻이므로 새끼 따위로 나무를 칭칭 돌려 단단히 동여 맨 것을 말한다.

東 (東)「動也. 從木. 官溥說: 從日在木中.」

해가 나무 사이로 떠오르니 방향으로 '東'이다.「動也」는 音訓이다. 《禮記》 月令에 "東風解凍"이라는 구절이 있는데, 봄이 오면 만물이 맹동함을 뜻하는 말이라 하겠다. 이것은 중국 고대인의 세계관이 반영된 五行설에 근거한 해석이다. '東'자의 구조에 대하여 官溥가 "해가 나무 가운데에 걸려 있다"고 말한 것을 許愼은 인용하고 있지만 어디까지나 篆文의 자형에 의거한 해석일 뿐 사실은 이와 다르다. 甲文・金文형은 𣏂, 𣎴, 𣏥 등과 같기 때문이다. 이것은 애초에 상하가 뚫린 전대(橐: 탁)를 상형한 자로 보는 것이 정설로 인정되고 있다. 즉 위 아래가 터진 전대를 노끈으로 묶어 놓은 형태인데, 뒤에 가차하여 방위의 '東'자로 쓰이게 되었다.

析 (析)「破木也. 一曰: 折也. 从木 从斤.」

나무 옆에 도끼(斤)를 놓아 나무를 쪼갠다는 뜻을 나타낸 자인데, 범칭 분석의 뜻을 가지게 되었다.

某 (某)「酸果也. 從木甘 闕.」

「酸果」란 梅花를 말한다. '甘'은 매화(매실)의 맛이 입에 맞음을 나타낸다. 본문 끝에「闕」이라 함은 시다(酸)는 뜻에다 '甘'자를 쓴 것이 이해하기 어려움을 말한 것이다.[7]

---

(7) "此闕謂義訓酸 而形從甘 不得其解也. 玉裁謂 甘者 酸之母也. 凡食甘多易作酸味 水土合而生木之驗也."《段注》

杲 (杲) 「明也. 從日在木上.」

杲(고)는 해가 나무 위에 떠 있으니 날이 밝은 것이다.

杳 (杳) 「冥也. 從日在木下.」

莫(모)는 해질 무렵을 나타낸 자임에 반하여, 杳(묘)는 해가 완전히 져 버린 뒤의 적막함과 어둠을 뜻한다.

朏 (朏) 「月未盛之明也. 从月出.」

朏(비)는 아직 滿月이 되기 전의 희미한 달빛을 말한다. 초생달이 막 나온 참이라 하겠다.

染 (染) 「以繒染爲色, 从水木 从九.」

'木'은 염색하는 치자 등의 식물, '水'는 染汁을 나타내며, '九'는 천 따위를 염즙 속에 연속 아홉 번 넣으면 염색이 된다는 뜻이다.

栗 (栗) 「栗木也. 从卤木.」

卤(초)는 아래로 늘어진 밤(栗)을 가리킨다. 그러나 甲文의 栗은 밤나무를 상형하였음이 역력하다. 現字形 상부의 '西'는 '卤'의 변체이다.

桑 (桑) 「蠶所食葉木《說文徐箋》. 从木 三又.」

「三又」는 뽕잎, 혹은 뽕잎을 따는 손을 나타낸다. 그러나 甲文의 桑은 잎이 많이 달린 뽕나무를 상형한 자로 보아야 옳을 것이다.

此 (此) 「止也. 从止匕. 匕, 相比次也.」

'匕'는 '人'의 反文이므로 "人止"로 보면 사람이 서 있는 근처를 가리키는 것이 된다. 許愼은 '匕'를 '比'자로 보았기 때문에 서로 머물러 있는 곳을 아는 것으로 간주하여 「止也」로 풀이하였을 것이다.

正 (正) 「是也. 从一. 一以止. 㱏, 古文正从二, 二古文上字.」

'正'의 甲文형은 꿈이고, 金文형은 ㇔, ㇔ 등인 점으로 보아 許愼이 「从一」로 해자함은 잘못이 아닐까 한다. 무릇 아래의 다리 부분을 나타낸 자이므로 곧다(直)는 뜻이 생긴 것으로 볼 수 있다. '正·足'은 처음에는 동자였을 것이다.

 (武)「楚莊王曰: 夫武定功戢兵, 故止戈爲武.」

대체로 무사란 전공을 세우면 병기를 거두어 모아야 하며, 창을 놓고 싸움을 그쳐 평화를 찾아야 할 것이 소임이라 하겠다. 이 해석도 楚莊王의 말을 인용하고 있는데 애초의 본뜻은 아니라고 본다. 왜냐하면 '止'의 본뜻은 발(바닥)이기 때문이다. 甲文은 형이어서 반 걸음(半步)의 뜻으로 보는 견해(cf. 步武堂堂)가 있는데 참고할 만하다(角川, 1983 : 338).

 (死)「澌也. 人所離也. 从歺人.」

歺(알)은 殘骨이다. 사람의 정혈이 마르고 뼈만 남은 것은 죽음을 의미한다. 「人所離也」란 사람의 정기가 다하여 혼백과 육체가 분리된다는 말로 해석된다. 「澌 : 시」역시 "물이 잦아들다, 다하다"의 뜻이다. 혹자는 '死'를 "从歺 从化省"의 생체회의로 보아 사람이 죽어(歺) 변한(匕) 것을 나타낸 자로 풀이하는 일이 있다.

 (冰)「水堅也. 从水仌.」

'仌'은 凍(얼다)의 뜻이니 물이 얼어 단단한 얼음이 된 것이다.

 (灰)「死火餘㶳也. 从火 从又. 又, 手也. 火旣滅可以執持.」

손으로 불을 태우고 난 뒤의 재를 뜻한다. 그 재의 색깔이 회색이므로 색명으로 쓰이게 되었다.

 (炙)「炙肉也. 从肉在火上.」

고기를 불 위에 올려 놓고 굽는다는 뜻이다.

 (灾)「𤈦, 天火曰𤈦, 从火𢦏聲. 灾, 或从宀火. 災, 籀文 从巛.」

灾(재)는 불이 나서 집(宀)을 태운다는 뜻이고, 巛(재)는 물이 막힘을 받아 災害가 생긴 것이다. '灾'는 '災'와 동자이다.

 (爭)「引也. 从受丿.」

受(표)는 「从爪 从又」로 「物落, 上下相付」의 뜻이요, 厂(예)는 「抴也」의 뜻이므로 결국 쌍방이 서로 자기에게 물건을 끌어 당기는 것이 곧 '爭'이다. 甲文의 ᛐ은 양손으로 물건의 한 끝을 잡아 서로 끌어 당기는 형상을 본뜬 지사자로 생각된다.

牧 (牧)「養牛人也. 从攴牛.」

소를 치는 사람이 처음에 길을 들일 때 채찍을 들고 이를 똑똑 두들겨(攴) 순종토록 한다는 뜻이다. 牧牛者는 管牛의 뜻이므로 '牧'은 또 다스린다(治)는 뜻을 겸하게 되었다.

獄 (獄)「确也. 从㹜 从言, 二犬所以守也.」

'㹜'(은)은 二犬相爭을 나타내고, '言'은 원고와 피고가 서로 말로써 변박하는 것이므로 결국 시비 곡직을 따지는 일이 '獄'의 뜻이다.

臭 (臭)「犬視皃, 从犬目.」

臭(격)은 개가 눈으로 무엇인가를 노려본다는 뜻이다.

戾 (戾)「曲也. 从犬出戶下, 犬出戶下爲戾者, 身曲戾也.」

개가 문(戶) 밑으로 빠져 나오려면 몸을 굽히지 않을 수 없다. 여기에서 허물(罪)의 뜻이 나왔다. cf. 戾(허물 : 려)

獸 (獸)「守備者也. 一曰: 兩足曰禽, 四足曰獸, 从嘼 从犬.」

'嘼'(산짐승 : 휴)는 「獸牲也」라 하였으니, 즉 가축과 야수의 총명이다. 개가 무엇인가를 지키는 것이 본뜻이다.

老 (老)「考也. 七十曰老. 从人毛匕. 言須髮變白也.」

사람의 검은 수염과 머리가 하얗게 변하였으니 늙었다는 뜻이다. '老, 考'는 전주된다.

班 (班)「分瑞玉. 从珏 从刀.」

珏(쌍옥 : 각)은 "二玉相合"인데, 이 사이에 칼을 넣어 瑞玉(제후 등의 신분을 나타내는 옥)을 갈라 낸다는 뜻이다.

苗 (苗)「艸生於田者. 从艸田.」

밭에서 자라난 풀이므로 들풀이 아닌 벼이다.

𦱤 (芟)「刈艸也. 从艸殳.」

'殳'는 取殺의 뜻이므로 '艸'와 합하여 풀을 벤다는 뜻을 이룬다.

𦱹 (若)「擇菜也. 从艸右. 右, 手也. 一曰 : 杜若香艸.」

원래는 손으로 채소를 고른다는 뜻인데, '如, 然, 乃, 汝' 등의 뜻으로 가차되어 쓰이고 있다.

莫 (莫)「日且冥也. 从日在茻. 茻亦聲.」

잡풀이 우거진(茻 : 망) 사이로 해가 들어 있으니 이미 날이 저물었음을 나타낸다. 겸성회의자에 속한다(p. 289 참조).

藝 (藝)「埶, 種也. 从丮坴. 丮持種之. 詩曰: 我埶黍稷.」

'藝'는《說文》에 수록되어 있지 않고, 그 초문인 埶(예)만이 있을 뿐이다. 예서에서 비로소 '藝'자로 변개되었다. 坴(언덕 : 륙)은 衆土, 丮(잡을 : 극)은 執持의 뜻이므로 나무를 손으로 잡고 심는다는 뜻이다. 甲文의 ꙮ는 사람이 손으로 나무를 잡고 있는 형상을 잘 나타내고 있다.

扁 (扁)「署也. 从戶册. 戶册者, 署門戶之文也.」

'扁'은 戶册이니, 즉 官署의 門에 걸린 額의 글을 말한다. 現 韓國音은 '편·변' 양음인데, 현판의 뜻으로는 '변'이다.

退 (退)「卻也. 从彳日夂. 一曰: 行遲.」

해가 처음 동쪽에서 떠 서쪽으로 지기까지 운행(彳)은 느려서(夂) 사람이 깨닫기 어려우나 이것이 하루의 진퇴임을 나타낸 것이라 하겠다. 예서에서 지금의 자형으로 변하였다. cf. 卻(물리칠 : 각)

連 (連)「負車也. 从辵車, 會意.」

사람이 수레(車)를 끌고 간다는 뜻이다. 段注本 외의 他本에는 「員

連也」라 풀이하였는데, 이 때의 連은 輦(련)과 같이 끌어 당긴다는 뜻이다. 朱駿聲은 "兩人輓者爲輦, 一人輓者爲連"이라 하여 그 뜻을 구별하여 놓았다.

逸 (逸)「失也. 从辵兎. 兎謾訑善逃也.」

토끼가 잘 달리는 것을 뜻하여 뛰어난 것을 칭하게 되었다.

玄 (玄)「幽遠也. 象幽而人覆之也. 黑而有赤色者爲玄.」

'ㅅ'는 덮개이고, 8은 보려고 해도 잘 보이지 않는 가는 실의 뜻이므로 한 걸음 나아가 숨긴 사물을 가리키게 되고, 다시 原物을 모색하기 어려움을 뜻하게 되었다. '玄妙'라는 말은 이치나 기예의 경지가 심원하고(가물가물하여) 헤아릴 수 없이 미묘하다는 뜻이다.

甚 (甚)「尤安樂也. 从甘匹, 匹, 耦也. 㽸, 古文甚.」

朱駿聲은 "'甘'은 음식이요, '匹'은 남녀로서 사람의 大欲이 여기에 있다"라고 하였듯이 음식과 여색에 깊이 들어가는 것을 암시하는 자로 해석한 것은 타당하다고 보겠다. 그러므로 더욱 안락하다는 뜻으로 풀이한 것이다. 媅(즐거울 : 담)의 고자로 보인다.

用 (用)「可施行也. 从卜中. 衛宏說.」

甲文, 金文의 자형은 무려 20여종이나 되어 그 해석이 학자에 따라 일치하지 않는다. 우선 甲文의 用에 대하여 葉玉森은 ㅂ은 架形을, ㅏ은 干形을 상형한 자로 보았다. 그리하여 창(혹은 방패)을 시렁 따위에 얹어 두었다가 일이 있을 때 이를 사용한 것이라고 하였다. 한편 金文의 用, 凷 등으로 미루어 목장에서 짐승이 나가지 못하도록 만든 나무울타리를 가리킨 자로 보기도 한다. 여기에서 犧牲의 뜻이 나오고 나아가 제사의 뜻까지 파생되었다.

男 (男)「丈夫也. 从田力. 言男子力於田也.」

밭을 갈고 힘써 일을 하는 사람은 여자가 아니고 남자이다. 「丈夫」란 키가 10尺이 되는 사람을 가리킨다. 《白虎通》에 의하면 "男, 任也; 任, 功業也"라 하였으니 남자란 공업을 세워야 소임을 다한다는 의미가 내포되어 있다.

畜 (畜)「田畜也. 淮南王曰: 玄田爲畜.」

「田畜」이란 "力田之蓄積"(段注)을 말한다. 농사를 지어 밭 사이에 쌓아 놓은 생산물을 총칭한다.

畫 (畫)「介也. 從聿, 象田四介. 聿所以畫之, 畵, 古文畫.」

밭을 四界로 나눈다는 뜻에서 인신하여 繪畫의 뜻을 겸하게 되었다. cf. 畫(나눌 : 획, 그림 : 화)

登 (登)「上車也. 从癶豆, 象登車形.」

수레에 오름이 본뜻인데, 인신하여 위로 오르는 것을 범칭하게 되었다.

異 (異)「分也. 从廾畀. 畀, 予也.」

두 손(廾)을 모아 물건을 들어 사람에게 나누어 주므로 「分也」라 하였는데, 지금은 다르다는 뜻으로 변하였다. 金文의 형은 머리와 꼬리 외에 양쪽 날개를 상형한 자라 하여 '翼'의 고자로 보는 설이 있다. 또는 甲文의 자형에 대하여 축제(또는 기우제)나 出陣에 임하여 두 손으로 假面 같은 것을 얼굴에 쓴 형상(박수 무당)을 나타낸 자이므로 그 결과 본 모습이 '달라진' 뜻을 가지게 되었다고 보기도 한다.

百 (百)「十十也. 从一白. 數, 十十爲一百. 百, 白也. 十百爲一貫. 貫. 章也. 㿝, 古文百.」

위의 「白」은 告白의 뜻인데, 수가 百에 이르면 가히 말로써 사람에게 고백할 수 있다는 뜻이 들어 있다(段注 참조). 그러나 이 때의 '白'은 수사의 '百'으로 쓰인 혼적이 보인다. 예컨대 㿞(二百), 㿟(三百), 㿠(五百), 㿣(六百)과 같이 '白' 위에 一, 二를 더하였다. 따라서 「一白」은 一百과 같은 뜻이라 하겠다.

皆 (皆)「俱詞也. 从比 从白.」

사람들이 서로 한결같이 나란히(比, 二人相比形) 말하다(白)에서

'모두'의 뜻이 되었다.

> 皇 (皇) 「大也. 从自王. 自, 始也. 始王者, 三皇, 大君也. 自讀若鼻.
> 今俗以作始生子 爲鼻子是.」

'皇'은 始王이니, 즉 大君의 뜻이다. 그러나 '皇'자의 金文형은 皇이
므로 徐仲舒는 王이 머리 위에 면류관을 쓰고 단정히 앉아 있는 모습
을 상형한 자로 보았다. 그런가 하면 제사와 무용에 사용하는 것으로
깃털 장식이 있는 일종의 갓을 시령에 얹어 놓은 상형자였던 것이 뒤
에 冠을 가리키게 되고 마침내 그것을 쓴 天子의 뜻으로 방사된 것으
로 보기도 한다. 또는 '日' 위에 ⺌을 더하여 찬란한 빛을 나타내고 여
기에 王聲을 붙인 형성자로서 煌(빛날 : 황)의 초문이라는 견해도 있다
(高鴻縉, 1960 : 563).

> 盜 (盜) 「厶利物也. 从次皿. 次, 欲也, 欲皿爲盜.」

'次'은 '羨'(부러워할 : 선)의 초문이니 남의 그릇을 탐내어 자기의
것으로 삼는 데서 도적의 뜻이 되었다.

> 益 (益) 「饒也. 从水皿, 水皿益之意也.」

그릇(皿) 위로 물이 남아 넘침을 나타낸다. 溢(넘칠 : 일)의 원자
이다.

> 盥 (盥) 「澡手也. 从臼 水臨皿也. 春秋傳曰: 奉匜沃盥.」

臼(곡)은 양손의 손가락이 서로 향한 모양을 나타낸 자인데, 그 사
이에 물이 있고 또 그 밑에 盤이 있으니 손을 씻는다는 뜻이 된다.

> 直 (直) 「正見也. 从十目乚. �, 古文直 或从木 如此.」

열눈(十目)으로 도망갈 곳 없는 乚(은)을 똑바로 본다는 뜻이다.
《說文》에 「乚, 匿也. 象迟曲隱蔽形」이라 하였고, 段注에는 "乚者, 無所
逃也"라 하였다. 다시 말하면 아무리 숨겨져 있는 것이라도 여러 사람
의 눈으로 주시하면 진상이 바로 드러난다는 뜻이므로 「正見也」라 하
였다. 그러나 '直'의 甲文형은 𣫭과 같아서 눈을 크게 뜨고 바로 보는
자형 「丨(十자임)＋目」인데 뒤에 乚(隱의 고자)을 더한 자임을 알 수

있다.

看 (看)「睎也. 从手下目.」

사람이 흔히 눈(目) 위에 손을 얹어 햇볕을 가리고 먼 곳을 바라보는 모양을 나타낸 자이다.

相 (相)「省視也. 从目木.」

지상에서 가히 볼 수 있는 사물 중에는 나무보다 더 잘 보이는 것이 없다. 그러므로 눈으로 나무를 접한 것, 즉 察視의 뜻이 된다.

眞 (眞)「僊人變形而登天也. 从七目乚 川, 所以乘載之, 𥝋, 古文眞.」

道를 닦아 신선이 되어(七 : 化의 고자) 보이지(目) 않게(乚) 구름을 타고(川 : 丌, 下基也의 생체) 하늘로 올라감을 나타낸 자인데, 도를 닦아 진리를 깨쳤다 하여 '참되다'의 뜻으로 쓰이게 되었다.《秘要經》에 "上品曰聖, 中品曰眞, 下品曰仙"이라는 말이 있듯이 고대에는 仙人을 眞人이라고 칭하였다.

知 (知)「詞也. 从口矢.」

'口'는 表白을, '矢'는 화살처럼 빠름을 이른다. 사람이 사리를 알고 인정을 통하면 그 아는 바를 말함이 민첩, 명확하다. 이에 지식, 식견의 뜻을 가지게 되었다.

社 (社)「地主也. 从示土.《春秋傳》曰: 共工之子 句龍爲社神,《周禮》二十五家爲社, 各樹其土所宜木, 𥙫, 古文 社.」

'社'는 토지의 수호신이다. 고대에는 천자로부터 서민에 이르기까지 모두 封土 立社하고 복을 빌었다. '社'자의 출현은 토지 사유제도의 출현을 의미한다.《左傳》(昭公 29년)에 "顓頊氏有子曰犁, 爲祝融, 共工氏有子曰句龍, 爲后土. 此其二祀也. 后土爲社"(…… 共工 씨가 아들을 두었는데 句龍이라 하였다. 그는 后土가 되었다. 이들이 두 祀神이 되었다)라는 대목이 있다.

祝 (祝) 「祭主贊詞者. 从示 从儿口. 一曰: 从兌省, 易曰: 兌爲口爲
      巫.」

'祝'은 제사를 올릴 때 신명을 향하여 축도를 하는 사람이다. 그리
하여 축문을 읽어 신에게 고한다는 뜻이 내포되어 있다. '示'는 神을,
'儿(人)口'는 '祝'의 직무를 나타낸 것이니, 사람이 입으로써 신명과 교
접하는 뜻을 보이는 자이다. 본문의 「易曰……」 이하는 자형에 따른
별개의 설이다. 《周易》(說卦)에 "乾爲首, 坤爲腹 …… 兌爲口, 舌爲巫"라
고 한 대목이 있다.

祭 (祭) 「祭祀也. 从示 以手持肉.」

손(手)으로 고기를 들고 신(示)에게 바친다는 뜻이니, 곧 제사이다.

科 (科) 「程也. 从禾斗. 斗者, 量也.」

곡식(禾)을 말(斗)로 헤아려 종류를 안다는 뜻이다. '程'은 品式, 品
類를 뜻한다. 朱駿聲은 "禾亦聲"의 겸성회의로 보았다.

突「突」 「犬從穴中 暫出也. 从犬在穴中. 一曰 : 滑也.」

개가 굴 속에 있다가 홀연히 밖으로 나오는 모양을 나타낸 자이다.

竄 (竄) 「匿也. 从鼠在穴中.」

竄(찬)은 쥐가 굴 속에 들어 있으니 숨는다는 뜻이다.

章 (章) 「樂竟爲一章, 从音十. 十, 數之終也.」

악곡을 어느 일정한 절에서 시작하여 완정하게 마치는 것을 말한
다. 徐灝는 樂曲十篇이 一章이라고 하였다. 그런데 金文의 章에 대하여
林義光은 辛(죄 : 건)과 ㅂ을 합한 자형(指事)으로 보아 죄인을 법으로
묶어 놓은 것을 뜻한다고 하였다. 또 金文의 章에 대하여는 노예나 죄
인에게 入墨하는 바늘의 뜻으로 보기도 한다(角川, 1983 : 460). 그렇다
면 《說文》의 해설은 본뜻이 아닌 가차의일 것이다.

竦 (竦) 「敬也. 从立 从束. 束, 自申束也.」

사람이 손을 공손히 모으고(束) 서 있는(立) 자세이니 송구함과 공

경을 나타내는 태도라 할 것이다.

筓 (第)「次也. 从竹弟.」

'竹'은 簡牘을, '弟'는 무기의 자루를 가죽으로 차례로 감는 것이므로, 곧 簡册을 편집할 때의 선후의 차례를 뜻한다.

笑 (笑)「喜也. 从竹 从犬.」

대나무(竹)가 바람에 휘어지듯 사람도 웃으면 몸이 구불어짐(夭)을 나타낸 자이다(李陽冰 설). '笑'는 본시 '笑'로 썼던 것이나, 宋 이후의 經籍에서는 모두 '笑'로만 나타난다. '哭'자도 '犬'을 붙인 것을 보면 이해가 될 만한데, 어찌하여 '犬'을 취하였는지는 알기 어렵다.

等 (等)「齊簡也. 从竹寺. 寺官曹之等平也.」

'竹'은 簡册을 나타내고, 寺(시)는 관리가 법에 따라 庶政을 평등하게 다스리는 公所를 가리킨다. 혹은 朱駿聲은 "寺는 간책(書籍)을 쌓아두는 곳"이라고도 하였다. 「齊簡」이란 간책을 가지런히 정리한다는 뜻이다.

筆 (筆)「秦謂之筆. 从聿竹.」

대나무 따위에 글자를 새기는 데 쓰는 칼(聿)을 가리키던 것이 점차 글자를 쓰는 도구명으로 쓰이게 되었다.

筭 (筭)「長六寸, 所以計厤數者. 从竹弄, 言常弄乃不誤也.」

筭(산)은 고대에 수의 계산에 쓰인 工具이다. 《漢志》에 筭法은 지름이 1分, 길이가 6寸되는 271개의 대(竹)를 사용했다고 한다(段注 참조). 그러므로 古書에서는 '筭, 算'이 허다히 구별이 없이 쓰였다.

算 (算)「數也. 从竹具. 讀若筭.」

'算'은 '筭'을 이용하여 셈을 한다는 뜻의 동사이다. 따라서 筭이 算의 기구라면 算은 筭의 用이라 하겠다. 그러므로 2자의 인신의는 같을지라도 그 본뜻은 달랐음을 알 것이다.

粟 (粟)「嘉穀實也. 从卤 从米.」

「嘉穀」이란 禾黍를 말하니 빻기 전의 곡식의 낟알을 나타낸 자이다. 예서에서 지금의 자형으로 변하였다(p. 257 '栗'자 참조).

(索) 「艸有莖葉, 可作繩索. 从朱糸.」

「朱糸 : 배사」란 풀의 줄기나 잎사귀 등이 실처럼 꼬인 것을 뜻한다. 동시에 무성한 풀로 꼰 새끼를 가리킨다. 篆文 중 양변의 丿(는 두 손(丿 ㇇)의 변형이므로 손으로 새끼를 꼬는 뜻을 나타낸 것이다.

(素) 「白致繒也. 从糸 㳠. 取其澤也.」

'㳠'는 본래 초목의 꽃과 열매가 무성하여 늘어진 모양을 나타낸 자이므로(垂) 또한 滑澤함을 의미하기도 한다. '素'는 白色의 가늘고 정치한 生絹을 뜻한다.

(綿) 「縣, 聯㣲也. 从糸帛.」

가는 명주실(帛) 같은 섬유(糸)가 끊기지 않고 이어져 있음을 나타낸 자였는데(綿綿 참조), 자형이 '綿'으로 되면서 하얀 햇솜을 뜻하게 되었다. 棉絮(면서)는 棉花라고도 한다.

(縣) 「繫也. 从系持県.」

県(목 베어 달 : 교)는 到首形을 나타내므로 '縣'은 머리를 베어 나무에 거꾸로 매달아(系) 놓는다는 뜻인데. 지금의 '懸'자에 본뜻이 남아 있고, 縣은 郡縣의 뜻으로 쓰이게 되었다.

(繁) 「馬髦飾也. 从糸每. 《春秋傳》曰: 可以稱旌緐乎.」

고대에 귀인이 타는 말(馬)의 갈기에 실로 잡다히 만든 장식을 단다는 뜻이다. '繁'은 '緐'의 변체자이다. 《左傳》哀公 23년(B. C. 472) 조에 "有不腆先人之產馬, 使求薦諸夫人之宰, 其可以稱旌繁乎"(저의 돌아가신 아버지께서 타시던 말이 있으므로 염구를 시켜 이 말을 부인의 家宰에게 드리게 했사오나 그 말을 꾸민 것은 잘 되지 못했사옵니다)라는 말이 있다.

(繼) 「續也. 从糸𢇍.」

'𢇍'은 '絶'의 고문이므로 이미 끊어진 실(糸)을 다시 잇는다는 뜻이다.

𦊰 (罰) 「㓝之小者. 从刀詈. 未以刀有賊 但持刀罵詈則應罰.」

가벼운 죄를 범한 사람에게 칼(刀)을 들고 꾸짖되(罵詈 : 매리) 죽이지 않는 응징을 罰이라고 한다.

𦋃 (置) 「赦也. 从网直.」

'直'은 강직불굴의 賢人을 말하고, '网'은 죄망이다. 강직한 사람이 죄망에 들어오면 관대히 용서하여 보낸다는 뜻이므로 「赦也」라 풀이하였다. 《說文》에 「赦, 置也」라 한 바와 같이 2자는 호훈된다. 그러나 자형에 따르면 새를 잡는 그물을 세워 놓은 것이 본뜻으로 생각된다.

𦋈 (罷) 「遣有㓝也. 从网能. 网, 㓝网也. 言有賢能 而入网即貰遣之. 《周禮》曰: 議能之辟是也.」

현능한 사람(能)이 죄망에 걸리면 관대히 그 죄를 사면하여 내보낸다는 뜻이다.

𦋝 (羅) 「以絲罟鳥也. 从网 从維.」

새(隹)를 잡기 위하여 실(糸)로 만든 그물(网)을 가리킨다. 「罟鳥 : 고조」란 새를 잡는 그물이다.

羙 (美) 「甘也. 从羊大. 羊在六畜 主給膳也. 美與善同意.」

양이 살지고 크면 기름기가 많아 맛이 좋다는 뜻으로 만든 자이다. 《說文》에 「甘, 美也」라 한 바와 같이 '甘'은 五味의 하나인데, 五味가 좋은 것은 모두 '美'라 하였다. '善'자도 '羊'을 끼고 있기 때문에 「美與善同意」라 한 것이다.

義 (義) 「己之威義也. 从我 从羊.」

자기(我)가 나타내는 善祥(羊)의 일이 곧 '義'의 본뜻이다. 《論語》里仁篇에 나온 "君子喻於義, 小人喻於利"의 義는 天理 正路를 뜻한다.

𦗘 (聯) 「連也. 从耳 从絲; 从耳, 耳連於頰; 从絲, 絲連不絶也.」

귀(耳)는 뺨에 이어져 있고, 실은 연속되어 끊김이 없다. 두 자를 합하여 서로 이어져 끊어지지 않음을 나타낸다.

ᛒ (肥)「多肉也. 从肉卩.」

孔廣居는 '卩'을 節符의 자가 아닌 骨節로 보고 골절에 살(肉)이 많이 있으므로 기름짐을 뜻한 것으로 풀이하였다. 어쨌든 '肥'는 살이 많다는 뜻이다.

ᛒ (脈)「血理分衺行體中者. 从𠂢 从血. ᛒ, 衇 或从肉.」

인체 안의 피(血)가 마치 물의 갈래(𠂢 : 파)처럼 흐르는 것이 곧 '脈'이다. '衇, 脈'은 異體同字이다.

ᛒ (腦)「頭髓也. 从匕, 匕, 相比箸也. 巛以象髮, 囟, 象囟形.」

머리 속의 뇌수를 가리킨 자인데, 예서에서 '腦'로 변체되었다.

ᛒ (音)「聲生於心, 有節於外, 謂之音. 宮商角徵羽聲也. 絲竹金石匏 土革木音也. 从言含一.」

입에서 衆聲이 화합하여 나오는 소리를 뜻한다. '言'에 '一'을 가한 것은 말(言) 속에 소리가 있음을 나타낸 지사부호에 불과하다고 보는 설이 있다. 이런 점에서는 번체 형성자로 분류하여도 좋을 듯하다.

ᛒ (臥)「伏也. 从人臣. 取其伏也.」

사람이 무슨 물건에 기대거나 엎드려 쉬는 것을 뜻한다. '臣'에는 굴복의 뜻이 숨어 있다.

ᛒ (臭)「禽走臭而知其迹者犬也. 从犬自.」

'自'는 '鼻'의 고자이다. 개는 코로 냄새를 맡으면서 전에 왔던 길을 찾아 간다는 뜻을 나타낸 자이다.

ᛒ (興)「起也. 从舁同. 同, 同力也.」

두 사람이 네 손(舁, 마주 들 : 여)으로 힘을 한데 모아(同) 사물을 끌어 올린다는 뜻이다.

𦥑 (與)「黨與也. 从舁与.」

두 사람이 네 손(舁)을 맞들어 준다(与 : 여)는 데서 서로 더불다
의 뜻을 나타내게 되었다.

𦨶 (般)「辟也. 象舟之旋, 从舟 从殳. 殳, 令舟旋者也. 𣔾, 古文般
　　　 从攴.」

배(舟)에 물건을 싣고 노(殳 : 수)를 저어 옮아 간다는 뜻이다. 지
금의 '搬'자에 옮기다의 본뜻이 남아 있다. 그러므로「辟也」보다는《六
書故》의 "旋舟也"가 본뜻에 부합된 해석이라고 하겠다.

𢛳 (色)「顏气也. 从人卩.」

'气'는 "喜・怒・哀・樂・愛・惡・欲"을 말한다. 이와 같이 마음의
정이 밖으로 나타나는 것이 气이니, '色'은 즉 眉間에 나타나는 神情을
가리킨다. 속칭 顏色, 氣色이라고 한다. '顏'이란 원래 두 눈썹 사이를
가리켰기 때문이다.

𧇒 (彪)「虎文也. 从虎彡；彡, 象其文也.」

범(虎)의 털무늬(彡)를 나타낸 자이다. cf. 彪(문채 : 표)

𤎧 (衆)「多也. 从㐺. 目, 衆意.」

세 사람과 눈을 합한 자형이다. 사람이 많으면 그 눈이 두렵기 때
문에 '目'을 취하였다.

見 (見)「視也. 从目儿.」

'儿'은 '人'의 고문 奇字이다. 사람은 눈(目)이 있으므로 능히 볼 수
있음을 나타낸다.

槻 (規)「規巨有灋度也. 从夫見.」

丈夫가 보는 바는 모름지기 規矩, 法度에 합당하여야 함을 뜻한다.

解 (解)「判也. 从刀判牛角. 一曰 : 解廌, 獸也.」

'判'은 剖判이니 칼(刀)로 쇠뿔(角)을 가르는 것이 조자의 본뜻인

데, 나아가 널리 풀어 헤치다의 뜻으로 쓰이게 되었다.

計 (計)「會也. 筭也. 从言 从十.」

입으로 수(十으로 대표)를 헤아린다는 뜻이다. 「會」는 '合'과 상통하고, 「筭」은 '算'과 쓰이는 뜻이 같다.

討 (討)「治也. 从言寸.」

사리를 말(言)로 따져 법도(寸)에 합당하게 한다는 뜻이다. 「治」는 整治의 뜻이다.

設 (設)「施陳也. 从言殳. 殳, 使人也.」

'殳'는 병기이므로 말로써 사람을 시켜(殳) 器物을 잡아 일하게 한다는 뜻이다. 「施陳」이란 布列함을 말한다.

羑 (誘)「相訹呼也. 从厶羑. 誘, 或从言秀.」

사람을 말로 착한 척(羑, 착한 말 할 : 유) 꾀어 낸다는 뜻이다.

豚 (豚)「小豕也. 从古文豕, 从又持肉, 以給祠祀也. 豚, 篆文 从肉豕.」

종묘에서 제사를 올릴 때 바치는 작은 돼지를 뜻하므로 손(又)으로 고기(肉)를 잡고 있는 자형을 살필 수 있다.

負 (負)「恃也. 从人守貝, 有所恃也. 一曰: 受貸不償.」

사람이 재화(貝)를 지켜 쓰므로 (살기가) 믿음직하다는 말인데, 혹은 빚을 지다(受貸不償)의 뜻으로도 쓰인다고 하였다. 인하여 '짐을 지다, 패하다' 등의 의미를 가지게 되었다.

貞 (貞)「卜問也. 从卜貝. 貝, 以爲贄. 一曰: 鼎省聲, 京房所說.」

재화를 주고 길흉을 점(卜)친다는 뜻이다. 古金文에서는 '貞'과 '鼎'의 자형이 허다히 구별되지 아니하였으므로 혹은 「鼎省」이라 한 것이다. '正'과 동음인 까닭으로 '바르다'의 뜻을 가지게 되었다.

貫 (貫)「錢貝之毌也. 从毌貝.」

秦대 이전에는 조개 껍질(貝) 따위를 화폐로 사용하였고, 그 이후에는 구멍이 뚫린 돈을 만들어 썼다. '貫'은 돈을 꿰는 錢串(돈꾸러미)을 가리키는데, 널리 꿰뚫음을 뜻하게 되었다.

買 (買)「市也. 从网貝.《孟子》曰: 登壟斷而网市利.」[8]

재화를 망라(网)하여 서로 바꾼다는 뜻에서 물물교환의 잔영을 엿볼 수 있다. 후세에 화폐제도가 생겨 물건을 사는 것을 칭하게 되었다.

質 (質)「以物相贅. 从貝 从所 闕.」

화폐에 相當한(所) 가치를 가지는 것, 즉 물건으로 담보하는 것을 뜻한다. 徐鍇는 "从貝所聲"의 형성자로 보았다. 《說文》에 「所, 二斤也. 闕」이라 하였는데, 음은 語斤切(은)이다. 본문 끝의 「闕」이란 그 글자의 음이 확실하지 아니하여 비워 둔 것을 이른다.

贊 (贊)「見也. 从貝 从兟.」

재화를 가지고 나아가(兟 : 신) 알현함이 본뜻인데, 후에 '칭찬, 찬성, 보좌' 등의 뜻으로 쓰이게 되었다.

赤 (赤)「南方色也. 从大火.」

활활(大) 타는 불(火)빛이 붉음(朱色)을 나타낸다. 「南方色」이란 漢대의 오행설에서 나온 해설이니 '白'을 「西方色也」라 한 해설과 같다 (p.163 참조).

走 (走)「趨也. 从夭止. 夭者, 屈也.」

몸을 구부리고(夭) 발(止)로 달려감을 나타낸 자인데, 예서에서 '走'로 변하였다. 《釋名》에 의하면 "徐行曰步, 疾行曰趨, 疾趨曰走"라고 그 뜻을 구별하였다.

辛 (辛)「秋時萬物成而孰, 金剛味辛, 辛痛即泣出, 从一辛. 辛, 皐也.

---

(8) 《孟子》(公孫丑, 下)에 "有賤丈夫焉, 必求龍斷而登之, 以左右望而罔市利"(천한 사람이 있어 반드시 제일 높은 곳에 올라 서서 좌우로 바라보아 시장의 이익을 취하거늘……)라는 말이 있다. 《說文》에서 이를 인용한 것은 网貝가 들어간 이유를 빗댄 예에 불과하다.

辛承庚, 象人股.」

「金剛味辛」이란 성숙한 맛을 뜻하고,「辛痛即泣出」은 죄인의 像을 말한 것이다. '皐, 宰, 辟, 辭' 등의 한자가 '辛'을 취하고 있음은 결코 우연이 아니다. 「辛承庚」이란 十干名에서 "……戊己庚辛壬癸"를 가리킨다. 그러나 조자의 근원을 보면 甲文의 ￥형으로 미루어 날카로운 칼날 따위를 상형한 것으로 본다면 罪刑을 가하기 위한 칼날을 의미하던 것이 '매움, 독함, 괴로움, 슬픔' 등의 뜻으로 쓰이게 되었다고 말할 수 있다. 또 한편으로 金文의 ￥, ￥에서는 노예나 죄인에게 入墨을 할 때 사용한 일종의 침(바늘)을 뜻한 자로 간주되기도 한다('章'자 참조). 그러므로 《說文》의 해설은 자형, 자의와 무관한 오행설에 불과하다. 「象人股」에 대하여는 p. 185 참조.

宰 (宰)「皐人在屋下執事者. 从宀 从辛. 辛, 皐也.」

죄인으로서 집에서 일을 하는 사람이 본뜻인데 宰相의 뜻으로까지 의미 가치가 상승하였다.

辭 (辭)「說也. 从𤔔辛, 𤔔辛猶理辜也.」

𤔔(란)은 治理(다스리다. 처리하다)의 뜻이요, '辛'은 죄를 뜻하므로, 옥에 갇힌 죄인을 문초하여 辯訟한다는 뜻이다. 그리하여 널리 말씀의 뜻을 가지게 되었다. cf. 辜(허물 : 고)

辭 (辤)「不受也. 从受辛. 受辛, 宜辤之也.」

죄인의 물건은 받지 않는다는 뜻이니, 즉 비례의 뇌물이면 사양하여야 된다는 의미가 담겨 있다.

辯 (辯)「治也. 从言在辡之間.」

두 죄인(辡 : 변)을 말(言)로써 다스린다는 뜻인데, 나아가 진위를 판단하여 설명하는 글의 뜻을 가지게 되었다.

辱 (辱)「恥也. 从寸在辰下. 失耕時於封畺上戮之也. 辰者農之時也, 故房星爲辰, 田候也.」

고대에 農時(辰)를 실기한 자들을 법(寸)에 따라 죽이거나 욕보임

을 나타낸 자이다. 朱駿聲은 《說文》의 「恥也」란 본뜻을 왜곡한 것이라
보고 "不失耕時"의 뜻으로 풀이하였다.

> 醫 (醫) 「治病工也. 从殹 从酉. 殹惡姿也. 醫之性然得酒而使, 故从
> 酉, 王育說. 一曰: 殹病聲, 酒所以治病也. 《周禮》有醫酒,
> 古者巫彭初作醫.」

'醫'는 원래 술 이름(일종의 藥酒)을 가리키던 것인데, 이 술은 병
을 치료하는 데 사용되었으므로 곧 의사의 뜻이 되었다. 의사를 巫人과
동렬의 기술사로 생각하여 「治病工」으로 풀이하였음을 알겠다.[9] 「酉＋
殹(예)聲」의 형성자로 보는 설도 있다.

> 里 (里) 「居也. 从田 从土. 一曰: 士聲也.」

밭에 곡식을 심을 수 있는 곳에 사람이 살므로 居所를 칭하게 되
었다. 스물 다섯 집은 '里'라 하고, 다섯 집은 '鄰'이라고 하였다.

> 閇 (閉) 「闔門也. 从門才. 所以距門也.」

'才'는 문자가 아니라 문을 닫아 빗장을 질러 놓은 나무의 모양
을 나타낸 부호로 보면 증체 상형자에 속할 것이다. 金文의 閇형이
그 생각을 짙게 한다. 그러나 朱駿聲은 「从門材省」의 생체회의로 보
고 '材'는 木榾이라고 하였는데 참고할 만하다.

> 閒 (閒) 「隙也. 从門月.」

문틈으로 달빛이 비친다. 문이 닫혀 있는데도 그 사이로 달을
볼 수 있다면 필시 문에 틈(隙 : 극)이 있기 때문일 것이다.

> 閏 (閏) 「餘分之月, 五歲再閏也. 告朔之禮, 天子居宗廟, 閏月居門中.
> 从王在門中. 《周禮》: 閏月王居門中 終月也.」

王이 門 안에 들어 있음을 나타낸 자인데, 음력의 윤달(閏月)을 뜻
하게 되었다.

> 閑 (閑) 「闌也. 从門中有木.」

---

(9) 《周禮》에 보면 醫師, 食醫, 疾醫, 瘍醫, 獸醫의 직무에 관한 기록이 있다.

마소가 도망가지 못하도록 門에 빗장을 지른 나무를 가리킨 자인데, 후에 한가하다는 뜻으로 가차되었다.

閑 (闖)「馬出門皃. 从馬在門中, 讀若郴.」

말이 문틈으로 넌지시 머리를 내미는 모습을 나타냈다. 인하여 돌연히 사람을 놀라게 한다는 뜻으로 쓰이게 되었다. cf. 闖(엿볼 : 침)

輦 (輦)「輓車也. 从車扶, 扶在車前引之也.」

扶(나란히 갈 : 반)은 兩夫並行이니 남자들이 수레 앞에 서서 이를 끌어 당긴다는 뜻이다(p. 260 '連'자 참조).

隻 (隻)「鳥一杖也. 从又持隹. 持一隹曰隻, 持二隹曰雙.」

한 마리 새를 손에 쥐고 있는 것은 '隻'이고, 두 마리 새를 쥐고 있는 것은 '雙'이라는 뜻이다. 따라서 '隻'은 외새의 뜻이 된다.

集 (集)「雧, 群鳥在木上也. 从雥木, 集, 雧或省.」

새들(雥, 떼새 : 잡)이 나무 위에 모여 앉아 있음을 나타낸 자이다.

雙 (雙)「隹二杖也. 从雔又持之.」

손(又)으로 두 마리 새를 잡고 있는 모양을 나타낸 자이다.

電 (電)「黔昜激燿也. 从雨申.」

'申'은 원래 '電'자의 초문인데, 비가 올 때 공중에서 번쩍이는 번개를 분명히 하기 위하여 '雨'를 더한 자이다. 甲文의 ⌁은 번개를 상형한 자형이다. cf. 黔昜＝陰陽

需 (需)「䇓也. 遇 雨不進, 止䇓也. 从雨而. 易曰: 雲上于天需.」

비(雨)를 만나 가지 못하고 잠깐 멈추어(而) 기다린다는 뜻이다.

靑 (靑)「東方色也. 木生火, 从生丹. 丹靑之信言必然. 𤯀, 古文靑.」

나무에 불이 탈 때(木生火) 보이는 돌(丹, 赤石)의 색깔이 푸르게 나타남에서 연유한다고 보는 설이 있으나, 해설이 구구하다. 金文의 𤯀에 대하여 林義光은 "从生, 草木之生, 其色靑也, 井聲"의 형성자로 보았는데, 朱駿聲도 같은 견해이다. 이와 달리 戴侗은 "靑石之靑綠者, 从丹 生聲"으로 풀이하기 때문이다. 즉 풀(生, 풀이 땅 위로 나온 형상)의 색깔처럼 푸른 광물(丹)이 본뜻이다.

頃 (頃)「頭不正也《說文繫傳》. 从匕 从頁.」

머리(頁 : 혈)가 곧곧하지 않고 한쪽으로 기울어짐을 뜻한다. ᄼ는 刀(人)의 反形이므로 傾仄의 뜻이 포함된다.

須 (須)「頤下毛也. 从頁彡.」

人首(頁)에 달린 毛飾(彡)이므로 곧 턱수염이다. 金文의 ᄴ는 턱수염을 상형한 것이 역연하다.

順 (順)「理也. 从頁川.」

얼굴(頁)에 나타나는 文理(주름살)가 냇물이 순하게 흐르듯 공순함을 가리킨다. 사람의 七情은 얼굴에 가장 잘 나타나므로 '頁'을 취하였다.

食 (食)「亼米也. 从皀亼聲. 或說亼皀也.」

六穀을 합하여(亼, 三合也 : 집) 익히면 고소한 향내(皀 : 흡)가 나는 것이니 곧 먹을 것을 가리킨다. 《說文通訓定聲》에는 "六穀之飯曰食" 이라 하였다. 그런데 甲文형의 食에 대하여 林義光은 ∧는 입(口)을 거꾸로 한 자형이며, 묘은 먹이를 담는 그릇 모양이라 하여 사람이 먹는 모습을 본뜬 자로 풀이하였다. 《설문》의 해설로는 형성자에 속한다.

香 (香)「芳也. 从黍 从甘.《春秋傳》曰: 黍稷馨香.」

오곡 중에 기장(黍 : 서)이 맛도 좋고 향기롭다고 믿어 '黍' 밑에 '甘'을 붙여 만든 자였는데, 예서에서 '香'으로 변하였다. 「黍稷馨香」이 란 《春秋左傳》僖公 5년조에 있는 말이다.

骨 (骨)「肉之覈也. 从冎有肉.」

살(肉)을 발라 내고 남은 뼈를 가리킨다.

鳴 (鳴)「鳥聲也. 从鳥口.」

새가 입으로 지저귀는 소리를 뜻한다.

麗 (麗)「旅行也. 鹿之性見食急則必旅行. 从鹿丽.」

사슴은 성질이 나약하여 나란히 짝을 지어 다니기를(丽, 麗의 고자) 좋아하므로 「旅行」이라 풀이하였다. 그러나 林義光은 사슴의 털이 고우므로 본래부터 華麗하다는 뜻으로 쓰였던 것이라고 하나 본뜻은 아닌 듯하다.

麻 (麻)「枲也. 从林从广. 林, 人所治也. 在屋下.」

사람이 집(广) 안에서 삼실(林, 葩)을 가리는 것을 나타냈는데, 후에 枲(씨 없는 삼 : 시)류의 총칭으로 쓰이게 되었다. 《說文》에 따르면 㕚(빈)은 「分枲莖皮也. 从屮八, 象枲形」이라 한 바와 같이 끊어지지 않고 잘 분리되어 벗겨지는 삼대의 껍질을 가리킨다. 그리고 㠭(배)에 대하여는 「葩之總名也」, 즉 葩(삼씨 : 비)의 총명이라 하였다. 이것은 삼(麻)의 성질과 자형을 이해하는 데 참고된다.

黑 (黑)「北方色也. 火所熏之色也. 从炎上出囧.」

굴뚝(囧, 囪 : '총'의 고자) 위로 검은 불꽃(炎)이 타오름을 나타낸 자인데, 예서에서 '黑'으로 변하였다. 「北方色」에 대하여는 p. 163 참조.

鼓 (鼓)「郭也. 春分之音, 萬物郭皮甲而出, 故曰鼓. 从壴 从屮又. 屮,
　　　　象垂飾, 又, 象其手擊之也.」

손으로 막대(屮, 半竹形)를 들고 때려 소리를 내는 악기(壴 : 주), 즉 북을 가리킨다. 「春分之音」이란 북소리가 마치 춘분 때 울리는 뇌성과 같음에서 연유한 해설이다.

谷 (谷)「泉出通川爲谷, 从水 半見出於口.」

《說文》의 해설은 자형으로 보아서는 확연하지 않다. 甲文형 㕣으로 보아서도 크게 벌린(八을 겹침) 입(口)을 뜻한 자였는데, 여기에서 점차 형태상의 유사성으로 인하여 골짜기를 가리키는 뜻으로 변한 것이 아닐까 여겨진다.

2. 同文字會意

서로 형체가 같은 둘 또는 그 이상의 한자를 결합하여 새로운 뜻의 소재를 나타낸 회의자를 동문자 회의라고 한다.

(1) 同體 二字가 합하여 뜻을 이룬 예

从 (比)「密也. 二人爲从, 反从爲比. 𠓥, 古文比.」

'𠓥'는 𠆢(人)의 反文이니 二人相比形을 나타낸 자이다. 두 사람이 만나 피차 마음이 같으면 가까워질 수 있으므로「密也」라 하였다. 아래의 从과는 반대 방향의 자형으로 서로 비교하는 뜻이 있다.

从 (从)「相聽也. 从二人.」

두 사람이 모여 서로 말을 듣는다는 뜻인데, '從'자가 쓰이면서 '从'은 폐자되었다. '从'은 전의하여 서로 허락한다는 뜻을 겸하게 되었으니《說文》의「許, 聽也」에서 의미상의 맥락을 엿볼 수 있다. 그러나 자형으로 보면 한 사람이 앞에 가는데, 또 한 사람이 그 뒤를 따르는 형이다.

从 (北)「乖也. 从二人相背.」

'北'은 '背'의 고자이다. 許愼이 풀이한「乖也」란 서로 비뚤어진다는 뜻인데, 두 사람이 서로 등을 맞댄 까닭은 서로의 관계가 어그러졌기 때문이다.

고대 중국에서는 가옥이 남향이었으므로 자연히 앞은 남쪽이고 등 뒤는 북쪽이 되었으므로 '北'은 방향의 뜻으로 전의하였다. 그리하여 '등'의 뜻으로 다시 '背'자가 생겨난 것이다.

𠬞 (廾)「竦手也. 从𠂇𠂇」

왼손과 오른손을 나란히 모은 자로 음은 '공'이다.

𠬺 (友)「同志爲友. 从二又相交.」

두 손을 상하로 겹쳐 서로 친함을 나타낸 자이다.《周禮》注에도

"同師曰朋, 同志曰友"라는 말이 있다.

吅 (吅)「驚嘑也. 从二口. 讀若讙.」

吅(현)은 두 입이 모여 부르짖음을 나타낸다.

哥 (哥)「聲也. 从二可, 古文以爲歌字.」

'可'는 말로 승인·허락할 때 입김이 밖으로 피어 나옴을 나타낸 자이다. 《漢書》에서는 '哥'를 허다히 '歌'의 뜻으로 기록하였는데, 許愼 역시 그렇게 보았기 때문에 「聲也」로 풀이한 듯하다. 지금은 '兄'의 뜻으로 가차되어 쓰인다.

圭 (圭)「瑞玉也. 上圜下方. 公執桓圭九寸 …… 以封諸侯. 从重土.」

위는 둥글고 아래는 모가 진 瑞玉을 가리킨다. 段注에서는 "从重土者, 土其土也"라고 하였는데, '瑞'는 玉으로 믿음을 삼는 것이어서 천자가 제후를 임명하고 그에게 옥을 주어 封한 땅을 지키도록 한 信物을 말한다. 封土의 廣狹에 따라 瑞玉의 크기가 달랐다고 한다. 그러나 '土'를 겹친 것으로 보면 원래는 논밭의 구획과 경계를 짓는 논(밭)두렁길을 가리키던 것이 뒤에 圭角의 뜻으로 가차되었을 것이다.

多 (多)「緟也. 从緟夕. 夕者, 相繹也. 故爲多.」

「緟也」는 거듭 불어난다는 뜻이요, 「相繹」이란 무궁함을 뜻한다. 하루 저녁(夕)이 지나가면 또 하루 저녁이 오고, 이렇게 시간은 무궁하게 다가온다는 점에서 많다는 뜻으로 쓰이게 되었다.

姦 (姦)「訟也. 从二女.」

시끄럽게 송사한다는 뜻으로 음은 '난'이다.

幵 (幵)「平也. 象二干對構 上平也.」

幵(견)은 岐頭의 양쪽이 평평함을 가리킨다.

弜 (弜)「彊也. 重也. 从二弓.」

弱(강)은 두 활(弓)을 並書하여 강함을 나타낸 자이다.

絲 (絲)「微也. 从二幺.」

幺(요)는 「小也. 象子初生之形」의 자이므로 「幺」부의 한자들은 대개 작다는 뜻을 함의한다. 段注에 "二幺者, 幺之甚也"라 한 바와 같이 絲(유)는 '幺'보다 더욱 작은 것을 뜻한다.

炎 (炎)「火光上也. 从重火.」

불꽃이 위로 치솟아 올라오면 어찌 덥지 않겠는가.

林 (林)「平土有叢木曰林. 从二木.」

평지에 나무들이 서 있음을 나타낸 자이다. 《周禮》林衡 注에도 역시 "竹木生平地曰林"이라고 하였다.

棗 (棗)「羊棗也. 从重朿.」

朿(치)는 나무가시(木芒)를 본뜬 상형자인데, 후에 刺(자)로 대치되면서 '朿'는 폐자되었다. 대추나무는 가시가 달리고 키가 크기 때문에 朿를 상하로 연서하였다. 본문의 「羊棗」를 段玉裁는 楟(고욤나무 : 영)의 뜻으로 보았다. cf. 棗(대추 : 조)

棘 (棘)「小棗叢生者. 从並朿.」

비교적 짧고 작은 가시가 많이 달린 나무, 즉 멧대추나무(酸棗樹)를 칭한다. cf. 棘(가시나무 : 극)

戔 (戔)「賊也. 从二戈.「周書」曰: 戔戔, 巧言也.」

戔(잔)자는 도적 외에 창으로 傷害함을 뜻하였다. 지금의 '殘'과 동의이다.

玆 (玆)「黑也. 从二玄.《春秋傳》曰: 何故使吾水玆.」

검다는 뜻이다.《左傳》(哀公 8년)에 "何故使吾水玆"(어찌하여 우리 고을 물을 더럽히느냐?)라는 구절이 있는데, 이 때의 '玆'은 '滋'의 뜻이다. '현, 자' 두 음으로 독음되나 '현'이 원음이다.《廣韻》의 反切은 胡涓切〔riwen〕(匣先合 4)이다.

玨 (珏)「二玉相合爲一珏.」

'玉'을 병서하여 쌍옥을 나타낸 자이다.

㹜 (犾)「兩犬相齧也. 从二犬.」

두 마리 개가 만나 서로 으르렁거리며 물어뜯는다는 뜻이다.

皕 (皕)「二百也. 讀若逼.」

皕(펵)은 '百'을 겹하여 二百을 나타낸 자이다.

祘 (祘)「明視以筭之. 从二示,《逸周書》曰: 士分民之祘, 均分以祘
　　　　之也. 讀若筭.」

祘(산)은 二示를 합하여 명확하게 살펴 셈한다는 뜻이다.

眀 (朏)「𠂇又視也. 从二目, 讀若拘.」

朏(구)는 좌우로 두리번거리며 본다는 뜻으로 二目을 합하였다.

甡 (甡)「衆生竝立之皃. 从二生. 詩曰: 甡甡其鹿.」

甡(신)은 뭇 생물이 나란히 많이 남을 가리키니, 곧 衆多의 뜻이
된다.

竝 (竝)「併也. 从二立.」

두 사람이 나란히 서 있음을 뜻한다. 인하여 아우르다의 뜻이 되
었다.

瓜瓜 (瓜瓜)「本不勝末微弱也. 从二瓜.」

瓜瓜(유)는 二瓜를 합하여 밑둥이 약함을 나타낸 자이다.

臸 (臸)「到也. 从二至.」

'至'는 화살이 높은 공중에서 지상으로 내려오는 형상을 본뜬 지사
자이니, 二至를 병서하여 역시 다달음(臸 : 일)을 나타낸 자이다.

蚰 (蚰)「蟲之總名也. 从二虫. 讀若昆.」

蚰(곤)은 두 마리 벌레를 합하여 온갖 곤충의 총명을 칭한 자이다.

絲 (絲) 「蠶所吐也. 从二糸.」

누에고치에서 나온 가는 실을 뜻한다.

虤 (虤) 「虎怒也. 从二虎.」

虤(현)은 두 마리 범이 만나 서로 으르렁거림을 뜻한다.

覞 (覞) 「竝視也. 从二見.」

覞(요)는 아울러 보는 뜻을 나타낸다.

賏 (賏) 「頸飾也. 从二貝.」

조개 껍질로 만든 목걸이 따위의 장식을 가리키는데, 바로 嬰(영)자의 고자이다.

赫 (赫) 「大赤兒. 从二赤.」

赫(혁)은 몹시 밝고 빛나는 상태를 뜻한다. '赤'은 「大＋火」의 회의자인데, 여기의 '大'는 大明의 뜻이기 때문이다.

辡 (辡) 「辠人相與訟也. 从二辛.」

辡(변)은 두 죄인(辛)이 서로 송사함을 뜻한다.

誩 (誩) 「競言也. 从二言. 讀若競.」

誩(경)은 二言을 합하여 서로 말다툼하는 뜻을 나타낸다.

競 (競) 「彊語也. 从誩二人. 一曰: 逐也.」

競(경)은 두 사람(儿)이 서로 다투어 발언함을 뜻한다. 인하여 상호 경쟁의 의미를 가지게 되었다.

䲈 (䲈) 「二魚也.」

두 마리 고기를 꿰뚫는다(貫魚)는 뜻이다. 음은 語居切(어)이다.

(2) 同體 三字가 합하여 뜻을 이룬 예

卉 (卉) 「艸之總名也. 从艸屮.」

卉(훼)는 三屮을 결합하여 풀의 총명을 나타낸 자이다. 朱駿聲은

"三ㅣ亦衆多意"라고 하였다.

品(品)「衆庶也. 从三口.」

一人一口이니 사람이 셋이면 衆으로 통한다. 段注에 "凡言物之盛皆其三文"이라 하였듯이 옛사람들은 무릇 많은 것을 三으로 나타내는 일이 예사였다.

森(森)「木多兒. 从林 从木.」

나무가 많은 모양을 나타낸 자이다.

姦(姦)「厶也. 从三女.」

《說文》에「厶, 姦衺也」라 한 바와 같이 두 자는 전주되었음을 알 수 있다. 여자는 항시 마음이 편협하고 기량이 협소하여 기뻐한 척 사람을 유혹한다고 생각하여 三女를 합함으로써 사악함을 나타냈다. 그러므로 후에 '奸'으로 통하게 되었는데, 段玉裁는「从三女」의 하주에서 "三女爲姦, 是以君子遠色而貴德"이라고 말하였다.

孨(孨)「謹也. 从三子. 讀若翦.」

孨(전)의 본뜻은 행동을 삼간다는 말이다. 항상 赤子의 마음을 지키며 이를 잃지 아니하여야 된다는 의미에서이다.

劦(劦)「同力也. 从三力.《山海經》曰: 惟號之山, 其風若劦.」

「同力」이란 '龢'의 뜻이요, 龢(화)는 또 '調'의 뜻이니, 힘이 조화됨을 일컫는다.《說文》에「恊, 同心之龢也」로 풀이하였고,「協, 同衆之龢也」라 하였듯이 여러 사람이 힘을 합하여야 협력이 이루어진다고 하겠다.

惢(惢)「心疑也. 从三心. 讀若易旅瑣瑣.」

三心을 합하여 마음 속에 의심이 일어남을 나타냈는데,「心疑」는 곧 多心의 뜻일 것이다. 한국음에는 의미에 따라 '솨, 지' 두 음이 있다.

猋(猋)「犬走兒. 从三犬.」

개가 쏜살같이 달아나는 모습을 말한다. 여기에서 어찌하여 바람처

럼 빠른 것을 猋迅(표신)이라 하고, 회오리바람을 猋風이라고 말하게
되었는가를 알 것이다.

毳 (毳)「獸細毛也. 从三毛.」

毳(취)는 짐승의 솜털은 드문드문하지 않고 촘촘하게 나 있는 털
이므로 三毛를 합하였다.

晶 (晶)「顯也. 通白曰晶. 从三白. 讀若皎.」

명명백백하게 들어남을 뜻한다. 그러므로 晶㵒(효요)는 매우 흰 모
양을, 晶晶는 선명한 모양을 가리키는 말이다.

磊 (磊)「衆石皃. 从三石.」

세 개의 돌을 쌓아 돌무더기를 나타낸 자이다. 《楚辭》에 "石磊磊
兮"라는 글귀가 있다. 돌이 많이 쌓여 있는 모양을 표현한 말이다.

蟲 (蟲)「有足謂之蟲, 無足謂之豸, 从三虫.」

사람이 셋이면 衆이요, 벌레가 세 마리면 蟲이니, 결국 衆의 뜻이
다. 발이 달린 벌레는 蟲이라 하고, 발 없는 벌레는 豸(치)라고 한다.

聶 (聶)「駙耳私小語也. 从三耳.」

聶(섭)은 귀를 가까이 대고 수근거리거나 귓속말을 한다는 뜻이다.

羴 (羴)「羊臭也. 从三羊. 羶, 羴 或从亶.」

羊이 세 마리가 모이면 냄새가 날 수밖에 없다. 지금은 羶(전)으로
쓴다.

譶 (譶)「疾言也. 从三言. 讀若沓.」

譶(답)은 三言을 합하였으니 말이 얼마나 많겠는가. 재잘거린다는
뜻이다.

轟 (轟)「轟轟. 羣車聲也. 从三車.」

轟(굉)은 수렛소리가 요란함을 나타낸 자이다.

雥 (雥)「羣鳥也. 从三隹.」

雥(잡)은 세 마리의 새가 모여 있다. 새떼를 가리키는 자이다.

驫 (驫)「衆馬也. 从三馬.」

驫(표)는 말이 많이 모여 있음을 나타낸 자인데, 또는 말이 몰려 달아남을 뜻하기도 한다.

麤 (麤)「行超遠也. 从三鹿.」

사슴은 놀라 뛰기를 잘한다. 그러므로 세 마리 사슴을 합하여 사슴이 멀리 뛰어가 버림을 나타낸 자이다.

鱻 (鱻)「新魚精也. 从三魚, 不變魚也.」

생선을 가리킨다. 驫(표), 麤(추), 犇(표) 등은 모두 살아 있는 것을 말하나 鱻(선)은 죽은 것인데도 살아 있는 것처럼 생생한 날고기라는 뜻에서「不變魚」라고 말한 것이다.

(3) 同體 四字가 합하여 뜻을 이룬 예

䂊 (䂊)「極巧視之也. 从四工.」

'工'은 공교하게 꾸민다(巧飾)는 뜻인데, 四工을 합하면 그 얼마나 공교하겠는가. 지금은 없어진 글자이지만 《玉篇》에 의하면 '今作展'이라 하였으니 '展'의 본뜻이라 하겠다. '展'의 篆文형이 屟임을 보아 그 근거가 뚜렷함을 알겠다.

㗊 (㗊)「衆口也. 从四口.」

㗊(즙)은 입이 넷이 합하였으므로 뭇입의 뜻이다.

茻 (茻)「衆草也. 从四屮.」

茻(망)은 잡풀이 우거진 모양을 뜻한다. 그리하여 '葬'자는 상하의 풀 사이에 시체가 들어 있음을 보이는 자이다.

제 3 절　省體會意

　두 개의 독립된 한자를 합하되 그 중 1자의 자획을 감생하여 만든 회의자를 생체회의라고 한다. 《說文》에서 「从X Y省」또는 「从X 从Y 省」으로 그 자형을 해설한 예가 대개 여기에 해당된다.

者 (支)「去竹之枝也. 从手持半竹. 𠦂, 古文支.」

ㅋ는 손이요, ↑은 半竹(艸의 반)이므로 자형으로 미루어 가히 그 뜻을 추지할 수 있다. 댓가지를 손으로 가른다(分)는 뜻이다. "支店, 支流, 支部"등의 어휘가 여기에서 나왔다.

具 (具)「共置也. 从廾 貝省.」

두 손(廾 : 공)으로 재화(貝)를 만들어 갖추어 둔다는 뜻인데, 인하여 '구비하다'의 뜻을 가지게 되었다. '貝'에서 'ハ'를 생략하였으므로 생체회의라 한다.

冓 (再)「一擧而二也. 从一 冓省.」

쌓아 올린 것(冓 : 構의 초문) 위에 다시 하나를 더 쌓아 올려 두 가지가 중첩됨을 나타낸 자이다.

杤 (利)「銛也. 刀和然後利, 从刀 和省. 易曰: 利者義之和也. 㓝, 古
文利.」

칼날처럼 날카로운 보습(農具)을 가리킨다. 고문형에도 나타나듯이 오른편의 ﾉ는 단순한 刀가 아니라 보습(또는 삽)을 나타낸 자형이므로 그 본뜻은 보습(耜 : 사)으로 곡식(禾)을 경작하는 것으로 해석된다. 보습은 그 끝이 날카로우므로 '銳利'의 '利'의 뜻으로 인신하였다. 한편 낫(刀)으로 곡식(禾)을 베어 수확하는 뜻으로 보는 견해도 있다. 그러므로 '和'에서 '口'를 생략하고 '刀'를 결합하였다는 해설은 원래의 조자법이라기보다는 오히려 《周易》(乾. 文言傳)의 "利者義之和也"(利는 의리를 정당히 행함이다)라는 말에 이끌린 부회로 생각된다. 이 말은 《左傳》(襄公 9년)에도 인용되어 있다.

勞 (勞)「劇也. 从力 熒省, 焱火燒冖, 用力者勞.」

집(冖)에 불이 나자 부지런히 힘써(用力) 끈다는 뜻에서 널리 힘써 일한다는 뜻으로 쓰이게 되었다. 그러나 반딧불(螢→𤇾) 밑에서 힘써 일하는 뜻으로 풀이하면 더 이치에 맞지 않을까 여겨진다.

坒 (坐) 「止也. 从畱(留)省 从土, 土所止也, 此與 畱同意. 坐, 古文
   畱.」

고문의 '坐'는 두 사람이 흙 위에 마주 앉은 형상을 나타낸 자인데, 이것이 쓰이면서 篆文형은 폐지되고 말았다.

孝 (孝) 「善事父母者. 从老省, 从子. 子承老也.」

'老'자에서 匕(화)를 빼고 '子'를 넣어 '孝'자를 만들었다. 《禮記》에서는 "孝者, 畜也"라고 풀이하였는데, 도리에 순종하고 윤리에 거스르지 않음을 '畜'이라고 한다. 「子承老」란 자식이 늙은이를 받들어 돕는다는 뜻이다.

抙 (存) 「恤問也. 从子 在省.」

새싹(才) 같은 어린 자식(子)을 몸소 긍휼히 여겨 위로한다는 뜻인데, 지금은 존재하다의 뜻으로 변하였다. 存念이란 늘 생각하고 잊지 않는다는 뜻이 참고된다.

犛 (犛) 「犛牛尾也. 从犛省 从毛.」

犛牛(검고 꼬리가 긴 소)의 꼬리를 뜻한다. 犛(리·모)는 《說文》에「西南夷長髦牛也」라 하였는데, 段注에 의하면 西南夷란 지금의 四川 雅州府 淸谿縣 지방을 가리킨다고 하였다.

徵 (徵) 「召也. 从壬 从微省. 壬微爲徵. 行於微而聞達者即徵也.」

壬(人＋士)은 善의 뜻이니 선행이 세상에 알려져 일을 맡기기(壬)위하여 부른다는 말이다.

會 (會) 「合也. 从亼 曾省. 曾, 益也.」

'曾'은 '增'의 가차자이니 '會'는 모으고(亼, 三合也) 더한다는 뜻이다. 曾祖, 曾孫은 '益'의 뜻이 내포되어 있다.

昏 (昏) 「日冥也. 从日 氐省. 氐者, 下也.」

해가 지므로(氐) 날이 어두워짐을 말한다. 段注에 "冥者, 窈也. 窈

者, 深遠也"라 하였는데,《鄭目錄》에는 "士聚妻之禮 以昏爲期, 因以名焉"이라는 말이 있다. 해질 무렵에 혼례를 거행한 데서 유래한 말이다.

書 (畫)「日之出入 與夜爲介, 从畫省 从日.」

畫(획)에는 경계의 뜻이 있는데, 낮은 밤과 분계를 이루므로 畫(주)는 '畫'에서 田을 빼고 대신 日을 더하여 조자한 것이다.

䢍 (送)「遣也. 从辵 㑞省.」

㑞(㑞, 전송할 : 잉) 역시 送의 뜻이니 길(辵은 길을 가다의 뜻)을 떠나 보낸다는 데서 널리 물건을 보내는 일에까지 뜻이 확대되었다. 예서에서 지금의 자형으로 변하였다.

畏 (畏)「惡也. 从甶 虎省. 鬼頭而虎爪, 可畏也.」

甶(甶, 귀신머리 : 불)은 鬼頭의 상형자인데, 여기에 虎省의 㕦을 붙여 만든 자이다. 귀신(도깨비)의 머리에 범의 발과 발톱을 합하여 바로 두렵다(畏 : 외)는 뜻을 나타낸 것이다.

眚 (省)「視也, 从眉省 从屮. 𥄃, 古文省, 从少囧.」

풀싹(屮)처럼 미세한 것도 눈으로 자세히 보는 데서 살피다의 뜻이 된 자이다. 그러나 古文은 「少＋目」의 회의자로서 아무리 작은 것도 자세히 본다는 뜻을 나타낸 자임을 알 수 있다.

燓 (票)「火飛也. 从火㘔, 燓與遷同意.」

'㘔'(천)은 높이 오르는 것이므로 불(火) 또는 불티가 높이 올라간다는 뜻이다. 예서에서 '票'로 변하였다.

위의 자형에 대하여《段注》에서는 「从火舁(천)省」이라야 옳다고 하였다.

緊 (緊)「纏絲急也. 从臤 絲省.」

臤(굳을 : 견, 간)은 견실의 뜻이므로 곧 실(糸)로 단단하게 동여 맨다는 뜻이다.

肎 (肯)「骨間肉肎肎箸也. 从肉 冎省.」

뼈(骨)에 붙은 살을 가리키는 자인데, 예서에서 肯(뼈 사이 살 : 긍)
으로 변하였다.

🏺 (春)「擣粟也. 从𦥑持杵以臨臼, 杵省. 古者 雝父 初作春.」

春(용)은 절굿대(杵)를 손(𦥑)에 들고 절구질하는 모양을 나타낸
자로서 곡식을 찧는다는 뜻이다.

🚗 (軍)「圜圍也. 四千人爲軍, 从包省 从車. 車, 兵車也.」

車(戰車)로 주위를 둘러 陣을 친다는 뜻이다. 그러나 金文의 🚗을
보면 兵車를 가지고 집(宀) 밑에서 쉬고 있음을 나타낸 자이니 지금의
병영과 같은 것이었는데, 후에 병사의 집단을 칭하게 되었다.

慶 (慶)「行賀人也. 从心夊 从鹿省. 吉禮以鹿皮爲摯, 故从鹿省.」

경사를 맞은 이에게 사슴 가죽을 가지고 가서(夊) 진심(心)으로
경하한다는 뜻이다. 그러므로 鹿자를 생략하였다.

隶 (隶)「及也. 从又尾省. 又持尾者 從後及之也.」

'及'은 「人＋又」의 회의자로서 사람이 손을 뻗혀 앞에 있는 사람을
잡는다는 뜻인데, 隶(대)는 「又＋尾省」의 자이니 뒤에 있는 사람이 손
을 뻗혀 앞에 있는 동물의 꼬리를 붙잡는 일을 표시하였다. '尾'의 篆文
은 𡳾이니 상부의 '尸'가 생략되었음을 말한다. 후에 逮(미칠 : 체)자로
대치되었다.

제 4 절   兼聲會意

둘 또는 그 이상의 독립 문자가 서로 결합하여 일정한 뜻을 나타
냄과 동시에 그 중의 1자가 해당 회의자의 聲韻을 겸한 것을 겸성회의
라고 한다.

《說文》의 자형 해설 가운데 「从XY, (X)Y亦聲」 또는 「从X, 从Y,
(X)Y亦聲」과 같이 분석한 한자가 여기에 해당된다. 이제 소수의 자례

를 들어 보면 다음과 같다.

仕 (仕) 「學也. 从人士, 士亦聲.」

선비(士)란 모름지기 六藝(禮, 樂, 射, 御, 書, 數)와 經義(詩, 書, 易, 禮, 春秋)를 배워야 장래 관직에 등용될 수 있으므로 「學也」로 풀이하였다. 인하여 벼슬, 섬김의 뜻이 되었는데, '仕'는 「人＋士」의 회의자임은 물론 '士'가 동시에 '仕'자의 聲韻을 겸하고 있으므로 겸성회의라 한다. cf. 士, 仕: 鉏里切. *dzjəg(*dzəg)＞dʒi (*상고음＞중고음)

仚 (仙) 「僊, 長生僊去. 从人䙴, 䙴亦聲. 仚, 仙人在山上皃, 从人山.」

僊(선)은 '仙'의 或體字이므로 음·의가 같다. 사람이 청정한 산에 올라가(들어가) 수도를 행하면 不老不死의 장생을 누릴 수 있다고 믿어 신선의 뜻을 가지게 되었다.

仲 (仲) 「中也. 从人中, 中亦聲.」

중간에 있는 사람의 뜻이다. 伯, 仲, 叔, 季는 長少의 차례인데, 仲, 叔은 伯과 季의 중위에 있는 사람을 칭한다.

傾 (傾) 「仄也. 从人頃, 頃亦聲.」

사람의 머리(頁)가 한쪽으로 기울어진(頃) 것을 가리킨다.

冠 (冠) 「絭也. 所以絭髮, 弁冕之總名也. 从冖元, 元亦聲. 冠有法制,
　　　　　故从寸.」

'元'은 '首'의 뜻이니 법제(寸)에 따라 머리(元) 위에 덮는 것(冖), 즉 冠을 가리킨다. 이와 달리 林義光은 손(寸←彐)으로 모자(冖)를 들고 머리 위에 쓰는 것을 나타낸 자로 보았다. '元'의 반절은 愚袁切로 中古漢音(이하 중고음으로 약칭함)은 ŋiwɒn(疑元合 3)이요,[10] '冠'의 반절은 古丸切로 중고음은 kuɑn(見桓合 1)이므로 그 운모가 공히 山攝에 속한다.

冥 (冥) 「窈也. 从日六 从冖. 日數十十六日 而月始虧冥也. 冖亦聲.」

---

(10) 本書에서 특별히 書名을 들지 않은 경우에는 모두 《廣韻》의 反切을 채택한다. 「疑元合 3」이란 中古音에서 疑母 元韻 合口 3等韻의 약칭이다.

매월 16일이 되면 달이 이지러져 어두워지기 시작함을 뜻한다. 그러나 '六'은 '入'과 자형이 비슷하므로 「日＋入＋冖聲」으로 풀이하는 견해도 있다. 해가 들어가고 어둠이 덮는다는 뜻에서이다. '冖'은 莫狄切, miek(明錫開 4)이요, '冥'은 莫經切, mieŋ(明靑開 4)이므로 성모가 같으며 두 음은 對轉 關係(p. 544 참조)가 해당된다.

🔹 (剝)「裂也. 从刀彔. 彔, 刻也. 彔亦聲. 一曰: 剝, 割也.」

찢는다는 뜻이다. 彔(록)은 나무를 깎는다는 뜻(彔, 刻木 彔彔也)인데, 여기에 칼(刀)을 더하였으므로 결국 파열의 뜻이 된 것이다.

🔹 (刑)「罰辠也. 从刀丼. 易曰: 丼者, 法也. 丼亦聲.」

'丼'(八家爲一丼)은 공동생활을 하는 곳이어서 반드시 自律互助의 道가 있어야 하므로 法의 뜻이 함유되어 있다. 따라서 '刑'은 법에 의하여 죄를 벌준다는 뜻이다. 예서에서 '刑'으로 변체되었다.

🔹 (刺)「君殺大夫曰刺. 刺, 直傷也. 从刀朿, 朿亦聲.」

나무가시(朿 : 치) 같이 뾰쪽한 칼(刀)로 사람을 찔러 죽인다는 뜻이다. '朿, 刺'는 七賜切 tsʻie(淸寘開 4)이므로 성운이 완전히 같다.

🔹 (劃)「錐刀畫曰劃. 从刀畫, 畫亦聲.」

칼(刀)로 한계(畫)를 나눈다는 뜻이다.

🔹 (化)「敎行也. 从匕 从人, 匕亦聲.」

사람이 가르침을 받으면 허물스런 기질도 착하게 달라짐(匕)을 뜻한다. 그러나 실상 '匕'는 '化'의 고자이다.

🔹 (叛)「半反也. 从半反, 半亦聲.」

'半'은 사물을 둘로 가르는 것이요, '反'은 正의 반대이므로 배반한다는 뜻이 된다. 기타본에는 「叛, 反也」로만 풀이되었다.

🔹 (吁)「驚語也. 从口亏, 亏亦聲.」

亏(于)는 입에서 숨이 풀려 나오는 형상을 나타낸 지사자이다. 입을 크게 벌리는 것은 놀란 말을 할 때의 표정이라 하겠다.

可 (可)「肎(肯)也. 从口乙, 乙亦聲.」

사람이 찬동을 발할 때에는 입에서 平舒의 氣가 발출되므로 乙를 취하였다. 乙(反丂也. 讀若阿)는 氣가 舒出하는 형상을 본뜬 지사자이다. 음은 虎何切(하)이므로 양자는 운모가 같다.

喪 (喪)「亡也. 从哭亡, 亡亦聲.」

'亡'은 원래 도망한다는 뜻이었는데, 차츰 죽음의 뜻을 가지게 되었다. 사람이 죽어 울음 소리(哭)가 나온 것을 나타낸다. 양자는 서로 운모가 같다.

吏 (吏)「治人者也. 从一 从史, 史亦聲.」

사람을 다스리는 자는 반드시 마음을 하나(一)같이 가져야 하고, 법령을 바르게 주관하여야 되므로 一과 史를 합하였다. 史는 疎士切, *sliəg＞(səg)＞ʃi(疏止開 2)이고, 吏는 力置切 *liəg＞lji(來志開 3)이므로 양자는《韻鏡》內轉 第8開口에 배치된 止攝자로서 그 운모가 같다.

博 (博)「大通也. 从十尃. 尃, 布也, 尃亦聲.」

여러 가지 일을 두루 널리(十) 잘 안다는 뜻이다. 尃(펼:부)는 散佈의 뜻이고, 양자는 성모가 같다.

單 (單)「大也. 从吅甲, 吅亦聲 闕.」

사람이 놀래어 부르짖는 소리(吅:현)가 크다는 뜻인데, 지금은 하나의 뜻으로 쓰인다. 본문 중「闕」은 甲形未聞(段注), 즉 '甲'자의 음·의를 알 수 없다는 뜻이다.[11] 과연 '單'의 甲文형은 Ұ, 単 등이고 金文형도 単과 같이 쓰였다. 따라서 애초에는 Ұ(干)과 동종(위의 ○○는 탄환형)의 무기를 나타낸 자로 보인다.

'獸'자의 嘼(휴)도 그 甲文형이 '單'의 甲文과 똑같다. 이를 보면 아마도 짐승(犧牲)을 잡거나 적과 싸울 때 사용한 무기를 상형한 자였을 것이다. '戰'자에도 '單'이 들어간 점이 참고된다. 單자의 음은 干에서

(11)《說文》 해설 중 '質, 某, 所, 嘼'자 등에도 역시「闕」의 표현을 써 놓았다.

전용된 것으로 생각된다. 따라서 《說文》의 자형 해석은 篆文에 따른 오
해일 것이다.

坮 (均) 「平徧也. 从土勻, 勻亦聲.」

흙(土)을 높고 낮은 데가 없이 평평하게 고른다는 뜻이다.

城 (城) 「以盛民也. 从土成, 成亦聲.」

土石을 둘러 쌓아 백성을 聚居하도록 만든(成) 곳을 칭한다.

奘 (奘) 「馰大也. 从大壯, 壯亦聲.」

'馰'(장)은 좋은 말을 가리키며 '壯'은 크다는 뜻인데, 여기에 大를
붙여 壯馬가 더욱 큰 것을 나타낸다.

𢀖 (巷) 「里中道也. 从𨛶共. 言在邑中所共, 共亦聲. 巷, 篆文 从邑
　　　　省.」

邑里에 누구나 공동으로 다니는 길의 뜻이다. 예서에서 '巷'으로 변
하였다. cf. 𨛶(大徐本, 胡絳切 : 항)→邨

奇 (奇) 「異也. 一曰: 不耦. 从大 从可, 可亦聲.」

사물이 너무도 커서(大) 보통 것과는 가히 다르다는 뜻이다. 여기
에서 자연히 짝이 없는 기수의 뜻으로도 쓰이게 되었다.

奭 (奭) 「盛也. 从大 从皕, 皕亦聲. 此燕召公名, 讀若郝.」

'皕'(픽)은 二百의 뜻이니 '大'를 합하여 크고 성한 모양을 지시하
였다. 燕召公은 周 文王의 신하 이름인데 周公의 兄이라고 한다. 皕은
彼側切, (*pịwək) > pịək(非職開 3); 奭은 施隻切, (*śịek) > ɕịɛk(審昔開
3)이다. 16攝의 분류를 기준으로 하면 昔韻은 梗攝에 들고, 職韻은 曾
攝에 속한다. 그러나 《切韻指掌圖》(1176~1203 이전)에서는 曾·梗攝을
따로 구별하지 않고 第15·16에 同屬시켰으며, 《四聲等子》에서도 「曾攝
內八」에 梗攝을 포괄하여 수록하여 놓았다. 즉 13攝 체계에 따르면 위
의 皕, 奭의 古韻은 동류이었음을 간취할 수 있다.

兩 (兩) 「二十四銖爲一兩, 从一㒳. 㒳, 平分也, 㒳亦聲.」

24銖(수)[12]를 一兩이라고 한다. 兩은 "二入"을 덮고(冂) 있는 자형인데, 《說文》에 「再也」로 풀이하였다. '再'는 또 「一舉而二也」의 뜻이다. 즉 '一'과 平分을 뜻하는 兩을 합하였으니 좌우를 평균하여 무게를 헤아린다는 점에서 도량의 단위가 되었다. 天秤은 등분을 원칙으로 하는 바, 눈금의 단위는 4—8—16—24와 같이 배진법으로 되어 있다.

兩의 金文形은 𠔉, 𠕀과 같아서 朱駿聲은 저울(秤)의 좌우를 평균한 모양을 나타낸 자로 풀이하였다. 과연 車輛의 輛은 좌우 상대의 바퀴를 구비한 二輪車임이 참고된다. '兩'자가 쓰이면서 '兩'자는 폐지되었다.[13]

𠃌 (匹)「四丈也. 从匚八. 八揲一匹, 八亦聲.」

四丈이란 布帛의 길이를 말한다. 즉 疋(필)과 같은 뜻인데, 8尺 길이의 베를 다섯 겹으로 접으면 4丈의 길이가 된다는 뜻으로 풀이한 것이다. 그러나 金文형은 𠃌, 𠃌, 𠂆 등과 같아서 《說文》의 해설은 믿기 어렵다. 오히려 베(布)의 두 끝을 접어 말아 놓은 형으로 생각된다.

否 (否)「不也. 从口不, 不亦聲.」

입으로 '그렇지 않다'고 말하는 뜻을 나타냈다.

姓 (姓)「人所生也. 古之神聖人, 母感天而生子, 故稱天子, 因生以爲
　　　姓. 从女生, 生亦聲.」

《白虎通》에도 "姓者, 生也"라 한 바와 같이 사람이 여자(女)에게서 태어난 곳에서 姓은 유래한 것이라 한다. 전하는 바에 의하면 神農의 母는 姜水에서 살다가 神農을 낳았으므로 성이 姜氏이고, 舜의 母는 姚墟(요허)에서 살다가 舜을 낳았으므로 성이 姚氏라는 것이다. 그러므로 성의 본뜻을 「人所生也」로 풀이하였다. 후세에 남자는 氏라 칭하고 여자는 姓이라 칭하다가 합칭하여 姓氏가 되고 마침내 개인이 태어난 가족의 原姓을 가리키게 되었다.

---

(12) 漢대로부터 唐대까지의 重量名은 銖(수), 兩(24銖), 斤(16兩), 鈞(30斤), 石(4
　　鈞)의 순이다.
(13) 1兩의 무게는 周代: 14.93g, 秦·漢代는 16.14g으로 환산된다. 吳絡(1960) p. 73.

婚 (婚)「婦家也. 禮聚婦以昏時, 婦人会也, 故曰婚, 从女昏, 昏亦聲.」

본문의 禮는 《禮記》를 말한다. 옛 관습에서 부인을 맞으려면 해가 저물 때를 택하였는데, 부인은 陰에 속하므로 '婚'이라고 칭한다는 뜻이다. 이는 陽往(日落) 陰來(月升)의 이치에 의한 것이다. 婚은 또 女子의 本家를 가리키는 말이므로 婦의 父를 婚이라 하고 婦의 黨를 婚兄弟라고도 부른다.

姻 (姻)「壻家也. 女之所因, 故曰姻. 从女因, 因亦聲.」

여자(女)가 의지하는(因) 신랑(사위)의 집을 칭한다. 또 壻의 父를 姻이라 하였기 때문에 결국 婚姻이란 婦의 父母와 壻의 父母가 서로 부르던 명칭이었음을 알겠다.[14]

婢 (婢)「女之卑者也. 从女卑, 卑亦聲.」

신분이 낮은(卑) 여자(女), 즉 노비를 칭한다.

妊 (妊)「孕也. 从女壬, 壬亦聲.」

《說文》에「壬, 象人裹妊之形」이라 하였듯이 여자의 뱃속에 胎가 들어 있음을 뜻한다. 孕(잉)은 아이를 잉태하다의 뜻이다.

娣 (娣)「同夫之女弟也. 从女 从弟, 弟亦聲.」

고대에는 제후들이 타국에 갔다가 맞이하여 온 여인들이 많았는데, 그녀들은 모두 一夫를 섬기는 사람들이다. 그런데 그녀들이 서로 호칭하기를 연장자는 姒(사)라 부르고, 연소자는 娣(제)라 불렀다고 한다. 그리하여「女＋弟」를 합하여 衆妾間에 年幼者를 부르는 칭호로 쓰게 되었다. 《詩經》(大雅, 韓奕)에도 "諸娣從之 祁祁如雲"(여러 동생들도 따라오니 구름처럼 많기도 하네)이라는 시구가 있다.

娶 (娶)「取婦也. 从女 从取, 取亦聲.」

여자를 취하는 일이니 곧 장가들어 부인을 맞아 들인다는 뜻이다.

---

(14) "사회녀끠서 며느리녀 지블 婚이라 니르고, 며느리녀끠서 사회녀 지블 姻이라 니르니 댱가들며 서방마조몰 다 婚姻ᄒᆞ다 ᄒᆞᄂᆞ니라."《釋譜詳節, 六, 16 註》

🈁 (字) 「乳也. 从子在宀下, 子亦聲.」

원래 사람이 아이를 낳고 새가 새끼를 치는 것을 '乳'라 하고, 짐승이 새끼를 낳는 일을 '犿'(산)이라고 하였다. 그리하여 朱駿聲은 "人生子曰字"로 풀이하였는데, 어머니가 집(宀)에서 자식(子)를 낳아 젖을 먹인다는 뜻으로 본 것이다. 《說文》敍에 "字者, 言孳乳而浸多也"라 한 바와 같이 아이가 자라 아이를 낳고, 또 그 아이가 아이를 낳아 그 수가 점차 불어남을 비유하여 문자도 초문이 결합하여 그 수가 증가한다는 의미에서 '字'라고 하였다.

🈁 (季) 「少偁也. 从子 稚省, 稚亦聲.」

자식(子) 중에 가장 어린(稚) 막내를 칭한다는 뜻이다. 그리하여 稚(치)자를 원용하고 있지만 따르기 어렵다. 甲文의 🈁, 金文의 🈁는 「禾＋子」의 자형이 분명하다. 이것은 아직 덜 자란 어린 벼(禾)가 본 뜻인데, 인하여 끝, 막내의 뜻으로 전의하였다.

🈁 (幽) 「隱也. 从山玆, 玆亦聲.」

산 속에 잘 보이지 않도록(玆 : 유) 은폐한다는 뜻이다.

🈁 (座) 「坐具也《集韻》. 从广坐, 坐亦聲.」

집(广) 안에서 사람들이 앉는 의자 같은 가구를 칭한다. 《說文》에는 수록되어 있지 않은데, 예서에서 广을 더하여 만든 '坐'의 累增字이다.

🈁 (影) 「物之陰影《集韻》. 从形省 景, 景亦聲.」

사물의 형체(形)가 나타날 때 비치는(景) 그림자의 뜻이다. 篆文에서는 '景'으로만 쓰던 것을 예서에서 彡(삼)이 증가되었다.

🈁 (拘) 「止也. 从手句, 句亦聲.」

'句'는 '曲'의 뜻이므로 손을 구부려 사물이 빠져 나가지 못하게 잡아 놓는다는 뜻에서 얽매임을 뜻하게 되었다.

🈁 (授) 「予也. 从手受, 受亦聲.」

《說文》에 의하면 '予'는 「推予也, 象相予之形」의 지사자이고, '受'는

서로 준다(相付)는 뜻이므로 ‘授’는 곧 손으로 물건을 밀어 준다는 뜻
이다.

𣴲 (洸)「水涌光也. 从水 从光, 光亦聲. 詩曰: 有洸有潰.」

물이 급하게 여울져 흘러갈 때 반사되는 浮光을 뜻한다. 洸洸은 굳
센 모습(武貌)이나 물이 용솟음치는 모양을 말한다. 光, 洸(광)은 완전
히 음이 같다.

𣲌 (汲)「引水於井也. 从水 从及, 及亦聲.」

‘及’은 ‘逮’의 뜻이니 샘에서 물을 긷는다는 뜻이 된다.

𣶶 (派)「別水也. 从水𠂢, 𠂢亦聲.」

𠂢(파)는 ‘永’자를 거꾸로 쓴 자형으로「水之反流別也」의 뜻이므로
派는 江이 갈라진 지류를 말한다.

𣼋 (漏)「以銅受水刻節, 晝夜百節. 从水屚, 取屚下之義, 屚亦聲.」

집(尸)에 빗물이 새어 들어옴을 뜻한다.

莫 (暮)「日且冥也. 从日在茻中, 茻亦聲.」

잡풀이 우거진(茻 : 망) 사이에 해가 들어 있으므로 날이 또 어두
워지려는 때이다. 茻은 模朗切, *mwaŋ > maŋ(明蕩開 1)이므로 暮(모)
자와 성모가 같다.

� (必)「分極也. 从八弋, 八亦聲.」

‘極’은 ‘準’의 뜻이므로 分(八)判의 기준이라는 뜻으로「分極」으로
풀이한 듯하다. 아마도 땅을 나눌(八) 때 경계를 짓는 기준으로 반드시
표말(弋)을 세운 데서 ‘반드시’의 뜻이 생긴 것이라 하겠다. 한편 《說
文》과는 달리 무기(弋)의 나무 자루를 부러지지 않도록 대(竹)로 칭칭
감은 것, 즉 창 자루(柲 : 비·필)의 본자로 보는 견해가 있음을 부기하
여 둔다.

志 (志)「意也. 从心㞢, 㞢亦聲.」

'之'는 '往, 至'의 뜻이니 마음(心)이 움직여 가는 바른 뜻을 말한다. '之'를 '士'로 고친 까닭은 선비의 고결한 뜻(지조)을 나타내기 위함이었을 것이다.

    (恩)「惠也. 从心因, 因亦聲.」

사람이 서로 의지하고(因) 마음으로(心) 친하여지면 피차 정의가 생긴다. 이것이 곧 은혜이다.

    (患)「憂也. 从心上貫吅, 吅亦聲.」

근심, 걱정이 심장(心)을 꿰뚫은 자형이니 근심이 깊으면 병이 된다고 하겠다. 董仲舒는 "心止於一中者, 謂之忠; 持二中者, 謂之患, 患人之中不一也"라 하였다. 朱駿聲은 串을 毌(관)자와 같이 보아 「心 + 串聲」으로 해설하였는데, 이 견해가 오히려 옳을 것 같다. 通~痛이 동계어이듯이 貫~患도 동계어로 보이기 때문이다.

    (慾)「情所好也《集韻》. 从心欲, 欲亦聲.」

'慾'은《說文》에 수록되어 있지 않은데, 고자에서는 '欲'으로만 썼기 때문이다. 예서에서 心을 더하여 重文이 되었다. 欲은 탐하다의 뜻이요, '慾'은 마음 속에 있는 특별한 기호를 가리키는 자이다.

    (憙)「說也. 从心 从喜, 喜亦聲.」

마음이 기쁘다는 뜻이다. 說(열)은 悅(열)과 동의이다.

    (懸)「掛也《玉篇》. 从心縣, 縣亦聲.」

篆文에서는 縣으로만 쓰던 것을 예서에서 心을 더하여 重文, 누증자가 되었다. 매사는 마음(心)에 달렸다(縣)는 뜻에서 '걸다, 매달다'의 뜻이 된 자이다.

    (政)「正也. 从攴正, 正亦聲.」

攴(복)은 똑똑 두드리다의 뜻이니 여기에는 백성을 독찰하는 의미가 들어 있다. 독찰, 독책할 때에는 바르고 정당함을 바탕으로 하지 않으면 안되므로 '正'은 곧 정치의 도이다.《論語》에도 "政者, 正也"라는 말이 있다.

整 (整)「齊也. 从攴 从束正, 正亦聲.」

흩어진 것은 묶고(束) 앞뒤를 쳐서(攴) 바르게(正) 함을 뜻한다. 朱駿聲은 「敕＋正聲」의 형성자로 풀이하였으나 《說文》의 해설도 어긋난 것은 아니라고 생각된다.

殯 (殯)「死在棺, 將遷葬柩賓遇之, 从歺賓, 賓亦聲. 夏后殯於阼階,
殷人殯於兩楹之間, 周人殯於賓階.」

歺(알)은 「剐骨之殘」의 뜻이니 죽은 사람이 관 속에 있음을 가리킨다. '賓'은 賓客이므로 곧 殯所를 가리킨다.

昇 (昇)「日上也《說文新附》. 从日升, 升亦聲.」

해가 높이 떠오름을 뜻한 데서 널리 오르다의 뜻이 되었다.

春 (春)「推也. 从日艸屯, 屯亦聲.」

屯(준)은 「艸木之初生」을 상형하였으므로 초목(艸)이 날씨(日)가 따뜻한 봄이 되면 싹트기 시작함을 나타낸 자이다. 《尚書大傳》의 "春, 出也, 萬物之出也"(段注)라든가, 《漢書》董仲舒傳에 "春者, 天地之所以生也"라 한 말은 모두 '春'의 본뜻을 밝힌 것이라 하겠다.

枰 (枰)「平也. 從木平, 平亦聲.」

'枰'은 나무가 반반한 물건이니, 즉 장기판을 가리킨다. 枰을 「平也」라 풀이한 것은 마치 「門, 聞也」, 「戶, 護也」로 풀이한 바와 같은 音訓法이다.

禮 (禮)「履也. 所以事神 致福也. 从示 从豊, 豊亦聲. 礼, 古文禮.」

신을 섬겨 복을 비는 일은 인간이면 누구나 독실하게 이행하여야 할 일이라는 뜻이다. 고대 중국인들은 행례 중에 祭만큼 중한 것이 없다고 믿었기 때문에[15] '示'에다 행례의 기물인 豊(례)를 더하여 禮자를

---

[15] 《禮記》〈祭儀〉에 "凡治人之道, 莫及於禮. 禮有五經(吉·凶·賓·軍·嘉禮: 저자 주) 莫重於祭"라는 말이 있다.

만든 것이다.

 (眇)「一目小也. 从目 从少, 少亦聲.」

老少의 少는 小의 뜻과 통하므로 눈이 작은 것이 眇(묘)의 본뜻일 것이다.「一目少也」란 한 눈이 짜긋함을 이른다. 인하여 애꾸눈(眇目) 또는 미세의 뜻이 되었으니, 예컨대 眇身은 몸집이 작은 것을 가리키는 말이다. 小, 眇는 운모가 같다.

 (瞑)「翕目也. 从目冥, 冥亦聲.」

'冥'은 어둡다는 뜻이니 눈을 감으면(翕目) 잘 보이지 않음을 이른다. 瞑瞑(명명)이란 어두운 모양을 말한다.

 (瞿)「雅準之視也. 从隹䀠, 䀠亦聲.」

「雅準」은 鷹準(매)과 같다. 短尾의 사나운 매가 눈을 휘둥거리며 좌우를 살펴본다는 뜻이다. 인하여 가슴이 두근거림을 뜻하기도 한다. 懼(두려울 : 구)자와도 의미가 상통하는 자이다.

 (瘧)「寒熱休作病, 从疒虐, 虐亦聲.」

疒(녁)은 환자가 기대고 눕는 牀(상)을 본뜬 자이고, 虐(학)은 모질다는 뜻이므로 모진 병은 곧 학질을 가리킨다. 본문의 뜻은 몸이 추웠다 더웠다 하며 생긴 병이라는 말이다. 일반의 질병과는 달리 학질은 先發冷, 後發熱의 병이므로《釋名》에서도 "瘧, 酷虐也"로 풀이한 것을 볼 수 있다.

 (葬)「臧也. 从死在茻中, 一其中所以荐之. 易曰: 古者葬厚衣之以薪, 茻亦聲.」

고대에는 시체를 매장할 때 상하로 섶풀을 두둑하게 덮었으므로 자형은 시체가 衆草 사이에 들어 있는 형상이다. 여기에 '一'을 더한 것은 풀자리(荐, 艸席也)를 나타내기 위한 부호이다. '茻(망) · 葬(장)'은 운모가 같다.

 (華)「榮也. 从艸 𠌶, 𠌶亦聲.」

𦾓(華의 본자)는 「艸木華也. 从𡳿亏聲」의 형성자이므로 華는 곧 꽃을 가리킨다. 段玉裁, 王筠이 모두 '花, 華'를 동일자로 보았다. 두 자는 자형은 달라도 동계어에 속한다.

羌 (羌)「西戎, 羊穜也. 从羊儿, 羊亦聲, 南方蠻閩从虫, 北方狄从犬, 東方貉从豸, 西方羌从羊, 此六穜也. …唯東夷从大, 大人也.」

羊을 기르는 사람(儿)의 뜻으로 서쪽 오랑캐를 지칭하였다. 戎, 羌은 같은 의미이다. 羊, 羌(강)은 운모가 같다.

𨓵 (返)「還也. 从辵反, 反亦聲.」

辵(착)은 쉬엄쉬엄 가다(乍行乍止)의 뜻이고, '反'은 復의 뜻이므로(反, 覆也; 覆, 復也) 가다가 다시 되돌아옴을 나타낸다.

𧗜 (道)「所行道也. 从辵首. 一達謂之道, 首亦聲.」

사람(首)이 다니는 길의 뜻이다. 首는 書久切, *si̯ôg(xiǒg) > ɕi̯ɐu (審有開 3), 道는 徒晧切, *dôg > dɑu (定晧開 1)이어서 중고음은 상이하나 상고음은 동일 운모에 속한다.[16]

𣬠 (耐)「罪不至髡也. 从彡而, 而亦聲. 耐, 或从寸, 諸法度字 从寸.」

'耐'는 '𣬠'의 異字에 불과하다. '而'는 수염을 상형한 자이고, '寸'은 법도를 뜻한다. 髡(곤)은 머리를 깎는다는 뜻이므로 가벼운 죄를 지어 수염까지는 깎지 않고 천역을 맡기는 죄형을 가리킨다. 현재 𣬠(이, 내)는 구레나룻이나 수염을 깎는다는 뜻으로, 耐(내)는 '참다, 견디다'의 뜻으로 분화되었다.

胞 (胞)「兒生裹也《說文通訓定聲》. 从肉包, 包亦聲.」

胎兒를 싸고(包) 있는 肉皮(肉)를 뜻한다. 그러므로 '同胞'라는 말은 같은 육피 안에 싸여 있는 태아라는 깊은 뜻이 담겨 있는 셈이다.

胖 (胖)「半體(肉)也. 一曰: 廣肉. 从肉半, 半亦聲.」

「肉＋半」이니 반쪽 고기를 가리킨다. 한편 '胖'은 살지고 크다는

---

(16) 王力《漢語史稿》(1973), 臺北, 秦順書局再印, pp. 80~81 참조.

뜻도 있으므로「廣肉」이라고 하였다.

舌 (舌)「在口所以言 別味者也. 从干口, 干亦聲.」

입으로 말을 하고 음식의 맛을 보는 인체의 기관이 혀이다. '干'은 끝이 두 갈래 난 일종의 병기를 상형하였으므로 '범하다'의 뜻인데, 段注에 의하면 "干, 犯也. 言犯口而出之, 食犯口而入之"라는 설명에서 '干'을 취한 까닭을 알 만하다. 한편 甲文형은 舌, 金文형은 舌로 되어 있어 口上舌形을 상형한 자로 보는 견해도 있다. '干'은 古寒切, *kɑn > kɑn, '舌'은 食列切 *diɑt > dʑiɛt 이므로 공히 山攝에 속한다.

號 (號)「嘑也. 从号 从虎, 号亦聲.」

'號'는 사람이 애통스런 일을 당했을 때 크게 우는 소리인데, 범의 포효하는 소리는 사납기 그지없어 두 자를 합하였다.

表 (表)「上衣也. 从衣毛, 毛亦聲.」

「上衣」란 웃옷을 말한다. 바깥에 짐승의 털이 달린 겉옷의 뜻에서 裏(속 : 리)의 反語로 쓰이게 되었다. '毛, 表'는 운모가 같다.

旄 (旄)「幢也. 从㫃 从毛, 毛亦聲.」

旄(모)에서 㫃(깃발 : 언)은 旗이고 '毛'는 검정소의 꼬리를 칭하므로 깃대의 꼭대기에 쇠꼬리를 달아 장식한 기를 일컫는다. 軍中에서는 지휘자를 가리킨다.

覽 (覽)「觀也. 从見監, 監亦聲.」

원래는 내가 사물을 보는 것이 覽(람)이었는데, 인신하여 사물에 의하여 내가 보이는 것(피동)까지도 뜻하게 되었다. 《說文》에「監, 臨下也」로 풀이하였거니와 《詩經》(皇矣)에도 "臨下有赫, 監觀四方"(해 모양 환하니 임하시어, 천하 사방 두루두루 살펴보시고)이라는 시구가 보인다. '監'은 곧 '視'의 뜻이다.

覿 (覿)「面見也. 从面見, 見亦聲.」

'面'은 사람의 얼굴을 상형한 자인데, 여기에 '見'을 합하여 얼굴을 물끄러미 바라본다는 뜻을 나타냈다. 인신하여 무안함을 뜻하기도 한다.

警 (警)「言之戒也. 从言敬, 敬亦聲.」

말(言)을 삼가며 공경한다(敬)는 뜻이다.

誼 (誼)「人所誼也. 从言宜, 宜亦聲也.」

사람이 마땅히 지켜야 할 의리를 말한다. 段玉裁는 '誼‧義'에 대하여 "誼義古今字, 周時作誼, 漢時作義, 皆今仁義字也"라 하였다.

貧 (貧)「財分少也. 从貝分, 分亦聲.」

재화(貝)란 합하면 불어나고 나누면(分) 줄어짐이 당연한 이치인데, '貧'은 후자이므로 가난하다는 뜻이다. 貧은 符巾切, *biǝn(biwǝn) > biĕn(奉眞開 3), 分은 府文切, *pi̯wǝn > pi̯uǝn(非文合 3)이어서 양자는 공히 臻攝에 속한다.

賣 (賣)「出物貨也. 从出 从買, 買亦聲.」

재물(貝)을 내어(出) 돈을 사는 일(買)이니 물건을 판다는 뜻이다. "쌀을 팔아 돈을 산다"는 우리말이 흥미 있다.

醉 (醉)「卒也. 卒其度量, 不至於亂也. 从酉卒, 卒亦聲. 一曰酒潰也.」

술(酉)을 어지럽지 않을 만큼 바닥이 나도록(卒：竭盡의 뜻) 많이 마신다는 뜻이다.「酒潰」는 酒漬(술에 물들다)의 잘못이다(段注).

酒 (酒)「就也. 所以就人性之善惡. 从水酉, 酉亦聲. 一曰：造也, 吉凶所造起也. 古者儀狄作酒醪, 禹嘗之, 而美遂疏儀狄, 杜康作秫酒.」

'酒'는 원래 술병(항아리)을 상형한 자였는데, 여기에 水를 붙인 것에 불과하다. 본문의 뜻은 인성은 본래 착한 것이나 술을 과히 마시면 예를 잃는다는 말이다. 고대에 儀狄이라는 사람이 술을 빚어 夏나라 禹王에게 바치니 禹王이 이를 마시고서 "장차 술을 마시는 자는 반드시 나라를 망칠 사람이 있을 것이다"라고 말하였다는 고사가 있다.

阱 (阱)「陷也. 从阜井, 井亦聲.」

평원(阜)에 샘(井)처럼 땅을 파놓고 짐승을 빠지게 하는 곳이니, 곧 陷阱(함정)이다.

隙 (隙)「壁際也. 从阜㿝, 㿝亦聲.」

㿝(벽틈 : 극)은 벽이 벌어진 틈 사이로 가느다란 광선이 새어 들어오는 광경을 나타내기 위하여 2자의 '小'를 '日'의 상하에 붙였다. '際'는 또「壁會」이니, 즉 '隙'을 말한다. 그러므로 隙(극)은 토벽이 갈라진 틈을 가리킨다.

釦 (釦)「金飾器口, 从金口, 口亦聲.」

그릇에 금테를 두르는 것을 뜻한다.

鉤 (鉤)「曲鉤也. 从金句, 句亦聲.」

쇠(金)가 굽은(句) 것이니, 즉 갈고리이다.

笱 (笱)「曲竹捕魚笱也. 从竹句, 句亦聲.」

대나무(竹)를 구부려(句) 만든 고기잡이 도구(통발)를 가리킨다.

雊 (雊)「雄雉鳴也. 雷始動, 雉鳴而句其頸, 从隹句, 句亦聲.」

장끼가 울 때는 그 목이 구부러진다 하여「句＋隹」를 합하였다. 《詩經》(小弁)에 "雉之朝雊, 尙求其雌"(장끼가 아침에 저리 우는 건, 자기 짝 까투리를 부르는 소리)라는 시구가 있다.

餽 (餽)「吳人謂祭曰餽, 从食鬼, 鬼亦聲.」

귀신에게 제사를 올리는 것이 餽(궤)의 본뜻이었으나, 차츰 그 뜻이 변하여 진지를 올린다는 뜻의 '饋'(궤)와 동의로 쓰이게 되었다. 餽, 饋는 *giwɛd(giwəd)＞gjwi로 동음이고, '鬼'는 居偉切 *kịwər(kịwəd)＞kjwẹi(見尾合 3)이므로 운모가 다 止攝에 속한다.

饗 (饗)「鄕人飮酒也. 从鄕 从食, 鄕亦聲.」

중국 고제에 3년에 한 번씩 제후(公, 侯, 伯, 子, 男)의 鄕大夫들이 재능이 뛰어나거나 품덕이 높은 사람들을 賓禮로써 초대하여 함께 술을 마시고 또 제후에게 헌납하는 일이 있었는데, 이를 가리켜 鄕飮酒禮라고 한다.

　본문의 「鄕人」은 지금과 같은 시골 사람의 뜻이 아니고 고제의 행정 구역명으로서의 鄕에 속한 사람이다. 鄕人飮酒란 이들이 한 자리에 모여 술을 마신 의식을 말한다. 일종의 養老之禮의 의식이라 하겠다.

　閨 (閨) 「特立之戶, 上圜下方, 有似圭, 从門圭, 圭亦聲.」

　《釋名》의 釋宮에 보면 궁중의 門은 闈(위)라고 하는데, 그 중 작은 것을 閨(규)라 칭한다 하였다. 위는 둥글고 아래는 네모진 모양이 마치 '圭'와 방사하여 「門＋圭」를 합하였다는 것이다. 인하여 출입문 안에 있는 여자의 거실을 가리키게 되었다(閨秀 참조). '圭'는 上圜下方의 瑞玉을 가리킨다.

　閽 (閽) 「常以昏閉門隷也. 从門 从昏, 昏亦聲.」

　해질 무렵(昏)에 문을 잠그는 일을 맡은 사람, 즉 문지기를 가리킨다. 한 예로 '閽禁(혼금)이란 관청에서 雜人의 출입을 금지함을 뜻한다.

　劑 (劑) 「齊也. 从刀 从齊, 齊亦聲.」

　'齊'는 벼·보리 이삭이 가지런한 모양을 본뜬 지사자인데, 여기에 칼(刀)을 더하였다. 칼로 사물을 자르면 하나같이 均一, 齊一한 모양이 될 것이다.

제 5 장
形　　聲

제 1 절　形聲 槪說

1.　定義와 內容

형성이란 무엇인가?《說文》敍에 의하면

「形聲者, 以事爲名, 取譬相成, 江河是也.」

라고 간단히 정의하고 '江·河'자를 예로 들어 놓았다.

위의 정의에 대하여 段玉裁는 注에서 다음과 같이 해설하고 있다.

"事兼指事之事, 象形之物, 言物亦事也. 名即「古曰名, 今曰字」之名. 譬者, 諭也; 諭者, 告也. 以事爲名, 謂半義也; 取譬相成, 謂半聲也. 江河之字, 以水爲名, 譬其聲如工可, 因取工可成其名."

(事란 지사의 事와 상형의 物을 겸하니 物도 또한 事이다. 名은 옛날에는 名이라 하고 지금은 字라고 하는 바의 '名'이다. 譬는 諭의 뜻이고 諭는 알린다는 뜻이다. 「以事爲名」이란 半은 뜻이라는 말이고,「取譬相成」이란 그 半은 聲(音)이라는 말이다. 江, 河와 같은 한자는 '水'가 '名'이 되고, 工, 可가 그 성음을 나타낸다. 그러므로 工, 可가 사물의 이름을 이룬다.)

이와 같이 「以事爲名」이란 사물로써 문자를 만든다는 뜻이니, 곧 사물의 形(半義)을 가리키고, 「取譬相成」이란 여러 가지 낱말 중에서 어떤 사물이나 사건에 해당하는 聲(半聲)을 나타낸다는 말로 이해된다. 예를 들면 '江, 河'는 그 기본 속성이 물에 속하므로 '水'를 形符(또는 義部)로 삼고, 여기에 '工, 可'를 聲符(또는 音符 : phonetic determinative) 로 취하여 그 대상의 성음을 나타낸다. 이처럼 독립적인 둘 또는 그 이

상의 문자를 결합하되 그 중 한 성분은 해당 한자의 뜻을 나타내고, 또
한 성분은 성음을 나타내도록 조자한 한자를 形聲字라고 한다.

주지한 바와 같이 문자는 언어를 기록하는 부호이다. 중국 고대인
들은 長江의 물이 바윗돌에 부딪히면서 흘러갈 때「工工」에 가까운 소
리가 나는 것을 듣고 그 성음을 흉내내어 이를「工」이라고 불렀다. 한
편, 黃河의 물이 沙土 위를 유유히 흘러 가면서 내는「可可」소리를 듣
고 그 성음을 흉내내어 이를「可」라고 부르게 되었다.[1]

그 뒤로 문자를 만들 필요가 생겼을 때 두 강의 형상을 본뜨기도
어려울 뿐 아니라 事 또한 지시할 방법이 없었고, 뜻은 더욱 나타낼 도
리가 없었다. 그리하여 마침내 조자자들은 '工, 可'자에서는 그 음을 취
하고 그 옆에 '水'형을 가하여 각각 '江, 河' 2자를 만들어 낼 수가 있었
다. 그러므로 '江, 河'는 長江(揚子江)과 黃河의 고유명으로 쓰이게 되었
는데, 이것이 바로 형성자를 최초로 만들게 된 과정이었다.

이렇게 둘 또는 그 이상의 독립 문자를 결합하는 방법면에서는 회
의자의 구성 방법과 다름이 없다. 그러나 회의는 뜻과 뜻을 결합하여
또 다른 새로운 뜻을 가진 문자를 만든 조자법(形形相益)임에 반하여,
형성은 뜻을 나타내는 문자와 성음을 나타내는 문자를 결합하여 새로
운 문자를 만들어 내는 조자법(形聲相益)이라는 점에 근본적인 차이가
있다. 이런 점에서 회의를 병렬 결합(coordinative compound)이라 한다
면, 형성은 종속 결합(subordinative compound)이라고도 이를 만하다. 왜
냐하면 형성자는 義部(形)가 주가 되고, 音符(聲)는 본래의 자의와는
무관하게 제3의 한자가 나타낸 의미나 성질 등을 수식·한정하는 부
속적 기능을 가진 점에서이다. 이렇게 볼 때 형성자는 가차의 원리를
십분 활용한 조자법이라고 하겠다.

한자의 조자법 중에 상형과 지사, 또는 회의만으로는 새로운 문자
를 만들어 내는 데 한계가 있다. 그러나 이 가차의 활용은 앞의 세 가
지 방법으로 나타내기 어려운 사물은 물론 추상적 관념이나 개념을 그
것과 동음 또는 유사음(雙聲, 疊韻 관계를 말함)을 가진 제3의 문자를
성부로 이용하여 표현이 가능하기 때문에 형성자의 탄생은 한자의 발

(1) 林尹(1971; 130) 참조.

전에 있어서 획기적인 의미를 지닌다. 그리하여 자형에 구애를 받았던 한자의 유한적 조자법이 그 제약을 벗어나 많은 수의 한자를 만들어 냄으로써 언어발달과 변천에도 대응력을 가지게 되었다.⁽²⁾ 때문에 이 범주에 속한 종류의 문자를 일찍이 劉歆(B.C. 53?~A. D. 23)이나 班固 (32~92)는 象聲이라 하고, 鄭衆(?~83)은 諧聲으로 칭하였다. 이것은 형성에 있어서 성부가 차지한 중요성을 강조한 명칭이다. 《說文》의 9,353자 중 형성자가 7,697자로서(林尹, 1971: 61) 80% 이상을 점한 사실은 이 때문이다.

그러므로 여기에서 형성자의 골격이 되는 形符와 聲符의 성질과 기능에 대하여 살펴볼 필요가 있다.

2. 形符의 성질과 기능

형부(義部)가 형성자에 있어서 뜻을 나타내는 구성 요소라는 점은 앞에서 이미 지적하였다. 말하자면 '鳥'를 형부로 취한 형성자는 대개가 鳥類에 속하고, '金'을 형부로 취한 형성자는 그 근본이 金屬類이며, '艸'를 형부로 취한 형성자는 대개 草本植物을 가리킨다. 또 '木'을 형부로 취한 형성자는 허다히 나무의 종류나 상태 또는 목재 제품 등 木本植物을 바탕으로 하는 사물 또는 뜻을 나타내는 자들이다.

그리고 '水'자 역시 '물', '내(川)의 흐름', '水液' 등과 같이 넓은 의미를 가지고 있다. 그런데 河川의 이름이라든가 특수한 물의 흐름, 水流의 상태, 액체의 성질이나 상태 등도 가능하면 명확히 나타낼 필요가 있다. 그렇지만 이러한 천차만별의 상태를 나타내는 데는 아무리 뛰어난 조자력을 가지고도 도저히 대응하기는 어렵다. 언어의 성질은 단절적이어서 유한성을 면하기 어렵지만 자연계의 현상은 무한한 존재로서 계기적 변화가 진행되고 있기 때문이다. 그러므로 형부에서는 의미상 어떤 공통적 요소를 추출하는 방법을 택할 수밖에 없다.

---

(2) 形聲 방법은 지금도 새 문자를 만드는 데 쓰이고 있다. 中國의 簡化字에서 이를 확인할 수 있다. 예컨대 像→仿, 憶→忆, 華→华, 識→识, 運→运 등이 그것이다. 日本의 어느 대학 간판에는 기숙사의 뜻으로 宧(寮)자를 쓴 예도 본 적이 있다.

가령 인체 중의 頁(머리 : 혈)자를 예시하여 보기로 하자. 이것은 원래 사람의 머리를 상형한 자인데, 여기에 머리 부분이나 상태 등을 나타내는 수식 요소로 성부가 결합되어 다음과 같이 인간이나 동물의 頸部 또는 얼굴 부분과 관계가 있는 낱말(문자)이 만들어진다.

頃(머리를 기울이다), 頂(머리의 최상부인 이마), 項(머리 아래의 목덜미), 須(턱수염), 順(순진한 얼굴 표정), 頑(딱딱한 머리→얼굴), 頌(얼굴 생김새), 頒(큰 머리), 碩(머리가 크다), 頗(머리가 한 쪽으로 기울어지다), 領(머리 아래의 곧은 목), 頤(아래턱), 頰(빰), 頜(아랫볼), 顧(머리를 돌려 돌아보다), 顥(머리가 희다), 顔(얼굴), 願(큰 머리) 등.[3]

위의 한자들에서 지금은 의미가 변하여 본뜻을 찾기 어려운 자도 있지만 '頁'을 형부로 취한 까닭은 애초에는 이와 관련이 있었던 증거이다.

《說文》의 각 部首字 아래에는 「凡x之屬 皆从x」라는 전제를 붙여 놓았다. 그것은 《說文》 540 부수의 절대 다수가 형성자의 형부 구실을 하기 때문이다. 그러므로 형성자의 원래의 자형과 의미를 정확히 파악한다면 비록 이를 수식하고 보완하기 위하여 여러 가지 성부가 결합되었을지라도 의미의 공통 자질을 파악할 수 있다. 형성자에 있어서 형부의 역할과 기능은 바로 이와 같다.

의미 범주의 건립을 전체로서 볼 때는 형부는 형성자의 기초가 되었던 시기에 있어서 중국인의 관념 체계와 구조의 일면을 반영한 것으로 볼 수 있다. 이 의미 범주는 전적으로 의미에 대한 범주이므로 고대 중국인들이 삼라만상에 대하여 그 관념을 몇 종의 범주로 유별하였는가를 알게 한다. 위에 말한 《說文》의 540 부수는 당시에 의미적 요소만을 추출하여 배열한 것이다. 이것은 한자의 의미적 계열을 고려할 경우에 매우 적절한 방법이었을 것이다. 《說文》의 9,353자 중 가장 많은 자가 소속된 부수자는 '水'부(465 자)이고, 다음으로 艸(445 자), 木(421 자), 手(266 자), 心(263 자), 女(248 자), 人(245 자), 金(197 자), 玉(124 자), 馬(115 자)와 같다. 그런가 하면 단 1자밖에 없는 부수는 '三, 凵,

---

(3) 水上靜夫(1983 : 169) 참조.

久, 才, 易, 亥……' 등 36자, 2자만을 가진 부수도 158부나 된다.[4]

3. 聲符의 성질과 기능

형성자에서 또 하나 중요한 요소는 음을 나타내 주는 성부(音符)
이다. 여기에 이용된 자형은 대개 그 본뜻이나 통용 의미와는 관계 없
이 몇 개의 의미를 가진 새로운 문자를 만드는 구실을 한다.

王筠은 《說文釋例》에서

"聲者, 造字之本也. 及其後也, 有是聲, 卽以聲配形而爲字, 形聲一門之
所以廣也."

(소리란 조자의 기본이다. 어느 때라도 소리가 있으면 그 소리를 형(부)에
다 배합하므로 형성자의 수가 많아진다.)

라는 말을 하고 있다. 王筠의 설명을 근거로 하면 먼저 聲이 있은 다음
에 문자가 생겼기 때문에 聲은 語根이 되고, 形은 表義가 된다고 볼 수
있다. 형성자란 聲에다 形을 배합한 것(以聲配形)이라면 形은 字의 類
를 나타내는 기능에 불과하고, 성부가 오히려 어근의 구실을 한다고 생
각할 만하다.

그러면 형성자에서 성부는 어떤 구실을 하는 것일까. 단순히 음만
을 나타내 주는 것인지, 아니면 의미면에도 작용을 하는 것인지가 문제
이다. 중국 문자학자들은 흔히 두 가지 기능을 가진 것으로 다루어 왔
다. 말하자면 表聲 기능과 表義 기능의 이중 역할을 성부가 맡는다는
점이다.

(1) 表聲 기능

형성자와 그에 딸린 성부와의 성운 관계를 밝히는 일은 매우 중요
한 사항이면서도 실제는 가장 어려운 과제에 속한다. 중국에서 한자가
창조되기 시작한 시기는 정확하게 잘라 말하기 어렵지만 현재 발견된
갑골문자만을 보더라도 늦잡아 殷나라 武丁 시대(B.C. 1324~)까지 소

---

(4) 자세한 통계는 阿辻哲次(1985: 148-153) 참조.

급된다. 이에 비하여 許愼의 《說文解字》는 後漢 때(100)에 완성된 것이 므로 1400여년의 시간적 차이가 있다. 한편 지금으로부터 《說文》 시기 까지는 1900년 가까운 시차가 있음을 고려한다면 이 기간 동안 漢音의 음운 구조는 물론 개별적 字音도 어느만큼 달라졌을지는 능히 예측할 수 있다. 그러므로 漢語의 상고음을 연구하는 주요 자료 중의 하나가 바로 형성자이다.

이러한 어려운 문제를 전제하면서 이제 형성자와 성부의 성운 관계를 분석하여 보면 다음과 같은 유형을 추출할 수 있다.

(1) 聲과 韻이 완전히 같은 것 :

〈예〉 禛 : 「以眞受福也. 从示 眞聲.」

　禛 : 側鄰切 *tjen > tɕǐěn (照眞開 3)

　眞 : 〃 〃 (〃)

'禛'자는 형부 '示'와 성부인 '眞'이 합한 형성자인데, '禛, 眞'의 성운 이 완전히 같은 예이다.

(2) 聲韻은 같으나 聲調가 다른 것 :

〈예〉 禧 : 「禮吉也. 从示 喜聲.」

　禧 : 許其切 *(xiəg) > xji (曉之開 3) : 평성

　喜 : 虛里切 *xiəg > xji (曉止開 3) : 상성

　　　　根 : 「木株也. 從木 艮聲.」

　根 : 古痕切 *kən(kên) > kən (見痕開 1) : 평성

　艮 : 古恨切 *kən > kən (見恨開 1) : 거성

(3) 聲은 같으나 韻이 다른 것 :

〈예〉 犀 : 「犀遲也. 从尸 辛聲.」

　犀 : 先稽切 *siər(sied) > siei (心齊開 4)

　辛 : 息鄰切 *sjěn > sǐěn (心眞開 4)

(4) 韻은 같으나 聲이 다른 것 :

〈예〉 祥 : 「福也. 从示 羊聲.」

　祥 : 似羊切 *dzjaŋ(zjaŋ) > zjaŋ (邪陽開 4)

　羊 : 與章切 *zjaŋ(gjaŋ) > jaŋ (喩陽開 4)

(5) 聲과 韻이 완전히 다른 것 :

〈예〉 妃:「匹也. 从女 己聲.」

　　妃:芳非切 *pʻįwər(pʻįwəd) > pʻjwĕi (敷微合 3)

　　己:居理切 *kįəg > kji (見止開 3)

그러면 형성자 중의 어떤 음은 어찌하여 그에 딸린 성부의 음과
완전히 다른 것이 있게 되었을까. 이는 바로「無聲字多音」에 연유한다.
이 점에 대하여 黃侃은 다음과 같이 그 연유를 설명하고 있다.[5]

> "形聲字有聲子與聲母聲韻不同者, 實因此一聲母或聲母之母爲無聲字,
> 當時兼有數音, 而數音中之某一音, 正與此聲子之本音相同, 故取以爲聲.
> 其後無聲字漸失多音之道, 此一聲子所从之聲母, 再不復存有與此聲子相
> 同之音讀, 故聲韻全異, 乃滋後人疑惑也."(번역 생략)

위의 引文에서「聲子」는 곧 형성자를 가리킨다. 그리고「聲母」는
형성자의 성부이며,「無聲字」란 상형, 지사, 회의처럼 성부를 가지지 않
은 한자를 가리키는 용어이다.

한자는 일시에 한 지방에서 한 사람에 의하여 만들어진 것은 결코
아니다. 한자를 창조한 사람의 의식도 서로 다를 뿐 아니라, 방언의 차
이도 있는 것이어서 같은 무성부의 한자에 대해서도 각각 상이한 의식
과 독음이 생겼으리라는 점은 능히 짐작할 수 있다. 예를 들면《說文》
에 있는 ' ㅣ '은「下上通也」의 뜻으로 중고음은 古本切 kuən(見混合 1)이
다. 그런데「引而上行」이면 '囟'과 같은 음으로 읽고,「引而下行」이면
'退'와 같은 음으로 읽는다고 하였으니[6] 결국 '곤·신·퇴' 등 3종의
독음을 가진 셈이다. 또 屮은 '徹'과 같은 독음자인데, 한편 고문에서는
'艸'자로도 쓰였다(古文或以爲艸字) 하니 '屮' 역시 '철, 초' 등 2음을 가
진 셈이다.

그리하여 이러한 연유를 미처 살피지 못하였던 후세의 문자학자
중에는 형성자와 성부의 성운이 다른 점만을 보고 음성적으로 하등의
관계가 없다 하여 회의자로 간주한 일이 있었다. 그 한 예로 段玉裁는

---

(5) 林尹(1971) p. 132 재인용.
(6) ㅣ「下上通也, 引而上行 讀若囟, 引而下行 讀若退」《說文》.

'妃'와 '己'가 성운이 다르기 때문에 '妃'를 「女＋己」의 회의로 고쳐 놓은 것을 볼 수 있다.[7] 이것은 '己'가 일종의 무성부 문자이어서 문자를 처음 만들 당시에 아마도 '妃'와 동일한 독음을 가졌었기 때문에 '妃'는 '己'를 聲으로 취하였으리라는 점을 간과하였기 때문이다.[8]

이제 《說文》에 수록된 皀(고소할 : 흡)자를 들어 위의 사실을 예증하여 보기로 하자. '皀'도 역시 무성부자이어서 중고음(《광운》 반절)에 따르면 다음의 4종이 있었던 것 같다.

皀 : 居立切 kiəp （見緝開 3）
　　彼側切 fiək （＜piək）(非職開 3)
　　彼及切 fiəp （＜piəp）(非緝開 3)
　　許良切 xiaŋ （曉陽開 3）

그런데 《說文》에 보면 鵁(오디새 : 겁)자에 대하여 「鵁鵁也. 从鳥皀聲」으로 풀이하였고, 음은 彼及切이니 fiəp（＜piəp）이다.[9] 반면에 鄉(향)자는 「从𨛜皀聲」이지만 음은 許良切의 xiaŋ이다.

이처럼 같은 "从皀聲"의 자가 하나는 piəp이고, 하나는 xiaŋ이니 전연 그 성운이 다르다. 이것은 무성부자가 다음을 가진 때문인데, 만약 《說文》에 '皀'자에 대하여 「又讀若香」이라는 독음 표기가 없었다고 하면 '鄉'에 딸린 성부 '皀'은 彼及切로만 이해하고 성운이 모두 달라서 「妃, 从女己聲」의 예와 마찬가지로 우리에게 의심을 던져 주었을 것이다.

따라서 앞의 (5)의 경우와 마찬가지로 형성자 중에는 성부자와 성운이 완전히 다른 예가 생기게 된 까닭을 알 수 있다. 다시 말하여 無聲字가 多音을 가진 까닭임을 부정할 수 없다.

다음으로 형성자의 성부는 漢語에 있어서 의성어(onomatopoeia)의 형성에도 참여한다. 예를 들면 '鴉'는 「从鳥牙聲」의 형성자인데, 이는

---

(7) 段玉裁 《說文解字注》, p. 620.
(8) 여기에서 일단 상정해 볼 수 있는 문제는 '己'가 어느 이른 漢音 시기에 *kiəg(> kji)계와 *p'wəd(> p'uʌi)/*p'iwər(> p'iwei)계의 양종 독음이 있었다고 가정해 보는 일이다(즉 방언 차이의 一字 異讀 현상). 그렇게 되면 '忌·記'음과 '妃·配'의 차이의 원인을 찾을 수 있을 것이다.
(9) '鵁'자는 《廣韻》에 彼及切 〔piəp〕> pi⁴(現中音), 居輒切 〔kiəp〕> tɕie²의 두 음이 있는데, 한국음에서는 후자의 전승음인 '겁'만이 전하고 있다.

가마귀의 우는 소리가 '牙'음에 가까웠기 때문이다. 또 '舸·鵝'는 각각
「从可聲, 从我聲」의 자들인데, 거위의 우는 소리가 '可, 我'음에 근사하
였으므로 본뜻과는 관계 없이 음만을 나타내는 성부로 붙였을 뿐이다.
'鷄, 江, 河, 銅, 鐵' 등의 자도 모두 "以聲命名"의 형성자에 속한다. 이
들은 대개 명사가 많다.

　　이와는 약간 달리 嚶(앵)은 「从嬰聲」의 형성자인데 새들이 지저귀
는 소리의 상태를, 呦(유)는 「从幼聲」으로 사슴이 우는 소리의 상태를
표음한 자이다. 嗾(수·주)는 「从族聲」으로 가축이나 개가 짖는 소리의
상태를, '吐'는 「从土聲」으로 구토하는 소리의 상태를 나타낸 자들이다.
이들은 대개 동사에 속하므로 狀聲字라고도 한다.

(2) 表義 기능

　　다음으로 형성자의 성부는 表聲의 구실 외에 表義의 기능을 가진
다. 宋대의 문자학자이었던 王子韶(字, 聖美)는 일찍이 "右文說"을 주
창한 바 있다. 沈括(1030~1094)의 《夢溪筆談》(권 14)에 의하면 다음과
같은 설명이 나온다.

> "王聖美 治字學, 演其義以爲右文, 古之字書, 皆從古文. 凡字, 其類在
> 左, 其義在右. 如木類, 其左皆從木. 所謂右文者, 如戔, 小也. 水之小者
> 曰淺, 金之小者曰錢, 歹而小者曰殘, 貝之小者曰賤. 如此之類, 皆以戔爲
> 義也."(번역 생략)

　　이 말은 곧 대개의 한자는 사물의 종류를 나타내는 形이 왼쪽에
있고 그 뜻은 오른쪽의 성부에 있다고 하며 '淺·錢·殘·賤'자를 예로
든 내용이다. 그리하여 淸대의 段玉裁는 여기에 덧붙여 《說文》을 주석
하면서 "聲與義同源"과 "凡形聲多兼會意" 등의 설을 내놓았던 것이다
(pp. 717~720 참조).

　　그러면 '句'자를 들어 형성자의 성부가 어떻게 表義의 구실을 하는
가를 예시하여 보기로 하겠다.

　　《說文》에 의하면 '句'자에 대하여 「曲也. 从口 니聲」으로 풀이하였
다. 여기에서 '句'에는 '曲'의 뜻이 들어 있음을 알 수 있다. 그러면 어

찌하여 그러한 뜻을 가지게 되었을까. 이는 '니聲'을 검토하면 연유를 밝힐 수 있다. 《說文》을 보면 니(넌출 : 구)에 대하여 「相糾繚也, 一曰: 瓜瓠糾니起」라고 풀이하였다. '니'는 서로 꼬여 얽힌다는 뜻의 지사자이다. 말하자면 어떤 사물이 있을 때 넌출이 이를 꼬아 얽으면서 뻗어나는 것이기 때문에 구불구불하여지게 마련이다. 그러므로 '句'(ﻭ)가 '曲'의 뜻을 가지게 된 것은 바로 이 '니'聲 때문이다. 동시에 '句'를 성부로 취한 한자 중에는 허다히 '曲'의 뜻이 내포되어 있음을 알려 준다.[10]

다음은 그 예의 일부를 제시한 것이다.

(1) 笱 : 「曲竹捕魚笱也. 从竹句, 句亦聲.」
대를 구부려 만든 고기 잡는 도구를 가리킨다.

(2) 鉤 : 「曲鉤也. 从金句, 句亦聲.」
쇠붙이를 구부려 만든 갈고리를 가리킨다.

(3) 跔 : 「天寒足跔也. 从足 句聲.」
날씨가 차므로 발이 곱아 펼 수 없다는 뜻으로 원래 《周書》에서 유래한 말이다. 그리하여 段玉裁는 "跔者, 句曲不伸之意"라고 注하였다.

(4) 朐 : 「脯挺(脡)也. 从肉 句聲.」
《公羊傳》(昭公 25년)에 "與四脡脯"라는 말이 있는데, 그 注에서 "屈曰朐, 申曰脡"이라고 하였다. 즉 마른 고기의 포(脯)를 가리킨다.

(5) 翑 : 「羽曲也. 从羽 句聲.」
새의 날개가 굽은 것을 가리킨다.

(6) 痀 : 「曲脊也. 从疒 句聲.」
사람이 병이 들어 곱사등이가 된 것을 가리킨다.

(7) 耇 : 「老人面凍黎若垢. 从老省 句聲.」
朱駿聲은 《說文通訓定聲》에서 "老人背傴僂也"라 하였다. 《爾雅》釋詁, 《毛傳》 등에서도 '耇, 老'는 다 수명이 길다는 뜻으로 풀이하였는데, 孫炎도 "耇, 面凍黎色如浮垢, 老人壽徵也"라 한 말을 상기하면 결국 노인이 오래 살아 등이 구부러진 것을 뜻함이라 하겠다.

---

(10) "凡從句者 皆訓曲"《段注》'雊'자 下注.

(8) 絇：「繘繩絇也, 从糸 句聲.」

익힌 실로 견 그물, 또는 신코를 꾸민다는 뜻이다.

(9) 軥：「軛下曲者. 从車 句聲.」

소의 멍에가 위는 평평하여도 아래로 내려오면서 구부러진 것을 가리킨다.

(10) 枸：「枸木也. 从木 句聲.」

굽은 나무를 가리킨다.

(11) 刨：「鎌也. 从刀 句聲.」

낫의 모양이 구부러진 것을 뜻한다.

(12) 苟：「苟艸也. 从艸 句聲.」

苟草는 曲生草를 가리킨 것이나, 가차하여 '誠·且·假'의 뜻으로도 사용된다.

(13) 雊：「雄雉鳴也. 雷始動雉乃鳴, 而句其頸. 从隹 句聲.」

장끼가 그 목을 구부리고 운다는 뜻이다.

(14) 姁：「嫗也. 从女 句聲.」

노파의 허리가 구부러진 형상을 착안하여 만든 자로 결국 老傴(할미)의 뜻이다.

이상의 한자들은 모두 句聲을 수반하고 있는데, 이 중 (1)~(2)는 겸성회의에 속하지만 '曲'의 뜻을 가진다. 그 나머지는 모두 형성자들인데, 역시 '曲'의 뜻을 내포하고 있다. 따라서 句聲을 수반한 한자들은 자의상 굽은 것을 가리키는 뜻이 심층에 숨어 있음을 확인할 수 있다.

그러나 형성자에 딸린 성부라고 어느 것이나 모두 일정한 의미를 가지는 것은 아니다. 앞에서 본 바와 같이 어떤 것은 음만 있을 뿐 하등의 뜻이 없는 성부가 있다. 의성어를 표기한 자와 상성을 나타낸 자가 그 예이다.

다음에는 造字時 성부를 가차한 형성자를 살펴보기로 하자. 자형상으로는 뜻이 없을지라도 基底音에서 본뜻을 밝힐 수 있는 예로 '祿'자를 들 수 있다. 彔(나무 깎을 : 록)과 '祿'자는 의미면에서는 아무런 관계가 없음에도 불구하고 '彔'聲에서 뜻을 추구할 수 있다. 그 근거는 '彔'과 '鹿'이 동음인 데에 있다. 사냥을 할 때 사냥꾼이 사슴을 만나면 어찌 福祿스런 일이 아니겠는가.《說文》에 의하면 「从鹿聲」자 중에는 그 重文으로 '彔'을 취한 것이 있다. 예를 들면 '麓'은 그 重文으로 '촜' 을 썼고, '漉'은 '淥'을 重文으로 가지고 있다.

이와 같이 '祿'자를 만들 당시에 '鹿'을 '彔'으로 가차하였기 때문에 자형에서는 뜻이 나타나지 않게 된 것이다(cf. 彔, 刻木, 彔彔也《설문》).

이 밖에도 '禍'는 「从示 咼聲」의 자인데, 이 경우 咼(괘)는 '虎'성의 가차이고, 丕(클 : 비)는 「从一 不聲」인데, '不'는 溥(클, 넓을 : 부)성의 가차이다.(11)

위에서 본 바와 같이 성부를 가차한 형성자들은 어음을 통하여 비로소 그 뜻을 추구할 수밖에 없는 자들이다.

그러면 어찌하여 語音은 흔히 語義와 관계가 있는 것일까. 그 이유를 음의 자질(feature)과 상징성에서 찾으려고 노력한 일이 있다. 한 예로 朱桂耀가 「中國古代文化的象徵」에서 말한 내용을 소개하여 보겠다.

"중국문자상에는 어떠한 성음이 직접 어떠한 뜻을 나타낸 것이 있는데, 이것은 일종의 순수한 음의 상징이다. 예를 들면, 〔m〕음은 두 입술이 닿아서 나는 음으로 그 접촉의 부위가 매우 넓을 뿐 아니라 닿는 정도도 딱딱하지 않아서 파열음과 같은 강박감이 없다. 그리하여 우리는 일종의 관대한 감각을 느끼게 되고, 또한 鼻音을 발음할 때에는 한갓 沉悶의 감각이 있어서 〔m〕음을 가진 자들은 흔히 寬泛沉悶의 뜻을 함유한 것이 있다. '渺, 茫, 綿, 邈, 夢, 寐, 昧, 莫, 眇, 沒, 微' 등의 자가 그렇다. 한편 〔t〕〔d〕음은 혀끝이 윗잇몸에 닿아서 나는 음들이다. 잇몸은 두둑이 튀어 나온 부분인데, 다 혀끝도 그 부위가 특별히 현저하여 느끼는 감각이 가장 예민하다. 그러므로 〔t〕〔d〕음을 가진 자들은 허다히 어느 특정 의의를 함유한 것이 있다. 예를 들면, '特, 定, 獨, 單, 第, 嫡, 端, 點, 滴' 등의 자의가 그러하다. 또, 〔ts〕나 〔s〕와 같은 치두마찰음(dental fricative)은 성음이 극히 좁은 틈을 통하여 마찰되어 나오기 때문에 우리들은 이 음에서 곧 尖細分碎의 감각을 느끼게 된다. '細, 小, 尖, 鐵, 碎, 散, 撕, 漸, 沙' 등의 자가 그러하다. 이 밖에 〔l〕〔r〕와 같은 流音은 가장 구르기가 쉽다. 어느 것이나 둥그런 물건은 구르기가 쉬운 법이어서 이러한 음을 이용하여 圓形의 사물을

---

(11) '溥'는 크다는 뜻인데, 이 자가 고대에는 흔히 '不·丕'자와 통용되었던 점을 고려하면, 당시에 벌써 '不'를 크다는 뜻으로 가차하여 썼던 것 같다.

칭한 것이 있다. '輪, 廬, 顱, 檣, 螺, 轆' 등이 그러한 예들이다.[12]

음성 상징(sound symbolism, Lautsymbolik)에 대한 문제는 서구의 언어학에서도 일찍부터 거론되어 왔음을 우리는 잘 알고 있다. 음향과 어감 또는 의미의 뉘앙스의 관계 운운은 H. Paul의 Eine Verwandschaft zwischen dem Klang von Wörtern und ihrer Bedeutung[13](낱말의 음향과 의미와의 상관성)에서도 잘 나타난 사실이다. 특히 이러한 음성 상징이 한국어에서는 독특하게 발달되어 있음은 말할 필요도 없다.

그렇다고 위에서 말한 朱桂耀의 설명을 전면 긍정하려는 것은 물론 아니다. 또 모든 한자, 특히 형성자의 어의를 그러한 방법에 의하여 해석하기도 어렵다. 다만 한자에서도 음과 의미 사이에 그러한 일면성이 있음을 전연 배제하거나 부인할 수 없음을 말하려는 것이다.

여기에서 잠시 형성자에 있어서 同形 聲符의 문제를 살펴본다면 다음 세 가지를 들 수 있다(水上靜夫, 1983: 178~9 참조).

(1) 성부가 동형자이고 의미에도 공통성이 있는 것

逢(만나다), 蜂(벌), 峰(산봉우리), 鋒(창끝), 縫(꿰메다), 蓬(쑥), 烽(봉화)

이상의 한자들은 夆(봉)을 성부로 취한 형성자인데, 각각 그 뜻은 다를지라도 "양쪽으로부터 마치 바싹 다가서서 만나는 듯한 가늘고 긴 형상"의 공통성을 찾을 수 있다. 이것은 아래의 (3)과 더불어 단어 가족의 문제와 관련된다.[14]

(2) 성부가 동형자라도 자의가 완전히 다른 것

桐(가벼운 오동나무)의 '同'은 '風'자와 같이 바람에 가벼이 흔들거리는 나무의 뜻이 담겨 있고, 銅(붉은 금속, 구리)의 '同'은 彤(붉은 칠할 : 동)의 뜻과 통한다. 筒(대통)의 '同'은 '通'의 뜻이 있고, 恫(슬플 : 통)의 '同'은 '痛'과 통한다. 이처럼 성부가 동형자라도 형성자의 의미는 전연 공통성이 없다.

(12) 林尹(1971: 136)에서 재인용.
(13) H. Paul, *Prinzipien der Sprachgeschichte*, (1970) 5ed., p. 177.
(14) 藤堂明保 《漢字語源辭典》(1965, 東京)에서는 한자음을 통하여 단어 가족의 실태를 집중적으로 추구하고 있다.

(3) 성부가 이형자라도 자의가 상통한 것

肋(가슴 양쪽으로 능선처럼 불거져 보이는 갈비뼈 : 륵), 阞(땅의 줄기, 흙켜 : 륵), 陵(줄기처럼 보이는 언덕의 선 : 릉), 綾(무늬가 있는 비단), 凌(얼음의 줄기)에서와 같이 ‘力・夌’은 성부로서 자형은 다르지만 줄기, 결, 무늬와 같은 의미가 내포되어 있다. 이 밖에 ‘農’을 성부로 취한 형성자 중에는 두텁다는 뜻을 함유한 것이 있다.

襛「衣厚皃」(옷이 두툼하다), 醲(텁텁한 술), 濃(이슬이 많다. 무르녹다)[15](pp. 720～725 形聲字多兼會意說항 참조).

4. 形聲字의 배합 방식

형성자를 구성 요소로 분석할 때 형부와 성부의 배합 방식은 어떠할까. 일찍이 唐대의 유학자였던 賈公彥은 《周禮》(권 14. 保氏. 疏)에서 여섯 가지 방식을 제시한 바 있는데, 이를 알기 쉽게 예시하면 다음과 같다.

(1) 左形右聲(왼쪽이 형부이고 오른쪽이 성부인 형성자) :
化, 佛, 博, 均, 姻, 江, 河, 招, 枯, 鉛
(2) 右形左聲 : 刑, 收, 鳩, 鴿, 頭, 郊, 視, 雌
(3) 上形下聲 : 元, 字, 宙, 究, 孟, 草, 藻, 筒
(4) 上聲下形 : 召, 含, 婆, 娑, 悲, 忘, 照, 貸
(5) 外形內聲 : 團, 圍, 圃, 閣, 閥, 術, 衍, 匍
(6) 外聲內形 : 問, 聞, 悶, 辨, 輿, 衡, 齋, 齎

이상은 형성자를 단순히 그 배합상의 특징에 따라 분류한 것에 불과하지만 모든 형성자의 正例는 다 이 속에 포괄될 것이다.

자연의 세계에는 무한한 사물이 존재하고 인간이 심리적으로 가지는 관념이라는 것도 헤아리기 어렵게 많다. 이에 따라 언어도 신생, 성장, 사멸을 계속하며 끊임없이 변천하고 있다. 이리하여 표의성을 특징으로 하는 한자는 불가피하게 原義의 변천과 字類의 증가를 면할 수

(15) 段玉裁는 “襛・濃’자 下注에서 「農聲字皆訓厚」라고 하였다.

없게 되었다. 상형은 오로지 사물을 대별하고, 지사는 다만 事의 개념을 지시하는 데 그칠 뿐이다. 비록 회의는 상형이나 지사보다는 편리한 방법은 될지언정 역시 궁함을 면하기 어려웠다. 따라서 무수한 사물과 관념을 상형과 지사에 의지하여 그 형상이나 동작을 나타내기는 이미 어려웠다. 또 둘 이상의 문자를 결합하여 그 속에 숨은 뜻을 표출하는 일도 쉬운 일이 아니었다. 그리하여 문자를 불리는 일은 자연히 음성을 좇아 이른바 衍聲의 방법을 채택하지 않을 수 없게 되었다. 六書 四體 가운데 형성자가 가장 많은 것도 이 때문이다.

5. 形聲字의 구성 방법

그러면 이렇게 많은 형성자들은 도대체 어떻게 조자된 것일까. 《說文》에서 자형 구성을 해설한 바에 따르면 다음의 여섯 가지 방법을 추출할 수 있다. 이것은 형성자를 구조면에서 분류하는 기준이 된다. 기술의 편의상 형부를 X, 성부를 Y라 하고, 혹은 不成字의 부가 부호를 α, 이것이 나타내는 의미를 β라 한다면 다음과 같은 형식으로 분류할 수 있다.

(1) 从X, 从Y聲

형부와 성부의 형체가 모두 생략되지 않은 자로 형성자 중 가장 그 수가 많다(pp. 321~443).

　江「江水. 出蜀湔氐 徼外崏山 入海. 从水 工聲.」

(2) 从X省, Y聲

형부는 생체되고, 성부는 不省인 자(pp. 444~446).

　弑「臣殺君也. 易曰: 臣殺其君. 从殺省 式聲.」

(3) 从X, Y省聲.

형부는 不省이고, 성부가 생체된 자(pp. 447~453).

　齋「戒絜也. 从示 齊省聲.」

(4) 从X省, Y省聲

형부와 성부가 모두 생체된 자(p. 453).

量「稱輕重也. 从重省 曏省聲.」

(5)　从 X, α象β形, Y聲

形·聲 이외에 다시 不成字의 형체를 부가한 자(p. 454).

　　牽「引而前也. 从牛, 冖, 象引牛之縻也, 玄聲.」

(6)　从 XX, Y聲

회의에다 다시 성부를 부가한 자(p. 455).

　　碧「石之靑美者. 从玉石, 白聲.」

이상 6종에서 (1)은 正體形聲, (2)~(4)는 省體形聲, (5),(6)은 繁體形聲이라 칭한다. 따라서 정체형성은 형성자의 正例이고, 생체형성과 번체형성은 형성자의 變例라고 한다.

제 2 절　正體形聲

위에서 설명한 바와 같이 형성자를 구성하는 형부와 성부의 자형이 전연 減省되지 않은 완전 형태의 형성자를 정체형성이라고 한다. 이에 속한 한자들도 자세히 분류하면 제 1 절(p. 311)에서 본 바와 같이 성운간의 異同에 따라 5종이 있고, 형부와 성부의 위치에 따라(p. 319 참조) 左形右聲 등 6종이 있다. 그러나 이들을 따로 분류하는 일이 오히려 번잡할 것이므로 일괄 예시하여 나가기로 한다. 그리고 성부와 형성자와의 성운 대응 관계는 현대음으로 보아 이해하기 어려우리라고 생각되는 자례에 대하여만 간단히 보충 설명을 붙이기로 하겠다.

　　䤯 (代)「更也. 从人 弋聲.」

사람이 무엇을 '바꾸다, 고치다'의 뜻이다. 弋(익)의 중고음은 與職切 jək(喩職開 4)이고, 代는 徒耐切 dʌi(定代開 1)이므로 얼른 보아 두 음 사이에는 상관이 없는 듯하다. 그러나 Karlgren과 董同龢는 弋의 상고음을 *djək>jək으로, 代를 *dəg(d'əg)>dʌi로 추정하였는데, 이것이 사실이라면 '弋, 代'의 중국 상고음은 동계음이었을 것으로 생각된다.

佗 (他)「負何也. 从人 它聲.」

원래는 사람이 짐을 진다는 뜻이었는데, 여서에서 '他'로 변하고 '남'의 뜻으로 가차되었다. '它'는 '佗, 他'의 초문이다.

任 (任)「保也. 从人 壬聲.」

사람이 등에 무거운 짐을 진다는 뜻이다.

但 (但)「裼也. 从人 旦聲.」

사람이 옷을 벗어 몸뚱이를 노출함이 본뜻이었는데, 지금은 '다만'의 뜻으로 쓰인다. 袒(옷 벗어 멜 : 단)자에 본뜻이 남아 있다.

伯 (伯)「長也. 从人 白聲.」

장자, 장형을 칭한다. 甲文이나 金文에서는 白으로만 썼으므로 고문에서는 '白~伯'이 상통한다.

佛 (佛)「仿佛也. 从人 弗聲.」

사람이 사물을 자세히 살피지 않는 데서 방불하다의 뜻이 되었다. '佛'은 髴(비슷할 : 불)의 或字이다.

伸 (伸)「屈伸. 从人 申聲.」

사람(人)이 기지개를 편다(申)는 뜻에서 '늘어나다, 펴다'의 뜻을 가진다.

作 (作)「起也. 从人 乍聲.」

사람이 잠시(乍 : 사)도 쉬지 않고 활동한다는 데서 일어나다로 풀이하였다. 甲文형은 ⺊이니 '作'은 '乍'의 重文이다. 사람이 앉아서 工具를 쥐고 무언가 만들고 있는 형상을 나타낸 것으로 보인다.

佐 (佐)「助也《廣韻》. 从人 左聲.」

사람이 서로 돕는다는 뜻이다. 金文이나 篆文에서는 '左'로만 썼다.

住 (住)「止也《廣韻》. 从人 主聲.」

사람이 일정한 곳에 발을 멈추어(止) 산다는 뜻이다.

何 (何)「儋也. 一曰: 誰也. 从人 可聲.」

사람이 등에 짐을 지면 '可'와 비슷한 숨소리가 나오므로 可聲을 취하였다. 지금의 '荷'자가 이 뜻을 가지게 되자 '何'는 '어찌, 무엇' 등의 뜻으로 쓰이게 되었다. 본문의 '儋'은 擔(짐 : 담)의 뜻이다.

佳 (佳)「善也. 从人 圭聲.」

남녀의 자태가 옥(圭)같이 착하고 곱다는 뜻이다. 圭, 佳는 성모 〔k-〕가 같다.

供 (供)「設也. 从人 共聲.」

양손을 모아 윗사람에게 물건을 바친다는 뜻이다.

例 (例)「比也. 从人 列聲.」

사람이 서로 비슷한 사물을 비교함을 뜻한다. cf. 列(列의 고자)

侍 (侍)「承也. 从人 寺聲.」

고대에 조정 관부(寺 : 시)에 있는 관리(人)가 상관을 奉命하여 받들다의 뜻에서 널리 귀인을 모시다의 뜻이 되었다. 그러므로 侍는 "从人寺, 寺亦聲"의 겸성회의로 보는 것이 옳겠다. 본래는 사역에 종사하는 노예의 뜻이다.

使 (使)「令也. 从人 吏聲.」

명령을 내리는 상관이나 명령을 받는 관리 등을 총칭한 자이나, 흔히 윗사람이 아랫사람을 부리는 뜻으로 쓰인다. 이 역시 겸성회의로 보는 것이 옳을 것이다.[16]

依 (依)「倚也. 从人 衣聲.」

사람은 옷(衣)에 의지하여 신체를 보호하므로 의탁한다는 뜻을 가지게 되었다.

係 (係)「絜束也. 从人 系聲.」

---

(16) 許愼이 形聲으로 풀이한 한자 중에는 자세히 살펴보면 兼聲會意로 볼 수 있는 자들이 많다. 이러한 예는 설명 중 聲符字를 ( ) 안에 넣어 나타내기로 하겠다.

'系'의 金文형은 이니 실을 이은 형상을 나타낸 자이다. 사람이 실을 꼬아 묶는 뜻을 보여준다. cf. 絜(묶을 : 혈)

(俗)「習也. 从人 谷聲.」

한 고을(谷)에 사는 사람은 배워 온 풍속이 같다.

(俊)「材過千人也. 从人 夋聲.」

才識이 민첩하게(夋) 뛰어난 사람을 칭한다.

(促)「迫也. 从人 足聲.」

스스로 사람을 보행시켜(足) 접근한다는 뜻에서 재촉의 뜻을 가지게 되었다.

(俱)「皆也. 从人 具聲.」

서로 어울려 함께 일을 하는 사람을 가리킨 데서 '다, 함께'의 뜻이 되었다.

(倒)「仆也《說文新附》. 从人 到聲.」

'到'는 '至'와 같으므로 사람이 거꾸러짐을 뜻한다.

(倫)「輩也. 从人 侖聲. 一曰: 道也.」

《六書故》에서는 "車以列分爲輩"라고 하였다. 따라서 倫은 인간의 질서·차례를 뜻한다.

(倍)「反也. 从人 音聲.」

사람끼리 서로 등진다는 뜻이다. '音'의 원자형은 否(침 뱉을 : 투, 부)이다. cf. 偝(어길 : 배)

(修)「飾也. 从彡 攸聲.」

사람이 옷가지 따위를 정결하게 꾸민다는 뜻인데, 고문에서는 '修, 攸(유)'가 상통하였다.

(値)「持也. 从人 直聲.」

두 사람이 상대할 때 신분과 역량이 대등하다는 뜻이다.

(候)「司望也. 从人 侯聲.」

사람이 화살을 쏠 때처럼(矦, 侯의 고자) 살펴 바라본다는 뜻이다.

(假)「非眞也. 从人 叚聲.」

내실과 외형이 불일치함을 말한다. 金文에서는 叚(빌릴 : 가)를 동시에 '假'의 뜻으로 썼다.

(健)「伉也. 从人 建聲.」

품덕, 지능, 체격 등이 완전무결한 사람을 가리킨다.

(偶)「桐人也. 从人 禺聲.」

나무나 흙으로 만든 人像을 가리킨다. 朱駿聲은 "相人"으로 풀이하였다.

(偉)「奇也. 从人 韋聲.」

'韋'는 相背의 뜻이 있으므로 보통 사람보다 뛰어나게 큰 사람을 가리킨다.

(停)「止也《說文新附》. 从人 亭聲.」

사람이 길을 가다가 亭舍에서 잠시 멈추는 것을 뜻한다. 亭은 「民所安定」의 정자를 가리킨다.

(側)「旁也. 从人 則聲.」

인체가 한 쪽으로 기운다는 뜻이다.

(傑)「敖也. 材過萬人也. 从人 桀聲.」

나무가 홀로 우뚝 솟아 있듯이(桀, 빼어날 : 걸) 재주가 뛰어난 사람을 일컫는다. cf. 埶(심을 : 예)

(傍)「近也. 从人 旁聲.」

사람과 사람의 거리가 가까움을 말한다. 그러나 '旁'은 「併船」의 뜻이므로 애초에는 두 척의 배를 나란히 이어 놓은 것을 조종한 사람을 가리켰던 것으로 생각된다. 그러면 겸성회의자가 된다.

儞 (備)「愼也. 从人 甫聲.」

사람이 정성스럽게 물건을 예비로 갖추어 둔다는 뜻이다. 그러나 甲文의 㠯는 화살을 담아 놓는 기구를 상형한 자로 보인다.

僅 (僅)「材能也. 从人 堇聲.」

사람의 역량이 적음(堇:少의 뜻)을 뜻한다. 材는 겨우(纔:재)의 뜻이다. cf. 堇(진흙:근)

傲 (傲)「倨也. 从人 敖聲.」

사람이 오만하게(倨:거) 상대방을 업신여긴다는 뜻이다.

傳 (傳)「遞也. 从人 專聲.」

차례로 교대하여 보내는 사람, 또는 차례로 바꾼 사람의 뜻에서 차례로 보낸다는 동사로 쓰이게 되었다.

催 (催)「相擣也. 从人 崔聲. 詩曰: 室人交徧催我.」

행동을 재촉한다는 뜻이다. '促·摧(최)'는 상통한다. 《詩經》(邶風)에 "我入自外, 室人交徧催我"(집이라고 터벅터벅 밖에서 돌아오면, 집안 식구 벌떼처럼 달려드니 나쁜일세)라는 시구가 있다.

像 (像)「似也. 从人 象聲.」

사람은 누구나 생김새가 서로 비슷하므로 「似也」로 풀이하였다. 段注에는 "象亦聲"의 겸성회의로 해설하였는데, 象, 像은 그 뜻이 근사하여 '象'은 '像'의 뜻으로 가차되었던 것이다. 肖像, 人像, 銅像 등은 형모를 비슷하게 그린 것에 불과하다.[17]

僧 (僧)「浮屠道人也《說文新附》. 从人 曾聲.」

浮屠는 佛陀의 異譯이니 곧 중을 가리킨다. '僧'은 梵語 sangha(僧伽: 불교에 귀의하여 수행하는 사람의 집단)의 음역자이다.

---

(17)《韓非子》, "人希(稀)見生象也, 而案其圖以象其生, 故諸人之所以意想者, 皆謂之象."

偽 (僞) 「詐也. 从人 爲聲.」

사람이 다른 사람으로 바뀌니 비슷할 뿐 진짜가 아니다. '爲'는 원숭이의 상형자인데, 원숭이는 사람과 비슷하나 실은 사람이 아니듯이 사람의 그럴 듯한 거짓 행위를 뜻한다.

儉 (儉) 「約也. 从人 僉聲.」

사람이 다방면으로(僉 : 皆의 뜻. 첨) 절약한다는 뜻이다.

儀 (儀) 「度也. 从人 義聲.」

사람이 應事 接物하였을 때 갖추어야 될 바른 태도와 풍모를 뜻한다.

儒 (儒) 「柔也. 術士之偁. 从人 需聲.」

사람의 무리에 모름지기 있어야 할(需 : 須의 뜻) 도를 닦는 선비를 칭한다. 선비는 그 마음이 부드러워야 하므로 「柔也」라 풀이하였을 것이다.

償 (償) 「還也. 从人 賞聲.」

노예를 되찾기 위하여 돈을 지불하거나 노동을 제공한다는 뜻이다. 그러나 고대에는 賞, 償이 상통하였다.

優 (優) 「饒也. 从人 憂聲. 一曰 : 倡也.」

사람이 어느 한 방면에 관대하고 여유가 있음을 뜻하므로, 인하여 배우라는 말에도 쓰이게 되었음을 알겠다.

元 (元) 「始也. 从一兀聲.」

'一'은 수의 시작이고 兀(올)은 우뚝하다의 뜻이므로 비할 데 없는 初基(元, 首)의 뜻을 가진다. 이와는 달리 '二'은 上이요, '儿'은 人의 기자이므로 사람 위에 있는 것, 즉 머리(首)를 가리키는 자로 해석할 수도 있다. 이렇게 되면 회의에 속할 것이다.

冷 (冷) 「寒也. 从仌 令聲.」

얼음(仌)이 차다 참을 나타낸다.

凍 (凍)「仌也. 从仌 東聲.」

仌(빙)은 얼음의 무늬를 본뜬 지사자이므로 凍(동)은 얼음이 얼다의 뜻이다.

涼 (涼)「薄也. 从水 京聲.」

높은 곳(京 : 人爲高丘也)은 물이 차고 시원함을 뜻한다. 그러므로 朱駿聲이 "薄寒也"라 訓한 것은 옳은 풀이라 하겠다.

切 (切)「刌也. 从刀 七聲.」

칼로 물건을 자른다는 뜻이다. cf. 刌(끊을 : 촌)

券 (券)「契也. 从刀 𢍏聲.」

아직 문자가 없었던 고대에 일정한 약속의 내용을 나무막대에다 칼로 새겨 서로 가지고(𢍏) 있다가 훗날 두 쪽을 맞추어 그 증거로 삼았던 데서 계약의 뜻이 되었다. '𢍏'은 '𢍏'(주먹밥, 움큼 : 권)의 본자이다.

刊 (刊)「剟也. 从刀 干聲.」

칼(刀)로 깎아낸다는 뜻인데, 목판을 칼로 깎아 글자를 만들어 인쇄를 하였으므로 책을 간행한다는 뜻이 되었다. cf. 剟(깎을 : 철)

列 (列)「分解也. 从刀 𡿪聲.」

칼로 물건을 분해함이 본뜻이다. cf. 𡿪(물 흐를 : 렬)

判 (判)「分也. 从刀 半聲.」

칼로 물건을 반으로 쪼갠다는 뜻이다. 겸성회의자임이 뚜렷하다.

刻 (刻)「鏤也. 从刀 亥聲.」

칼로 금을 새긴다는 뜻이다. cf. 鏤(새길 : 루)

到 (到)「至也. 从至 刀聲.」

金文형은 𢓊(至＋人)이므로 사람이 어느 곳에 이른다는 뜻을 나타낸 회의자인데, 《說文》이 「刀聲」이라 한 것은 잘못이라고 생각된다. 지금의 '倒'의 본자이다.

㓥 (削)「鞘也. 从刀 肖聲.」

칼을 넣는 칼집(刀室)을 가리킨다. 鞘(초), 削(삭)은 同源의 자인데, 현재 削은 '깎다'의 뜻으로 쓰인다. cf. 鞞(칼집 : 병)

副 (副)「判也. 从刀 畐聲. 䪍 籒文副 从畐」

가득한 것(畐, 滿也. 복)을 칼로 벌린다는 뜻이다.

剛 (剛)「彊斷也. 从刀 岡聲.」

철을 불에 단련하여 단단하게 만든 칼의 뜻에서 굳세다의 뜻이 파생되었다.

前 (前)「齊斷也. 从刀 歬聲.」

'止'는 즉 足이니 배(舟) 위에 발을 올려 놓으면 걷지 않아도 배가 앞으로 저절로 나아감을 나타낸 자이다. 「齊斷」은 칼로 잘라 맞춘다는 뜻이다. '前'자는 고대에 剪(전)자의 뜻으로 가차되었다. cf. 歬(前의 고자)

割 (割)「剝也. 从刀 害聲.」

칼로 가른다는 뜻인데, 사물을 가를 때는 반드시 傷害를 입히므로 害聲을 취하였다.

劍 (劍)「人所帶兵也. 从刃 僉聲. 劒, 籒文劍, 从刀.」

고대에 王公將相 이하 누구나 다(僉 : 첨) 차고 다니던 양면에 날(刃)이 난 짧은 병기를 가리킨다. 지금의 '劍'자는 주문형이다.

功 (功)「以勞定國也. 从力 工聲.」

나라에 힘(力)을 바치면 성취하는 일이 있다는 뜻이다.

努 (努)「用力也《集韻》. 从力 奴聲.」

노예와 같이 전력을 다하여 일을 한다는 뜻이다.

助 (助)「左也. 从力 且聲.」

힘을 합하여 서로 돕는다는 뜻이다. '左'는 '佐'와 같다.

勉 (勉)「勞也. 从力 免聲.」

어린애를 분만(分娩)할 때 힘을 쓴다는 뜻이다. cf. 勞(迫也 : 강)

勇 (勇)「气也. 从力 甬聲.」

초목이 무성하듯(甬 : 용) 사람의 기세가 왕성함을 뜻한다. 金文의 㦿(用＋戈)은 창으로 적을 물리친다는 뜻을 나타냈다.

動 (動)「作也. 从力 重聲.」

무거운(重) 것을 힘들여 움직임을 나타낸다. 그러나 甲文의 𤱥(田＋東聲)은 해가 뜨면 밭으로 일을 하러 나간다는 뜻을 나타낸 자로 생각된다.

務 (務)「趣也. 从力 敄聲.」

굽히지 않고 전력을 다하여 일을 한다는 뜻이다. '趣'는 疾走의 뜻이다. cf. 敄(굳셀 : 무)

勝 (勝)「任也. 从力 朕聲.」

힘을 들여 물건을 들어 올린다는 데서 승리의 뜻을 가지게 되었다.

勤 (勤)「勞也. 从力 堇聲.」

辛苦를 이겨내며 전력을 다하여 일을 맡는다는 뜻이다.

募 (募)「廣求之也. 从力 莫聲.」

힘을 기울여 구함을 뜻한다.

勵 (勵)「勉力也. 从力 萬聲.「周書」曰: 用勵相我邦家. 讀與厲同.」

勵(려)의 본자는 '勵'이다. 《書經》(周書 : 立政)에 "用勵相我國家"(나라가 영구히 번영하도록 힘써야 한다)라는 대목이 있다.

勸 (勸)「勉也. 从力 藋聲.」

황새(萑 : 鸛 '황새'의 본자 : 관)처럼 부지런히 힘써 착한 일을 하도록 권한다는 뜻이다.

千 (千)「十百也. 从十 人聲.」

'千'자는 甲文·金文형도 人에 一을 그은 자형이므로 「从十」이란 옳지 않다. 李敬齋는 고대에 엄지손가락을 펴서 百을 나타내고 몸(身)으로 千을 나타냈으므로 一에 人을 붙인 것이라고 풀이하였는데, 참고의 여지가 있다고 본다. 甲文·金文에서 千(二千), 千(三千) 千(五千)의 자형이 이를 뒷받침한다. 千 *ts'ien 과 人 *nien, 身 *ɕien은 운모가 같다.

崙 (南)「艸木至南方有枝, 任也. 从㞢羊聲. 峯 古文.」

본문에 따르면 초목은 남쪽으로 갈수록 그 가지가 점점 무성하여짐(㞢 : 발, 배)을 나타낸 자이다. 《漢書》 律曆志에도 "太陽者南方"이라 하였다. '羊'은 如甚切, nzʲəm(日寝開 3), 南은 那含切, nʌm(泥覃開 1)이니 중고음은 다르다 하겠으나 Karlgren과 董同龢는 '南'의 상고음을 *nəm(nêm)으로 추정한 바 있다. 이에 따르면 '羊(약간 심할 : 임), 南'의 운모가 상고음에서는 동류이었음을 추지할 수 있을 것이다.

그런데 甲文형은 肖, 崗와 같다. 그리하여 이것은 乄(青 : 휘장, 장막을 나타냄. 음은 《集韻》에 克角切〔각〕, 枯江切〔강〕 두 음이 있음)에다 冂(丹)聲을 붙여 휘장 안이 따뜻함을 뜻한 자로 보는 견해(加藤常賢, 1982 : 959)도 있음을 부기한다.

卷 (卷)「𠄌曲也. 从卩 𢍏聲.」

卩(乁)은 사람이 무릎을 꿇은 모양을 상형한 자이므로 卷은 卩(절)을 붙였는데, 나아가서 무릇 굽은 것을 칭하게 되었다. 예서에서 '卷'으로 변체되었다. cf. 𢍏(주먹밥, 움큼 : 권)

即 (即)「節食也. 从皀 卩聲.」

'皀'(흡)은 穀物의 고소한 향내를 뜻하고, 卩은 節의 초문이므로 맛있는 음식이라도 절제하여 먹어야 한다는 뜻이다. 한편 林義光은 金文

의 &에 대하여 익은 음식물 옆에 사람이 무릎을 꿇고 앉아 먹는 형상으로 풀이하였다. 朱駿聲도 "就食也"로 풀이한 근거가 여기에 있지 않은가 한다.

> &(卿)「章也. 六卿天官冢宰, 地官司徒, 春官宗伯, 夏官司馬, 秋官司寇, 多官司空. 从卯 皀聲.」

甲文의 &, 金文의 &을 보면 두 사람이 마주보며 음식을 먹는 형상을 나타낸 자임에 틀림없다. 그러므로 公卿의 '卿', 鄕党의 '鄕', 饗食의 '饗'은 모두 동일자였음을 추지하기 어렵지 않다. 그리하여 《說文徐箋》에서는 "高爵"으로 풀이하였는데, 段玉裁는 「章也」라 하였다. 章은 "善明理"의 뜻이므로 卿은 《周禮》의 六官을 칭한 것이다. '皀'의 중고음은 居立切〔kjəp〕, 彼側切〔piək〕, 彼及切〔piəp〕, 許良切〔xiaŋ〕 4음인데, 卿은 去京切 *k'iǎŋ(kiǎŋ) > k'iɒŋ 이므로 xiaŋ 음과 상고 운모가 같다.

> 厄(厄)「科厄. 木卩也. 从卩 厂聲. 賈侍中說 以爲厄. 裏也. 一曰: 厄, 蓋也.

《說文》에서는 나무에 돌출한 옹이의 뜻으로 풀이하였는데, 실은 梡(나무마디 : 와)자의 뜻이다. 厄(액)의 金文형은 厃과 같아서 곱사등이 형상의 사람을 나타낸 자로 보인다.

> 厭(厥)「發石也. 从厂 欮聲.」

山石(厂)을 팔 때 숨이 헐떡거림(欮 : 궐←屵 + 欠)을 뜻한다.

> 去 (去)「人相違也. 从大 凵聲.」

사람(大)이 서로 떠난다(違, 離也)는 뜻이다. 凵는 버들가지로 짠 밥그릇을 상형한 자로서 '去'의 본자인데, 후에 '竹'을 더하여 筐(대밥그릇 : 거→허)가 된 것이라는 설도 있다.

> 參(參)「晉星也. 从晶 㐱聲. 參, 或省.」

밝게 빛을 내는(晶) 진귀한(㐱:珍) 별(二十八宿 중 하나)을 가리킨다. 기타본에서는 「商星也」로 풀이하였다. cf. 參(별 이름 : 심)

村 (叔)「拾也. 从又 尗聲.」

손(又)으로 콩(尗 : 숙)을 줍다가 본뜻이었는데, 작다는 뜻에 가차
되었다.《釋名》의 "仲父之弟曰叔父. 叔, 少也"가 그 예이다.

弖 (句)「曲也. 从口 니聲.」

'니'는 糾(동여맬 : 규)의 초문이니 오이나 박덩굴이 꼬여 올라가지
못한 형상을 본뜬 지사자이므로 '句'는 굽은 것을 뜻한다. 한편 말이 막
혀 더 나아가지 못함을 비유하여 章句의 뜻으로도 쓰이게 되었다.

呀 (叫)「嘑也. 从口 니聲.」

큰소리로 부르(짖)다의 뜻이다.

召 (召)「評也. 从口 刀聲.」

사람을 불러 오게 한다는 뜻이다.

吐 (吐)「寫也. 从口 土聲.」

입에 든 것을 밖으로 뱉는다는 뜻이다. 또는 입에서 뱉은 것은 반
드시 땅에 떨어지게 되므로 土聲을 붙였다고 보는 견해도 있다.

吾 (吾)「我自偁也. 从口 五聲.」

나를 자칭하는 말이다. '吾'의 고음은 于와 상통하며 '余·予'와도
음이 같아서 '吾·余·予'는 모두 '나'의 뜻으로 쓰였다.

吟 (吟)「呻也. 从口 今聲.」

입 속에 소리를 머금고 읊조림을 뜻한다.

含 (含)「嗛也. 从口 今聲.」

입에 머금는다는 뜻이다. cf. 嗛(머금을 : 함)

呼 (呼)「外息也. 从口 乎聲.」

입 밖으로 숨을 내쉰다는 뜻인데, 고문에서는 '乎, 呼'가 상통하
였다.

吸 (吸)「內息也. 从口 及聲.」

숨을 안으로 들이키므로 內息(납식)이라 풀이하였다.

味 (味)「滋味也. 从口 未聲.」

입으로 辛, 酸, 鹹(짤:함), 苦, 甘味 등의 맛을 본다는 뜻이다.

和 (和)「相應也. 从口 禾聲.」

피차 심성이 상응함을 가리키므로 화합의 뜻에 쓰인다. '禾'는 서로 의지하며 따르는 뜻을 겸하고 있다.

哀 (哀)「閔也. 从口 衣聲.」

'閔'은 憫(민)의 본자이므로 '哀'는 슬픔을 이기지 못하여 슬픈 소리를 낸다는 뜻이다.

唐 (唐)「大言也. 从口 庚聲. 唐, 古文唐. 从口易.」

황당무계한 말을 한다는 뜻이다. 庚의 상고음·중고음은 *kăŋ > kɒŋ이므로 唐 *daŋ > daŋ과 운모가 상사하다.

員 (員)「物數也. 从貝 囗聲.」

《說文》에서는 화물의 수로 풀이하였으나 본뜻은 아닌 듯하다. 甲文의 員, 金文의 員을 보면 애초에는 方形이 아닌 둥근(○→囗)솥(鼎)을 가리킨 자로 생각된다.

哲 (哲)「知也. 从口 折聲. 哲 或从心.」

시비를 결단하여(折) 명백하게 입으로 말함(말이 바름)에서 聰慧博通의 뜻이 되었다.

啓 (啓)「教也. 从攴 启聲.《論語》曰: 不憤不啓.」

두드려(攴) 지혜를 연다(启:계)는 데서 계몽의 뜻이 된 자이다. 甲文은 啓이니 손으로 문을 여는 형상을 그린 회의자이다.《論語》述而篇에 "不憤不啓"(달려 들지 않으면 깨우쳐 주지 않았다)라는 말이 있다.

問 (問)「訊也. 从口 門聲.」

입으로 물어서 그 정신을 통한다(門)는 뜻이다.《說文》에「訊, 問
也」이니 두 자는 전주된다.

唯 (唯)「諾也. 从口 隹聲.」

어른께 "예"라고 대답할 때의 敬辭이다. '唯, 惟, 維' 3자는 고문에
서는 의미가 상통하였다.

唱 (唱)「導也. 从口 昌聲.」

정직한 말(昌)로 인도함, 또는 큰 소리로 노래 부름을 뜻한다.

嘗 (嘗)「口味之也. 从旨 尙聲.」

음식을 들고(尙) 맛본다(旨)는 뜻이다.

嚴 (嚴)「教令急也. 从吅, 厰聲.」

큰소리(吅 : 현)로 낸 敎令이 험준한 산(厰 : 감)처럼 위엄스러움을
나타낸다. 厰은 魚金切, *ŋɪ̆əm>ŋɪ̆əm, 嚴은 語𩏹切, *ŋɪ̆ăm>ŋɪ̆əm이므
로 상고 성운이 동류이다.

固 (固)「四塞也. 从囗 古聲.」

사면(囗)이 물샐 틈 없이 굳음을 나타낸 자이다. 囗는 圍의 본자
이므로 둘러싸임의 뜻이 있다. 즉 사면의 성벽을 굳건히 막아 지킨다는
뜻이다.

圍 (圍)「守也. 从囗 韋聲.」

사방을 둘러싸고 지킨다는 뜻이다.

圓 (圓)「圜全也. 从囗 員聲. 讀若員.」

찌그러진 곳이 없이 둥근 모양을 나타낸 자이다.

園 (園)「所以樹果也. 从囗 袁聲.」

果木을 심는 곳이어서 외계와는 격리된 형상을 나타낸 것이다.

團 (團)「圜也. 从囗 專聲.」

둥근 모양을 가리킨다. 예컨대 團飯이란 둥글둥글하게 뭉친 밥, 즉

주먹밥을 말한다.

茬 (在)「存也. 从土 才聲.」

甲文에서는 中(才)와 동자형이다. 金文형은 ♥('土'가 없음), 苷와 같아서 냇물 따위가 흙이 쌓여 막힌다는 뜻을 나타낸 자형이다. 존재하다의 뜻은 후기의 차용의이다.

坤 (地)「元气初分, 輕淸昜爲天, 重濁㑹爲地, 萬物所陳列也. 从土 也聲.」

天은 陽이요, 地는 陰이며, 男은 陽이요, 女는 陰에 속하므로 土에 也(女陰의 상형자)를 합하여 땅을 나타낸 자이다. '也'의 상고음은 *dįa(dįăg)>įa, 地는 *dįa>di 이니 두 자는 그 상고음이 같았음을 알 수 있다.

基 (基)「牆始也. 从土 其聲.」

담장을 쌓기 위하여 흙을 날라 돋운 터전을 가리킨다.

堂 (堂)「殿也. 从土 尙聲.」

높은 터에 남쪽을 향하여 지은 方形의 高屋을 가리킨다. 尙에는 귀하다는 뜻이 있다.

培 (培)「培敦, 土田山川也. 从土 咅聲.」

흙을 돋아 두텁게 높힌다는 뜻이다. cf. 咅(침뱉을 : 투, 부)

墓 (墓)「丘墓也. 从土 莫聲.」

揚雄(B.C. 53~18)의 《方言》에 의하면 "凡葬而無墳謂之墓"라고 하였는데, 흙을 평지처럼 덮은 묘를 칭한다. 棺을 묻고 흙으로 덮은 곳이 본뜻이다.

墳 (墳)「墓也. 从土 賁聲.」

흙을 높이 쌓아 꾸민(賁 : 飾의 뜻) 묘를 가리킨다. 그러므로 墓는 平處, 墳은 高處의 구별이 있었음을 알 수 있다.

場 (場)「祭神道也. 一曰: 山田不耕者, 一曰: 治穀田也. 从土 昜聲.」

제사를 올리는 광장을 말한다. 山田不耕이란 甲文이 囲형으로 곡식을 심지 않은 空地形을 상형한 자형을 상기한 것이라 생각한다.

塔 (塔)「西城浮屠《說文新附》. 从土 荅聲.」

土石을 쌓아 만든 탑을 가리킨다. 楚語 stupa의 음역자이다.

塞 (塞)「隔也. 从土 𡨄聲.」

흙으로 막는다는 뜻이므로 《六書故》에서는 "壅土窒室"로 풀이하였다.

壇 (壇)「祭壇場也. 从土 亶聲.」

祭神을 위하여 흙을 쌓아 올린 壇을 가리킨다. cf. 亶(많을 : 단)

壁 (壁)「垣也. 从土 辟聲.」

흙으로 쌓은 담장을 가리킨다. 《釋名》에 "壁, 辟也"라 한 것을 보아 두 자는 같은 뜻이었음을 알겠다.

壞 (壞)「敗也. 从土 褱聲.」

흙이 무너지다의 뜻에서 '파괴'의 뜻으로 쓰인다. cf. 褱(懷의 고자)

壤 (壤)「柔土也. 从土 襄聲.」

경작이 가능한(襄 : 解衣而耕) 부드러운 흙을 가리킨다. 널리 토양의 뜻으로 쓰인다.

壯 (壯)「大也. 从士 爿聲.」

《方言》에 사람이 큰 것을 奘, 壯이라 한 바와 같이 심신이 강건한 大人(士)을 칭한다.

失 (失)「縱也. 从手 乙聲.」

손 안의 물건을 떨어뜨린다는 뜻이다.

契 (契)「大約也. 从大 㓞聲. 易曰: 後世聖人 易之以書契.」

竹木에 칼(刀)로 부절을 새겨(丰) 약속을 기록한 데서 大約의 뜻이 되었다. 실상 㓞(갈)과 契는 고금자이다. 「書契」라는 용어의 '契'는 차용자이다. 새기다의 뜻으로는 契(계)자가 있다.

奔 (奔)「走也. 从夭 卉聲. 與走同意 俱从夭.」

사람이 급히 달아나면 머리가 좌우, 상하로 흔들리므로 夭(요)를 취하였다. 金文형은 奔이니 사람이 달려가므로 발자국(止)이 생김을 나타낸 회의자이다.

妄 (妄)「亂也. 从女 亡聲.」

도망간(亡) 여자는 행실이 부정함을 나타낸 자이다.

妨 (妨)「害也. 从女 方聲.」

남녀는 사람의 大欲이나 欲을 따르면 生을 해친다는 뜻이다. 또 徐鍇는 "男女之性相妨也"로, 戴侗은 "女專妨他進也"로 풀이하였다.

姑 (姑)「夫母也. 从女 古聲.」

자기보다 연로한(古) 시어머니(女)를 칭한다.

姉 (姉)「女兄也. 从女 朿聲.」

먼저 태어난 여자의 뜻이다.

妹 (妹)「女弟也. 从女 未聲.」

'未'는 부족의 뜻이 있으므로 兄, 姉보다 나이가 어린 누이를 칭한다.

始 (始)「女之初也. 从女 台聲.」

맏딸이라는 점에서 '처음'의 뜻이 되었다. 그러나 이설이 있다. 徐灝는 "男女者, 人道之始, 故始从女"라 함에 반하여 俞樾은 "始者, 生也……始之本義爲生, 故字从女"라고 하였는데, 후자의 설에 수긍이 간다.

姿 (姿)「態也. 从女 次聲.」

'態'는 才能, 賢能의 能의 본자이므로 '姿'는 바로 여자가 재예를 갖추고 자질(次←資)이 높은 것을 뜻한다. 요염한 태도의 뜻으로 보기도 한다.

姪 (姪)「女子謂兄弟之子也. 从女 至聲.」

조카를 가리키는 말이다.

娛 (娛)「樂也. 从女 吳聲.」

여자와 말을 주고 받으므로 즐겁다는 뜻이다.

媒 (媒)「謀也. 謀合二姓者也. 从女 某聲.」

二姓을 합하여 주는 자를 속칭 媒人이라고 한다. 여자의 의견을 구하여 말로써 혼인을 이루게 하는 중매의 뜻이다.

孤 (孤)「無父也. 从子 瓜聲.」

어려서 어버이가 없는 아이를 孤라고 한다. 一說에 瓜를 呱(아이가 울 : 고)의 省文으로 보아 아버지가 없음에 항시 운다 하여 瓜(과)聲을 취하였다는 견해도 있다. 조자법상 충분한 근거가 있다고 여겨진다.

孟 (孟)「長也. 从子 皿聲. 𣁋, 古文孟如此.」

자녀 중의 長者(맏아들, 맏딸)를 칭한다. 《尙書》에는 "天子之子 年十八, 稱孟侯, 又女子之兄曰孟"이라 하였고, 《白虎通》에는 "嫡長稱曰伯, 庶長稱孟"이라 한 것을 보면 庶出의 長子를 '孟'이라 칭한 것을 알 수 있다.

宇 (宇)「屋邊也. 从宀 于聲. 易曰: 上棟下宇.」

집(宀)의 네 모퉁이와 처마를 가리킨다. 인하여 宇宙와 같이 상하 사방을 뜻하게 되었다.

宙 (宙)「舟輿所極覆也. 从宀 由聲.」

배나 수레같은 것이 이곳 저곳으로 계속 왕복 순환함을 뜻한다. '軸'자가 '由'를 취한 뜻도 여기에 있다. 그러므로 훈고학자들은 흔히 상하 사방을 '宇'라 하고, 往古來今을 '宙'라고 하는데, 舟, 車가 끊임없이 왕래함을 비유한 소이라 하겠다. 또 字가 집의 처마라면 宙는 棟樑을 가리키므로 '宀'을 취한 것으로 믿어진다.

寄 (寄)「託也. 从宀 奇聲.」

홀로 된(奇) 외로운 사람이 남의 집(宀)에 몸을 의탁한다의 뜻이다. 「託, 寄也」이므로 寄, 託은 서로 전주된다.

宅 (宅)「人所託凥也. 从宀 乇聲.」

초목(乇 : 풀잎 적, 탁)이 땅에 뿌리를 박고 살 듯이 사람이 몸을 의탁하고 사는 집을 가리킨다.

完 (完)「全也. 从宀 元聲.」

사람이 집에 전신을 의탁하듯 원만무결함을 뜻한다. '元'의 상고음은 *ŋiwǎn > nįwɒn, 完은 *gwan(ɤwân) > ɤuan 이므로 운모가 같다. 그러나 宀(면)이 집과 관계가 있는 점을 고려할 때 애초에는 집의 주위를 막은 담장(院)의 뜻이었을 것이다.

定 (定)「安也. 从宀 正聲.」

집이 흔들리지 않고 바르게(正) 서 있어야 안전하게 살 수 있으므로 「安也」라 풀이하였다. 곧 安止, 安全의 뜻이다.

客 (客)「寄也. 从宀 各聲.」

남의 집에 기탁한 사람(손님)을 가리킨다. 그러나 甲文형은 이와 달리 客(宀＋人＋口＋止)이니 사람이 밖에서 집에 걸어 들어와 입으로 자기의 성명을 말하는 모습을 나타낸 회의자로 풀이할 수 있다.

宣 (宣)「天子宣室也. 从宀 亘聲.」

벽으로 둘러 싸인 大室(正室)을 가리킨다. 후에 '布, 明, 通, 緩'의 뜻으로 쓰이게 되었다. cf. 亘(베풀 : 선, 펼 : 선)

室 (室)「實也. 从宀 至聲.」

사람이 이르러(至) 머무는 곳, 즉 居舍를 뜻한다. 사람이 집 안에 가득 차 있다는 뜻에서 「實也」라 풀이하였다. 至의 上古音은 *tǐěd > tɕi, 室은 *ʔtʽiet/ɕǐět > ɕǐět 이므로 운모가 동류이었음을 알 수 있다.

㝩 (宴)「安也. 从宀 妟聲.」

여자가 사는 아리따운 집(燕寢 : 한가롭게 거처하는 殿閣)의 뜻이므로 「安也」라 하였다. 妟(安也 : 안)은 陰居陽下의 자형이니 아내는 남편을 따라 사는 것이 편안하다는 뜻도 내포되어 있다. 그러므로 妟과 宴은 고금자에 불과하다. 후에 '잔치'의 뜻으로 쓰이게 되었다.

㝐 (容)「盛也. 从宀 谷聲. 㝐, 古文容, 从公.」

집이 커서 여유가 있다는 뜻이었는데, 얼굴을 가리키는 말로 가차되었다. '谷'의 상고음은 *kuk(kûk) > kuk(見屋開 1)이요, '容'은 *dǐuŋ (gǐuŋ) > i̯woŋ(喩鍾合 4)이므로 성운이 각각 다르다. 아마도 고문이 '㝐' 이므로 公〔kuŋ〕음과 관계가 있을 것으로 생각된다.

㝵 (密)「山如堂者, 从山 宓聲.」

산의 삼면이 다 높은데 한 면만이 낮고 중간이 평탄하여 사람이 안거할 수 있는 곳(堂, 殿也)을 칭한다. 가차하여 정밀의 뜻에 쓰이고, 또 깊은 산속이 고요하므로 널리 비밀의 뜻을 가지게 되면서 본뜻은 없어지고 말았다. cf. 宓(잠잠할 : 밀)

㝴 (宿)「止也. 从宀 佰聲, 佰, 古文夙.」

집에서 일을 멈추고 잠을 잔다는 뜻이다. 甲文의 ㊟은 사람이 집안의 돗자리에 누워 있는 형상을 나타낸 것이다. '佰'은 夙(이를 : 숙)의 고자이다.

㝉 (寂)「無人聲也. 从宀 未聲. 誄, 宋 或从言.」

집 안에 사람의 소리가 들리지 않으니, 즉 고요함을 뜻한다. 篆文형은 '宋'인데, 예서에서 '寂'으로 증체되었다.

㝤 (富)「備也. 一曰: 厚也. 从宀 畐聲.」

집안에 재화가 가득함을 뜻한다. 畐(찰 : 복)은 「从高省 从田」의 자형이므로 高厚豊滿함을 나타낸다. 畐, 富는 중고 성모〔p'〕가 같다.

(寧)「願詞也. 从丂 寍聲.」

소원을 꺼내어(丂: 引의 뜻) 말한다의 뜻이다. 寍(寧의 고자)은 「宀＋心＋皿」의 회의자로서 집안의 그릇(皿)에 먹을 것이 넉넉하여 마음이 평안하므로 안녕의 뜻을 가지게 되었다.

(寢)「臥也. 从宀 㑴聲.」

집에 누워 쉰다는 뜻인데, 지금은 '寢'으로 변체되었다.

(察)「覆審也. 从宀 祭聲.」

위에서 아래를 끊임없이 애써 살펴본다는 뜻이다. '宀'은 交覆深屋을 상형한 자이지만 '覆'은 또 '復'과 동음인 관계로 계속의 뜻을 가지기도 한다('宙'자 참조).

(寫)「置物也. 从宀 舄聲.」

이 집에서 저 집으로 물건을 옮긴다는 뜻에서 차츰 '베끼다'(筆寫, 寫眞)의 뜻이 되었다. cf. 舄(신: 석)

(寺)「廷也. 有法度者也. 从寸 之聲.」

漢대에 九卿이 모여 법도(寸)에 따라 일을 다스리던 관서를 가리킨다. 그러므로 《釋名》에서는 "寺, 嗣也", 《廣韻》에서는 "寺, 司也"로 풀이하였음을 간취할 수 있다. 그러나 金文의 寺(시)는 (止＋又)이므로 林義光은 지금의 '持'와 동자로 보고(손을 움직이다, 손으로 처리하다의 뜻), 兪樾은 '侍'의 고문으로 추정하기도 하였다. 어쨌든 지금의 '절'과는 원뜻이 멀었음을 알 수 있다.

(專)「六寸簿也. 从寸 叀聲. 一曰: 專紡專.」

2尺 6寸(段注)길이의 홀(笏: 手版)을 가리킨 것으로 풀이하였으나 의심스럽다. 叀(전)은 실을 감는 도구, 즉 실감개(紡車形)의 뜻으로 甲文형은 과 같다. 이것은 어린아이의 일종 애완물이었다.[18] 그러므로

---

(18) 고대에는 어린애들이 가지고 노는 실감개를 土器(瓦)로 만들었기 때문인지 '瓦'가

본문의 「一曰……」이 오히려 본뜻이다. '專'의 甲文은 '寸'이 아니라 손
(⺕)이므로 그것은 손에 실감개를 가지고 있음을 나타낸 자이다. '叀·
專'은 고금자이다.

🄳 (導)「導, 引也. 从寸 道聲.」

앞에서 손으로 이끌어 길을 걸어간다는 뜻이다.

少 (少)「不多也. 从小 丿聲.」

작은 것을 다시 획분(丿)하였으므로 양이 적다는 뜻이다.

'丿'자는 '별·빌'음 외에 요(於兆切 《集韻》)음이 있기는 하나 「丿
聲」이란 근거가 약하다. 甲文형은 ⼩로서 '小'자에 한 점을 더하여 微小
·微細의 뜻을 나타낸 지사자로 생각되기 때문이다. 金文형에는 ⼩로
쓴 예도 참고된다.

尚 (尙)「曾也. 庶幾也. 从八 向聲.」

입에서 나온 氣가 분산(八)하여 위로 올라가듯 '높이다, 더하다'
(曾)의 뜻이다. 한편 北向의 높은 창문(向)으로 밥 짓는 연기가 흩어져
(八) 밖으로 나가는 뜻을 나타낸 회의자로 보는 견해도 있다.

尤 (尤)「異也. 从乙 又聲.」

'乙'은 초목이 땅 위를 강인하게 뚫고 나오는 모양을 나타낸 지사
자이므로 尤(더욱 : 우)는 보통 것을 넘어선 것을 칭한다. 그러나 '尤'의
자형을 「又＋乙」로 분석하여 손에 쥔 물건을 빼어 내는(乙, 抽也) 형상
을 나타낸 자로 보는 견해도 있다. 또는 金文형은 尤(又＋一)이므로
하부의 엄지손가락보다 다른 네 손가락(一로 나타냄)이 길게 빼난 형
이므로 여기에서 점차 다른 것과 다름을 뜻하게 된 것으로도 본다.

居 (居)「蹲也. 从尸 古聲.」

'居'의 或字는 '凥'이므로 사람이 几(안석 : 궤) 위에 엉덩이를 대고
걸터 앉아 움직이지 않음을 뜻한다. 그런데 吳楚는 '居'자에 대하여 '尸'

___
그 뜻으로 쓰인 예가 있다. 《詩經》(斯干)에 "載弄之瓦"(손에는 실감개나 쥐어 놓
으리)라는 시구가 그것이다.

밑의 古는 '十口'이므로 '尻'가 一人의 居를 가리킨다면, '居'는 여러 가족(一家)이 사는 곳을 칭한다고 '尻, 居'의 차이를 설명하고 있다. 이 경우 '尸'는 '厂'과 같은 자로 본 것인데, 과연 甲文의 자형은 仚(厂＋立)이므로 그 견해를 부인하기 어려운 바라 하겠다.

厲 (屈)「無尾也. 从尾 出聲.」

자벌레(尺蠖 : 척확)나 누에나비(蛾)처럼 날개는 있어도 꼬리가 없는 곤충을 일컫는다. 이 곤충들은 기어갈 때 그 몸을 屈伸하므로 인하여 '구부리다'의 뜻을 가지게 되었다. 예서에서 지금의 '屈'자로 변하였다. 또 위와는 달리 고대의 형벌에서 宮刑을 받아 陰部(尾가 이를 나타냄)를 도려낸 것을 뜻한다는 견해도 있다(角川, 1983: 183).

屬 (屬)「連也. 从尾 蜀聲.」

꼬리가 짐승의 몸에 밀착되어 있듯이 사물이 어느 것에 잇닿아 달라붙어 있음을 뜻한다. '連'은 '聯'의 뜻이다. 한편 '尾'에는 女陰의 뜻이 있으므로('屈'자 참조) 여기에서 계속하여 사람이 태어나는 뜻으로도 풀이할 수 있다.

屏 (屏)「屏. 蔽也. 从尸 并聲.」

집을 가리는 울타리나 방안의 병풍을 가리킨다. 그리하여 朱駿聲은 "从屋省 并聲"의 생체형성으로 풀이하였으나 '尸'가 '집'의 뜻으로 대용된 다른 자의 예[19]로 미루어 굳이 그리 해석할 필요가 없을 것 같다.

層 (層)「重屋也. 从尸 曾聲.」

집(尸)이 위로 상첩한 것(2층집)을 가리킨다. 曾祖, 曾孫의 曾은 거듭 중첩됨을 암시한다.

岸 (岸)「水厓洒而高者. 从屵 干聲.」

屵(알·얼·언)은 「岸高」의 뜻이므로 '岸'은 물가에 닿아 있는 높은 山邊을 가리킨다. 널리 언덕의 뜻으로 쓰인다.

---

(19) 예컨대 屚(漏의 초문)자는 집(尸)에 구멍이 생겨 비가 새는 뜻을 나타낸다. '層·居'자의 '尸'도 집을 나타낸다.

(島)「海中往往有山, 可依止曰島. 从山 鳥聲.」

바다 가운데 새들이 날아와 살 만한 산, 즉 섬을 가리킨다.

(崩)「山壞也. 从山 朋聲.」

산이 허물어짐을 뜻한다. 朋은 鳳의 고자로서 鳳이 날아가면 뭇새들이 이를 따라 날아간다고 하였는데, 산이 허물어지면 초목이 함께 무너져 내림을 비유하여「朋聲」을 취한 것이라 한다. 그리하여 天子의 죽음을 칭하기도 한다.

(崇)「山大而高也. 从山 宗聲.」

산이 크고 높은 모양을 일컫는다. 인하여 우러러 받들다의 뜻을 가지게 되었다.

(巖)「厓也. 从山 嚴聲.」

너무도 급하고 험준하여 가까이 갈 수 없는(嚴) 바위 같은 산언덕이 본뜻인데, 점차 바위의 뜻으로 변하였다.

(巧)「技也. 从工 丂聲.」

물건을 만드는(工) 솜씨가 능란, 교묘함을 뜻한다.

(帥)「佩巾也. 从巾 自聲.」

원래 사람이 허리에 차는 수건을 가리킨다. 허리에 織物을 찬 사람이 병사를 통솔한 데서 장수 또는 영도자를 칭하게 되었음은 마치 프랑스어에서 모직물을 뜻하던 bureau가 사무실의 뜻을 가지게 된 의미의 연쇄법(enchainement)을 상기시킨다.

(布)「枲織也. 从巾 父聲.」

삼(麻)으로 짠 베를 뜻한다. 예서에서 '布'로 변하였다. 父의 상고음은 *biwo(biwag) > biu, 布는 *pwo(pwâg) > puo이니 운모가 같다.

(常)「下帬也. 从巾 尙聲, , 常或从衣.」

《說文》에는 '常, 裳'이 一字 別體로 나타나 있으나, 朱駿聲의 《說文

通訓定聲》에 의하면 '常'은 길이가 "丈六尺"인 수건처럼 생긴 旗를 가리키므로 裳(치마)과는 다르다고 하였다. 그렇다면 이 旗는 천자나 제후 등 존귀한 사람이 세운 것이므로 尙聲을 취한 것이라 하겠다.

帳 (帳)「張也. 从巾 長聲.」

천(巾)으로 만든 휘장을 가리키는데, 휘장을 벌려 친다(開, 設)는 점에서 동음의 「張」으로 풀이하였다.

幅 (幅)「布帛廣也. 从巾 畐聲.」

布帛의 양변, 즉 나비를 말한다. 段注에 의하면 "凡布帛廣二尺二寸, 其邊曰幅"이라 하였다.

帝 (帝)「諦也. 王天下之號, 从 二 朿聲. 㡀 古文帝.」

'二'은 '上'의 고자이므로 제왕을 뜻한다. '帝'자의 기원에 대하여는 이설이 많다. 甲文형은 采, 棗, 桌 등과 같으므로 원래는 참외 꼭지(瓜蒂)를 상형한 자로 보기도 하고(高鴻縉, 1961: 248), 또는 하늘에 제사를 올릴 때 사용한 큰 床을 본뜬 상형자라고도 한다(角川, 1983: 195). 그리하여 禘(하늘에 제사 지냄, 즉 祭天의 뜻)자의 초문이란 견해도 있는데 참고할 만하다. 상고 시대의 '帝'는 본래 天神의 호칭이었지만 부락 연맹의 수령으로서 주로 神權에 의하여 다스렸다는 점에서 맥락이 있기 때문이다.

幕 (幕)「帷在上曰幕. 从巾 莫聲.」

천으로 사방을 가리는 휘장, 장막을 가리킨다. 莫(모)는 '暮'의 초문이니 해가 질 때 볕이 초목에 가려진 것이 마치 장막으로 볕을 가리는 것과 같으므로 莫聲을 취한 것이라 하겠다.

幣 (幣)「帛也. 从巾 敝聲.」

실로 짠 일체의 천을 총칭한다. 명주 따위가 물물교환의 수단이 되기도 하였으므로 화폐(재화)의 뜻으로 쓰이게 되었다.[20]

---

(20) 帛, 玉, 馬, 皮, 圭, 璧 등을 고대에는 모두 幣라 칭하였으니, 幣玉, 幣馬, 幣皮 등이 그 예이다. 《管子》國畜篇에 "以朱玉爲上幣, 刀布爲下幣"라는 기록이 있다.

秊 (年)「穀孰也. 从禾 千聲.《春秋傳》曰: 大有年.」

벼(禾)나 곡식이 잘 익은 것을 뜻한다. 金文의 秊은 익은 벼를 사
람이 밑에서 베는 모양이거나, 또는 사람이 벼를 지고 집으로 돌아오는
자형으로 풀이된다. 《左傳》(宣公 16년)에 "冬大有年"(겨울에 크게 풍년
이 들었다)의 기록이 있다.

序 (序)「東西牆也. 从广 予聲.」

사방이 담으로 막힌 방이 없는 집(广)을 가리키던 자인데, '敍'와
음이 같아 순서의 뜻을 가지게 되었다.

府 (府)「文書臧也. 从广 付聲.」

政敎典籍의 문서나 재물을 넣어 두는 집을 가리킨다.

庄 (底)「止居也. 一曰: 下也. 从广 氏聲.」

원래는 산 아래 일정한 곳에 머물러 거처(广)를 정한다는 뜻이었
는데, 혹은 '아래'의 뜻으로도 쓰였다.

庭 (庭)「中宮也. 从广 廷聲.」

원래는 신하들이 천자 앞에 도열하여 정무를 듣던 집(广)을 뜻한
자이다. '廷'은「朝中」으로 집이 없는 넓은 곳을, '庭'은 집이 있는 광장
을 가리킨다. 中은 正의 뜻이니 中宮은 곧 正室과 같다.

廉 (廉)「仄也. 从广 兼聲.」

원래는 집모퉁이를 가리키던 것이 후에 청렴, 고결하다의 뜻으로
가차되었다. "設席於臺廉東上"《儀禮》(鄉飮酒禮)에서 본뜻을 알 수 있다.

廣 (廣)「殿之大屋也. 从广 黃聲.」

사면에 벽이 없이 넓게 지붕만을 덮은 큰 집을 가리키던 것에서
'넓다'의 뜻이 되었다.

廟 (廟)「尊先祖皃也. 从广 朝聲.」

선조의 신주를 존엄하게 모시는(朝) 사당을 가리킨다.

廢 (廢)「屋頓也. 从广 發聲.」

집이 한 쪽으로 쓰러져 소용이 없게 된 것을 뜻한다.

聽 (廳)「廳屋也《集韻》. 从广 聽聲.」

관리가 백성의 소리를 들어(聽) 일을 하는 큰 집을 가리킨다. 篆文에서는 '聽'으로만 쓰던 것을 예서에서 '广'을 더하여 지금의 '廳'자가 되었다.

延 (延)「行也. 从廴 正聲.」

느릿느릿 먼 곳을 걸어 간다는 뜻이다.

廷 (廷)「朝中也. 从廴 壬聲.」

천자가 신하를 모아 놓고 정사를 논한 곳인데, 활동하기에(廴 : 길게 걷다의 뜻) 편리한 곳이므로 '廴'을 형부로 취하였다. 그러나 한편 甲文형은 㐾, 㕥과 같아서 사람이 궁정의 모서리(乚) 땅(土)에 서 있는 자형이라면 변체회의자로 생각할 수도 있다. 篆文에서 乚→廴으로 바뀐 까닭에 許愼은「壬聲」으로 분석하였지만 廷 *dieŋ 과 壬 *nⁱəm은 성운이 다르다.

獘 (獘)「頓仆也. 从犬 敝聲.《春秋傳》曰: 與犬犬獘.」

원래는 개가 지쳐 쓰러짐을 뜻한 자였는데, 예서에서 弊로 자형이 변하자 본래의 뜻은 獘, 斃(죽을 폐, 곤할 폐)로 나타내고, '弊'는 흔히 '폐단'의 뜻을 가지게 되었다.《左傳》(僖公 4년)에 "與犬犬獘"〔(그것을) 개에게 먹이니 개가 죽어 넘어졌다〕는 기록이 있다.

式 (式)「法也. 从工 弋聲.」

'工'에는 規矩, 법도의 의미가 있으므로 '式'은 곧 믿을 수 있는 규칙이나 도리를 뜻한다.

弘 (弘)「弓聲也. 从弓 乚聲. 乚, 古文 厷字.」

화살을 쏜 뒤에 생기는 활시위의 진동하는 소리를 말한다. 乚은 肱(팔 : 굉)의 고자로 크다는 뜻이 들어 있으므로 인하여 弘渡, 弘益人間

등에 쓰인다.

彊 (強)「蚚也. 从虫 弘聲. 彊 籒文 強, 从蚰 从彊.」

쌀 속에 사는 강인한 바구미(虫)를 칭하던 것이 후에 '강하다'의
뜻으로 변하였다.

張 (張)「㢇(施)弓弦也. 从弓 長聲.」

활시위(弦)를 길게(長) 당기니 활이 팽팽하여짐을 가리킨다.

彈 (彈)「行丸也. 从弓 單聲.」

활시위를 잡아당겨 丸을 쏜다는 뜻이다. 甲文의 $\langle$은 시위 위에 丸
을 얹어 쏘려고 하는 모양을 나타낸 지사자이다.

形 (形)「像也. 从彡 幵聲.」

붓(彡)으로 사물의 형상을 그린다는 뜻이다. '彡'은 毛飾畫文을 가
리킨다. 幵(견)의 상고음은 *kian(kiän) > kien, '形'의 상고음은 *gieŋ
(rieŋ) > rieŋ 이므로 두 자의 성모가 공히 연구개음(velar)에 속한다.

往 (往)「之也. 从彳坒聲. 逞, 古文 从辵.」

坒(초목 무성할 : 황)은 「之＋土」형의 자이므로 '往'은 결국 앞으로
향하여 가는 뜻이다.

延 (征)「正行也. 从辵 正聲. 征, 或从彳.」

발로 길을 똑바로(正) 걸어가는 뜻이다. 甲文의 '征'은 '正'의 중문
이다.

待 (待)「竢也. 从彳 寺聲.」

길에 멈추어서 기다린다는 뜻이다. cf. 竢(기다릴 : 사)

律 (律)「均布也. 从彳 聿聲.」

'均'은 고대에 弦을 뜯어 六律 五聲을 낸 악기인데, 樂音의 陽은 律
이라 하고, 陰은 呂라 하였으나 흔히 律로 통칭하였다. 樂律의 '律'은
순서에 따른 竹管樂器의 음계를 뜻하며, 法律의 律은 '倫'의 對轉에 해

당하는 말로서 질서를 의미한다. 그러나 이것이 원래의 뜻은 아니다.
彳(척)은 길(彳)과 관계가 있으므로 애초에는 일정한 길을 뜻하였던
것이 일찍이 법칙의 뜻으로 변한 것을 알 수 있다. 《爾雅》(釋詁)에
「律, 法也」라 한 것이 참고된다.

徑 (徑)「步道也. 从彳 巠聲.」

巠(경)의 一은 땅을, 川은 川을 상형한 자로 지하의 물줄기를 뜻하
므로 '徑'은 수레가 다닐 수 없는 小路를 가리킨다.

徒 (徒)「步行也. 从辵 土聲.」

길(土)을 밟으며 걸어감(行)을 뜻한다. '徒'의 고자는 '辻'인데, 예서
에서 '徒'로 변하였다.

復 (復)「往來也. 从彳 夏聲.」

夏(갈 : 복)은 「夂＋畐省聲」으로 「行故道」의 뜻이니 '復'은 갔던 길
을 다시 돌아온다(彳)는 말이다.

徐 (徐)「安行也. 从彳 余聲.」

천천히 길을 걸어가는 뜻이다.

得 (得)「行有所导也. 从彳 导聲.」

길을 걷다가(彳) 물건을 줍는다는 뜻이다. 甲文의 자형은 손으로
'貝'를 잡고 있는 형상을 그렸는데, 과연 '导'은 '得'의 본자이다.

術 (術)「邑中道也. 从行 朮聲.」

원래 邑 가운데로 통행하도록 나 있는 길을 뜻하였는데 技術, 法術
의 뜻에 전용되었다. 《漢書》刑法志에 있는 "園圃術路"의 '術'은 본뜻에
가까운 용례라 하겠다.

街 (街)「四通道也. 从行 圭聲.」

동서남북 사방으로 통하는 교차로(行)를 가리킨다. 圭는 瑞玉이니
평탄 견실의 뜻이 내포되어 있다.

衝 (衝)「通道也. 从行 童聲.《春秋傳》曰: 及衝以擊之.」

막힘(童)이 없이 가히 통행할 수 있는 길을 말한다.《左傳》(昭公元년)에 "及衝擊之以戈"(큰 거리에 이르러 창으로 찔렀다)라는 말이 있다.

微 (微)「隱行也. 从彳 散聲.《春秋傳》曰: 白公其徒微之.」

散(미)는「人＋支＋豈省聲」으로 '妙'의 뜻이니 '微'는 눈에 띄지 않게 작은 걸음으로 사뿐히 걷는다(小步輕行)는 뜻을 나타낸다.《左傳》(哀公 16년)에 "白公奔山而縊, 其徒微之"(백공이 산으로 도망가서 제 스스로 목을 매어 죽었다. 그 도당들은 백공의 시체를 보이지 않게 감춰 버렸다)라는 기사가 있다. 이 때의 '微'는 匿(숨길 : 닉)의 뜻이다.

德 (德)「升(登)也. 从彳 悳聲.」

'德'은 '悳'의 이체자이다. 悳은「直＋心」의 회의자인데, 여기에 漸進의 뜻으로 '彳'을 더한 자가 '德'이다. 높은 곳으로 오르는 뜻이다. 마음을 바르게 가지고 행동하는(彳) 것이 곧 덕의 뜻이라 하겠다.

循 (循)「行順也. 从彳 盾聲.」

길을 따라 간다는 뜻이다.

投 (投)「擿也. 从手 殳聲.」

손으로 던진다는 뜻이다.「擿, 投也」이니 두 자는 전주된다.

抗 (抗)「扞也. 从手 亢聲. 杭, 抗 或从木.」

적을 맞아 손으로 막는다는 뜻이다.

技 (技)「巧也. 从手 支聲.」

재예에 솜씨가 뛰어남을 말하는데, 여기에는 죽순(支)이 뾰족이 땅 위로 나오듯 精緻의 뜻이 숨어 있다고 할 것이다.

扶 (扶)「左也. 从手 夫聲.」

손을 써서 서로 도움을 뜻한다. 장부는 힘이 세어 사람을 도울 힘이 있으므로 夫聲을 취하였다.

抷 (批)「反手擊也. 从手 皀聲.」

손으로 친다는 뜻이다. 지금의 '批'는 攳(비)의 속자이다.

岠 (拒)「止也. 从止 巨聲.」

좌우로 진퇴하지(止) 못하도록 고정함이 본뜻인데, 자형이 岠→拒로 변하면서 거절한다는 뜻이 되었다.

犮 (拔)「擢也. 从手 犮聲.」

손으로 뽑아 냄을 뜻한다. 犮(발)은 개가 달아난다는 뜻이니 '拔'에는 速出의 뜻이 포함되어 있다.

拂 (拂)「過擊也. 从手 弗聲.」

徐鍇는 "擊而過之也"로 풀이하였다. 손으로 먼지를 털어 내는 데서 拂拭(불식)의 뜻이 되었다.

抵 (抵)「擠也. 从手 氐聲.」

'氐'는 柢(저)의 초문으로 나무의 곧은 뿌리가 흙을 밀어 내고 밑으로 뻗어 들어감을 가리키니 '抵'는 손으로 밀어 낸다는 뜻이다. 여기에서 저항의 뜻을 가지게 되었다.

拙 (拙)「不巧也. 从手 出聲.」

拙(졸)은 솜씨가 모자람을 뜻한다.

拓 (拓)「拾也. 陳宋語. 从手 石聲.」

길에 놓인 돌(石) 따위의 장애물을 손으로 밀어 젖혀 확장한다는 뜻이다. 《集韻》에서는 "手推物也"로 풀이하였다.

招 (招)「手評也. 从手 召聲.」

손짓을 하여 사람을 부른다는 뜻이다.

擂 (抽)「引也. 从手 留聲. 㩅, 擂 或从由. 㧒, 擂 或从秀.」

손으로 뽑아 냄을 뜻한다. '擂, 抽, 㧒'는 이체 동자이다.

抱 (抱)「引堅也. 从手 孚聲. 抱, 捊 或从包.」
손으로 잡아 껴안음을 뜻한다.

捨 (捨)「釋也. 从手 舍聲.」
손에 쥐고 있던 것을 버린다(놓다)는 뜻이다.

拾 (拾)「掇也. 从手 合聲.」
몸을 구부려 떨어진 물건을 손으로 줍는다는 뜻이다. 즉 물건과 손
이 합한 것을 나타낸다.

持 (持)「握也. 从手 寺聲.」
손으로 잡는다는 뜻이다. 甲文形은 又이니 '持'는 '寺'의 중문임을
알 수 있다.

指 (指)「手指也. 从手 旨聲.」
손가락을 가리킨다. '旨'는 美味의 뜻이 있으니 원시인들은 숟가락
이 없을 때 손가락으로 음식을 먹었으므로 旨聲을 취한 것이라 한다.

振 (振)「擧救之也. 从手 辰聲. 一曰: 奮也.」
손을 높이 들어 구원함을 뜻한다. 이 밖에 움직인다는 뜻이 있다.

捉 (捉)「搤也. 从手 足聲.」
손으로 손발을 잡는다는 뜻이다. cf. 搤(잡을 : 액)

捕 (捕)「取也. 从手 甫聲.」
도망간 사람을 잡는다는 뜻이다.

排 (排)「擠也. 从手 非聲.」
손을 써 밖으로 밀어 낸다는 뜻이다.

接 (接)「交也. 从手 妾聲.」
다리를 겹치듯(交) 서로 손을 잡는다는 뜻이다.

揆 (探)「遠取之也. 从手 罙聲.」

손을 깊이 넣어 끌어 냄을 뜻한다. cf. 罙(깊을 : 음, 탐)

摧 (推)「排也. 从手 隹聲.」

밖으로 밀어 젖히다, 물리치다의 뜻이다.

揚 (揚)「飛擧也. 从手 昜聲.」

사물이 잘 보이도록(昜 : 開의 뜻) 높이 들어 올린다는 뜻이다.

援 (援)「引也. 从手 爰聲.」

손으로 끌어 당긴다는 뜻이다.

提 (提)「挈也. 从手 是聲.」

위로 물건을 끌어 올린다는 뜻이다. cf. 挈(끌 : 설)

換 (換)「易也. 从手 奐聲.」

물건을 서로 바꾼다는 뜻이다.

揮 (揮)「奮也. 从手 軍聲.」

팔을 휘두른 데서 지휘의 뜻이 나온 자이다. 軍의 상고음은 *kįwən > kįuən이요, 揮는 *xįwər(xįwĕd) > xjwəi이므로 성·운이 일치하지 않으나 *k>*x의 단계를 상정한다면 '軍, 揮'는 성모가 동류이었을 가능성이 짙다.

損 (損)「減也. 从手 員聲.」

손에서 물건을 떼어 던다는 뜻에서 손해의 뜻을 가지게 되었다.

捷 (捷)「獵也. 軍獲得也. 从手 疌聲.」

사냥이 본뜻이었는데, 나아가 전쟁에서 승리(획득)함을 뜻하게 되었다.

搖 (搖)「動也. 从手 䍃聲.」

손을 흔들다의 뜻이다. cf. 䍃(그릇 : 요, 독 : 유)

摘 (摘)「拓果樹實也. 从手 啇聲.」

손으로 과일을 딴다는 뜻이다. 啇(과일 꼭지 : 적)은 止의 뜻으로 百果는 익으면 더 자라지 않으므로 따 먹는다는 뜻에서 啇聲을 취하였다.

播 (播)「穜也. 从手 番聲.」

손으로 씨를 뿌린다는 뜻이다. 작은 고랑을 파고 씨를 뿌리면 짐승의 발자국(番 : 獸足의 뜻)과 같은 형상이 생기므로 番聲을 취한 것이라 한다.

攄 (據)「杖持也. 从手 慮聲.」

손으로 지팡이(杖)를 짚고 몸을 의지한다는 뜻이다.

擔 (擔)「擔負也《廣韻》. 从手 詹聲.」

손으로 물체를 들어 어깨에 멘다는 뜻이다. '詹'은 儋의 省文으로 짐(荷)을 가리킨다. 詹(첨)의 상고음은 *tĭam > tɕiɛm, 擔은 *tam > tam 이므로 운모가 동류에 속한다.

操 (操)「把持也. 从手 喿聲.」

전력을 다하여 손으로 물체를 움켜 잡는다는 뜻이다.

擇 (擇)「柬選也. 从手 睪聲.」

손으로 분별하여(睪, 엿볼 : 역) 가려 낸다는 뜻이다.

江 (江)「江水. 出蜀湔氐, 徼外崏山 入海. 从水 工聲.」

중국의 長江, 즉 揚子江을 칭한 고유명사였는데, 점차 보통명사화 하였다.

河 (河)「河水. 出敦煌塞外 昆侖山, 發源注海. 从水 可聲.」

'河'는 黃河를 가리킨다. 漢나라 때 돈황군 변방의 곤륜산에서 출원하여 바다로 흘러 들어가는 큰 강이다.

汎 (汎)「浮皃. 从水 凡聲.」

모든 것(凡)이 물 위에 떠 바람을 따라 흘러감을 뜻한다.

(汝)「汝水. 出宏農盧氏 還歸山東入淮. 从手 女聲.」

원래는 강 이름이다. 굉농은 漢나라 때의 군명이니 지금의 河南省 盧氏縣이다. 汝水는 이 縣內의 환귀산에서 발원하여 淮水로 흘러 들어 간다.

(汚)「薉也. 从手 亏聲.」

흐리고 더러운 물을 뜻한다. cf. 薉(더러울 : 예)

(池)「陂也. 从手 也聲.」

여기의 '也'는 匜(손대야 : 이)의 초문이니 방죽·연못에 담긴 물이 마치 세숫대야에 든 물과 같으므로 也聲을 취하였다. '也'의 상고음은 *dia(dĭăg) > ia, 池는 *dia > die이니 두 자의 운모가 같다.

(汗)「身液也. 从水 干聲.」

사람이 열기의 침범(干, 犯也)을 받아 몸에서 흘리는 것이 땀이다.

(決)「下流也. 从水 夬聲. 廬江有決水出大別山.」

땅을 파서 물을 흘러가게 한다는 뜻이다. 동시에 夬(쾌, 결)은 다 스림을 내포하고 있으므로 治水의 뜻이 담겨 있는 셈이다.

(沐)「濯髮也. 从水 木聲.」

머리를 감는다는 뜻에서 확대하여 목욕의 뜻이 되었다.

(沒)「湛也. 从水 夋聲.」

물 속으로 깊이 들어가 잠긴다는 뜻이다. 朱駿聲은 겸성회의자로 풀이하여 놓았다. cf. 湛(빠질 : 침)

(沈)「陵上滈水也. 从水 冘聲. 一曰: 濁黕也.」

「陵上滈水」는 "陵上雨積停潦"(段注)의 뜻이니 산 위에 장마가 들 어 물이 많이 고여 있음을 가리키던 것에서 물에 잠겨 보이지 않는다 는 뜻으로 쓰이게 되었다. cf. 冘(갈 : 임)

㳢 (泥)「泥水. 出北地, 郁郅, 北蠻中. 从水 尼聲.」

원래는 강 이름이던 것이 진흙의 뜻으로 쓰인다. 北地는 漢의 군명
이요, 욱질은 여기에 속한 현명이다. 지금의 甘肅省 安化縣은 바로 욱
질의 옛땅인데, 泥水는 북지군의 사막에서 발원한 강이라고 한다.

㳏 (泊)「止舟也《玉篇》. 从水 白聲.」

배를 해안가에 댄다는 뜻이다.

㳂 (沿)「緣水而下也. 从水 㕣聲.《春秋傳》曰王沿夏.」

물길을 따라 순조로이 내려감을 뜻한다. 㕣(연)은 산중의 늪의 뜻
이니 '산을 따라서'의 뜻이 들어 있다.

㳊 (泳)「潛行水中也. 从水 永聲.」

물 속에서 헤엄친다는 뜻이다. 甲文형은 「人＋水」형으로 사람이
물속에 들어 있음을 나타낸 회의자이다.

㳘 (油)「油水. 出武陵 孱陵西, 東南入江. 从水 由聲.」

원래는 강 이름이던 것이 기름의 뜻으로 가차되어 쓰이고 있다.
무릉은 漢의 군명이요, 孱陵(잔릉)은 현명이니 지금의 湖北省 公安縣에
해당한다. 油水는 공안현 서쪽 白石山에서 발원하여 長江으로 유입
한다.

㳲 (泣)「無聲出涕者曰泣. 从水 立聲.」

소리 없이 눈물만 흘린다는 뜻에서 운다는 뜻으로 쓰이게 되었다.

㴀 (注)「灌水也. 从水 主聲.」

물방울이 그치지 않고 떨어지는 뜻이다. 즉 그릇에 물을 부을 때
한 번에 붓지 않고 조금씩 붓는 것을 말한다.

㳾 (治)「治水. 出東萊 曲城 陽丘山南 入海. 从水 台聲.」

원래는 山東省의 東萊 曲城(曲成이 옳다)의 양구산에서 출원하여
바다로 유입하는 강 이름이던 것이 역시 가차하여 '다스리다'의 뜻으로

쓰인다.

㶬 (波) 「水涌流也. 从水 皮聲.」

물이 높이 솟았다가 급히 낮아진다는 뜻에서 확대되어 파도를 칭하게 되었다.

㲞 (況) 「寒水也. 从水 兄聲.」

찬물의 뜻으로 풀이하였으나 《說文徐箋》에서는 "況者, 滋益之義……借爲語詞 又爲貺賜字"라 하였으니 일찍이 '불어나다, 주다'의 뜻으로도 쓰였음을 알 수 있다.

㶏 (洞) 「疾流也. 从水 同聲.」

여러 물이 합하여(同) 콸콸 흘러 내려감을 뜻한 자였으나 지금은 동굴, 동리의 뜻으로 쓰인다. '洞·迥·駉'은 음의가 같다.

㳺 (洛) 「洛水. 出左馮翊, 歸德北夷畎中, 東南入渭. 从水 各聲.」

원래는 강 이름이다. 左馮翊(좌풍익)은 漢의 군명이요, 歸德은 현명이니 지금의 甘肅省 安化, 合水 두 현에 해당한다. 洛水는 合水縣 白於山에서 발원하여 黃河로 흘러 들어간다.

㳛 (洗) 「洒足也. 从水 先聲.」

발을 내밀어 물로 씻는다는 뜻이다.

㳡 (洋) 「洋水, 出齊 臨朐高山, 東北入鉅定, 从水 羊聲.」

역시 원래는 강 이름이던 것이 지금은 大海를 범칭한다. 洋水는 지금의 山東省 임구현에서 발원하여 동북으로 廣饒縣을 지나 거정강으로 유입한다.

㴻 (洪) 「洚水也. 从水 共聲.」

여러 물이 하나로 합한(共) 큰물, 즉 홍수를 가리킨다.

㳑 (活) 「流聲也. 从水 昏聲.」

원래 물이 콸콸 흐르는 소리를 가리켰다. 篆文에서는 '㓉'로 쓰였던

것이 예서에서 '活'로 변하였다. cf. 昏(입 막을 : 괄)

氵良 (浪)「滄浪水也. 南入江. 从水 良聲.」

원래는 강 이름이었는데, 후에 큰 물결의 뜻으로 쓰이게 되었다.

氵孚 (浮)「汎也. 从水 孚聲.」

새가 알을 깔 때(孚 : 孵의 초문) 그 알 위에 앉듯이 물 위에 사람이 뜬 것을 가리킨다.

氵肖 (消)「盡也. 从水 肖聲.」

물이 다하여 말라 버림을 뜻한다.

氵谷 (浴)「洒身也. 从水 谷聲.」

물로 몸을 씻는다는 뜻이다. 甲文의 𝌆에 대하여 羅振玉은 소반에 물을 붓고 그 속에서 사람이 목욕하는 형상을 나타낸 자라고 하였다.

氵寢 (浸)「濅水. 出魏郡 武安 東北入呼沱水. 从水 寢聲.」

원래는 강 이름이다. 魏郡 武安은 지금의 河南省에 속한다. 예서에서 약하여 浸이 되었는데,《廣雅》에서는 "漬(지)也"로 풀이하였다. 물에 적신다는 뜻이다.

氵甫 (浦)「水瀕也. 从水 甫聲.」

강이나 바닷가에 연한 땅을 가리킨다. cf. 瀕(물가 : 빈)

氵每 (海)「天池也. 以納百川者. 从水 每聲.」

온 강(百川)이 합한 大水城의 뜻이다. '每'는 「艸盛上出」의 뜻이니 바다란 水勢가 성하여 물이 많으므로 每聲을 취한 듯하다. 그러나 劉熙는 바다는 물이 검어서 '晦'의 생체인 '每聲'을 붙인 것으로 풀이하였다.

氵告 (浩)「澆也. 从水 告聲.「虞書」曰: 洪水浩浩.」

큰물이 흐르는 우렁찬 소리를 뜻한다. 그러므로 段玉裁는 澆(요)를 沆(큰물 : 항)의 오자로 보았다.

(淡)「薄味也. 从水 炎聲.」

물이란 辛, 酸, 鹹(함), 甘, 苦 등 五味가 없으므로 담박하다의 뜻으로 쓰인다.

(淑)「淸湛也. 从水 叔聲.」

물이 맑고 깨끗함을 뜻한다.

(深)「深水. 出桂陽 南平, 西入營道. 从水 罙聲.」

원래는 강 이름이다. 桂陽은 漢의 군명이요, 南平은 현명이니 지금의 호남성 藍山縣의 동쪽에 있다. cf. 罙(깊을 : 음, 탐, 심)

(涯)「水邊也《說文新附》. 从水 厓聲.」

물과 육지가 맞닿은 곳을 칭한다.

(淫)「浸淫隨理也. 从水 㸒聲. 一曰: 久兩曰淫.」

물체의 결을 따라 적셔 들어감(浸漬)을 뜻한다. 한편 장마의 뜻으로도 쓴다.

(淨)「魯北城門池也. 从水 爭聲.」

《六書攷》에서는 "塵垢盡"으로 풀이하였으니 물로 먼지나 때를 깨끗이 씻어 버림을 뜻한다. 淸淨의 뜻으로 쓰인다. 爭을 붙인 데는 물과 때가 싸움하는 의미가 들어 있다.

(淺)「不深也. 从水 戔聲.」

물이 적어(戔, 상할 : 잔, 쌓을 : 전) 얕다는 뜻이다.

(淸)「朖也. 澂水之皃. 从水 靑聲.」

물이 구름 없는 하늘의 쪽빛처럼 푸르고(靑) 맑음을 뜻한다.

(混)「豐流也. 从水 昆聲.」

이골 저골 물이 서로 한데(昆, 同也) 합하여 흐른 데서 섞이다의 뜻이 되었다.

渴 (渴)「盡也. 从水 曷聲.」

물이 말라 없어짐을 뜻한다.

減 (減)「損也. 从水 咸聲.」

물이 태양의 열을 받아 증발하고 땅 속으로 스며 줄어짐에서 감소의 뜻이 되었다. 고서에는 '咸'이 흔히 '減'의 뜻으로 가차되었다.

渡 (渡)「濟也. 从水 度聲.」

물의 廣狹, 深淺을 측량하여(度) 건넌다는 뜻이다.

測 (測)「度也《說文句讀》. 从水 則聲.」

물의 深淺을 잰다는 의미에서 널리 측량의 뜻이 되었다.

湯 (湯)「熱水也. 从水 昜聲.」

더운 물을 가리킨다. '昜'은 陽의 초문이다.

港 (港)「水派也《說文新附》. 从水 巷聲.」

江河의 지류를 말한다. '巷'은「里中道」이니 '港'은 곧 사람이 다닐 수 있는 물길이어서 후에 항구의 뜻이 되었다.

湖 (湖)「大陂也. 从水 胡聲.」

陂(파)는 방죽(池)의 뜻이니 '湖'는 넓은 호수를 칭한다.

溪 (溪)「山瀆所通也《集韻》. 从水 奚聲.」

산골 사이의 시내를 가리킨다. 고문에서는 谿, 溪가 동의로 쓰였다.

滅 (滅)「盡也. 从水 威聲.」

물이 말라 없어진 것을 말한다. 威, 滅은 고금자이다.

溫 (溫)「溫水. 出犍爲符, 南入黔水. 从水 昷聲.」

원래는 강 이름이다. 犍(건)은 楗으로도 쓰며 漢의 군명으로 지금의 四川省 合江縣이다.

源 (源)「水本也. 从水 原聲.」

강이나 냇물의 발원지를 가리킨다.

準 (準)「平也. 从水 隼聲.」

수면은 높낮이가 없이 평평함을 비유하는 말이다.

滄 (滄)「寒也. 从水 倉聲.」

물이 차다는 뜻이다.

漠 (漠)「北方流沙也. 一曰: 淸也. 从水 莫聲.」

광대한 고원에 모래가 쌓인 사막을 가리킨다. 莫(모)는 '暮'의 초문으로 날이 어두워서 아무 것도 보이지 않음을 나타낸 자이니 사막의 광경을 상상하게 한다.

滿 (滿)「盈溢也. 从水 㒼聲.」

그릇에 물이 가득 차 넘친다는 뜻이다.

演 (演)「長流也. 一曰: 水名. 从水 寅聲.」

물이 유유하게 멀리 흘러감을 말한다. 강명은 미상이다.

滴 (滴)「水注也. 从水 啇聲.」

물이 위에서 아래로 뚝뚝 떨어짐을 뜻한다. 啇(적)은 나무 뿌리의 뜻이니 뿌리가 흙 속으로 파고 들어감을 암시한다.

漸 (漸)「漸水. 出丹陽 黟南蠻中, 東入海. 从水 斬聲.」

원래는 강 이름이다. 丹陽은 漢의 군명으로 지금의 安徽省 宣城縣에 속하며, 黟(고을이름: 이, 검을: 이) 역시 漢의 현명으로 현 安徽省 黟縣이니 漢나라 때 丹陽郡에 속하였다.

漆 (漆)「漆水. 出右扶風, 杜陵岐山, 東入渭. 从水 桼聲.」

원래는 강 이름이다. 우부풍은 漢의 군명, 두릉은 漢의 현명이니 지금의 陝西省 長安縣 西南에 해당한다. 岐山은 漢나라 때 杜陽縣에 속한 산명인데, 漆水는 岐山에서 발원하여 동쪽으로 흘러 渭水로 들어간다.

漂 (漂)「浮也. 从水 票聲.」

물체가 물 위에 뜨는 것을 말한다. 예서에서 漂로 변체되었다.

潭 (潭)「潭水, 出武陵 鐔成王山 東入鬱林. 从水 覃聲.」

潭水는 강 이름이다. 《廣雅》에 潭을 "淵也"로 풀이한 것이 지금의 뜻이다. 물이 고인 깊은 곳(覃 : 담)이 연못이다.

潤 (潤)「水曰潤下. 从水 閏聲.」

《廣雅》에서는 "益也"로 풀이하였다. 물이 불어나야 만물이 윤택하게 생장한다. 曆法의 윤년, 윤달도 실은 평시보다 日數가 불어난(滋益) 것을 말한다.

潛 (潛)「涉水也. 一曰 : 藏也. 从水 朁聲. 一曰: 漢爲潛.」

물 속으로 깊숙이 들어가 자취를 감추는 것을 뜻한다.

潮 (潮)「水朝宗於海《說文通訓定聲》. 从水 从朝聲.」

작은 물이 모여 큰 물이 되듯이 衆水가 바다로 밀려 들어감을 뜻한다. '淖'가 본자인데, 예서에서 '潮'가 되었다. 달의 인력에 의하여 생기는 조수의 뜻으로 쓰인다.

激 (激)「水礙衺疾波也. 从水 敫聲. 一曰: 半遮也.」

물이 흘러가다 장애물(바위)에 부딪혀 옆으로 튀기면서 急波가 생긴다는 데서 '심하다'의 뜻이 파생되었다.

濃 (濃)「露多也. 从水 農聲.」

이슬이 많이 맺혀 있음을 가리킨다. 段玉裁가 注에서 "凡農聲字 皆訓厚"라 하였듯이 露厚의 뜻이므로 農聲을 취한 것이라 하겠다.

濁 (濁)「濁水. 出齊郡, 厲嬀山 東北入鉅定. 从水 蜀聲.」

원래 강 이름이던 것이 '흐리다'의 뜻으로 가차되었다. 《段注》에서 본문의 「厲嬀」는 「廣爲」의 오자로 보았다.

澤 (澤)「光潤也. 从水 睪聲.」

어느 사물이고 물보다 맑고 윤택한 것이 없다. 광택, 윤택의 뜻이다.

濫 (濫)「氾也. 从水 監聲.」

물이 합하여 위에서 아래로(監：臨下의 뜻) 넘쳐 흐른 것을 말한다.

濟 (濟)「濟水. 出常山 房子 贊皇山, 東入泜. 从水 齊聲.」

常山은 漢의 國名, 房子는 현 河北省이니 贊皇縣은 그 옛땅이다. 漢나라 때 常山國에 속하였다. 濟水는 찬황현 서남의 산골에서 출원하여 泜(저)水로 유입하는 강 이름이다.

濕 (濕)「濕水. 出東郡 東武陽, 入海. 从水 㬎聲.」

東郡은 漢의 군명이요, 東武陽은 漢의 현명이니 지금의 山東省에 속한다. 濕水는 이 곳에서 출원하여 바다로 흘러가는 강 이름인데, 지금은 '젖다'의 뜻으로 쓰인다.

濯 (濯)「瀚也. 从水 翟聲.」

씻는다는 뜻이다. 甲文의 濯은 날개를 물 속에 넣어 씻는 형상을 나타낸 듯하다. cf. 瀚(빨래할：한)

瀑 (瀑)「疾雨也. 从水 暴聲. 詩曰：終風且瀑. 一曰：沫也. 一曰：瀑 霤也.」

물이 밖으로 분출하여 거품이 사방으로 날아감을 뜻한다. 「疾雨」는 폭우의 뜻이니 《詩經》(邶風)에 "終風且瀑"(바람이 불더니 폭우가 쏟아지네)이라는 시구가 있다.

犯 (犯)「侵也. 从犬 㔾聲.」

개가 사람을 해친다는 뜻이다.

狀 (狀)「犬形也. 从犬 爿聲.」

개가 여러 가지 형상으로 움직이는 모양을 가리킨다. 여기에서 형상의 뜻으로 확대되었다.

狗 (狗)「孔子曰: 狗叩也. 叩气吠以守. 从犬 句聲.」

朱駿聲은 "犬也. 大者爲犬, 小者爲狗"로 구별하였듯이 狗는 작은 개를 칭한다. 그러나 《爾雅》에 "犬未成豪狗"(개가 아직 긴 털이 나지 않은 것은 강아지)라 하고, 또 "熊虎醜, 其子狗"(곰은 범 종류로서 그 새끼를 狗라 한다)고 한 바에 따르면 호랑이 새끼까지도 狗라 칭한 듯하다.

猛 (猛)「健犬也. 从犬 孟聲.」

원래는 힘이 세고 튼튼한 개를 칭하였는데, 인하여 '사납다, 용맹스럽다'의 뜻이 되었다.

猶 (猶)「玃屬. 从犬 酋聲. 一曰: 隴西 謂犬子爲猶.」

어미 원숭이(母猴)류에 속한 짐승을 일컫는다. 《說文》에 '狙(어미 원숭이 : 처) 역시 「玃屬」(확속)이라 하였다.

獨 (獨)「犬相得而鬥也. 从犬 蜀聲. 羊爲群犬爲獨.」

개가 먹을 것을 얻어 지키자 다른 개가 이를 빼앗고자 서로 물어뜯으며 싸운다는 뜻이다. 싸움을 좋아하면 무리를 짓지 못하니 고독하여질 것이다.

獲 (獲)「獵所獲也. 从犬 蒦聲.」

개를 부려 새나 짐승을 사냥한다는 뜻이다. 甲文에서는 '隻'의 중문으로 쓰였는데, '隻'은 새를 잡아 손에 들고 있는 자형이다.

獻 (獻)「宗廟犬名羹獻, 犬肥者以獻. 从犬 鬳聲.」

종묘에서 祭를 올리는 데 쓰인 개인데, 그 이름을 羹獻(갱헌)이라 한다는 뜻이다. 《曲禮》에도 "凡祭宗廟之禮犬曰 羹獻"이라 하였다. 개를 잡아 신에게 바친 데서 널리 薦進의 뜻이 되었다.

防 (防)「隄也. 从阜 方聲.」

언덕같이 쌓은 둑(隄防)을 가리킨다.

附 (附)「附婁. 小土山也. 从阜 付聲.《春秋傳》曰: 附婁無松柏.」

「附婁」는 작은 언덕의 뜻이다.

𨹖 (阿)「大陵曰阿. 从阜 可聲. 一曰: 阿曲阜也.」

구불구불하며 큰 산 언덕을 칭한다.

𨻤 (限)「阻也. 从阜 艮聲.」

높은 언덕이 막혀 길을 나아갈 수 없음에서 '막히다, 한정되다'의
뜻이 되었다.

𨾃 (降)「下也. 从阜 夅聲.」

높은 언덕에서 아래로 내려옴을 뜻한다.

𨹧 (院)「寏, 周垣也. 院, 寏或 从阜 完聲.」

집의 사방을 둘러싸고 있는 담장을 가리킨다. 뚫린 데가 없이 완벽
하므로 完聲을 취하였다. '院'은 寏(환)의 혹체자이다.

𨻰 (除)「殿陛也. 从阜 余聲.」

언덕처럼 서서히(余 : 徐의 省文) 순서대로 올라가는 궁전의 돌계
단(陛 : 폐)을 뜻한다. '덜다'의 뜻은 가차이다.

𨹈 (陶)「再成丘也. 在濟陰. 从阜 匋聲.「夏書」曰 : 東至于陶丘.」

「再成丘」란 큰 언덕 위에 다시 작은 언덕이 있는 것, 즉 겹친 산을
말한다. 이는 마치 도자기를 구울 때 자기를 포갠 것과 같으므로 이른
말이다. 陶丘는 山東에 있는 땅 이름이다.

𨻎 (陵)「大阜也. 从阜 夌聲.」

중앙이 매우 높은 언덕을 가리키던 데서 왕릉의 뜻이 되었다. 秦나
라 때는 천자의 묘를 山이라고 하고, 漢나라 때는 陵이라고 일컬었다.

𨼜 (陰)「闇也. 水之南 山之北也. 从阜 侌聲.」

구름이 해를 가리어 대지에 햇볕이 비치지 않으니 산이나 언덕 또
한 幽深하여 어두움을 뜻한다. 《穀梁傳》에 "水北爲陰, 山南爲陽"이라는
말이 있는데, 그 注에 "日之所照曰陽, 然則水之南, 山之北爲陰可知矣"라

하였다.

餡 (陷)「高下也. 从阜 臽聲. 一曰: 阺也.」

높은 곳에서 坑穴(臽, 함정 : 함) 밑으로 떨어진 곳, 즉 함정을 가리킨다. 또는 '무너지다, 사태나다'의 뜻이 있다. cf. 阺(＝阺, 사태날 : 치)

陸 (陸)「高平地. 从阜 坴聲.」

돌이 없는 높고 광활한 평지를 칭한다. 大徐本《說文》에는 "从阜从坴, 坴亦聲"의 겸성회의로 풀이하였다. 春秋 시대에 '平·原·陸'은 황하 유역의 농지 개발 지역을 지칭한 것으로 생각된다. 황하 유역은 높고 평평한 곳이 아니면 홍수 피해를 막을 수 없었다.《爾雅》에서는 "大野曰平, 廣平曰原, 高平曰陸"으로 그 대상을 구별하였다.

階 (階)「陛也. 从阜 皆聲.」

집 아래로 나 있는 돌계단(섬돌)이 언덕같이 점점 높아짐을 뜻한다.

隊 (隊)「從高隊也. 从阜 㒸聲.」

높은 곳에서 떨어짐이 본뜻인데, 무리(群)의 뜻으로 변하였다. 여기에서의 '隊'는 墜(떨어질 : 추)의 뜻이다.

隆 (隆)「豐大也. 从生 降聲.」

낮은(降) 땅에서 산처럼 불쑥 솟아난(生) 모양이니 물체가 풍성하고 큰 것을 말한다.

陽 (陽)「高明也. 从阜 昜聲.」

햇볕이 비쳐 밝게 트인(昜) 높은 곳을 가리킨다.

障 (障)「隔也. 从阜 章聲.」

높은 산이나 언덕은 길의 저애가 되므로 서로 떨어져(章) 통할 수 없음을 뜻한다.

際 (際)「壁會也. 从阜 祭聲.」

《說文通訓定聲》에서는 "山中兩峯 相合之隙"이라 하였다. 언덕과 언덕이 서로 접한 곳이므로 阜를 붙인 것이다. 또 이곳에서 신에게 제를 올렸으므로 祭聲을 취한 것으로 생각된다.

隃 (險)「阻難也. 从阜 僉聲.」

산이나 언덕이 높고 험하여 모두(僉, 다 : 첨) 오를 수 없음을 뜻한다.

隨 (隨)「從也. 从辵 隋聲.」

뒤에서 앞으로 걸어(辵, 쉬엄쉬엄 갈 : 착) 따라 옴을 뜻한다. 지금은 자형이 변하여 辵부에 속했던 자가 阜부에 들게 되었음을 알 수 있다.

隱 (隱)「蔽也. 从阜 㔕聲.」

언덕이 가려 보이지 않게 조심스레(㔕, 삼갈 : 은) 피하여 산다는 뜻에서 '숨어 살다'의 뜻이 되었다.

邢 (那)「西夷國. 从邑 冄聲. 安定有朝那縣.」

西夷國은 지금의 四川省 서쪽으로 소위 《史記》에 기록된 "冄(冉)駹"국을 가리키므로 邑을 붙였는데, 본뜻은 현재 쓰이지 않는다.

邦 (邦)「國也. 从邑 丰聲.」

일정한 彊域 안에 토지, 백성, 주권을 가진 정치 조직을 國 혹은 邦이라 하는데, 몇 개의 읍을 통합하여 邦을 이루므로 '邑'을 취하였다. 丰(봉)은 풀이 무성함을 나타낸 자형인데, 나라를 세우면 백성을 부유하게 해야 되므로 丰聲을 붙인 것이라 하겠다. 甲文형은 䖒이다.

邪 (邪)「琅邪郡也. 从邑 牙聲.」

秦나라 때 설치한 琅邪(낭야)군을 말한다.

郊 (郊)「距國百里爲郊. 从邑 交聲.」

천자의 都城으로부터 100里 이내의 땅을 가리킨다. 각 제후국과 交道 상통하므로 交聲을 취하였다. 100里 이내의 땅을 遠郊라 하고, 50里 이내의 땅을 近郊라 한다.

鄒 (郞)「魯亭也. 从邑 良聲.」

　춘추 시대 魯나라에서는 近邑, 遠邑을 모두 郞이라 하였다. 후에 마을에서 어질고(良) 훌륭한 사내를 가리키고, 또 남편의 뜻을 가지게 되었다.

郡 (郡)「周制 天子地方千里 分爲百縣, 縣有四郡, 故《春秋傳》曰: 上大夫受縣, 下大夫受郡是也. 至秦初 天下置三十六郡以監縣. 从邑 君聲.」

　秦나라 이전에는 縣이 크고 郡은 작았으나 그 이후에는 이와 반대였다. 郡에는 토지와 백성이 있어 여러 城과 邑을 거느렸으므로 邑을 붙이고, '君'은 지존의 칭으로 군수는 군왕의 명을 받들어 정사를 다스리는 一郡의 君과 같으므로 君聲을 취하였다. 촌락이 모여 郡을 이룬다.

郭 (郭)「齊之郭氏虛. 从邑 𩫖聲.」

　'郭'은 본래 춘추 시대의 국명이므로 이미 망하였으나 곽씨허라 하여 邑을 붙이고, 城 위에 두 개의 亭이 상대함을 나타내기 위하여 𩫖(외성: 곽)聲을 취하였다. 甲文의 𩫖은 바로 성곽의 형상을 본뜬 자형이다.

部 (部)「天水狄部. 从邑 咅聲.」

　「天水」는 漢대의 郡地로서 지금의 甘肅省에 해당된다. 「狄部」는 부족 이름인 듯하다. 나라를 다스리기 쉽게 여러 고을(邑)로 가른(咅, 침 뱉을 : 부·투→音) 데서 '나누다'의 뜻이 되었다.

都 (都)「有先君之舊宗廟曰都. 从邑 者聲.《周禮》: 距國五百里爲都.」[21]

　一國의 首邑(장벽 안에 사람이 많이 모인 곳)을 칭한다.《左傳》에도 "凡邑有宗廟先君之主曰都, 無曰邑"이라 하였다.

鄕 (鄕)「國離邑, 民所封鄕也. 嗇夫別治, 从𨜮 皀聲, 封圻之內六鄕六卿治之.」

---

(21) 司馬法에 "王國百里爲郊, 二百里爲州, 三百里爲野, 四百里爲縣, 五百里爲都"라고 규정하였다. 〈段注〉 참조.

一國을 약간의 邑으로 나누어 사람을 살게 하고 다시 읍을 일정한 구역으로 나눈 것을 鄕이라 하였다. 「離邑」의 邑은 國과 같은 뜻이며, '封'은 '域'과 같으므로 「所封」이란 民域을 말한다. 甲文의 🔆에 대하여 羅振玉은 음식물을 가운데에 놓고 주객이 향식하는 모양을 나타낸 상형자로 보았다.

𣪊 (成) 「就也. 从戊 丁聲. 𢦏, 古文 成 从午.」

戊(무)는 「中宮」 즉 중앙에 위치한 土의 뜻이니 만물이 흙에 의존하여 정실하게(丁) 이루어짐을 나타낸 자이다. 그러나 자형의 해석이 구구하여 高鴻縉은 "休兵言和"를 '成'의 본뜻으로 보았다. 즉, 병기(戊)를 멈추고 화해함을 나타낸 자로 본 것이다.

한편 甲文의 𢦍, 金文의 𢦍자는 조각칼로 나무를 되풀이하여 조아내는 형태로 보인다. 여기에서 점차 무엇이 완성되는 뜻을 가지게 되었을 것이다.

𢧐 (戚) 「戉也. 从戉 尗聲.」

戉(월)은 大斧이고, 戚(척)은 이보다 작은 도끼를 가리키니, 즉 고대의 병기를 칭한다. 尗(콩:숙)은 흔히 '小'를 의미하는 음부로 쓰인다. 지금의 '친척'은 가차의임을 알 수 있다.

𢧐 (戰) 「鬥也. 从戈 單聲.」

大型(單)의 병기(戈)를 들고 적을 친다는 뜻이다. 金文의 𢧪에 대하여 高承祚는 ∬는 병기를, ㅂ는 병기를 두는 곳을 나타낸 상형자로 보았는데 참고할 만하다. 單의 상고음은 *tan>tan, 戰은 *tịan(tiän)>tɕịɛn이므로 성운이 동류에 속한다.

暇 (暇) 「閒也. 从日 叚聲.」

여유 있는 시간(겨를)을 뜻한다. 閒(한)은 '閑'과 같은 뜻이다.

暑 (暑) 「熱也. 从日 者聲.」

위로부터 햇볕이 강렬하여 열이 오른다는 뜻이다. '者'를 煮(자)의 생체로 보는 설도 있는데, 햇볕이 사물을 익게 한 데서 '덥다'의 뜻이 되었다.

晻 (暗)「日無光也. 从日 音聲.」

'音'은 '闇'의 생문인데, 闇(어두울 : 암)은 곧 閉門의 뜻이다. 문을 닫았으므로 햇빛이 들어 올 수 없으니 곧 '어둡다'의 뜻이다.

姓 (晴)「雨而夜除星見也. 从夕 生聲.」

비가 내리다가 밤에 그쳐 하늘에 총총한 별을 볼 수 있으므로 날씨가 쾌청함을 뜻한다. 지금의 '晴'은 '姓'의 속자이다.

暖 (暖)「溫也《玉篇》. 从日 爰聲.」

햇볕이 만물을 따뜻하게 한다는 뜻이다.

暢 (暢)「通也《集韻》. 从申 易聲.」

햇살이 사방으로 펼쳐(申 : 伸의 뜻) 통한다는 데서 '화창하다'의 뜻이 되었다.

暫 (暫)「不久也. 从日 斬聲.」

지극히 짧은 시간을 뜻하므로 '日'을 붙였다. 斬(베일 : 참)은 '截'의 뜻이니 물건을 斷截(단절)하는 것은 시간이 매우 빠르므로 不久의 뜻이 된다.

曉 (曉)「明也. 从日 堯聲.」

해가 점점 높이(堯) 떠올라 하늘이 맑아지니, 즉 새벽이다.

更 (更)「改也. 从攴 丙聲.」

'丙'은 '炳'과 고금자이므로 광명의 뜻이다. 변혁이란 능동적이건 피동적이건 振作強起가 있어야 하므로 攴(칠 : 복)을 붙였다. 그러므로 '更'은 옛것을 고쳐 밝게 한다는 뜻이다. 예서에서 '更'으로 변하였다.

書 (書)「箸也. 从聿 者聲.」

고문에서는 聿(율)과 筆이 동자였다. '者'는 衆多의 뜻이므로 여러 가지의 것을 붓(聿)으로 기록한다는 뜻이다. 예서에서 書로 변하였다.

替 (替)「廢也. 一偏下也. 从竝 白聲. 替, 或从曰替, 或从兟 从曰.」

옛것을 폐하여 새것으로 바꾼다는 뜻이다.

有 (有)「不宜有也.《春秋傳》曰: 日月有食之. 从月 又聲.」

손(又)에 고기를 들고 있는 것으로 '있다'의 뜻을 나타낸 자이다. 《左傳》(桓公 3년)에 "七月壬辰朔, 日有食之, 旣"(7월 임진 초하루에 일식이 있었는데, 개기일식이었다)라는 기사가 있다.《說文》에서 「日月有食之」는 "日有食之"의 잘못이다.

服 (服)「用也. 一曰: 車右騑所以舟旋. 从舟 艮聲.」

자형으로 보아 배(舟)를 움직여 앞으로 나아가도록 다스리는(艮 : 治의 뜻 : 복) 것을 뜻하였던 것 같다. 「用也」란《周易》繫辭下에 "服牛乘馬"(소를 수레에 멍에 메고 또 말을 타게 하다)라는 말이 있는데, 正義에서는 이를 "服用其牛"로 풀이하였다.

朔 (朔)「月一日始蘇也. 从月 屰聲.」

달(月)이 다하였다가 다시 되살아 남(屰, 거스릴 : 역)에서 음력으로 매월 초하루를 칭하게 되었다. '屰'은 不順의 뜻이니 달이 어두웠다가 다시 밝아지므로 붙인 성부이다.

朗 (朗)「明也. 从月 良聲.」

달이 둥글게 차 아주 밝음을 뜻한다. '良'은 善의 뜻이니 원만 고결함을 의미한다.

期 (期)「會也. 从月 其聲.」

해와 달이 會合하는 것을 말한다. 즉 朔—上弦—滿月—下弦의 4주를 1회로 하여 日月이 회합하는 29일(1월)이 본뜻이다. 다시 말하면 만월에서 다음 만월까지의 시간을 가리키므로 '月'을 형부로 취하였다.

朝 (朝)「旦也. 从倝 舟聲.」

해가 떠오르는(倝, 해돋을 : 간) 이른 아침을 가리킨다. 지금의 月은 舟의 변형이다. 또는 물이 위로 올라오는 뜻으로 '潮'자의 초문으로 보기도 한다.

　(胸)「膺也《廣韻》. 从肉 匈聲.」

가슴을 가리킨다. 匈과 胸(흉)은 고금자에 불과하다.

　(忌)「憎惡也. 从心 己聲.」

마음 속에 원한이 생겨 미워함을 말한다.

　(忘)「不識也. 从心 亡聲.」

자기의 마음에서 사라지는 것(亡)은 곧 잊은 상태를 말한다.

　(忍)「能也. 从心 刃聲.」

徐灝는 “能讀爲耐”라 하고 朱駿聲은 “能耐本字”라 하였는데, 결국 칼날(刃)이 심장을 찌르는 듯한 고통을 견고히 이겨낸다는 뜻에서 ‘참다’의 뜻이 된 자이다. 《廣韻》에 의하면 ‘能’에는 奴來切〔nʌi〕, 奴登切〔nəŋ〕의 두 가지 음의가 있다.

　(念)「常思也. 从心 今聲.」

항시 마음 속으로 생각한다는 뜻이다.

　(忠)「敬也. 盡心曰忠. 从心 中聲.」

자기 마음 속에 있는 흔들리지 않는 뜻(志)이다. 忠은 정직의 덕이므로 中聲을 취하였다.

　(忽)「忘也. 从心 勿聲.」

마음에서 총망 중 잊어 버리다의 뜻이다.

　(急)「褊也. 从心 及聲.」

褊(편)은 옷이 작아서 몸에 낀다는 뜻이므로 조급한 마음이 생긴다는 말이다. 또 협착한 것을 뜻하기도 한다.

　(怒)「恚也. 从心 奴聲.」

마음 속에 분함이 있어 언행이 분개한다는 뜻이다. 잡일에 종사한

'奴'는 책망을 듣기 일쑤여서 懷瞋의 정을 느끼기 쉬우므로 奴聲을 취하였다.

　(怨)「恚也. 从心 夗聲.」
마음 속에 맺힌 원한을 뜻한다. cf. 恚(성낼·분낼 : 에)

　(怠)「慢也. 从心 台聲.」
마음에 진취성이 없어 게으르다는 뜻이다.

　(慢)「惰也. 从心 曼聲.」
怠(태)와 같이 게으름을 뜻한다. cf. 惰(「不敬也」→惰 : 타)

　(恐)「懼也. 从心 巩聲. 　, 古文.」
마음 속에 두려움이 생김을 뜻한다. cf. 巩(안을·품을 : 공)

　(恭)「肅也. 从心 共聲.」
두 손을 한데 모아(共) 공경하는 마음을 나타낸 자이다.

　(恕)「仁也. 从心 如聲.」
'如'는 '似'의 뜻이니 남을 자기처럼 너그러이 사랑하는 마음이 있어야 용서할 수가 있다는 뜻이다.

　(恣)「縱也. 从心 次聲.」
마음대로 방자하게 행동한다는 뜻이다.

　(悠)「憂也. 从心 攸聲.」
근심 때문에 마음이 흔들린다는 뜻이다. cf. 憂(憂의 고자)

　(恥)「辱也. 从心 耳聲.」
사람이 허물스런 말을 하면 귓불(耳)이 붉어지고 얼굴이 뜨거워지며 마음에 수치를 느낀다.

　(悲)「痛也. 从心 非聲.」
사람의 마음이란 사실과 소망이 어긋날(非) 때 슬픔을 느끼는 법이다.

惡 (惡)「過也. 从心 亞聲.」

마음 속에서 저지른 추행(亞)이 곧 과실이라는 뜻이다. 추한 마음
을 가리킨다.

惑 (惑)「亂也. 从心 或聲.」

사람의 마음에 주견이 없으면 迷惑되기가 쉽다.

感 (感)「動人心也. 从心 咸聲.」

사람의 심리가 피차 일치(咸) 공명하여 변통한다는 뜻이다.

愁 (愁)「憂也. 从心 秌聲.」

가을(秌 : 추)이 되면 만물이 쇠잔하여지므로 사람의 마음에도 근
심이 생긴다는 뜻을 나타낸 자이다.

想 (想)「覬思也. 从心 相聲.」

마음을 살펴 생각한다는 뜻이다. cf. 覬(넘겨다 볼 : 기)

愚 (愚)「戇也. 从心 禺聲. 禺母猴屬, 獸之愚者.」

心智 반응이 인간이면서도 원숭이(禺)처럼 우둔하다는 뜻이다.

愛 (愛)「行皃也. 从夂 㤅聲.」

《說文》에「㤅, 惠也」로 풀이하였듯이 사람에게 은혜를 베푸는 마음
이 곧 사랑이다. '愛'가 쓰이면서 㤅(애)는 폐자되었다. 夂(치)자로 보면
사람이 사뿐이 걸어가는 뜻도 가능하다.

慈 (慈)「愛也. 从心 茲聲.」

'茲'는 초목이 무성한 모습을 가리킨 자이므로 '慈'는 어린 아이를
기르는 자애로운 마음을 뜻한다.

慮 (慮)「謀思也. 从思 虍聲.」

깊이 생각을 도모한다는 뜻이다.

慕 (慕)「習也. 从心 莫聲.」

마음으로 널리 찾아 구한다는 뜻에서 사모의 뜻이 나왔다. 그러므로 朱駿聲은 "思也"로 풀이하였는데, 段注에 보면 "習其事者 必中心好之"이므로 「習也」로 풀이한 것이라 한다.

憂 (憂)「愁也. 从心 頁聲.」

마음 속에 근심이 있음을 뜻한다. '惪'는 '憂'의 고자이다. '憂'는 근심이 있어 힘 없이 걷는 뜻으로 '夂'를 취한 듯하다.

慰 (慰)「安心. 从心 尉聲. 一曰: 恚怒也.」

'尉'는 '熨'의 초문으로 옷을 다리는 인두를 가리키니 '慰'는 마음을 평안히 한다는 뜻이다. cf. 尉(尉의 고자)

慧 (慧)「儇也. 从心 彗聲.」

손에 비(彗 : 혜)를 들고 마음 속의 잡념을 쓸어 버려 지혜가 우러남을 나타낸 자이다. cf. 儇(영리할 : 현)

應 (應)「當也. 从心 雁聲.」

무리를 이룬 철새(雁, 매 : 응)처럼 마음이 합하면 언행이 모두 합치한다는 뜻이다. 예서에서 '䧹→應'으로 변하였다.

懲 (懲)「悆也. 从心 徵聲.」

고문에서는 徵(징)을 '懲'의 뜻으로 가차하여 썼다. 징계하여 마음을 고친다는 뜻이다. cf. 悆(징계할 : 애)

戀 (戀)「慕也. 从心 絲聲.」

서로 마음이 끌려 얽매인다는 뜻이다. cf. 絲(다스릴 : 련)

忙 (忙)「心迫也《集韻》. 从心 亡聲.」

마음이 조급하여 정신을 잃도록(亡) 바쁜 것을 뜻한다.

快 (快)「喜也. 从心 夬聲.」

마음이 활짝 트였다는 데서 '기쁘다'의 뜻이 되었다.

怪 (怪)「異也. 从心 圣聲.」

보통과는 달라서 마음 속에 의아스런 생각이 든다는 뜻이다.

性 (性)「人之易气性, 善者也. 从心 生聲.」

인간이 성장하면서 가지는 심성을 말한다. 孟子는 "人性之善也"라 하고 董仲舒는 "性者生之質也"라 하였다.

恨 (恨)「怨也. 从心 艮聲.」

마음 속에 애상이 그치지 않음(艮←匕 + 目)을 나타낸 자이다. 즉 타인의 마음에 따르지 않는 반항심의 뜻이다.

悅 (悅)「喜也. 从心 兌聲.」

마음이 즐겁다는 뜻이다. 篆文에서는 說(열)의 중문이었는데, 예서에서 '悅'이 되었다.

悟 (悟)「覺也. 从心 吾聲.」

마음 속으로 철저하게 깨닫는다는 뜻이다. '吾'는 '我'이니 나를 통하여 가장 잘 이해한다는 뜻이 있으므로 吾聲을 취하였다.

悔 (悔)「悔恨也. 从心 每聲.」

마음 속에서 끊임 없이(每 : 艸盛上出) 우러나오는 自責을 뜻한다.

惜 (惜)「痛也. 从心 昔聲.」

가슴이 칼에 찔린 듯 마음이 아프다는 뜻이다.

惟 (惟)「凡思也. 从心 隹聲.」

마음으로 널리 생각함을 뜻한다. 고문에서는 '隹'와 '惟'가 상통하였다. 隹는 職追切, $*t_jwər > t\varsigma_jwi$(照脂合 3), 惟는 以追切, $_jwi$(喩脂合 4) 이므로 운모가 같다.

情 (情)「人之侌气有欲者. 从心 靑聲.」

마음 속에서 푸른 색깔처럼(靑) 선명하게 우러나오는 인간의 본성, 즉 七情을 뜻한다. 욕구의 뜻이 들어 있다.

怛 (怛)「憯也. 从心 旦聲.」

마음으로 슬퍼한다는 뜻이다. cf. 憯(슬플 : 첨, 아플 : 참)

悽 (悽)「痛也. 从心 妻聲.」

마음이 슬프고 처량하다는 뜻이다. 여기의 '妻'는 淒(쓸쓸할 : 처)의 생문으로 본다.

愼 (愼)「謹也. 从心 眞聲.」

誠實無欺(眞)한 마음으로 일에 임한 것에서 '삼가다'의 뜻이 되었다.

慨 (慨)「忼慨也. 从心 旣聲.」

壯士가 마음의 뜻을 이루지 못하여 비분강개함을 뜻한다. '旣'는 식기를 바라보며 한숨 쉬는 자형이다.

慣 (慣)「習也《廣韻》. 从心 貫聲.」

구습을 이어 받아 행하는 것이 곧 관습이다.

憫 (憫)「憂也《集韻》. 从心 閔聲.」

마음 속에 근심(閔, 弔者在門也)이 있음을 뜻한다. '憫'은 閔의 누증 자이다.

憤 (憤)「懣也. 从心 賁聲.」

마음이 언짢은 일로 부풀어 오름(賁 : 분)을 뜻한다.

懷 (懷)「念思也. 从心 褱聲.」

마음에 잊지 않고(褱 : 회) 늘 상념한다는 뜻이다.

懼 (懼)「恐也. 从心 瞿聲.」

猛禽이 응시하므로(瞿, 노려볼 : 구) 마음에 두려움이 생김을 뜻한다.

(憎)「惡也. 从心 曾聲.」

마음 속에 있는 혐오감을 뜻한다.

(戲)「三軍之偏也. 一曰: 兵也. 从戈 䖒聲.」

병사의 무리가 병기를 들고 무위를 자랑하던 일에서 희롱하다의 뜻으로 가차되었다. cf. 䖒(옛날 그릇 : 희)

(所)「伐木聲也. 从斤 戶聲. 詩曰: 伐木所所.」

도끼로 나무를 찍을 때 나는 소리가 본뜻인데, 처소의 뜻으로 가차되었다. 《詩經》(伐木)에 "伐木許許"(드르릉 산을 울려 나무를 찍는 소리)가 있다. 「所所」는 許許(호호)의 잘못이 아닌가 한다.

(房)「室在旁也. 从戶 方聲.」

집의 正室 양편에 있는 작은 방을 가리킨다.

(拳)「手也. 从手 𢍏聲.」

'𢍏'은 弮(주먹밥, 움큼 : 권)의 省文이니 짐승이 발이나 발톱으로 물건을 찢는다는 뜻이다. 사람의 주먹에도 친다는 뜻이 있다. 여기에서는 주먹손을 가리킨다.

(掌)「手中也. 从手 尙聲.」

손바닥을 가리킨다.

(擊)「攴也. 从手 毄聲.」

손에 무기를 들고 친다(毄, 물리칠 : 격)는 뜻이다.

(擧)「對擧也. 从手 與聲.」

여러 사람이 함께 손을 모아 물건을 들어 올린다는 뜻이다.

(收)「捕也. 从攴 丩聲.」

죄인을 좇아 잡아(攴) 새끼 따위(丩, 糾繚)로 묶어 맨다는 뜻이다.

改 (改)「更也. 从攴 己聲.」

옛것을 새롭게 고친다는 뜻이다.

攻 (攻)「擊也. 从攴 工聲.」

힘을 집중하여(工) 진격한다는 뜻이다. 인신하여 '治'의 뜻으로도 쓰인다.《周禮》「考工記」에 "攻木, 攻皮, 攻金. 注曰: 攻猶治也"(段注)로 풀이하고 있다.

放 (放)「逐也. 从攴 方聲.」

죄인을 방망이로 때려(攴) 먼 곳으로 내쫓는다는 뜻이다.

故 (故)「使爲之也. 从攴 古聲.」

옛(古) 사적을 좇아 그 까닭을 좇는다(攴)는 뜻을 나타낸 자이다.

效 (效)「象也. 从攴 交聲.」

'象'은 像(似也, 모방)과 같은 뜻이다. 모방이란 양자 상합(交)을 힘써 구하여야(攴) 가능하다.

敏 (敏)「疾也. 从攴 每聲.」

풀이 무성하게 자라듯이(每) 채찍을 가하여 행동을 민첩하게 한다는 뜻이다.

敦 (敦)「怒也. 詆也. 一曰: 誰何也. 从攴 𦎫聲.」

원래는 방망이로 때린다는 뜻이었는데, 敦厚의 뜻으로 가차되었다. 원래 '돈후'의 뜻으로는 '惇'자가 있었다. '敦'자는 '돈·대·퇴·단·조' 등의 다음자이다. cf. 𦎫(익을 : 순, 팔 : 순)

敵 (敵)「仇也. 从攴 啻聲.」

원수는 서로 상대방을 친다(攴)는 뜻을 나타낸 자이다.

數 (數)「計也. 从攴 婁聲.」

마음 속에 잡념이 없이(婁 : 루) 손가락을 폈다 오무렸다(攴) 계산하는 뜻이다.

斜 (斜)「抒也. 从斗 余聲. 讀若茶.」

말로 (물을) 퍼내는 것이 본뜻인데, 여기에서 잡아 당기다, 기울다
의 뜻이 파생되었다.

斥 (斥)「卻屋也. 从广 屰聲.」

옛 집(广)을 고쳐 넓게 만든다는 뜻이다. 屰(역)은 不順의 뜻이니
옛것을 배척하는 뜻이 나오게 되었다.

斯 (斯)「析也. 从斤 其聲.」

도끼(斤)로 잘게 쪼갠다는 뜻이다. 朱駿聲은 '其'를 箕(盛木)의 생
문으로 간주하여 회의자라고 하였다. 其의 상고음은 *kjəg > kḭi 이고,
斯의 상고음은 *sjĕg > sie 이므로 운모가 동류에 속하였음을 알 수
있다.

新 (新)「取木也. 从斤 羑聲.」

'新'의 본뜻은 도끼로 나무를 잘라내는 것이다. '新'의 원자는 「斤 +
木 + 辛聲」이니 나무를 잘라낸 자리에서 새 순이 나옴을 뜻하였다. 인
하여 '새롭다'의 뜻을 가지게 되었다.

施 (施)「旗旖施也. 从放 也聲.」

깃발(放, 旌旗 : 언)이 펴져(也) 바람에 휘날리는 모양을 나타낸 것
이다. '也'는 '匜'와 같으니 입이 큰 대야를 가리킨다. 經傳에서 '베풀다'
(敀 : 시)의 뜻으로 가차되면서 본뜻은 없어지고 말았다.

旗 (旗)「熊旗五游以象伐星, 士卒以爲期. 从放 其聲.《周禮》曰: 率
　　　都建旗.」

장수가 士卒을 모이게 하기 위한 특수 標幟인데, 旗는 六游가 있으
므로 放(깃발 : 언)을 붙여 조자하였다.《周禮》「考工記」에 "六熊旗 六
游以象伐也"라는 기록이 있다. 흔히 그 旗에 호랑이나 곰의 형상을 그
려 넣어 용맹무적함을 상징하였으므로「熊旗」라고 한 것이다.

㿥 (旣) 「小食也. 从皀 旡聲.《論語》曰: 不使勝食旣.」

밥(皀, 고소할 : 흡)을 적게 먹는다는 뜻으로 풀이하였는데, 자형을 자세히 관찰하여 보면 음식을 앞에 놓고 하품(欠)하는 형상을 나타낸 자로 보인다.

《論語》鄕黨篇에 "肉雖多, 不使勝食氣"(비록 고기가 많더라도 반찬으로 먹을 뿐 곡기를 이기지 않게 먹었다)라는 말이 있는데, 《說文》의 '旣'는 '氣'의 뜻으로 가차된 것이다. 許愼이 인용한 論語는 古文論語이다('氣'자 참조).

旱 (旱) 「不雨也. 从日 干聲.」

비가 오지 아니하므로 햇볕(日)이 침범하여(干) 가뭄이 든 것을 나타낸다.

星 (星) 「萬物之精, 上爲列星. 从晶 从生聲. 一曰: 象形从〇, 古〇 復注中, 故與日同. 曐, 古文. 星, 或省.」

뭇별의 정광(晶)이 비치고 있음을 나타낸 자라 하겠다. 星의 甲文형은 ☆, 金文형은 星과 같다.

昭 (昭) 「日明也. 从日 召聲.」

햇빛이 사람이나 사물에 미쳐(召) 밝음을 나타낸다.

映 (映) 「明也《玉篇》. 从日 央聲.」

해가 중천(央)에 떠 있어 반사하는 광명을 뜻한다.

昨 (昨) 「㫰日也. 从日 乍聲.」

乍(사)는 잠깐의 뜻이므로 '昨'은 시간이 오래되지 않은 '어제'의 뜻이다. 㫰(포갤 : 류)는 累와 같다. '乍·昨'의 중고음은 성모〔dz-〕가 같다.

時 (時) 「四時也. 从日 寺聲.」

원래는 춘하추동 사계절을 칭한 자였는데, 점차 시각을 뜻하게 되었다. '時'의 고문형은 旹(之＋日)이니 해가 行走(之)하는 것이 곧 시간(계절)임을 나타낸 자이다.

晚 (晚)「莫也. 从日 免聲.」

해가 서쪽으로 기울어 떨어지니 날이 또 어두워진 것이다.

晨 (晨)「房星. 爲民田時者. 从晶 辰聲. 晨 農 或省.」

「房星」은 28宿 중의 넷째 별로서 馬神을 맡았다고 한다. 晨(신)은 辰時가 가까워지면서 동이 트는 새벽을 맞았으니 밭갈이 나갈 시간이 된 것이라 하겠다.

景 (景)「日光也. 从日 京聲.」

해가 높이 솟아(京) 그 광명이 만물을 골고루 비춘다는 뜻이다. 인하여 한 눈에 보이는 광경의 뜻으로 쓰인다.

普 (普)「日無色也. 从日 竝聲.」

구름이 해 옆(竝)에 가려 광명이 없음을 뜻한 자였으나 넓고(博) 크다(大)는 뜻으로 가차되면서 본뜻은 없어지게 되었다.

朴 (朴)「木皮也. 从木 卜聲.」

길흉을 점친(卜) 거북 등딱지처럼 투박한 나무껍질을 가리킨다.

李 (李)「李果也. 从木 子聲.」

자두나무는 가지가 말라도 열매가 많이 열리므로 子聲을 취하였다. 子는 卽里切 *tsiəg > tsi(精止開 4), 李는 良士切, *liəg > lij(來止開 3)이므로 상고 운모가 같다.

材 (材)「木梃也. 从木 才聲.」

가히 쓸 만한 한 토막의 나무(막대)를 가리키던 자인데, 인신하여 "可用之具曰材"(段注)라 칭하게 되었다.

村 (村)「墅也《玉篇》. 从邑 屯聲.」

'村'이란 사람이 聚居하는(屯, 모일 : 둔) 郊外 居舍를 가리킨다. '村'은 邨(마을 : 촌)의 속자이다. 《說文》에 '村'자는 없고 杶(참죽나무 : 춘)

자가 쓰였는데 柷·邨이 동음이므로 '邨'자로 차용되었다. 邨은 원래 邑名(고유명사)이던 것이 뒤에 보통명사가 되었다.

松 (松)「松木也. 从木 公聲.」

'公'은 背私의 뜻이니 正大, 不變의 의미가 내포되어 있다. 소나무는 추위에도 마르지 않는 나무 중의 나무임을 암시한 자라 하겠다.

枝 (枝)「木別生條也. 从木 支聲.」

나무 줄기에서 갈라져(支) 뻗어난 가지를 가리킨다.

枕 (枕)「臥所以薦首者. 從木 冘聲.」

머리를 베고 눕는 목침을 말한다. cf. 冘(갈 : 유, 임)

板 (板)「片木也《玉篇》. 从木 反聲.」

나무를 쪼개어 만든 평평한 널빤지를 가리킨다. '反'은 '正'의 반대이니 나무를 쪼개면 두 개의 널빤지가 상대가 되므로 反聲을 취하였다.

枯 (枯)「槁也. 从木 古聲.「夏書」曰: 唯箘輅枯. 枯, 木名也.」

수목이 오래되어(古) 자라지 못하고 말라 죽는다는 뜻이다.

柳 (柳)「少楊也. 从木 丣聲. 丣(丣), 古文酉.」

柳와 楊은 모두 버들과에 속한 것이지만, '柳'는 가지가 늘어지므로 柳라 하고, '楊'은 가지가 짧고 위로 뻗어 올라가므로 楊이라 칭한다.

楊 (楊)「蒲柳也. 從木 易聲.」

段玉裁는 '蒲'를 '浦'의 뜻으로 보고 냇가에서 자라는 버들이라고 하였다.

査 (査)「木閑也《說文義證》. 从木 且聲.」

통행을 막는 木門을 가리킨 데서 조사의 뜻이 생기게 되었다.

柔 (柔)「木曲直也. 從木 矛聲.」

구불어진 나무는 곧게 잡을 수 있고, 곧은 것은 또 구부릴 수 있다는 점에서 柔弱(유약)하다는 뜻이 나왔다.

柱 (柱)「楹也. 從木 主聲.」

上樑을 떠받치는 곧은 나무이니 곧 기둥를 가리킨다.

格 (格)「木長皃. 從木 各聲.」

나무의 가지와 줄기가 자라 제 멋대로 뻗어난 것을 말한다. 후에 법식의 뜻으로 쓰이게 되었다.

桂 (桂)「江南木, 百藥之長. 从木 圭聲.」

桂皮는 약으로 쓰이는데, 南海 小谷에서 자란다는 뜻으로 「江南木」이라 하였다. '圭'는 瑞玉인데 桂皮의 형상이 이와 같으므로 圭聲을 붙였다고 보는 설이 있고, 또 '圭'는 최소의 量을 가리키므로 "六粟爲一圭"라고 하는데, 桂花粒狀이 조(粟)와 같아 圭聲을 취한 것이라는 두 가지 설이 있다.

校 (校)「木囚也. 從木 交聲.」

「木囚」는 죄인의 수족을 매는 桎梏(질곡)이다. '交'는 交脛形을 본뜬 지사자이니 나무와 사람을 합한 것이다. 죄인을 바로잡는다는 데서 교정의 뜻으로 전의하였다.

根 (根)「木株也. 從木 艮聲.」

나무 뿌리가 땅 밑에 相比(艮)하여 있음을 나타낸 자이다. '株' 역시 애초에는 木根의 뜻이었으나 '根'에 밀려 橛, 椿(말뚝 : 장)의 뜻으로 쓰이게 되었다.

桃 (桃)「桃果也. 从木 兆聲.」

《玉篇》에는 "毛果"로 풀이하였는데, 복숭아는 잔털이 많기 때문이다. 桃花를 보면 盛衰를 점칠 수 있다고 믿어 兆聲을 취하였다. 또 임신 초기에 먹는 과실나무의 뜻도 있다.

梧 (梧)「梧桐木. 從木 吾聲. 一曰: 櫬.」

오동나무를 가리킨다. 櫬(친)은 널(棺)의 뜻이다.

桐 (桐)「榮也. 從木 同聲.」

'榮'은 오동나무의 별칭이다. '同'을 '洞'의 생문으로 보면 '桐'은 속이 비어 가벼운 白桐을 가리킨 자임을 알 수 있을 것이다.

梗 (梗)「山枌榆, 有束, 莢可爲蕪荑也. 从木 更聲.」

가시가 달린 산느릅나무를 가리킨다.

案 (案)「几屬, 從木 安聲.」

식기를 놓는 기구류(几 : 궤), 즉 식탁이나 책상이 본뜻이다. 책상 앞에 앉아 조용히 생각한다는 데서 '조사하다, 고안하다'의 뜻이 파생되었다.

栽 (栽)「築牆長版也. 從木 𢦏聲.」

원래는 나무를 잘라(𢦏 : 재) 만든 토담틀을 가리켰으나 지금은 나무를 재배한다는 뜻으로 변하였다.

株 (株)「木根也. 从木 朱聲.」

나무를 베어 내고 난 뒤 땅 위에 남아 있는 뿌리를 가리킨다.

核 (核)「蠻夷以木皮爲匧. 狀如籢尊之形也. 從木 亥聲.」

《集韻》에는 "果中核"으로 풀이되었다. 과일 속에 든 씨를 가리키는데, 許愼의 해설은 상고하기 어렵다.

械 (械)「桎梏也. 從木 戒聲.」

죄인의 수족을 묶는 목제의 刑具이다.

梅 (梅)「枏也. 可食. 從木 每聲.」

매화는 가지와 잎이 번성하므로 每(草盛上出)聲을 붙였다.

條 (條)「小枝也. 從木 攸聲.」

바람에 유유하게(攸 : 유) 나부끼는 잔 나뭇가지를 뜻한다.

植 (植)「戶植也. 從木 直聲.」

나무를 곧게(直) 심는다는 뜻이다.

極 (極) 「棟也. 從木 亟聲.」

집의 頂上 중앙에 있는 대마루를 가리킨다.

楓 (楓) 「楓木也. 厚葉弱枝, 善搖. 一名欇欇. 從木 風聲.」

두터운 나뭇잎이라도 바람(風)에 잘 혼들려 떨어지는 것이 단풍나무이다. cf. 欇(단풍나무 : 섭)

構 (構) 「蓋也. 從木 冓聲. 杜林以爲椽桷字.」[22]

'冓'는 "交積材"형을 본뜬 지사자이니 '構'는 나무를 종횡으로 엇걸어 쌓아 올려 架屋을 만든 것을 말한다. 冓는 실상 構의 고자에 불과하다.

樓 (樓) 「重屋也. 從木 婁聲.」

나무를 쌓아 올려 지은 다락집(2층집)을 가리킨다.

模 (模) 「法也. 從木 莫聲. 讀若嫫母之嫫.」

같은 모양의 물건을 만드는 木型을 가리킨다. 인하여 널리 '본뜨다, 흉내내다'의 뜻으로 쓰이게 되었다. 嫫(모)는 黃帝의 넷째 황후라 한다.

樣 (樣) 「栩實也. 從木 羕聲.」

栩, 柔, 柞, 櫟(력)은 실은 한 종류의 나무인데, 여기 栩實(허실)은 속칭 橡斗(상수리, 도토리)라고도 한다.

標 (標) 「木杪末也. 從木 㵭聲.」

원래 나무 끝이 높고 가는 것을 뜻하였는데, '表'와 음이 같으므로 標識의 뜻으로 쓰이게 되었다. 예서에서 '標'로 변체되었다.

橋 (橋) 「水梁也. 從木 喬聲.」

喬(교)는 "高而曲"의 뜻이니 다리는 수면보다 높고 그 모양은 약간 위로 구부러진 것이므로 喬聲을 취하였다.

---

(22) 杜林(?~47)의 號는 伯山으로 漢나라 光武帝 때의 유학자이다.

機 (機) 「主發謂之機. 從木 幾聲.」

나무로 만든 베틀(織具)을 가리킨 자였는데, 널리 기계의 뜻이 되었다. 《說文》에서는 기계를 움직여 활동시키는 장치 즉 고동의 뜻으로 풀이하였다.

樹 (樹) 「木生植之總名也. 從木 尌聲.」

무릇 초목과 오곡을 손(寸)으로 심어 자라게 하는 것은 모두 '樹'이나 그 중에도 나무가 주가 되므로 '木'을 형부로 취하였다. 尌(주)는 세운다(立地)는 뜻이니 나무를 심을 때는 반드시 세워 심어야 된다는 이치가 들어 있다.

橫 (橫) 「闌木也. 從木 黃聲.」

원래는 가축이 달아나지 못하도록 문에 빗장을 가로 막은 나무를 칭하였는데, 지금은 널리 종횡의 뜻으로 쓰이고 있다.

檀 (檀) 「檀木也. 從木 亶聲.」

크고(亶, 클 : 단) 단단한 박달나무 또는 香木을 칭한다.

檢 (檢) 「書署也. 从木 僉聲.」

고대에 官府의 중요 문서를 나무 상자에 넣어 봉인하여 두는 것을 가리켰는데, 후에 검사한다는 뜻이 되었다.

欄 (欄) 「欄木也. 從木 闌聲.」

마소가 뛰어 나가지 못하도록 나무로 만든 빗장을 가리킨다.

權 (權) 「黃華木. 從木 雚聲. 一曰: 反常.」

황색 꽃이 핀 나무가 '權'의 본뜻인데, 저울에 달다의 뜻으로 쓰이다가 마침내 권력의 뜻으로 가차되었다. 본문의 「反常」이란 임기응변의 뜻이다. cf. 雚(황새 : 관)

次 (次) 「不前不精也. 从欠 二聲.」

「不前」이란 앞으로 나아가지 못함을, 「不精」이란 粗疏하여 위로 올

라가기 어려움을 말하므로 멈추어 서서 하품(欠)하는 것으로 결국 쉰
다는 뜻이다. 여기에서 '다음, 차례'의 뜻을 가지게 되었다.

鵨 (欲)「貪欲也. 从欠 谷聲.」

사람이 탐욕을 내는 근원은 부족함(欠)에 있는데, 사람의 욕심이란
또 텅 빈 골짜기(谷)처럼 채우기가 어려움을 나타낸 자이다.

謌 (歌)「詠也. 从欠 哥聲.」

사람이 입을 벌려(欠) 소리(哥, 聲也)를 길게 빼는 것이니, 즉 노래
의 뜻이다.

歡 (歡)「喜樂也. 从欠 雚聲.」

사람이 즐거울 때는 입을 벌려 소리를 내므로 '欠'을 취하고, 雚
(관)은 황새이니 이것이 날며 지저귀는 것은 즐거워하는 상태이므로
雚聲을 합하였다.

歲 (歲)「木星也. 越歷二十八宿, 宣徧陰陽 十二月一次. 从步 戌聲.
　　　　律歷書 名五星爲五步.」

歲星(木星)이 28수를 두루 지나고 음양을 두루 돌아 12개월만에
1차씩 운행하는 데(步) 1년이 걸린다는 뜻이다.[23] 段注에 의하면 "五
星: 水曰辰星, 金曰太白, 火曰熒惑, 木曰歲星, 土曰塡星"이라 하였다. 이
설해는 천문 역법을 설명한 것이다.

殃 (殃)「凶也. 从歺 央聲.」

죽음(歺 : 알)이 한가운데(央, 在中)에 이르렀으니 사람이 흉화를
만나 반쯤 죽은 상태라 하겠다.

殆 (殆)「危也. 从歺 台聲.」

위태롭다는 뜻인데, 위험이 심하면 죽음이 따르기 쉬우므로 歺(알)
을 취하였다.

---

(23) 중국 고대인들은 黃道 부근의 일주 궤도를 12등분하여 이것을 12차라고 하였다.
　　세성이 하늘을 한 바퀴 도는 데 약 12년(4,322일)이 걸리는데, 지상에서 보면 매
　　년 한 次를 가므로 「十二月一次」라고 말한 것이다.

殊 (殊)「死也. 从歺 朱聲. 一曰: 斷也. 漢令曰: 蠻夷長有當殊之.」

죄를 지은 자가 몸과 머리가 따로 베어져 피를 흘리며(朱) 죽음을
뜻하므로 '歺'을 취하였다.

殘 (殘)「賊也. 从歺 戔聲.」

뼈(歺, 殘骨)에 상처(戔 : 잔)를 입히는 것, 즉 목을 베어 죽인다는
뜻에서 동시에 '잔인하다, 쇠잔하다'의 뜻으로 쓰이게 되었다.

殺 (殺)「戮也. 从殳 杀聲.」

창(殳)으로 사람을 죽인다는 뜻이다. '殺'의 고문형은 다양하여 𣪠,
𣏂, 杀, 𢽉 등이 《說文》에 수록되어 있다.

毒 (毒)「厚也. 害人之艸, 往往而生. 从屮 毒聲.」

'毒'은 善惡의 辭를 겸한다. 이는 마치 '祥'이 吉凶을, '臭'가 香臭의
뜻을 겸한 바와 같다. 毒(음란할 : 애)는 선비가 행실에 절조가 없음(士
之無行)을 뜻하니 이같은 선비는 士林을 해치는 노릇밖에 하지 못한다.
이와 같이 사람을 해치는 풀이 곧 毒(독)이다.

每 (每)「艸盛上出也. 从屮 母聲.」

자녀란 누구나 모체에서 태어나듯이 초목의 싹이 땅에서 무성하게
돋아 올라온 것을 뜻한다.

氣 (氣)「饋客之芻米也. 从米 气聲.《春秋傳》曰: 齊人來氣諸侯. 𩜾,
氣 或从旣.」

'氣'는 餼(곳집쌀 : 희)의 고자이다. '餼'는 넓게 牛, 羊, 豕, 黍, 粱,
稻, 稷, 芻, 米 등이 다 먹이에 속하나 여기에서는 쌀을 가리킨다.《左
傳》(桓公 10년)에 "齊人이 제후에게 쌀을 가지고 왔다"라는 본문의 기
록이 그 예라 하겠다.

煙 (煙)「火气也. 从火 垔聲.」

연기를 가리킨다. 金文의 𤈦에 대하여 丁佛言은 창 밑에서 손으로
불을 피우고 있는 자형이라 하였다. cf. 垔(막을 : 인)

燒 (燒)「褻也. 从火 堯聲.」

불을 사르므로(褻 : 설) 불빛이 높이(堯) 솟아 오르는 형상을 나타
낸 자이다.

然 (然)「燒也. 从火 㸒聲.」

'然'은 '燃'의 고자이다. 불로 태우므로 후에 '火'를 더하였는데,
《廣韻》에서는 여전히 "燒也"로 풀이하였으니 그 뜻은 같다.(24) 그리고
고대의 祭天儀式에서 犬肉을 구워 바쳤으므로 㸒(개고기 : 연)聲을 취
하였다.

燥 (燥)「乾也. 从火 喿聲.」

불에 말린다는 뜻이다. 喿(소)는 뭇새가 나무 위에 모여 앉아 지저
귄다(鳥羣鳴)는 뜻인데, 물체를 불에 과도하게 말리면 터지는 소음이
들리므로 喿聲을 합하였다.

燭 (燭)「庭燎大燭也. 从火 蜀聲.」

고대에 밤을 밝히는 불이 문 안에 있는 것은 庭燎라 하고, 문 밖에
있는 것은 大燎이라 한 데서 나온 풀이이다.

鑪 (爐)「方鑪也. 从金 盧聲.」

네모진 화로를 가리킨다. 盧(로)는 버들가지로 짠 飯器인데, 이 화
로의 모양이 반기와 흡사하여 盧聲을 합하였다. 예서에서 '鑪(화로 :
로)→爐'로 변하였다.

烈 (烈)「火猛也. 从火 列聲.」

불길이 거센 모양을 가리킨다. 불길이 세면 물체가 타서 파열되므
로 列聲을 취하였다. 예서에서 烈→烈로 변하였다.

照 (照)「明也. 从火 昭聲.」

불이 타서 생긴 放光이 서로 반짝거린다는 뜻이다. 昭(소)는 日明

---

(24) 이와 같이 두 文字가 同意로 쓰이다가 그 중 一字가 의미를 바꾸는 예를 저자는
同義文字衝突 현상으로 보고자 한다.

이므로 照(조)는 火明의 뜻이 된다.

熙 (熙)「燥也. 从火 配聲.」

불로 사물을 말린다는 뜻에서 '밝다'의 뜻이 되었다. 配(넓을 : 이,
희)는 넓은 턱을 가리키는데, 사람이 분노하거나 수치를 느끼면 뺨이
붉어짐을 은근히 상징한 자라 하겠다.

熱 (熱)「溫也. 从火 埶聲.」

불이 따뜻함을 뜻한다. 초목은 따뜻한 열을 받아야 성장하므로 埶
(심을 : 예)聲을 합하였다.

牆 (牆)「垣蔽也. 从嗇 爿聲.」

나무판자로 담장을 지어 둘러 막음을 뜻한다. 嗇(색)은 스스로를
보호한다(自護)는 뜻이 있다. 왜냐하면 '嗇'은 「來＋㐭(름)」의 회의자이
니 곳간에 들어온 사람을 막아 두는 뜻이 있기 때문이다.

版 (版)「片也. 从片 反聲.」

여기의 '版'은 지금의 板(판자)과 같은 뜻이다.

物 (物)「萬物也. 牛爲大物, 天地之數 起於牽牛, 故从牛 勿聲.」

소는 여러 物 중에서도 큰 것에 속하므로 '牛'를 형부로 취하였다.
또 '牛'자도 《說文》에 「物中分也. 从八牛, 牛爲物大, 可以分也」라 한 바
와 같이 소를 큰 짐승으로 간주하였음을 엿볼 수 있다. 「天地之數, 起
於牽牛」란 周나라 사람들이 견우성을 紀首로 삼아 이를 星紀로 칭한
데서 비롯한 설명인 듯하다. 이 밖에 잡색(勿)의 소를 가리키는 자로
보기도 한다.[25]

牲 (牲)「牛完全也. 从牛 生聲.」

《周禮》庖人注에 "始養之曰畜, 將用之曰牲"이라 한 설명을 따르면
'牲'은 祭神用으로 쓸 만큼 완전히 자란 소를 칭하였던 것이 분명하다.

---

(25) 《說文》에 「萬物也」라 풀이한 것은 결코 조자의 본뜻은 아닌 듯하다. '物'에 대하
여 王國維는 "物, 本雜色牛之名"이라 하고, 戴侗은 "物, 牛之毛色也"로 풀이한 점
으로 미루어 그렇게 생각된다.

여기에서 犧牲(희생)의 뜻이 나오게 된 연유를 알 만하다. '犧'는 《說文》에 「宗廟之牲」이라 한 바와 같이 두 자의 뜻은 제물로 바치는 소를 일컫는다.

牡 (牡)「畜父也. 从牛 土聲.」

수짐승의 뜻이다. 조자 당시에는 수소를 가리킨 것이 아니었을까 생각된다. 段玉裁는 注에서 牡(모)의 '土'는 '士'가 아닐까 의심하면서, 만약 '士'가 옳다면 이는 夫(士者, 夫也)의 뜻이므로 회의자가 될 것이라고 하였다.

牝 (牝)「畜母也. 从牛 匕聲.」

암짐승의 뜻이다. 그러나 본뜻은 母牛(암소)라야 옳을 것이다.

者 (者)「別事詞也. 从白 米聲. 米, 古文旅.」

'者'자의 기원에 대해서는 이설이 있다. 우선 《說文》에서는 이것과 저것은 다르다고 말하다(白)의 뜻(즉 지금의 '這'과 같음)인 양 풀이하였으나 의심스럽다. 金文에는 米, 米, 米 등 자형이 많다. 그리하여 加藤常賢(1982: 492)에서는 箕(米, 米 형) 위에 땔나무(장작)를 담아 놓은 것으로 諸(많다는 뜻), 나아가서는 儲(쌓을 : 저)자의 본자로 보았다. 또 고문에서 「旅聲」이라 하였는데, '旅'자도 깃발 아래로 사람이 모인다는 뜻이 있는 점에서 그 가능성이 짙다고 하였다. 한편 李敬齋는 본시 蔗(사탕풀 : 자)의 뜻으로 보았다. 즉 金文의 상부는 사탕풀과 여기에서 나온 糖液을 나타낸 자였는데, 혹은 하부에 甘을 덧붙인 것이 篆文에서 '者'자로 잘못 변개한 것이라고 하였다(正中, 1971: 947 참조).

珍 (珍)「寶也. 从玉 㐱聲.」

보배의 뜻이다. 甲文의 㲽은 「勹＋貝」의 회의자로서 보배(貝)를 싸고 있는 형상을 나타낸 자이다. cf. 㐱(머리숱 많을 : 진)

球 (球)「玉也. 从王 求聲. 璆, 球 或从翏.」

원래 아름다운 옥을 칭하던 것이 둥근 것을 두루 가리키게 되었다.

理 (理)「治玉也. 从玉 里聲.」

옥을 剖析한다는 뜻이다. '里'는 '居'의 뜻이니 예나 지금이나 聚居處는 지세에 따라 집을 짓듯이 治玉은 반드시 玉의 무늬(결)를 따라 갈아야 기물을 만들 수 있으므로 里聲을 합하였다는 견해가 있다. 천하의 一事一物은 반드시 그 情을 따라 행하여만 편안하다. 이것이 天理인데 善治의 뜻도 여기에서 나왔다.

現 (現)「玉光也《集韻》. 从王 見聲.」

옥의 광택을 뜻한다. 옥을 갈고 닦으면 윤기가 난다는 뜻에서 인신하여 무엇이 '나타남'을 뜻하게 되었다.

琢 (琢)「治玉也. 从王 豖聲.」

玉器를 만들기 위하여 옥을 간다는 뜻이다. '豖'은 「絆足行豖豖」의 뜻이니 발을 얽어 맨 돼지가 재빨리 돌진할 수 없듯이, 治玉은 항시 조급함을 피하고 신중하여야 된다는 뜻으로 豖(축)을 합하였다. 玉을 가는 것은 琢(탁)이라 하고, 돌을 가는 일은 磨(마)라고 한다.

環 (環)「璧肉好若一 謂之環. 从玉 睘聲.」

둥근 옥을 가리키던 데서 가락지의 뜻이 되었다.

玲 (玲)「玉聲也. 从王 令聲.」

玉이 부딪히는 쟁그렁 소리를 뜻한다.

玫 (玫)「玫瑰, 火齊珠. 一曰: 石之美者. 从玉 文聲.」

옥돌을 가리킨다.「火齊」란 雲母와 비슷한 것으로 색은 황적색이라 한다.

芽 (芽)「萌也. 从艸 牙聲.」

초목의 새싹을 가리킨다. 땅을 뚫고 싹이 나오는 형상이 마치 이(牙)가 살을 뚫고 나오는 것과 같으므로 牙聲을 합하였다.

苦 (苦)「大苦, 苓也. 从艸 古聲.」

씀바귀를 가리킨다. 大苦란 그 맛이 너무도 쓰므로 붙여진 이름이다.

ㅎ (苟)「艸也. 从艸 句聲.」

원래는 풀의 뜻인데 '진실로, 구차하다'의 뜻으로 가차되었다.

㡀 (茂)「艸木盛皃. 从艸 戊聲.」

초목이 무성함을 뜻한다.

㓋 (英)「艸榮而不實也. 一曰: 黃英. 从艸 央聲.」

꽃은 화려하여도 열매를 맺지 않는 꽃을 말한다. 「黃英」은 別義인데, 黃華를 가리킨 것이 아닌가 한다.

㐅 (花)「艸木華也. 从芔 亏聲.」

초목에 꽃이 활짝 피어 아래로 드리운(芔 : 垂의 고자) 형상을 나타낸 자인데, 지금의 '花'는 그 속자이다.

㯥 (茶)「苦荼也. 从艸 余聲.」

'茶'는 '茶'의 고자인데, 唐나라 때 陸羽가 지은 《茶經》에서 한 획을 감하여 '茶'가 되었다고 한다. 「苦荼」라 씀바귀를 가리킨다.

㠱 (蔽)「蔽蔽, 小艸也. 从艸 敝聲.」

풀에 덮혀 사람을 볼 수 없다는 뜻이므로 朱駿聲은 "蓋覆"으로 풀이하였다.

㯥 (菌)「地蕈也. 从艸 囷聲.」

'蕈'은 桑蕣(상연)이니 버섯을 말한다. 뽕나무에서 나는 버섯을 蕈(심)이라 하고, 밭 가운데서 나는 것을 菌(균)이라 한다.

㯥 (草)「草斗, 櫟實也. 一曰: 象斗, 从艸 早聲.」

「草斗」의 본뜻이 櫟實인데, 속칭으로 橡斗라고 한다. 여기에서 '草'는 원래 상수리(도토리)나무를 칭하였던 것임을 알 수 있다.

🌿 (荒)「蕪也. 从艸 巟聲. 一曰: 艸掩地也.」

잡초가 널리 우거진 것을 뜻한다.

🌿 (荷)「扶渠葉. 从艸. 何聲.」

「扶渠」는 '蓮'의 뜻이니 '荷'는 곧 연잎을 가리키는데, 짐(負)의 뜻으로도 가차되었다.

🌿 (蓋)「苫也. 从艸 盍聲.」

풀을 엮어 덮는 것을 뜻한다.

🌿 (菜)「艸之可食者. 从艸 采聲.」

사람이 먹을 수 있는 채소류를 총칭한다.

🌿 (著)「明也《廣雅》. 从艸 者聲.」

항상 볼 수 있는 풀과도 같이 우리 눈에 잘 드러나 보인다는 뜻이다. 즉, 顯著可見의 뜻이라 하겠다. '著'는 箸(젓가락 : 저)의 속자이다. 著作의 뜻은 차용의이다.

🌿 (蔬)「菜也《說文新附》. 从艸 疏聲.」

위의 菜와 같이 사람이 먹을 수 있는 모든 채소를 가리킨다.

🌿 (芳)「香艸也. 从艸 方聲.」

향내가 나는 모든 풀을 통칭한다. '方'은 '放'과 같은 뜻이니 향기를 내뿜는 풀을 가리킨다.

🌿 (落)「凡艸曰零, 木曰落. 从艸 洛聲.」

초목의 이파리가 시들어 떨어진다는 뜻이다.

🌿 (葉)「艸木之葉也. 从艸 枼聲.」

초목의 잎을 모두 '葉'이라고 한다. 金文형은 枼이니 枼(엽)의 누증자임을 알 수 있다.

🌿 (蒙)「王女也. 从艸 冢聲.」

「王女」란 女蘿(여라) 또는 兔絲(토사)라고도 하는데, 나무 위에서
나는 이끼 식물의 일종이다. 이끼가 다른 식물을 덮고 있으므로 冡(덮
을 : 몽)聲을 합하였다.

熒 (蒸)「析麻中榦也. 从艸 烝聲.」

삼대를 가리킨다. 옛날에는 흔히 삼대로 햇불의 심을 만들어 불을
밝혔기 때문에 불기운이 오른 것을 뜻하게 되었다.

蒼 (蒼)「艸色也. 从艸 倉聲.」

푸른 풀의 색깔을 가리키던 것이 검푸른 색의 범칭으로 쓰이게 되
었다.

蓄 (蓄)「積也. 从艸 畜聲.」

원래 곡식이나 풀, 채소 등을 쌓아 두는 것을 말한다.

蓮 (蓮)「扶渠之實也. 从艸 連聲.」

「扶渠」는 芙渠(부거)로도 쓴다. 연꽃이 맺은 열매를 가리킨다.

薄 (薄)「林薄也. 一曰: 蠶薄. 从艸 溥聲.」

많은 풀이 땅 위에 자라나 깔려 있음을 말하는데, 나무가 총생한
것은 '林'이라 하고 풀은 薄(풀서리 : 박)이라고 한다. 「蠶薄」이란 누에
를 치는(기르는) 발(簾)을 가리킨다. 段注에 의하면 宋, 魏, 陳, 楚에서
는 이를 曲(누에발 : 곡) 또는 麯(국)이라 칭하였다고 한다.

藍 (藍)「染靑艸也. 从艸 監聲.」

옷감의 染料로 쓰이는 쪽을 가리킨다.

藥 (藥)「治病艸. 从艸 樂聲.」

약용으로 쓰이는 풀의 총명이다.

蘇 (蘇)「桂荏也. 从艸 穌聲.」

꿀풀과에 속하는 1년생의 차조기를 가리킨다.

蘭 (蘭)「香艸也. 从艸 闌聲.」

향기를 내뿜는 澤蘭(쉽싸리)을 가리킨다.

近 (近)「附也. 从辵 斤聲.」

이쪽에서 저쪽으로 가까이 간다는 뜻이다.

巡 (巡)「視行也. 从辵 川聲.」

주위를 살피며 걷는다(辵)는 데서 巡察, 巡守의 뜻을 가진다.

迎 (迎)「逢也. 从辵 卬聲.」

두 사람이 걸어가 서로 만나 합한다는 뜻이다. 卬(앙)은 《廣韻》에 '嚮'(向과 같음)의 뜻으로 풀이하였는데, 사람이 서로 만나려면 피차가 상대방을 향하지 않으면 안 되므로 卬聲을 합하였다.

迫 (迫)「近也. 从辵 白聲.」

길을 걸어서 사람에게 가까이 접근하는 뜻이다. 또는 逼迫(핍박)의 뜻으로도 쓰인다.

述 (述)「循也. 从辵 术聲.」

앞 사람이 갔던 발자국을 따라간다는 뜻이다. '述'은 또 '術'의 뜻으로 가차되기도 하였으며 遹(좇을 : 휼)과 그 의미가 같다.

逃 (逃)「亡也. 从辵 兆聲.」

사람이 도망가 숨는다는 뜻이다. 甲文의 㐱에 대하여 商承祚는 두 사람이 서로 등지고 도망가는 형상을 나타낸 자로 보았다.

迷 (迷)「惑也. 从辵 米聲.」

行止를 정하기 어렵고 갈 곳을 모른다는 뜻이다. '米'는 四通八達形이므로 어느 곳으로 갈 줄을 모르는 자형이어서 米聲을 취하였다.

逆 (逆)「迎也. 从辵 屰聲.」

오는 사람을 나아가 마중한다는 뜻이었는데, 후에 거스르다의 뜻으로 가차되었다.

追 (追)「逐也. 从辵 自聲.」

도망간 사람을 쫓아 잡는다는 뜻이다. cf. 自(堆 : '퇴'의 본자)

逢 (逢)「遇也. 从辵 夆聲.」

두 사람이 서로 길을 가다 만난다는 뜻이다.

遇 (遇)「逢也. 从辵 禺聲.」

'逢'과 뜻이 같아 전주된다.

遭 (遭)「遇也. 从辵 曹聲. 一曰: 邐行.」

위의 '逢·遇'와 뜻이 같다. 邐行(리행)은 비슬거림을 뜻한다.

速 (速)「疾也. 从辵 束聲.」

길을 바삐 걸어감을 말한다. '疾'은 질주의 뜻이다.

迅 (迅)「疾也. 从辵 卂聲.」

'速·疾·迅'은 모두 그 행동이 빠른 것을 뜻한다.

造 (造)「就也. 从辵 告聲.」

일을 행하여 이룬다(行事有成)는 뜻이다. 모든 일은 자기가 성취한
바를 남에게 알리는 것이므로 告聲을 합하였다.

通 (通)「達也. 从辵 甬聲.」

길이 막힘이 없이 잘 뚫려 있다는 뜻이다.

達 (達)「行不相遇也. 从辵 羍聲. 詩曰: 挑兮達兮.」

사람이란 각자 자기의 길을 가면 서로 저해하지 않아 대통한다는
뜻이다. 본문에서와 같이 《詩經》(子衿)에 "어정버정 왔다 갔다 한다"라
는 시구가 있다. cf. 羍(새끼양 : 달)

過 (過)「度也. 从辵 咼聲.」

'度'는 '渡'와 통하므로 '過'는 길을 걷다가 어느 장소에 머무르지

않고 지나가 버린다는 뜻이다.

緷 (運)「迻徙也. 从辵 軍聲.」

수레에 짐을 싣고 이사(迻徙)한다는 뜻이다. 또 수레 바퀴가 뱅글뱅글(運) 돌아 앞으로 나아가는 뜻도 숨어 있다.

韗 (違)「離也. 从辵 韋聲.」

'韋'는 '背'의 뜻이니 버리고(어기고) 떠나간다는 뜻이다. 인하여 '邪惡하다, 배반하다'의 뜻을 가지게 되었다.

遣 (遣)「縱也. 从辵 𠳋聲.」

《說文》에 「縱, 緩也. 一曰: 舍也」라 풀이한 것으로 미루어 遣(견)은 버리고 가게 한다는 뜻임을 알겠다. 또 쉬지 않고 앞 사람을 좇아가는 뜻도 있다. cf. 𠳋(작은 흙덩어리 : 견)

遠 (遠)「遼也. 从辵 袁聲. 𢕾, 古文遠.」

걸어갈 길이 멀다는 뜻이다.

遲 (遲)「徐行也. 从辵 犀聲. 詩曰 : 行道遲遲.」

길에서 쉬며 느릿느릿 걸어감을 말한다. cf. 犀(코뿔소 : 서)

避 (避)「回也. 从辵 辟聲.」

辟(벽)은 法의 뜻이니 법으로 금한 일을 피하여 돌아간다는 말이다(길에서 갑자기 방향을 돌려 걸음). '回'는 '廻'와 같다. '辟·避'의 중고음은 성모[b-]가 같다.

還 (還)「復也. 从辵 睘聲.」

떠났던 길을 다시 돌아온다는 뜻이다.

邊 (邊)「行垂崖也. 从辵 臱聲.」

'垂'는 遠邊을, '崖'는 山邊을 가리키므로 땅의 가장자리를 걷는다는 뜻이다. cf. 臱(뵈지 않을 : 면)

界 (界)「竟也. 从田 介聲.」

경계의 '境'은 실상 '竟'의 속자이다. 변경의 彊界는 밭(田) 사이의 경계처럼 정확하여 서로 침범할 수 없다. 또 介(개)는 畫(획)의 뜻으로 경계를 엄정하게 긋는다는 뜻이므로 介聲을 합하였다.

略 (略) 「經略土地也. 从田 各聲.」

밭(토지)을 구분하여 경계를 정하는 것이다. '各'은 서로 합하지 않는다는 뜻이므로 밭의 경계는 서로 혼합할 수 없다는 뜻이 숨어 있다. 따라서 '略'은 경계의 뜻이 있다. 지금의 簡略, 策略의 '略'은 차용의에 불과하다.

當 (當) 「田相值也. 从田 尙聲.」

두 밭(田)의 면적이 과부족이나 간격이 벌어짐이 없이 꼭 들어맞는다는 뜻이다. 그러므로 段注에서 "值者, 持也. 田與田相持也"라고 말한 뜻을 이해할 수 있다.

病 (病) 「疾加也. 从疒 丙聲.」

'丙'의 古訓은 '火'이니, 병이 점점 심하여 火熱이 생김을 뜻한다.

疾 (疾) 「病也. 从疒 矢聲.」

病의 뜻이다. 經典에서 "急也, 束也"로 풀이한 것은 가차에서 나온 뜻이다. 疒(녀)은 사람이 병이 들어 기대는 도구(床)를 상형한 자이므로 자리에 누운 병을 일컫는다. 그런데 甲文은 㱦과 같이 「大(人)＋矢」이므로 원래 사람이 화살에 맞은 것을 나타낸 회의자로 보인다.

疲 (疲) 「勞也. 从疒 皮聲.」

일을 많이 하여 체력이 약해지므로 피로하다는 뜻이다.

痛 (痛) 「病也. 从疒 甬聲.」

병이 들어 아프다는 뜻이다. 甬(용)은 '通'의 생문으로 아픔이 몸속에 사무침을 나타낸다.

發 (發) 「躲發也. 从弓 癹聲.」

활(弓)을 당겨 화살을 쏜다는 뜻이다. 金文의 燹에 대하여 林義光
은「弓+矢+韋」의 회의자로 분석하였다. 여기의 '韋'는 違의 고문으로
相離의 뜻이므로 곧 화살이 활을 떠난 것이 '發'의 뜻이라고 하였다.

晵 (的)「明也. 从日 勺聲.」

햇볕이 밝은 뜻이므로 '日'을 취하였다. 인하여 正鵠(정곡)의 뜻을
가진다. 隷書에서 '的'으로 변하였다.

盛 (盛)「黍稷在器中 以祀者也. 从皿 成聲.」

제사를 올리기 위하여 그릇(皿)에 담아 놓은 黍稷(서직)을 말한다.

盟 (盟)「殺牲歃血《說文通訓定聲》. 从血 明聲.」

고대(周代)에 나라와 나라가 동맹을 체결하는 일종의 선서 행위로
함께 소를 잡아 그 피를 마셨으므로 '血'을 형부로 취하였는데, 예서에
서 '盟'으로 변하였다.

盡 (盡)「器中空也. 从皿 聿聲.」

그릇 속에 아무것도 남아 있지 않다는 데서 '다하다'의 뜻이 되었다.

槃 (盤)「承槃也. 从木 般聲. 鎜, 古文 从金, 盤, 籀文 从皿.」

물을 담는 목기를 가리킨다. 고자로는 '槃·鎜·盤'이 同意異體字이
던 것이 지금은 각각 뜻이 다르게 변하였음을 알게 한다. 甲文의 𣪊에
대하여 羅振玉은 옆에 귀가 달린 그릇을 상형한 자로 보았다.

盲 (盲)「目無牟子也. 从目 亡聲.」

'牟'는 眸(모)와 같으므로 눈에 눈동자가 없어 볼 수 없다는 뜻이다.

睦 (睦)「目順也. 从目 坴聲.」

눈을 바르게 뜨므로 화목의 뜻이 되었다. cf. 坴(언덕 : 륙)

眼 (眼)「目也. 从目 艮聲.」

특히 눈동자 끝을 가리킨다. 《釋名》에 "眼, 限也. 瞳子限, 限而出"
이라 하였다.

督 (督)「察視也. 从目 叔聲. 一曰: 目痛也.」

'叔'은 손(又)으로 콩을 줍는다(拾)는 뜻이다. 콩을 주으려면 반드시 자세하게 눈으로 살펴보지 않으면 안되므로 叔聲을 합하였다. 여기에서 일을 살피는 감독의 뜻을 가지게 되었다.

瞬 (瞬)「目自動也《廣韻》. 从目 舜聲.」

눈을 자동으로 떴다 감는 시간은 지극히 빠른 순간이라 하겠다.

短 (短)「有所長短 以矢爲正. 从矢 豆聲.」

짧다는 뜻이다. 화살같이 곧고 바른 것이어야 장단을 잴 수 있으므로 '矢'를 취하였다. 고대의 활의 길이는 대개 6尺, 화살은 3尺이었다고 한다.

研 (研)「礦也. 从石 幵聲.」

돌(石)로 물체를 평평하게(幵 : 견) 간다(磨)는 뜻이다. '礦'는 磨(마)의 篆文이다.

磨 (磨)「石磑也. 从石 靡聲.」

맷돌로 곡식을 간다는 뜻이다. 예서에서 '磨'로 변하였다.

破 (破)「石碎也. 从石 皮聲.」

짐승의 가죽과 살을 가르듯이(皮, 剝取獸革) 돌을 잘게 부순다는 뜻이다. 碎(쇄)도 역시 돌을 부순다는 뜻이다.

硯 (硯)「石滑也. 从石 見聲.」

돌의 질이 매우 부드럽다는 뜻에서 벼루를 칭하게 되었다.

碑 (碑)「竪石也. 从石 卑聲.」

돌을 세운다는 뜻에서 공적을 기리어 글을 새긴 비를 칭하게 되었다. cf. 竪(세울 : 수)

礎 (礎)「柱下石也《廣韻》. 从石 楚聲.」

기둥 밑을 받치는 주춧돌을 가리킨다.

祈 (祈)「求福也. 从示 斤聲.」

신(示)에게 제를 올리며 복을 빈다는 뜻이다.

神 (神)「天神. 引出萬物者也. 从示 申聲.」

만물의 창조주가 신이라는 뜻이다.

祖 (祖)「始廟也. 从示 且聲.」

'且'와 '祖'는 고금자이다. 일설에 甲文의 㞢는 남성의 성기를 상형한 자라고 하는데, 그렇다면 生殖神의 우상이 곧 祖임을 암시한다. 廟(묘)란 시조의 신주를 모신 곳이다. 또 且(차·저)는 돌을 쌓아 올린 무덤을 가리킨 것으로 보기도 한다.

祥 (祥)「福也. 从示 羊聲.」

福祿壽考의 총칭이다. 고대인들은 복이란 오로지 신이 주는 것으로 믿었기 때문에 示를 취하였다.

福 (福)「備也. 从示 畐聲.」

신이 길상을 내려 사람을 도와 주므로 삶에 不順이 없는 것이 곧 복이다. 그러므로 段注에서 "福者, 備也. 備者, 百順之名也; 無所不順者之謂備"라고 한 것이다. 淸나라 때 鈕樹玉이 지은 《說文解字校錄》에 의하면 福을 "祜也"라 풀이하고, '祜'는 漢나라 安帝의 諱字이므로 許愼은 이를 피하여 「備也」라 풀이한 것이라고 하였다.

祿 (祿)「福也. 从示 彔聲.」

'彔, 祿'은 실은 고금자로서 福澤의 뜻이다. 甲文의 彔에 대하여 李敬齋는 "轆轤"(록로: 두레박)라 풀이하고 물이 두레박으로 떨어지는 모양을 본뜬 것으로 보았다. 이 해석이 옳다고 하면 고대인들은 물이 만복의 근원임을 인식한 것이라 하겠다.

禎 (禎)「以眞受福也. 从示 眞聲.」

사람은 진실하여야 福을 받는다는 뜻이다.

禧 (禧)「禮吉也. 从示 喜聲.」

'禮'는 事神致福의 뜻이니 고대인들의 생각으로는 인간의 모든 일 중에서도 제사만큼 중요한 행사가 없다고 믿었다. 따라서 禧(희)는 제례를 행함으로써 길함을 얻는다는 뜻이다.

禁 (禁)「吉凶之忌也. 从示 林聲.」

궂은 일을 기피한다는 뜻이다. 林은 力尋切, *gli̯əm(li̯əm) > li̯əm (來侵開 3), 禁은 居吟切, *kli̯əm(ki̯əm) > ki̯əm(見侵開 3)이므로 운모가 같다.

禍 (禍)「害也. 神不福也. 从示 咼聲.」

신은 복 없는 사람에게 화(죄)를 내린다. 다시 말하면 신이 복을 내려 주지 않는다는 뜻이다.

禪 (禪)「祭天也. 从示 單聲.」

고대에 천자가 천지신에게 성대하게 제사를 올린다는 뜻이다.

私 (私)「禾也. 从禾 厶聲.」

벼의 일종을 가리킨 자인데 "公私"의 뜻으로 가차되었다. 구체적으로는 고대의 租稅 제도에서 베고 남은 벼를 소작인에게 준 데서 내 몫의 벼라는 뜻이 생긴 것이라 한다.

租 (租)「田賦也. 从禾 且聲.」

밭에서 추수한(禾) 수확량을 계산하여 부과하는 稅의 뜻이다. 井田制에 있어서 중앙의 公田을 경작하고 그 대가로 상납하는 벼가 '租'이다.

稅 (稅)「租也. 从禾 兌聲.」

벼(禾) 농사의 됨됨이를 보아 부과하는 조세를 뜻한다. 고대에 농민들은 지주에게 일정한 수량의 곡물을 바쳤는데 이를 세라고 한다. 兌聲字(說, 閱, 稅)에는 셈(數)하다, 숫자, 계산의 뜻이 들어 있다.

秩 (秩)「積兒. 从禾 失聲.」

볏단(禾類)을 순서대로 바르게 쌓아 올린 데서 질서의 뜻이 생겼다.

移 (移)「禾相倚移也. 从禾 多聲. 一曰 : 禾名.」

모(禾)를 낸다는 뜻이다. 多의 상고음은 *tɑ > tɑ 이고, 移의 상고음은 *dia > iɐ 이므로 상고 운모가 동류이다.

程 (程)「程品也. 十髮爲程, 一程爲分, 十分爲寸. 从禾 呈聲.」

十髮은 도량형의 起算이 되는데, 벼의 가시랭이 12 개가 이에 해당하므로 禾를 형부로 취한 것이라 한다(段注). 한편 벼를 순서에 따라 포개어 쌓는다는 뜻도 있다.

稀 (稀)「疎也. 从禾 希聲.」

벼폭이 드물고 성기다의 뜻이니 稀는 稹(빽빽할 : 기)의 반대자이다. 여기에서 과장되어 희귀함을 뜻하게 되었다.

種 (種)「先穜後孰也. 从禾 重聲.」

먼저 심고 늦게 익는 벼의 일종을 가리킨 자인데, 널리 종자의 뜻이 되었다. 고문에서는 '重, 童'이 상통하였다.

稱 (稱)「銓也. 从禾 爯聲. 春分而禾生, 日夏至晷景可度禾有秒, 秋分而秒定 律數十二, 十二秒而當一分, 十分而寸, 其以爲重, 十二粟爲一分, 十二分爲一銖, 故諸程品 皆从禾.」

銓(전)은 저울질한다는 뜻이므로 '稱'은 곧 물품의 장단, 경중의 衡量을 말한다. 고대의 계량에서는 양의 최소 단위를 秒(벼까락 : 묘)라 하고, 경중의 최소 단위를 粟(조, 좁쌀 : 속)이라 하였다. 그러므로 秉, 黍, 程 등의 자가 모두 '禾'를 취하고 있음을 볼 수 있다. 농업 시대에 稱量의 대상은 禾類이었기 때문이다.

穀 (穀)「續也. 百穀之總名也. 从禾 殼聲.」

식용의 곡식을 통칭한다. 곡식은 어느 것이나 껍질이 있으므로 殼(殼의 고자 : 각)聲을 합하였다. 본문의 '續'은 '粟'의 가차자이다.

積 (積)「聚也. 从禾 責聲.」

벼나 조를 한데 모아 쌓아 놓은 것을 가리킨다. '責'은 '求'의 뜻이다. 모름지기 밭을 갈아야 곡식을 구할 수 있으므로 責聲을 합하였다.

穫 (穫) 「刈穀也. 从禾 蒦聲.」

익은 곡식을 베는 것을 말한다. cf. 蒦(잴 : 약)

穴 (穴) 「土室也. 从宀 八聲.」

고대 원시인들이 혈거생활을 할 때에는 바로 굴이 방의 구실을 하였으므로 「土室」이라 하였다. 한편 자형에 있어서 朱駿聲은 '穴'의 '八'은 깊은 굴 모양(嵌空之形)을 상형한 부호일 뿐 八자가 아니라고 하였다. 그렇다면 증체상형자에 속할 것이다.

究 (究) 「窮也. 从穴 九聲.」

'九'는 수가 다함을 가리키므로 '究'는 밑바닥을 깊이 탐구하는 뜻이 있다. 그러나 穴을 취한 것으로 보면 좁은 굴속의 방(穴室)을 가리켰던 것이 아닐까 한다.

空 (空) 「竅也. 从穴 工聲.」

구멍(孔)의 뜻이다. 고대 穴居 주택의 방을 가리킨다.

窗 (窗) 「通孔也. 从穴 悤聲.」

바람이나 햇볕을 통하게 하는 공간이 곧 창문이다.

窮 (窮) 「極也. 从穴 躬聲.」

'極'은 집의 최상부에 있는 上樑을 가리킨다. 그리하여 더 올라갈 수 없다는 의미가 들어 있다. 이와 같이 몸(躬 : 궁)을 구부리고 굴 속으로 들어가면 좁아서 더 들어갈 수 없는 곳이 窮(궁)이므로 여기에서 곤궁함을 뜻하게 되었다.

端 (端) 「直也. 从立 耑聲.」

신체의 자세가 바르고 곧음을 뜻한다. cf. 耑(끝 : 단)

符 (符) 「信也. 漢制以竹長六寸, 分而相合. 从竹 付聲.」

길이가 6寸되는 대나무에 글을 새겨 두 사람이 반분하여 가지고 있다가 후에 그것을 합하여 보면 지난 약속의 증거를 믿을 수 있게 하는 일종의 節符를 가리킨다. '付'는 予(여)의 뜻이니 그 절부를 서로 주고 받음을 나타낸다.

笛 (笛)「七孔筩也. 从竹 由聲. 羌笛三孔.」

구멍이 일곱 개가 뚫린 관악기(龠, 피리 : 약) 즉 저를 말한다. 由의 상고음은 *diôg > iəu, 笛은 *diək(diok) > diek이 옳다면 상고의 성모가 같았음을 추정할 수 있다.

答 (答)「竹筬也《四聲篇海》. 从竹 合聲.」

대나무로 울타리를 얽어 매는 것(筬 : 닙)이 본뜻인데, 지금은 대답하다의 뜻으로 가차되어 쓰이고 있다.

策 (策)「馬箠也. 从竹 朿聲.」

대로 만든 말 채찍을 가리킨다. 그러나 經典에도 이미 冊 또는 計謀의 뜻으로 가차되어 쓰였으니 그 유래가 오래임을 알 만하다.

管 (管)「如篪六孔. 十二月之音, 物開地牙, 故謂之管. 从竹 官聲.」

篪(지)는 七孔의 笛과 비슷한 악기명임에 반하여, 管은 길이가 1尺이고 둘레가 1寸인 六孔의 대로 만든 악기명이다.

節 (節)「竹約也. 从竹 卽聲.」

'約'은 纏束(전속)의 뜻이니 대의 마디가 마치 물체를 묶어 놓은 부분과 비슷하므로「竹約也」라 하였다.

篇 (篇)「書也. 一曰: 關西謂榜篇. 从竹 扁聲.」

竹版에 쓴 글을 가리킨다. 扁은「戶 + 冊」의 회의자이므로 관청의 문에 게시한 글을 가리키기도 한다.

篤 (篤)「馬行頓遲也. 从馬 竹聲.」

말이 머리를 땅 위로 숙이고(頓 : 돈) 느릿느릿 걸어갈 때 네 발이 땅 위에 떨어지면서 '죽죽' 소리가 나므로 竹聲을 취한 자라고 하는데, 지금은 그 본뜻을 찾기 어렵고 혼히 돈독하다의 뜻으로 쓰이고 있다.

築 (築)「所以擣也. 从木 筑聲.」

나무 공이(木杵)로 땅을 단단하게 다진다는 뜻이다.

簡 (簡)「牒也. 从竹 閒聲.」

글을 새겨 놓은 竹版을 가리킨다. 얇은 나무 판에 쓴 것은 '簡'이라 하고 두꺼운 것은 牘(독)이라 하였다.

籍 (籍)「簿也. 从竹 耤聲.」

簡牘에 써 놓은 竹札을 말한다. cf. 耤(빌릴 : 적)

粉 (粉)「所以傅面者也. 从米 分聲.」

얼굴에 바르는 쌀가루를 가리킨다. 화장을 하는 데 쌀가루가 쓰였음을 엿보게 한다.

精 (精)「擇米也. 从米 靑聲.」

쌀 속에서 좋은 쌀만을 가려 낸다는 뜻이니 이와 동의자에 龺(가릴 : 도)가 있다.

糧 (糧)「穀食也. 从米 量聲.」

원래는 멀리 출행할 때에 쌀로 만들어 가지고 간 乾食을 뜻하였는데, 널리 식량의 뜻이 되었다.

系 (系)「縣(繫)也. 从糸 厂聲.」

두 바람의 실(糸)을 서로 이은다는 뜻이다. 金文의 系는 이어진 상태를 잘 나타낸 자형이다. '厂'는 옆으로 끌어당기는 뜻이며 음은 余制切〔예〕이다.

紀 (紀)「別絲也. 从糸 己聲.」

약간의 실 끝을 한 데 모아 묶은 것을 가리키는데, 실 끝을 묶어 헝클어지지 않게 하므로「別絲也」라 한 것이다. 실 끝을 연상하여 紀元의 뜻이 나오고, 또 헝클어지지 않음에서 紀律의 뜻이 파생된 것이라 하겠다.

約 (約)「纏束也. 从糸 勺聲.」

노끈으로 단단히 묶어 놓은 것을 가리킨다. 그러므로 언약이란 사람이 서로 말로써 묶어 놓음을 뜻한다.

紅 (紅)「帛赤白色也. 从糸 工聲.」

織物의 적색 속에 백색이 섞인 색깔이라면 桃紅色을 가리키는 것이 아닌가 한다.

級 (級)「絲次弟也. 从糸 及聲.」

실로 베를 짤 때 순서대로 실을 늘어 놓는다는 뜻에서 품질, 등급의 뜻을 가지게 되었다.

納 (納)「絲溼納納也. 从糸 內聲.」

원래는 실 따위에 습기가 스며들어(內 : 납) 축축하게 젖어 있는 상태를 말하였는데, 후에 '入·獻·受'의 뜻으로 쓰이게 되었다. cf. 溼 (濕의 본자)

紛 (紛)「馬尾韜也. 从糸 分聲.」

원래 말꼬리에 달아 매는 칼전대(韜 : 도)를 가리켰는데, 그 모양이 매우 분잡한 데서 '어지럽다'의 뜻을 가지게 되었다.

純 (純)「絲也. 从糸 屯聲.」

'純'의 金文은 屯이다. 春秋 시대 이후에 '糸'를 더하여 된 후기자이므로 그 이전에는 屯(둔, 준)과 상통한 자이다. '純'은 곧 고운 生絲를 가리킨다.

紙 (紙)「絮一箈也. 从糸 氏聲.」

絮(솜 : 서)는 製紙 원료는 어느 것이나 섬유가 있어 솜처럼 연하다는 뜻이고, 箈(점)은 종이를 뜨는 대발(竹簾)을 가리킨다. 그러므로

'紙'는 대발로 한 번 떠 낸 종이를 뜻한다.

紲 (細)「微也. 从糸 囟聲.」

실이 가는 것을 칭한다. 예서에서 '細'로 변하였다. cf. "微者, 眇也. 眇, 今之妙字"(段注)

紫 (紫)「帛青赤色也. 从糸 此聲.」

靑紅이 혼합된(자주빛) 織物의 색깔이다.

組 (組)「綬屬也. 其小者以爲冠纓. 从糸 且聲.」

'綬'(수)는 인끈을 말한다. 金文의 緺는 「糸＋又＋且聲」으로 볼 수 있으니 손으로 실을 합하는 형을 나타낸 자라 하겠다. 실을 합하여야 인끈을 만들 수 있기 때문이다.

終 (終)「絿絲也. 从糸 冬聲. 兂, 古文終.」

'冬'은 사시가 끝나는 마지막 계절이므로 '終'은 실끝의 뜻으로 보아야 옳을 것이다. 甲文의 ⋀, 金文의 ⋔은 노끈의 끝을 맺은 모양을 상형한 자로 보인다. 段注에서는 본문의 '絿'를 緁(합할 : 접, 집)의 오자로 보았다.

結 (結)「締也. 从糸 吉聲.」

실끝이 서로 맺어져서(相交) 흩어지지 않음을 뜻한다. 곧 실 매듭이다.

統 (統)「紀也. 从糸 充聲.」

누에고치에서 처음 실이 나오는 것(端緒)이 본뜻이다.

給 (給)「相足也. 从糸 合聲.」

부족한 것을 족하게 한다는 뜻이다. 그러려면 相續不絶하여야 족할 것이므로 糸를 형부로 취한 것이라 하겠다. 실을 재빨리 이은(合) 뜻으로 보기도 한다.

絡 (絡)「絮也. 一曰: 麻未漚也. 从糸 各聲.」

실로 묶어 놓음을 뜻하는데, 실상 聯絡이라는 말에도 본뜻이 숨어 있다. 「麻漚」란 삼을 연못 속에 넣어 불려서 옷을 지을 수 있는 실을 뽑아 낸다는 뜻이니 「麻未漚」는 생삼(生絲)을 가리킨 것이다.

絹 (絹)「繒如麥稍色. 从糸 昌聲.」

朱駿聲은 "生帛也"라 풀이하였다. 生絲로 짠 비단을 가리킨다. 위의 稍(견)이란 보릿대(麥莖)를 말하는데, 비단의 색깔이 보릿대처럼 푸른 색이라는 뜻에서이다.

經 (經)「織從絲也. 从糸 巠聲.」

땅 속에 흐르는 수맥처럼 끊어지지 않은 織物의 縱糸(날줄)를 말한다. 여기에서 전이하여 東西는 經, 南北을 緯라고 말한다. 베를 짤 때는 날줄의 실이 축으로 고정됨을 비유하여 經書의 칭이 되었다. 경서란 여러 책 중에서도 주축을 이루는 고전의 뜻이기 때문이다.

緯 (緯)「織衡絲也. 从糸 韋聲.」

織物의 橫絲(씨줄)를 가리킨다. 衡(가로 : 횡)은 '橫'과 같은 뜻이다.

綱 (綱)「𦀖紘也. 从糸 岡聲. 𦄼, 古文綱.」

긴 갓끈(冠維)이 본뜻인데, 紀綱의 뜻으로 가차되었다.

綠 (綠)「帛靑黃色也. 从糸 彔聲.」

초록빛의 천을 가리킨다.

維 (維)「車蓋維也. 从糸 隹聲.」

수레의 덮개를 매는 밧줄의 뜻이다.

緒 (緒)「絲耑也. 从糸 者聲.」

耑(端의 초문)이란 「物初生之題」이니 첫머리의 뜻이므로 「絲耑」은 실머리(絲頭)를 가리킨다. 여기에서 '緒論, 端緒' 등의 낱말이 뜻하는 바를 알 것이다.

練 (練)「湅繒也. 从糸 柬聲.」

실을 삶아 익힌다는 뜻이다. 연습의 뜻으로는 일찍이 《晋書》胡母
輔之傳에 "練習兵馬"라는 말이 쓰여 있다.

綫 (綫) 「縷也. 从糸 戔聲. 线, 古文綫.」

옷을 꿰맬 때 쓰는 가는 실을 가리킨다. 지금의 '線'자는 고문의 전
승이요, 篆文은 綫(선)이다.

緣 (緣) 「衣純也. 从糸 彖聲.」

옷에 선을 두른다는 뜻이므로 段注에 "緣者, 沿其邊而飾之也"라 한
것이다.

編 (編) 「次簡也. 从糸 扁聲.」

노끈(繩索)으로 竹木簡을 차례로 결합하여 책을 이룬다는 뜻이다.

績 (績) 「緝也. 从糸 責聲.」

삼(麻)에서 실을 구하여(責) 길쌈하는(緝 : 집) 것을 말한다. 즉 실
을 뽑아 낸다는 뜻이다.

縱 (縱) 「緩也. 一曰: 捨也. 从糸 從聲.」

실을 거두어 묶지 않고 풀어 준다는 뜻이다. '세로'의 뜻은 가차의
이다.

總 (總) 「聚束也. 从糸 悤聲.」

많은 실을 모아 하나로 묶음을 뜻한다. 悤(굴뚝 : 총)에는 '散'의 뜻이
있으므로 실로 흩어진 것을 묶는다는 뜻이 숨겨 있다. cf. 總(꿰맬 : 총)

縮 (縮) 「亂也. 从糸 宿聲.」

사물이 오므라지는 것이 '縮'인데, 《說文》의 '亂'은 혼란하였던 것을
정리한다는 뜻이 있으므로 길게 늘어난 것을 오므려 매는 뜻과 통하여
「亂也」라 풀이한 것이다.

織 (織) 「作布帛之總名也. 从糸 哉聲.」

베를 짠다는 뜻이다. 段注에 의하면 "布者, 麻縷所成 ; 帛者, 絲所成

作之"라 하여 布와 帛을 구별하였다. cf. 戠(찰진흙 : 시)

續 (續)「連也. 从糸 賣聲.」

실로 끊어진 것을 잇는다는 뜻이다. cf. 賣(《集韻 : 余六切, 육)

缺 (缺)「器破也. 从缶 夬聲.」

瓦缶 따위의 기물이 깨진다는 뜻이다. '夬'은 '決'과 같으므로 物이 분열함을 암시한다.

网 (网)「庖犧氏所結繩 以田以漁也. 从冂, 下象网交文. 𦉷, 网 或加 亡, 羅, 或从糸. 冈, 古文网, 从冂 亡聲.」

짐승이 도망가는(亡) 것을 잡는 그물이다. 甲文의 𤞤은 그물의 형상이 역연하다.

署 (署)「部署也. 各有所网屬也. 从网 者聲.」

여러 일을 각자(者) 나누어 다스리는 곳을 가리킨다. 그러나 본뜻은 새나 짐승을 잡기 위하여 그물을 설치하는 것이다.

群 (群)「輩也. 从羊 君聲.」

동류가 서로 모인 것을 칭한다. 羊은 떼를 지어 다니기를 좋아하므로 羊을 형부로 취하였다. 輩(배)란 軍車 百兩(輛)을 가리키는 말인데, 여기에서 '무리'의 뜻을 가지게 되었다.

翁 (翁)「頸毛也. 从羽 公聲.」

원래는 鳥類의 목털을 뜻하였으므로 '羽'를 형부로 취하였는데, 가차하여 老翁(늙은이)을 칭하게 되었다.

習 (習)「數飛也. 从羽 白聲.」

甲文형은 「羽 + 日」이다. 새가 날마다 쉬지 않고 날개를 펼쳐 날기를 배운다는 뜻이다. 篆文에서 白聲을 붙인 것은 본뜻을 전달하기 어렵다. '白, 習'은 성운 관계를 밝히기 어렵다. cf. 數(자주・빠를 : 삭)

翻 (翻)「飛也《說文新附》. 从羽 番聲.」

원래는 새가 날개를 펴고 날아간다는 뜻인데, 반복의 뜻으로 변하였다.

糞 (糞)「糞, 翅也. 从飛 異聲. 籒文. 翼, 篆文糞, 从羽.」

새의 날개를 가리킨다. 糞(익)은 '翼'의 籒文體이다.

耕 (耕)「犂也. 从耒 井聲.」

쟁기(耒 : 뢰)로 밭을 간다는 뜻이다. cf. 犂(밭갈 : 려, 보습 : 려)

聘 (聘)「訪也. 从耳 甹聲.」

사람을 찾아 通好한다는 뜻이므로 '耳'를 취하고「訪也」라 풀이하였다. cf. 甹(끄을 : 병)

聖 (聖)「通也. 从耳 呈聲.」

보통 사람과 달리 神이 말하는 소리를 듣고(耳) 정을 알며 어느 일에든지 무소불통한 사람이 곧 성인이다. 그러므로 《風俗通》에는 "聖者, 聲也"라 하였고 《白虎通》에서는 "聖者, 通也. 聞聲知情, 故曰聖也"라 하였음을 알 수 있다.

聞 (聞)「知聲也. 从耳 門聲.」

소리를 들으면 그 뜻을 알아채므로 '耳'를 취하고, 門은 출입구의 통칭이니 소리는 반드시 耳門을 통하여 들어오므로 門聲을 합하였다.

聲 (聲)「音也. 从耳 殸聲.」

金文에서는 𦕁과 같이 左에는 귀를 右에는 '言'을 합하였다. 즉 말이 귀에 들어오는 것이 소리(聲)이기 때문이다. cf. 殸 : 磬의 籒文

聽 (聽)「察也. 从耳 㥁聲.」

귀로 자세히 엿듣는다는 뜻에서 총명의 뜻이 되었다.

職 (職)「記㣔也. 从耳 戠聲.」

작은 일도 잘 들어 기억한다는 뜻이다. '聖·聽·職'의 자가 '耳'를 취하고 있는 까닭은 귀는 날카로운 감각기관이므로 어느 일이든지 잘 식별할 수 있기 때문이다. 후세에 縣長을 '知縣' '知事'라고 한 바와 마찬가지로 일을 잘 식별하는 것을 職이라고 하다가 전이하여 官職의 뜻으로 쓰이게 되었다.

한편 나무 막대에 旗를 달아 땅 위에 세워 놓은 것이라고도 한다. 예를 들면 상점 앞에 작은 기를 세워 놓은 데에서 직업의 뜻이 생겼다는 뜻인데 참고할 만하다(角川, 1983: 501).

(膚)「皮也. 从肉 盧聲. , 籀文臚.」

지금의 皮膚(피부)라는 말은 籀文형을 이은 자이다. '膚'자가 쓰이면서 '臚'는 폐자되었다.

(肖)「骨肉相似也. 从肉 小聲. 不似其先, 故曰不肖也.」

후손이 그 선조의 모습과 상사함을 말한다. 골육이 비슷하여도 완전히 같은 것이 아니고 얼마간만 닮았다는 뜻으로 小聲을 합하였다. 그리고 선조를 닮지 않은 것이 不肖(불초)라는 말이라 한다.

(育)「養子使作善也. 从 肉聲. 虞書曰: 教育子.」

아들을 낳아 이를 기르고 가르친다는 뜻이다. (돌, 突과 통함)은 《說文》에 「不順忽出也. 从到子」로 설해한 바와 같이 아이가 불쑥 나온다는 뜻이 있으므로 戴侗도 ", 子生順如脫也, 子生必先首下"라 하였다.

(肺)「金藏也. 从肉 宋聲.」

고대의 易學에서는 '金・木・水・火・土'로써 '肺・肝・腎(신)・心・脾(비)' 등 五臟을 대칭하였으므로 肺를 金藏이라 하였다(p.163 참조). 宋(배)는 초목이 무성함을 본뜬 자인데, 오장 중에서도 肺는 가장 크고 호흡을 할 때 쉬지 않고 개폐함이 마치 초목이 쉬지 않고 성장하는 것과 흡사하여 市聲을 합하였다.

(肝)「木藏也. 从肉 干聲.」

'干'은 '幹'의 省文으로 볼 수 있으니 肝이 중요한 內臟임을 뜻한 것이라 하겠다. 「木藏」에 대해서는 p.163 참조.

(背)「脊也. 从肉 北聲.」

등마루를 뜻하던 것이 등 전체를 가리키는 말로 확대되었다.

(胡)「牛頷垂也. 从肉 古聲.」

소의 목 밑에 늘어진 살을 가리킨다. 소위 北狄의 종족을 胡라고 일컫는 것은 본뜻이 아니다.

(能)「熊屬, 足似鹿 从肉 㠯聲. 能獸堅中, 故偁賢能, 而彊壯偁能
　　　傑也.」

곰과 비슷하게 생긴 짐승을 가리키는데, 그 짐승은 強壯堅實하므로 '賢能' 또는 '人材'의 뜻으로 쓰이게 되었다.

(脅)「兩膀也. 从肉 劦聲.」

사람의 양쪽 옆구리를 가리킨다. 몸과 어깨가 협력하는 뜻으로 劦 (同心同力 : 협)聲을 합하였다.

(脣)「口耑也. 从肉 辰聲.」

사람이 먹고 말을 할 때 항시 움직이는(辰 : 震의 뜻) 입술을 가리킨다.

(脫)「消肉臞也. 从肉 兌聲.」

살을 벗겨 뼈를 내 놓는다는 뜻에서 널리 이탈의 뜻을 가지게 되었다. cf. 臞(파리할 : 구)

(腐)「爛也. 从肉 府聲.」

살이 썩는 것을 뜻한다. cf. 爛(썩을 : 란)

(腹)「厚也. 从肉 复聲.」

배(肚)를 가리킨다. 复(복)은 왕복의 뜻인데, 腸(장)은 그 형상이 往復盤曲形이므로 复聲을 합하였다.

(腰)「身中也. 象人要, 自臼之形, 从臼.」

사람의 허리를 가리킨 자인데, 지금의 '要'는 다른 뜻으로 쓰이고 허리를 가리키는 자로는 예서에서 '腰'자로 누증되었다.

腸 (腸)「大小腸也. 从肉 昜聲.」

위로는 胃에 연결되고 아래로는 肛門에 이어진 糞尿(분뇨)를 배설하는 肉管이므로 '肉'을 형부로 취하였다. 大腸, 小腸을 총칭한다.

臨 (臨)「監臨也. 从臥 品聲.」

위에서 衆物(品)을 내려다 본다는 뜻이다.

舊 (舊)「舊留也. 从萑臼聲. 鵂, 舊 或从鳥 休聲.」

'舊'는 본시 우는 소리가 매우 듣기 싫은 새(부엉이)의 명칭이었고, 그 머리에는 털과 뿔이 나 있으므로 '萑'(추)를 취하였다. 지금의 '舊'는 '옛적'의 뜻이므로 차용의임을 알 것이다.

航 (航)「航, 方舟也. 从方 亢聲. 禮天子造舟, 諸侯維舟, 大夫方舟, 士特舟.」

두 척의 小舟를 이어서(連) 함께 건넌다는 뜻이다. 亢(목 : 항)은 사람의 목이 머리와 몸을 잇듯이 배는 兩岸을 접촉하는 것이므로 '亢'聲을 합하였는데, 예서에서 航→航으로 변하였다.

船 (船)「舟也. 从舟 㕚聲.」

큰 나무를 연결한 자연의 배는 兪(유)라 하고, 인공으로 만든 배는 '舟'라 하였다. 戰國 전에는 '兪·舟'가 대칭이었으나 그 후에는 인공의 배를 '船'이라 칭하였다. 㕚(연)은 '沿'의 뜻이니 물을 沿하여 다니는 것이 배이므로 㕚聲을 합하였다.

虛 (虛)「大北也. 昆侖北謂之昆侖虛. 古者九夫爲井, 四井爲邑, 四邑爲北, 北謂之虛, 从北 丘聲.」

'北'는 '丘'의 고자이다. '虛'는 큰 언덕(大土阜)의 뜻이므로 '丘'를 수반하였고, 大丘는 눈에 뚜렷하게 잘 보이므로 丘聲을 취하였다. 예서에서 '虛'로 변하였으며 지금 '墟'와 같은 뜻의 자이다.

蛇 (蛇)「它, 虫也. 从虫而長, 象冤曲垂尾形. 蛇, 它 或从虫.」

원래 뱀을 상형한 자가 '它'인데, 혹은 虫을 더하여 '蛇'자로 쓰기도 하였다. 위의 '虫'은 '蟲'의 省文이 아니라 虺(이무기 : 훼)와 같은 뜻이다.

𧓒 (蜂)「飛蟲螫人者. 从䖵 逢聲.」

떼를 지어 날아 다니기(飛)를 좋아하며 꼬리에 독이 있어 사람을 쏘는(螫 : 석) 벌을 가리킨다. 예서에서 '蜂'으로 간략화하였다.

𧖻 (蜜)「蠭甘飴也. 一曰: 螟子. 从䖵 鼏聲. 𧖶, 蠭 或从宓」

벌의 꿀을 가리킨다. cf. 鼏(솥뚜껑 : 멱)

𧕕 (蝶)「蛺蝶也《廣韻》. 从虫 枼聲.」

그 아름다운 날개가 마치 얄찍한 木片(枼, 엷을 : 엽)과도 같은 곤충(虫)이니 나비를 가리키는 자이다.

𧍧 (蠻)「南蠻, 它種. 从虫 䜌聲.」

고대에 중국을 중심으로 하여 본 남부의 종족을 일컬은 말이다. 남방은 뱀이 많아 虫을 취하고 蠻方은 또 王化가 행하여지지 않아 민도가 미개하고 성기가 게으르다고 믿어 䜌(亂의 뜻, 다스릴 : 련)聲을 합하였다.

𧍲 (蠶)「任絲蟲也. 从䖵 朁聲.」

마치 누에의 길고 가느다란 생김새가 비녀(簪 : 잠)와 같으므로 朁聲을 합하였다.

𧙃 (被)「寢衣, 長一身有半. 从衣 皮聲.」

잠을 잘 때 전신을 덮는(皮) 이불을 가리킨다.

𧙗 (補)「完衣也. 从衣 甫聲.」

헤진 옷을 기워 처음과 똑같이 완전한 옷으로 만든다는 뜻이다.

𧘿 (裕)「衣物饒也. 从衣 谷聲. 易曰: 有孚裕無咎.」

의복이 풍족함을 뜻한다. 여기에서 널리 무엇이나 넉넉한 것을 가리키게 되었다. *cf.* 裕 : *giug＞ju. 谷 : *giuk＞iwok.

複 (複)「重衣也. 从衣 复聲. 一曰 : 褚衣」

안팎으로 중첩된 겹옷을 가리킨다.

裏 (裏)「衣內也. 从衣 里聲.」

본래는 옷의 안 쪽을 뜻하였는데, 널리 속(內)의 뜻을 가지게 되었다.

裁 (裁)「制衣也. 从衣 𢦏聲.」

천을 가위질하여(𢦏←戈＋才聲, 傷의 뜻 : 재) 옷을 짓는다는 뜻이다.

裝 (裝)「裹也. 从衣 壯聲.」

옷 속에 두툼하게(壯) 솜을 넣는 것을 말한다. 여기에서 의복을 아름답게 꾸미는 것을 뜻하게 되었다. 그러므로 段注에서도 "束其外曰裝, 故著絮於衣亦曰裝"이라고 하였다.

製 (製)「裁衣也. 从衣 制聲.」

옷감을 재단하여 옷을 만든다는 뜻이다.

裳 (裳)「下帬也. 从巾 尙聲. 常, 常 或从衣.」

저고리는 '衣'라 하고 치마는 '裳'이라고 한다. 고문에서는 '常·裳'이 상통하였다.

視 (視)「瞻也. 从見 示聲.」

자세히 들여다보고 그 내실을 알아 낸다는 뜻이다.

親 (親)「至也. 从見 亲聲.」

날마다 서로 보면(見) 정의가 통하여 친숙하여짐을 뜻한다. 정의가 간절하게 이른다(至)는 뜻에서「至也」라 풀이하였다.

觀 (觀)「諦視也. 从見 雚聲.」

살펴본다는 뜻이다. cf. 雚(황새 : 관)

觸 (觸)「牴也. 从角 蜀聲.」

짐승이 뿔로 사물을 찌른다는 뜻에서 접촉의 뜻을 가지게 되었다.

言 (言)「直言曰言, 論難曰語. 从口 辛聲.」

甲文의 '言'은 형인데, 朱芳圃는 《爾雅》에 기록된 "大簫謂之言"을 원용하여 이것이 바로 '言'의 본뜻이라고 하였다. 그 근거로서 言과 音은 고대에는 본래 동류자였던 것으로 보고 입(口)으로 통소(簫管)(丫, 丫)를 붙어 음을 이루므로 '言'의 본뜻은 악기였음을 자형으로 보아서도 충분히 알 수 있으며, "言說"의 言은 인신의라고 하였다. 한편 金文형의 홍에 대하여 林義光은 辛(죄 : 건)은 '辛'과 동자이니 言의 본뜻은 '獄辭'이던 것이 모든 말을 뜻하게 된 것이라 하였다. 위의 견해가 옳다고 하면 《說文》의 해설은 본뜻에서 인신한 의미를 말한 것이 아닐까 여겨진다. 이와는 달리 단순히 입에서 나오는 마음(心)의 뜻으로 보는 견해도 있다.

訂 (訂)「平議也. 从言 丁聲.」

말로 의논하여 바르게 정한다는 뜻이다.

記 (記)「疋也. 从言 己聲.」

혼잡한 일의 사실과 단서를 분별하여 말을 조리 있게 기록한다는 뜻이다. '記'와 '紀'는 동계어이며 疋(소)는 '疏'와 통한다.

訓 (訓)「說敎也. 从言 川聲.」

좋은 말(言)로써 사람의 마음을 의례에 통하도록(川, 貫穿通流水) 가르친다는 뜻이다.

訪 (訪)「汎謀曰訪, 从言 方聲.」

여러 사람에게 말로 널리 물어 의논한다는 뜻에서 방문의 뜻을 가지게 되었다.

訟 (訟)「爭也. 从言 公聲.」

말로써 각자의 시비를 공평하여지도록(公) 다툰다는 뜻이다.

許 (許)「聽言也. 从言 午聲.」

'午'에는 관통의 뜻이 있다. 말을 듣고 그 뜻을 따르는 것이 허락이다.

詐 (詐)「欺也. 从言 乍聲.」

잠깐(乍 : 사) 사이에 거짓말로 교묘히 사람을 속인다는 뜻이다.

詞 (詞)「意內而言外也. 从言 司聲.」

사람이 마음 속에 품은 뜻을 밖으로 말로써 나타낸다는 뜻이다. '詞, 辭'는 동음동의어에 속한다.

訴 (訴)「告也. 从言 㡿聲.《論語》曰: 訴子路於季孫.」

새로운 말로써 반항하는 것이므로 起訴의 뜻이다. 예서에서 訴로 변하였다. cf. 㡿(집을 물리칠 : 척, 차)

詠 (詠)「歌也. 从言 永聲.」

소리를 길게(永) 빼는 것이 노래가 된다.

評 (評)「議也《廣韻》. 从言 平聲.」

사리를 논단하여 바른 것을 찾는다는 뜻이다.

誇 (誇)「譀也. 从言 夸聲.」

말로써 허황하고(夸, 큰 체할 : 과) 불실한 일을 꾸며 과장함을 말한다.

詳 (詳)「審議也. 从言 羊聲.」

말로써 자세하게 의논한다는 뜻이다.

詩 (詩)「志也. 从言 寺聲.」

마음 속에 있는 뜻을 언어로 표현하는 것이 詩이다.《詩經》序에도 "詩者志之所之也. 在心爲志, 發言爲詩"라고 하였다.

試 (試)「用也. 从言 式聲.「虞書」曰: 明試以功.」

'用'은 '使用, 施用, 運用, 應用, 擢用(탁용) 등의 뜻을 포괄한다. 일정한 법식 안에서 어느 일이나 시도하여 본다는 뜻이다. 그러므로 상대방의 말 속에서 그 마음(뜻)을 살피는 것이 본뜻이다.

該 (該)「軍中約也. 从言 亥聲. 讀若心中滿該.」

軍이 서로 경계하여 사수할 것을 말로 약속한다는 뜻으로 軍을 긴장시키는 것이니 '戒'와 동계어로 해석된다. 위의「滿該」란 밥을 배불리 먹고 속에서 나오는 트림을 뜻하는 속어이다. 현대 중국어의 飽嗝兒〔bǎogér〕과 같은 뜻이다. 지금은 흔히 '갖추다'의 뜻으로 쓰이고 있다.

話 (話)「會合善言也. 从言 舌聲. 傳曰: 告之話言. 譮, 籀文語从言會.」

좋은 말 또는 착한 사람의 말을 뜻한 것이 널리 일반의 말을 뜻하게 되었다. 위의 傳은 春秋傳을 가리킨다. cf. 舌(입 막을 : 괄, 활)

說 (說)「說釋也. 从言 兌聲. 一曰: 談說.」

마음이 기쁘다는 뜻이다. 悅, 釋(懌), 說(열)은 모두 같은 뜻이다. 說(설)은 또 말(談·說)의 뜻으로도 쓰인다.

誠 (誠)「信也. 从言 成聲.」

언행이 부합하고 진실하여 거짓이 없음을 말한다.

誦 (誦)「諷也. 从言 甬聲.」

諷(풍)은 소리를 내어 외우는 뜻이요, 誦(송)은 소리를 내지 않고 마음 속으로 외운다는 뜻에서 두 자는 전주된다(諷, 誦也).

語 (語)「論也. 从言 吾聲.」

사람을 향하여 나의(吾) 의사를 말한다는 뜻이니, 즉 서로 말을 주고 받으며 시비를 변론함을 가리킨다. 즉 질문에 답하는 것이다.

誤 (誤)「謬也. 从言 吳聲.」

'吳'는「大言」의 뜻이므로 큰 소리로 말을 하면 그 實과 正을 찾기 어려워서 오류를 범하기 쉽다. 사실과 다르게 말하는 뜻이다.

誌 (誌)「記也《玉篇》. 从言 志聲.」

말한 바를 잊지 않도록 기록하여 둔다는 뜻이다.

課 (課)「試也. 从言 果聲.」

사람의 말을 헤아려서 그 결과가 좋은 實을 찾는다는 뜻이므로 원래는 결과의 '果'와 동계어로 생각된다. '果敢하다'의 '果'도 엄격히 따져보면 '課'와 같이 무릅쓰고 시도한다는 뜻이 있다.

諒 (諒)「信也. 从言 京聲.」

성실, 돈독하며 언행이 일치함을 뜻한다. '京'은 「人爲高丘」이므로 높고 후하다는 뜻이 들어 있다. 지조가 고결하고 언행이 중후한 사람은 남에게 신망을 얻는 법이다.

談 (談)「語也. 从言 炎聲.」

서로 말로써 담박하게 이야기함을 뜻한다. 그러므로 議論과는 자세가 다르다.

議 (議)「語也. 一曰: 謀也. 从言 義聲.」

사리의 옳음(義)을 말로써 논한다는 뜻이다. '論·議·語' 세 자는 모두 사람과 말을 하는 뜻이다. 서로 말로써 생각하고 순서와 조리를 따져(侖) 의심을 푼다는 뜻이다.

誰 (誰)「誰何也. 从言 隹聲.」

사실을 몰라 말로 무엇인가를 묻는다는 뜻이다. 여기에서 의문대명사인 '누구'의 뜻을 가지게 되었다.

調 (調)「龢也. 从言 周聲.」

불화한 사람들을 말로써 화해시킨다는 뜻이다.

請 (請)「謁也. 从言 靑聲.」

윗사람을 뵙고 자기의 뜻을 말로 사룀을 말한다.

諾 (諾)「䭭也. 从言 若聲.」

남의 말에 응한다는 뜻이다. '䭭'은 '應'의 속자이다.

謀 (謀)「慮難曰謀. 从言 某聲.」

상대방의 말을 살펴서 그 의견을 구하는 것이다. 깊이 생각하여 꾀하는 일이어야 좋은 결과가 있음을 암시한다.

謁 (謁)「白也. 从言 曷聲.」

윗사람에게 말씀을 사뢴다는 뜻이다. '白'은 '告'의 뜻이다.

諸 (諸)「辯也. 从言 者聲.」

여러 말을 진술하여 총괄하는 것이다. 곧 말이 많다는 뜻이다.

講 (講)「和解也. 从言 冓聲.」

말로써 서로의 충돌을 조화하여 합의한다는 뜻이다. 冓(구)는 「交積材」의 자형이니 상호 체결의 뜻이 들어 있다.

謙 (謙)「敬也. 从言 兼聲.」

자기를 낮추고 남을 존경한다는 뜻이다. '兼'은 幷(병)의 뜻이니 양자가 상합하여 하나가 됨을 뜻한다. 사람도 서로 만나 중히 여기는 마음이 있으면 자처함을 물리치고 남을 존중하게 되는 법이다.

謝 (謝)「辭去也. 从言 躲聲.」

화살(篆文 자형 참조)이 멀리 날아가듯 고별 인사를 드리고 떠난다는 뜻에서 감사의 뜻으로 쓰이게 되었다. cf. 躲(射와 동자)

謠 (謠)「徒歌. 从言 肉聲.」

여러 사람이 육성을 가늘고 길게 뽑아 노래하는 것을 가리킨다. 琴瑟에 맞추어 부르는 노래를 '歌'라 하고, 북을 치며 부르는 노래는 '謠'라고 한다(段注 참조).

謹 (謹)「愼也. 从言 堇聲.」

언행이나 생각하는 양이 매우 치밀하므로 삼가다의 뜻이 있다.

讖 (識)「常也. 一曰: 知也. 从言 戠聲.」

《周禮》(天官)에 "四曰官常, 以聽官治"(네 번째가 관상이니 관의 다스림을 듣는다)라는 대목에서 官常은 職官의 뜻이다. 識(식)을 「常也」라 한 것은 여기에 근거가 있다. 《爾雅》에서 職을 常也라 하였다. '職'자의 성부를 고려할 때 어떤 전달 사항이나 명령을 기록하여 땅 위에 세워 놓은 小旗를 가리킨 뜻으로도 생각할 수 있다. 본문 중의 「知也」는 '알다'의 뜻이다.

證 (證)「告也. 从言 登聲.」

말로써 사실을 명백하게 알린다는 뜻이다.

譯 (譯)「傳四夷之語者. 从言 睪聲.」

동・서・남・북 四夷의 언어를 옮긴다는 뜻이다. '睪'은 '驛'의 省文인데, 驛이란 官府의 公文 등을 수발하는 車馬를 두는 곳이니 두 지방 간의 의사를 유통하는 역할을 한다. 따라서 말로써 타국의 언어를 유통하는 것이 곧 통역, 번역이라 하겠다.

讀 (讀)「籀書也. 从言 賣聲.」

'籀'는 '誦'과 같으니 소리를 내어 책을 외운다는 뜻이다. 朱駿聲이 章句를 끊어 읽는 것으로 풀이한 것은 참고할 만하다. cf. 賣(衙也 : 육)

譽 (譽)「稱也. 从言 與聲.」

남에게 美稱을 준다는 뜻이므로 '명예'의 뜻이 되었다.

護 (護)「救視也. 从言 蒦聲.」

사람이 어려운 처지에 처하면 먼저 말로 위안시키고 도와 간호한다는 뜻이다. 「救視」란 보살펴 준다는 뜻이다.

讓 (讓)「相責讓. 从言 襄聲.」

말로써 서로 꾸짖음을 뜻한다. 동시에 겸손, 사양을 뜻하기도 한다.

豪 (豪)「豪豕. 鬣如筆管者, 出南郡. 从豕 高聲. 豪, 篆文 从豕.」

가시털이 우부룩하게 난 일종의 멧돼지를 가리킨다. 그 털이 마치 붓대처럼 날카롭고 길어서 高聲을 합한 것이다. 위의 「南郡」이란 漢의 郡名이니 지금의 荊州北과 襄陽 지방이 그에 해당한다.

豫 (豫)「象之大者. 賈侍中[26]說 不害於物. 从象 予聲.」

유달리 큰 코끼리를 칭하던 것이 인신하여 큰 것을 가리키게 되었다. '먼저'의 뜻은 차용의에 불과하다.

貢 (貢)「献功也. 从貝 工聲.」

아랫사람이 윗사람에게 바치는 재물을 말한다.

財 (財)「人所寶也. 从貝 才聲.」

사람이 소유한 일체의 재화를 가리킨다.

責 (責)「求也. 从貝 朿聲.」

빌려간 재물을 갚도록 조른다는 뜻이다. 그 독촉함이 가시로 살을 찌른 듯하여 朿(가시랭이 : 치)聲을 합하였으나 예서에서 '責'으로 변하였다.

貪 (貪)「欲物也. 从貝 今聲.」

눈 앞에 있는 재물을 욕심 낸다는 뜻이다.

販 (販)「買賤賣貴者. 从貝 反聲.」

재물을 팔아 利를 돌려(反) 받는다는 뜻이다.

貨 (貨)「財也. 从貝 化聲.」

돈(貝)으로 바꿀 수(化) 있는 재보의 총칭이다. 그러나 '化·貨'는 고금자로서 고문에서는 허다히 '化'로 대용되었다. 《廣韻》의 '貨'자 下에도 "蔡氏化請經曰: 貨者, 化也, 變化反易之物, 故字从化"라는 해설이 있다.

貴 (貴)「物不賤也. 从貝 臾聲.·臾, 古文蕢.」

---

(26) 賈侍中은 漢나라 때의 학자 賈逵(30~101)를 가리킨다. 許愼은 《說文》에서 종종 그의 설을 인용하여 놓았다.

값이 비싼 재보를 가리킨다. 귀한 것은 버리지 않고 삼태기 따위에 담아 두는 데서 臾(삼태기 : 궤)聲을 합하였다. 예서에서 '貴'로 변하였다.

貸 (貸)「施也. 从貝 代聲.」
돈이나 물건을 남에게 빌려 준다는 뜻이다.

貿 (貿)「易財也. 从貝 卯聲.」
물품을 돈으로 바꾸는 것이다.

費 (費)「散財用也. 从貝 弗聲.」
재화를 흘려 쓴다는 뜻이다. 낭비와 같은 말이다.

貯 (貯)「積也. 从貝 宁聲.」
진귀한 물건을 쌓아 둠을 말한다. '宁'는 '貯'의 초문이므로 그 뜻이 같다.

賀 (賀)「以禮物相奉慶也. 从貝 加聲.」
서로 선물을 보내어 축하한다는 뜻이다.

賃 (賃)「庸也. 从貝 任聲.」
'庸'은 '傭'과 같으므로 사람을 고용하여 일을 맡기고(任) 대신 돈을 준다는 뜻이다.

資 (資)「貨也. 从貝 次聲.」
다음(次)의 큰 일을 위하여 재물을 모아 둔다는 뜻에서 일체의 재화를 가리키게 되었다.

賊 (賊)「敗也. 从戈 則聲.」
칼(刀)이나 창(戈)으로 재물을 상하게 한다는 뜻에서 도적을 칭하게 되었다.

賓 (賓)「所敬也. 从貝 宀聲.」

공경하는 사람이 예물을 가지고 오는 것을 맞이하는(𡧧, 맞을 : 면)데서 손님의 뜻을 가지게 되었다. 金文의 𡧧은 주인(人)이 방안(宀)의 병풍(一) 밖으로 예물(貝)을 가지고 온 사람을 맞이하는 자형으로 풀이할 수 있다. 또 甲文형 중의 𠈌은 집 안에 사람이 있음을 나타낸 자형이다.

賦 (賦) 「斂也. 从貝 武聲.」

백성에게서 재화를 나누어 징수하므로 租稅의 뜻을 가지게 되었다.

賜 (賜) 「予也. 从貝 易聲.」

돈이나 재물을 다른 사람에게 준다는 뜻인데, 주고 나면 그 소유권이 바뀌므로 易聲을 합하였다.

賞 (賞) 「賜有功也. 从貝 尙聲.」

공을 세운 이에게 공경의 뜻으로(尙) 재화를 주는 것을 말한다.

賤 (賤) 「賈少也. 从貝 戔聲.」

물품의 값(價 ← 賈)이 낮은(戔 : 전, 잔) 것을 뜻한 데서 널리 천한 것을 칭하게 되었다.

賢 (賢) 「多財也. 从貝 臤聲.」

원래 재화가 많음을 가리킨다. 무릇 많은 것을 '賢'이라 하였으나 多才善行의 사람을 칭하면서 본뜻이 없어지게 되었다.

賴 (賴) 「贏也. 从貝 剌聲.」

利를 남겨 돈을 번다는 뜻이다. 剌(랄)의 金文형을 林義光은 '利'와 동자로 보았는데, 이 견해가 옳다면 剌聲은 형부를 겸한 회의자로 볼 수도 있다. 또 剌은 「戾也」로 풀이하였으나 바람과 같이 급함을 뜻하기도 하니(朔風剌剌이라는 말이 있다) 쉬지 않고 부산하게 뛰어 다니며 돈벌이를 하는 것으로 해석할 가능성도 있다. cf. 贏(나머지 : 영)

贈 (贈) 「玩好相送也. 从貝 曾聲.」

재물이나 보화를 남에게 보낸다는 뜻이다. 인하여 작위를 주는 일도 贈(증)이라 하였다.

赴 (赴)「趨也. 从走 卜聲.」

급히 달려가 알린다는 데서 부임의 뜻이 되었다.

起 (起)「能立也. 从走 巳聲.」

몸을 일으켜 선다는 뜻이다.

越 (越)「跳也. 从走 戉聲.」

이쪽에서 저쪽으로 뛰어(走) 넘는다는 뜻이다.

超 (超)「跳也. 从走 召聲.」

높이 뛰어 넘는다는 뜻이다. 사람을 부르면(召) 응소자가 황급히 뛰어가므로 召聲을 취하였다.

趣 (趣)「疾也. 从走 取聲.」

무엇을 가지러(取) 재빨리 달려감을 뜻한다. '超·趣'는 동의이니 段注에 "跳一曰: 躍也; 躍, 迅也; 迅, 疾也. 然則 超與趣同義"라는 말에서도 알 수 있다.

距 (距)「雞距也. 从足 巨聲.」

닭의 날카로운 며느리발톱을 가리킨다. 돌기 부분이 다른 禽類의 것보다 크므로 巨聲을 합하였다. '거리'의 뜻은 가차의이다.

路 (路)「道也. 从足 各聲.」

사람이 저마다(各) 왕래하는 길을 가리킨다. 徐鉉은 "路, 道也. 从足 从各……言路, 人各有適也"라 하여 회의자로 보았다. B. Karlgren에 의하면 '各'의 상고음은 *klak > kɑk, '路'는 *glɑg > luo로서 소위 복성모로서의 일치를 보게 되나, 의문이 완전히 해결된 것은 아니다.

跳 (跳)「蹷也. 从足 兆聲. 一曰: 躍也.」

발로 기운 차게 뛰어 오른다는 뜻이다. cf. 蹷(뛸 : 궐)

跡 (跡)「步處也. 从足 亦聲.」

발자국을 가리킨다. '亦'은 腋(겨드랑이 : 액)의 초문이니 양쪽 겨드
랑이의 오목함이 마치 발자국이 패인 것과도 흡사하여 亦聲을 합하였
다. '迹・跡'은 음의가 같다.

踐 (踐)「履也. 从足 戔聲.」

발로 밟는다는 뜻이다. 여기의 戔(잔)은 "賊也. 傷也"의 뜻이니 사
물을 밟으면 殘傷이 생기므로 戔聲을 합한 것으로 생각된다.

軒 (軒)「曲輈藩車也. 从車 干聲.」

輈(수레채 : 주)는 수레의 가에 댄 屈木을 가리키고, 藩(울타리 :
번)은 햇볕을 가리기 위하여 위를 덮은 덮개이므로 軒(헌)은 사람이
타는 작은 수레를 가리키던 것이 후에 가옥의 처마를 뜻하게 되었다.

較 (較)「車輢上曲鉤也. 从車 爻聲.」

수레바탕(輿) 앞의 횡목을 軾(식)이라 하고, 좌우의 널빤지 위에
댄 횡목이 앞으로 구부러져 나온 부분은 較(수레귀 : 각)이라고 하였으
나 지금은 '비교하다'의 뜻으로 가차되어 쓰이고 있다.

載 (載)「椉也. 从車 㦸聲.」
수레 위에 짐을 싣는다는 뜻이다. cf. 椉(乘 : '승'의 고자)

輕 (輕)「輕車也. 从車 巠聲.」

짐을 싣지 아니하여 사람이 타고 달려 가기에 편한 수레를 가
리킨다. 인하여 가벼운 뜻을 가지게 되었다.

輪 (輪)「有輻曰輪, 無輻曰輇. 从車 侖聲.」

바퀴살(輻 : 복)이 정연하게 붙어 있는 둘레의 테를 칭하던 것이
수레바퀴 전체를 가리키게 되고, 마침내 수레바퀴 같이 둥근 것을 일컫
게 되었다.

輩 (輩)「若軍發車 百兩爲輩. 从車 非聲.」

군사가 출진할 때 많은 수레(100 량)가 제 자리에 차례로 줄 지어 배열되어 있는 것을 가리킨 데서 '무리'의 뜻이 되었다.

輸 (輸)「委輸也. 从車 兪聲.」

수레로 물건을 실어 보낸다는 것이다.

輿 (輿)「車輿也. 从車 舁聲.」

수레 위에 깔린 車箱(수레 바탕)을 가리킨다. cf. 舁(들것 : 여)

辦 (辨)「判也. 从刀 辡聲.」

두 죄인이 서로 소송한 것(辡 : 변)에 대하여 칼로 물체를 가르듯 시비를 가려 준다는 뜻이다.

農 (農)「耕人也. 从晨 囟聲. 辳, 籀文農从林. 㲛, 亦古文農.」

庶人, 농부는 동이 틀 때 辰星을 보고 일찍 일어나 밭에서 일을 하다 어두울 때에야 쉬므로 晨(일찍 : 신)을 취하였다. 甲文형은 賛(林＋辰)이니 동이 틀 무렵 들에 나가 일을 하는 뜻을 나타낸 것으로 볼 수 있다. 한편 초목을 벤다는 뜻으로 보기도 한다.

配 (配)「酒色也. 从酉 己聲.」

酒色(술의 색깔)의 뜻으로 풀이하였으나 의심스럽다. 후에 '妃'의 뜻으로 가차하여 쓰이면서 본뜻은 찾을 수 없게 되었다. 그러나 金文의 配에 대하여 林義光은 「酉＋卩」로 보고 '配'는 '肥'와 동자였다고 말한다. '肥, 配'는 肉방이건 酉방이건 고음과 뜻이 같으므로 《說文》에서도 '圮(무너질 : 비), 崩(산 무너지는 소리 : 배)'는 역시 동자라고 설명하였다. 甲文은 配로서 '酉＋人'형이다.

酌 (酌)「盛酒行觴也. 从酉 勺聲.」

술잔(觶 : 치)에 술을 부어 마시도록 권함을 뜻한다. 觴(상)은 술잔의 총칭으로 '觴'과 같다.

酸 (酸)「酢也. 从酉 夋聲. 關東謂酢曰酸.」

술이 변하여 시게 된 것, 지금의 醋(초)를 말한다. cf. 酢(초 : 초)

醜 (醜)「可惡也. 从鬼 酉聲.」

사람이 술을 많이 마시면 얼굴이 추하게 보임을 말한다. 여기의 鬼(귀신 : 귀)는 보기 흉함을 뜻한다.

釋 (釋)「解也. 從采, 采取其分別. 从睪聲.」

유죄, 무죄를 분별하고(采 : 변) 살펴서(睪 : 역) 무죄자는 내 보낸다는 뜻을 나타낸다.

重 (重)「厚也. 从壬 東聲.」

사람이 등에 짐(東)을 지고 서 있는(壬 ← 人 + 土) 형상을 나타낸 것으로서 무겁다는 뜻을 가지게 되었다. 金文형 重에서 그 뜻을 찾아볼 수 있다.

野 (野)「郊外也. 从里 予聲. 壄, 古文野 从里省 从林.」

교외를 일컬어 '野'라고 하는데, 실상 野는 林土의 뜻임을 甲文으로 미루어 알 수 있다. 王筠은 野를 墅(농막 : 서)의 고자로 보았다. 《說文》에 의하면「邑外謂之郊, 郊外謂之野, 野外謂之林, 林外謂之冂」이라고 하였다.

鍼 (針)「所以縫也. 从金 咸聲.」

옷을 꿰매는 바늘을 가리키는데, 《廣韻》에 보면 '針·鍼'을 동자라고 하였다. 현재 鍼(침)은 침술에 쓰이고 '針'은 바늘의 뜻으로 관용되고 있다.

銅 (銅)「赤金也. 从金 同聲.」

붉은 색의 금속이므로 이를 赤銅 혹은 紅銅이라고도 한다. 《漢書》「食貨志」에 의하면 "金有三等; 黃金爲上, 白金爲中, 赤金爲下"라 하여 그 가치를 구별하여 놓았다. '銀'은 白金, '鐵'은 黑金이라 하였다.

鉛 (鉛)「靑金也. 从金 㕙聲.」

흰색의 금속(납)을 가리킨다.

鈍 (鈍)「錭也. 从金 屯聲.」

칼날이나 창끝이 무디므로(錭 : 도) 잘 들어가지 않음(屯 : 難의 뜻)을 뜻한다.

銘 (銘)「題勒也《字林》. 从金 名聲.」

쇠붙이에 새긴 글자를 가리킨다. 劉熙의 《釋名》에 "銘, 名也, 名其功也"라 하였듯이 사람의 공훈을 새긴 것이 많으므로 名聲을 합하였다.

銀 (銀)「白金也. 从金 �聲.」

황금에 다음 가는 백금(은)을 가리킨다.

銳 (銳)「芒也. 从金 兌聲.」

가늘고 뾰쪽한 쇠붙이를 칭하던 것이 무릇 물체가 날카로운 것을 가리키게 되었다.

錦 (錦)「襄邑織文也. 从帛 金聲.」

漢나라 때 河南의 襄邑에서 짠 오색 무늬가 찬란한 비단을 가리킨다. 劉熙는 《釋名》에서 金聲을 취한 이유를 "錦, 金也. 作之用功重, 其價如金"이라고 하였다.

錄 (錄)「金色也. 从金 彔聲.」

원래 靑黃의 간색인 금빛을 뜻하였는데, 변하여 쇠붙이에 새긴다(記錄)는 뜻으로 쓰이게 되었다.

錢 (錢)「銚也. 古者田器. 从金 戔聲. 詩曰: 庤乃錢鎛. 一曰: 貨也.」

원래 쇠붙이로 만든 농기구 즉 가래(銚 : 조) 따위를 가리켰는데, 후에 돈(銅錢 등)을 뜻하게 되었다.

錯 (錯)「金涂也. 从金 昔聲.」

금물을 발라(塗金) 아름답게 꾸민다는 뜻이었는데, 후에 착오의 뜻으로 가차되었다.

鍊 (鍊)「治金也. 从金 柬聲.」

쇠붙이를 녹여 단련함을 말한다. 나아가 무엇이나 정세하게 다루는
일을 鍊이라 한다.

鎖 (鎖)「鐵鎖, 門鍵也《說文新附》. 从金 貨聲.」
쇠로 만든 자물쇠를 가리킨다.

鎭 (鎭)「博壓也. 从金 眞聲.」
물건을 눌러 놓기 위하여 쇠붙이로 만든 물건을 가리켰는데, 널리
'누르다, 진압하다'의 뜻으로 쓰이게 되었다.

鏡 (鏡)「景也. 从金 竟聲.」
거울을 가리킨다. 金은 빛이 있어서 사물을 비칠 수 있기 때문에
鏡이라고 한다.

鍾 (鍾)「酒器也. 从金 重聲.」
고대에는 종은 술을 담아 놓는 그릇으로 쓰였기 때문에 그 아래쪽
은 크고 넓적하며 목은 작았다. 후에야 일반적인 종을 가리키는 말로
전용되었다. '鍾'은 용적이 크고 술을 많이 담을 수 있는 무거운(重) 금
속제 그릇이므로 重聲을 취하였다.

鑑 (鑑)「大盆也. 从金 監聲. 一曰: 鑑諸, 可以取明水於月.」
鑑(감)은 금속으로 만든 거울의 일종이다. 물을 담는 것을 方諸
(「鑑諸」는 鑑方諸라야 옳다)라고 하였는데, 또 '鑑'은 오늘날의 독(甕)과
같은 기물이므로 「大盆」이라 풀이하였다. 즉, 여기에 물을 담아 얼굴을
비춰 보는 거울로 대용하였다.

鐵 (鐵)「黑金也. 从金 䥫聲. 鐵, 鐵或省. 鐵, 古文鐵 从夷.」
쇠는 색이 검어서 흑금이라고 하였다.

鑛 (鑛)「金璞也《集韻》. 从金 廣聲.」
녹이지 않은 구리, 철 등의 광물을 가리킨다.

開 (開)「張也. 从門 幵聲. 開, 古文.」

‘張’이란 활시위를 당기는 것(施弓弦)이므로 문을 여는 일도 활을 당기는 일과 같다. 幵(견)은 "二干相並形"이므로 두 짝의 문이 나란히 열려 있음을 나타내기 위하여 성부로 합하였다. 王筠은 ‘開’의 고문에 대하여 두 손(又)으로 빗장(一形)을 여는 형상의 자로 보았다.

閣(閣)「所以止扉者. 从門 各聲.」

문을 연 뒤에 그 문이 흔들리지 않도록 땅을 파고 막아 놓은 말뚝(門方橛)을 가리키던 것이 후에 누각을 칭하게 되었다.

關(關)「以木橫持門戶也. 从門 𢇅聲.」

나무로 문에 빗장을 질러 단단히 잠근다는 뜻이다. 𢇅(관)은 북에 실을 꿴다는 뜻이어서 橫通의 뜻이 있으므로 이를 성부로 취하였다. 金文의 關은 본뜻을 잘 나타낸 자형이다.

雅(雅)「楚烏也. 一名鷽, 一名卑居, 秦謂之雅. 从隹 牙聲.」

「楚烏」란 가마귀의 일종이다. ‘鴉’가 본뜻을 나타내게 되면서 ‘雅’는 흔히 ‘바르다, 우아하다’의 뜻으로 쓰이게 되었다. cf. 鷽(갈가마귀 : 여)

雄(雄)「鳥父也. 从隹 厷聲.」

새(隹)의 수컷을 가리킨다. 厷(굉)은 ‘肱’의 초문으로 대개 勇健의 뜻이 담겨 있으므로 厷聲을 합하였다. 수컷은 암컷에 비하여 대개 몸집이 크고 사납기 때문이다.

雌(雌)「鳥母也. 从隹 此聲.」

새의 암컷을 가리킨다. ‘此’는 「止」의 뜻이니 암컷은 알을 낳아 새끼를 까고 기르기 위하여 둥우리에서 쉬는 시간이 많으므로 此聲을 합하였다.

雖(雖)「似蜥易而大. 从虫 唯聲.」

도마뱀(蜥蜴 : 석역)과 비슷하게 생긴 몸집이 약간 큰 파충을 가리킨 이름이었는데, 후에 ‘비록’의 뜻으로 가차되었다.

雜(雜)「五采相合也. 从衣 集聲.」

오색을 띤 여러 조각의 천을 모아 만든 옷을 가리켰는데, 이 옷의 꾸밈새가 마치 뭇새가 나무 위에 앉아 있는 것과도 비슷하여 集聲을 취하였다. 여기에서 널리 '섞다'의 뜻을 가지게 되었다. 예서에서 襍→雜(잡)으로 변하였다.

鸛 (難)「鸛鳥也. 从鳥 菫聲. 鸛, 鸛 或从隹.」

새의 일종이다. 《說文》에는 어떤 새인지 전연 설명이 없는데, 王紹蘭은 金翅鳥[27]를 가리킨다고 하였다. 후에 어려움의 뜻으로 가차되었다.

離 (離)「離黃. 倉庚也. 从隹 离聲.」

離黃[28]은 혹은 倉庚이라고도 하는데, 황색의 꾀꼬리를 가리킨다. 후에 떠난다는 뜻으로 가차되었다.

霅 (雪)「冰雨說物者也. 从雨 彗聲.」

찬 겨울에 구름 속에 있는 물이 얼어서 떨어지는 것이 눈이라고 생각하여 雨를 취하였다. 한편 甲文의 彡에 대하여 葉玉森은 눈꽃 모양을 상형한 자로 보았다. 예서에서 霅→雪로 간화하였다. 彗(혜)의 상고음은 *dzjwəd(zjwäd) > zjwɛi, '雪'의 상고음은 *sjwɛt > sjwɛt이므로 운모가 동류에 속하였던 것으로 보인다.

霝 (零)「徐雨也. 从雨 令聲.」

서서히 곱게 내리는 비를 뜻한다. '令'에는 美好의 뜻이 있으므로 '令聞, 令望, 令孃' 등의 말이 쓰인다.

霜 (霜)「喪也. 成物者. 从雨 相聲.」

서리(霜)가 내리면 만물이 수축(상실)하므로 「喪也」라 풀이하였다.

霧 (霧)「地气發天不應曰霧. 从雨 孜聲.」

공중을 덮은 수중기(雨), 즉 안개이다.

---

(27) 금시조는 梵語로는 Garuḍa(迦樓羅)라고 하며 황금빛 날개를 가진 새로 龍을 잡아 먹는다는 신화의 새이다.
(28) 離黃은 혹은 鸝黃이라고도 한다. 《爾雅》 釋鳥에 "倉庚鸝黃也"가 그 예이다.

露 (露)「潤澤也. 从雨 路聲.」

밤새 내린 이슬에 만물이 축촉히 젖어 깨끗하게 돋보이므로「潤澤
也」라 하였다.

靈 (靈)「巫也. 以玉事神. 从王 霝聲. 靈, 霊 或从巫.」

玉을 받들고 神을 모시는 무당을 가리켰는데, 인하여 신비함을 뜻
하게 되었다.

靜 (靜)「寀也. 从靑 爭聲.」

초목의 푸른 색깔처럼(靑) 맑게 살핀다(寀 : 審의 고자)는 뜻이다.
후에 '고요함'을 뜻하게 되었다.

韓 (韓)「井橋也. 从韋取其帀也, 倝聲.」

우물 위에 둘러(韋) 있는 난간(木欄)을 가리키던 자인데, 예서에서
'韓'으로 변하였다. cf. 倝(해 돋을 : 간)

韻 (韻)「聲音和也《玉篇》. 从音 員聲.」

성음이 고르고 원만함(員, 圓의 뜻)을 뜻한다.

響 (響)「聲也. 从音 鄕聲.」

소리가 사방으로 향하여(鄕 : 向의 뜻으로 쓰임) 울린다는 뜻이다.

頂 (頂)「顚也. 从頁 丁聲.」

머리(頁)의 최상부를 가리킨다.

項 (項)「頭後也. 从頁 工聲.」

머리 아래의 목덜미(頭後)를 가리킨다.

頌 (頌)「皃也. 从頁 公聲.」

누구에게나 귀하게 드러내 보이는(公 : 背私의 뜻) 아름다운 용모
를 말한다. 인하여 '칭송'의 뜻을 가지게 되었다.

領 (領)「項也. 从頁 令聲.」

사람의 귀중한(令 : 美好, 貴의 뜻) 목(頸)을 가리킨다. 段玉裁는 「項也」는 「頸也」로 고치는 것이 옳다고 하였다. 머리 뒤의 곧바른 부분을 가리키기 때문이다.

䫌 (頗)「頭偏也. 从頁 皮聲.」

머리가 한 쪽으로 기울어짐을 뜻한다.

頭 (頭)「頁也. 从頁 豆聲.」

사람의 머리(首)를 가리킨다. '豆'는 고대의 제기를 상형한 자인데, 머리 모양이 이와 상사한 데서 豆聲을 취하였다.

顏 (顏)「眉之間也. 从頁 彥聲.」

사람의 머리에 있는 눈썹과 눈 사이의 淸秀한(彥 : 美士의 뜻) 부위를 가리켰는데, 얼굴 전체를 칭하는 뜻으로 확대되었다.

額 (額)「顙也. 从頁 各聲.」

사람의 이마를 가리키니 '額'은 額(액)의 고자이다. cf. 顙(이마 : 상)

題 (題)「額也. 从頁 是聲.」

역시 사람의 판판한(是 : 平正의 뜻) 이마를 가리킨다.

類 (類)「種類也《玉篇》. 从犬 頪聲.」

성질이나 형상이 비슷한 것을 통칭한다. 개(犬)가 어느 짐승보다도 성형이 가장 상사하다고 믿어 犬을 합한 듯하다.

顧 (顧)「還視也. 从頁 雇聲.」

머리를 돌려서 본다는 뜻이다. '九雇'는 9종의 철새 이름인데, 옛날 농부들은 항시 그 새들이 날아 오는 것을 바라보고 농사를 지었으므로 雇(고)聲을 합한 것이라 한다.

顯 (顯)「頭明飾也. 从頁 㬎聲.」

머리에 감은 아리따운 장식품을 가리킨다. 㬎(현)은 가느다란 실(絲)도 햇빛(日)에서는 잘 보이므로 밝다는 뜻이 들어 있다.

(風)「八風也. 東方曰: 明庶風, 東南曰: 淸明風, 南方曰: 景風, 西南曰: 涼風, 西方曰: 閭闔風, 西北曰: 不周風, 北方曰: 廣莫風, 東北曰: 融風, 从虫 凡聲. 風動蟲生, 故蟲八日而匕.」

바람(風)이 '虫'을 취한 까닭은 風動生蟲에 말미암은 것으로 설명하고 있음이 예사이다. 그러나 林義光은 굴(穴)에서 바람이 나오는 형상을 본뜬 자에 불과하다고 주장한다. 그 증거로서 宋, 玉風賦에 나온 "空穴來風"이라는 시구는 음미할 만하다.

그런데 甲文 중에는 片(凡) 외에 鳳과 같이 鳳이 형부로 쓰여 있다. 그러므로 처음에는 봉황새와 같은 큰 새를 지칭하였던 것이 아닐까 생각된다(鳳자 참조).

(飢)「餓也. 从食 几聲.」

뱃속에 먹이(食)가 없으므로 굶주린다는 뜻이다.

(飯)「食也. 从食 反聲.」

음식물을 입에 넣고 되풀이하여(反) 씹어 먹는다는 뜻에서 '밥'을 가리키게 되었다.

(飮)「歠也. 从欠 酓聲.」

입을 벌리고 물을 들이마신다는 뜻이다. 예서에서 '飮'으로 변하였다. cf. 歠(훅 들이마실 : 철), 酓(쓴 술 : 염).

(飽)「猒也. 从食 包聲.」

먹은 것이 만족하여 더 먹기 싫으니 배부름을 뜻한다.

(養)「供養也. 从食 羊聲.」

기름진(羊) 음식(食)을 만들어 유순하게 봉양한다는 뜻이다.

(館)「客舍也. 从食 官聲.」

옛날 관청(官)에서 타국의 손님을 맞이하여 숙식을 제공하며 접대한 곳을 칭한다.

騎 (騎)「跨馬也. 从馬 奇聲.」

말(馬) 위에 사람이 몸을 의지하고(奇 : 倚의 뜻) 걸터 앉아 있는
데서 말을 탄다는 뜻이 되었다.

騷 (騷)「摩馬也. 从馬 蚤聲.」

말의 무리가 모여 서로 요동하는 상태를 말한다. 또는 蚤(벼룩 :
조)는 뛰기를 잘 하며 사람을 무는 벌레이므로 跳動不止의 상태를 나
타낸 회의자로 보는 견해도 있다.

驅 (驅)「驅馬也. 从馬 區聲.」

말을 채찍질하여 빨리 뛰어 가게 함을 말한다.

驛 (驛)「置騎也. 从馬 睪聲.」

옛날 官府의 공문서를 전달하기 위하여 官馬를 두던 곳을 가리
킨다.

驗 (驗)「馬名. 从馬 僉聲.」

원래는 말의 일종을 칭한 이름이었는데, 후에 '시험하다'의 뜻으로
쓰이게 되었다. 어떤 종류의 말인지는 알 수 없다.

體 (體)「總十二屬也. 从骨 豊聲.」

人身 전체를 가리키는 총명이다.「十二屬」이란 "頂(정), 面, 頤(이),
肩(견), 脊(척), 腎(신), 肱(굉), 臂(비), 手, 股(고), 脛(경), 足"등을 일
컫는다.

髮 (髮)「頭上毛也. 从髟 犮聲.」

긴(長) 머리털(彡)이 머리 위로 나 있음(犮 : 拔의 省文)을 나타낸
자이다.

魂 (魂)「陽气也. 从鬼 云聲.」

구름(云 : 雲의 고문)이 산천을 떠나 하늘에 떠 있듯이 사람의 정신
(魂魄)이 육체와 분리하여 존재한 것을 뜻한다.

(鳳)「神鳥也. 天老曰: 鳳之像也. 麐前鹿後, 蛇頸魚尾 龍文龜背, 燕頷雞喙, 五色備舉, 出於東方 君子之國, 翶翔四海之外 過崐崘, 飮砥柱 濯羽弱水, 莫宿風穴, 見則天下大安寧, 从鳥 凡聲. 古文鳳, 象形. 鳳飛羣鳥 從以萬數, 故以爲朋黨字. 亦古文鳳.」

중국에서 四靈(麒麟, 鳳凰, 龍, 龜)으로 일컬어 온 鳳에 대한 장황한 설명이다. 본문 중의 「天老」는 黃帝의 신하라고 한다.

동방 군자의 나라에서 출현하여 곤륜산을 지나 황하 격류 속에 솟은 기둥 모양의 들에서 물을 마시고, 약수에서 깃을 씻고 저물면 풍혈에서 잔다. 이것이 나타나면 천하가 크게 태평하여진다고 믿었던 모양이다. 鳳·朋·鵬은 원래 동자이었으므로 '붕당'의 뜻에 가차되었다.

(鴻)「鴻鵠也. 从鳥 江聲.」

몸집이 비교적 크고 멀리 날아갈 수 있는 고니(白鳥)를 가리킨다.

(舊·鵂)「雖舊, 舊留也. 从萑 臼聲. 舊 或从鳥 休聲.」

부엉이를 가리킨다. 그 생김새가 고양이와 비슷하여 속칭 貓頭鷹(묘두응)이라고도 하는데, 우는 소리가 '休留, 休留'처럼 들려 休聲을 취하였다. '舊'와 '鵂'는 원래 동의이체자이다.

(雞)「知時畜也. 从佳 奚聲. 籀文雞 从鳥.」

시간을 알아 사람에게 울어 알려 주는 특성을 지닌 가축이 닭이다. 金文의 는 닭의 형상이 완연하다.

(鶴)「鶴鳴九皋 聲聞于天. 从鳥 隺聲.」

공중에서 높이 날아다니며 울기를 잘 하는 새이다. 《說文句讀》에서는 "水鳥也. 似鵠長喙"라 하였다.

(鷗)「水鴞也. 从鳥 區聲.」

물거품처럼(區 : 漚의 省文) 가벼이 물 위에 떠 노는 새가 곧 갈매기이다.

鹽 (鹽)「鹵也. 天生曰鹵, 人生曰鹽. 从鹵 監聲. 古者夙沙 初作鬻海
　　　　鹽.」

金文의 '鹽'은 「水＋皿＋鹵」형이니 짜디짠 염전(鹵：로)의 물을
그릇(皿)에 담아 다져 만든 것이 소금임을 나타낸다.

默 (默)「犬暫逐人也. 从犬 黑聲. 讀若墨.」

개가 어둠컴컴한(黑) 곳에서 짖지 않고 있다가 사람을 쫓는다는
데서 침묵의 뜻으로 쓰이게 되었다.

點 (點)「小黑也. 从黑 占聲.」

작고 까만 점을 가리킨다. '占'은 「灼龜以卜吉凶」의 뜻이므로 불로
지진 곳이 검고 심히 작음을 나타낸다.

黨 (黨)「不鮮也. 从黑 尙聲.」

색깔이 어둑어둑함을 뜻한다. 그러나 이 뜻을 나타내는 자로는 후
에 曭(햇빛이 희미할：당)자를 쓰게 되고 '黨'은 무리의 뜻으로 바뀌
었다.

黃 (黃)「地之色也. 从田 芡聲. 芡, 古文光.」

우리가 항시 보는 땅의 색깔이 노랗다는 뜻이다. 한편 金文의 黃에
대하여 林義光은 벼가 누렇게 익어 거둘 수 있는 형을 본뜬 자로 보았
다. 그러나 이러한 설명들은 실상 차용의에서 비롯된 것으로 보인다.
甲文형에는 黃, 黃, 黃 등이 보이는데 아마도 처음에는 화살 종류를 본
뜬 상형자가 아니었을까 의심스럽다.《周禮》에 나오는 黃矢, 枉矢 등의
명칭이 참고된다.

鼻 (鼻)「所以引气自畀也. 从自畀.」

'自'가 본시 코를 그린 상형자인데, 여기에 畀(줄：비)를 더하였다.
그리하여 朱駿聲은 "从自 畀聲"으로 보았다. 甲文의 ↆ는 역시 코의 형
상이 뚜렷하다.

제3절 省體形聲

형성자를 구성하는 문자 중에 형부의 자가 그 자획이 생체되었거나, 혹은 성부, 혹은 형부와 성부의 양편이 모두 생체되어 새로운 한자가 이루어진 것을 생체 형성이라고 한다. 이들은 후술할 **繁體形聲**과 더불어 **形聲變例**에 속한다.

1. 形符가 省體된 예

高 (亭)「民所安定也. 亭有樓. 从高省 丁聲.」

秦·漢대에 縣道 10里마다 一亭을 설치하고 도적을 지키며 짐을 놓고 편안히 묵어 가게 하였다. 높은 다락에 올라가 주위를 지켜 보므로 '高'의 자획을 줄여 형부로 취하였다. 즉 高에서 하부의 口을 생략하고 대신 이 자리에 丁聲을 합하여 만든 자가 亭이다. 다음의 자례들도 자세히 관찰하여 보면 그 근거를 알기가 어렵지 않을 것이다.

氂 (氂)「彊曲毛也. 可以箸起衣. 从犛省 來聲. 厰, 古文氂省.」

'箸는 褚(옷에 솜 둘: 저)와 같으니 裝衣의 뜻이므로 彊曲毛란 빳빳한 쇠꼬리(犛) 털을 넣어 만든 옷이다. 이 자는 犛(검정소: 리)에서 '牛'을 생략하고 이 자리에 성부로 '來'자를 넣어 만들었다. 이 뜻으로서의 자음은 《廣韻》에 보면 里之切〔lji〕에 해당하고, 落哀切〔lʌi〕의 경우는 땅이름인데, 다시 《集韻》에 湯來切〔t'ʌi〕이 추가되어 세 음이 있다. 段玉裁는 洛哀切 음을 취하고 力之切〔리〕 음은 舊音이라 하였다. 그리하여 氂는 혹은 氂·綟(센털: 래, 리)와 뜻이 같다. 韓國 玉篇에서의 '氂'는 땅이름으로서의 〔태〕음만이 전하고 있다.

弒 (弒)「臣殺君也. 易曰: 臣弒其君. 从殺省 式聲.」

신하가 임금을 살해함을 뜻한다. 《周易》坤文에 "臣弒其君, 子弒其父"라는 말이 있다.

橐 (橐)「囊也. 从橐省 石聲.」

《說文》에 「橐(전대 : 곤), 橐也」, 「橐, 囊也」라 한 것을 보아 두 자
는 서로 혼용되었던 것 같다. 모두 '전대'를 가리키는데,《詩經》에 보면
작은 것은 橐(전대, 자루 : 탁), 큰 것은 囊(주머니 : 낭)이라 칭하였던
것 같다.

橐 (橐)「車上大橐. 从橐省 咎聲.」

「車上大橐」이란 수레에 기물(兵器)을 실어 감추어 둘 수 있다는
뜻이다. 橐(고)는 칼집(韜 : 도) 또는 갑옷집(兵甲衣)을 가리킨다.

寐 (寐)「臥也. 从寢省 未聲.」

침상에 누워 잠을 잔다는 뜻이다. '寢'은 '夢'의 고자이므로 夢寐(몽
매)하다는 말은 결국 꿈 속에서 깨어나지 못한 어지러운 상태를 가리
킨다.

寤 (寤)「寐覺而有言曰寤. 从寢省 吾聲.」

잠을 깨어나 말을 한다는 뜻이다. 위의 寐(매)자와 마찬가지로 집
을 상형한 '宀'과 침상을 상형한 '爿'을 합한 것은 흥미를 끈다. 寤寐不
忘이란 자나깨나 못 잊는다는 뜻이 아니겠는가.

筋 (筋)「手足指節鳴也. 从筋省 勺聲.」

손발의 마디가 운다는 뜻은 곧 관절에서 박박 소리가 나는 것을
말한다. cf. 筋(손발 마디 소리날 : 박)

考 (考)「老也. 从老省 丂聲.」

丂(巧의 고자)는 숨이 위로 올라 가다가 위에서 막힘을 나타낸 지
사자이다. 따라서 인간이란 아무리 오래 살아도(老) 한정이 있는 법
이다.

耋 (耋)「年八十曰耋. 从老省 至聲.」

여든 살이 되도록 오래 산 노인의 뜻이다. cf. 耋(늙은이 : 질)

耈 (耈)「老人面凍黎若垢. 从老省 句聲.」

허리가 구부러지도록(句) 사람이 오래 사는 것을 뜻한다.

耇 (耇)「老人面如點處. 从老省 占聲.」

노인의 얼굴에 낀 검버섯 점을 가리킨다.

耆 (耆)「老也. 从老省 旨聲.」

사람은 늙을수록 맛있는 것(旨)을 먹고자 한다. 인하여 기호의 뜻
으로 쓰인다.

壽 (壽)「久也. 从老省 🗋聲.」

역시 사람이 오래 사는 것을 말한다.

屨 (屨)「履也. 从履省 婁聲. 一曰: 鞮也.」

삼실을 짜서 만든 신을 가리킨다. 鞮(제)는 가죽신이다. cf. 屨(삼
신 : 구), 履(履의 篆文)

屩 (屩)「履也. 从履省 喬聲.」

짚신(屩 : 갹)을 가리키므로 역시 履(짚신 : 리)에서 夏(복)을 생략
하였다.

鹽 (鹽)「河東鹽池也. 袤五十一里, 廣七里, 周百十六里. 从鹽省 古
　　　聲.」

지금의 山西성 猗氏현에 있는 鹽池名이다. 《左傳》(成公 6년)에도
"必居郇瑕氏之地. 沃饒而近鹽"(반드시 순하 씨의 옛 터에 옮겨야 할 것
이다. 그 곳은 땅은 기름지고 물산이 풍부하며 소금의 산지인 鹽(고)땅과
가깝다)라는 기록이 있다. cf. 袤(뻗칠 : 무)

玅 (玅)「急戾也. 从弦省 少聲. 讀若瘱.」

활시위가 재빠르게 원상태로 되돌아오는 것을 뜻한 데서 弦玅(현
묘)하다는 말이 나온 본뜻을 알 수 있다. 妙(묘)와 같은 뜻이다.

2. 聲符가 省體된 예

余 (余) 「語之舒也. 从八 舍省聲.」

'八'은 숨이 분산함을 본뜬 지사자이니 '余'는 입에서 말이 펴 나온 다는 뜻이었는데, 후에 '我・予・身'의 뜻으로 쓰이게 되었다. 《詩經》에 는 '予'를 쓰고 '余'는 쓰지 않았음에 반하여, 《左傳》에서는 余만이 쓰였 을 뿐이다. 郭璞은 "今人亦自呼爲身"(《辭海》 참조)이라 하였는데, 이는 모두 나(자기)를 지칭한 대명사이다. 《爾雅》 釋詁 舍人注에는 "余, 卑 賤之身也"라 하였다.

그러나 《說文》의 자형 분석은 후기의 차용의에 따른 것으로 생각 된다. 甲文형은 대개 余와 같으므로 아마도 처음에는 정자(樹 : 사)의 지붕과 기둥을 상형한 자였을 것이다.

事 (事) 「職也. 从史 之省聲. 旹, 古文事.」

'職'은 記微의 뜻이므로 실은 識(기록할 : 지)의 본자이다. 아무리 작은 일이라도 빠짐 없이 기록하여 교란되지 않도록 한다는 뜻이 들어 있다.

甲文의 事(事)는 '吏'자와 같고 金文형은 旹이다. 그러므로 《說文》 에 따르면 손(又)으로 기록하는 일이 된다. 之는 之의 篆文이다. 한편 加藤常賢(1982: 449)에서는 가지가 달린 나무를 잘라서 거기에 깃발을 달아 商家 앞에 세워 놓은 일종의 광고를 위한 작은 기(旗)로 간주하 였다. 그는 '職'자도 위와 같은 小旗였는데 이것이 물건을 파는 표지이 므로 여기에서 직업의 뜻이 생겼듯이 '事'도 역시 고대에 官署나 상점 에서 小旗를 내걸고 어떤 일을 취급한 데에서 '일・사업'의 뜻이 생긴 것으로 보았다.

保 (保) 「養也. 从人 孚省聲. 保 古文 不省.」

어린애를 포대기에 싸 등에 업고 있음에서 '기르다, 보호하다'의 뜻 이 되었다.

傷 (傷) 「創也. 从人 煬省聲.」

사람이 상처를 입는다는 뜻이다. '煬'은 殤(상)과 동자이다.

 (充)「長也. 高也. 从儿 育省聲.」

어린 사람(儿)이 점차 장대하여짐을 뜻한다.

 (刷)「刮也. 从刀 㕞省聲. 禮有刷巾.」

깨끗이 치우다, 또는 칼로 깎는다(刮 : 괄)는 뜻이다. 목활자를 칼로 깎아 인쇄한 흔적을 엿보게 한다.

 (受)「相付也. 从𠬪 舟省聲.」

金文의 를 보면 이쪽에서 부친 것을 저쪽에서 받는 뜻을 나타낸다. 舟省은 '冖'을 말하는데, 배는 兩岸을 왕래하며 서로 주고 받을 수 있도록 하여 준다.

 (哭)「哀聲也. 从吅 从獄省聲.」

吅(현)은 부르짖다의 뜻이니 우는 이의 호소가 옥살이하는 이의 호소처럼 그 음성이 애절함을 나타낸다.

 (商)「從外知內也. 从㕯 章省聲. , 古文商.」

밖에서 관찰하여 내실을 탐색한다는 뜻이다. 㕯(말소리 나직할 : 열)은「口 + 內」로서 "訥於言辭"의 회의자이다. 현 중국어의 商量(의논하다)이라는 말에 商의 본뜻이 남아 있다. 인하여 商業의 뜻을 가지게 되었다. 한편 '商'의 甲文형은 과 같아서 자식을 낳는(生) 사타구니(즉, 女陰)가 본뜻이라는 견해도 있다(加藤常賢, 1982: 429).

 (夜)「舍也. 天下休舍. 从夕 亦省聲.」

「休舍」는 휴식의 뜻이니 저녁이 되면 모든 일을 쉬므로 夕을 취하였다.

 (齋)「戒潔也. 从示 齊省聲.」

제사를 올릴 때 몸을 깨끗이 한다는 뜻이다. 일반적으로 七日을 戒(계), 三日을 齋(재)라고 하였다. cf. 齊 : 齊와 동자.

夢 (夢)「不明也. 从夕 瞢省聲.」

석양이 되어 하늘이 침침하므로 잘 보이지 않음(瞢, 눈 어두울 : 몽)을 뜻한 데서 꿈의 뜻으로 쓰이게 되었다.

奬 (奬)「嗾犬厲之也. 从犬 將省聲.」

개를 충동질한다는 뜻인데, 예서에서 다시 不省의 '奬'으로 쓰게 되었다.

宜 (宜)「所安也. 从宀之下 一之上, 多省聲.」

집 안에 많은 물건이 쌓여 있음을 뜻한 자인데, 후에 '편안하다, 옳다'의 뜻으로 가차되었다.

家 (家)「尻也. 从宀 豭省聲.」

宀(면)과 豭(수돼지 : 가) 생성의 豕(시)를 합한 자로서 甲文도 이와 같다. 사람이 한가하게 사는 집을 가리킨 것이다.

宮 (宮)「室也. 从宀 躳省聲.」

사람이 거처하는 곳을 뜻한다. 그러나, 甲文의 宮에 대하여 孫海波는 宮室이 이어진(呂) 모양을 나타냈을 뿐「躳省聲」은 잘못이라고 지적하였다. 또 徐灝는 방 안에 들창문이 나 있는 모양을 나타낸 자로 보았다. 그런데 宮에는 사방이 담으로 둘러 싸인 곳에 많은 방이 있는 집터의 뜻이 있다.

竄 (竄)「走兒. 从走 寒省聲.」

사람이 달아나는 모습을 말한다. cf. 寋(달아날 : 건)

將 (將)「帥也. 从寸 醬省聲.」

법도(寸)에 따라 병사를 통솔하는 장수를 가리킨다. 간장(醬)은 음식의 맛을 조화시키듯이 장수는 병졸들을 협화시켜 싸우게 하는 직분이 숨어 있다.

展 (展)「轉也. 从尸 襄省聲.」

사람이 몸(尸)을 엎치락 뒤치락 굴린다는 뜻이다. cf. 衮(전)

席 (席)「藉也. 禮: 天子諸矦席, 有黼繡純飾. 从巾 庶省聲.」

제사나 손님을 맞을 때 까는 수건(巾) 모양의 돗자리를 가리킨다. 그러나 甲文의 ⌂은 돗자리의 모양을 상형한 자이다. 본문의 「禮」는 《周禮》를 가리킨다.

度 (度)「法制也. 从又 庶省聲.」

'庶'는 무리(衆)의 뜻이므로 '度'는 이들 무리를 다스리는 법을 말한다. 又(手) 역시 周代에 척도를 재는 표준이었다(寸자 참조).

漢 (漢)「漾也. 東爲滄浪水. 从水 難省聲.」

陝西성 寧羌현에서 발원한 강 이름인데, 그 발원산이 漾이다. 滄浪水는 荊山 동남에서 출원한다고 한다. 漢高祖 劉邦이 처음 漢中(지금의 섬서성 남서)에 도읍하였던 연유로 그 시대를 漢이라고 부른다.

嘆 (嘆)「吞歎也. 从口 歎省聲. 一曰: 大息也.」

슬프게 탄식함을 가리킨다. 한편 한숨 쉬는 뜻도 나타낸다.

望 (望)「出亡在外, 望其還也. 从亡 朢省聲.」

멀리 밖으로 떠나간(亡) 사람을 우두커니 서서(壬 : 挺立의 뜻) 높이 뜬 달(月)을 바라보며 돌아오기를 기다린다는 뜻이다. 朢(보름 : 망)은 본래 달이 이그러지지 않고 둥글게 찬 것을 뜻하나, 朢을 '望'의 別字로 보는 입장에서는 朔望(초하루, 보름)의 뜻으로 풀이할 수도 있다. 甲文에서는 ⍤과 같이 사람이 눈을 크게 뜨고 멀리 바라보는 형상을 그렸다.

營 (營)「設綿蕝爲營, 以禳風雨雪 霜水旱厲疫 于日月星辰 山川也. 从示 从營省聲.」

띠풀을 묶어 市居를 설치하고 日月星辰에게 비, 바람 등 재앙을 막기 위하여 祭를 올린다는 뜻이다. cf. 禜(기우제 : 영)

榮 (榮)「桐木也, 從木 熒省聲 一曰: 屋梠之兩頭起者爲榮.」

자줏빛 꽃잎이 등불(熒)과도 같이 빛나는 오동나무를 가리킨다. 「一曰……」 이하는 추녀(榮 : 영)의 뜻을 풀이한 것이다.

段 (段)「椎物也. 从殳 耑省聲.」

대막대로 두드린다는 뜻이다.

珊 (珊)「刪瑚, 色赤, 生於海 或生於山. 从王 刪省聲.」

바다나 혹은 산에서 나는 산호를 가리킨다.

營 (營)「帀居也. 从宮 熒省聲.」

'帀'은 匝(두루 : 잡)과 같으니 여러 집이 즐비하게 들어선 곳에 불빛(熒)이 사방으로 비치는 聚居地를 가리킨다.

睯 (瞥)「省視也. 从目 啓省聲.」

눈으로 주위를 살펴본다는 뜻이다.

逐 (逐)「追也. 从辵 豕省聲.」

짐승(돼지)이 달아나므로 사람이 이를 잡으려고 좇아감을 뜻한다.

進 (進)「登也. 从辵 藺省聲.」

수레에 치이지(藺, 躪의 본자 : 린) 않기 위하여 위로 오른다는 뜻에서 앞으로 나아감을 뜻하게 되었다.

產 (產)「生也. 从生 彦省聲.」

원래는 초목의 떡잎이 땅 위로 나오는 형상을 본뜬 '生'과 동자였던 것으로 믿어진다.

疫 (疫)「民皆疾也. 从疒 役省聲.」

다중이 동시에 감염되는 전염병을 뜻한다. '役'은 鬼行役의 뜻이니 옛날 民智가 미개하였을 때에는 '疫'은 귀신에게서 생기는 것으로 오해하였기 때문에 '役'을 생략하여 성부로 취하였다.

監 (監)「臨下也. 从臥 䧹省聲.」

아래를 향하여 내려다본다는 뜻이다. 고문에서는 '監・鑑'이 상통하

였다. cf. 䘼(선지국, 피국 : 감)

燋 (秋)「禾穀孰也. 从禾 龜省聲.」

백곡이 결실되어 성숙함을 가리킨다. 甲文의 䅸형에 대하여 高鴻縉은 원래 蟋蟀(실솔 : 귀뚜라미)류를 상형한 자로 보았다. 가을이 되면 이러한 곤충들이 울기 때문이다. cf. 龜(거북 지져 점칠 : 초)

童 (童)「男有辠曰奴, 奴曰童, 女曰妾. 从辛 重省聲.」

남자 죄인을 '奴'라 하고 여자 죄인을 '妾'이라고 하였는데, 奴는 또 '童'이라고 말한 바로 미루어 고대에 죄인을 노비로 삼았던 증거가 된다. 현재 '童'의 본뜻은 僮(아이 종 : 동)자에 남아 있다. cf. 辛(죄 : 건)

範 (範)「範軷也. 从車 笵省聲. 讀與犯同.」

고대에 전쟁에 나아가거나 혹은 먼길을 떠날 때 土壇을 만들어 놓고 도로의 신에게 액을 막아 주도록 수레 바퀴로 짐승을 치어 제사를 올렸던 관습이 있었는데, 이를 範軷(범발)이라고 한다. 그러므로 範은 먼저 도로신에게 제사를 올리고 앞수레를 뒷수레가 따라간다는 데서 후에 準則 또는 法의 뜻을 가지게 되었다.

螢 (螢)「夜飛 腹下有光蟲《玉篇》. 从虫 熒省聲.」
밤에 날아 다니며 빛을 내는 개똥벌레(반딧불)를 가리킨다.

覺 (覺)「悟也. 从見 學省聲.」
사람이 눈을 뜨고 사물의 이치를 깨친다는 뜻이다.

嚳 (嚳)「急告之甚也. 从告 學省聲.」
嚳(곡)은 급히 알린다는 뜻이다.

鷽 (鷽)「鷽鷽, 山鵲, 知來事鳥也. 从鳥 學省聲.」
까치는 손님이 올 것을 지저귀어 미리 알린다 하여 「知來事鳥」라 하였다. 鷽鷽(한학)도 꼬리가 긴 산까치를 가리킨다.

澩 (澩)「夏有水, 冬無水曰澩. 从水 學省聲. 讀若學.」

㶅(학)은 여름에만 물이 나고 겨울에는 말라 있는 샘을 가리킨다.

(身)「躳也. 从人 申省聲.」

《說文》에 「躳, 身也」라 한 바와 같이 두 자는 뜻이 같다. 그런데 '身'자의 기원은 두 가지 해석이 가능하다. 金文형은 , 등과 같아서 임산부의 배가 앞으로 불룩하게 나온 형상을 본뜬 상형자로 보는 것과, 또는 임신형에 성부로 (千)을 배합한 형성자로 해석하는 경우이다. 그렇다면 위의 「申省聲」이란 합당하지 않다.

3. 形符와 聲符가 모두 省體된 예

(笏)「筋之本也. 从筋省 夗省聲. 腱, 笏 或从肉建.」

힘줄 뿌리의 뜻이다. 또 큰 힘줄을 가리키기도 한다. 笏(건)·腱(힘줄 : 건)은 음의가 같다.

(量)「稱輕重也. 从重省 曏省聲.」

물체의 경중을 저울질(稱)한다는 뜻에서 널리 質量의 뜻을 가지게 되었다. '量'자는 저울과 관계되므로 《說文》에서는 540부수 중 유일하게 「重」부에 배속시킨 까닭을 알 만하다. 그러나 어찌하여 曏(「不久也」, 아레 : 향, 밝을 : 향)省聲이라 하였는지는 이해하기 어렵다. 오히려 金文형은 , 과 같으므로 되(升)나 말(斗)의 상부를 나타낸 ⊙에다 「重」의 생략형을 성부로 취한 변체 형성자로 생각된다.

(寑)「病臥也. 从㝱省 𡩠省聲.」

병을 앓아 눕는다는 뜻으로 《廣韻》 반절은 七稔切〔ts'i̯əm〕(침)이다.

제 4 절 繁體形聲

번체 형성은 다시 한자의 조자 원리로 보아 다음의 두 가지로 대별할 수 있다.

1. 形聲 외에 不成字의 形을 더한 예

牽 (牽)「引而前也. 从牛, 冂象引牛之縻也, 玄聲.」

牽(견)은 牛形과 玄聲이 합하여 이미 형성자를 이루었는데, 여기에 다시 쇠고삐 줄 모양을 본뜬 불성자의 부호로 '冂'을 가하여 앞으로 끌어당기는 뜻을 나타냈다. 이러한 한자를 形聲加形字라고도 한다.

禽 (禽)「走獸總名. 从厹, 象形, 今聲. 禽离兕頭相似.」

内(유)는 짐승의 발이 땅을 밟는 형상(獸足蹂之形)이므로 禽(금)은 이를 형부로 하고 今聲을 가하여 형성자가 되었는데, 여기에 다시 '凶'을 더하여 길짐승의 머리를 나타냈다. 이 때의 '凶'은 吉凶의 凶자가 아닌 부호에 불과하므로 역시 形聲加形이라 하겠다.

金 (金)「五色金也. 黃爲之長, 久薶不生衣, 百鍊不輕, 從革不韋, 西方之行, 生於土. 从土, 𠂇又注, 象金在土中形, 今聲.」

'金'은 土形과 今聲을 합한 형성자인데, 좌우(𠂇又)에 두 점을 가하여 金이 흙 속에 묻혀 있는 형상을 나타냈으므로 형성가형자에 속한다. 본문 중 「五色金」이란 '白·靑·赤·黑·黃金'을 말하며, 「從革不韋」란 사람이 아무리 금을 주물러 기구를 만들어도 상하지 않는 성질을 가리킨 말이다.

龍 (龍)「鱗蟲之長, 能幽能明, 能細能巨, 能短能長, 春分而登天, 秋分而潛淵, 从肉 乚, 肉飛之形, 童省聲.」

'龍' 역시 '肉'형과 '童'을 생략한 성부를 합하여 이미 형성자가 이루어진 것인데, 여기에 다시 고기가 날아가는 모양을 나타내기 위하여 불성자인 '乚'형을 가하였다. 黃侃은 《說文略說》에서 '乚'을 더한 것은 고대에 처음으로 문자를 만들었을 때의 흔적이라고 하였다. 그러나 甲文형은 𩫖, 𩫖과 같아서 용의 모습을 상상하게 한다.

2. 會意에 다시 聲을 더한 예

碧 (碧) 「石之靑美者. 从王石 白聲.」

'碧'은 '玉'과 '石'을 합하여 옥류의 돌을 나타낸 회의자인데, 여기에 다시 성부로 '白'을 가하였다.[29]

奉 (奉) 「承也. 从手廾 丰聲.」

《說文》에 「承, 奉也, 受也」라 풀이한 바와 같이 '奉'은 양손을 공손히 모아(廾 : 공) 받든다는 뜻인데, 여기 丰(예쁠 : 봉)聲을 가하였다.

學 (學) 「覺悟也. 从教冖, 冖, 尙矇也, 臼聲. 斆, 篆文斆省.」

臼(손깍지 낄 : 곡)은 가르치는 사람이나 배우는 양편이 서로 扶持함을 나타내고, 爻(효)는 본받는다는 뜻이며, 冖(멱)은 몽매함을 뜻한다. 그러므로 學은 몽매한 아이들(子)을 본받도록 敎學者가 서로 도우며 가르친다는 뜻이다.

妻 (妻) 「婦與己齊者也. 从女 从屮 从又. 又, 持事妻職也. 屮聲.」

여자가 손(又)으로 능히 일을 맡아 남편과 더불어 上進하는(屮 : 철) 자가 즉 아내이다. 徐鉉은 "屮, 進也. 齊之義也"로 풀이하였는데 참고할 만하다.

歸 (歸) 「女嫁也. 从止 婦省 自聲.」

여자가 親家에 머물렀다가(止) 媤家로 돌아간다는 뜻에서 널리 '돌아가다'의 뜻으로 쓰이게 되었다. cf. 自(堆 : '퇴'의 본자)

害 (害) 「傷也. 从宀口. 言从家起也, 丰聲.」

---

(29) '碧'자는 형태로 보아 소위 二形一聲의 字인데, 唐蘭은 이와 같은 《說文》의 설명을 반대하고 있다. 그는 형성자란 造字時에는 오로지 一形一聲이었다고 주장한다. 그러므로 '碧'자도 '石+珀聲'으로 풀어야 옳다는 것이다. 이와 비슷한 예로서 '寶'자에 대하여도 《說文》에는 「從宀·王·貝, 缶聲」으로 풀이되어 있으나, 金文에는 「宀+缶聲」이 합한 '宲'자가 있다. 또 '寊'자와 卜辭의 '寊'자는 모두 상형자인데, 고대 중국 민족이 서방에 살 때는 玉이 나는 곳이었지만, 그 뒤 동방으로 이르러서는 '貝'가 나는 지방이었기 때문에 그 때 玉, 貝를 넣어 '寶'자를 만들었다. 그리하여 '寶'는 一形一聲의 주장대로 「宲+缶聲」자라고 해석하였다. 唐蘭 《中國文字學》 (1971), 臺北, p. 107 참조.

집(宀)안에 들어 앉아 어지러이(丰 : 「艸蔡也. 象艸生之散亂也」) 사람을 헐뜯는 말(口)을 한다는 데서 '해치다'의 뜻으로 쓰이게 되었다. 丰(개)의 상고음은 *kɛd > kʌi 이고, 害는 *gɑd(ɤâd)>ɤɑi 이므로 두 음이 상통하였던 것이라 본다.

憲 (憲)「敏也. 从心目 害省聲.」

눈은 사람에게 해로움을 명시할 수 있고, 마음(心)은 그 해로움을 바로 깨달을 수 있어 민첩하게 그 해됨을 버릴 수 있다. 즉 박문다능하여 행동이 민첩함을 뜻하였는데, 후에 법도의 뜻을 가지게 되었다.

寶 (寶)「珍也. 从宀 玉貝, 缶聲.」

집(宀) 안에 있는 玉, 貝 등 진귀한 보배를 가리킨다. 여기에 缶(부)를 가하여 聲을 표시하였으므로 역시 번체 형성이다. 그러나 甲文의 寶는 원래 '宀＋貝＋玉'이 합한 회의자형이었음을 볼 수 있다.

尋 (尋)「繹理也. 从工口 从又寸. 工口, 亂也. 又寸, 分理之也. 彡聲.
此與𤔔同意, 度人之兩臂 爲尋八尺也.」

'工・口'는 말을 교묘하게 꾸미는 뜻이므로 「亂也」라 하였다. 어지러운 단서를 찾아 법에 따라 다스린다는 뜻을 나타낸 자이다. 한편 좌우 두 팔을 벌린 길이를 척도의 표준으로 삼은 데서 8尺을 一尋(심)이라 하기도 한다. 지금의 尋은 彡聲을 생략한 자형이나 篆文형으로는 번체 형성에 해당한 자이다. cf. 𤔔,「亂也. 从爻工交吅,……讀若穰」

尋(심)자도 工口를 「亂也」라 하였듯이 𤔔(녕)자의 뜻도 「亂也」이므로 「同意」라 하였다. 후에 이 글자의 가차자로 攘(어수선할 : 녕)자가 쓰였다.

康 (康)「穀之皮也. 从禾米 庚聲. 𥟫, 穅 或省作.」

'康'은 '穅・糠'의 본자로 쌀겨를 뜻한다.

陳 (陳)「宛丘也. 舜後嬀滿之所封. 从阜 从木 申聲. 𨺼, 古文陳.」

「宛丘」는 지명이니 지금의 河南성 淮陽현 동남쪽에 있다. 언덕(阜)에 나무가 펼쳐(申) 있다는 뜻에서 진열한다는 뜻을 가지게 되었다.

曾 (曾)「詞之舒也. 从八 从曰, 囪聲.」

사람이 말을 할 때에는 굴뚝〔囧 : 囪(총)의 고자〕에서 연기가 나오
듯 입에서 氣가 분산됨(八)을 나타낸 자인데, 인하여 '이에, 일찍이'의
뜻으로 가차되었다.

梁 (梁)「水橋也. 从水木, 刅聲.」

'梁'은 水와 木을 합하여 물 위의 나무다리를 가리키고 여기에 刅
(상처 : 창)을 가하여 聲을 나타낸 자이다. 지금의 樑(량)에 본뜻이 이
어지고 있다.

泰 (泰)「滑也. 从廾水 大聲. 夵, 古文泰 如此.」

두 손(廾, 팔짱 낄 : 공)으로 물건을 물(水) 속에 넣어 때를 미끈하
게 벗겨 내는 뜻이므로 지금의 '汰'(淘汰)와 동의라 하겠다. 그러나 본
뜻은 이제 찾기 어렵고 흔히 '크다(泰山), 태평하다(泰平)'의 뜻으로 쓰
이고 있다.

牖 (牖)「穿壁以木爲交窗也. 从片戶 甫聲.」

'片'과 '戶'를 합하여 나무조각으로 만든 창문(바라지)을 표시하였
고, '甫'를 취하여 그 자의 聲을 나타낸 것이다. cf. 牖(바자리, 창 : 유)

疑 (疑)「惑也. 从子止匕 矢聲.」

'子'는 어린애를, '止'는 定止의 뜻이므로 결국 어린애는 의혹이 많
다는 뜻이다. 甲文의 𣥂에 대하여 羅振玉은 사람이 머리를 들어 옆을
쳐다보고 방황하며 머뭇거리는 형상을 나타낸 자로 보았다.

한편 어린애가 일어서되 아장아장 걷지 못함을 뜻한 자로도 본다.
篆文형에 대하여 段注에서는 「从子 疋(의) 省 止聲」으로 보아야 옳다
고 하였다.

藻 (藻)「水艸也. 从艸水 巢聲. 詩曰: 于以采藻, 薻, 藻 或从澡.」

물 속에서 나는 마름을 뜻한다.

絕 (絕)「斷絲也. 从刀糸 卩聲. 𢇍, 古文絕, 象不連體絕二絲.」

실을 칼로 끊는다는 뜻이다. '絶'의 고문형은 두 가닥의 실이 끊어져 있음을 나타낸 자이다.

兵 (長) 「久遠也. 从兀 从匕 亾聲. 兀者, 高遠意也. 久則變匕. 亾者 到亾也.」

'久'는 시간이 오래임을 말한다. 여기에서 '滋長, 長幼'의 뜻으로 인신하였다. 甲文의 兵에 대하여 餘永梁은 사람의 머리카락이 긴 모양을 본뜬 자였는데, 長久의 뜻을 가지게 되었다고 보는가 하면 혹은 金文의 兵에 대하여 林義光은 땅 위로 씨앗이 싹터 자라나는 모양을 상형한 자라고 주장하는 등 견해가 일치하지 않는다. 그러나 '長'자의 甲文형은 참으로 많은데, 이들을 자세히 보면 長髮의 노인이 지팡이를 짚고 서 있는 형상을 나타냈던 자가 아닌가 생각된다.

飾 (飾) 「𠗊也. 从巾 从人 从食聲. 讀若式.」

사람이 수건(巾)을 머리에 쓰고 깨끗하게 닦는다는 데서 '단장하다'의 뜻으로 쓰이게 되었다. 지금의 拭(닦을 : 식)의 뜻인데, '拭'은 《說文》에는 없는 자이다. cf. 𠗊(씻을 : 설)

聽 (聽) 「聆也. 从耳悳, 壬聲.」

'悳'은 德의 고자로서 '得'의 뜻과 상통한다. 그러므로 귀로 얻는 것은 곧 듣는 일이다.

嗣 (嗣) 「諸侯嗣國也. 从册口 司聲. 𤔲, 古文嗣, 从子.」

'册'은 원래 제후가 왕에게 나아가 받은 符命을 가리킨 상형자인데, 여기에 '口'를 합한 것은 册命을 읽는 뜻을 나타내기 위함이다. 이와 달리 段玉裁는 '口'를 囗(위)로 보아 '國'의 범위를 나타낸 자라 하였다. 어쨌든 '嗣'는 제후가 나라를 이어간다는 본뜻에서 확대하여 자손을 잇는다는 뜻을 가지게 되었다.

제 6 장
轉　　注

제 1 절　轉注 槪說

1.　定義와 內容

전주란 무엇인가? 《說文》 敍에 의하면

「轉注者, 建類一首, 同意相受, 考老是也.」

라고 정의되어 있다.[1]

　　이른바 漢字의 六書 가운데 轉注와 假借는 문자를 구성하는 造字의 원칙이 아니고 상형, 지사, 회의, 형성법에 의하여 만들어진 문자들을 운용하는 방법(用字 원칙)에 속한다는 것은 앞에서도 이미 지적한 바와 같다. 그런데 《說文》의 정의에서 「建類一首」라는 말의 개념을 구체적으로 설명하여 놓지 않았기 때문에 후세의 문자학자들에게 가장 큰 고민을 안겨 주었고, 실제로 많은 이설이 제기되어 온 것이 바로 전주의 문제라는 점을 전제하여 둔다.

　　우선 이에 대하여 章炳麟(1868~1936)은 「轉注假借說」에서 다음과 같이 풀이한 바 있다.

　　"문자를 만들기 전에 이미 언어는 있었다. 문자로써 언어를 대신할 때 각

---

(1) ① 宋 鄭樵曰: 諧聲轉注一也, 役他爲諧聲. 役己爲轉注. 轉注也者, 正其大而轉其小, 正其正而轉其偏者也.

② 張有曰: 轉注者, 展轉其聲, 注釋他字之用也.

③ 楊桓曰: 轉注者何? 象形, 會意之文, 不足以備其文章言語變通之用. 故必二文三文四文, 轉相注釋, 以成一字, 使人繹之, 而自曉其所爲用之義, 故謂之轉注. 胡樸安 《中國文字學史》 上(1971), pp. 206~207 참조.

각 그 聲은 방언에 따라 차이가 있었을지라도 그 뜻은 오직 하나이었다. 그 言은 혹은 雙聲을 相轉하고 혹은 疊韻을 相迤하여 다시 한 문자를 만들었으니, 이를 소위 轉注라고 한다. 그러면 「建類一首」란 무슨 뜻인가? '類'란 聲類를 말한다. 고대에는 '律, 類'가 同聲이어서[2] 성운을 類로 나누었는데, 이는 곧 律과도 같다. 그리고 '首'란 지금 말하는 語基(성음과 어원이 같은 語根)에 해당한다. '考·老'는 모두 幽類(古音 第3部)에 속하고 그 뜻도 서로 상통하므로 비록 음은 약간 변하여 형체는 다르게 되었으나, 언어를 자세히 살펴보면 본시 동일 기원에 속하는 말이다. 비록 考, 老라고 하지 않고 '壽'라고 하여도 역시 그 뜻은 같다. 이를 하나하나 살펴보면 어떤 것은 쌍성이 같고, 어떤 것은 음 전체가 같은 것도 있으나 그 조례는 다름이 없다. 여기에서는 다만 운모가 같은 '考·老'자를 들어 그 일단을 보였을 뿐이다.[3]

이상과 같은 章炳麟의 설명에 의하면 「建類一首」란 문자의 성운이 같은 語基에 속하며 이 중에는 쌍성, 첩운 또는 동음이 포괄됨을 알 수 있고, 또 「同意相受」란 그 문자의 뜻이 서로 같아 상호 수용할 수 있음을 말한 것이라 하겠다. 그러므로 전주란 어기와 의미는 서로 같으나 자형이 상이한 문자간의 轉相注釋이라고 말할 수 있다. 예를 들면 '考·老'의 경우 자형은 달라도 성운 면에서는 운모가 같을 뿐더러 [-ao], 또한 그 뜻도 같으므로(늙다) 곧 이것을 전주로 파악한 것이다.

문자란 비록 한 사람이 한 시대에 한 곳에서 만든 것은 아닐지라도 각개의 문자로써 언어를 기록한다는 구실 면에서는 매한가지이다. 그러므로 동일한 의미를 가진 단어라 할지라도 A지방에서 만든 자가 B지방에서 만든 자와는 다를 수도 있고, 혹은 그 뒤에 만든 자와도 다를 수가 있을 것이다. 이와 같이 시간과 공간(방언)의 차이로 말미암아 어기와 의미는 같아도 자형이 상이한 문자가 나오게 되었고, 그 결과 어느 시대, 어느 지방에서 이미 보편적으로 사용되고 있을 경우에는 이제 그 형체의 문자를 버릴 수도 없게 되어 마침내 전주의 방법으로써 서로를 통하게 하였으리라고 생각할 수 있다. 다시 말하면 중국과 같은 광대한 지역에서는 방언의 분화가 매우 다양할 뿐 아니라 시간적 조건

(2) 律: 呂邺切 *bljwət(ljwət)>ljuĕt>lü
　　類: 力邃切 *ljwəd>ljwi>lei⁴
(3) 章炳麟,「轉注假借說」《國故論衡》(1967), 臺北, 廣文書局, pp. 47~55 참조.
　　'考·老'의 전주에 대하여는 黃以周「考老轉注說」上·下. 丁福保《說文解字詁林》, pp. 205~207 참조.

에 따라 자연히 발생하는 어음의 변화도 거역할 수 없는 것이 사실이다. 더구나 春秋戰國 시대와 같이 정치적, 문화적 중심이 분열된 시대에는 문자의 중심도 분열하여 각각 문자를 만들 때 그들의 방언에 영향을 받았을 것임은 상상하기 어렵지 않다.

　그 결과 첫째는 방언의 차이에 따라 동의어의 한자가 만들어진 일이 있다. 예를 들어《說文》에 보면 逆(역)과 迎(영)은 모두 만나다(逢 : 봉)의 뜻이었다.

　　迎「逢也. 从辵 卬聲.」
　　逆「迎也. 从辵 屰聲. 關東曰逆, 關西曰迎.」

즉 函谷關(河南省)의 동부에서는 '만나다'의 뜻을 '逆'이라 하고, 서부에서는 '迎'이라 한다는 말이므로, 이는 방언의 다름을 지적한 것인데, 어쨌든 이제는 별개의 자형과 자의가 되고 말았다.

　둘째, 어의의 발생과 변화로 인하여 새로운 문자가 만들어진 경우도 있다. 예를 들면 '齊'자는 곡물의 이삭이 패어 위가 가지런한 모양을 나타낸 지사자이다. 그런데 여기에는 두 가지 의미가 내포되어 있으니 하나는 농작물이란 뜻이요, 또 하나는 가지런하게 자른다는 뜻이다. 그런데 전자의 경우 고대에는 조(기장)가 오곡 중에 으뜸가는 주식이었으므로 稷(직)이나 穧(자)가 조를 가리키는 명사로 쓰였다.《說文》에「稷, 穧也」,「穧, 稷也」처럼 서로 같은 의미로 풀이한 것이 그 증거이다. 또 제기에 담아 제사용으로 삼은 조를 齍(자)라고 일컬었다. 그런데《詩經》(甫田)의 "以我齊明 與我犧羊"(수북이 담은 곡물과 제물 양으로)에서 '齊'는 齍(자 : 기장과 조를 그릇에 담아 제사 지내는 것)의 뜻으로 쓰인 예이다. 이로써 '齊, 穧, 齍, 稷'은 서로 구별이 있었거나, 아니면 각기 자신의 의미대로 증식된 글자들로서 이들 사이에는 어의상으로 구별되면서도 상호 관련이 있음을 알 수 있다.

　'齊'의 또 하나의 의미 항목은 가지런하게 자른다는 뜻이다. 농작물이란 야생의 잡풀과는 달리 재배 과정에서 가끔 전지를 하여 다듬어주어야 하므로《爾雅》에서는 '齊'를 剪也(베어 없애다)라고 풀이하였다. 또 '齊'에는 다듬고 깎는 의미가 있으므로 말쑥하게 정리된다는 의미가 포함된다. 그리하여 《說文》에서 「劑, 齊也」, 「剪, 齊斷也」(가지런히 자르다)라 한 것이다. 여기에서 우리는 '齊, 劑, 剪(싹 벨 : 전)'이 고대에는 성모가 같은 쌍성자이었으며, 하나의 어기에서 파생된 것으로서 의미상 상호 관련이 있으면서도 자형만이 구별되어 있음을 알 수 있다.[4]

이상의 내용을 부연한다면 揚雄(B.C. 53~A.D. 18)의 《方言》에 "盂, 宋衛之間 或謂之盌"이라는 기록이 보인다. '盂'와 盌(은바리 : 완)은 의미가 서로 같고, 성음 면에서는 성모는 같으나 자형만이 다를 뿐이다. 따라서 "盂, 盌也, 盌, 盂也"라 하여 전상주석할 수가 있다. 또 丁度의 《集韻》에는 "吳人呼父曰爸"라고 하였는데, '父'와 爸(아버지 : 파)의 자형은 비록 다르나 양자의 의미가 같고 성모도 같다. 그러므로 이 역시 "父, 爸也. 爸, 父也"로 전상주석할 수 있다는 말이다.

이처럼 고금과 남북을 통하여 음·의는 같으나 자형이 상이한 문자들이 전상주석될 수 있는 것은 일단 전주로 간주한다. 그러므로 전주의 기능은 바로 고금과 남북의 문자의 중복을 구통하는 데 있다고 할 만하다.

2. 轉注에 대한 諸說

그러나 전주에 대하여는 지금까지 많은 견해가 제기되어 왔다.[5] 그 중 한 가지 오해는 전주를 한자의 조자법으로 간주하였다는 점이다. 앞에서도 언급한 바와 같이 육서 중 상형, 지사, 회의, 형성은 조자법에 속하거니와 전주와 가차는 용자법(운용법)에 속한다고 하였다. 이제 《說文》에서 「老, 考也. 从人毛匕」, 「考, 老也, 从老省 丂聲」을 예로 들어 보기로 하자.

한 인간의 머리카락이 흑에서 백으로 변화(匕 : 化의 고자)한 것은 이미 사람이 늙었음을 나타낸 것이므로 조자법상 '老'는 회의자이다. 그리고 '考'는 '老'에서 '匕'를 생략하고 이 자리에 성부로서 '丂'성을 합한

---

(4) 陸宗達 《說文解字通論》, 金槿 역(1986: 74~77) 참조.

(5) 예를 들어 淸나라 때 曹仁虎(1731~1787)의 「轉注古義考」에서는 25인 학자의 견해를 소개, 비판하고 있는 점으로도 알 수 있다. 이 논문은 丁福保 《說文解字詁林》 (1928) 第1冊, 「六書總論」 중 pp. 189~196에 수록되어 있다.

자이므로 생체 형성자에 속한다. 따라서 許愼이 '考·老'를 전주의 예로
든 근거는 해설상 「考, 老也」, 「老, 考也」로 전상주석될 수 있음을 가
리킨 것이지 결코 2자가 전주라는 조자법에 의하여 구조된 것을 말한
것은 아니다.

그렇다면 '老'자의 경우 전주란 회의와 무엇이 다르며, '考'자의 경
우에는 전주는 또 형성과 무엇이 다를 바가 있겠느냐고 반문할지 모른
다. 그러나 班固를 비롯한 소수의 문자학자들이 육서를 한 마디로 "造
字之本"이라고 말한 것은 필경 전주를 조자법으로 본 것이니 잘못이라
하겠다.

그러면 《說文》의 전주 정의는 과연 어떻게 해석해야만 사실에 부
합한 것일까. 먼저 漢字學史의 면에서 지금까지 제기된 바 있는 주요
이설을 들어 그 내용을 간략히 소개하여 보고자 한다.

(1) 形 轉 說

형전설은 혹은 轉體說이라고도 하는데, 하나의 문자(한자) 형체가
展轉하여 다른 문자로 조자된 점을 전제로 하여 이것을 전주로 간주한
견해이다. 예를 들면 唐나라 때 裴務齊가 《切韻》에서 "考字左回, 老字
右轉"설을 편 것이 그 시초이다. 이에 대하여 南唐 때 徐鍇는 이미 '俗
說'로 규정하였고, 郭忠恕(?~977)도 '野言'이라 평하였다(丁福保, *ibid.*,
p. 192). 그럼에도 불구하고 宋나라 때의 鄭樵(1104~1162)는 《通志》六
書略에서 의연히 '杲·東·杳', '本·末·朱', '叨·召', '裒·衿' 등을 전
주로 내세웠다. 또한 元나라 때의 戴侗도 《六書攷》에서 자형이 反正 倒
側된 것을 전주라 하여 다음과 같이 말하였다.

"何謂轉注, 因文而轉注之, 側山爲𡴺, 反人爲匕, 反欠爲旡, 反子爲𠫓之
類是也."[6]

즉 篆文형에서 𡴺(부)자는 山자를 옆으로 돌려 놓은 자형이고 𠫓(𠫓:
突과 통함)자는 𣎵(子)를 거꾸로 쓴 자형이므로 이것이 전주라고 본 것
이다. 匕(化), 旡(旡:숨막힐:기)도 마찬가지이다.

---

(6) 胡樸安 《中國文字學史》(1971), p. 207.

이러한 견해는 裴務齊와 다를 바 없이 전주를 조자법으로 간주한 오해에서 비롯된 것이다.

(2) 省 畫 說

생획설은 형성자에서 형부의 자획이 생략된 것을 전주로 보는 견해이므로 혹은 形省說이라고도 한다. 이것은 淸대에 江聲(1721~1799)이 수창한 것을 曾國藩(1811~1872)이 동의하여 구체화하였다.

曾國藩은 「與朱太學書」[7]에서 전주에 대하여 다음과 같이 말하고 있다.

> "老者, 會意字也; 考者, 轉注字也. ……(중략)…… 凡形聲之字, 大抵以左體爲母, 以右體之得聲者爲子, 而母字從無省畫者; 凡轉注之字, 大抵以會意之字爲母, 亦以得聲者爲子, 而母字從無不省畫者. 省畫則母字之形不全, 何以知子之所自來, 惟好學深思精心硏究則, 形雖不全, 而意可相受如老字. 雖省去七字, 而可知考耆等字之意從老而來. ……(중략)…… 其曰建類一首者, 母字之形模尙具也; 其曰同意相受者, 母字之畫省而意存也."(번역 생략)

위의 인문에서 알 수 있는 바와 같이 曾國藩은 '老'자는 「人+毛+七」의 회의자이지만, '考'자는 「老省丂聲」의 생체 형성자이므로 이를 전주자로 간주하였다. 또 그는 형성자는 대개 좌체가 母가 되고 우체의 성부는 子가 된다고 전제하고, 전주자는 대개 회의자를 母로 삼고, 득성자를 子로 삼는다고 하였다. 그런데 획을 생략하면 母字의 형체가 불완전하여 子字의 유래를 알기 어렵지만 이를 자세히 살펴 연구하여 보면 '老'자에서 '七'자를 생략하였을지라도 이것이 考·耆자의 뜻이 어디에서 왔는지를 추심할 수 있다고 하였다. 그리하여 「建類一首」란 母字의 형체가 생략되지 않은 것을 말하고(cf. 老), 「同意相受」란 母字의 획이 생략되었으나 그 뜻이 존재한 것으로 정의의 의미를 해석하였다.

이와 같이 曾國藩은 생체형성을 전주로 보았기 때문에 '老'자는 회의에 귀속시키고, '考'자는 전주로 간주하였다. 이것은 《說文》에서 「日, 月」, 「上, 下」, 「武, 信」, 「江, 河」와 같이 모두 2자로써 조자의 예를 든

---

(7) 이 글은 丁福保, ibid., 「六書總論」 중(p. 215)에 수록되어 있다.

것과 같지 않은데, 원래 그의 오해는 전주를 조자법으로 간주한 데에 말미암은 것이라 하겠다.

(3) 部首說

부수설이란 《說文》의 각 部에 속한 자는 해당 부수자와 의미의 관련성이 있기 때문에 이들을 전주라고 해석한 견해이다. 그 대표적인 학자로는 淸대의 유명한 문자학자인 江聲(1721~1799)을 들 수 있다. 그는 「六書說」[8]에서 전주에 대하여 다음과 같이 설명하였다.

"轉注則由是而轉焉, 如挹彼注茲之注. 即如考老之字者, 老屬會意也; 人老則須髮變白, 故老从人毛匕, 此亦合三字爲誼者也. 立老字以爲部首, 所謂建類一首. 考與老同意, 故受老字而從老省. 考字之外, 如耆, 耊, 壽, 耇之類, 凡與老同意者, 皆从老省而屬老. 是取一字之意, 以槪數字, 所謂同意相受; 叔重祖言考者, 擧一以例其餘爾. 由此推之, 則說文解字一書, 凡分五百四十部, 其始一終亥, 五百四十部之首, 即所謂一首也; 下云凡某之屬皆从某, 即同意相受也. 此皆轉注之說也."(번역 생략)

위의 설명을 두 가지로 요약하면, 하나는 《說文》은 그 부수가 '一'에서 시작하여 '亥'에 이르기까지 모두 540부수로 되어 있는데, 바로 그 540부수가 소위 「建類一首」의 一首에 해당한다고 본 점이고, 또 하나는 부수에 해당하는 각 자의 해설 밑에 부서한 「凡x之屬, 皆从x」를 곧 「同意相受」라고 해석한 점이라 하겠다.

예를 들면 《說文》에서 '木'부에 들어 있는 자들은 의미상 모두 나무와 관련이 있듯이 老 : 考의 관계도 마찬가지여서 '老'가 부수이고 '考'는 그 중의 1자라는 것이다. 이 설은 주로 전주 정의 중의 「建類一首」의 해석에 기반을 두고, 考·老의 예를 참고한 것이다. 그런데 이 설은 江聲의 독창이 아니고, 후술할 南唐의 徐鍇의 설에 근거를 둔 것이지만 그 뒤로 미친 영향이 컸다.[9]

---

(8) 丁福保, *ibid.*, 「六書總論」(pp. 109~111)에 수록, p. 110.

(9) 예컨대 許宗彥(1786-1818)은 「轉注說」(丁福保, *ibid.*, pp. 196~197에 수록됨)에서 전주와 가차는 운용법이 아니라 조자법으로 규정하고 "轉注者, 由一字爲數字, 由數字爲數十百字, 從偏旁轉相注亦言體也"라고 하였다. 즉 「示」부 자를 보면 神·祇→祠·祀·祭·祝→祓·禧·禠·祜 등과 같이 展轉相注하되 의미가 같은 類이므로 「示」가 곧 "建類之始"라고 말하였다.

그러나 전주를 부수와 여기에 속한 한자와의 관계라고 본다면 회의니 형성이니 하는 개별적 분류는 무의미하게 되어 버린다. 따라서 위의 부수설에는 두 가지 난점이 있다.

첫째, 《說文》은 기존의 육서를 정리한 해설서에 지나지 않는다. 《周禮》의 "八歲入小學, 保氏敎國子, 先以六書"라는 기록에서 우리는 周대에 이미 육서의 조리를 근본으로 하여 아동에게 문자(漢字)를 가르쳤다는 증거를 확인하게 된다. 그런데 許愼의 《說文》은 後漢 때 완성된 것이므로 周대인들은 이미 육서로서의 전주를 말한 것이지 결코 500년 뒤에 許愼이 한자를 540부수로 나눈 것을 근거로 하여 전주를 거론한 것은 아니라는 점이다.

둘째, 《說文》의 540부수는 許愼 개인의 관점과 판단에 따라 정하여진 것에 불과하여 그 뒤에 나온 《玉篇》과 《康熙字典》의 부수는 모두 이와 다르다. 그뿐 아니라 許愼이 "x字는 마땅히 x部에 들어가야 한다"고 말한 논거도 역시 절대적인 표준이 없다. 예를 들면 《說文》의 「句」부에 속한 한자는 '句·拘·笱·鉤' 등 모두 4자밖에 없다. 이 밖의 '苟'는 「艸」부에, '劬'는 「刀」부에, '佝'는 「人」부에, '跔'는 「足」부에 들어 있다. 그러면 어찌하여 '拘·笱·鉤'자는 「句」부에 소속시키고, '苟·劬……' 등은 「句」부에 넣지 않았을까? 또 《說文》의 「艸」부 마지막 53자에 대하여 許愼 자신이 「大篆从茻」이라고 注明하고 있으면서도 《說文》은 오히려 小篆 艸부를 근거로 하여 「艸」부에 귀입시켰다. 만약 江聲이 설명한 전주의 「建類一首」가 곧 부수를 가리키는 설명으로 믿는다면, 상술한 53개 「大篆 从茻」, 「小篆 从艸」의 자들은 응당 艸부의 300여 자와 더불어 전주라고 볼 수 있겠는가. 그렇지 않으면 「茻」부 4개 자[10]와 전주되는 것으로 보아도 옳을 것인가? 만약 이 점이 시인될 수 없다면 江聲이 同部首의 자를 전주의 설명 방법으로 원용한 것은 따르기 어려울 것이다.[11]

---

(10) 《說文》에서 茻(망)부에 속한 자는 '茻·莫·莽·葬' 등 4자뿐이다.
(11) 林尹(1971: 154) 참조. 또 일찍이 王鳴盛(1722~1797)도 「六書大意」(丁福保, *ibid.*, pp. 111~115에 수록됨)에서 江聲의 부수설에 대하여 540부수가 모두 「建類一首」라면 각 부수에 속한 9,353자는 부수자를 제외하고는 모두 「同意相受」로서 전주로 보아야 할 것인가? 라고 비판한 바 있다.

(4) 轉聲說

전성설은 혹은 **轉音說**이라고도 한다. 이것은 어느 한자의 음을 展轉시켜 他字를 주석하는 용법을 전주로 해석한 것인데, 이 설은 宋대에 張有(1054~?)가 「復古篇」[12]에서 다음과 같이 말한 데에서 비롯되었다.

"轉注者, 展轉其聲, 注釋他字之用也. 如'其', '無', '少' '長'之類"

예문 중의 4자는 성조에 따라 그 의미가 다르다. 예컨대 '少'자는 상성일 때는 '적다'의 뜻이지만 거성일 때는 '젊다'는 뜻임을 말한 것으로 이해된다.

明대의 趙古則도 張有와 같이 전음설을 주장한 사람이다. 그는 전주를 세 가지 경우로 나누어 설명하였는데, 그 요지는 다음과 같다.[13]

① **뜻으로 인하여 전주된 것**(因義轉注者)

'惡'은 본시 善惡의 뜻인데, 그 惡(악)이란 미워할 만한 것이므로 전주하여 憎惡(거성)의 惡(오)가 되었다. '齊'는 본시 齊一(가지런함)의 뜻으로 쓰였던 것인데, 또 그 음이 '齋'와 같으므로 轉하여 齊莊(엄숙한 것)의 '齊'로 쓰인 바와 같다.

② **뜻이 없이 전주된 것**(無義轉注者)

'荷'는 원래 蓮荷(연꽃)의 뜻이었는데, 轉하여 負荷(짐)의 뜻이 되었다. 또 雅(鴉와 같음)는 가마귀를 칭한 자였는데, 轉하여 風雅의 雅(상성)로 쓰이게 되었다.

③ **轉으로 인하여 전주된 것**(因轉而轉者)

'長'은 長短을 가리킨 자였는데, 길면 어느 것도 그보다 앞설 수 없으므로 轉하여 長幼의 長(상성)이 되었고, 또 길면 여유가 있으므로 인하여 長物의 뜻(거성)이 되었다. 또 '行'은 본시 行止의 뜻이었는데, 길을 가면 발자국이 생기므로 轉하여 德行의 行(거성)이 되었고, 또한 걸어가면 차례가 있는 것이므로 다시 轉하여 行列의 行(항)이 되었으며,

(12) 胡樸安(1971), pp. 206~207 참조.
(13) 丁福保, *ibid.*, p. 194 참조.

또 다시 行行(《論語》先進篇: 子路行行如也: 자로는 꿋꿋하였다)의 行
(항)으로 쓰인 예와 같다.

위의 張, 趙 2인의 견해를 종합하여 본다면 그들은 이른바 破音字
(同字異音)를 바로 전주로 간주하였는데, 이 역시 「建類一首, 同意相
受」의 정의에 합당하지 않을 뿐 아니라 '考·老'의 예와도 맞지 않음을
알 수 있다. 왜냐하면 '考, 老' 두 자는 결코 破音의 독법이 아니기 때
문이다.

이 밖에 明대의 楊愼(1488~1559)도 一字數音字를 전주라 하고, 一
音數義字를 가차로 규정한 점에서 위의 전성설파에 속한다.[14]

(5) 互 訓 說

轉注에 대한 여러 해석 중 가장 유력한 것으로 호훈파가 있다. 이
파에 속한 대표적인 문자학자를 들면 南唐의 徐鍇(900~974), 淸대의
戴震(1723~1777), 段玉裁(1735~1815)를 꼽을 수 있겠는데, 먼저 徐鍇
의 설은 그의 《說文繫傳》(권1)에 잘 나타나 있다.

> "轉注謂耆, 耊, 鬵, 壽, 耇, 皆老也, 凡五字, 試依《爾雅》之類言之: 耆,
> 耊, 鬵, 壽, 耇, 老也. 又耇, 壽, 鬵, 耊, 耆 可同謂之老, 老亦可同謂之
> 耆, 往來皆通, 故曰轉注. 總而言之, 轉注與假借相對: 假借則一字數用,
> 轉注則一義數文." (번역 생략)

이와 같이 그는 비록 문자의 형체는 달라도 그것이 지시하는 의미
가 같은 것을 전주로 간주하였다.

또 戴震(字, 東原)은 그의 스승인 江永(字, 愼修: 1681~1762)에게
보낸 서간 「答江愼修論小學書」[15]에서 다음과 같이 설명하고 있다.

> 震謂: 考老二字, 屬諧聲會意者, 字之體; 引之言轉注者, 字之用. 轉注之
> 云, 古人以其語言, 立爲名類, 通以今人語言, 猶曰互訓云爾. 轉相爲注,
> 互相爲訓, 古今語也. 說文於考字訓之曰老也, 於老字訓之曰考也, 是以
> 序中論轉注擧之,《爾雅》釋詁 有多至四十字共一義, 其六書轉注之法敵,
> 別俗異言古雅殊語轉注而可知, 故曰: 建類一首, 同意相受. (번역 생략)

---

(14) 丁福保, *ibid.*, pp. 194~195 참조.
(15) 이 서간 전문은 丁福保, *ibid.*, 「說文總論」 중(pp. 236~237)에 수록되어 있다.

즉, 戴震이 考, 老 2자가 諧聲(形聲)과 회의에 속한다고 한 것은 한자의 體를 말한 것이요, 이를 전주라고 말한 것은 한자의 用을 가리킨 것이라 하여 체와 용의 차이를 구별한 점이 특징이다.

《說文解字注》의 저자로 유명한 段玉裁는 戴震의 高弟이거니와 자기 스승의 설을 강력히 지지하고 있다. 그는 《說文》敍의 轉注 항 下注에서 戴震의 설을 부연하여 다음과 같이 설명하였다.

> 轉注猶言互訓也, 注者灌也, 數字展轉, 互相爲訓, 如諸水相爲灌注, 交輸互受也. 轉注者, 所以用指事 象形 形聲 會意 四種文字者也. 數字同義, 則用此字可, 用彼字亦可, 漢以後釋經謂之注, 出於此, 謂引其義, 使有所歸, 如水之有所注也. (번역 생략)

이와 같이 段玉裁는 轉注를 互訓과 같은 뜻으로 파악하였다. 호훈이란 의미와 용법이 같거나 비슷한 두 개 또는 그 이상의 단어나 문자를 선택하여 마치 「A, B也. B, A也」처럼 상호 훈석하는 방법이다. 그리고 전주 정의 중의 「建類一首」와 「同意相受」에 대하여는 다음과 같이 풀이하였다.

> "建類一首, 謂分立其義之類, 而一其首, 如《爾雅》 釋詁 第一條說始是也. 同意相受, 謂無慮諸字, 意恉略同, 義可互受, 相灌注而歸於一首, 如: 初, 哉, 首, 基, 肇, 祖, 元, 胎, 俶, 落, 權輿, 其於義或近或遠, 皆可互相訓釋, 而同謂之始是也."(번역 생략)

즉, 「建類一首」란 문자의 뜻이 서로 어떤 것은 가깝고 먼 것이 있을지라도 상호 관련성이 있을 때 하나의 공통 의미로 귀일되는 것을 가리킨다고 보았다. 예를 들면 《爾雅》(釋詁, 第一) 첫머리에 나온 "初 ……權輿"까지의 11개 자를 모두 "始也"로 훈석하였는데(p. 490 참조), 이 때 '始'가 곧 「一首」라는 것이다.

이와 같이 戴震과 段玉裁는 「同意相受」에 초점을 둔 나머지 전주를 호훈의 뜻으로 해석하였고, 「建類一首」도 의미에 중점을 두었으므로 《爾雅》의 「釋詁」에서 볼 수 있는 것처럼 동의어로 귀결되는 관계로 보았다.

위의 引文에서 段玉裁의 轉注說이 십분 밝혀진 것이지만, 그보다도

《說文》「鳥」부 隼篆 下注에서 "異字同意, 謂之轉注; 異義同字, 謂之假借"라고 말한 데에 그 견해가 함축되어 있다. 이는 徐鍇가 말한 "往來皆通"의 의미와 상통하는 설법이므로 위의 3인은 모두 《爾雅》의 자의 해석 방법으로써 전주를 상비하였다고 보겠다. 또 전주와 가차의 차이점을 徐鍇는 "一義數文, 一字數用"이라는 말로 분별하였고, 段玉裁는 "異字同意, 異義同字"로 간단히 정의하였지만 궁극적으로는 상호 부합된 견해임을 알 수 있다.

그러나 호훈설에 대해서도 육서의 분류와 訓詁의 방법은 관계가 없는 것이라 하여 비판한 일이 있다. 다시 말하면 육서란 역시 하나의 문자의 구조 또는 사용에 관한 분류인데, 호훈설은 의미 면에만 중점을 두고 있기 때문이라는 것이다.[16]

(6) 折衷說

이것은 앞에서 본 (3) 부수설과 (5) 호훈설을 절충한 설인데, 曹仁虎(1731~1787)의 「轉注古義考」(p. 462 주 5 참조)의 요지가 그것이다. 그는 전주의 의미를 명백하게 밝히려면 《說文》의 「建類一首」, 「同意相受」로부터 고려하지 않으면 안된다고 하였다. 그리하여 전자에서는 部가 동일해야만 하므로 만약 部를 달리하면 전주가 아니라고 하였는데 이것은 상술한 江聲의 설을 계승한 셈이다. 또 후자의 면에서는 그 의미가 일치하지 않으면 안되므로 만약 의미가 다른 것은 전주가 아니라고 한 점에서 戴震의 설과 같으므로 결국 두 설을 절충한 설로 이해된다. 여기에 덧붙여 '考·老'의 예를 좇아 양자의 자음이 서로 비슷하지 않으면 또한 전주가 아니라는 단서를 달아 놓은 것이 특징인데 이것은 매우 중요한 지적이다.

(7) 分化·派生說

위에서 살펴본 전주설과는 색다른 견해를 제안한 학자가 있는데, 그가 곧 饒炯이다. 그는 「六書存眞」[17] 중의 「六書轉注例 第五」에서 다

---

(16) 河野六郎,「轉注考」,《東洋學報》(第59卷, 第3·4號: 1978), p. 6 참조.
(17)「六書存眞」은 丁福保, ibid.,「六書總論」중(pp. 133~138)에 수록되어 있다.

음과 같은 설을 펴고 있다. 내용으로 보면 加形·加聲說이라 칭하여도 무방할 것이다.

> 炯案, 轉注本用字後之造字, 一因篆體形晦, 義不甚顯, 而从本篆加形加聲以明之, 是卽王氏釋例之所謂累增字也. 一因義有推廣, 又無分辨, 而从本篆加形加聲以別之, 一因方言轉變, 音無由判, 而从本篆加聲以別之, 是卽王氏釋例之所謂分別文也. (번역 생략)

引文 中 "王氏釋例"란 王筠의 《說文釋例》를 말한다. 그리고 加形이란 義符(形符) 즉 偏(변)을 덧붙인 것이고, 加聲이란 聲符 즉 旁(방)을 덧붙인 것을 가리킨다. 그리하여 饒炯은 가형 또는 가성의 원인을 다음과 같이 세 가지로 구분하여 예시 설명하고 있다.

① **뜻이 애매하여 가형한 것** (有因意晦, 而加形以明之者)

부수 ' 丶 '는 이미 불심지(火炷)를 상형한 자인데, 여기에 圡를 더하여 重文이 되었다('炷'자는 여기에 다시 '火'변을 더한 형이다).

② **뜻이 애매하여 가성한 것** (有因意晦, 而加聲以明之者)

网(망)은 그물을 상형한 자인데, 여기에 다시 亡聲을 붙여 '罔'자가 되었다. 이 경우는 의미의 변화(義之推廣)에 말미암은 것이다.

③ **딴 뜻이 있어서 가형한 것** (有別義, 而加形以明之者)

朿(치)는 나무 가스랑이(木芒)의 뜻인데, 풀 가스랑이는 이와 구별하기 위하여 艸형을 가하여 莿(책·자)자를 만들었다.

또 위의 인문에서 든 "方言轉變"의 예로는 氓(백성 : 맹)자와 '民'자를 들었다. 즉 '氓'은 '民'의 변음이므로 「民＋亡聲」의 형성자를 만들게 되었다.[18]

이와 같이 饒炯은 전주로써 혹은 기존의 문자가 의미나 음의 구별이 모호하게 되었을 때 거기에 다른 문자를 더함으로써(加形·加聲) 그것을 명백하게 하는 것이라고 말하고 있다.

그는 「建類一首」와 「同意相受」에 대해서도 다음과 같이 설명하

---

[18] 전주의 근원을 方言에서 찾으려는 견해는 胡韞玉(字: 樸安)의 「六書淺說」 중 「轉注釋例」에 잘 나타나 있다. 「六書淺說」은 丁福保, *ibid.*, 「六書總論」 중(pp. 143~159)에 수록되어 있다.

였다.

> 建類一首者, 謂推廣之聲義, 而舉本字爲首, 因一字而可加爲數字之用.
> 同意相受者, 謂取同聲同義之字, 而相加爲別, 數字仍是一字之意.
> (번역 생략)

위의 정의의 해석에서도 그는 어디까지나 加形·加聲을 전주의 본질로 파악한 점이 특이하다. 그러나 전주를 이렇게 규정한다면 가형의 전주자는 회의자와 구별하기 어렵고, 가성의 전주자는 역시 형성자와 구별하기 어려운 단점이 있다.

그럼에도 불구하고 분화·파생설은 중국 내외의 학자들에게 꽤 공명을 얻고 있는 것으로 보인다. 唐蘭은 형성자의 의부(형부)를 주체로 하여 성부(음부)를 가함으로써 동의어의 식별을 꾀하는 것을 전주로 생각하고 있다.[19] 이것은 饒炯의 가성에 의한 형성자의 파생을 전주로 간주한 셈이다.

한편 日本의 白川 靜은 「建類一首」란 동일자형을 가진 계열이고, 「同意相受」란 그 건류의 자에 의하여 의미가 규정된다고 하였다. 예를 들면 巠(경)은 織物에서의 縱糸형인데, 여기에서 '莖·頸·勁·輕·經·徑·陘'자 등이 파생되었다. 이 자들은 모두 '巠'에 의하여 聲·義를 얻고 있다. 이것이 「建類一首, 同意相受」라는 것[20]이다.

또 藤堂明保도 전주는 동계어가 차례로 파생되어 가는 현상을 가리킨다고 말하고, 象→緣·橡·篆; 皆→諧·嗜·楷; 我→峨·俄·義자 등을 예로 들었다.[21]

그런데 이 유파에 가까우면서도 약간 관점을 달리 해석한 학자가 있다. 그가 곧 河野六郎이다. 그는 六書의 하나로서의 전주는 어디까지나 字體에서 본 문자의 사용법이 문제가 되리라고 전제하고 同字異語(homograph)의 현상에 초점을 맞추었다. 즉 고대의 표어문자에서는 처음부터 말(語)을 나타내는 문자가 갖추어져 있었던 것이 아니다. 육서로 말하면 상형이나 지사 또는 회의의 방법만으로는 말의 표시가 제한

---

(19) 唐蘭 《中國文字學》(1963, 香港), pp. 99～100 참조.

(20) 白川 靜 《漢字の世界 1》, 東洋文庫 281(1976), pp. 21～22.

(21) 藤堂明保, 岩波講座 《日本語》8(文字), (1977), pp. 71～72.

을 받지 않을 수 없었다. 그 때 한 가지 방법은 기존의 문자를 그것이
나타내는 말의 음과 같거나 혹은 비슷한 까닭으로 다른 말에 전용하는
방법, 즉 假借가 있고, 또 한 가지 방법으로는 기존의 문자를 음과 상
관없이 의미상 관련이 있는 다른 말에 전용하는 방법이 있다고 상정하
고, 후자가 곧 전주가 아닐까 생각한다며 그 예로 禾~年, 立~位, 示~
祇 등을 들었다. 즉 ⟨禾⟩는 벼의 형상을 본뜬 상형자이지만 甲文에서
는 '年'의 의미로 쓰인 점을 들었다. '年'의 《說文》 篆文형은 「从禾 千
聲」이지만 이것은 잘못이고 金文은 「从禾 从人」으로 {nen¹}(수확)을 의
미한 회의자라고 하였다. 그러나 고대에는 '禾'자만으로도 {nen¹}을 나
타낸 同字異語였다는 것이다. 마찬가지로 '立'{liəp}자도 사람이 땅 위
에 선다는 뜻이지만 金文에서는 '位'{iʷəi³}자의 의미로 쓰인 것이 많아
서 그 뒤로 동자이어의 애매성을 피하기 위해 人偏을 加形하여 '位'자
를 만들게 된 것이라고 하였다.

그리하여 「建類一首」의 「建類」는 江聲의 설과 같이 부수를 세운
것이 아니라, 오히려 段玉裁가 "分立其義之類"라 한 말을 본받으면 "分
立其詞之類"라고 해석된다고 하였다. 요컨대 하나의 글자가 A와 B의
두 말을 나타낸 것이므로 이것을 말로 구별할 필요가 있는데 이것이
「建類」라는 것이다. 그리고 「一首」는 饒炯의 "擧本字爲首"라 한 바와
같이 근본이 되는 자형이 같은 것을 가리키므로 결국 「建類一首」는 말
로서는 A와 B를 구별하지만 자형은 같으므로 동자이어를 말한 것으로
풀이하였다. 「同意相受」란 의미상 관계가 있음을 보인 것인데, 이 때
「同意」를 synonym으로 한정하지는 않는다는 것이다. 결국 이 정의는
의미상 관련이 있는 동자이어의 경우를 가리키므로 음성상으로는 유사
할지라도 의미상으로는 무관한 가차와 대립되는 것이 전주라 할 수 있
다. 이 때문에 전주에서는 「同意相受」라 하고, 가차에서는 「依聲託意」
라 하여 聲을 강조한 것이라는 관점이다.

그러면 어찌하여 전주자가 한자에서 줄어지게 되었을까의 의문에
대하여는 禾~年, 立~位, 示~祇의 경우와 같이 전주에 의한 동자이어
의 애매성을 해소하기 위하여 加形 또는 加聲 방법으로 회의·형성자
가 생겼기 때문이라고 하였다. 육서의 분류는 그 동자이어의 해소가 아

직 충분히 진행되지 않은 단계에서 행하여진 것이므로 그 후 해소가 진전하여 形聲文字化함에 따라 一字一語의 표어문자의 이상에 점차 가까워져 왔다고 하였다. 그러면서 饒炯의 설은 동자이어의 상태보다도 그 해소의 과정을 전주로 생각한 점이 애석하다고 덧붙여 놓았다.[22] 여기에서 다소 장황하게 河野六郎의 견해를 소개한 까닭은 그의 논문이 비교적 최근에 발표된 때문이지만 역시 수긍하기 어려운 면이 없지 않다.

(8) 引伸說

인신설은 어느 한자의 본뜻(原義)이 변화하여 이와 다른 뜻으로 쓰이게 되었을 때 여전히 본래의 글자를 그대로 이용하는 것을 전주의 의미로 보는 견해이다. 대표적인 학자는 설문학자로 유명한 朱駿聲 (1788~1858)이다. 그는 《說文》의 전주 정의를 이해할 수 없다고 말하고 전주와 가차의 정의를 다음과 같이 고쳐 놓았다.[23]

> "轉注者, 體不改造, 引意相受, 令長是也.
> 假借者, 本無其意, 依聲託字, 朋來是也."

이것은 《說文》의 정의 문구와 例字가 다 다르다. 그리하여 전주를

> "就本字本訓, 而因以展轉引申爲他訓者曰: 轉注"

라고 규정하였다. 이는 본뜻으로부터의 引伸義(轉義)를 전주로 이해한 것이다. 그의 저술 《說文通訓定聲》은 《說文》의 五大 解說書로서 유명함에도 불구하고 위의 인신설만은 비판의 대상이 되었다.[24]

지금까지 전주에 대한 여러 학자들의 대표적인 설을 소개하여 보았다. 그러나 許愼은 《說文》에서 전주에 대하여 「建類一首 同意相受」라고 정의하고 「考·老」자만을 예로 들어 놓았을 뿐 구체적 설명을 붙이지 않았기 때문에 후대의 문자학자들은 저마다 異見을 제시하게 되었

---

(22) 자세한 내용은 河野六郎, 「轉注考」, 《東洋學報》 59-3·4號(1978), pp. 1~23으로 미룬다.

(23) 朱駿聲의 「轉注」설은 丁福保, *ibid.*, 「六書總論」, pp. 197~198을 참고할 것.

(24) 한 예로 黃式三의 「對朱氏轉注問」을 들 수 있다. 이 글은 丁福保, *ibid.*, pp. 198~199에 실려 있다.

다. 육서 가운데 해석상 가장 차이가 많아서 정설이 없는 것은 이 때문이며 앞으로도 논란의 여지가 있으리라고 생각된다.

그러나 현재의 저자로서는 일단 《說文》의 해설을 존중하는 처지에서 먼저 「同意相受」에 대하여는 (5)의 호훈설을 따르기로 한다. 전주와 가차의 차이를 徐鍇는 "一義數文, 一字數用," 段玉裁는 "異字同意, 異義同字"로 구별하였는데, 이것은 淸대의 王筠이 전주를 "一義而數字," 가차를 "一字而數義"라고 규정한 점과 상호 부합된다.

그러면 異字끼리의 호훈(相互訓釋)은 어느 것이나 전주로 간주하여도 좋은가가 문제이다. 여기에서 협의의 전주와 광의의 전주를 나누어 생각할 필요가 있다. 육서의 전주로 말하면 호훈은 비록 異字同意라 할지라도 협의의 전주는 둘 또는 그 이상의 한자 사이에 성운 관계(同音·雙聲·疊韻)(25)가 전제되어야 한다. 이것은 「建類一首」를 同一語根의 뜻으로 파악한 章炳麟의 견해와 가깝다. 《說文》이 편찬된 漢대는 특히 音(聲)訓法이 유행했던 점을 고려할 때에도 이러한 생각을 떨쳐 버리기 어렵게 한다.

그런데 광의의 전주는 반드시 그런 것은 아니다. 한자는 특히 표음문자가 아니기 때문에 자형이 다르면 일견 의미도 전연 다를 것으로 생각하기 쉽다. 그러나 실제는 A, B 두 자가 자형과 자음은 다를지라도 의미가 상통한 경우가 많은데 이를 광의의 전주로 보고자 하기 때문이다. 사실 육서라고 하는 한자 구성 또는 운용상의 분류는 한자가 창조될 때부터 있었던 것이 아니고 戰國 시대로부터 漢대에 걸쳐 한자의 연구가 성행하면서 비로소 정리된 점을 유의할 필요가 있다. 따라서 전주는 어디까지나 문자 분류의 한 가지 원칙상의 명칭이지 문자 발생의 원칙은 아니다.

이런 점에서 《爾雅》의 자석 방법은 광의의 전주에 해당한 것이 많은데, 《說文》이 이 책의 자석을 허다히 추종·인용하고 있는 것도 결코 우연은 아닐 것이다. 그리하여 여기에서는 협의의 전주를 轉注正例라 하고, 광의의 전주를 轉注變例로 다루어 예시하여 보고자 한다.

---

(25) 성·운 관계의 요인으로는 방언 차이로 생긴 음성 변이도 고려해야 할 것이다.

제 2 절 轉注 正例

어근과 의미는 각각 상관성이 있으나 자형이 다른 한자간의 전상 주석을 전주 정례라 일컫기로 한다. 黃侃(1886~1935)은 「說文略說」[26] 중의 "論變易孶乳二大例"에서 變易의 세 가지 유형[27]을 지적하고 다음과 같이 말하고 있다.

> "天之訓爲顚, 則古者直以天爲首, 在大宇宙中 則天爲最高, 在人身中 則首爲最高, 此所以一言天 而可表二物也. 然與天同語者, 有囟, 聲稍變矣, 由囟與天而有顚. 此之造字, 純乎變易也. 顚語轉而有頂, 有題, 義又無大殊也. 假使用一字數音之例, 而云天又音囟, 音顚, 音頂, 音題, 又有何不可? 是故囟, 顚, 頂, 題, 皆天之變易字也. 而《說文》不言其同, 吾儕驟視亦莫悟其同也."(번역 생략)

'天'의 訓은 '顚'이니 고대에는 바로 하늘이 머리(首)가 되었다. 우주에서는 하늘이 가장 높고, 사람의 신체에서는 머리가 가장 높기 때문에 '天' 한 말로써 二物을 나타낼 수 있었는데, 음이 약간 변하여 囟(신)자가 나오고 또 頂·題자가 만들어졌으나 그 뜻은 크게 다르지 않으므로 결국 '囟·顚·頂·題'는 모두 '天'의 변역자라고 말한 것이다. 다시 말하면 위의 5자는 비록 자형은 다를지라도 음성상 같은 어근에 속하고 의미상으로도 상호 수용이 가능하므로 轉注正例에 해당한다고 볼 수 있다는 뜻이다.

이러한 관점에서 전주 정례를 분류하면 同音轉注, 雙聲轉注, 疊韻轉注 등 세 가지를 들 수 있다. 이제 해당된 예를 들어 살펴보기로 하자.[28]

1. 同音轉注

諆 「欺也. 从言 其聲.」

---

(26) 黃侃《黃侃論學雜著》(1970: 1-49 수록), p. 7, 中華書局.
(27) 세 가지 類形이란 ① 字形小變, ② 字形大變, ③ 字形旣變을 말한다. 黃侃, *ibid.*, p. 6.
(28) 이하 字例의 선택은 林尹(1971: 158-181)을 참고함.

欺「詐也. 从欠 其聲.」

'諅·欺·詐'는 모두 사람을 속인다는 뜻인데, 이 중에 '諅·欺'는 동음 동의이므로 전상주석이 가능하다.

諅, 欺：去其切 *kʻiəg＞kʻji＞tɕʻi (기)

不「鳥飛上翔, 不下來也. 从一, 一猶天也. 象形.」⁽²⁹⁾

否「不也. 从口不, 不亦聲.」

'不·否'는 동음 동의이므로⁽³⁰⁾ 전주될 수 있다.

不：方久切 *piŭg(piwəg)＞piəu＞fou³(pu⁴)⁽³¹⁾ (부·불)
否：方久切 *piŭg(piwəg)＞piəu＞fou³ (부·비)

爻「交也. 象易六爻頭交也.」

敥「相襍錯也. 从攴 肴聲.」

'爻·敥'는 뒤섞임(交錯)의 뜻에서 의미도 상통하고 그 음도 같으므로 전주될 수 있다.

爻：胡茅切 *gŏg(rɔg)＞ɣau＞iau, ɕiau (효)
敥：胡茅切 *gŏg(rɔg)＞ɣau＞iau² (효)

傲「倨也. 从人 敖聲.」

嫯「侮傷也. 从女 敖聲.」

위의 두 자는 음이 같고, 오만하고 거만하게 사람을 업신여긴다는 점에서 그 의미도 같아 전주될 수 있다.

傲, 嫯：五到切 ŋog(ŋôg)＞ŋɑu＞au⁴ (오)

九「易之變也. 象其屈曲 究盡之形.」

究「窮也. 从穴 九聲.」

---

(29) 각 한자의 원래의 자형과 의미에 대해서는 학자간에 이설이 있을지라도 여기에서는 일단《說文》의 해설에 따르기로 한다.

(30) 段玉裁는《說文》의 '否'자 下注에서 "不者, 事之不然也; 否者, 說事之不然也"라 하여 용법상의 차이를 구별하였다.

(31) 字音의 표기는 되도록 *上古＞中古＞現代 北京音으로의 변천을 제시하였다. 그러나 一字多音에 대하여는 일일이 중국음의 연원을 대는 것이 번거로우므로 여기에서는 전주에 필요한 음만을 제시하고, 참고로 한국 한자음을 ( )안에 표시한다.

‘九·究’는 음의가 같다. 《列子》,《春秋》,《白虎通》,《廣雅》 등에서 ‘九’는 ‘究’의 뜻이라 하였다. 趍(국)도 역시 궁구한다는 뜻이므로 상호 전주가 가능하다.

九 : 舉有切 *kjŭg(kjŏg)＞kjəu＞tɕiou³ (구)
究 : 居祐切 *kjôg＞kjəu＞tɕiou (구)

니「相糾繚也. 象形.」
糾「繩三合也. 从糸니, 니亦聲.」

니(ㅎ)는 오이나 박덩굴 따위가 다른 대상물을 휘감아 올라가는 交結形을 본뜬 자이며, ‘糾’ 역시 삼겹노를 가리키는 자이므로 얽어 맨다는 점에서 의미가 같고 또한 음도 같다. ‘니’는 또한 繚(료)와도 그 운모가 같다.

니 : 居蚪切 *kjŏg＞kjĕu＞tɕiou (구)
糾 : 居黝切 *kjŏg＞kjĕu＞tɕiou (규)

豆「古食肉器也. 从口, 象形.」
梪「木豆謂之梪. 从木豆」

‘豆·梪’는 음의가 같으므로 전주된다. 《周禮》「考工記」에 “食一豆 肉, 中人之食也”라 하였는데, 이 때의 ‘豆’는 그릇을 가리키니 ‘梪’와 그 뜻이 같다.

豆, 梪 : 田侯切 *du(dûg)＞dəu＞tou⁴ (두)

評「召也. 从言 乎聲.」
謼「評也. 从言 虖也.」

두 자는 다같이 부른다는 뜻이었는데, 후에 ‘評’는 ‘呼’로 대치되었다.

評 : 荒鳥切 *(xâg)＞xuo＞xu (호)
謼 : 荒故切 *(xâg)＞xuo＞xu (호, 효)

賸「物相增加也. 从貝 朕聲. 一曰: 送也, 副也.」
伇「送也. 从人 夵聲. 呂不韋曰: 有侁氏以伊尹伇女. 古文以爲訓字.」

'媵'은 원래 재물이 불어남을 뜻하였는데, 동시에 '送, 剩'의 뜻으로 쓰이게 되었다. 그리고 '倄'은 지금의 媵(부칠 : 잉)자와 같은 뜻이니 두 자는 모두 보낸다는 뜻으로 전주가 가능하다.

> 媵 : 以證切 *djəŋ>iəŋ>iŋ （잉）
> 倄 : 以證切 *djəŋ>iəŋ>iŋ （잉）

探「遠取之也. 从手 突聲.」
撢「探也. 从手 覃聲.」

'探'은 깊이 파고 들어가 찾는다는 뜻(탐색)이므로 手形에 突(깊을 : 음, 탐, 심)聲을 취하였다. '突'은 '深'의 고자로서 역시 상호 전주된다. '突'의 篆文형이 窬(从穴火, 求省)임을 미루어 생각하면 깊은 굴뚝에서 연기가 통하는 것을 연상할 수 있을 것이다. '探·撢'은 자형은 달라도 음의가 같으므로 전주된다.

> 探 : 他含切 *tʻəm>tʻʌm>tʻan 　　　（탐）
> 撢 : 他紺切 *tʻəm>tʻʌm>tʻan³, tan³ （탐）

聸「垂耳也. 从耳 詹聲.」
耽「耳大垂也. 从耳 冘聲.」

'聸·耽'은 다같이 귀가 크게 밑으로 늘어진 모양을 가리키며, 그 음도 같다.

> 聸 : 都甘切 *(tâm)>tʌm>tan 　　（담）
> 耽 : 丁含切 *təm(tâm)>tʌm>tan （탐）

囱「在牆曰牖, 在屋曰囱, 象形.」
窗「通孔也. 从穴 悤聲.」

'囱·窗'은 모두 창문을 칭하는 자로 그 뜻이 같고 음도 같다.

> 囱·窗 : 楚江切 *tsʻŭŋ>tʃʻɔ̆ŋ>tʂʻuaŋ 　（창）

缸「瓨也. 从缶 工聲. 讀若洪」
瓨「似罌長頸, 受十升. 从瓦 工聲.」

'缸·瓨'은 모두 항아리를 가리키며 그 음도 같다.

缸：下江切 *(rûŋ)＞rɔŋ＞kaŋ　　（항）

項：戶江切 *(rûŋ)＞rɔŋ＞kaŋ　　（항, 강）

賏「頸飾也. 从二貝.」

嬰「繞也. 从女賏.」

'賏'은 조개껍질 따위를 꿰어 목을 장식함을 말하고, '嬰' 역시 머리를 치장한다는 뜻이므로 의미가 상통하며 그 음도 같아 전주가 가능하다.

賏, 嬰：於盈切 *iɐŋ＞iɛŋ＞iŋ　　（영）

人「天地之性 最貴者也. 此籒文. 象臂脛之形.」

儿「古文奇字, 人也. 象形.」

'人・儿'은 一字 異體로서 음의가 같다.

人, 儿：如鄰切 niěn＞nẓiěn＞zən²　　（인）

龢「調也. 从龠 禾聲. 讀如和同.」

和「咊, 相應也. 从口 禾聲.」

'咊'는 '和'의 고자이며 '龢'와 음의가 같다.

龢, 和：戶戈切 *gwɑ($r$wâ)＞$r$ua＞xə²　　（화）

祮「告祭也. 从示 告聲.」

誥「告也. 从言 告聲.」

'祮・誥'는 '告'의 後起 형성자이므로 3 자는 결국 음의가 같다.

祮, 誥：古到切 *kôg＞kɑu＞kau⁴〔kao〕　　（고）

2.　雙聲轉注

의미가 상통한 둘 또는 그 이상의 한자가 운모는 달라도 각각 성모가 同紐에 속하여 전주 가능한 자를 쌍성 전주라고 한다.

依「倚也. 从人 衣聲.」

倚「依也. 从人 奇聲.」

'依·倚'는 다같이 의지함을 뜻한다.

依 : 於希切 *$?i\partial r(?i\partial d) > ?iei > i$ (의)

倚 : 於綺切 *$?ia > ?i\varrho > i^3$ (의, 기)

두 자의 古聲은 모두 影母[?]에 속하여 성모는 같으나 보는 바와
같이 운모가 달랐음을 알 수 있다.

乞「燕燕乞鳥也, 齊魯謂之乞, 取其鳴自謼, 象形也.」

燕「燕燕玄鳥也. 籋口, 布翅, 枝尾, 象形.」

'乞, 燕'은 다 제비를 가리키는 자들이다.

乞 : 於筆切 *$?i\varepsilon t(?i\partial t) > ?i\breve{e}t > i$ (을)

燕 : 於甸切 *$?ian(?iän) > ?ien > ian^4$ [ien] (연)

喜「樂也. 从壴 从口.」

歓「喜也. 从欠 吉聲.」

欣「笑喜也. 从欠 斤聲.」

위의 세 자는 모두 기뻐한다는 뜻이므로 전상주석이 가능하다.

喜 : 虛里切 *$xi\partial g > xji > \varphi i^3$ (희)

歓 : 許吉切 *$(xi\varepsilon t) > xi\breve{e}t > \varphi i$ (힐)

欣 : 許斤切 *$xi\partial n(xi\breve{\partial}n) > xi\partial n > \varphi in$ (흔)

讙「譁也. 从言 雚聲.」

譁「讙也. 从言 華聲.」

위의 두 자는 모두 시끄럽게 지껄임을 뜻한다.

讙 : 呼官切 *$xw\alpha n > xu\alpha n > xuan$ (환, 훤)

譁 : 呼瓜切 *$xw\supset(xw\breve{a}g) > xwa > xua$ (화)

爲「母猴也. 其爲禽好爪, 下腹爲母猴形. 王育曰: 爪象形也.」

蝯「善援, 禺屬, 从虫 爰聲.」

위의 두 자는 모두 원숭이를 가리키므로 그 뜻이 같다.

爲 : 薳支切 *$gwia(\gamma iwa) > jwie > uei^2$ (위)

蝯 : 雨元切 *$(\gamma iw\breve{a}n) > jiwan > \ddot{u}an^2$ (원)

諧 「詥也. 从言 皆聲.」
詥 「諧也. 从言 合聲.」

두 자는 다 화합한다는 뜻이다.

    諧 : 戶皆切 *gɛr(ɤed)>ɤăi>ɕie² （해）
    詥 : 侯閤切 *(ɤəp)>ɤap>xə （합）

戟 「有枝兵也. 从戈 倝省,《周禮》戟長丈六尺.」
戛 「戟也. 从戈百 讀若棘.」[(32)]

「有枝兵」이란 보통의 창과는 달리 나뭇가지처럼 끝이 갈래진 창을 가리킨다.

    戟 : 几劇切 *kiăk>kiɒk>tɕi³ （극）
    戛 : 古黠切 *kɛt(ket)>kăt>tɕia² （알←갈）

更 「改也. 从攴 丙聲.」
改 「更也. 从攴 己聲.」

두 자는 다 고친다는 뜻이므로 전주가 가능하다.

    更 : 古孟切 *kăŋ>kɒŋ>kəŋ, tɕiŋ （경, 갱）
    改 : 古亥切 *kəg>kʌi>kai³ （개）

通 「達也. 从辵 甬聲」
逞 「通也. 从辵 呈聲」
徹 「通也. 从彳 从攴 从育」

위의 세 자는 모두 통한다는 뜻에서 공통점이 있다.

    通 : 他紅切 *tʻuŋ>tʻuŋ>tʻuŋ （통）
    逞 : 丑郢切 *tʻieŋ>tʻiɛŋ>tʂʻəŋ³ （뎡>정）
    徹 : 丑列切 *tʻiat(tʻiăt)>tʻiɛt>tʂʻə⁴ （텰>철）

竅 「空也. 从穴 敫聲.」
窒 「空也. 从穴 丞聲.」
窠 「空也. 从穴 果聲.」
空 「竅也. 从穴 工聲.」

---

(32) 棘(극)은 戛과 음이 사뭇 다르므로 혹 子(*kiat>kiɛt)이 아닐지 의문이다(段注 참조).

위의 네 자는 원래는 구멍을 가리킨 자였으므로 '穴'을 형부로 취하였음을 알 수 있다.

　　竅：苦弔切 *k'iog＞k'ieu＞tɕ'iau⁴〔tɕ'iao〕　（규）
　　窒：苦定切 *k'ieŋ＞k'ieŋ＞tɕ'iŋ　　　　　（경）
　　窠：苦禾切 *(k'wâ)＞k'uɑ＞k'ə　　　　　（과）
　　空：苦紅切 *k'uŋ＞k'uŋ＞k'uŋ　　　　　（공）

顚「頂也. 从頁 眞聲.」
頂「顚也. 从頁 丁聲.」

'頂'은 원래 사람의 이마를 가리켰는데, 전의하여 모든 사물의 상부를 지칭하게 되었다.

　　顚：都年切 *tien＞tien＞tian〔tien〕（뎐＞전）
　　頂：都挺切 *tieŋ＞tieŋ＞tiŋ³　　　（뎡＞정）

舒「伸也. 从予 舍聲.」
伸「屈伸. 从人 申聲.」

두 자는 다 편다는 뜻이다.

　　舒：傷魚切 *ʔt'jag(ŝjag)＞ɕiwo＞su　（서）
　　伸：失人切 *ʔt'jen＞ɕjĕn＞ʂən　　（신）

惄「憂皃. 从心 弱聲.」
惄「飢餓也. 一曰: 憂也. 从心 叔聲.」

'惄'은 근심, 걱정하는 모습을 나타내며, '惄'은 원래 굶주린다는 뜻이었는데, 여기에서 근심한다는 뜻을 가지게 되었으므로 두 자는 결국 뜻이 같다.

　　惄：奴歷切 *niok(niɔk)＞niek＞ni　（닉）
　　惄：奴歷切 *niok＞niek＞ni⁴　　（녁）

入「內也. 象從上俱下也.」
內「入也. 从冂入, 自外而入也.」

밖에서 안으로 들어감을 뜻하고 상고음의 성모가 동뉴이므로 두 자는 전주가 가능하다.

　　入：入汁切 *njəp＞nʑjəp＞zu　（입）
　　內：奴對切 *nwəb(nwêd)＞nuʌi＞nei　（내）

茨「茅蓋屋. 从艸 次聲.」

葺「茨也. 从艸 咠聲.」

두 자는 띠풀이나 갈대로 집을 이운다는 뜻이다.

茨：疾資切 *dzjər(dzˊi̯ed)＞dzi＞tsˊi² （자）

葺：七入切 *tsˊiəp＞tsˊi̯əp＞tɕˊi⁴ （즙）

羸「瘦也. 从羊 𦝠聲.」

臠「臞也. 从肉 䜌聲.」

《詩經》에 “欒欒, 瘦瘠兒”라 하였는데, 여기 欒(란)은 곧 ‘臠’의 가차 자이므로 ‘臠·羸’는 다같이 파리한 모습이나 수척한 모양을 뜻하는 자 이며, 그 성모가 같으므로 전주될 수 있다.

羸：力爲切 *lwia(li̯wa)＞lwi̯ę＞lei² （리）

臠：力兖切 *bli̯wan(li̯wän)＞li̯wɛn＞lüan³, luan² （련）

存「恤問也. 从子 在省.」

在「存也. 从土 才聲.」

‘存’은 근심하여 묻는다는 뜻 외에 살핀다는 뜻이 있었다.《爾雅》의 “在, 存也. 在·存, 省察也”에서 그 본뜻을 알 수 있으므로 지금 우리가 아는 한 ‘存·在’는 본뜻과는 거리가 먼 것임을 알겠다.

存：徂尊切 *dzwən＞dzuən＞tsˊuən² （존）

在：昨代切 *dzəg＞dzʌi＞tsai⁴ （재）

生「進也. 象艸木生出土上.」

產「生也. 从生 彥省聲.」

‘生’은 풀이 땅 위로 움터 나오는 형상을 본뜬 자이므로 「進也」라 풀이하였는데, ‘產’ 역시 그 뜻이 상통하며 두 자는 성모가 같다.

生：所庚切 *sĕŋ＞ʃɒ̆ŋ＞ʂəŋ （생）

產：所簡切 *săn(sän)＞ʃăn＞tʂˊan³ （산）

斯「析也. 从斤 其聲.」

析「破木也. 一曰: 折也. 從木 從斤.」

위의 두 자는 쪼갠다는 점에서 서로 뜻이 같고, 또한 성모가 같으 므로 전주가 가능하다.

斯：息移切 *sįĕg＞sįe＞sī　（사）

析：先擊切 *siek＞siek＞çi　（석）

八「別也. 象分別相背之形.」

分「別也. 从八刀, 刀以分別物也.」

必「分極也. 从八弋, 八亦聲.」

別「分解也. 从冎 从刀.」

위의 네 자는 모두 가르다, 분별한다는 뜻이며, 그 성모가 다같이 幫母[p－]에 속한다.

八：博拔切 *pwăt(pet)＞pwăt＞pa

分：府文切 *pįwən＞pįuən＞fən

必：卑吉切 *pįĕt＞pįĕt＞pi⁴

別：方列切 *pįat(pįwat)＞pįɛt＞pie²

藩「屛也. 从艸 潘聲.」

屛「蔽也. 从尸 幷聲.」

'屛'은 가린다(蔽)는 뜻에서 '병풍, 울타리' 등의 뜻을 가지게 되었으므로 '藩・屛'은 그 뜻이 상통하고 역시 성모가 같다.

藩：甫煩切 *pįwăn＞pįwɒn＞fan²　（번）

屛：必郢切 *pįĕŋ＞pįɛŋ＞fiŋ², piŋ²　（병）

副「判也. 从刀 畐聲.」

判「分也. 从刀 半聲.」

'副'의 籀文형은 䨻로서 '畐' 사이에 刀(칼)를 넣어 가르는 모양을 나타낸 자이므로 '剖'와 그 뜻이 같다. 또 '判'은 半分의 뜻이니 '副・判'은 다같이 쪼갠다는 뜻이다. '버금'의 뜻인 '副'는 가차자이다.

副：芳逼切 *p'įək(p'įwək)＞p'įək＞fu⁴　（복・부）

判：普半切 *p'wɑn＞p'uɑn＞p'an⁴　　（판）

劈「破也. 从刀 辟聲.」

破「石碎也. 从石 皮聲.」

'劈'은 副(쪼갤：복)과 의미가 상통한 자였는데, 副(부)가 '버금'의 뜻을 가지게 되자 '깨뜨리다, 쪼갠다'는 뜻으로 '劈'을 쓰게 되었다.《說文》에 의하면 「碎, 糜也」, 「甂, 破也」라 하였는데, 이로 미루어 보면 '破・

碎・糳(쌀찧을 : 미)・瓶(깨뜨릴 : 쇄)' 등의 자는 모두 깨뜨린다는 뜻으로 쓰였음을 알 수 있다.

>劈 : 普擊切 *pʻiek＞pʻiek＞pʻi　　(벽)
>破 : 普過切 *pʻwɑ＞puɑ＞pʻoʻ　　(파)

晚「莫也. 从日 免聲.」
莫「日且冥也. 从日在艸中, 艸亦聲.」
冥「窈也. 从日六 从冖. 冖亦聲.」

위의 세 자는 모두 해가 져서 날이 어두어진 상태를 뜻하는 자들이다. 동시에 바깥이 고요해진 상태(窈)를 나타낸다.

>晚 : 無遠切 *mi̯wăn＞mi̯wɒn＞uan³　　　(만)
>莫 : 莫故切 *mɑg(mwâg)＞muo＞moʻ, muʻ (모・막)
>冥 : 莫經切 *mieŋ＞mieŋ＞miŋ²　　　　(명)

3. 疊韻轉注

의미가 상통한 둘 또는 그 이상의 한자가 비록 성모는 다를지라도 각각 운모가 동류에 속하여 상호 전상주석이 가능한 자를 첩운전주라고 한다.

代「更也. 从人 弋聲.」
改「更也. 从攴 己聲.」

위의 두 자는 어떤 것을 다른 것으로 대신하여 바꾼다는 뜻이며, 그 운모도 蟹攝 代・海韻에 속하여 같다.

>代 : 徒耐切 *dəg(dâg)＞dʌi＞taiʻ (대)
>改 : 古亥切 *kəg(kâg)＞kʌi＞kai³ (개)

超「跳也. 从走 召聲.」
跳「蹙也. 从足 兆聲. 一曰: 躍也.」

위의 두 자는 재빠르게 뛴다는 점에서 뜻이 상통하고, 운모도 다 같이 效攝에 속한다.

>超 : 敕宵切 *tʻi̯og(tʻi̯ɔg)＞tʻi̯ɛu＞tṣʻau〔tṣʻao〕 (초)
>跳 : 徒聊切 *diog＞dieu＞tʻiauʻ〔tʻiao〕 (도)

考「老也. 从老省 丂聲.」

老「考也. 七十曰老, 从人毛七, 言須髮變白也.」

전주 개설에서 설명한 바와 같이 '考·老'는 그 뜻이 상통하며 운모가 같다.

考：苦浩切 *k'ôg＞k'ɑu＞k'au³〔k'ao〕　（고）

老：盧晧切 *lôg＞lɑu＞lau³〔lao〕　（로）

走「趨也. 从夭止. 夭者, 屈也.」

趨「走也. 从走 芻聲.」

《釋名》에 "徐行曰步, 疾行曰趨, 疾趨曰走"라고 풀이한 바와 같이 두 자는 다같이 질주한다는 점에서 뜻이 같다.

走：子苟切 *tsu(tsŭg)＞tsəu＜tsou³　（주）

趨：七逾切 *ts'ju＞ts'ju＞tɕ'ü, ts'u⁴　（추）

遇「逢也. 从辵 禺聲.」

遘「遇也. 从辵 冓聲.」

위의 두 자는 사람이 서로 만난다는 점에서 뜻이 같다.

遇：牛具切 *ŋiu(ŋiug)＞ŋiu＞ü⁴　（우）

遘：古候切 *ku(kûg)＞kəu＞kou⁴　（구）

粗「疏也. 从米 且聲.」

疏「通也. 从㐬 从疋, 疋亦聲.」

《說文》「疋」부에 「疋, 通也, 从爻疋, 疋亦聲」이라 하였는데, '疋(소)·疏(소)'는 두루 통한다는 점에서 음의가 같다. 그러나 '疏'가 그 뜻이 변하여 '성기다, 엉성하다'의 뜻을 가지게 되자 '粗'와 의미가 상통하게 되었다. 즉 精緻하지 못한 것을 나타낸다.

粗：徂古切 *dzo(dzâg)＞dzuo＞tsu, ts'u　（조）

疏：所葅切 *ʔṣịo(sag)＞ʃịwo＞ṣu⁴, su　（소）

共「同也. 从廿廾.」

同「合會也. 从冃口.」

'共'은 二十(廿)人이 모두 恭手하고 있는 자형으로써 '同'의 뜻을 나타냈고, '同'은 입(口)이 모두 冃(겹쳐 덮을 : 모) 밑에 있어 역시 同一

의 뜻을 나타낸 것이므로 결국 서로 뜻이 통한다.

共：渠用切 *giuŋ＞giwoŋ＞kuŋ⁴
同：徒紅切 *duŋ＞duŋ＞t‘uŋ²

訟「訟也. 从言 匈聲. 訩, 或省, 詾, 或从兇.」
訟「爭也. 从言 公聲.」

위의 두 자는 다같이 訟事의 뜻이며 운모가 같아 전주가 가능
하다.

詾：許拱切 *xiuŋ＞xiwoŋ＞ɕüŋ　　　（흉）
訟：似用切 *dziuŋ(ziuŋ)＞ziwoŋ＞suŋ⁴　（송）

香「芳也. 从黍 从甘.《春秋傳》曰: 黍稷馨香.」
芳「香艸也. 从艸 方聲.」

위의 두 자는 다같이 향기를 뜻한다.

香：許良切 *xiaŋ＞xiaŋ＞ɕiaŋ　　（향）
芳：敷方切 *p‘iwaŋ＞p‘iwaŋ＞faŋ　（방）

晃「明也. 从日 光聲.」
曠「明也, 从日 廣聲.」

위의 두 자는 모두 日·月光이 밝다는 뜻이다.

晃：胡廣切 *(ɣwâŋ)＞ɣwaŋ＞xuaŋ〔xwaŋ〕　（황）
曠：苦謗切 *k‘waŋ＞k‘uaŋ＞k‘uaŋ⁴〔k‘waŋ〕　（광）

靖「立竫也. 从立 靑聲. 一曰：細兒」
婧「竦立也. 从女 靑聲. 一曰：有才也. 讀若韭菁」

우선 竫(머무를：정)은「亭安也」로 풀이되었듯이 백성이 안정하여
머문다는 뜻으로 ‘亭’과 운모가 같다. 또 ‘安靜’의 ‘靜’은 ‘靖’의 가차자이
다.《說文》에「婧, 敬也」라 하였는데, ‘敬’은 곧 정숙함을 내포하므로 공
경한다는 뜻이 된다. 따라서 ‘靖·竫’은 다소곳이 安靖함을 의미한다.
마음이 안정하여야 좋은 생각도 미치는 법이어서《爾雅》釋詁에서는
“靖, 謀也”라 하여 의논한다는 뜻으로 풀이하였다.

靖：疾郢切 *dziĕŋ＞dziəŋ＞tɕiŋ⁴　（정）
婧：子盈切 *(tsieŋ)＞tsiəŋ＞tɕiŋ⁴　（청）

莖「草木榦也. 从艸 巠聲.」

莛「莖也. 从艸 廷聲.」

위의 두 자는 다같이 풀줄기를 가리킨다.

　莖 : 戶耕切 *gĕŋ(ɤeŋ)>ɤɛŋ>tɕiŋ　　（경）

　莛 : 特丁切 *dieŋ>dieŋ>t'iŋ²　　（정）

出「進也. 象艸木益玆, 上出達也.」

屮「艸初生地兒. 从屮出.」

위의 두 자는 공히 초목의 싹이 땅 위로 뾰쪽하게 나오는 형상을 가리킨 자이다. '出'은 지사, 屮은 겸성회의자로서 모두 안에서 밖으로 나옴을 뜻한다.

　出 : 尺律切 *t'ǐwət>tɕ'ǐuĕt>tʂ'u　　（출）

　屮 : 鄒滑切 *(tǐwət)>tʃiwat>tʂuo²　（줄, 찰, 절）

莪「莪蘿也. 从艸 我聲.」

蘿「莪也. 从艸 羅聲.」

위의 두 자는 모두 다복쑥(蒿屬)을 가리킨다.

　莪 : 五何切 *ŋa>ŋa>ə²　　（아）

　蘿 : 魯何切 *la>la>luo　　（라）

제 3 절　廣義의 轉注(轉注 變例)

　광의의 전주는 앞에서 설명한 바와 같이 둘 또는 그 이상의 한자가 비록 자형과 자음은 다를지라도 의미가 상통하여 상호 훈석되는 경우를 말한다. 이것은 轉注 正例와 조건이 다른 점에서 轉注 變例라 이를 만하다.

　段玉裁는 《說文》敍의 轉注 항 注에서 《爾雅》卷上 釋詁 第一의 예를 인용하여 다음과 같이 설명하고 있다.

　"爾雅首條：初爲衣之始, 哉爲才之叚借字, 才者, 艸木之初；首爲人體之始, 基爲牆始, 肈爲戶之叚借, 戶者, 始開；祖爲始廟, 元爲始, 胎爲婦孕三月, 俶爲始也, 落之爲始義, 以反而成, 權輿之爲始, 蓋古語；是十一者通謂之始, 非一其首而同其異字之義乎?"

그러면 段玉裁의 설명을 좇아 광의의 轉注例에 대하여 살펴보기로 하겠다.

1. "初, 哉, 首, 基, 肇, 祖, 元, 胎, 俶, 落, 權輿：始也"

初「始也. 从刀衣, 裁衣之始也.」

《說文》에 「裁, 製衣也」라고 한 바와 같이 옷을 지을 때 먼저 베를 가위로 재단하는 일이 製服의 시초가 된다는 뜻이었는데, 의미가 확대하여 무릇 모든 일의 시초를 뜻하게 되었다.

哉「言之閒也. 从口 𢦏聲.」

여기의 '哉'는 '才'의 가차자인데, 《說文》에 「才, 艸木之初也. 从丨上貫一, 將生枝葉也. 一, 地也」라고 풀이한 바와 같이 초목의 줄기는 땅 위로 나왔으나 아직 가지와 잎이 나오지 않은 모양을 본뜬 지사자이다. 그러므로 초목의 시초라고 한 것이다.

首「古文百也. 巛, 象髮也.」

　　cf.「百, 頭也. 象形.」

百(𦣻)는 人頭를 상형한 자여서 「頭, 百也」라 하여 두 자가 전주되었던 것인데, 고문인 '首'가 널리 쓰이면서 '百'는 폐지되었다. 그리하여 《白虎通》이나 《楚辭》에서도 "首, 頭也"라 하였고, 나아가서 그 뜻이 확대되어 시초, 근본의 뜻을 가지게 되었다. 실상 '頭'는 인체의 최상부에 속하므로 감각 관념의 연상작용에 의하여 시초의 뜻을 가지게 된 것은 (머리말, 머릿돌 등) 심리적 원인에 의한 의미 변화의 일반적 현상이라 하겠다.

基「牆始也. 从土 其聲.」

담을 쌓는 데는 땅이 기초, 시초가 되므로 '基'는 시초의 뜻으로 전주된 것이 아닐까 생각한다.

肇「上諱.」

‘肇’(조)는 漢나라 和帝(89~105 재위)의 諱字이므로 후세인이 이 자에 대하여는 「上諱」로만 기록하고 말았으나, 여기의 ‘肇’는 肁(비로 소:조)의 가차자로 쓰였음을 알 수 있다. 《說文》에 「肁, 始開也. 从戶 聿」이라 한 데서 근거를 살필 수 있다.

「祖「始廟也. 从示 且聲.」

‘祖’는 宗廟의 시초이다.

元「始也. 从一 兀聲.」

《爾雅》 釋詁에 "元者, 气之始也"라 하였다. ‘元’의 자형을 ‘上’의 古 字인 ‘二’에 儿(人)을 합한 회의자로 보는 견해도 있다.[33]

胎「婦孕三月也. 从肉 台聲.」

段注에 의하면 "釋詁曰: 胎, 始也. 此引伸之義"라 하였고, 또 《方 言》에 "胎, 養也"라고도 풀이하였는데, 잉태 후 3개월이면 사람의 형체 가 갖추어지기 시작한다는 생각에서 ‘始’의 뜻을 가지게 된 것이 아닐 까 여겨진다.

俶「善也. 从人 叔聲. 詩曰: 令終有俶, 一曰: 始也.」

‘俶’은 ‘淑’의 正字로서 원래 착하다는 뜻 외에 ‘始’의 뜻이 있었음 을 알 수 있다. 《詩經》(旣醉)에 "처음 좋으니 끝 좋으리"라는 시구가 있다.

落「凡艸曰零, 木曰落. 从艸 洛聲.」

《詩經》(訪落)에 "訪餘落止, 率時昭考"(정사의 처음에 널리 물자와, 아바마마 그 뒤를 따르려 하나)라는 시구가 있는데, 傳에 "落, 始也"라 한 것을 보면 ‘落’은 떨어진다는 뜻 외에 또한 ‘始’의 뜻이 있었음을 간 취할 수 있다.

權輿 : 이는 2음절 衍聲의 複詞로서 ‘權’자나 ‘輿’자의 본뜻과는 달 리 ‘始’의 뜻이다. 《大戴禮》 誥志篇에 "於時冰泮發蟄, 百草權輿"라는 말

---

(33) G. D. Wilder and J. H. Ingram, *Analysis of Chinese Character* (1922), p. 90.

이 있는데, 바로 맹춘을 당하여 얼음이 녹으니 풀이 싹트기 시작한다는 뜻이다. 이와 같이 權輿는 본시 풀이 싹트기 시작한다는 뜻이었는데, 차츰 모든 일의 시초를 칭하게 되었다.

이상 '權輿'를 제외한 10자 중 '首·俶'은 상고음이 상사하고,[34] '初·祖·落' '哉·基·胎' 등은 상고운모가 동류에 속한다. 그러나 전체의 한자를 대상으로 비교하면 공통된 성운 관계가 갖추어진 것으로 볼 수 없기 때문에 위의 한자들에 대하여는 광의의 전주로 보아야 옳을 것이다.

2. 《爾雅》: "儀·若·祥·淑·鮮·省·臧·嘉·令·類·綝·鬻·攻·穀·介·徽: 善也"

儀「度也. 从人 義聲.」

段注에 의하면

"度, 法制也.《毛傳》曰: 儀, 善也. 又曰: 儀, 宜也, 又曰: 儀, 匹也, 其義相引伸, 肆師職曰: 古書 儀但爲義, 今時所謂義, 古書爲誼. 按如「文王傳」曰: 義, 善也. 此與「釋詁」及「我將傳」: 儀, 善也 正同. 謂此義爲儀之假借字也."

와 같이 설명하였다. 이에 따르면 '儀'는 법도 외에 착하다는 뜻으로 쓰였음을 알 수 있다.

若「擇菜也. 从艸右. 右, 手也. 一曰: 杜若香草.」

'若'의 본뜻은 채소를 먹기 위하여 골라 뽑는다는 뜻이다. 그러나 순하고 착하다는 뜻으로 가차되었다.

祥「福也. 从示 羊聲.」

'祥'은 福의 뜻이나, 段注에서 "凡統言則 災亦謂之祥, 析言則, 善者謂之祥"이라고 한 바에 의하면 善의 뜻이 있음을 알 수 있다.

---

(34) 首: *ʔtʰjôg(xjŏg)＞ɕiɐu(書久切)＞ṣou³
淑: *ʔdjôk(źjok)＞zjuk(殊六切)＞ṣu²

淑「淸湛也. 从水 叔聲.」

《爾雅》釋詁에서 "淑, 善也"라 한 바와 같이 '淑'은 맑다는 뜻 외에 착하다는 뜻으로도 쓰였음을 알 수 있다.

鮮「鮮魚也. 出貉國. 从魚 羴省聲.」

'鮮'은 본시 貉國(맥국)에서 나는 고기 이름이던 것이 전의하여 청 결의 뜻이 되고, 다시 善의 뜻으로까지 인신하였다. 《詩經》(新臺)에 "籧篨不鮮"(죽지도 않는 늙다리(꼽추)가 웬말인가)이라는 시구가 있는 데, 鄭箋에 의하면 "鮮, 善也(좋음)"라 하였다.

省「視也. 从眉省 从屮.」

'省'은 원래 눈으로 살핀다는 뜻이었는데, 사리를 잘 살펴 망령된 일을 하지 않는다면 곧 善에 달하게 된 듯, 《爾雅》 釋詁에도 "省, 善 也"로 풀이하였다. 방사법(rayonnement)에 속한 의미 변화의 한 예라 고 하겠다.

臧「善也. 从臣 戕聲.」

段注에 의하면

"凡物善者, 必隱於內也, 以從艸之藏爲臧, 匿字始於漢末改易"

이라고 하였다. '臧'이 善의 뜻을 가지게 된 깊은 이치를 살핀 것이라 하겠다.

嘉「美也. 从壴 加聲.」

《說文》의 「美, 甘也. 羊在六畜主給膳也. 美與善同意」라는 해설에서 '嘉·美·善'이 상통함을 엿볼 수 있거니와,《周禮》의 "以嘉禮親萬民"에 대하여 鄭箋에서 "嘉, 善也"라고 한 데서 '嘉'가 善의 뜻으로 쓰였음을 알 수 있다.

令「發號也. 从亼卪.」

'令'은 사람에게 호령을 내려 일을 시킨다는 본뜻 외에 善의 뜻이 있다. 令德(훌륭한 덕), 令聞(좋은 소문)의 '令'이 그런 예이다.

類 「種類相似, 唯犬爲甚. 从犬 頪聲.」

'類'는 개가 서로 비슷함을 뜻한 자였는데 인신하여 무릇 사물이 상사한 것을 범칭하게 되었고, 한편 착하다는 뜻으로도 쓰였다. 《爾雅》 釋詁의 "類, 善也"가 그 예이다.

綝 「止也. 从糸 林聲. 讀若郴.」

古文에서 綝(그칠 : 침)은 '禁'자의 뜻으로 쓰였지만, 한편 善의 뜻이 있었다. 《說文通訓定聲》에서 "綝, 假借爲良"이라고 해설한 것을 보면 '綝'은 일찍이 '良'의 가차자로 쓰였기 때문에 여기에서 善의 뜻이 나오게 된 것이라 본다. cf. 郴(땅 이름 : 침)

彀 「張弩也. 从弓 㱿聲.」

《爾雅》 郝疏에 "彀(구)者, 張弓之善也"로 풀이하였다. 활을 잘 당긴다는 뜻이다.

攻 「擊也. 从攴 工聲.」

'攻'은 공격 또는 다스린다는 뜻이었으나, 한편 善의 뜻으로도 쓰였다. 《爾雅》 釋詁 疏에 "攻者 堅緻之善"이라고 한 것이 그 예이다.

穀 「續也. 百穀之總名也. 从禾 㱿聲.」

'穀'은 곡식을 가리키는 뜻 외에 일찍이 善의 뜻으로 인신하였다.

介 「畫也. 从人 从八.」

'介'는 '价'의 가차자이다. 《說文》에 「价, 善也. 从人 介聲. 詩曰: 价人維藩」이라 하였다. 《詩經》(板)에 "价人維藩"(큰 덕을 지닌 이는 나라 울타리)이라는 시구가 있는데, 여기의 '价'는 곧 善의 뜻이다.

徽 「衺幅也. 一曰: 三糾繩也. 从糸 微省聲.」

衺幅(사폭)은 묶는다(束)는 뜻이므로 한편 삼겹노를 가리키게 되었다. 그런데 《爾雅》 釋詁에 "徽, 善也. 止也"라 한 것을 보면 이미 善의 뜻으로도 쓰였음을 알겠다.

이상의 16 자의 성운 관계를 종합하여 보면 '祥·淑; 鮮·省; 嘉·穀·攻·价; 令·類'는 각기 상고음의 성모가 同紐에 속하였으므로 쌍성전주로 볼 수 있고, '儀·嘉; 祥·臧; 淑·穀; 類·徽'는 서로 운모가 상사하므로 첩운전주라 할 만하다. 그러나 전체적으로는 역시 공통적인 성운 관계가 성립되지 아니하므로 이들도 광의의 전주에 해당된다고 하겠다.

3. 《爾雅》:"爰·粵·于·那·都·繇 : 於也"

爰「引也. 从受, 从亏.」

'爰'은 '援'과 음의가 같은데 《韻會》에서는 "引也. 謂引詞也"라 하였다. 이 풀이가 옳다면 《說文》에서도 "謂引詞也"를 부기하였어야 할 것이다. 여기의 '爰'은 즉 말을 꺼내는 발어의 조사 또는 介詞로 쓰인 것이다.(35)

粵「于也. 寀愼之詞也. 从宷亏. 「周書」曰: 粵三日丁亥.」

'宷'(채)는 삼가하여 말한다는 뜻이다. '粵·于'는 성모가 같은 자로 '於'(…에, …에서)의 뜻에 해당한다.

于「於也. 象气之舒于. 从丂 从一. 一者其气平也.」

'于, 於' 두 자는 이미 周대에도 고금자로 쓰였다. 《詩經》에 쓰인 '于'자의 용법이 《論語》에서는 흔히 '於'로 쓰인 것을 그 증거로 들 수 있다. 段注에 보면 "凡言於皆自此之彼之詞, 其气舒于"라 하였다.

那「西夷國. 从邑 冄聲. 安定有朝那縣.」

西夷國이란 지금의 四川省 서쪽에 있던 古國名이다. 그러나 段注에 보면 "釋詁曰: 那, 於也. 《左傳》棄甲則那. 杜云: 那猶何也. 今人用那字, 皆爲奈何之合聲"이라 한 바와 같이 본뜻 외에 '於'의 뜻으로 전상주석되었음을 살필 수 있다.

---

(35) 爰은 이제 흐논 쁘디라. 《석보상절》서.

都「有先君之舊宗廟曰都. 从邑 者聲.《周禮》: 距國五百里爲都.」

‘都'는 본래 君王의 宗廟가 있는 곳(큰 고을)으로《周禮》에 의하면 五百里의 땅을 칭하였는데, 역시 어조사로 쓰이기도 하였다.[36]

繇 : 이 자는 아래의 繇(따를 : 요, 좇을 : 유)의 僞體字이다.

繇「隨從也. 从系 䚿聲.」

‘隨·從' 두 자는 모두 따른다는 뜻으로 서로 전주되는 자이다. 그런데 ‘系'형을 취한 ‘繇'(유)도 간다(往)는 뜻이 있으므로《爾雅》釋詁에서도 "繇, 道也"로 풀이하였음을 본다. 또 특이한 것은《說文》에 ‘由'를 「或繇字」라 하였는데, 고대에는 ‘由·繇'가 실상 동일자로 통용되었음을 알려 준다. 그러므로 이 자는 결국 상기자와 같이 어조사로 쓰인 것이라 하겠다.[37]

이상의 6 자를 성운면에서 살펴보면 ‘爰·粤·于'는 상고 성모가 같고, ‘那·都·繇'는 모두 舌頭音(同部雙聲)에 해당하므로 雙聲轉注같이 보인다. 이에 반하여 ‘于·都'는 古韻이 같으므로 역시 疊韻轉注라고 말할 수 있을지도 모르나 상례와 마찬가지로 전체를 대상으로 볼 때는 공통적인 성운 관계가 성립되지 않는다. 그러므로 위의 6 자도 광의의 전주에 해당된다.

---

(36) ‘都'는 嘆詞로 쓰인 일이 있다.《尚書》(皐陶謨)에 "禹曰: 都, 帝, 愼乃在位"(우왕이 말하기를 아! 황제께서는 신중히 직위를 응대하고 있구나)라고 했다.

(37) 繇(유)는 介詞로서 ‘由'와 통하고 ‘…으로부터, …에 의거하여' 등으로 해석된다. 예컨대《漢書》(游俠傳)에 "民曷繇知禁而反正乎?"(백성들은 무엇에 의거하여 금령을 알고 바른 길로 돌아가야 합니까?)와 같다.

제 7 장
假　　借

제 1 절　假借 槪說

1.　定義와 內容

가차란 무엇인가?《說文》敍에 의하면

「假借者, 本無其字, 依聲託事, 令長是也.」

와 같이 정의하였는데, 이에 대하여 段玉裁는 注에서 다음과 같이 풀이
하였다.

> "託者, 寄也; 謂依傍同聲而寄於此. 則凡事物之無字者, 皆得有所寄而有
> 字. 如漢人謂縣令曰令長, 縣萬戶以上爲令, 減萬戶爲長. 令之本義, 發號
> 也; 長之本義, 久遠也. 縣令, 縣長本無字, 而由發號久遠之義 引申展轉
> 而爲之, 是謂段借."

이제 許愼의 정의와 段玉裁의 주석을 근거로 하여 알기 쉽게 풀이
한다면, 이른바 가차란 본래 고유의 글자가 없는 말에 대하여 이미 만
들어진 동음자를 빌어 의미(事)를 기탁하는 것을 이른다. 다시 말하면
「本無其字」는 언어상으로 이미 (낱)말은 통용되고 있으나 이를 기록할
수 있는 문자의 형체가 아직 만들어지지 않은 것을 말하고,「依聲託事」
란 그 언어를 기록할 때 성음이 같은 문자를 의탁하되 본래의 뜻과는
상관없이 字가 없는 새로운 義를 기록하는 문자의 운용법(사용법)을
말한다. 그러므로 어느 하나의 문자가 독체(단체)자이건 합체자이건 그
것은 상관이 없다. 다만 새로운 대상어와 동음이거나 유사음이면 가능
하다.

예를 들어 《說文》에 의하면 '令'은 본래 發號의 뜻인 회의자이고, '長'은 久遠의 뜻인 형성자로서 이미 조자되어 있었다. 그런데 秦·漢 이래로 새로운 郡縣制가 실시됨에 따라 縣令, 縣長이라는 관직이 생겨 났지만 당시에 이 명칭을 기록할 고유의 문자는 없었다. 그런데 令·長 과 縣令, 縣長이 마침 동음이었으므로 漢나라 사람들은 이에 대하여 굳 이 새로운 문자를 만들어 내지 않고 기존의 '令·長'자를 빌려 이를 기 록하였다. 이것이 곧 가차이다. 그러므로 「本無其字」는 문자의 자형을 가리키는 말이요, 「依聲」이란 가차자의 성음을 가리키며, 「託事」란 가 차자의 뜻을 가리키는 말이다. 곧 漢字의 필수요소인 形·音·義 세 가지를 모두 언급한 셈이다.

이와 같이 가차는 어떠한 대상의 언어를 기록할 수 있는 본래의 문자가 아직 없는 관계로 성음이 같은 字를 빌어 事(義)를 의탁한 데 서 시작되었다.

2. 假借의 종류

그러나 후세에 이르러서는 원래 있었던 한자라도 언어를 기록할 때에 창졸간에 본래의 글자가 생각나지 않을 경우에 다른 동음의 자로 써 이를 갈음하는 수가 있었는데, 이 예도 역시 가차에 속한다. 심지어 는 誤字, 別字를 쓴 것까지도 가차로 간주하는 일이 있었지만, 이것은 가차의 변천 과정의 문제이다. 이러한 사정을 段玉裁는 《說文》敍의 가 차 항 注에서 다음과 같이 말하고 있다.

"大氐叚借之始, 始於本無其字; 及其後也, 旣有其字矣, 而多爲叚借; 又 其後也, 且至後代, 譌字亦得自冒於叚借; 博綜古今, 有此三變."

그러면 이해를 돕기 위하여 위의 세 가지 사항을 간단히 예시하여 보기로 하겠다.

(1) 本無其字의 假借

위에서 예시한 '令·長' 외에 段注(說文, 假借 정의항)에서 설명한 다음의 여섯 자를 예로 들어 보자.

來「周所受瑞麥, 來麰也. 二麥一夆, 象其芒朿之形, 天所來也, 故爲行
來之來.」

'來'는 원래 보리 모양을 본뜬 상형자이다. 위의 來麰(래모)는 大麥
을 가리키는데, 하늘에서 떨어진 보리라 하여 이를 줄여 '來'라고도 하
였기 때문에 어떤 사물이고 어느 지점에서 다른 지점으로 이르는(至)
것을 '來'라고 말한 데서 往來의 뜻으로 가차되었다.[1] 이렇게 되자 '來'
가 그 본뜻을 잃게 되었으므로 '보리'를 칭하는 자로는 麥(맥)을 쓰게
되었다. 이와 같이 '보리'라는 낱말을 기록할 수 있는 문자는 있었어도,
온다는 뜻을 기록할 本有의 자가 아직 만들어지지 않았던 관계로 성음
이 같은 '來'를 차용하여 후자의 뜻을 나타낸 것을 알 수 있다.

烏「孝鳥也, 象形. 孔子曰: 烏于呼也, 取其助气, 故以爲烏呼.」

'烏'는 원래 가마귀를 나타낸 상형자인데, 이를 감탄사로서 '烏呼'로
쓴 것은 본뜻과는 전연 다른 가차에 불과하다. '于呼'는 가마귀가 입을
벌려 우는 소리를 취음한 것이다.

朋「古文鳳, 象形. 鳳飛羣鳥從以萬數, 故以爲朋黨字.」

'鳳'은 혹은 「神鳥」라고도 불렸다. '鳳'이 날아가면 수만의 뭇새들이
이를 따라 같이 날아간다는 생각에서 후세에 '朋黨'의 자로 가차되었다.

子「十一月昜气動, 萬物滋, 人以爲偁, 象形.」

'子'는 강보에 싸인 幼兒의 형상을 본뜬 자로 역학적으로는 본래
양기가 발동하여 만물이 번성한다는 뜻이었는데(p. 165 참조), 인간은
만물의 영장이므로 가차하여 사람을 칭하게 되었다. 즉 '子'는 남자의
美稱이다(孔子, 孟子, 老子 등).

韋「相背也. 从舛 囗聲, 獸皮之韋, 可以束物, 枉戾相韋背, 故借以爲
皮韋.」

---

(1) '來'가 去來의 뜻으로 쓰인 것은 虞·夏의 書에도 보이므로 周대에 비롯한 사실은
아니다. 丁福保《說文解字詁林》第四册, p. 2302.
　金文에서는 '오다'의 뜻을 명백히 나타내기 위하여 '逨'형으로 고쳐 쓴 예가 있다.

'韋'는 지금의 '違'와 같은 뜻이었는데, 한편 가죽의 뜻으로 가차되었다. 후에 가죽의 뜻으로 '革'자가 쓰이면서 가차의가 상실되었다. '韋'는 익은(다룬) 가죽, '革'은 날가죽의 차이가 있다.

西 「鳥在巢上也, 象形. 日在西方而鳥西, 故因以爲東西之西.」

《說文》에서는 篆文형에 따라 새가 둥우리 위에 앉아 쉬고 있는 형상을 나타낸 자로 풀이하였다. 그런데 고대에 방향을 칭하는 東西의 '西'자가 없었기 때문에 해가 지면 새들이 보금자리를 찾아 드는 것을 연상하여 이 자를 가차하여 쓰게 되었던 것이 오히려 지금은 본뜻을 찾기 어렵게 되었다.

이상의 여섯 자는 본래의 글자가 없었으므로 이른바 「依聲託事」에 의하여 가차한 자의 예이다. 《說文》의 해설문 중 가차를 명백하게 나타낸 용어로서 「以爲……」를 쓴 것은 비록 위의 여섯 자에 불과하지만, 그렇다고 「本無其字」의 가차자가 이에 한정된 것은 아니다. '難, 易' 두 자도 역시 '어렵다, 쉽다'는 뜻으로는 본래 그 자가 없었는데, 難鳥(새의 일종), 蜥易(풀 속에 사는 도롱뇽)의 자에서 나오게 된 가차자이다. 이렇게 볼 때 段玉裁가 《說文》敍 注 중에서 「本無其字」의 가차자로 든 한자는 "令·長·來·鳥·朋·子·韋·西·難·易" 등 모두 10자인 셈이다. 그럼에도 불구하고 사실상 段씨는 자기 스승인 戴震의 "一字具數用者, 依於義以引伸, 依於聲而旁寄, 假此以施於彼, 曰假借"[2]라는 설을 계승하여 "異義同字 謂之假借"[3]라고 주장하였음을 보게 된다. 그렇다면 《說文》에 수록된 한자는 거의 모든 글자마다 본뜻 외에 「引伸展轉而爲之」와 같은 가차의가 있으므로 段씨의 견해를 따르면 이들의 가차의는 모두가 이른바 「本無其字」의 가차라고 할 수 있다.

(2) 本有其字의 假借

본래 그 글자가 있었던 가차란 언어를 기록할 때 문득 본자가 생각나지 아니하여 다른 동음의 자로써 이를 대체함으로써 생겨난 가차

---

(2) 戴震《答江愼修論小學書》(p. 468 주 15 참조).
(3) 《說文》'集'자 하주.

를 말한다. 陸德明은 《經典釋文》序에서 鄭玄의 말을 인용하여

"其始書之也, 倉卒無其字, 或以音類比方叚借爲之, 趣於近之而已."

라고 하였다. 여기에서 우리는 鄭玄이 이미 經典 중에서 이러한 동음 가차 현상이 있음을 발견한 사실을 엿볼 수 있다. 이에 해당된 자례로서 段玉裁는 《說文》敍 注에서 「古文以爲」[4]의 자를 예로 들어 놓았는데, 대표적인 몇 자에 대하여만 설명을 붙이기로 한다.

疋 「足也. 上象腓腸, 下從止. 弟子職曰: 問疋何止, 古文以爲詩大雅字, 亦以爲足字, 或曰胥字, 一曰疋記也.」

疋(疋: 소)는 위는 장단지를, 아래는 발바닥(止)을 상형한 자로 발의 뜻이다. 《管子》의 「弟子職」에 이르기를 "(어른이 누울 때에) 발은 어느 쪽에 두어야 하는가?"를 물었다는 내용이 쓰여 있는데, 許愼은 《管子》를 고문으로 간주한 점을 알겠다. 그런데 《詩經》에서는 '大雅'의 '雅'자 대신 疋(아)자를 쓴 일이 있다. 《毛詩》故訓傳에 "疋者, 正也"로 해설한 예로 보아 두 자는 상통함을 알려 준다.[5] 한편 '疋'는 疏(소)의 뜻으로도 가차되었다.

哥 「聲也. 從二可. 古文以爲歌字.」

'哥'는 본래 소리의 뜻인데 노래(歌)의 뜻으로 가차되었다. 《漢書》에서는 '哥'를 흔히 '歌'의 뜻으로 쓴 것을 볼 수 있다.

詖 「辨論也. 古文以爲頗字. 從言 皮聲.」

詖(말 잘할: 피)는 본래 변론의 뜻이었는데, 편벽되다(頗: 偏也, 비뚤어질: 파)의 뜻으로 가차되었다.[6] 예컨대 詖辭는 한쪽으로 치우쳐 올바르지 못한 말의 뜻이고, 詖行이란 비뚤어진 행동을 일컫는 말이다.

爰 「引也. 從爰 從于. 籒文以爲車轅字.」

'爰'은 '援'과 음의가 같은 자로서 끌어 당긴다는 뜻이었는데, 轅

---

(4) 段玉裁: "凡言某字, 古文以爲某字者, 皆謂古文假借字也." 《說文》 '酒'자 하주.
(5) '雅'의 상고음은 *ŋăg, '疋'는 *sag이지만 《廣韻》 반절에는 五下切(正也)음이 있어 참고된다.
(6) '詖'의 상고음은 *pia(pįwa), '頗'의 상고음은 *p'wa이다.

(원)은 곧 引車이므로 멍에(轅)의 뜻으로 가차되었다.[7]

또한 古文이나 經典의 고자는 성음이 비슷하고 뜻이 상통한 까닭으로 때때로 본자가 있음에도 불구하고 이를 쓰지 않고 동음의 가차자를 쓴 일이 많았다. 이것도 소위 「本有其字」의 가차에 속한다. 그 한 예로 '枯'자를 들어 보자.

枯「槁也. 從木 古聲.「夏書」曰: 唯箘輅枯. 枯, 木名也.」

'枯'는 본래 마른 나무를 가리킨 자인데, 《尙書》 중의 「夏書」를 인용하여 木名으로 풀이하였다. 이 나무가 무슨 나무인지는 확실하지 않으나 본문 중의 「唯箘輅枯」가 現傳하는 《尙書》(禹貢 第一)에는 "惟箘簬楛"로 기록되어 있다. 箘簬(균로)란 아름다운 대나무를 가리키고, '楛'는 堅木으로 화살을 만드는 싸리나무를 가리킨다. 이렇게 보면 '枯'는 싸리나무(楛)의 가차자가 아닐까 여겨진다. 예컨대 楛矢(고시)란 楛木으로 만든 화살을 가리킨다.

(3) 譌(와)字의 假借

중국의 유명한 古典등에는 본자가 있음에도 불구하고 가차자를 사용한 예가 허다하다. 심지어는 《說文》에서도 그러한 실례가 발견된다.

窒「窒也. 从珏 从廾窒宀中, 珏 猶齊也.」
塞「隔也. 从土 窒聲.」

窒(색)은 막힌다는 뜻이고, 塞(색)도 막는다(障)는 뜻이다. 그런데 《說文》에 의하면 窒(질)자의 훈을 「塞也」라 하였는데, 段注本에서는 이 것을 잘못으로 보아 「窒也」로 고쳐 놓았다. 또 隔(격)은 「障也」라 한 것을 역시 段注本에서는 「塞也」로 고쳐 놓은 것을 볼 수 있다. 段注本 이외의 기타본 《說文》에 따른다면 '塞'자의 훈석에 있어서 '塞'은 '窒'의 와자로 쓰였던 것이다.

但「裼也. 从人 旦聲.」

袒「衣縫解也. 从衣 旦聲.」

---

(7)「爰, 假借爲轅」《說文通訓定聲》.

但(단)은 원래 사람이 옷을 벗어 메어 육체를 드러내는 뜻이고, 袒
(단)은 옷솔이 터진 것을 뜻한 자이다. 그런데 《說文》에서 裼(석)자를
찾아보면 「袒也」라 한 것을 段注本에서는 이를 잘못이라 하여 「但也」
로 고쳐 놓았다. 이러한 경우는 臝(裸 : '라'의 본자)자도 마찬가지로 他
本에서는 「袒也」라 한 것을 「但也」로 고쳐 놓은 것을 볼 수 있다. 이
때 '袒'은 '但'의 와자로 쓰인 셈이다. 이들은 일종 「本有其字」이면서
「依聲託事」에 의한 가차이다. 한자의 구조는 비록 형부에 있을지라도
그 운용은 의연히 성부에 있음을 깨닫게 된다. 즉 성음상의 조건에 의
하여 許愼마저도 글자마다 形에 의하여 그 본뜻을 설명하였으면서도
전사 과정에서 와자의 누를 범한 것이라 하겠다.

3. 假借의 功用

그러면 가차의 공용은 무엇일까? 章炳麟(1868~1936)의 견해를 따
른다면 그것은 한마디로 문자의 증가를 절제하는 데 있다고 할 것이
다.[8] 이 말은 가차의 공용을 잘 파악한 말이다. 왜냐하면 수없이 많은
사물이나 무형의 추상적 개념에 대하여 만약 一音(字)一義式으로 낱낱
이 별개의 문자를 만들어 내야 한다고 가정하면 그 자수도 이에 대응
할 만큼 불어나지 않으면 안될 것이며, 또 이렇게 되면 문자 생활은 사
실상 불가능하게 될 것이 뻔하다. 그리하여 造字者들은 전주와 가차의
방법을 채택하여 위에 말한 결함을 극복할 수 있게 하였다. 그리하여
문화의 발전에 수응할 수 있는 造語力을 가지게 한 점에서 중국인의
문화 창조의 지혜를 엿보게 한다. 朱宗萊는 가차의 공용에 대하여 다음
과 같이 말하였다.

"故曰假借之與轉注, 消息相殊, 正負相待者也. 轉注者, 繁而不殺, 所以
恣文字之孳乳者也. 假借者, 志而如晦, 所以節文字之孳乳者也."[9]

(그러므로 가차와 전주 두 가지는 생과 멸이 서로 다르고, 음양의 변화가
교체되는 것이다. 전주란 문자가 번성하여져도 이를 없애지 아니하여 멋대

---

(8) 章炳麟,「轉注假借說」《國故論衡》(1967), pp. 47~55 참조.
(9) 錢玄同・朱宗萊,《文字學 : 形音義篇》(1923) p. 133.

로 문자가 불어나는 일을 그대로 방임하는 것이다. 그러나 가차란 표기는 되었으나 의미가 명확히 드러나지 않은 것으로 문자의 번식을 절제하는 것이다.)

그러면 가차의 종류에는 어떤 것들이 있을까? 여기에서는 크게 두 가지로 나누어 보겠다. 假借 正例와 廣義의 假借가 그것이다.[10]

제 2 절 假借 正例

가차 정례란 일정한 음과 뜻은 있으나 이를 직접 기록할 수 있는 고유의 문자가 없을 때 성음이 같은 다른 문자의 형을 빌려 쓰는 것을 말한다. 이러한 本無其字의 가차는 후세에 이르러 따로 본자를 만들게 되어 차자와 본자가 병행하는 경우도 생겼는가 하면, 혹은 가차의가 행하여지면서 본뜻을 상실하여 또 별개의 자를 만들게 된 경우도 있고, 혹은 본뜻과 가차의가 병행하여 마침내 그 본자를 알 수 없게 된 예도 많다.

그런데 가차 정례는 다시 두 가지로 나뉜다. 有義的 假借와 無義的 假借가 그것이다. 전자는 어느 하나의 문자가 그 본뜻 외에 引申展轉하여 다른 뜻을 가지게 된 가차이고, 후자는 본뜻과는 아무런 관련이 없이 오직 字音만을 빌려 쓴 가차를 말한다.

그러면 이에 관한 자례를 들어 보기로 하자.[11]

1. 有義的 假借

(1) 관 직

公「平分也. 从八厶. 八猶背也. 韓非曰: 背厶爲公.」

《說文》에 의하면 '公'의 본뜻은 공평하다는 뜻인데, 나라의 三公은

---

(10) 假借를 運用假借와 造字假借로 나누고, 다시 前者를 本字가 없는 假借와 本字가 있는 假借로 나누기도 한다. 李國英(1970), pp. 447~530 참조.
(11) 林尹(1971), pp. 187~200 참조.

모름지기 私를 버리고 공평, 공정하게 일을 맡아 수행해야 되므로 이
뜻을 빌어 관직자의 칭호로 쓰이게 되었다. 그러므로 '公'이 '三公'의 칭
호에 가차된 것은 단순히 동음자 때문만은 아니고 깊이 생각하여 보면
양자간에 의미의 맥락이 엿보인다. 이런 점에서 유의적 가차라고 말한
것이다.

　侯「春饗所射矦也. 从人 从厂, 象張布, 矢在其下.」

　'侯'의 본자는 矦로서 사람(人)이 張布(厂)에 화살(矢)을 쏘는 형상
을 나타낸 자로 그 본뜻은 활을 쏘는 표적을 가리켰다. '饗'은 鄕人飮酒
를 뜻하는 자이며, 射侯는 과녁을 가리킨다. 그런데 고대의 射禮에서
활을 쏘아 과녁을 명중시킨 사람은 제후로 뽑히고, 그렇지 못한 사람은
제후가 되지 못하였던 까닭으로[12] '侯'의 본뜻이 인신하여 제후의 뜻으
로 가차되었다. 즉 '諸侯'를 기록할 문자를 따로 만들지 않고 기존의
'侯'자를 빌어 쓴 것이다.

　伯「長也. 从人 白聲.」

　'伯'은 長子의 뜻이므로 '伯·仲·叔·季'는 형제 장유의 차례이다.
그런데 '伯爵'의 伯은 본뜻에서 가차된 것이다.

　男「丈夫也. 从田力, 言男子力於田也.」

　'男'의 본뜻은 밭에서 힘써 일하는 장부를 가리킨 회의자이다. 周나
라 제도에서는 8寸이 1尺, 10尺이 1丈이었으므로 키가 1丈인 사람을
丈夫라 하였다. '男爵'의 '男'은 바로 본뜻에서 가차되었다. 그 까닭은
'男'에는 '任'의 뜻이 있는데(《白虎通》), '任'에는 또 功業의 뜻이 있어
남자가 밭일을 맡는다는 뜻이 확대되어 크게는 나라의 공업을 맡는다
는 점에서 남작의 뜻으로 가차된 것이다. 公, 侯, 伯, 子, 男은 모두 나
라의 정사를 맡은 관직자들이다.

(2) 방 향

　北「乖也. 从二人相背.」

──────────
(12) 江愼中,「申說文侯字義」, 丁福保, *ibid.*, p. 2259.

'北'은 두 사람이 서로 등을 맞대고 있는 자형이어서 원래는 서로 어그러지다 또는 배반한다는 뜻이었다. 그런데 지리적으로 북방은 태양을 등지고 있으므로 인신하여 북쪽을 칭한 가차의가 생겼다.

'西'자 역시 새가 보금자리에 깃들이는 뜻에서 서쪽의 뜻으로 가차된 것도 이와 같다.

(3) 지 리

州「水中可尻者曰州, 水周繞其旁, 从重川. 昔堯遭洪水, 民尻水中高土, 故曰九州. 詩曰: 在河之州. 一曰州, 疇也. 各疇其土而生也.」

'州'는 사방으로 물이 흐르는 가운데 사람이 살 수 있는 높은 땅을 가리킨 자로서《詩經》의 "在河之州"는 그 본뜻을 잘 전하여 준다. 그런데《書經》에 '九州'의 州는 이에서 인신한 가차의이다. 九州란 '冀(기), 兗(연), 靑, 徐, 揚, 荊(형), 豫, 梁, 雍(옹)'을 말한다.

縣「繫也. 从系持県.」

'縣'의 본뜻은 매어 건다는 뜻인데, 郡縣의 칭으로 가차되어 쓰이자 따로 '懸'자를 만들어 그 뜻을 구별하였다. 段注를 보면 "周制: 天子地方千里, 分爲百縣, 則系於國. 秦漢系於郡[13]이라 하였는데, 즉 縣은 나라에 매어 달린(여기에서는 소속의 뜻) 지역이라는 의미로 가차된 것이라 본다.

(4) 시 간

年「穀孰也. 从禾 千聲.《春秋傳》曰: 大有年.」

'年'은 원래 곡식이 성숙함을 뜻하였는데, 벼는 1년에 한 번씩 익는다는 의미를 취하여 年歲에 가차되었다.《爾雅》에 보면 "夏曰歲, 商曰祀, 周曰年, 唐虞曰載"라고 하였는데, 이는 방언의 차이를 알려 주는 예이다.《春秋左氏傳》(宣公 16년)에 "五穀皆孰爲有年, 五穀皆大孰爲大有年"이란 기록으로 미루어 「大有年」이란 오곡이 무르익어 풍년이 들었다는 뜻임을 알 수 있다.

---

(13) 周制로는 縣이 郡보다 컸고, 秦代에는 郡이 縣보다 컸다. 丁福保, *ibid.*, p. 3970.

日「實也. 大易之精, 不虧. 从〇一, 象形.」

'日'은 원래 태양의 형체를 상형한 자였는데, 지구가 태양의 주위를
한 번 도는 시간이 하루이므로 日數에 가차하여 쓰이게 되었다.

月「闕也. 大会之精, 象形.」

'月'은 원래 달의 형체를 상형한 자였는데, 음력으로는 1개월에 한
번씩 滿月이 되는 점을 취하여 月數에 가차하여 쓰이게 되었다.

(5) 인 사

主「鐙中火主也. 丯, 象形. 从丶, 丶亦聲.」

'主'는 등잔에서 타오르는 火形을 본뜬 자였는데, 후세에 군주의 뜻
으로 가차되어 쓰이게 되자 따로 炷(심지 : 주)자를 만들어 본뜻을 나
타내도록 하였다. 그러면 어찌하여 '主'가 군주의 뜻에 가차되었을까.
여기에는 반드시 상관성이 있을 것으로 생각된다. 劉師培의 설명을 빌
리면[14] 상고시에는 능히 用火의 기술을 발명한 사람이라야 군주가 되
었다는 것이다. 그 증거로는 神農은 일명 炎帝, 그 號를 烈山이라 하였
는데, 이는 결코 우연이 아니다. 《爾雅》 釋詁에 '君'을 '烝'이라고 풀이
하였는데, 이 자 역시 '火'를 끼고 있음이 흥미를 끈다. 따라서 모든 군
주는 불의 사용법을 발명한 사람이었기 때문에 군주의 '主'도 火器의
뜻에서 인신하였음을 알 수 있다. 이와 비슷하게 酋長의 '酋'도 술을 만
든 酒官의 뜻에서 인신하였음을 상관지어 생각하면 그 연유를 이해할
듯하다.

尊「酒器也. 从酋廾以奉之.《周禮》六尊 : 犧尊, 象尊, 箸尊, 壺尊, 大
　尊, 山尊, 以待祭祀賓客之禮. 尊, 尊或从寸.」

'尊'은 원래 酒器를 칭하였는데, 존귀한 사람에게 술을 부어 올린다
는 뜻에서 尊卑의 칭으로 가차되었으므로 별도로 '樽'자를 만들어 본뜻
을 나타내게 하였다. cf. 尊(술 : 준, 높을 : 존)

道「所行道也. 从辵首. 一達謂之道.」

---

(14) 劉師培 《小學發微補》, 林尹(1971), p. 189 참조.

사람이 왕래하는 길의 뜻에서 도덕, 도리의 뜻에 가차되었다. 또 朋(붕)자가 神鳥의 명칭에서 朋黨의 뜻에 가차된 사실도 여기에 속한다.

理「治玉也. 从王 里聲.」

'理'는 원래 治玉의 뜻이다. 옥이란 비록 단단한 광물이지만 이를 다듬어 器物을 이룬다는 뜻인데, 지금의 修理, 料理 등의 理는 모두 고쳐 만든다는 의미가 내포되어 있다. 이에 비하여 道理, 天理 등에 쓰인 '理'는 善治의 뜻이 인신한 가차의이다.

(6) 동 작

施「旗旖施也. 从㫃, 也聲. 晋欒施 字子旗, 知施者旗也.」

'施'는 본시 깃발이 바람에 펄펄 날린다는 뜻이었다.[15] 그러므로 '施'는 '행하다, 설치한다'는 뜻을 가지게 되었는데,《論語》(爲政篇)에 "施於有政"의 注에서 "施, 行也"라 함은 곧 가차의를 지적한 것이다. 이렇게 '施'가 가차의에 눌려 본뜻이 상실되자 따로 旎(깃발 펄펄 날릴 : 니)자를 만들어 그 뜻을 구별하도록 하였다. 위의 본문 중「晋欒施, 字子旗, 知施者旗也」란 晋나라 欒施의 字는 子旗이니 施의 訓이 旗임을 알 것이라는 뜻이다. 孔子의 제자인 巫馬施의 字도 역시 子旗이다.

集「雧, 羣鳥在木上也. 从雥木. 集, 雧或省.」

'集'은 본시 뭇새들이 나무 위에 (모여 앉아) 있음을 나타낸 자인데, 여기에서 集會 등의 뜻으로 가차되었다.

'來'자가 보리를 칭하던 것이 왕래의 뜻으로 가차된 예도 여기에 속한다.

(7) 형 용

彊「弓有力也. 从弓 畺聲.」

彊(강)의 본뜻은 활이 센 것을 칭하였는데, 어떤 것이나 굳세고 힘

---

(15) 본문 중「旗旖施也」가 段注本 이외의 판본에는 "施, 旗皃"로 되어 있다.

이 있는 것은 다 가차하여 彊이라 하였다. 이 자는 ‘强’과 그 의미가 같
다. “國勢强盛”이라는 말의 ‘强’도 가차의이다.

　　弱「橈也. 上象橈曲, 彡象毛橈弱也. 弱物幷, 故从二弓.」

　　橈(뇨)는 굽은나무(曲木)를 가리킨다. 나무가 곧은 것은 강하지만
굽은 것은 대개 약하게 마련이므로 윗부분은 나무가 활처럼 굽은 것을
본떴고, 彡은 털같이 약한 모양을 나타낸 자이다.「弱物幷」이란 독립할
수 없다는 뜻이다. 가령 國勢가 衰弱하다는 말은 여기에서 인신한 가차
의이다.

(8) 지　칭

　　自「鼻也. 象鼻形.」

　　‘自’는 사람의 코를 본뜬 자인데, 사람은 누구나 자기를 칭할 때는
코를 가리킨 습관에서 인신하여 ‘自己’의 自로 쓰이게 되었다.

　　女「婦人也. 象形.」

　　‘女’의 본뜻은 부녀자의 범칭인데, 남성 쪽에서 말하면 그 상대는
곧 여성이어서 ‘女’를 제2인칭 대명사로 가차하여 사용하였다.[16] 이 때
의 ‘女’는 ‘汝’와 그 뜻이 같다. 현 중국어의 ‘你’에 해당한다.

2.　無義的 假借

　　無義의 假借란 위에서도 말한 바와 같이 어느 한자의 음이 서로
같아 그 음을 취하여 뜻을 삼는 것을 말한다. 그러므로 형성자의 성부
가 같은 자나 언어의 발음이 같은 자는 어떤 한자나 가차가 가능하다
는 말이 된다.

(1) 명　칭

　　佛「仿佛也. 从人 弗聲.」

---

(16) 《論語》(八佾)에 쓰인 “女弗能救與”(당신은 막을 수 없습니까)의 예와 같다.

'佛'은 본래 방불함을 뜻한 자인데, 불교가 전입하자 梵語의 Buddha를 音譯하는 데 사용하였다. 이것은 본뜻과는 아무런 관련이 없는 음에 의한 가차에 불과하다. 그러나 지금은 오히려 가차의가 부처를 칭하는 자로 굳어지게 되었다.

고대로부터 중국에 들어온 외래어 중에는 그 의미를 잘 파악하여 중국어로 번역한 것이 있는데 이것을 意譯語라고 한다. 현대의 문명 이기인 radio(收音機), television(電視), elevator(電梯) 등은 그 예이다. 이와는 달리 의미는 고려하지 않고 원음만을 근사한 음의 한자로 표음한 것을 音譯語라고 하는데 그 수는 매우 많다. 특히 중국에는 후한 明帝 때(65~67) 불교의 전래와 더불어 梵語(Sanskrit)로 쓰인 佛典 용어가 한자로 음역된 것이 매우 많다. 여기 참고로 몇 가지만 예시한다.[17] ( )안은 梵語임.

舍利(śāri), 波羅門(brāmaṇa), 阿難(ānanda), 鉢(pātra), 袈裟(kaṣāya), 劫(kalpa), 僧伽(saṃgha), 菩薩(bodhisattva), 彌勒(maitreya), 盤若波羅蜜(prajñāpāramitā), 三昧(samādhi), 釋迦文(牟尼)(śākyamuni), 迦留勒(garuḍa) 등.

이 밖에 蒙古, 忽必烈, 成吉思汗, 基督(Christ), 馬克斯(Marx), 馬拉松(marathon), 的士(taxi), 巴士(bus)는 물론이고, 외국의 지명·국명의 표기 등은 모두 가차법(음역)에 의존한 것이다.

(2) 동 작

留「止也. 从田 丣聲.」
連「負車也. 从辵車, 會意.」

'留'는 그친다는 뜻이고, '連'은 수레를 끈다는 뜻인데, 두 자가 합하여서는 연연한 정이 들어 떠날 수 없다는 뜻으로 쓰인 예가 있다. 梁, 元帝 "長行歌" 중의 "人生行樂耳, 何處不留連"(인생이란 행락이 있으면 어느 곳이나 떠나기 싫다)이 그 예이다.

蕭「艾蒿也. 从艸 肅聲.」

---

(17) W. S. Coblin, *A Handbook of Eastern Han Sound Glosses* (1983), pp. 241~ 참조.

瑟「庖犧所作弦樂也. 从珡 必聲.」

蕭(소)의 본뜻은 쑥이요, 瑟(슬)은 庖犧가 만든 弦樂器라고 하였다. 그런데 두 자가 합하여 가을 바람에 나뭇잎이 흔들려 우수수 떨어지는 소리(소슬함)를 나타냈다. 이 역시 두 자의 본뜻과는 상관 없이 음만을 가차한 것에 불과하므로 무의의 가차이다.《楚辭》(九辯)에 “蕭瑟兮, 草木搖落而變衰”라는 구절이 있다.

荒「蕪也. 从艸 㠩聲. 一曰: 艸掩地也.」

唐「大言也. 从口 庚聲.」

‘荒’은 땅이 삭막하고 거칠다는 뜻이며, ‘唐’은 큰 소리를 낸다는 뜻인데, 두 자가 합한 荒唐(황당)은 광대무변의 뜻을 나타낸다.

習「數飛也. 从羽 白聲.」

‘習’은 새가 날개를 치며 빨리 난다는 뜻에서 인신하여 學習의 뜻으로 쓰이게 되었는데,《詩經》(谷風)에 보인 “習習谷風 以陰以雨”(살랑살랑 샛바람에 흐렸다 비가 왔다)의 “習習”은 다만 바람소리를 나타낸 無義 依聲의 가차에 불과하다.

猶「玃屬. 从犬 酋聲. 一曰: 隴西謂犬子爲猶.」

豫「象之大者. 賈侍中說: 不害於物. 从象 予聲.」

위의 두 자는 성모가 같은 쌍성자로서 猶(유)는 원래 어미원숭이(또는 개)를, 豫(예)는 큰 코끼리를 칭한 자인데, 두 자가 합하여 일이나 날짜를 미루어가는 뜻(cf. 執行猶豫)으로 쓰이게 되었다. 이것은 본뜻과는 아무 상관이 없는 가차이다.

(3) 허 사

之「出也. 象艸過屮, 枝莖漸益大有所之也. 一者, 地也.」

‘之’는 초목의 가지와 줄기가 점점 커지면서 날로 새롭게 땅 위로 자라 나온 형상을 본뜬 지사자이므로「出也」라고 풀이하였으며, 여기에서 인신하여 간다(往)는 뜻으로도 쓰였음은 물론이다. 그런데 후에 소유의 介詞(……의)로 사용한 것은 역시 본뜻과는 무관한 依聲 假借이다.

而 「須也. 象形.《周禮》曰: 作其鱗之而.」

'而'는 턱수염을 상형한 자인데, 후에 連詞와 代詞 등으로 가차되었다.

耳 「主聽者也. 象形.」

'耳'는 사람의 귀를 상형한 자인데, 역시 음을 가차하여 어말 조사로 사용하게 되었다.

然 「燒也. 从火 狀聲.」

'然'은 불이 탄다는 뜻이니 지금의 '燃'자와 같다. 그런데 말을 잇는 조사나 부사 어미 등으로 사용된 경우는 역시 음을 취한 가차이다.

其 「所以簸者也. 从竹𠀠. 象形. 丌其下也.」

'其'는 겨를 까부는 키(箕)를 상형한 자인데, 후세에 3인칭 지시대명사로 가차되었다.

焉 「焉鳥, 黃色, 出於江淮, 象形.」

'焉'은 長江과 淮水에서 볼 수 있는 새를 상형한 자라고 하나 段玉裁는 지금 무슨 새인지 알기 어렵다고 하였다. 그런데 후에 가차하여 지시사로 쓰이면서 점차 본뜻이 사라지고 말았다.

이상에서 한자의 본뜻과는 관계없이 음만을 취한 무의의 가차자는 그 수가 너무도 많음을 알 수 있을 것이다.

제 3 절 廣義의 假借

광의의 가차란 이른바 "本有其字의 假借"를 가리킨다. 앞에서도 설명한 바와 같이 언어를 기록할 때 창졸간에 본자가 생각나지 않을 경우에 동음의 자로써 이를 대체하는 것을 本有其字의 가차라고 하는데, 혹은 이를 通假라고도 한다.

좁은 의미에서 가차란 어느 대상을 기록할 본래의 글자가 없을 경우에 부득이 동음자를 빌려 쓴 경우를 말한다. 그러나 이와 달리 어느 대상을 기록할 본래의 글자가 있음에도 불구하고 문득 그 글자를 망각하였을 때에 임시로 그와 동음자를 갈음하여 쓴 경우를 특히 통가라고 하여 가차와 구별한다.

여기에서는 이런 예를 광의의 가차에 포함시키기로 한다. 그 예로는 다음 세 가지 경우를 들 수 있다.

1. 同音假借

(1) '時'를 '是'의 뜻으로 가차한 예(다음의 예는 →표로 나타낸다)

《尙書》(湯誓)에 "時日曷喪, 予及汝皆亡"(이 태양(夏桀을 가리킴)은 언제 없어질까. 나는 너와 함께 멸망하리라)이라는 말이 있는데, 이를 《史記》에서는 "是日曷喪"이라 하였다. '時'의 본뜻은 四時임은 물론이다. 그러나 상고의 經典에서는 '是'대신 '時'를 가차한 예가 있다. 이것은 '時·是'의 음이 같으므로 가차된 것이다.

(2) 信→伸

《孟子》(告子章句 上, 12)에 "今有無名之指, 屈而不信"(지금 여기에 무명지가 굽어서 펴지지 아니하는 이가 있다고 하자)이라는 말이 있다. '信'의 본뜻은 '誠'인데, 여기에서는 '伸'(펴다)의 뜻으로 가차되었다.

(3) 爵→雀

《孟子》(離婁章句 上, 9)에 "爲叢敺爵者鸇也"(우거진 수풀 속으로 새를 몰아 주는 것은 새매이고)라는 말이 있다. 爵(작)의 본뜻은 "禮器"인데 여기에서는 '雀'의 뜻으로 가차되었다. 《說文》에 「雀, 依人小鳥也. 从小隹, 讀若爵同」이라 하였듯이 두 자가 동음이므로 가차된 것이다.

(4) 儀→宜

《禮記》(大學篇)에 "儀監于殷, 峻命不易"이라는 말이 있는데, 《詩

經》(文王篇)에는 "宜鑒于殷, 駿命不易"(은나라의 흥망을 거울삼으라. 천명은 보존하기 쉽지 않도다)로 되어 있다. '儀'의 본뜻은 법도인데, 이 때의 '儀'는 바로 宜(마땅할 : 의)의 뜻으로 가차되었다.

(5) 蚤→早

《詩經》(七月)의 "四之日其蚤, 獻羔祭韭"(사월이면 이른 아침 염소 부추 차려 놓고 치성드려 꺼내 쓰세)에서 蚤(벼룩 : 조)는 早(이를 : 조)의 뜻으로 가차되었다.

(6) 逝→誓

《詩經》(碩鼠)의 "逝將去女, 適彼樂土"(떠나가리 너를 두고, 살 만한 곳 찾아 가리)에서 逝(갈 : 서)자는 誓(약속할 : 서)의 뜻으로 쓰인 것을 알 수 있다.

2. 聲符字가 形聲字의 뜻으로 가차된 예

(1) 舍→捨

《論語》(子路 2)에 "爾所不知, 人其舍諸"(네가 모르는 賢者와 인재는 다른 사람이 버리지 아니하고 추천할 것이 아니냐?)라는 말이 있다. '舍'의 본뜻은 "市居"인데, 이 때의 '舍'는 '捨'(버릴 : 사)의 뜻으로 가차한 것을 알 수 있다. '捨'가 본자이고 '舍'는 차자이다.

(2) 耆→嗜

《孟子》(告子章句 上, 4)에 "耆秦人之炙, 無以異於耆吾炙"(진나라 사람이 구운 고기를 즐기는 것이나, 내가 구운 고기를 즐기는 것이나 즐기는 데는 다름이 없다)라는 말이 나온다. 耆(기)의 본뜻은 '老'인데, 이 때는 嗜(즐길 : 기)와 같은 뜻으로 가차된 것이다.

(3) 曾→增

《孟子》(告子章句 下, 15)에 "所以動心忍性, 曾益其所不能"(자기가

해내지 못하던 일을 더 많이 할 수 있도록 해 주기 위해서이다)라는 구절이 있다. 曾(증)은 본시 「詞之舒也」의 뜻인데, 이 때는 增(불어날 : 증)의 뜻으로 가차되었다.

(4) 奄→淹

《詩經》(臣工)에 "庤乃錢鎛, 奄觀銍艾"(가래 호미 갖추어 일하게 하라. 멀잖아 거둘 때가 다가오리라)라는 시구가 있다. 奄(엄)의 본뜻은 覆(덮다)인데, 여기에서는 '淹'(원래는 江名인데 《廣韻》에 久留 : '오래 머물다'로 풀이하였다 : 엄)의 뜻으로 가차되었다.

(5) 原→愿

《孟子》(盡心章句 下, 37)에 "閹然媚於世也者, 是鄉原也"(심하게 세상에 아부하는 자, 이것이 곧 향원이다)라는 말이 나온다. '原'의 본뜻은 "水本"인데, 여기에서는 '愿'(갈 : 원)의 뜻으로 가차되었다. 《論語》(陽貨篇)에도 "鄉原, 德之賊也"라는 말이 있듯이 鄉原이란 鄉里에서 훌륭하다는 말을 듣고 또 그런 말을 들으려고 노력하는 자를 말한다.

(6) 解→懈

《詩經》(烝民)에 "夙夜匪解, 以事一人"(힘쓰니 아침과 밤이 없었고 오직 한 분을 섬기었도다)의 시구가 있다. 이 때 '解'는 懈(게으를 : 해)의 뜻으로 가차되었다. 《孝經》에는 "夙夜匪懈"로 되어 있다.

3. 形聲字가 聲符字의 뜻으로 가차된 예

(1) 蓋→盍

《禮記》(檀弓 上, 15)에 "子蓋言子之志於公乎"(그대는 어찌하여 그 뜻을 헌공에게 말하지 않습니까?)라는 구절이 나온다. '蓋'의 본뜻은 苫(이엉 : 점)인데, 여기에서는 그 성부자인 '盍(어찌하여)자의 뜻으로 가차되었다.

(2) 匪→非

《詩經》(木瓜)에 "匪報也, 永以爲好也"(기필 갚자고 하기보다는, 길이 사이 좋게 지내 보자고)라는 시구가 있고, 또 同書(周頌, 思文)에도 "莫匪爾極"(지극한 임의 덕이 아님 없어라)이라는 시구가 있다. 이 때 '匪'는 '非'의 뜻으로 가차되었다.

(3) 惔→炎

《詩經》(節南山)에 "憂心如惔"(근심이 가슴에 불을 피우고)이라는 시구가 있다. 惔(담)의 본뜻은 憂(근심할 : 우)인데, 여기에서는 炎(불꽃 성할 : 염)의 뜻으로 가차되었음을 알게 한다.

(4) 奸→干

《文選》에 보면 鄒陽이 吳王에게 상서한 글 가운데 "則無國而不可奸"(나라가 없어 구하기 어렵다)이라는 말이 나오는데, 그 注에 "《爾雅》曰: 奸, 求也. 奸與干同"이라 하였다. 이 글에서는 '干'이 본자이고, '奸'은 가차자이다.

(5) 邳→丕

魏나라 何晏(字, 平叔 : 190~249)의 「景福殿賦」에 "階除連延, 蕭曼雲征, 櫺檻邳張"(……난간이 크게 설치되었다)이라는 구절이 있다. 邳(비)의 본뜻은 고대의 고을 이름인데, 여기에서는 그 성부인 丕(클 : 비)의 뜻으로 가차되었음을 알 수 있다.

제 3 편

字 音 論

제 1 장
緖　　論

제1절　漢字音韻學

1.　연구 대상과 자료

　　현대언어학에서의 음운론(phonology)이란 간단히 말하여 자연언어에 존재하는 말소리(speech sound)와 음형(sound pattern)에 관하여 연구하는 학문이다. 세계의 개별 언어들은 저마다 고유의 음형을 갖추고 있다. 즉 언어마다 음소(segmental phoneme)의 목록과 운율적 자질(prosodic feature)이 다를 뿐 아니라, 공존하는 음들의 배열 순서는 물론, 음의 상호 결합에서 발생하는 형태음운론적 변동 규칙이나 그 과정도 다르게 마련이다. 그러므로 어느 개별언어를 대상으로 할 때 음운론의 연구 과제는 그 언어의 음소 목록과 체계, 공시적 변동 규칙과 통시적 변화(변천) 등 일체의 음운에 관련된 사항을 연구하여 거기에 내재하는 원리와 법칙을 구명하는 일이다.

　　그러나 본절에서 주제로 삼은 漢字音韻學(또는 聲韻學이라고도 통칭함)은 중국의 전통적인 하나의 학문 분야로서 특히 漢語史 중 각 시대에 있어서의 字音(語音) 체계와 역사적 변천 과정 등을 연구하는 학문을 일컫는 뜻으로 쓴다.[1]

　　중국 漢民族의 언어는 실로 장구한 역사를 통하여 음운, 어휘, 문법면에서 계기적인 변천과 발전을 거듭하며 오늘에 이르렀다. 만약 우리가 현대중국어로 唐詩를 읽는다면 그 시의 押韻(韻脚)이나 平仄이

---

[1] 중국의 전통 음운학(성운학)은 흔히 漢語音韻學이라고도 칭한다. 그런데 여기에서 특히 漢字音韻學으로 일컫고자 한 까닭은 漢語 일반의 음운론적 현상을 다 다루지 않고 상고음과 절운계 운서에 반영된 중고한자음에만 관심을 두었기 때문이다.

맞지 않은 것을 발견한다. 이것은 唐代에서 현대에 도달한 사이에 字音의 발전 과정에서 변화가 생겼기 때문이다. 더구나 《詩經》을 대할 경우에 그 차이가 더욱 심하게 느껴지는 것은 당연한 현상이다.

과거의 학자들도 일찍이 이 점을 착안하여 여러 각도에서 자음 변화의 현상을 분석하고 그 원인을 고찰함으로써 변화의 법칙을 탐구하려고 애썼다. 그리하여 마침내 음운학이라는 분과의 학문이 성립하게 되었다. 전통적인 한자음 연구는 「今音學」, 「古音學」, 「等韻學」의 3부문으로 나누기도 하는데, 이런 점에서 한자음운학을 역사어음학(Chinese historical phonetics)이라 칭하기도 한다. 여기에서 흔히 今音學은 중고 시대(주로 隋·唐 시대)의 음운 체계를, 古音學은 상고 시대(주로 先秦 시대)의 음운 체계를, 等韻學은 漢語의 발음 원리와 방법을 각각 연구·분석하는 학문으로 현대의 음성학에 가깝다.

이상의 각 부문은 역대 음운학자들의 노력에 의하여 많은 업적이 이루어졌다. 그러나 한자는 표음문자가 아닐 뿐더러 연구 방법에도 결함이 있었기 때문에 옛 음운학서에는 애매 모호한 해설도 많았던 것이 사실이다. 그러던 것이 1920년대 이후로 스웨덴의 B. Karlgren(1889~1978)을 비롯한 외국 학자들이 현대 언어학의 방법을 응용하여 漢語音韻을 본격적으로 연구한 데 자극을 받아 중국내의 학자들도 실증적이며 체계적인 방법으로 음운학에 대하여 새로운 연구 성과를 쌓게 되었다.

漢語의 음운을 공시적이거나 통시적으로 고찰하려면 우선 많은 자료가 필요하다. 표어(표의)문자의 특징은 어휘의 의미를 전달하고 이해하는 데는 장점이 있을지언정 개별 한자의 음가를 추정하여 한 시대의 음운 체계(音系)를 정립하는 작업에는 많은 어려움이 따른다. 그리하여 과거의 음운학자들은 여러 방면의 자료를 이용하여 어음의 실상을 밝히려고 노력하여 왔다. 그 중요한 자료만을 간단히 들어보면 다음과 같다.

(1) 韻文: 《詩經》, 《楚辭》 등에 쓰인 압운 실태를 정리, 귀납하여 상고음의 分韻과 合韻 양상을 밝힌다.

(2) 形聲字: 형성자와 聲符字音과의 상관성을 고찰하여 상고음을 재구(추정)하고 그 특징을 밝힌다.

(3) 異文: '匍匐'~'扶服'과 같은 異文 자료를 통하여 어음의 교체 상황을 살핀다.

(4) 讀若·讀如:「x 讀若 y」에서 x·y음의 관계를 밝힌다.

(5) 直音:「x 讀 y」형식에서 x·y음의 관계를 밝힌다.

(6) 音訓: 音訓法의 訓詁 자료에서 被訓字와 訓解字音과의 상관성을 고찰한다.

(7) 對音·借用語: 漢대 이래의 梵語·외래어의 對音(譯音) 자료 등을 분석하여 당시의 어음 추정에 이용한다. cf. Buddha: 浮屠《後漢書》. 韓國·日本·越南 漢字音과 借用語音 표기 자료도 고대음의 연구에 귀중한 자료로 활용된다.

(8) 韻書의 反切: 각종 운서에 표기된 반절은 일종의 拼音 자료이므로 가장 널리 이용할 수 있다.

(9) 等韻圖: 等韻書의 韻圖에 배속된 한자음을 고찰하여 성모와 운모의 변별성과 상호 관계 등을 구명한다.

(10) 方言: 현대 중국의 각 지방 方言 讀音 역시 이전 시기의 한자음을 회고적 방법으로 재구하는 데 중요한 방증 자료가 된다.[(2)]

2. 연구의 필요성

중국에서 초기에 음운학을 연구한 목적은 주로 古書를 정확히 해독하여 이를 바르게 이해하려는 데 있었기 때문에 음운학은 小學의 한

---

(2) 現代 漢語의 방언 구획은 학자의 관점에 따라 다소 차이가 있겠지만 크게는 다음 6구역으로 나눌 수 있다.
  (1) 北方語: 東北·華北·西北 지역과 四川·雲南·貴州·廣西 지방
  (2) 吳方言: 蘇州·上海를 포함한 江南 지방
  (3) 閩方言: 福建 지방
  (4) 客家方言: 福建·江西·廣東·湖南省 등의 山地
  (5) 粤(월)方言: 廣東 지방
  (6) 湘方言: 湖南 지방
  (이 밖에 贛(감)方言·閩(민)南·閩北 方言을 추가, 세분하기도 한다.)
이 중에서 北方語의 중핵을 이룬 北京語의 음계가 비교적 간소하며 오늘날 공통어(普通話)의 규준이 되었다. 吳 방언에는 中古漢語에 존재하였던 淸音과 濁音의 구별이 남아 있고, 粤(월) 방언에는 入聲(-p, -t, -k)이 완전히 잔존하여 있다. 각 방언의 특징에 대하여는 袁家驊《漢語方言槪要》(1960 北京, 文字改革出版社)가 참고된다.

부문에 불과하였다. 즉 文字學을 과거에는 小學이라 하였는데, 漢대 이후로 小學은 字形學(협의의 문자학), 音韻學, 訓詁學 등 일반적으로 언어·문자를 연구하는 학문을 통칭하였기 때문이다. 오늘날도 漢語音韻學의 연구는 중국 쪽의 입장에서는 옛 시대의 韻文을 감상한다거나 또는 과거의 언어 문화 유산을 계승하는 목적에도 중요한 의의가 있지만, 漢語의 역사를 정립하고 그에 따라 한어 어음의 내면적 발전 법칙을 고찰함으로써 표준어의 확충, 漢語의 규범화, 문자 개혁, 방언 조사 등 여러 면에 공헌하는 점이 많다. 그렇지만 이것이 중국 쪽에만 한한 것은 아니다. 넓은 의미로 東洋學의 관점에서는 중국의 언어학, 고전문학, 역사학 등에도 음운학의 이해가 요청된다. 제 4 편의 字義論에서 고찰할 터이지만 한자의 의미를 고증하는 일에도 음운의 지식은 불가결하다. 또 중국의 漢詩나 歌曲을 감상할 때에도 음운학의 이해가 없이는 내면의 음악성을 체득하기 어렵지 않은가 한다.

그런데 韓國學의 연구에도 한자 음운의 연구와 이해는 매우 중요하다는 사실을 강조하지 않을 수 없다. 우리 나라의 한자 수입 연대는 정확히 잘라 말하기는 어려우나 漢四郡의 설치(B.C. 108)와 佛敎 전래(372) 등의 史實을 감안하면 늦어도 이 시기 사이에는 중국의 한자가 전래하였을 것으로 생각된다.[3] 그리하여 매우 이른 시기에 韓·中語의 접촉이 이루어지기 시작하였다. 이에 따라 어휘면에서는 물론, 한자음의 수용 과정에서 때로는 중국음의 특성이 국어의 음운 체계에 영향을 미치기도 하고 또 국어의 음운 체계와 그 특징으로 말미암아 이른바 韓國式 漢字音 체계가 형성되기에 이르렀다.

더욱이 訓民正音이 창제(1443)되기 이전의 한국 고유의 언어 자료는 모두가 漢字의 音·訓借字法을 이용하거나 또는 漢字에 의존하여 표기되어 있다. 三國 시대의 人名·地名·官名은 물론 신라의 鄕歌가 그러한 예이다. 이와 같은 언어 자료를 정확히 해독하여 고대국어를 재구하기 위해서는 漢字音의 대외적 비교 연구가 반드시 수행되어야 할

---

(3) 일본의 滿田新造는 「朝鮮字音と日本吳音との類似點に就いて」, 《東洋學報》 15-3 (1926)이라는 논문에서 조선에 한자와 더불어 한자음이 수입된 정확한 역사는 前漢 武帝 시대(B.C. 140~87)에 시작되었으며, 그 수입 경로는 북방 중국이라고 주장한 바 있다.

과제인 것이다. 이렇게 우리의 고대국어와 국사학의 연구는 물론이고,
한국의 韻書·字典類의 표기음의 양상과 한국 한자음의 특징 등을 밝
히는 일에 이르기까지 중국 음운학은 중요한 보조과학이 된다. 이러한
사정은 日本이나 越南의 경우도 매한가지이다.

제2절 漢字音韻史의 시대 구분

중국에서 언어음에 대하여 적으나마 관심을 나타내기 시작한 것은
漢대부터였다. 後漢 때 劉熙가 物名을 27류로 나누어 훈석한 《釋名》(7
권)에

"古者曰車, 聲如居, 言行所以居人也. 今曰車, 車舍也."

라고 한 것이 그 증거의 하나이다.[4] 그러나 漢대에서 六朝 시대까지의
古音에 대한 연구는 극히 단편적이어서 계통적인 것이 못되었고, 唐대
에도 古經의 文句 중에서 韻이 맞지 않은 것을 가려내어 알맞게 고치
는 일이 성행하였으나[5] 역시 체계적인 연구 실적은 나오지 않았다. 그
러던 것이 宋대 이후로 계속하여 유명한 음운학자들이 배출되면서 한
자 음운에 대하여 적극적으로 연구를 거듭한 결과 까마득한 상고음으
로부터 현대음에 이르기까지 체계적이며 실증적인 연구 성과를 낳게 하
였다. 이에 대하여 구체적인 예증을 하려는 것이 이 절의 목적이 아니
므로 여기에서는 다만 중국 음운사의 시대 구분을 보이기 위하여 대표
적인 설만을 가려 보고자 한다.

1. 張世祿 《中國古音學》 (1940) p. 1

張世祿은 '古音者, 對今音, 國音而言. 吾國標準語音, 依時代區分, 約

(4) '車'자는 《廣韻》에 九魚切[kįwo], 尺遮切[tɕįa]의 두 음이 있는데, 劉熙의 증언에
따르면 漢대 이전의 古音은 전자이고 아마도 漢대에 후자이 생긴 것으로 보인다.
후자음은 舍[ɕįa]와 가깝다고 말한 것이다.
(5) 唐, 玄宗이 《書經》의 洪範에 쓰인 "無偏無頗, 遵王之義"에서 頗(파)는 '義'와 韻이
같지 않다는 이유로 陂(피)로 고친 따위이다. 文璇奎 《中國言語學槪論》(1977), p.
153.

有三種'이라 하여 다음과 같이 3기로 나누었다.

(1) 古音 : 周, 秦, 兩漢 시대의 어음

(2) 今音 : 魏, 晋, 唐, 宋의 어음

(3) 國音 : 元, 明 이후의 현대음

2. 錢玄同《文字學 : 音篇》(1921) p. 3

제 1 기 : B. C. 11 세기~B. C. 3 세기(周, 秦)

제 2 기 : B. C. 2 세기~A. D. 2 세기(兩漢)

제 3 기 : 3 세기~6 세기(魏, 晋, 南北朝)

제 4 기 : 7 세기~13 세기(隋, 唐, 宋)

제 5 기 : 14 세기~19 세기(元, 明, 淸)

제 6 기 : 20 세기~ (現代)

3. 王力《漢語史稿》[6] (1957) p. 35

(1) 上古期 : B. C. 3 세기 이전(五胡亂華 이전)

              (A. D. 3·4 세기는 과도 단계)

(2) 中古期 : 4 세기~12 세기(南宋 前半)

              (12~13 세기는 과도 단계)

(3) 近代 : 13 세기~19 세기(阿片戰爭)

              (1840 년 阿片戰爭~1919 년 五四運動까지는 과도 단계)

(4) 現代 : 20 세기(五四運動 이후)

4. 羅常培《漢語音韻學導論》(1965) pp. 7~12

제 1 기 : 周, 秦 古音(B. C. 11 세기~B. C. 3 세기)

제 2 기 : 兩漢 古音(B. C. 2 세기~A. D. 2 세기)

제 3 기 : 魏, 晋, 南北朝 (切韻 前期)(3 세기~6 세기)

제 4 기 : 隋, 唐, 宋 (切韻 後期)(7 세기~13 세기)

제 5 기 : 元, 明, 淸 (北音 時期)(14 세기~19 세기)

제 6 기 : 現代 (音標 時期)(20 세기~　　)

---

(6) 王力의 分期는 특히 語法의 역사에 중점을 둔 것인데, 甲骨文 이전의 시대를 太古
期라고 할 수 있으나, 이러한 分期는 하등의 의의가 없다고 하였다. *ibid.*, p. 35.

5. 謝雲飛 《中國聲韻學大綱》(1971) p. 7

(1) 上古音 : 周, 秦 古音
(2) 中古音 : 절운계 운서의 어음(隋, 唐, 宋)
(3) 近古音 : 宋代 후기 절운계 운서의 改變 韻目의 음
(4) 近代音 : 早期 官話(《中原音韻》 대표)
(5) 現代音 : 현대 표준어와 현대 방언음

6. 董同龢 《漢語音韻學》(1972) pp. 9~10

(1) 上古音 : 형성자와 詩經 등 先秦, 周代 전적 중의 자료 음계
(2) 中古音 : 절운계 운서와 早期 韻圖에 반영된 음계(隋, 唐初 중심)
(3) 近古音 : 宋末의 《古今韻會擧要》 등에 반영된 음계
(4) 近代音 : 元代 북방어의 대표인 《中原音韻》의 음계
(5) 現代音 : 현대 표준어와 방언음

7. 藤堂明保 《新訂 中國語槪論》(1985) p. 256

(1) 太古漢語(Proto-Chinese) : 殷代~西周(前 15C.~前 10C.)
(2) 上古漢語(Archaic-Chinese) : 東周~春秋戰國~秦漢~三國
(前 7C.~後 4C.)
(3) 中古漢語(Ancient-Chinese) : 六朝~隋唐(6C.~10C.)
(4) 中世漢語(Middle-Chinese) : 宋~元~明(11C.~16C.)
(5) 近代漢語(Modern-Chinese) : 淸~現代(17C.~20C.)

이상 7인의 語音分期를 제시하였는데 張世祿을 제외하면 나머지
는 거의 대동소이함을 알 수 있다. 여기에서는 음운사의 시기를 6기로
나누어 간략히 소개하여 두고자 한다.

대체로 제1기에 속하는 周, 秦 古音을 흔히 上古音이라고 일컫는
다.[7] 이 시기에는 아직 音書가 없었으므로 당시음의 진상을 상고하기
어려운 것이 특징이다. 先秦音을 연구하기 위한 자료는 《詩經》,《楚辭》
를 비롯하여 碑文에 쓰인 用韻을 중심으로 하고,《說文》에 수록된 형성
자를 대상으로 하여 聲符의 字音과 形聲字音을 비교, 考定할 수밖에

---

(7) B. Karlgren은 上古音을 Archaic Chinese, 中古音을 Ancient Chinese라고 하였다.

없다.

《詩經》제 1 편인 國風, 關雎에서 押韻例를 검토하여 보자.

(1) 關關雎鳩, 在河之洲　구욱 구욱 징경이는 황하의 섬에서 울고,
　　窈窕淑女, 君子好逑　아리따운 아가씨는 군자의 좋은 짝이로세.

(2) 求之不得, 寤寐思服　그리어도 안되기 자나깨나 이 생각,
　　悠哉悠哉, 輾轉反側　끝 없어라 내 마음 잠 못들어 뒤척여.

(3) 參差荇菜, 左右采之　올망졸망 마름풀을 이리저리 따고요,
　　窈窕淑女, 琴瑟友之　아리따운 아가씨는 금실 좋은 벗이리.

(4) 參差荇菜, 左右芼之　올망졸망 마름풀 이리저리 고르고,
　　窈窕淑女, 鍾鼓樂之　아리따운 아가씨 풍악 울리며 즐기리.

위의 시에서 윗점 친 한자가 각각 압운자이다. (1)에서 '鳩·洲·逑(구)' 등은 현대에도 별 문제가 없지만 고대에도 역시 운모가 같았음을 알 수 있다. 그러나 (2)의 '得·哉', (3)의 '采·友', (4)의 '芼(모)·樂'의 관계는 현대음으로는 맞지 않지만, 아마도 상고음에서는 운모가 상사하였기 때문에 압운자로 쓰였을 것으로 추정된다. 이런 예에서 우리는 상고음의 음계를 재구하는 데 중요한 암시를 얻을 수 있다.

또 '江·河'와 같은 형성자는 '工, 可'를 각각 성부로 취하였는데, 상호간의 관계는 음운으로 해결해야 될 문제이다. 그러나 다음 몇 가지 중요한 의문에 대하여 시원한 대답을 주지 못하고 있다.

첫째, '江'의 성부는 '工'이고, '河'의 성부는 '可'인데, '工'과 '可'가 고대에는 어떻게 읽혔는지? '工, 可'류의 성부는 그 자체가 오히려 形義的인 것에서 생긴 것은 아닌지?

둘째, 고대에는 '江'을 '工'으로 읽었는지, 혹은 '工'을 '江'으로 읽었는지, 아니면 그와는 다른 독법이 있었는지?

셋째, '江'과 '工'은 고대에 완전히 동음이었는지, 그렇지 않으면 약간 가까운 음이었는지? 만약 相近音이었다면 그 정도는 어떠하였는지 등이 의문이다.[8]

그럼에도 불구하고 우리는 형성자의 성운 관계를 통하여 상고음을

(8) 董同龢《漢語音韻學》(1972), pp. 4~5. 孔在錫 역(1976), p. 16 참조.

추적하는 방법을 모색한다. 그 결과 4자의 상고음은 각각 다음과 같이
재구된 바 있다.

	董同龢	Karlgren	周法高	廣韻 反切	北京音
工	*kûŋ	*kuŋ	*kewŋ	古紅切	kuŋ
江	*kuŋ	*kŭŋ	*krewŋ	古雙切	tɕiaŋ
可	*kʻâ	*kʻâ	*kʻa	枯我切	kʻə³
河	*ɣâ	*gʻâ	*ga	胡歌切	xə²

　제2기에 속하는 兩漢 시대의 字音은 제1기에 이어 籀·篆文이 省
改되어 隷書와 草書 등으로 字體가 달라짐에 따라 형성자음도 점차 審
音이 어렵게 된 시기이다. 또한 이 시대까지도 운서가 이루어지지 아니
하였으므로 용운이 심히 광범하였지 않을까 생각된다. 겨우 漢대에 저
작된 韻文을 자료로 삼아 대개의 聲韻을 재구할 수 있을 뿐이다.

　제3기에 속하는 魏(220~264)·晋·南北朝 시대(420~589)는 비
교적 자음에 대한 고찰이 활발한 시기였던 것으로 생각된다. 한자음을
표음하기 위한 反切法이라든가 四聲이 체계화하기 시작한 사실 외에
도, 수많은 음운서가 나왔던 점으로 미루어 알 수 있다. 《隋書》 經籍志
에 전하는 음운서명에는 다음의 것들이 있다.

李　登《聲類》10권　　　　　劉善經《四聲指歸》1권
呂　靜《韻集》6권　　　　　　夏侯詠《四聲韻略》13권
李　槩《音譜》4권　　　　　　陽休之《韻略》1권
王　該《五音韻》5권

　이 밖에도 여러 전적에는 음운에 관한 서적명이 보인다. 그러나 이
책들은 불행히도 지금 전하지 않으므로 그 내용이 어떤 것이었는지는
정확히 알 길이 없다.(9)

　李登의《聲類》는 지금까지 알려진 한 중국 최초의 운서이다. 그런
데 《隋書》潘徽列傳에

　"李登 聲類, 呂靜 韻集, 始判淸濁, 纔分宮羽."

---

(9) 이에 대하여는 眞武 直《日華漢語音韻論考》(1969) 중의 第一編「王仁煦刊謬補缺
　　切韻所錄, 呂·夏侯·陽·李·杜, 諸家韻目の表解」가 참고된다.

라 하였고, 封演의 《封氏聞見記》에

> "魏時有李登者, 撰聲類十卷, 凡一萬一千五百二十字, 以五聲命字, 不立諸部."

라고 한 말을 제외하고는 우리들은 《聲類》의 체제나 내용에 대하여도 전연 알 수가 없다. 만약 위의 운서들이 지금 전하고 있더라면 적어도 제3기의 한자음의 실태가 보다 정확하게 밝혀질 수 있을 것이지만 애석한 일이다.

제4기에 해당되는 隋·唐·宋대의 한자음을 흔히 중국음운학에서는 中古漢音(또는 中古音)이라고 통칭한다. 중고음에 대하여는 후술할 터이지만 隋 文帝 仁壽 원년(601)에 나온 陸法言의 《切韻》을 필두로 하여 그 이후로 간행된 《唐韻》(751), 《廣韻》(1008) 등의 절운계 운서가 우리가 의존할 수 있는 가장 중요한 자료들이다. 어떤 의미에서 어느 정도 실증적 재구가 가능한 한자음은 바로 이 중고음이라고 말하여도 좋을 것이다.

제5기에 해당되는 근고음과 근대음은 元·明·淸대의 어음을 대표한다. 宋대 음운학자들이 만든 운서는 점차 운의 수를 줄이는 추세였고, 몇 백년 동안 반절이 유행하였으나, 宋 후기에 이르러 일반인들은 이미 응용할 수가 없게 되었다. 그 까닭은 중국의 한자음이 그 당시에 이미 상당한 변화가 수행되었기 때문이다. 그리하여 이러한 변화를 반영한 운서가 나오게 되었는데, 그것이 바로 黃公紹의 《古今韻會》(1292년 이전)와 熊忠이 편찬한 《古今韻會擧要》(1297)이다. 《韻會》는 지금 전하지 않으나, "編帙이 浩瀚하여 四方의 學士가 편람하기 어려우므로" 이를 改刊하였다는 《擧要》에서 실상을 파악할 수 있다. 《擧要》는 완전히 劉淵의 《壬子新刊禮部韻略》(1252)에 따라 107운목으로 나누고 있어[10] 표면상으로는 전통의 韻部에 의거한 듯 보이지만, 실상은 元대

<hr>

(10) 劉淵은 江北(현 山西省 臨汾縣)의 平水人인데, 그가 《임자신간예부운략》을 刻한 곳의 이름을 따서 '平水韻'이라 일컬으며 모두 107운 체제로 되어 있다. 여기 107운은 이전의 《광운》, 《집운》, 《禮部韻略》의 206운에서 同用의 것을 병합한 결과이다. 그리고 107운에서 上聲의 「拯」운을 「迵」운에 병합한 것이 지금의 106운이다. 金나라 王文郁의 《新刊韻略》(1227), 張天錫의 《草書韻會》(1229)는 106운 체제로 되어 있다. 《임자신간예부운략》은 현재 전하지 않고 《고금운회거요》를 통하여 그 개황을 살필 수 있다.

의 어음 계통을 중시한 것임을 알 수 있다. 그 凡例에

"舊韻所載, 考之七音, 有一韻之字, 而分入數韻者, 有數韻之字, 而倂爲
一韻字, 今每韻依七音韻, 各以類聚, 注云 :「以上案七音屬某字母韻」"

즉, 지금 옛 운의 七音을 살펴보면 한 운자가 여러 운으로 나뉜 것도
있고, 또는 여러 운자가 한 운자로 병합된 것도 있다. 그러므로 이제
운마다 七音의 운에 따라 각기 분류해 모으고 "이상은 七音을 살펴건
대 어느 자모운에 귀속한다"고 주하였다는 것이다. 여기에서 "舊韻"이
란 전통의 운부를 말한 것이요, "某字母韻"이란 元代의 실제 어음을 가
리킨다. 그러므로《擧要》의 자음은 중고에서 근대를 이어 주는 교량적
역할을 한 셈이다.

　　근대음을 반영한 귀중한 자료는 元나라 周德淸의《中原音韻》(1324)
이다. 元代의 戲曲 또는 元曲 이후에 민간에 성행한 白話小說은 모두
당시의 북방 표준 口語로 쓰여진 것인데, 이는 전통 운서에 보이는 자
음의 영향을 전연 받지 않고 순수한 口語를 표준으로 한 것이었다. 元
朝의 중요 인물은 비록 몽고인들이었지만 당시의 중국 북방에는 소위
官人들에게 통용된 언어가 있었던바, 북방의 민간인들은 모두 이를 사
용하고 있어서 당시에 이런 언어를 "中原雅音" 또는 "中原雅聲"이라고
하였고, 혹자는 "官話"라고도 칭하였다. 이것이 이른바 早期官話라고
불리우는 것으로 근대음을 대표한다. 따라서《中原音韻》은 비록 元曲을
위하여 저작된 운서이었을지라도 당시의 북방 口語를 근거로 하였다는
점에서 중국 음운학에서 귀중하게 여기는 자료이다. 여기에는 /-k, -t,
-p/ 입성이 평·상·거성에 派入되어 완전 소멸된 현상을 보여주는 것
이 가장 큰 특징이다.

　　제 6 기에 해당된 현대음이란 현재의 北京語를 중심으로 한 표준음
과 각 지방의 방언음이 모두 포함된다.

제 2 장
漢字音韻學의 一般論

제 1 절 聲 類

1. 聲母, 聲紐, 無聲母

전통적인 중국 음운학(聲韻學)에서는 하나의 한자음을 크게 聲母와 韻母의 두 가지 요소로 분석하는 2분법을 채택하여 왔다. 성모란 한개 한자의 음절 초두음(initial)을 칭하는 음운학상의 용어이다. 예를 들면 馬〔ma〕, 矯〔tɕiao〕에서 〔m-〕, 〔tɕ-〕를 성모라고 한다. 그런데 성모는 현대 음성학에서의 자음(consonant)의 개념과 반드시 일치하는 것은 아니다. 자음이라고 하면 班〔pan〕에서 〔p〕, 〔n〕이 다 해당되지만 〔-n〕은 韻尾에 속하므로 성모라면 〔p-〕만이 해당될 뿐이다.

성모는 이전의 음운학에서는 '母' 혹은 紐(뉴)라고도 칭하였다.[1] 紐라는 용어가 처음 쓰이기는 唐나라 때 孫愐의 《唐韻》序에 보인

"又紐其脣齒喉牙 部件而次之." (또 성모는 순·치·후·아음으로 같은 것들을 나누어서 그것들을 벌려 놓았다.)

가 처음이다.

聲母와 聲紐는 흔히 구별되지 않고 쓰이기도 하지만 개념상 약간

---

(1) 일반적으로 等韻學에서는 聲母의 異名으로 聲紐라는 용어가 쓰인다. 紐(뉴)란 원래 紐帶라는 뜻이므로 성뉴란 성모를 나타내는 유대를 말한다. 反切 구조상에서는 반절 상자를 가리키는 경우가 많아서 聲類, 字母, 音紐 등의 용어는 모두 그 이명이다. 梁나라 沈約 《四聲譜》의 逸文에는 郎(平)—朗(上)—浪(去)—落(入)과 같이 4자씩이 병렬되어 있는데, 이것을 잇는 유대가 성모〔l〕이다. 여기에서 성모를 '紐'라고 칭하게 되었다.

의 차이가 있다. 가령 36자모 중의「照·穿·牀·審·禪」등 5개 자모
에 소속된 자는 어떤 것은 韻圖에서 2등에 배치된 것도 있고 또 어떤
것은 3등에 배치된 자도 있는데, 그 배치가 다른 까닭은 그들의 성모
가 다르기 때문이다. 그러므로 우리는 습관적으로 '照紐 2등' 또는 '照
紐 3등'이라 하여 성모의 다름을 구별하고 있지만, 성뉴로 말하면 2등,
3등을 막론하고 모두 照紐이므로 성뉴는 같아도 성모는 다른 현상이
생기게 된다. 왜냐하면 성모는 실제 어음의 initial을 가리키므로 변음
전과 변음 후가 다를지라도 성뉴는 음변의 여부에 관계 없이 항시 同聲
紐로 보기 때문이다.

위에서 성모는 한자의 음절 초두음을 가리킨다고 하였다. 그런데
한자음 중에는 應〔iŋ〕, 兪〔ü(y)〕, 延〔ien〕과 같이 어두에 성모가 없는
자도 있다. 이런 자들도 성운학에서는 성모가 있는 것으로 간주하여 비
록 모음으로 시작하였지만 소위 36자모 중의「喩」모에 소속시켰는데,
이것을 無聲母 또는 零聲母(zero initial)字라고 한다.

2. 字   母

성모가 동일한 여러 한자 중에서 한 글자를 골라 해당 성모의 대
표자로 삼은 것을 자모라고 한다. 예를 들면 운서의 반절에서는 똑같은
〔k-〕를 나타내기 위하여 '居·九·俱·擧·古'등 여러 반절 상자를 이
용하였는데, 이런 방법은 너무 번잡하므로 그 가운데에서 한 글자를 골
라 언제나 같은 글자가 특정의 성모를 대표하도록 마련한 것이 자모이
다. 그 기원은 唐末期의 중(僧)이었던 守溫의 30자모로부터 시작되어
이후 宋·元대의 等韻學에서 채택한 36자모라는 것이 그 대표적인 예
이다. 예컨대「見」모는〔k〕를 대표하고,「端」모는〔t〕를,「知」모는〔ƫ〕
를,「幇」모는〔p〕를 대표한 것과 같다.

오늘날 밝혀진 바에 의하면 漢語에 있어서 자모의 구별은 梵語 문
자음의 분석법에 영향을 받은 것으로 敦煌에서 발견한 守溫의《韻學殘
卷》에 쓰인 30자모가 그 시초이다. 守溫의 30자모를 간단히 예시하면
다음과 같다.

脣	音:	不 芳 並 明
舌頭音	:	端 透 定 泥
舌上音	:	知 徹 澄 日
牙	音:	見(君) 溪 群 來 疑
齒頭音	:	精 淸 從
正齒音	:	審 穿 禪 照
喉中音淸	:	心 邪 曉
喉中音濁	:	匣 喩 影

위의 자모는 《韻鏡》에서 규정한 전통적인 36자모에 비하여 6모가 적을 뿐 아니라 五音의 분류자도 다르다. 예컨대 「日」모를 설상음에, 「來」모를 牙音에, 그리고 「心·邪」모를 喉音에 넣은 것 등이 《韻鏡》의 분류와 맞지 않다. 36자모는 宋代의 등운학자들이 守溫의 30자모 중 '不·芳'을 '非·敷'로 고치고, 여기에 다시 「幇·滂·奉·娘·徹·牀」모를 더하여 확립한 것이지만 36자모가 그대로 중고한음의 성모를 대표한 것은 아니다(pp. 600~601 참조).

3. 五音, 七音

한자음의 성모를 발음 부위(조음 위치)에 따라 분류하였던 과거 음운학의 명칭에는 五音, 七音 등이 있다.

五音이란 牙音, 舌音, 脣音, 齒音, 喉音을 말하고, 여기에 半舌音, 半齒音을 더한 것이 곧 七音이다. 그리고 五音을 세분하여 牙音, 舌頭音, 舌上音, 脣重音, 脣輕音[2], 齒頭音, 正齒音, 喉音, 舌齒音(半舌音과 半齒音의 합칭)으로 나눈 것을 九音이라고도 한다.

물론 위와 같은 분류 방법이나 명칭은 현대 음운학의 관점에서 보면 다소 어색한 면이 없지 않다. 그러나 宋, 紹興 辛巳년(1161)에 張麟之가 간행하였다고 알려진 《韻鏡》[3]에 그대로 七音의 명칭이 쓰였고,

---

(2) 중국 운학의 명칭으로는 重脣音, 輕脣音이라 하였으나, 《訓民正音》에서는 脣輕音이라 하였으므로 이렇게 고쳤다.

(3) 《韻鏡》은 切韻을 대상으로 어음을 분석한 韻圖로서 1197년에 重刊되었다. 張麟之의 序에 의하면 작가를 神珙이라 하였으나 확증하기 어렵다.

더구나 宋나라 鄭樵(1104~1162)의 《通志》 안에 들어 있는 「七音略」이
현전하고 있는 最古의 等韻圖임을 상기할 때 七音이 구분되어진 것은
北宋 시대 이전부터였다고 보겠는데, 당시로서 그러한 음 분석을 확립
한 지혜는 높이 평가하지 않을 수 없다. 어쨌든 위의 음명을 현대 음운
학의 명칭과 대비하면 대체로 다음과 같다.

(1) 牙　音＝軟口蓋音(dorso-velars)：〔k・kʻ・g・ŋ〕
(2) 舌頭音＝舌端齒槽音(apico-alveolars)：〔t・tʻ・d・n〕
(3) 舌上音＝舌面前音(dorso-prepalatals)：〔ȶ・ȶʻ・ȡ・ȵ〕
(4) 脣重音＝兩脣音(bi-labials)：〔p・pʻ・b・m〕
(5) 脣輕音＝脣齒音(labio-dentals)：〔f・fʻ・v・ɱ〕
(6) 齒頭音＝舌端齒音(apico-dentals)：〔ts・tsʻ・dz・s・z〕
(7) 正齒音＝捲舌音(retroflex)과 舌面前音(dorsale)：〔tɕ・tɕʻ・dʑ・ɕ・ʑ〕
(8) 喉　音＝聲門音(glottals)과 喩母：〔ʔ・x・ɤ・j〕
(9) 半舌音＝舌側音(lateral)：〔l〕
(10) 半齒音＝舌面鼻音摩擦音(dorso-nasal fricative)：〔nʑ〕

이러한 七音의 명칭은 宋・元대 이후 등운서가 봉출하면서 定名이
紛岐하였다. 혹은 五音, 五行, 五方, 五色의 명칭을 비롯하여 혹은 五臟
에 비유하기도 하였다. 동일한 대상에 대하여 이러한 용어상의 불일치
는 분명히 성운학의 이해에 난맥을 초래하기 쉬우므로 〔도표 3-1〕을
자세히 대비하여 보면 좋을 것이다.[4]

4. 淸　濁

漢語에서 성모가 발음될 때 생기는 성대의 진동과 氣息(aspiration)
의 유무에 따른 성음 자질을 청・탁이라고 하는데, 이것은 古音樂의 술
어를 차용한 것이다. 《禮記》(樂記)에

"唱和淸濁", 正義："長者, 濁也… 短者 淸也."

라는 대목이 있다. 즉 管樂器의 길이가 긴 것은 소리가 낮고, 짧은 것
은 소리가 높다는 뜻인데, 후대의 음운학자들이 이를 성모의 자질을 나

---

(4) 이 표는 羅常培 《漢語音韻學導論》(1965, 香港), pp. 21~22를 전재하였다. 표 중의
　숫자는 각 原書의 차례를 나타낸다.

[도표 3-1] 聲母의 調音部位와 音名 異名表

本書所用標準舊名	脣音		舌音		齒音	
	重脣	輕脣	舌頭	舌上	齒頭	正齒
五音聲論	4. 北方脣聲		2. 西方舌聲		3. 南方齒聲	
辨字五音法	1. 脣聲		2. 舌聲		3. 齒聲	
韻鏡	1. 脣音		2. 舌音		4. 齒音	
通志七音略	1. 羽		2. 徵		4. 商	
切韻指掌圖	4. 重脣羽音	5. 輕脣羽音	2. 舌頭徵	3. 舌上徵	6. 齒頭商	7. 正齒商
濤字玉篇卷首三十六字母五音通攝五音撮要圖行清六	4. 羽脣水音重	5. 羽脣水音輕	2. 徵古舌頭火音	3. 徵舌上火音	6. 商齒金音	7. 正商齒金音
沈括夢溪筆談	1. 脣音宮		2. 舌音商		4. 齒音徵	
晁公武郡齋讀書志	1. 脣音		2. 齒音		4. 舌音	
王觀國學林	4. 北方脣聲水		2. 西方舌聲金		3. 南方齒聲火	
韓道昭五音集韻	4. 重脣	5. 輕脣	2. 舌頭音	3. 舌上音	6. 齒頭音	7. 正齒音
黃公紹古今韻會	3. 宮	4. 次宮	2. 徵	商倂及次徵	5. 商	6. 次商
釋員珠集韻總括空篇五韻姓貫分配珠	3. 脣羽脣水北玄		2. 舌心徵火南赤		4. 齒肺商金西白	
梅膺祚字彙後韻法直圖	3. 脣音羽	7. 音羽脣齒合商商	2. 舌音徵	倂入及舌音徵音	4. 牙音角	5. 齒音商
林馬木目裕援等聲位音	3. 脣音羽	7. 音脣齒羽音商兼音	2. 舌音徵	倂入及舌齒音音兼	4. 齒音商	5. 牙音角
李元音切譜	3. 脣音羽		2. 舌音商		4. 齒音徵	
鄒漢勛五韻論	7. 開脣音	8. 合脣音	2. 舌頭音	倂入齒舌本	5. 齒頭音	6. 齒本音
胡垣古今中外音韻通例	5. 脣音附	輕脣音	2. 腭音	倂入及腭齒音音	4. 牙	3. 齒音
周贇山門新語	3. 脣音角	8. 音脣齒變合徵商	2. 舌音徵	倂入及舌齒音音商	4. 腭音徵	5. 齒音羽
張仲學呼名能書篇字名	3. 脣音羽	7. 音羽脣齒音商合	2. 舌音徵	倂入及舌齒音音腭合	4. 牙音角	5. 齒音商
勞乃宣等韻一得	6. 重脣音	7. 輕脣音	2. 重舌音	3. 輕舌音	5. 重齒音	4. 輕齒音
李鄭切韻考	3. 重脣音	4. 輕脣音	2. 舌音	倂入及舌腭音音	5. 齒音	6. 腭音
錢文同音篇	5. 脣音		3. 舌音		4. 齒音	

牙　音	喉　音	半舌音	半齒音
4.5. 喉牙 聲聲	5.1. 東方 中央 牙喉 聲聲		
3. 牙音	5. 喉音	6. 舌　齒　音	
3. 角	5. 宮	6. 半徵	7. 半商
8. 喉音宮	1. 牙音角	9. 舌齒音 半徵半商	
8. 喉音宮土	1. 牙音角木	9. 半金半舌齒音　半徵半商半火	
3. 牙音角	5. 喉音羽	6. 半舌齒半舌音　半徵半商	
5. 喉音	3. 牙　音	4. 半舌齒半舌	
5. 中央牙聲土	1. 東方喉聲木		
1. 牙　音	9.8. 深淺喉喉音	10. 半徵半商音	
1. 角	7. 羽	8. 半徵半商	
1. 牙肝角木東青	5. 喉脾宮土中黃	6. 西	南
6. 宮喉兼角牙音	1. 喉音宮	8. 舌兼喉音半徵	9. 齒兼牙音半商
1. 喉音宮	6. 喉牙合音宮角	8. 舌喉合音宮徵	9. 齒牙合音商角
5. 喉音宮	1. 牙音角	6. 半徵半舌半商半齒音	
2. 淺喉音	4.1. 舌深腹喉音音	併入舌頭	併入齒本
1. 喉　音		併入腭音	併入齒音
1. 喉音宮	6. 一影喉齒喻兼齒合入音喉變音宮	7. 舌齶合音變商	9. 齒齶合音變羽
1. 喉音宮	6. 喉音宮兼角喉牙	8. 舌音兼半徵	9. 齒音兼牙半商
1. 鼻　音		併入重舌	併入重齒
1. 喉音 入曉匣喻餘音併	6. 餘　音		
2. 淺喉音	1. 深喉音 入曉匣淺喉音喉併	併入舌音	併入齒音

타내는 데에 차용하였다.

孫愐의 《唐韻》序 後論에

"切韻者, 本乎四聲, …… 引字調音, 各自有淸濁."

이라는 말이 보이고, 또 《隋書》潘徽列傳에도

"李登 聲類, 呂靜 韻集, 始判淸濁, 纔分宮羽."

라는 기록이 있다. 이에 따르면 음운학에서 淸·濁의 용어는 이미 三國 시대에 쓰였던 점을 추지할 수 있다. 그럼에도 불구하고 위의 문면만으로는 이 말이 무슨 뜻으로 쓰였는지 명확하지 아니하여 해석이 구구하였다.[5] 그러던 것이 宋代의 등운학에서야 그 용어가 구체적으로 드러났다. 예컨대 《韻鏡》에는 "淸·次淸·濁·淸濁" 등의 명칭이 쓰였고, 그 뒤에 나온 《切韻指掌圖》(1176~1203년간)에는 "全淸·次淸·全濁·不淸不濁" 등의 용어가 쓰여 있다. 이러한 청탁의 구별은 물론 성모에만 적용되는 것이지만, 그 음의 자질(feature)을 현대적 관점에서 풀이하면 다음과 같다.[6]

全淸 : 무성 무기 파열·마찰·파찰음 $\begin{bmatrix} -\text{voice} \\ -\text{aspiration} \end{bmatrix}$

次淸 : 무성 유기 파열·마찰·파찰음 $\begin{bmatrix} -\text{voice} \\ +\text{aspiration} \end{bmatrix}$

全濁 : 유성 무기(또는 유성 유기) 파열·마찰·파찰음 $\begin{bmatrix} +\text{voice} \\ \pm\text{aspiration} \end{bmatrix}$

不淸不濁 : 비음·流音·약마찰음 〔+voice〕

그런데 이상 청탁의 명칭도 학자와 저술에 따라 일정하지 않았다. 〔도표 3-2〕에서 이를 확인할 수 있다.

이와 같은 청탁의 구별을 현대 음운론적 분석방법에 비추어 보면 자음의 변별적 자질(distinctive feature)에 비견할 만한 것이어서 주목할 가치가 있다.

---

(5) ① "將以用力輕爲淸, 用力重爲濁乎, 將以出發聲爲淸, 送氣聲爲濁乎?" 方以智 《通雅》권 50, 「切韻聲原」.

② "淸濁本於陰陽, 一說淸爲陽, 濁爲陰, 天淸而地濁也." 江永 《音學辨徵》 p. 12.

(6) 羅常培(*ibid.*, p. 25)는 《韻鏡》의 분류와 여러 학자의 異名을 참작하여 淸濁을 다음과 같이 보았다.

全淸(unaspirated surd), 次淸(aspirated surd), 全濁(sonant), 次濁(liquid).

〔도표 3-2〕　淸·濁 異名表

著 者·書 名	異		名	
《韻　　鏡》	淸	次　淸	濁	淸　濁
沈括《夢溪筆談》	淸	次　淸	濁	不淸不濁
黃公紹《韻會》	淸	次　淸	濁	次　濁
劉鑑《切韻指南》	純　淸	次　淸	全　淸	半淸半濁
李元《音切譜》	純　淸	次　淸	純　濁	次　濁
《四聲等子》《切韻指掌圖》	全　淸	次　淸	全　濁	不淸不濁
江永《音學辨徵》	最　淸	次　淸	最　濁	次　濁
《等韻切韻指南》	○	◉	●	◑

〔도표 3-3〕　中古漢音의 36자모표

		牙　音	舌頭音	舌上音	脣重音	脣輕音	齒頭音	正齒音	喉　音	半舌音	半齒音
全	淸	見	端	知	幫	非	精	照	影		
次	淸	溪	透	徹	滂	敷	淸	穿	曉		
全	濁	群	定	澄	並	奉	從	牀	匣		
不 清 不 濁		疑	泥	娘	明	微			喩	來	日
全	淸						心	審			
全	濁						邪	禪			

〔도표 3-4〕　東國正韻의 23자모표와 한글

		牙音	舌音	脣音	齒音	喉音	半舌音	半齒音
全	淸	君ㄱ	斗ㄷ	彆ㅂ	卽ㅈ	挹ㆆ		
次	淸	快ㅋ	呑ㅌ	漂ㅍ	侵ㅊ	虛ㅎ		
全	濁	虯ㄲ	覃ㄸ	步ㅃ	慈ㅉ	洪ㆅ		
不 清 不 濁		業ㆁ	那ㄴ	彌ㅁ		欲ㅇ	閭ㄹ	穰ㅿ
全	淸				戌ㅅ			
全	濁				邪ㅆ			

　이상 2～4항에서 살펴본 바에 따라 전통적인 36자모를 七音, 淸濁으로 배열하고 《東國正韻》의 23자모와 訓民正音(한글)의 初聲字를 참고로 제시하면 〔도표 3-4〕와 같다.[7]

---

(7) 「訓民正音」은 朝鮮 世宗 25년(1443)에 창제되었는데, 初聲 17자, 中聲 11자로

5. 發·送·收

과거의 음운학자들은 성모의 발음 방법(조음 방법, manner of articulation)을 설명함에 있어서 상술한 청탁 외에 發·送·收 등의 용어를 사용하였다. 이 용어는 明나라 때에 方以智가 나눈

"初發聲, 送氣聲, 忍收聲."[8]

이 그 시초인데, 그 후로 江永(1681~1762), 江有誥(?~1851), 陳澧 (1810~1882) 등은 發聲, 送氣, 收聲이라는 용어로써 方씨의 설을 계승하였다.[9]

그러면 도대체 發·送·收란 무엇을 가리킨 용어이었을까. 이에 대하여 陳澧(진례)의 해설을 들어 보면

"發聲者, 不用力而出者也; 送氣者, 用力而出者也; 收聲者, 其氣收斂者也."[10]

와 같다.

또 이와는 달리 勞乃宣(1843~1921)은 "戛·透·轢·捺" 등 네 가지로 성모의 발음 방법을 분류하고, 이에 대하여 다음과 같이 설명하였다.

"氣之遇於鼻舌齒脣也, 作戛擊之勢而得音者, 謂之戛類. 作透出之勢而得音者, 謂之透類. 作轢過之勢而得音者, 謂之轢類, 作按捺之勢而得音者, 謂之捺類. 戛稍重, 透最重, 轢稍輕, 捺最輕."[11] (번역 생략)

모두 28자이다. 당시 朝鮮漢字音을 교정·정리할 목적으로 편찬한 《東國正韻》 (1448)은 중국의 36자모를 우리의 어음 특성에 맞추어 23자모로 병합하였는데, 여기에서 各自並書에 해당하는 全濁音의 6자(ㄲ·ㄸ·ㅃ·ㅆ·ㅉ·ㆅ)를 뺀 결과가 훈민정음 초성 17자이다. 훈민정음 창제에는 중국 음운학의 방법론과 송대 性理學의 철학적 원리가 적극 수용되었으므로 이 항에서 [도표 3-4]를 참고로 예시하였다. 졸고, 「訓民正音의 中國音韻學的 背景」, 신상순·이돈주·이환묵 편 《훈민정음의 이해》(1988, 한신문화사), pp. 199~238 참조.

(8) 方以智 《通雅》 권 50, 「切韻聲原」, p. 7.
(9) 江永 《音學辨微》 권 4, 「辨七音」, p. 9.
　　江有誥 《等韻叢說》 pp. 6~8.
　　陳澧 《切韻考》 外篇 권 3, p. 4.
(10) 陳澧, *ibid.*, p. 6.
(11) 勞乃宣 《等韻一得》 外篇, p. 7.

戛(알)류음은 약간 무겁고 透(투)류는 가장 무거우며, 欒(력)류는 약간 가볍고 捺(날)류는 가장 가벼운 음이라는 것이다. 그러나 羅常培도 지적한 바와 같이[12] 陳澧의 해설은 너무도 간단하고 勞乃宣의 설은 추상에 흘러서 문면의 뜻만으로는 실제의 내용을 파악하기가 어렵다. 그러나 다음의 표를 자세히 대조하여 본다면 현대 음운론적 의의를 발견하게 될 것이므로 설명은 약하기로 한다.

〔도표 3-5〕 **聲母의 發音方法 異名表**

音名 著者, 書名	無氣破裂音, 破擦音	有氣破裂音, 破擦音	摩擦音	舌側音	鼻音
邵作舟說 (勞乃宣引用)	戛　類	透　類	拂　類	欒　類	揉　類
勞乃宣《等韻一得》	戛　類	透　類	欒　　　　類		捺　類
洪榜「四聲韻和表」	發　聲	送　氣	外　收　聲		內　收　聲
江永 / 江有誥 / 陳澧	發　聲	送　　　氣		收　　　聲	
方以智	初　發　聲	送　氣　聲	忍　收　聲		
錢大昕《十駕齋養新錄》	出　聲	送　　　氣	收　　　聲		

6. 雙 聲

어떤 두 한자의 성모가 동일한 것을 쌍성(aliteration)이라고 한다. 예컨대 현대 중국어에서 大地〔ta ti〕는 두 글자의 성모가 다 〔t〕이므로 쌍성이다. 다음 反切 항에서 후술하겠지만 被切字의 성모와 반절 상자의 성모는 원칙적으로 쌍성관계에 있다. 즉 ‘東’자음은 「德紅切」인데, 이때 「東 : 德」 두 자의 성모는 〔t〕로서 같기 때문이다.

쌍성이라는 용어는 이미 남북조 시대에 쓰이기 시작하였다. 梁 武

勞乃宣은 이 네 가지의 성질을 위와 같이 설명하고 이어서《管子》를 예로 들었다. 즉 管子가 일찍이 五音을 듣고 음의 상태를 설명하기를 戛음은 검(劍)과 창(戟)이 서로 부딪치는 것과 같고, 透음은 탄환이 벽을 뚫고 지나가는 것과 같다. 또 欒음은 가벼운 수레가 섶을 싣고 길로 나가는 것과 같고, 捺음은 잠자리가 물을 적시고 떠나는 바와 같은 소리라고 비유하였다.

(12) 羅常培, *ibid.*, p. 34.

帝 때(502~549) 劉勰(466?~532?)의 《文心雕龍》「聲律」편에

　"雙聲隔字而每舛, 疊韻雜句而必睽"

라 하였다. 이 말은 쌍성과 첩운은 두 자가 서로 이어져 있어야 이루어
지는 것이지 중간에 다른 글자가 끼면 어글어진다는 뜻이다. 이 말에서
남북조 시대에 쌍성·첩운의 용어와 그 특징을 문인들도 인식하고 있었
음을 알 수 있다.

제2절 韻　　類

1. 韻, 韻母, 韻目

　　모든 한자음은 크게는 성모(initial)와 운모(final)로 양분되며, 이
두 성분이 합하여 1음절을 구성한다. 그런데 漢語의 음절 구조를 면밀
히 분석하면 S(음절)＝I(성모)＋M(개음)＋V(주모음)＋E(운미)를 두
루 갖춘 것이 있다. 이 중 M이하를 운모라고 하는데, 다시 운모에는
운율적 요소로서 T(성조)가 따르게 된다.[13]

　　그런데 운모의 양상은 어느 한자의 음이나 같은 것이 아니다. 가령
현대 중국어[14]의 他〔tʻa〕에서와 같이 단모음만으로 이루어진 것도 있
고, 瓜〔kua〕(kwa), 嬌〔tɕiau〕(tɕjao)에서와 같이 반모음(이를 介母, 介音
이라고도 한다)이 들어간 예도 있으며, 東〔tuŋ〕과 같이 자음이 포함된
운모도 있다. 그리하여 운모는 다시 韻頭, 韻腹, 韻尾의 세 요소로 분석
된다.

(1) 韻 頭

　　성모와 운복 사이의 반모음으로서 음절을 이루지 못하며, 후행한

---

(13) S＝Syllable, I＝Initial, M＝Medial, V＝Vowel, E＝Ending, T＝Tone의 약자이다. 그
　　러므로 한자음의 요소는 S＝IMVE/T로 나타낼 수 있다. 전통음운학에서는 M을 韻
　　頭, V를 韻腹, E를 韻尾라고 칭한다.
(14) 이 책에서 「현대 중국어」란 北京 중심의 표준어, 이른바 普通話를 일컫는다.

모음과 결합하여 복모음을 형성하는 短弱한 활음 i(j), u(w), ü(y)를 운두라고 한다.

(2) 韻 腹

운모를 구성하는 주모음을 운복이라고 하며, 이것이 음절 구성의 핵모음(nucleus)이 된다.

(3) 韻 尾

운복 뒤의 자음이나 (반)모음을 운미라고 하는데, 이를 알기 쉽게 나타내면 다음과 같다.

良 /l i a ŋ/　　乖 /k u a i/　　全 /tɕ' y a n/
성 운 운 운　　성 운 운 운　　성 운 운 운
모 두 복 미　　　모 두 복 미　　　모 두 복 미
　　운모　　　　　　운모　　　　　　운모

그러나 운모 중에는 借〔tɕie〕, 卦〔kua〕와 같이 운두와 운복만 있을 뿐 운미가 없는 字音도 있고, 高〔kau〕(kao), 東〔tuŋ〕과 같이 운두가 없는 것도 있으며, 路〔lu〕, 波〔po〕와 같이 운복만을 가진 것도 있다. 이와 같이 한자음의 성모는 반드시 단일 음소(single phoneme)이지만, 운모란 경우에 따라서는 세 개의 음소로 구성된 것도 있음을 알 수 있을 것이다.

韻(15)과 韻母는 일반적으로 구별이 없이 쓰이는 듯하지만, 엄격히 말하면 반드시 그렇지는 않다. 예를 들면 중고 한자음에서 '東'과 '窮'은 같은 운에 속하지만 운모는 결코 같지 않다. '東'의 운모는 〔-uŋ〕이요, '窮'의 운모는 〔-iuŋ〕(또는 -juŋ)이므로 비록 「東」운자로서 운은 같으나 운모는 다르다는 점이다. 또 현대 중국어에서 만약 '麻·花·家' 등 세 자를 압운으로 하여 시를 짓는다고 할 때, '麻'의 운모는 〔-a〕, '花'는 〔-ua〕, '家'는 〔-ia〕이므로 운모는 세 개인 셈이지만, 공통음은 〔-a〕이므로 그 운은 같다고 보면 된다. 따라서 운이란 다만 운복 이하를 가

(15) 韻에 대한 설명으로는 남북조 시대에 劉勰(유협)이 《文心雕龍》에서 "異聲相從謂之和, 同聲相應謂之韻"이라고 한 것이 지금까지 알려진 한 처음이다.

리키고, 운모는 운두까지를 포괄하는 개념이다.《廣韻》의 운은 206개이지만, 이런 이유 때문에 운모는 성조를 포함하여 290여종이 넘는다.

또 韻目이란《切韻》(601) 이래의 운서에서 각각의 운을 배열한 목록이다. 말하자면 동일운에 속한 한자 중에서 그 운의 명칭으로 선택한 운의 대표자를 가리키는 용어이다. 예를 들면 '東·公·中·弓' 등의 한자가 속한 운을 「東」운이라 하고, '冬·農·攻·宗' 등의 한자가 속한 운을 「冬」운, '鍾·重·恭·龍' 등의 한자가 속한 운을 「鍾」운이라 칭한다.《廣韻》에서는 平上去入의 사성을 안배하여 모두 206개의 운목을 설정하여 놓은 것이 그 예이다.

2. 韻 類

淸대의 陳澧(1810~1882)는《切韻考》에서《廣韻》의 반절에 의거하여 절운계 운서의 音類를 考訂하였는데, 反切上字를 系聯의 방법으로 귀납하여 얻은 음류를 聲類라 하고, 反切下字를 역시 같은 방법으로 귀납하여 얻은 음류를 韻類라고 하였다. 그는 1개 운 중에 四呼를 갖춘 음을 분류한 결과 '紅·公·東·空'〔-uŋ〕 등의 여러 반절 하자를 1개의 운류로 묶었는가 하면, '弓·戎·中·終·宮·融'〔-iuŋ〕 등을 또 하나의 운류로 묶어 동류의 운을 귀납한 것이다. 이에 따라《廣韻》의 206운을 귀납할 때 성조와 개합, 등운의 차이를 계산에 넣지 않는다면 61개 운류로 압축할 수가 있다(pp. 603~608 참조).

3. 韻 部

漢語의 상고음을 연구한 학자들은 주로 형성자의 성부와 편방을 자료로 삼아 古音을 추정하고 상고음의 단위를 귀납하였는데, 이를 흔히 운부라고 칭한다. 예를 들면

顧炎武(1613~1682) 古韻 10 部
江　永(1681~1762) 古韻 13 部
段玉裁(1735~1815) 古韻 17 部

戴　震(1723~1777)　古韻 25 部
黃　侃(1886~1935)　古韻 28 部
陳新雄(1935~　　)　古韻 32 部

등이 그것이다. 그러므로 운부라는 것도 결국 운의 단위를 가리키는 말
이지만, 일반적으로 이 용어는 상고운의 단위를 논할 때에만 한정된 것
이어서 중고운의 단위명으로는 잘 쓰이지 않는다.

4. 疊 韻

두 한자의 성모가 같은 것을 쌍성(aliteration)이라 하고, 운이 서로
같은 것을 첩운(assonance)이라고 한다. 예컨대 현대 중국어에서 苗條
〔miau t'iau〕는 운모가 다 〔-au〕이므로 첩운이다. 이 때 운두(介音)의
유무는 상관없이 운복과 운미만 동일하면 첩운이 된다. 그러므로 현대
어의 藍天〔lan t'ian〕은 첩운이며, 閩南 방언의 輪船〔lun tsun〕도 첩운이
라 할 수 있다. 운서의 반절법에서 被切字는 반절 하자와 운모가 동일
하므로 첩운의 원리를 이용한 것이다. 예컨대 「東, 德紅切」에서 「東：
德〕의 관계는 쌍성이지만(p. 539), 「東：紅」은 운모가 공히 〔-uŋ〕이므로
첩운이다.

5. 陰聲韻, 陽聲韻, 入聲韻

중국 음운학에서는 한자음의 운미의 성질에 따라 운을 陰·陽·入
聲韻 등 3종으로 나누기도 하고, 혹은 입성운을 양성운에 붙여 '陰·
陽'의 두 종류로만 나누기도 하였다.[16]

(1) 陰 聲 韻

소위 음성운이란 현대 중국어의 他〔t'a〕, 灰〔xuei〕, 蒿〔xau〕에서와

---

(16) 韻을 陰, 陽, 入의 세 종류로 처음 나눈 사람은 淸, 戴震(字, 東原)이었고, 陰, 陽
두 종류로 나누어야 한다고 주장한 사람은 그의 제자였던 孔廣森(1752~1786)이었
다. 그는 고대에는 입성이 독립하지 않았던 것이라 하여 그의 《聲類表》에서는 입성
운을 다 양성운에 포함시켰던 것이다.

같이 운미가 /-ɸ(zero), -i, -u/로 끝나는 字音을 가리킨다.

(2) 陽 聲 韻

양성운이란 운미가 /-m, -n, -ŋ/과 같이 비음(nasal)으로 끝난 운을 가리킨다. 중고음은 말할 것도 없거니와 현재 福建省의 厦門 방언의 金〔kim〕, 客家 방언의 心〔sim〕이라든가, 현대 중국어의 安〔an〕, 黃〔xuaŋ〕과 같은 자음을 양성운이라고 한다.

(3) 入 聲 韻

입성운이란 운미가 /-p, -t, -k/와 같이 폐쇄음(implosive)으로 끝난 운을 가리킨다. 현대 중국어에서는 이미 입성은 소실되어 버려 알기 어렵게 되었지만, 중국의 방언과 한국·월남 한자음에는 입성이 보존되어 있어 상고음의 추정에 좋은 자료가 된다. 중국의 방언 중 梅縣 방언의 拉〔lap〕, 扱〔sap〕, 廣州 방언의 節〔tʃit〕, 鐵〔t'it〕, 梅縣 방언의 錫〔siak〕, 壁〔piak〕 등이 그 예이다.

이상의 음성운과 양성운의 평·상·거성자를 입성운에 대칭하여 舒聲韻이라고도 한다. 예컨대 「東·董·送」 3운은 서성운이고, 「屋」운은 입성운이다. 또 음성운은 개음절에 속하므로 이를 開尾韻이라 하고, 양성운과 입성운을 閉尾韻이라고도 칭한다.

6. 對轉, 旁轉

상고 한자음에서 평·상·거성의 양성운(陽類라고도 칭함)과 음성운(陰類라고도 칭함)이 서로 押韻, 諧聲, 通假된 현상을 陰陽對轉이라고 하는데, 이것은 淸대의 학자들이 내세운 술어이다. 즉 漢語의 어음은 변천 과정 중에 음성운이 양성운으로 변전한 것이 있는가 하면, 반대로 양성운이 음성운으로 변전하기도 하였다. 이와 마찬가지로 입성운이 음성운이나 양성운으로 변전한 것이 있는가 하면, 음·양성운이 입성운으로 변한 것도 있었다. 중국 음운학자들은 이러한 변전 현상을 陰陽對轉이라고 하였다. 그런데 陰·陽·入聲韻간의 대전은 수의적인 것이 아니라 그들 사이에는 일정한 규칙이 있다. 즉, 각 운의 주모음(韻腹)이 반드시 같아야 대전이 가능하다. 예를 들면 음성운의 〔-a〕와 양성운의 〔-an, -am, -aŋ〕과 같은 것이다. 다시 말하면 대전의 규칙은 곧 주모음은 변하지 않고 운미만이 바뀌거나, 혹은 운미가 탈락되거나 한다. 만약 본래부터 운미가 없었던 것이라면 주모음 뒤에 하나의 尾音이 붙는 수도 있었다. 이를 알기 쉽게 나타내면

　　　-a ⇄ -an, -aŋ, -am ; -e ⇄ -en, -eŋ, -em
　　　-o ⇄ -on, -oŋ, -om ; -i ⇄ -in, -iŋ, -im

과 같다.

　　그러면 '特·等' 2자를 예로 들어 보자. '特'은 《說文》에 「特牛也. 从牛 寺聲」의 형성자이며, '等'은 「齊簡也. 从竹寺」의 회의자이다. 그리하여 '特'의 상고음은 성부자인 '寺'음과 같았을 것으로 추정되는데, '寺'의 고음을 *dzjəg(zjəg)라고 본다면 '特'에서는 *dək>dək(중고음)이었던 것이 지금은 t'ə⁴로 변하였으므로 운미 〔-k〕가 탈락되었다. 그러므로 '特' 자의 변전 과정은 陰→入, 入→陰聲韻의 對轉이라고 한다. 또 '等'의 古音도 *təg/*təŋ 양음이었는데, 현재는 təŋ³으로 읽히니 이런 예는 음성운이 양성운으로 변전하였다고 설명할 수 있다.

　　對轉 외에 또 旁轉이란 것이 있다. 이것은 원래 상고음에 대하여 주장된 通音 관계를 지적한 것으로 상고의 어떤 운부가 이웃한 다른 운부로 전음되는 현상을 가리킨 용어이다. 즉 음절의 다른 부분은 변하지 않고 다만 주모음만이 비교적 가까운 他部의 모음으로 변전한 음운 현상인데, 때로는 介音의 영향으로 주모음이 동화작용을 일으킬 경우에 생기는 변화이다. 말하자면 음성운인 〔-a〕가 혀의 위치가 약간 위로 이동하여 〔-e〕로 변한 것이라든가(예 : 夜 〔ia〕>〔ie〕) 또는 양성운인 -oŋ이 약간 開口의 -aŋ으로 변한 예가 있다고 할 때(예 : 江 koŋ>kaŋ> tɕiaŋ), 이러한 변화를 곧 방전이라고 하였다.

　　그런데 지금 말한 對轉과 旁轉은 서로 밀접한 관련성을 가진다. 대전은 먼저 방전의 단계를 거친 것이 있었던 것으로 보인다. 예를 들면 '慢'자의 隋代音은 *man(mwan)이었다고 믿어지는데, 지금의 蘇州 방언음은 〔mɛ〕이다. 이것은 먼저 양성운의 〔man〕이 〔mɛn〕으로 방전되었다

가 운미 〔-n〕의 소실로 다시 대전되어 〔mε〕음이 되었을 것이다. 양성
운이 음성운으로 변한 것 중에는 〔-n〕이 소실되어 음성운이 된 외에도
〔-m〕,〔-ŋ〕이 먼저 〔-n〕으로 변한 뒤에 마침내 음성운이 된 字音도 있
다. 즉 '兼'의 고음은 *kiem이었는데, 현대 중국음은 tɕian〔tɕien〕이고 吳
語音은 〔tɕie〕이니 *kiem>tɕien>tɕie와 같은 변화 과정을 상정할 수 있
다.[17] 이러한 변례는 '談'자에서도 확인된다. '談'의 상고음은 *dɑm이었
는데, 현대 중국음은 〔t'an²〕, 吳語音은 〔dε〕이다. 한국 한자음은 아직도
漢語에서의 고음을 유지하고 있지만, -m 운미자가 중국음에서는 대부
분 -m>-n화하였는데, 방언음에서는 그나마 〔-n〕마저 탈락하여 음성운
이 된 것이라 하겠다. 이렇게 볼 때 현대 중국음은 소위 對轉이나 旁轉
에 의하여 현저한 음의 변화가 수행되었다고 말하여도 좋을 것이다.

　중국 음운학사상 이러한 陰陽對轉의 논거는 이미 淸대에 戴震이
古音을 분석한 과정에서 암시되었지만,[18] 陰陽對轉이라는 용어가 확실
하게 쓰인 것은 그의 제자인 孔廣森(1752~1786)의 《詩聲類》에서였다.
그 후 章炳麟의 「成均圖」에 이르러서는 '正對轉, 次對轉, 近旁轉, 次旁
轉, 交紐轉, 隔越轉 등으로 세분하여 陰陽對轉의 이론이 한층 확대되었
다.[19]

제3절　等　韻

1. 等韻圖

　反切로써 중국 한자음을 拼音하는 방법이 정착되자 唐・宋대에
《唐韻》,《廣韻》 등의 절운음계 운서가 편찬되었는데, 이들은 일종의 編
韻學에 속한다. 운서는 字類를 운의 유형에 따라 배열하여 놓았으므로

---

(17) 謝雲飛 《中國聲韻學大綱》(1971, 臺北) p. 40.
(18) 陰陽對轉 현상은 일찍이 상고음에도 존재하였던 예가 보인다.
　　《中庸》에 "壹戎衣而有天下"라는 말이 있는데, 鄭玄이 注에서 "衣讀如殷, 聲之誤也.
齊人言殷如衣"라고 한 바, 이 증언이 옳다면 齊나라 사람들은 이 예의 경우 양성운
을 음성운으로 독음한 셈이 된다.
(19) 이에 대한 자세한 내용은 張炳麟 《國故論衡》(1967, 臺北), pp. 7~22 참조.

개별적인 운의 종류와 字音은 파악할 수 있지만 음의 구성 요소와 특
징 등 음 상호간의 관계라든가 체계는 한 눈에 알아보기 어려웠다. 그
리하여 宋대에는 等韻學이 발달하여 비체계적이고 고립적인 자음을 체
계화하기 위하여 등운도가 이루어진 것인데 운서와는 상보적 가치가
있다. 등운도는 마치 바둑판처럼 가로 세로로 선을 그어 거기에 한자음
의 성모와 운모, 성조와의 상호관계를 귀납·편배함으로써 기계적으로
審音이 가능하도록 도식화한 일종의 어음 도표(sound table, rhyme
table)를 말한다.

　등운도의 구조는 문헌의 종류에 따라 다소의 차이가 있으나 대체
로 다음과 같이 되어 있다.[20]

　(1) 橫列에는 성모를 七音과 淸濁에 따라 배열하였다.
　(2) 縱列에는 상하의 방향을 평·상·거·입성에 의하여 4등분한
　　다음 각 단의 내부를 다시 등위에 의하여 1등→4등의 순서로
　　4등분하여 놓았다(《韻鏡》의 경우). 그러므로 운서 중의 어떤 한
　　자음의 성질을 파악하려면 해당 한자의 소운자를 가로 세로의
　　교차점에서 찾으면 일목요연하게 알 수 있도록 짜여 있다.

　이러한 등운도가 고안되기에 이른 것은 六朝 시대 이래의 悉曇學
의 연구가 唐·宋대에 걸쳐 성행한 결과 語頭子音이나 韻의 상호관계
가 점차 정리되어진 결과에 기인하였다.[21]

　먼저 어두자음으로 당시에 36자모의 변별적 차이가 인식되어 牙·
舌·脣·齒·喉·半舌·半齒音 등 7음으로의 분류가 행하여지자 운서
에 귀납된 운의 체계적 고찰이 수행됨으로써 드디어 전 체계를 도표에

(20) 등운도는 대개 3종류로 나뉜다. ① 초기의 보수적 운도: 《七音略》, 《韻鏡》, ② 후
기의 중세적 운도: 《切韻指掌圖》, 《經史正音切韻指南》, 明, 呂維祺의 《音韻日月燈》
(이들은 중세음에 적합하도록 체제와 배열법을 바꿈), ③ 邵雍 「皇極經世聲音唱和
圖」(《廣韻》의 영향을 벗어나 중세의 口頭音에 따라 10聲 12音을 배열하였다).
(21) 悉曇(Siddhām)은 혹은 悉旦, 悉談, 七曇, 七旦으로도 쓰며 悉曇文字 또는 이에
관한 학문을 총칭한다. 悉曇(실담)문자란 고대 인도에서 사용된 부라미 문자
(Brāhmi lipi)에서 4세기경 발생한 굽타(Gupta)문자로부터 6세기 경에 발달한 문
자인데, 佛敎의 東漸과 더불어 중국에 전래하고 다시 일본에도 전해졌다. 여기에서
말한 悉曇이란 인도에서 아동에게 梵文을 가르치기 위하여 만든 일종의 識字用 字
母表(拼音表)를 칭한다. 《康熙字典》(1715)의 권두에 "夫等韻者, 梵語悉曇"이라 한
바와 같이 等韻은 悉曇字母의 결합과 분리를 보이기 위해 작성된 悉曇章을 모방한
데서 비롯하였다.

모으는 운도가 탄생하게 된 것이다.

현전하는 등운도 중 가장 이른 것은 鄭樵(1104-1162)의 《通志》안에 있는 「七音略」과 南宋 紹興 31년(1161)의 張麟之 序가 실린 《韻鏡》이다(22)([도표 3-6] 참조). 이 밖에 유명한 등운도로는 《切韻指掌圖》(1176~1203년 이전)와 《四聲等子》, 《經史正音切韻指南》(1336년 무렵) 등이 있다. 이 중에서도 《切韻指掌圖》는 중국에서는 《古今韻會擧要》(1297)와 《洪武正韻》(1375) 등의 운서 편찬에 영향을 주었고, 또 우리

[도표 3-6] 《韻鏡》(23)

《韻鏡》内轉第一開

韻	脣清	脣次清	脣濁	脣清濁	舌清	舌次清	舌濁	舌清濁	牙清	牙次清	牙濁	牙清濁	齒清	齒次清	齒濁	齒清	齒清濁	喉清	喉清	喉濁	喉清濁	來	日
東(平)	○	○	○	蒙	東	通	同	○	公	空	○	○	葼	葱	叢	檧	○	翁	烘	洪	○	籠	○
	○	○	○	○	○	○	○	○	○	○	○	○	○	○	崇	○	○	○	○	○	○	○	○
	風	豐	馮	瞢	中	忡	蟲	○	弓	穹	窮	○	終	充	○	○	○	○	○	雄	融	隆	戎
	○	○	○	○	○	○	○	○	○	○	○	○	○	○	○	○	○	○	○	○	○	○	○
董(上)	琫	○	菶	蠓	董	桶	動	繷	○	孔	○	○	總	○	鏓	嵸	○	蓊	嗊	澒	○	曨	○
	○	○	○	○	○	○	○	○	○	○	○	○	○	○	○	○	○	○	○	○	○	○	○
	○	○	○	○	○	○	○	○	○	○	○	○	○	○	○	○	○	○	○	○	○	○	○
	○	○	○	○	○	○	○	○	○	○	○	○	○	○	○	○	○	○	○	○	○	○	○
送(去)	○	○	○	○	凍	痛	洞	齈	貢	控	○	○	糉	○	○	送	○	甕	○	哄	○	弄	○
	○	○	○	○	○	○	○	○	○	○	○	○	○	○	○	○	○	○	○	○	○	○	○
	諷	賵	鳳	夢	中	○	仲	○	○	○	共	○	眾	○	○	○	○	○	○	○	○	○	○
	○	○	○	○	○	○	○	○	○	○	○	○	○	○	○	○	○	○	○	○	○	○	○
屋(入)	卜	扑	暴	木	○	秃	獨	○	穀	哭	○	○	鏃	瘯	族	速	○	屋	殼	縠	○	祿	○
	○	○	○	○	○	○	○	○	○	○	○	○	○	○	○	○	○	○	○	○	○	○	○
	福	○	伏	目	竹	蓄	逐	朒	菊	麴	驧	○	粥	俶	○	叔	熟	郁	畜	○	育	六	肉
	○	○	○	○	○	○	○	○	○	○	○	○	○	○	○	○	○	○	○	○	○	○	○

---

(22) 《韻鏡》의 작자와 연대는 미상이다. 중국에서는 일찍이 망일되었던 것이 일본에 전래하여 江戶 시대 이래 한자음의 연구에 이용되어 여러 종류의 텍스트가 생겨났다. 張麟之의 序文(1161)이 실린 판본이 현재 전하고 있으나 原圖는 아마도 北宋 이전, 唐末 五代 무렵에 만들어졌을 것으로 추정된다. 그 증거의 하나로 《韻鏡》이라는 책명이 宋太祖의 祖父의 諱가 '敬'이었으므로 동음을 피하여 《韻鑑》이라 칭한 일이 있다는 張麟之의 서문 내용을 음미할 필요가 있다. 中古漢語의 음운 조직은 매우 복잡하여 음절의 종류가 많으므로 모두 43개의 轉圖로 나뉘어 있다. 그리하여 《韻鏡》은 중고음의 연구에 있어서 反切系聯法으로 해결하기 어려운 문제점을 처리하는 근거로 소중히 이용된다. 現傳本으로는 1197년에 재간, 1203년에 3판이 나왔다.

(23) 위의 《韻鏡》은 《等韻學五種》(1972, 臺北 秦順書局 영인본)에 의함.

나라에서는 訓民正音의 창제와 《東國正韻》의 편찬에도 이용된 책이다.

2. 韻 攝

《廣韻》의 운목은 모두 206운에 달하여 정세한 면은 있으나 너무 번쇄한 점이 흠이었다. 그리하여 등운학에서는 206운을 43개의 큰 틀 (轉圖)로 분류하게 되었다(cf. 韻鏡).[24] 그런데 여기에서 다시 운은 달라도 운미가 같고 주모음이 서로 근사한 것들을 하나의 類로 통괄한 것이 곧 운섭이다. 攝이란 본시 불교의 술어로서 梵文의 parigrapha(개괄, 포괄)에서 따온 말이지만 《說文》에 「攝, 引持也」라 한 바와 같이 서로 통할 수 있는 것을 끌어 매어 하나로 묶은 것을 뜻한다. 이런 점에서 운섭이란 대개 상통하는 둘 또는 그 이상의 운을 하나의 그룹으로 끌어 맨 것이라는 뜻이다. 중국 음운학에서는 성모를 대표하는 일정한 자(字母)가 있었듯이, 운도 역시 대표자를 설정하였다.

〔東〕운 : -uŋ, 〔麻〕운 : -a, 〔先〕운 : -ien, 〔陽〕운 : -iaŋ

위의 「東・麻・先・陽」자는 상기 운을 대표하는 자이다. 운은 그 분류되는 수가 聲紐보다 많다. 《廣韻》이 206운에 이르도록 번잡한 까닭은 四聲과 開合, 洪細에 따라 운모의 변화가 비교적 복잡하였기 때문이다. 가령 〔-an〕을 예로 들어 等呼 관계에 따라 나누면 〔-an, -ian, -uan, -yan〕의 4운이 되는데, 여기에 평・상・거・입의 사성을 각각 곱하면 16개 운이 된다. 그러나 이러한 관계를 불고하면 이 중 공통되는 운은 〔-an〕류로 종합할 수 있다. 이것이 운섭의 원리이다. 이와 같이 똑같은 운이나 또는 상호 근사한 운류끼리를 한 묶음으로 병합한 것이 바로 16攝이라는 것이다.

16섭은 처음에는 13섭이던 것이 분화된 결과이다. 《韻鏡》, 《切韻指掌圖》, 《經史正音切韻指南》, 《四聲等子》 등은 다 유명한 등운서인데, 그

---

(24) 운도가 일종의 음절표라는 점에서는 마치 일본의 「五十音圖」의 성질과 같다. 그러나 중고한음의 음절수는 일본어와 다르므로 1매의 도표로는 부족하여 43매의 轉圖가 필요하였다. 전도마다에는 거기에 해당된 절운계 운서(廣韻)의 小韻 대표자가 배치되어 있다. ○란은 그 자리에 해당된 한자가 없음을 나타낸다. 〔도표 3-6〕 참조.

중 《切韻指掌圖》[25]에서는 《廣韻》의 206운을 13섭[26]으로 귀납하였다. 그 후 元나라 劉鑑이 《經史正音切韻指南》에서 16섭으로 분류하였는데, 아래의 16섭에서 果~假, 宕~江, 梗~曾 섭을 합병하면 곧 13섭이 된 다. 이제 문제의 16섭과 여기에 소속된 《廣韻》의 운목을 예시하면 다 음과 같다(61운류).

    (1) 通攝: 東·冬·鍾
    (2) 江攝: 江
    (3) 止攝: 支·脂·之·微
    (4) 遇攝: 魚·虞·模
    (5) 蟹攝: 齊·佳·皆·灰·咍 (祭·泰·夬·廢)[27]
    (6) 臻攝: 眞·諄·臻·文·殷·元·魂·痕
    (7) 山攝: 寒·桓·刪·山·先·仙
    (8) 效攝: 蕭·宵·肴·豪
    (9) 果攝: 歌·戈
   (10) 假攝: 麻
   (11) 宕攝: 陽·唐
   (12) 梗攝: 庚·耕·清·青
   (13) 曾攝: 蒸·登
   (14) 流攝: 尤·侯·幽
   (15) 深攝: 侵
   (16) 咸攝: 覃·談·鹽·添·嚴·咸·銜·凡

위의 16분법은 明·清대를 지내는 사이에 다시 병합·축소되어 12 섭으로 나누기도 하였으니, 清대 《康熙字典》[28](1716)의 권두에 수록된 작자 미상의 「字母切韻要法」이 그 예이다. 여기에는 '迦·結·岡·庚·

---

(25) 《切韻指掌圖》는 종래 宋나라 司馬光의 作으로 알려져 왔으나 오히려 楊重修의 저 술로 봄이 옳다고 한다.
(26) 13攝이 대표하는 韻類音은 다음과 같다.
    通 : -uŋ 宕 : -aŋ 止 : -i 遇 : -u 蟹 : -ai 臻 : -ən 山 : -an 效 : -au 果 : -a 梗 : - əŋ 流 : -əu 深 : -əm 咸 : -am
    王力 《漢語音韻學》(1935), p.102 참조.
(27) 여기에 예시한 《廣韻》운은 모두 평성인데, 「祭·泰·夬·廢」운은 거성뿐이므로 ( )안에 넣었다.
(28) 《康熙字典》은 清, 聖祖 康熙 55년(1716)에 陳廷敬, 張玉書 등이 帝命을 받아 편 찬한 漢字字典類이다. 지금의 玉篇類는 이 책의 영향을 받은 것이다.

祴·高·該·傀·根·干·鉤·歌'등의 12섭으로 나뉘어 있음을 본다.
이 12섭과 16섭의 분합을 대비하면 다음 세 가지를 지적할 수 있다.

 (1) 16攝을 통합한 것: 江·宕→岡; 梗·通→庚; 止·遇→祴
 (2) 16攝을 나눈 것: 假→迦·結; 蟹→該·傀
 (3) 他攝에 붙인 것: 曾→庚, 深→根, 咸→干

 韻攝을 나누는 소지는 唐의 李舟가 《切韻》을 편찬하였을 때에 이
미 이룩되었다고 하나[29] 실질적 분류는 宋대에 이루어졌고, 또 중국어
음의 변천과 더불어 攝의 분류 방법에도 출입이 있었음을 알게 한다.[30]
 이렇게 淸대에 섭이 줄어진 것은 당시 어음의 변화가 반영되었기
때문이다. 특히 「深」섭이 「根」섭으로, 「咸」섭이 「干」섭에 합류된 사실
은 운미 -m>-n화의 변화를 반영한 것으로 주목된다.
 그러나 《韻鏡》을 이해하는 데는 16섭이 적합하다. 왜냐하면 이 운
도는 섭을 단위로 하여 동일 섭에 속하는 여러 운을 1매 또는 몇 매의
전도에 배당하였기 때문이다. 예를 들면 「通」섭은 제 1 전~제 2 전에,
「江」섭은 제 3 전에, 「山」섭은 제 21 전~제 24 전에까지 배당되어 있다.

3.　四　呼

 앞에서 설명한 陰聲, 陽聲의 명칭은 韻尾 收音의 음소에 따라 운의
종류를 구별한 것이었다(p. 543). 그런데 중국 음운학자들은 운두(介母)
와 모음(韻腹)의 차이에 의거하여 운모를 크게 開口音(開口呼)과 合口
音(合口呼)으로 나누고, 각 운의 開·合의 字를 다시 4段으로 나누어
1등·2등·3등·4등을 구별하였는데, 이것을 전통적으로 等呼라 부르
고 있다. 한자음을 개·합으로 구분한 것은 이미 《韻鏡》에서도 원용한
방법이었으므로 宋대 초기에 널리 유행한 음운의 구별 방법이었음을

---

(29) 三澤諄治郎 《韻鏡の硏究》(1960), p. 81.
  文璇奎 《中國言語學槪論》(1977), p. 104 참조.
(30) 현대에 들어와 錢玄同은 《文字學》(1921, 音篇)에서 《廣韻》의 330류를 22운섭으
  로 나눈 바 있는데, 黃侃은 이를 다시 수정하여 23섭을 실정하기도 하였다. 《黃侃
  論學雜著》(1960, 臺北) 중의 「音略」편과 陳新雄 《音略證補》(1971, 臺北), pp. 70~
  79 참조.

짐작할 수 있다. 그러나 어느 시대 누구에 의하여 창시된 것인지는 확언하기 어렵다. 唐의 德宗 2년(781)에 入唐하여 수학하였다는 日僧 空海(日本의 眞言宗 開祖로 俗姓은 佐白, 시호는 弘法大師이었고, 835년에 卒함)가 지은 《聲字實相義》에

　　"梵本初阿字, 開口呼時有阿聲, 卽是聲." (梵語 책의 처음 자는 '阿'자인데 입을 열고 소리 낼 때의 '阿'소리가 바로 이 자의 소리이다.)

이라는 설명이 있고, 또 同書 "吽字義"에도

　　"凡最初開口之音, 皆有阿聲."

이라는 말이 있음을 보아[31] 물론 그 의미는 다르다 할지라도 개구라는 용어는 唐代에까지 소급되는 것이라고 하겠다.

　　그러면 편의상 먼저 '呼'란 무엇인가를 살펴보기로 하자.

　　宋・元 시대에 운도의 작자들은 각 攝의 자를 2呼로 나누었으니 개구호와 합구호가 그것이다. 개구호란 비원순의 운모를, 합구호란 원순의 운모를 가리킨다. 宋・元 시대의 운도에서는 대체로 開合 2呼로만 분류되던 것을[32] 明・淸 시대의 학자들에 의하여 각 呼에 다시 洪音, 細音이 구별되면서 이른바 4呼의 명칭이 보편화하였다. 즉 개구호의 홍음을 개구호, 세음을 齊齒呼라 하고, 합구호의 홍음을 합구호, 세음을 撮(촬)口呼라 한 것이다. 중국 음운학사상 4呼의 개념을 가장 명확하게 설명한 사람은 潘耒(1646~1708)이다. 그는 운모를 발음할 때의 입술의 모양(shape of lips)에 따라 다음과 같이 설명하였다.[33]

　　"凡音皆自內以外, 初出于喉, 平舌舒脣, 謂之開口; 舉舌對齒, 聲在舌腭之間, 謂之齊齒; 斂脣而呼之, 聲滿頤輔之間, 謂之合口; 蹙脣而成聲, 謂之撮口."
　　(무릇 소리는 다 안으로부터 밖으로 나간다. 처음에는 목구멍에서 나오는데 혀를 평평히 하고 입술을 펴 발음하면 이 음이 개구(호)이고, 혀를 윗니를 향하여 위로 들어 올리고 소리가 혀와 구개 사이에 있게 발음하면 이를 제치(호)라 한다. 또 위・아래의 입술을 오므리어 모으고 소리가 위

(31) 文璇奎 《中國古代音韻學》(1987), p. 268.
(32) "音呼有開口, 合口 : 合口者吻聚, 開口者吻不聚也." 江永 《音學辨微》.
　　　鄭樵의 《七音略》에서는 개구음을 '重', 합구음을 '輕'으로 나타냈다.
(33) 潘耒 《類音》 권 2, p. 4.

·아래턱 사이에 가득차게 되면 합구(호)라고 하고, 위·아래 입술을 오므려서 소리가 이루어지면 이를 촬구(호)라 이른다.)

이상의 潘耒(반뢰)의 정의를 현대 중국음에 비추어 알기 쉽게 풀이하면 다음과 같다.

(1) 開口呼: 운두가 없고 주모음이 〔i〕, 〔u〕, 〔ü〕(y)가 아닌 字音
　　　　 : 大〔ta〕, 可〔kʻə〕, 蘭〔lan〕, 梅〔mei〕
(2) 齊齒呼: 주모음(운복)이 〔i〕이거나, 운두가 〔i〕(j)인 字音
　　　　 : 賓〔pin〕, 先〔ɕien〕, 家〔tɕia〕, 夜〔ie〕
(3) 合口呼: 주모음이 〔u〕이거나, 운두가 〔u〕(w)인 字音
　　　　 : 姑〔ku〕, 東〔tuŋ〕, 關〔kuan〕, 威〔uei〕
(4) 撮口呼: 주모음이 〔ü〕(y)이거나, 운두가 〔ü〕(y)인 字音
　　　　 : 魚〔ü〕, 韻〔ün〕, 學〔ɕüe〕, 娟〔tɕüan〕

여기에서 결국 개구호란 비원순〔-round〕 운모를, 합구호란 원순〔+round〕 운모를 가리킨 뜻이므로, 이를 아래와 같이 간단히 나타낼 수 있다.

$$開(無\ u) < \begin{cases} 洪音(無\ i) ── 開口呼: 〔-an〕 \\ 細音(有\ i) ── 齊齒呼: 〔-ian〕→〔-iɛn〕=〔-jɛn〕 \end{cases}$$

$$合(有\ u) < \begin{cases} 洪音(無\ i) ── 合口呼: 〔-uan〕=〔-wan〕 \\ 細音(有\ i) ── 撮口呼: 〔-iuan〕=〔-üan〕(-yan)→〔-yɛn〕 \end{cases}$$

4. 四 等

(1) 四等의 구별 근거

다음에는 等(division)에 대하여 살펴보기로 하자. 중국 음운학에서는 운두(介母, 介音)의 종류와 유무에 따라 운모를 4呼로 구분하고, 다시 주모음의 전후〔-back, +back〕 위치와 개구도의 고저〔+high, -high〕 또는 운두 /i(j)/의 拗音的 차이에 따라 각 운의 開·合의 자를 4等으로 나누었다. 宋·元대의 等韻圖에서는 每圖마다 운을 4聲과 4等으로 나누어 위로부터 1등, 2등, 3등, 4등의 순으로 배열하였다. 그리하여 4呼와 개·합구음의 4등을 합하여 等呼라고 칭한다.(34) 이러한 4

(34) 宋대의 象數學者요 음운학자로 유명한 邵雍(1011~1077)은 「皇極經世聲音唱和

등의 명칭은 등운학자들이 사용한 용어이지만 현전하는 敦煌 寫本인
守溫의 《韻學殘卷》 중에도 「定四等重輕兼辯聲韻不和無字可切門」이라는
항이 있고, 또 4등의 字例도 들어 놓은 사실로 미루어 等位의 구분은
이미 唐대 守溫 이전에 유행하였던 것이 아닌가 여겨진다.

그러면 4등을 구분한 근거는 무엇인가? 江永(1681~1762)은 《音
學辨微》의 「辨等列」 항에서

"音韻有四等, 一等洪大, 二等次大, 三四皆細, 而四尤細, 學者未易辨
也."

라고 말하였으나, 그도 시인하였듯이 이 설명만으로는 쉽게 변별하기
어렵다. 그런데 洪大, 次大 등이 뜻하는 바를 처음으로 언어학적 관점
에서 해석한 사람은 B. Karlgren이다. 그는 1·2등은 介音 /i/가 없으
므로 洪音인데, 특히 1등의 모음은 비교적 후설 저모음(grave)이므로
洪大이고, 2등의 모음은 전설에서 나는 淺音(aigu)이므로 次大라고 하
였다.[35] 또 3·4등은 모두 介音 /i/가 있으므로 細音인데, 3등의 모음은
4등의 모음보다 약간 후설성과 低部性을 지닌 것이므로 4등을 尤細라
고 한다고 해석하였다. 羅常培도 Karlgren의 설명과 다를 바 없다. 그
는 4등의 洪細란 곧 모음을 발음할 때의 구강 공명의 대소를 말하는
것이라고 하고, 《廣韻》음에서 등운의 주모음을 다음과 같이 귀납하였
다.[36]

1등운 : [ɑ], [ə], [o], [u]
2등운 : [ɔ], [a], [æ], [ɐ]
3등운 : [ɛ], [i]
4등운 : [e]

그러면 《韻鏡》 「外轉 第二十三開, 第二十四合」에서 평성 牙音을 예

圖」 중 十二音圖에서 1등을 '開', 2등을 '發', 3등을 '收', 4등을 '閉'라고 하여 독특
한 용어를 사용하였다.
(35) B. Karlgren은 《Compendium of Phonetics in Ancient and Archaic Chinese》(1954)에
서도 1등은 프랑스어 pâte에서와 같은 深音(暗音性의 후설모음 ; grave)의 â(I. P.
A.의 ɑ)이고, 2등은 프랑스어의 patte에서처럼 淺音(明音性의 전설모음 : aigu)의
a로 해석하였다. 李敦柱 역주 《中國音韻學》(1985, 一志社), p.56 참조.
(36) 羅常培, *ibid.*, pp.44~45, 潘重規·陳紹棠 《中國聲韻學》(1978), p.102.

로 들어 그 洪細와 Karlgren의 재구음을 도시하여 보자(p. 610 참조).

(寒)	犴	○	看	干	1等
(刪)	顔	○	豻	姦	2等
(仙)	姸	乾	愆	甄	3等
(先)	研	○	牽	堅	4等

1等, 2等 } 洪音
3等, 4等 } 細音

等 \ 呼	開　口	合　口
1等	干 kɑn	官 kuɑn
2等	姦 kan	關 kwan
3等	甄 ki̯ɛn	勬 ki̯wɛn
4等	堅 kien	涓 kiwen

이제 등호의 관계와 각각의 특징을 알기 쉽게 종합하면 대체로 다음과 같이 될 것이다.

(開　口　音)　　　　　　　　　(合　口　音)

開口呼 : 介音없음 { 1등—모음이 비교적 후설적임—1등 } 合口呼 : /u(w)/ 介音 있음
齊齒呼 : /j(i)/介音 있음 { 3등—拗音요소가 비교적 약함—3등 } 撮口呼 : /y(jw)/ 介音 있음
　　　　　　　　　　{ 2등—모음이 비교적 전설적임—2등 }
　　　　　　　　　　{ 4등—拗音요소가 비교적 강함—4등 }

표에서 알 수 있듯이 漢語의 음절 구조는 IMVE/T로 되어 있는데, 이 때 개음(M)의 유무와 주모음(핵모음)의 성질에 따라 각종 모음의 音色이 달라진다. 먼저 개음 u의 유무에 따라 개구호 : 합구호의 구별이 생긴다. ex. 干 kɑn(開), 官 kuɑn(合).

개음 i는 두 종류가 있다. 그 중 하나는 약한 弛緩性을 띤 i̯(弱介音)이고, 또 하나는 강한 緊張性을 띤 i(強介音)이다. 전자는 3등운에 나타나고, 후자는 4등운에 나타난다.[37] 어쨌든 i개음을 가진 것은 제치호이고, 기원적으로 i, u 양쪽을 포함한 음을 촬구호라 한다(ex. 仙 si̯ɛn(齊), 宣 si̯uɛn(撮)).

그리고 모음에 있어서도 a를 예로 들면 앞에서 말한 바와 같이 ɑ, a(이를 각각 â/a, ä로도 표음함)의 두 종류가 있는데, 여기에 개음의 성질에 따라 《韻鏡》의 작자들은 이를 평·상·거·입성마다 4단으로 나누어 표시한 것이 곧 4등이다(ex. 干 kɑn(1등), 姦 kan(2등) 甄 ki̯ɛn(3등), 堅 kien(4등).

---

(37) 3등운을 나타내는 개음 i는 학자에 따라 i̯, ɪ, ï, ǐ, j 등으로 표음하기도 하고, 4등운의 개음은 i로 표음하여 구별함이 일반적이다. 음운 표기법은 비록 다를지라도 4등운의 i는 음색이 뚜렷한 전설적 개음인 반면에 3등운의 i̯는 약간 중설 쪽에 가까운 애매한 개음이라는 점에 차이가 있다.

그리하여《韻鏡》의 각 轉圖(圖式)에는「開」,「合」,「開合」이 注記되어 있다. 開口圖에는 개음 u가 없고, 合口圖의 諸字는 모두 개음 u를 포함한 것이다. 그리고「開合」에 대해서는 여러 이견이 있으나 주모음이 u나 o인 경우에는「開口・合口의 구별이 없음」을 나타낸 것으로 해석하기도 한다.[38]

그런데 주의할 것은 개개의 운류마다 모두 4개의 等을 전부 구비한 것은 아니다는 사실이다.《廣韻》의 61개 운류[39]와 分等의 대체적인 한계를 보면 아래와 같다.[40]

(1) 1등　：　冬, 模, 泰, 灰, 咍, 魂, 痕, 寒, 桓, 豪, 歌, 唐, 登, 侯, 覃, 談
(2) 1・3등：　東, 戈
(3) 2등　：　江, 佳, 皆, 夬, 刪, 山, 肴, 耕, 咸, 銜
(4) 2・3등：　麻, 庚
(5) 3등　：　鍾, 支, 脂, 之, 微, 魚, 虞, 祭, 廢, 眞, 諄, 臻, 文, 欣, 元, 仙, 宵, 陽, 淸, 蒸, 尤, 侵, 鹽, 嚴, 凡
(6) 4등　：　齊, 先, 蕭, 靑, 幽, 添

이와 같은 분등의 제약은 성모에도 적용되는 것으로 운도에 배열된 36자모와 분등의 상황을 보면 다음과 같은 사실을 발견할 수 있다.[41]

(1) 1・2・3・4등：　影, 曉, 見, 溪, 疑, 來, 幫, 滂, 並, 明
(2) 1・2・4등：　匣
(3) 1・4등：　端, 透, 定, 泥, 精, 淸, 從, 心
(4) 2・3등：　知, 徹, 澄, 娘, 照, 穿, 神, 審(2등：莊, 初, 牀, 疏, 3등：照, 穿, 神, 審)
(5) 3・4등：　羣, 喩
(6) 3등：　禪, 日, 非, 敷, 奉, 微 (非, 敷, 奉, 微는 합구 3등뿐이다)
(7) 4등：　邪

---

(38)　藤堂明保・小林博《音注 韻鏡校本》(1971, 木耳社), p. 12.
(39)　本書 p. 550 및 pp. 603-608 참조.
(40)　王力《漢語史稿》(1958), p. 56.
(41)　王力, *ibid.* 그러나 潘重規・陳紹棠(1978: 102~104)에서는 王力과 약간 차이를 보인다.

(2) 假2等韻과 假4等韻

위에서 운모와 성모의 분등 상황을 예시하였다. 그러나 실제로 《韻鏡》의 운도를 보면 맞지 않은 것이 있는데 그 연유는 어디에 있을까. 원래 분등이란 운모의 성질과 개음의 유무에 따라 결정되는 사항이므로 성모와는 관계가 없다. 그러나 한자음은 성모와 운모의 결합이 필수적이어서 宋·元대의 등운학자들은 성모도 분등에 관여한 것으로 간주하게 되었다. 그리하여 운모를 분석할 때 순객관적 사실만으로 근거를 삼기 어려운 경우가 생겨나게 되었다. 예를 들면 「東」운은 본래 1등〔-uŋ〕과 3등〔-iuŋ〕의 2류뿐임은 陳澧의 반절 하자 系聯에 의해서도 확인된다. 그럼에도 불구하고 운도중의 「東」운 항에는 1·2·3·4등자가 다 갖추어져 있으니(p. 548 〔도표 3-6〕 참조), 그 까닭은 어디에 있을까. 그것은 운도의 작자들이 성모의 분등을 고려한 결과이다. 즉 앞에서 제시한 바와 같이 舌音 중에 「端·透·定·泥」모는 1·4등에만 나타난 것으로 규정하였는데, 이것을 2·3등에 쓰이는 「知·徹·澄·娘」모와 함께 같은 설음 항에 倂入시켰으므로 결과적으로는 1·2·3·4등을 다 갖춘 결과가 되었다.

또 齒音 중에 齒上音에 속한 「莊·初·牀·疎」모는 반드시 2등에만 쓰이고, 正齒音인 「照·穿·神·審」모는 3등에만 쓰인다. 그럼에도 불구하고 이 두 종류의 성모를 반드시 1·4등에만 쓰이는 齒頭音「精·淸·從·心」모와 함께 치음 항에 병입시킨 나머지 결국 1·2·3·4등자가 다 배속된 결과가 되고 말았다. 「東」운에서 그러한 예를 찾아보자. 앞의 〔도표 3-6〕에서 보는 바와 같이 '崇'은 2등란에, '嵩'은 4등란에 배속되어 있다. 《廣韻》의 반절에 따르면 崇(鋤弓切)은 牀〔dʒ/dʐ〕모에 속하고 嵩(息弓切)은 心〔s〕모에 속한다. 그러므로 두 자는 3등에 배치할 수가 없게 되었다. 두 자의 반절 하자가 공히 '弓'자임에도 불구하고 이렇게 분등이 다른 까닭은 성모의 자질에 말미암은 것임을 알 수 있다. 이렇게 운모로 보아서는 3등에 들어가야 할 것이 운도상에서 2등 또는 4등에 나타난 것을 일컬어 假2등운, 假4등운이라고 한다. 즉 '崇'은 假2등운자이다.

또 假4등은 윗예 외에 다음의 경우에도 나타난다. 《廣韻》의 諸韻 가운데 「齊·先屑·蕭·靑錫·添帖」 등의 운모가 假4등운에 해당된다. 이 운모들은 六朝 시대까지는 直音이었으므로 아직 拗音(介音) i가 발생하지 않았던 것이다. 이제 평성과 입성운을 예로 들어 보자(상성·거성은 생략).

齊 -ei, 先 -en, 屑 -et, 蕭 -eu,
靑 -eŋ, 錫 -ek, 添 -em, 帖 -ep

그런데 唐代에 들어와 위의 直音에 모두 요음 i가 생겨나게 되자 齊 -ei＞-iei, 先 -en＞-ien, 屑 -et＞-iet, 蕭 -eu＞-ieu 등과 같은 음형으로 변하고 말았다. 그리하여 《韻鏡》의 작자는 이들을 4등운으로 취급하였던 것이다(〔도표 3-7〕 참조).

《광운》(1008)은 실은 隋나라 때의 《절운》(601)의 체계를 보존한 운서이므로 《운경》이 그것을 충실히 도식화한 것은 사실이지만, 이 점에 관한 한 양자간에는 큰 차이가 있다는 점을 주의할 필요가 있다. 즉

〔도표 3-7〕 《韻鏡》外轉 第23開

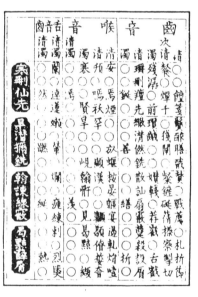
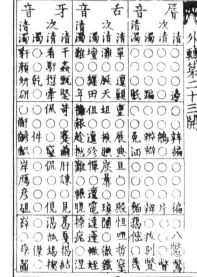

위의 「齊·先·蕭·靑·添」운들은 운도의 4등란에 배치되어 있으므로
B. Karlgren은 i를 포함한 拗音으로 간주하였다. 그러나 이것들은 기타
4등에 배치된 운모의 경우와는 달라서 1·2등에 배치된 운모와 마찬가
지로 直音의 반절 상자를 취함이 원칙이다. 예를 들면 〔도표 3-7〕에서
보는 바와 같이 평성4등 「幫」모 자리에 든 '邊'자의 《광운》 반절은
「布玄切」인데, 布 puo/po는 직음이다. 이런 점에서 여타의 4등 운모가
요음인 것과는 다르므로 그 주모음은 어느 것이나 직음 e로 추정한다.
그리하여 이러한 운을 假4등운(또는 直音4등운, 4등 전속운이라고도
함)이라고 칭하게 되었다.

B. Karlgren은 拗介音에 자음적인 i와 모음적인 i의 2종류를 설정
하고 직음4등운에 i를 배당함으로써 반절상의 특성을 설명하려고 하
였다. 그러나 이에 반하여 이들을 直音으로 추정하는 쪽이 음성학적으
로도 자연스럽다는 수정설이 有坂秀世[42]에 의하여 제기된 이래 日本
학계에서는 이것이 거의 정론화하였고 중국에서는 陸志韋에 의하여 直
音說이 제기되었다.[43]

(3) 3等, 4等과 重紐

《韻鏡》의 43개 轉圖를 검토하여 보면 「支·脂·祭·眞·仙·宵·
尤·侵·鹽」(평성자로만 대신함)운의 牙音·脣音·喉音에 있어서 3등
란에 기입된 자와 4등란에 기입된 자가 포함되어 있다. 참고로 《운경》
에서 「支」운을 먼저 예시한다. 여기에서 도대체 3등자와 4등자는 어떠
한 음운론적 차이가 있는 것일까. 이것이 문제의 핵심이다.

《운경》의 이와 같은 구별은 절운계 운서에 기반을 둔 것으로서 멋
대로 도식화한 것은 아니다. 《광운》에서 「支」운을 보면 '奇'는 「渠羈切」
인데 이와 동음자로 10자가 수록되어 있고, '祇'는 「巨支切」인데 역시
이와 동음자로 25자가 수록되어 있다. 《광운》의 편성 원칙에 의하면 동
음의 반절을 2회나 나타내는 일은 있을 수 없다. 그럼에도 불구하고
'渠'와 '巨'는 反切系聯法에 따르면 양자는 群〔g/g'〕모에 속하므로 그 성

(42) 有坂秀世, 「カールグレン氏の拗音説を評す」, 《國語音韻史の研究》(1968), pp. 327
   ~357 참조.
(43) 平山久雄, 「中古漢語の音韻」, 《中國文化叢書》 1. 「言語」(1967), pp. 148~149 참조.

〔도표 3-8〕《韻鏡》內轉 第 4 開合

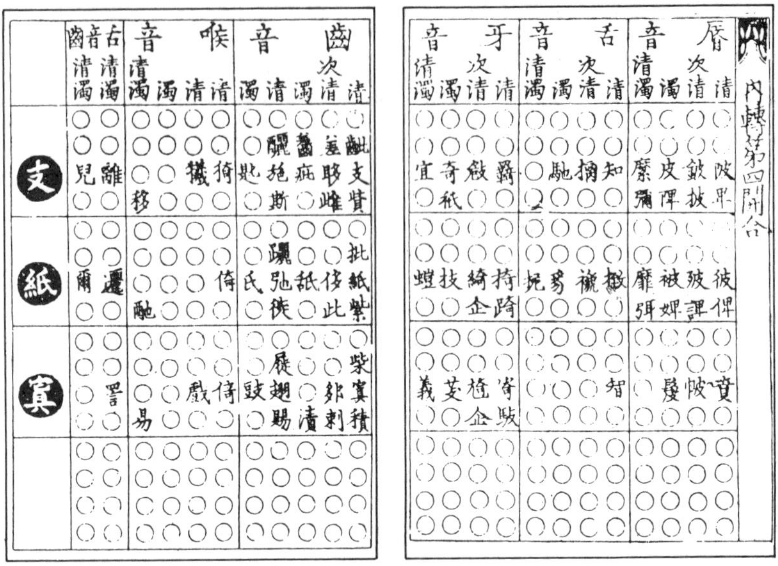

모가 같고, 또 양자는 「支」운에 속하므로 운모의 주요 부분도 같은 것임에 틀림 없다. 다만 다르다면 운모의 일부인 개모가 달랐던 것으로 추정된다.[44] 또 이런 현상은 〔도표 3-8〕에서 보듯이 脣音의 「皮₃＝符羈切」, 「陴₄＝符支切」에서도 2개의 반절을 구별하였는데, 그 성모는 奉〔v〕모로서 동일하다.

　여기에서는 도표에 나타난 牙音・脣音만 예로 들었지만 이런 현상은 「眞」운의 「䫻₃＝於巾切」, 「因₄＝於眞切」에서처럼 喉音에도 나타난다. 이 예에서 반절 상자 ‘於’는 影〔ʔ〕모에 속하므로 양자의 성모가 같다. 이와 같이 동일한 성모자에 대하여 2회의 반절이 나타나는 일은 언뜻 중복된 듯한 생각을 갖게 하는데, 이러한 현상을 음운학에서는 「重紐」(또는 複韻)라고 한다.[45] 이같은 중뉴 현상에 대해서는 일찍이 陳澧

(44)《切韻》(601)의 공편자의 1인이었던 顔之推의《顔氏家訓》「音辭篇」에 “岐山의 岐는 奇로 읽어야 할 터인데 江南에서는 祇로 읽고 있다”는 말에서도 ‘奇・祇’ 양음이 구별되었음을 알 수 있다. 韓國의《東國正韻》(1448)에서는 앞의 두 자를 ‘끠・끼’로 구별하였다.
(45) 重紐의 ‘紐’는 聲母와 같으므로 중뉴란 곧 ‘겹쳐진 성모’의 뜻이다. 한 운 안의 開・合口音에 있어서 동일 성모에 대한 반절은 1회만 나타나는 것이 운서 반절법

(1810~1882)의 《切韻考》에서부터 관심을 끌었다. 그는 한 운 안에 중뉴가 있게 된 연유는 곧 서로의 운모가 달랐기 때문이라고 믿었다. 그리하여 위에서 예시한 '因'자는 개구음 제4등에, '馦(언)'자는 개구음 제3등에 속한 것으로 나눈 바 있다.[46]

《韻鏡》의 각 轉圖에 중뉴로 보이는 예는 110개나 되므로[47] 결코 우연한 중복이 아님을 알 수 있다. 《광운》의 반절을 면밀히 검토하여 보면 중뉴에 의한 운모의 대립은 「支·脂·祭·眞·仙·宵·侵·鹽」운의 牙音·脣音·喉音 성모 아래에 존재한다. 이 중 운도의 4등에 배치된 운모(또는 小韻)를 A류(또는 甲類), 3등에 배치된 운모를 B류(또는 乙類)라고도 한다. B. Karlgren은 重紐의 구별을 인정하지 않은 관계로 4등에 배치된 운모 쪽을 무시하여 버렸다. 그러나 A, B 양류 사이에는 무엇인가 음운상의 차이가 있었으리라는 점은 韓國·日本·越南 한자음에 반영된 결과로도 의심의 여지가 없다. A, B류는 반절 하자에서도 구별된다. 예컨대 「支」운에서 A류(4등)는 '支·移'가 쓰이고, B류(3등)에는 '宜·奇·羈'가 쓰였다.

그러면 3·4등의 운모는 음가에 있어서 도대체 어떠한 차이가 있는 것일까. 이 문제에 대하여는 학자에 따라 다음 몇 가지 견해가 제시된 바 있다.

(1) 주모음이 발음될 때의 개구도의 狹(A류)·廣(B류)의 차이
(2) 拗介音에 있어서 口蓋性의 强(A류)·弱(B류)의 차이
(3) 성모에 있어서 口蓋化의 有(A류)·無(B류)의 차이
(4) 脣音化의 有(B류)·無(A류)의 차이

그렇지만 음절 중의 하나의 요소의 차이는 다른 요소 전체에도 무

의 원칙이다. 그런데 앞에서 예시한 바와 같이 2회가 나타난 것이 있으므로 重紐라고 칭한 것이다.
(46) 重紐에 대하여는 다음의 논문이 참고된다.
　董同龢,「廣韻重紐試釋」,《歷史語言研究所集刊》13(1928).
　이 논문은 丁邦新 편《董同龢先生 語言學論文選集》(1974: 13~32)에 재수록되어 있다.
　周法高,「廣韻重紐的硏究」,《歷史語言研究所集刊》13(1928)
　文璇奎,「重紐考論」,《中國人文科學》제4집(1985, 全南大 출판부), pp. 1~84.
(47) 文璇奎《中國古代音韻學》(1987: 315-317)에서는 110개 중에 타당성이 결여된 것이 있다고 보아 76종의 重紐(개구음: 58, 합구음: 17) 자례를 예시하여 놓았다.

언가 차이를 가져오기 마련이므로 위의 요인들은 상보적이라 할 수 있다. 결국 어느 차이를 강조하느냐, 혹은 양류 변별의 원인이 음운론적으로 어느 요인에 의한 것인가 하는 점에서 의견이 다를 수 있을 뿐이다.

日本의 음운학계에서 유력하게 인정하고 있는 것은 有坂秀世(1908~1952), 河野六郎 설인데 (2)의 拗介音의 차이를 든다. 즉 A류 개음은 口蓋的인 i̯(또는 j)로, B류는 비구개적인 ï(또는 ɪ)로 보는 설이 그것이다. 이를 부연하면 3·4등이 가진 개음 사이에는 「약 : 강, 이완 : 긴장, 중설적 : 전설적」인 대립이 존재한다. 그리하여 양자는 음운론적으로 최소대립쌍(minimal pair)을 형성한다.[48]

5. 內轉과 外轉

《韻鏡》의 43개 轉圖의 첫머리에는 각각 「內轉」「外轉」의 술어가 쓰여 있고, 《四聲等子》와 《經史正音切韻指南》에는 「內」, 「外」로만 표시되어 있다.

우선 《四聲等子》 중의 「辨內外轉例」를 보면

> "內轉者, 脣舌牙喉四音, 更無第二等字, 唯齒方具足. 外轉者, 五音 四等 都具足. 今以深·曾·止·宕·果·遇·流·通 括內轉六十七韻, 江·山·梗·假·效·蟹·咸·臻括外轉 一百三十九韻"(번역 생략)

이라고 설명하고 해당된 16개 攝名을 들어 놓았다. 이에 따른다면 內轉이란 등운도의 한 틀 안에 제2등 운자가 전연 없는 것(莊〔tʃ-〕계의 齒上音字는 예외이다)을 말하고, 外轉이란 등운도의 한 틀 안에 五音의

---

(48) 韓國漢字音에서는 3·4등자가 구별 반영되었다. 《東國正韻》의 한글 표음을 보면 止攝 소속자는 ㅢ(ïi), ㅣ(i), ·(ʌ)의 3종 모음으로 표기되었다. 牙·喉音의 경우 개구 3등자는 모두 중모음 'ㅢ'로, 4등자는 단모음 'ㅣ'로 반영되었다. 그리고 齒音의 경우에 개구 3등자는 모두 'ㅣ'로 반영되고, '·'는 치음(ㅅ·ㅆ·ㅈ·ㅉ·ㅊ)개구 4등자에만 쓰였다. 자세한 내용은 拙稿, 「지섭(止攝) 한자음과 /ㅇ/음의 반영」, 《한글》제 173·174 호(1981), pp. 247~266참조.

한편 藤堂明保(1980 : 221)에서는 3등 개음은 /rj/로, 4등 개음은 /j/로 특이하게 구별 표음하였다. ex. 「支₃」/rje/, 「支₄」/je/(개구음), 「支₃」/rjwe/, 「支₄」/jwe/(합구음). 그는 3등의 「于」모도 /rj/로 해석하였다.

제2등자가 다 구비된 것을 말한 것으로 해석된다. 그러나 위의 설명은
다만 등운도에 제2등자가 드는가 안 드는가만을 구별하였을 뿐 양자
간에 어떠한 음운적 차이가 있어서 나뉘어졌다든가, 또는 어음의 특징
등을 밝혀 주지는 못하였다. 그리하여 지금까지도 內轉・外轉의 본질에
대하여는 명확한 정설이 없는 실정이다.

현재까지는 그 중에도 羅常培(1899~1958)의 해석이 비교적 널리
알려져 있다. 그는 '轉'을 '唱誦'이라 해석하고 內轉은 후설모음 〔u〕・
〔o〕, 중설모음 〔ə〕, 전설모음 〔i〕・〔e〕를 포함한 운이고, 外轉이란 전설
모음 〔e〕・〔ɛ〕・〔æ〕・〔a〕, 중설모음 〔ɐ〕와 후설저모음 〔ɑ・ɔ〕의 운을
가리킨다고 해석하고 다음과 같은 모음 4각도를 제시하였다.(49)

그리고 분배도의 설명
에서 點線 위의 모음에서
전설 쪽은 高母音이고 후설
쪽은 혀가 오므라지는데(舌
縮), 고모음은 開口度가 좁
으므로(口弇) 이를 '內'라 한
다. 반면에 점선 아래의 모
음에서 후설 쪽은 低母音이
고 전설 쪽은 혀가 펴지는
데(舌舒), 저모음은 개구도
가 넓어서(口侈) 이를 '外'
로 칭한 것이라고 덧붙여
놓았다.

〔도표 3-9〕 **內外轉母音分配圖**

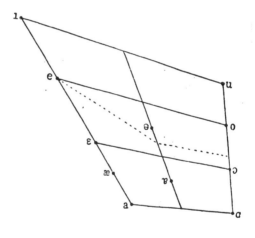

---

(49) 羅常培, 「釋內外轉」, 《歷史語言硏究所集刊》 4-2(1932) 이 논문은 《羅常培語言學
論文選集》(1978, 臺北), pp. 87~103에 재수록되어 있다.
　　한편 藤堂明保 《中國語音韻論》(1980 : 247-248)에서는 위와는 달리 「內外」란 直音
의 운모가 深音인가, 淺音인가. 또 拗音의 개모가 중설적/rj/인가, 전설적/j/인가를
나타내는 표지라고 보았다. 요컨대 운도의 4등 구분을 나타내기 위한 용어에 지나
지 않는다고 해석한 것이다. 그러므로 개구・합구의 直音 1등은 「內」, 2등은 「外」
이고, 拗音 3등은 「內」, 4등은 「外」로 간주하였다. 또 그는 宋學系의 음운학자들은
「開・發・收・閉」로써 1・2・3・4등을 구별하였는데, 等韻家들은 「內外」의 용어로써
直音과 拗音의 각각에 대하여 1・2등과 3・4등을 나눈 것이라고 하였다.

제4절 聲 調

1. 성조의 인식

漢字는 각 글자마다 일정한 성조(tone)가 있으므로 비록 음성 형식 (phonetic form)은 같을지라도 평·상·거·입성의 차이에 따라 뜻이 다르다. 그리하여 어느 한자를 물론하고 그 字音을 완벽하게 분석하려 면 IMVE/T의 구조로 파악하지 않을 수 없는 특성을 지니고 있다.

중국에서 성조에 대한 인식은 일찍부터 있었던 것 같다. 즉 《韓非子》의 「外儲(저)說」에

"疾呼中宮, 徐呼中徵."(빠르게 소리 냄은 宮에 해당하고, 느리게 소리 냄은 徵(치)에 해당한다.)

라는 말이 있고, 또 《管子》地員篇에도

"凡聽宮如牛鳴窌中, 凡聽商如離群羊, 凡聽角如雉登木以鳴, 音疾以淸, 凡聽徵如負豬豕覺而駭, 凡聽羽如鳴馬在野."(번역 생략)

라는 흥미 있는 설명이 보인다. 이것은 소리의 성질에 따라 宮·商·角·徵·羽로 구별한 것임은 물론 樂律의 음과 高低에 대한 표준을 빗대어 말한 것이라 하겠다. 위의 내용은 소리의 빠르고 느림, 세고 약함, 높고 낮음 등의 차이를 분별한 것이므로 자연 성조의 요소도 포괄된 것이라 생각된다.

그리고 《公羊傳》에는 "春秋伐者爲客, 伐者爲主"라는 말이 있는데, 何休(129~182)는 注에서

"伐人者爲客, 讀伐長言之, 齊人語也; 見伐者爲主, 讀伐短言之, 齊人語也."

라고 하였다. 여기에서 말한 "長言·短言"은 아마도 音高가 아닌 音長 관계를 지적한 것으로 여겨진다. 만약 당시의 長言·短言이 入聲과 非入聲을 구별한 것이라면 장언은 비입성이고, 단언은 입성에 해당한 것일지도 의문이다.

위의 인용문을 통해 생각하면 성조에 대한 인식은 先秦 시대로 소급할 수 있다. 물론 사성의 명칭은 六朝 시대 이전까지는 없었다. 그러나 이미 上古漢語에도 성조와 같은 운율적 요소는 존재하였을 터이지만 정확한 증거 자료를 찾기 어려울 뿐이다. 그런데 위에 든 다섯 가지 음명은 중국에서 본격적인 음운학이 연구된 뒤에도 한동안 성조 구별상의 용어로 쓰였다. 陳澧의 《切韻考》(권 6)에 의하면

 "古無平上去入之名, 借宮商角徵羽, 以名之."

라 하였고, 또 동서에

 "所謂宮商角徵羽, 卽平上去入四聲, 其分爲五聲者, 蓋分平聲淸濁爲二也."

라고 한 것으로 미루어 알 수 있다.

원래 宮·商·角·徵·羽의 五音은 樂律의 고저를 판별한 표준적 명칭임은 물론이다. 그러나 앞의 《韓非子》에서와 같이 '宮·徵'의 구별을 '疾·徐'로 표현하고 있는 점은 음량 면에서 장단과도 관련이 있지 않을까 한다. 그렇지만 五音과 사성의 상호 관계는 밝히기 어렵다.

2. 四聲의 확립

평·상·거·입의 사성의 명칭이 성립되어진 연대는 정확하게 말하기 어렵다. 그러나 顧炎武(1613~1682)는 그 기원에 대하여

 "今考江左之文, 自梁天監以前, 多以去入二聲同用, 以後則若有界限, 絶不相通, 是知四聲之論, 起於永明, 而定於齊梁之間也."[50] (번역 생략)

라고 하였다. 즉 이제 江左에서 지어진 글을 상고하면 梁나라 武帝 天監 年間(502~519) 이전에는 허다히 거성과 입성이 (압운상) 동용되었는데, 그 이후에는 한계가 있었던지 전연 상통하지 않았다. 이는 사성의 논의가 永明 시대에 일기 시작하여 梁(502~557)·陳(557~589) 사이에 정해졌다는 내용이다. 또 《南史》 陸厥傳에도

 "永明末, 盛爲文章. 吳興沈約, 陳郡謝朓, 琅邪王融, 以氣類相推轂. 汝

_____
(50) 顧炎武 《音學五音》 중의 《音論》 참조.

> 南周顒, 善識聲韻, 爲文皆用宮商, 以平上去入爲四聲."

이라고 하였다. 위의 인문은 永明 시대 말년에 沈約(441~513), 謝朓(사조), 王融, 周顒(주옹) 등이 성운에 능하여 문장에 사성을 사용한 사실을 알려 준다. 특히 《梁書》(권 13) 沈約傳에는

> "約撰 《四聲譜》, 以爲在昔詞人, 累千載而不悟, 而獨得胸衿, 窮其妙旨, 自謂入神之作. 武帝雅不好焉. 嘗問周捨曰: 何爲四聲. 捨曰: 天子聖哲 是也. 然帝竟不遵用約也."(번역 생략)

라는 중요한 내용이 보인다. 그것은 沈約이 《四聲譜》를 지어 글을 짓는 이들이 수천년 동안 깨닫지 못한 사실을 홀로 밝혔다는 사실과, 梁나라 무제가 周捨(周顒의 아들)에게 사성이 무엇이냐고 물으니 주사가 대답하기를 '天·子·聖·哲'이 곧 사성이라고 대답하였으나 무제는 끝내 준용하지 않았다는 것이다. 天·子·聖·哲은 천자는 모든 일에 통달한 성인이요 철인이란 뜻이지만 실상은 4자가 각각 평·상·거·입성자에 해당하여 重義的이다.

이 밖에 《梁書》 庚肩吾傳에도

> "齊永明中, 王融, 謝朓, 沈約, 文章始用四聲, 以爲新變, 至是轉拘聲韻."

이라 하였으니, 어쨌든 남북조 시대에는 사성이 확립되어 특히 詩文의 諧調를 고르는 기준이 된 것만은 틀림없는 사실이다. 그렇다고 종래의 설대로 사성이 마치 沈約에 의하여 창시된 것처럼 믿는 것은 회의적이다. 趙翼(1727~1814)의 《陔餘叢攷》(권 19)에 보인

> "今按隋書經籍志, 晋有張諒撰 《四聲韻略》 二十八卷, 則四聲實起晋人. ……此又約之前, 已有四聲明證."

이라는 설명을 참고한다면 사성은 沈約이 창시한 것이 아니며, 齊·梁 이전인 晋대(西晋 : 265~317, 東晋 : 317~420)에 이미 구분되어진 점을 알게 한다.

어떠한 일종의 언어 현상도 일조일석에 이루어진 것이 아님을 감안할 때, 漢語의 성조라는 음운론적 특징이 晋대에야 비로소 생겨난 것이라고는 믿을 수 없고 오히려 훨씬 이른 시기의 漢語에 그러한 운율

적 자질이 갖추어져 있었던 것이라고 보아야 옳을 것이다. 다만 성조의 변별적 기능은 시대에 따라 달랐을 것이요, 남북조 시대에 특히 네 가지 성조가 존재하였던 것을 沈約 등이 체계화한 것이라고 말하는 편이 옳을 것이다.

그런데 이 시대에 사성이 확립된 계기에 대하여 陳寅恪은「四聲三問」[51]이라는 논문에서 다음 세 가지 점을 들어 논술하고 있는데, 요점만을 들어 보기로 한다.

(1) 사성의 수는 佛經을 轉讀할 때의 성조와 관계가 있다. 즉, 고대 인도의 성전인 Veda(毘陀, 韋陀, 圍陀라고도 음역함)의 聲明論에서는 聲(svara)을 고저에 따라 셋으로 나누었는데, udātta, svarita, anudātta가 그것이다. 이는 마치 聲의 고저를 말하는 pitch accent와 같은 것으로 불경이 중국에 수입될 때 함께 들어왔다. 그리하여 이를 모방하여 평・상・거성을 정하고 입성[52]을 더하여 사성이 이룩되었다는 것이다.

(2) 사성은 南齊의 武帝 永明 년간에 성립되었고, 周顒, 沈約 등이 이 방면에 뛰어난 학자들이었다.

(3) 宮・商・角・徵・羽는 聲의 본체이고, 평・상・거・입 사성은 聲의 실용에 관한 것이다. 그러므로 양자의 관계는 소위 "中學爲體, 西學爲用"이라는 것이다.

이 논문에서 (2)는 그 시작 시기에 관한 것이고, (1), (3)은 사성의 起因에 대한 설명인바, 陳씨의 주장대로라면 사성은 곧 인도어의 성조를 본따 체계화하였다고 볼 수 있다. 반절법 역시 인도의 표음문자의 영향을 받아 촉진된 표음 방법이었음을 미루어 생각할 때, 사성의 체계 또한 그러하였을 가능성은 짙다고 보겠다.

3. 四聲의 調値

그러면 이제는 평・상・거・입성이 과연 성조상 어떠한 특징을 지

---

(51) 《淸華學報》 第9卷 第2期(1934), pp. 275~287.
(52) 엄밀한 의미에서 入聲은 音質의 특징이지 音高의 문제가 아니므로 성조로 인정하지 않을 수도 있다.

닌 것이었는가를 살펴볼 차례이다. 소위 그 調値(tone value)의 해석에 있어서는 역대로 여러 설이 있었는데, 그 중 대표적인 것을 표로 작성하면 아래와 같다.

〔도표 3-10〕 四聲의 調値

書名 ＼ 四聲	平	上	去	入
唐《元和韻譜》	哀 而 安	厲 而 擧	淸 而 遠	直 而 促
明 釋眞空 (玉鑰匙歌訣)	平道莫低昂	高呼猛烈强	分明哀遠道	短促急收藏
顧炎武《音論》	最長·輕遲	次之·重疾	次之·重疾	詘然而止, 無餘音·重疾
江永《音學辨微》	長空, 如擊鍾鼓	短實, 如擊土木石	短實, 如擊土木石	短實, 如擊土木石
張成孫《說文韻補》	長 言	短 言	重 言	急 言
王鳴盛《十七史商榷》	以舌頭言之爲平	以舌腹言之爲上	急氣言之卽爲去	閉氣言之則爲入
cf.《訓民正音》合字解	安 而 和	和 而 擧	擧 而 壯	促 而 塞

그러나 표 안의 해설은 너무나 추상적 표현이어서 진정한 조치의 실상을 파악하기 어렵다.[53]

사성은 시대에 따라 그 뜻을 달리 한다. 절운계 운서음에서는 평·상·거·입성을 사성이라 하였는데, 이 중에서 평·상·거성은 고저의 물결형이지만, 입성은 陽聲 韻尾에만 있는 것으로 sonority가 0도인 未破音(폐쇄음, implosive) /-p, -t, -k/로 끝나는 음절형을 말한다.

唐대 중기 이래로 長安 방언에서는 濁音 성모가 점차 淸音 성모와 합류하기 시작하였다. 일반적으로 탁음 음절은 처음의 가락이 낮고, 청음 음절은 첫음이 높기 때문에 같은 평성어라 할지라도 옛 탁음계(陽調라고도 함)와 옛 청음계(陰調라고도 함)의 調型이 달라지게 되었다. 그리하여 이전의 4調類는 8조류로 변화한다.

舊平聲 { 陰平聲 / 陽平聲 }　　舊上聲 { 陰上聲 / 陽上聲 }　　舊去聲 { 陰去聲 / 陽去聲 }　　舊入聲 { 陰入聲 / 陽入聲 }

---

(53)《訓民正音》諺解本에서는 성조의 특징을 구체적으로 설명하여 놓았다.
　　平聲: 뭇 ᄂᆞ가본 소리, 上聲: 처서미 ᄂᆞᆺ갑고 乃終이 노폰소리
　　去聲: 뭇 노폰 소리, 入聲: 쎌리 긋돋ᄂᆞᆫ 소리
　　물론 이 설명은 15세기 중기 국어의 성조에 해당된 것이지만 漢語 사성의 조치를 이해하는 데에도 도움이 될 것이다.

北宋 시대(960~1126)   邵雍(1011~1077)의 《皇極經世書》(聲音唱和圖)에는 위의 8성이 반영되어 있었다. 그러던 것이 元대의 《中原音韻》(1324)에 이르러서는 아래 〔도표 3-11〕에서와 같이 이들이 합류하여 현대 北京語의 사성(陰平·陽平·上聲·去聲) 체계의 기본이 이루어졌다.[54]

오늘날 廣東語(粤 방언)의 9성(기본적으로는 8성), 閩語의 7성, 吳語의 6성 등은 어느 것이나 唐末·北宋의 8성 조류와 대비할 때 그 分合의 흔적을 확인할 수가 있다.[55]

〔도표 3-11〕

(A) 廣東語(粤方言)의 9성

廣韻의 聲母 ＼ 廣韻聲調	平	上	去	入
全　清 p t k 등	陰 ㄱ 平	陰 ㄱ 上	陰 ㄱ 去	陰 ㄱ 入
次　清 p' t' k' 등	陰 ㄱ 平	陰 ㄱ 上	陰 ㄱ 去	入 ㄱ
不淸不濁 m n l y 등	陽 ㄴ 平	陽 ㄴ 上	陽 ㄴ 去	陽 ㄱ 入
全　濁 b d g 등	陽 ㄴ 平	陽 ㄴ 上	陽 ㄴ 去	入 ㄱ

(B) 《皇極經世書》「聲音唱和圖」의 8성

陰平 ／ 陰上 / 陰去 / 陰入
陽平 / 陽上 / 陽去 / 陽入

(C) 《中原音韻》의 4성

陰平 / 陽平 / 上 / 去

현대 북경어의 성조는 昇降調(굴곡조: contour-tone system)에 속한 것이 특징이다. 그 調値(또는 調型이라고도 함)를 참고로 예시하면 다음과 같다.

1성 : 음평성 〔－〕, 〔ㄱ〕 媽 mā/ma¹   55 조
2성 : 양평성 〔／〕, 〔ㄱ〕 麻 má/ma²   35 조
3성 : 상　성 〔∨〕, 〔∨〕 馬 mǎ/ma³   214 조
4성 : 거　성 〔＼〕, 〔＼〕 罵 mà/ma⁴   51 조

---

(54) 北方系 漢字音에서는 비교적 이른 시기(늦어도 14세기 이전)에 입성 운미가 소실되어 平·上·去聲에 혼입됨으로써 성조 체계에 크나큰 변혁이 생기게 되었다.
　　周德淸의 《中原音韻》 序에 "夫聲分平仄者, 謂無入聲, 以入聲派入本上去三聲也." 라고 하고, 또 본문의 예 중에 "入聲作平聲", "入聲作上聲", "入聲作去聲"과 같은 예시에서 이를 확인할 수 있다.
(55) 藤堂明保 「漢字槪說」, 《日本語》 8(岩波講座, 1977), pp. 90~91.

趙元任(1892~1982)은 이를 악보 형식으로 나타낸 바 있다.[56]

제 5 절 反   切

漢대에 특히 漢字의 字音이나 어음에 대한 관심이 높아진 것은 고전을 바르게 읽고 바르게 해석하기 위한 訓詁學이 성해지면서부터였다. 한자는 동일한 어음 표기에 쓰일 수 있는 동음자가 많고, 동음이의자가 많으며, 한 글자가 본음을 벗어나 다른 음으로 나기도 하고, 경우에 따라서는 음만을 취하여 가차한 자례가 허다하였으므로 앞 시대 사람들이 남긴 전적을 올바로 깨치려면 반드시 자음을 바르게 터득하지 않으면 안 되었다. 그러나 원래 표음문자가 아닌 한자의 음을 완벽하게 나타내는 데는 많은 고심이 따를 수밖에 없었다. 그리하여 후술할 반절법 이전에는 한자의 注音을 위하여 다음 세 가지 방법이 쓰였던 것이다.

1. 反切 이전의 注音法

(1) 譬 況 法

비황법은 어느 한자의 독음을 간접적으로 비유한 방법이다. 《顔氏家訓》音辭篇에 다음과 같은 말이 있다.

> "鄭玄注六經, 高誘解《呂覽》, 《淮南》, 許愼造《說文》, 劉熙製《釋名》, 始有譬況假借 以證字音耳. 而古語與今殊別, 其間輕重淸濁猶未可曉. 加以外言, 內言, 急言, 徐言, 讀若之類, 益使人疑."

---
(56) Yuen Ren Chao, *Mandarin Premier; An Intensive Course in Spoken Chinese* (1961, Cambridge), p. 85.

(정현(127-200)이 육경을 주하고 고유가 《여람》,《회남자》를 해석하고 허신은 《설문》을, 유희는 《석명》을 지으니 비로소 비황과 가차가 있게 되어 이로써 음을 나타내는 자를 증명하였다. 그러나 고어는 지금과 다르니 그것들 사이의 경·중·청·탁은 아주 알 수가 없다. 게다가 외언, 내언, 급언, 서언, 독약 따위는 사람을 더욱 의혹되게 한다.)

이와 같은 安之推(531~600?)의 말에서 비황법이 漢대에 생겨났음을 알 수 있다. 그 실례를 몇 가지만 예시한다.

① "其地宜黍, 多旄犀"《淮南子》地形訓
　　cf. "旄, 讀近綢繆之繆, 急氣言乃得之"*ib.* 高誘 注

② 牛蹏之滑《淮南子》地形訓
　　cf. "滑, 讀延栝曷問, 急氣閉口言也"*ib.* 高誘 注

③ "崔杼之子, 相與私鬮"《呂氏春秋》愼行篇
　　cf. "鬮, 讀近鴻, 緩氣言之"*ib.* 注

④ "春秋伐者爲客, 伐者爲主"《公羊傳》莊公 28 년
　　cf. 伐人者爲客, 讀伐 長言之, 齊人語也'
　　　　見伐者爲主, 讀伐 短言之, 齊人語也"*ib.* 何休 注

윗 예에서 "急氣言, 急氣閉口言, 緩氣言, 長言, 短言" 등의 용어는 애매하여 확실한 의미를 알기는 어렵다. 그러나 아마도 字音의 音勢나 音調의 장단을 시사한 주음 방법이 아니었을까 생각된다.

(2) 讀若·讀如·讀爲·讀曰法

漢대 특히 後漢 시대에는 아직 반절법이 없었으므로 어느 한자의 음을 나타내고자 할 때 음이 완전히 같거나 또는 비슷한 한자를 빌어 빗댄 방법을 창안하였는데, 이것이 讀若法(x is read like y)과 같은 것이다.

① "自…讀若鼻", "珣…讀若宣", "豊…讀與禮同"《설문》
② "起居竟信其志",《예기》儒行. 鄭玄注: "信, 讀如屈伸之伸"
　　"睢睢 皇皇"《이아》釋詁. 鄭玄云: "皇皇讀如歸往之往"
③ "淇則有岸, 隰則有泮"《시경》衛風 氓. 鄭玄箋: "泮讀爲畔."
④ "國君則平衡, 大夫則綏之"《예기》曲禮. 鄭玄注: "綏讀曰妥."

위에서 讀若法의 문헌 예를 들어 보였거니와[57] 그 의의에 대해서는 段玉裁가 《설문》의 霖(「數(삭)祭也」, 자주 제사 지냄 : 취)자 하주에서 말한 바를 음미하면 족할 것이다.

"凡言讀若者, 皆擬其音也. 凡傳注言讀爲者, 皆易其字也. 注經必兼玆二者, 故有讀爲, 有讀若. 讀爲亦言讀曰, 讀若亦言讀如……"

(무릇 '독약'이란 모두 자음을 흉내낸 것이다. (경전)의 전주에 '독위'라고 한 것은 다 글자를 바꾼 것이다. 경에 주를 달 때는 반드시 이 두 가지를 겸해야 하기 때문에 '독위'도 있고 '독약'도 있다.……)

(3) 直 音 法

직음법은 독약법과 달리 어느 한자음을 동음의 單字로 주음하는 방법이므로 x 音 y(x has the sound of y)와 같은 형식이다.

《爾雅》郭璞注에 "誕音但, 訏音盱"등이 그 예이다. 이는 독약법보다는 조금 진보된 표음 방법이라 할지라도 여전히 애매성을 면하기는 어렵다. 원래 많은 한자음을 알아야 되고 또 상대가 되는 한자음을 알지 않으면 제 구실을 할 수 없기 때문이다. 그뿐 아니라 독약법이나 직음법은 동음자로써 주음하기 어려운 경우가 있음은 물론, 被注音字가 오히려 복잡하게 되는 수도 있어서 어느 것이나 만족할 만한 방법이 못되었다. 그리하여 어떤 한자음이든지 정확하게 주음할 수 있는 새로운 방법이 요구되었는데, 그것이 바로 반절법이었다.

2. 反切의 기원설

反切이란 두 字로써 한 字의 음을 표음하는 방식인데, 反切 上字에서 성모를 취하고, 反切 下字에서는 운모를 취하여 字音을 나타낸다. 반절은 六朝 이후에 불경이 중국에 유입되자 인도의 표음문자어인 Sanskrit의 영향을 받아 어음 분석의 방법을 깨치면서 성행하였다.[58]

---

(57) 독약법의 유형에는 위의 4가지 외에도 ① x 讀皆爲 y ② x 讀當爲 y ③ x 當讀爲 y 등이 있다. W. S. Coblin, *A Handbook of Eastern Han Sound Glosses* (1983, Hong Kong), p. 12에는 모두 11가지 형식이 제시되어 있다.

(58) 周法高, 佛敎東傳對中國音韻學之影響 《中國語文論叢》(1970), pp. 21~51 참조.

불교가 중국에 처음으로 전입된 것은 後漢 明帝 永平 8~10년(65~67) 때이니, 서기 65년에 漢나라에서는 蔡愔(채음)을 西域에 보내어 佛法을 구하여 오게 하였는데, 2년 뒤에 蔡愔은 서역의 승려와 함께 洛陽에 들어왔다고 한다.[59] 그렇다면 後漢 말경에는 적어도 반절법이 창안되었을 가능성이 큰데, 그 기원의 시기와 창시자에 대하여는 다음과 같은 이설이 있다.

(1) 漢代 이전설

顧炎武(1613-1682)는 "反切之語, 自漢以上即已有之"[60]라 하고, 宋대의 沈括이 「不可→叵(못할 : 파),[61] 何不→盍[62](어찌 아니 할 : 합), 如是→爾, 而已→耳, 之乎→諸」의 경우처럼 고어에 이미 두 소리가 합하여 한 자가 된 것이 있다는 말을 인용하였다. 또 鄭樵가 말한 慢聲과 急聲의 예를 증거로 들어 漢대 이전설을 주장하였다. 즉 '者焉'은 만성인데 이를 급성으로 발음하면 旃(말그칠 : 전)이 되고, '之矣'는 만성이지만 급성으로 발음하면 '只'가 된다는 점을 인용하였다. 이러한 예로서 顧炎武는 《시경》의 "牆有茨"(장담을 덮은 납가새는) 傳에서 "茨, 蒺藜'라 한 것을 들었다. 즉 蒺藜(질려)는 '茨'의 正切이라는 것이다.

그러나 이러한 예는 실제의 언어 속에서 무의식적으로 사용된 것일 뿐 정식의 주음 방법으로 간주하기는 어렵다.

(2) 孫炎 창시설

① "孫叔然創《爾雅音義》[63] 是漢末人, 獨知反語. 至於魏世, 此事大行 《顏氏家訓》 音辭篇
② "古人音書, 止爲譬況之說, 孫炎始爲反語, 魏朝以降漸繁" 陸德明《經典釋文》 敍錄
③ "先儒音字, 比方爲音, 至爲秘書孫炎始作反音." 張守節 《史記正義

(59) 謝雲飛, 佛經傳譯對中國音韻學之影響《漢語音韻十論》(1972), p. 16.
(60) 顧炎武《音學五書》중의 《音論》권 下.
(61) 大耳兒叵信(귀 큰 사람(유비)은 가장 믿을 수 없다)《후한서》.
(62) 盍各言爾志(어찌하여 각기 너희들의 뜻을 말하지 않느냐)《논어》.
(63) 叔然은 孫炎의 字이다. 그는 鄭玄의 門人으로《爾雅音義》를 지었다고 하나 지금은 전하지 않는다.

論例》

위의 세 가지 기록은 後漢 말에서 魏 초에 생존한 것으로 보이는 孫炎이 처음으로 반절을 사용하기 시작한 양 기술되어 있다.

(3) 服虔 창시설

"古來音反, 多以旁紐爲雙聲, 始自服虔." 慧琳《一切經音義》[64]

고래로 음의 반절은 대부분 방뉴(조음 위치가 서로 같은 성모)로써 쌍성을 삼았는데, 이는 服虔(복건)에서 비롯하였다는 내용이다. 服虔은 後漢 때의 사람으로 初名은 重, 字는 子愼이다. 太學에서《春秋左氏傳》을 연구하고 靈帝 때(168~189)에는 九江太守를 지냈다고 한다.

(4) 應劭 시대설

"漢書地理志, 廣漢郡 梓潼下, 應劭注: 潼水所出, 南入墊江. 墊, 音徒浹反. 遼東郡 沓氏下, 應劭注: 沓水也, 音長答反. 是應劭時 已有反語, 則起於漢末也" 章炳麟(1869~1936)《國故論衡》音理論 注.

위 인용문의 내용은《漢書》지리지의 梓潼(재동) 아래에 應劭(응소)가 注하기를 潼水가 나오는 곳에서 남쪽으로 墊(점)강에 든다. '墊'의 음은 '徒浹反'이다. 그리고 沓(답)의 음은 '長答反'이라 한 예를 증거로 應劭 시대에 이미 반절이 있었다고 하여 그 발생 시기를 漢末로 보았다.

위의 기록에 따르면 반절의 창시자는 孫炎, 服虔, 應劭(字, 仲遠, 汝陽人)[65]로 귀착될 듯하다. 그러나 이것을 어느 한 개인 능력의 소산으로 단정하기는 어려울 것이다. 다만 후한 말기에 반절을 이용한 표음 방법이 시용된 사실만을 짐작할 수 있을 뿐이다.

반절법이 생겨난 계기는 전술한 바와 같이 인도의 표음문자의 영

---

(64) 慧琳은 長安 西明寺의 스님으로 俗姓은 裴. 唐 憲宗 元和 15년(820)에 84세로 졸하였다. 처음에 不空三藏(705~771)에게 師事하여 인도의 聲明, 중국의 訓詁에 정통하였다. 그의《一切經音義》(100권)는 788~810년에 완성되었는데, 그 가치는 첫째 인용 고서가 풍부한 점이고, 둘째는 音注에서 당시 長安音의 실정을 파악할 수 있는 중요한 자료라는 점이다.

(65) 應劭에 대해서는《後漢書》(권 48)에 傳이 실려 있다. 그는 後漢 獻帝 建安 2년(197)에 袁紹軍謀校慰로 있었으며 136편의 저술이 있다고 하였다.

향을 받아 촉진된 것이라는 견해가 지배적이다.《隋書》經籍志(一)에도

> "自後漢佛法行於中國，又得西域胡書，能以十四字貫一切音，文省而義
> 廣，謂之婆羅門書，與八體六文之義殊別."[66]

이라 하여 그 배경을 잘 말하여 주고 있다. 위의 인용문에서 胡人의 글
은 14자로 일체의 음을 통괄할 수 있는데, 글은 간단하지만 뜻은 넓어
서 바라문서(古 인도의 Sanskrit 문자)라 이른다고 하였다. 「婆羅門書
14字」와 玄應 《一切經音義》(649?)에서 인용한 「大般涅槃經」의 14類音
을 참고로 예시하고 그 음을 나타내 보면 다음과 같다.

① 裒(a : 단음), 阿(ā : 장음)   ② 壹(i), 伊(ī)

③ 塢(u), 烏(ū)   ④ 鷖(e), 藹(ai)

⑤ 汚(o), 奧(au)   ⑥ 菴(aṃ), 惡(ak)

⑦ 迦(ka), 呿(kha), 伽(ga), 哦(ṅa)

⑧ 遮(ca), 車(cha), 闍(ja), 社(jha) 若(ña)

⑨ 咤(ṭa), 侘(ṭha), 茶(ḍa), 咤(ḍha), 挐(ṇa)

⑩ 多(ta), 他(tha), 陀(da), 馱(dha), 那(na)

⑪ 波(pa), 頗(pha), 婆(ba), 婆(bha), 摩(ma)

⑫ 也(ya), 囉(ra), 羅(la)

⑬ 縛(va), 奢(śa), 沙(ṣa)

⑭ 娑(sa), 訶(ha)

이러한 반절의 명칭도 시대에 따라 달랐다. 南北朝 이전에는 '反'이라
칭하고, 唐代에 와서는 위정자들이 '反'자는 반란에 쓰이는 자이므로 이
를 꺼려하여[67] '翻', '切' 또는 '紐'라고까지 한 것을[68] 후에 합칭하여 반
절이라 부르게 되었다. 이 밖에도 혹은 體語, 反言, 反語, 反音,[69] 切音, 切
語 등의 명칭까지 쓰였으나 지금은 반절이라는 명칭이 보편화하였다.

---

(66) 引文 중의 "八體"란 古文, 大篆, 小篆, 隷書, 飛白, 八分(팔푼), 行書, 草書(혹은
　　大篆, 小篆, 刻符, 蟲書, 摹印, 署書, 殳書, 隷書) 등의 서체를 말하고, "六文"이란 古
　　文, 大篆, 小篆, 八分, 隷書, 草書를 가리킨다.

(67) "反切之名，自南北朝以上，皆謂之反，孫愐 唐韻則謂之切，蓋當時諱反字" 顧炎武
　　《音論》권 下. 「反切之名」항.

(68) 唐, 玄度의《九經字樣》序에 '蓋'를 公害翻, '受'를 平表紐라고 注音하였다.

(69) ・"周顒好爲體語，因此切字皆有紐，紐有平上去入之異"《封氏聞見記》권 2.
　　・"近日客稱盧鉤者 反言則 螻蛄", 劉又厭「幽明表」
　　・"通俗反音，甚爲近俗"《顔氏家訓》書證篇.

3. 反切法의 규칙

반절법은 두 글자로써 한 字音을 나타내는 일종의 拼音式 注音 방법인데, 앞자(反切上字)에서 성모를 취하고, 뒷자(反切下字)에서 운모를 취한 다음 이들을 합하여 해당 한자의 음을 알게 한다.

그러면 반절법의 구체적 내용은 무엇인가. 앞서 孫炎이 지었다고한 《爾雅音義》는 지금 전하지 않고, 다만 《經典釋文》에 약간의 反切例가 있을 뿐이어서 漢末의 반절법은 현재로서는 상고하기 어렵다. 다행히 《광운》(1008)은 隋나라 陸法言의 《切韻》(601)을 근거한 것이므로 이를 통하여 반절의 규칙을 자세히 정립할 수 있게 되었다.

정상적인 반절법에는 다음의 두 가지 규칙이 있다.

〈규칙〉1 반절 상자는 被切字(反切 歸字)와 성모의 淸濁이 같아야 한다.
〈규칙〉2 반절 하자는 被切字와 四聲, 四呼, 四等은 물론 운복(V), 운미(E) 등이 같아야 한다.

예를 들면 《廣韻》에 '東'자의 반절은 「德紅切」이므로 다음과 같이 도시할 수 있다.

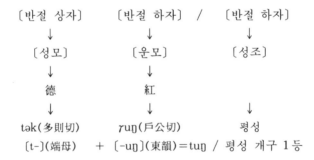

〈규칙〉1에 따라 '東 : 德'은 성모가 설두음인 端母[t-]로서 全淸
$\left[\begin{array}{c} \text{-voice} \\ \text{-aspiration} \end{array}\right]$ 에 속하므로 雙聲 관계에 있다. 한편 '東 : 紅'은 공히 평성이며 개구 1등운이므로 疊韻이 된다.

《광운》의 반절 상자는 모두 452자인 데[70] 반하여 반절 하자는

---

(70) 成元慶,「訓民正音制字理論과 中國韻書와의 關係」,《建國學術誌》11(1970)에서는 《광운》의 반절 상자를 470자로 집계하였다.

1,000여 자가 넘는데, 淸 말에 陳澧(1819~1882)는 《切韻考》 內外篇에서 반절을 분류하고 용자에 있어서는 同用, 互用, 遞用 등 7가지 방법을 써서 그 系聯法을 정밀하게 체계화하는 데 공헌하였다. 여기에서는 3가지 경우만 예시하기로 한다.[71]

① 上字: **聲母**에서

同用 ……
$$\begin{cases} 冬 \text{——} 都宗切 \\ 當 \text{——} 都郞切 \end{cases}$$
즉 '都'의 동용

互用 ……
$$\begin{cases} 當 \text{——} 都郞切 \\ 都 \text{——} 當孤切 \end{cases}$$
즉 '都·當'의 2자 호용

遞用 ……
$$\begin{cases} 冬 \text{——} 都宗切 \\ 都 \text{——} 當孤切 \end{cases}$$
즉 '都·當'의 2자 체용

여기에서 반절 상자 '都·當'은 모두 성모가 〔t-〕이다.

② 下字: **韻母**에서

同用 ……
$$\begin{cases} 東 \text{——} 德紅切 \\ 公 \text{——} 古紅切 \end{cases}$$
즉 '紅'의 동용

互用 ……
$$\begin{cases} 公 \text{——} 古紅切 \\ 紅 \text{——} 戶公切 \end{cases}$$
즉 '紅·公'의 2자 호용

遞用 ……
$$\begin{cases} 東 \text{——} 德紅切 \\ 紅 \text{——} 戶公切 \end{cases}$$
즉 '紅·公'의 2자 체용

위에서 반절 하자 '紅·公'은 모두 운모 〔-uŋ〕을 나타낸 것이다.

4. 音和·類隔

그런데 反切과 被切字의 상호 관계를 자세히 대비하여 보면 전례와 같이 규칙에 맞는 것과 그렇지 못한 예가 있다. 그리하여 일찍이 중국 음운학에서는 전자를 「音和」, 후자를 「類隔」이라고 규정하였다.

音和란 소리가 서로 같다는 뜻이니, 즉 반절음과 피절자음이 서로 일치함을 말한다. 宋대의 等韻圖인 《四聲等子》의 「辨音和切字例」에 의하면

---

(71) 기타의 방법과 문제점에 대하여는 藤堂明保 《中國語音韻論》(1980), pp. 139~144 참조.

"凡切字以上者爲切 下者爲韻, 取同音 同母 同韻 同等 四者皆同 謂之
音和"

라 한 바와 같다. 따라서 양자간에 淸濁, 聲母, 韻母, 等位가 완전 일치
한 것이 音和이다. 이 경우에는 성모의 제약이 없이 七音(牙・舌・脣・
齒・喉・半舌・半齒音) 모두에 해당된다.[72]

이 音和라는 용어가 정식으로 쓰인 운서는 《廣韻》이다. 이 책의 各
卷 末에는 「新添類隔今更音和切」이라 하여 해당 한자를 예시하고 반절
을 《광운》과 다르게 고쳐 놓았는데, 그 자수는 총 21자에 불과하다. 이
말은 곧 반절이 類隔에 속한 것은 音和로 고쳐 새로 첨가하였다는 뜻
이다. 구체적인 예는 후술하기로 한다.

다음에는 類隔에 대하여 살펴보기로 한다. 이것은 앞의 音和와 달
리 반절이 규칙에서 벗어나 쌍성이 되지 못한 예를 가리키는 용어이
다. 이러한 현상은 이미 唐末의 僧 守溫의 음운서에 언급된 것으로 보
아 그 유래가 오래임을 알 수 있다. 즉 守溫 《韻學殘卷》의 「聲韻不和切
字不得例」조에

"夫類隔切字有數般, 須細辨輕重方乃明之, 引例於後. 如都敎切罩, 他孟
切趝, 徒杏切瑒, 此是舌頭舌上隔……（이하 생략)"

이라 한 예가 그 증거이다. 즉 罩(조)는 舌上音〔t-〕인데, 舌頭音에 속한
都〔t-〕자를 반절 상자로 쓴 것은 법식이 틀렸다는 뜻이다.[73] 또 趝(장)
자의 성모는 설상음〔t'-〕인데 반절 상자는 설두음의 他〔t'-〕이고, 瑒
(창)자의 성모 역시 설상음〔d-〕인데 반절 상자는 설두음에 속한 徒〔d-〕
이므로 피절자의 성모와 일치하지 않는다. 따라서 이 3자는 다 반절의
법식에서 벗어난 예이다.

성모는 舌音에 국한된 것은 물론 아니다. 《四聲等子》안의 「辨類隔
切字例」에서

---

(72) 그러나 音和라 하여도 앞의 「四同音和」와 等位만이 다른 「異等音和」의 양상이 있
　　다. 이에 대하여는 文璇奎,「漢語音韻論上의 門法硏究」,《中國人文學》 2 (1983),
　　p. 17 참조.
(73) '罩'자는 《광운》에도 여전히 都敎切〔tau〕로 되어 있으나 《集韻》(1039)에서는 陟
　　敎切〔tau〕로 수정되었다. 현재 北京音은 〔tʂau'〕이니 후자가 옳다.

"凡類隔切字, 取脣重脣輕, 舌頭舌上, 齒頭正齒, 三音中 淸濁者謂之類
隔"(74)

이라 한 바와 같이 類隔이란 脣音, 舌音, 齒音에서 생긴 불규칙적 반절
법이었다. 다시 말하면 脣重音⇄脣輕音, 舌頭音⇄舌上音, 齒頭音⇄正
齒音과 같이 서로 잘못된 것을 이른다.

예를 들어 《廣韻》上平聲 卷第一 末에 「新添類隔 今更音和切」이라
하고 '卑·陴·眉·邳·悲·肧·頻·彬' 등 8자를 들고 각각 반절을 고
쳐 놓았는데, '卑'의 경우는 「必移切」로 수정하였다. 실제로 《廣韻》을
찾아보면 '卑'는 「府移切」(支韻 平聲)로 적혀 있지만 이 반절은 잘못된
유격이므로 그렇게 고친 것이다. 왜냐하면 '府'는 方矩切로 非母[f]에
해당한다.(75) 그러면 '卑'자의 성모도 역시 순경음으로 발음되어야 할 터
인데, 《광운》을 편찬할 당시의 時音은 순중음의 幫母[p]이었다. 이것은
곧 순중음을 순경음의 반절 상자로 표음한 결과이므로 유격이다. 그리
하여 위에서와 같이 반절 상자인 '府'를 [p]성모인 '必'자로 고친 것인
데, '卑'자는 현재의 북경음도 pei이다.

이처럼 유격이 생기게 된 까닭은, 첫째 反切語를 택할 때 被切字의
字音을 제대로 파악하지 못하였거나, 둘째 시대에 따라 字音이 변하였
음에도 불구하고 전시대의 반절을 그대로 답습하였기 때문이다. 이를테
면 陸法言이 《切韻》(601)을 편찬할 당시에는 순음은 순중음뿐이었으나
唐末期에 이르러서 「東·鍾·微·虞·文·元·陽·尤·凡」운의 제3등
에서 순경음이 분화된 것은 漢語音韻史에서 잘 알려진 사실이다. 그럼
에도 불구하고 宋代의 《광운》(1008)은 거의 《切韻》의 반절을 그대로
따랐기 때문에 자연히 《광운》의 반절은 실제음과 맞지 않아 유격이 될
수밖에 없었다. 이 사실을 깨달은 편찬자들은 각 권말에 「新添類隔 今
更音和切」을 부록격으로 붙였으나 총 21자에 그치고 말았다.(76)

---

(74) 《切韻指掌圖》(1176~1203 이전)의 「檢例下」에도 같은 내용이 실려 있는데, 다만
끝부분의 "淸濁者"가 "淸濁同者"로 된 것을 보면 전자에는 '同'자가 빠진 것이 확실
하다.
(75) '府'자의 성모도 고음은 순중음의 /p/였으나, 광운을 편찬할 시기에는 순경음의
/f/로 변하였다.
(76) 그러나 《廣韻》보다 불과 30여년 뒤에 나온 《集韻》(1039)에서는 類隔을 고려하여

그런데 중국 운서에서는 순음·설음·치음의 성모만이 규칙에 맞지 않는 것을 유격으로 간주하였다. 이러한 태도는 淸대의 陳澧도 마찬가지였다.[77] 그러나 음화와 달리 반절의 법식이 잘못된 것을 유격이라 한다면 이것은 비단 성모에 그치지 않고 운모 표시가 제대로 되지 않은 예도 역시 유격으로 보아야 할 것이다.[78] 《광운》에서 두 예만 들어 보자.

• 鳳 : 馮貢切 〔奉母 送韻(거성) 개구 제3등〕

B. Karlgren의 재구음에 따르면 '鳳'의 중고음은 bʻįŭŋ이고, '貢'은 古送切이니 그 음은 kuŋ이다. 따라서 피절자와 반절 하자 사이에는 개음 į(=j)의 유무는 물론, 그 결과 3등운과 1등운의 차이가 있으므로 유격이라 할 수 있다.

• 爲 : 薳支切 〔于母 支韻(평성) 합구 제3등〕

'爲'의 중고음은 jwię이고 '支'는 章移切이니 그 음은 tśię(=tɕię)이다. 그러므로 여기에는 개음 w의 유무에 따라 개합의 차이가 있으므로 이 역시 일종의 유격이라 이를 만하다.[79]

반절 표시가 개량된 것을 볼 수 있다. 이에 대한 자세한 내용은 應裕康,「廣韻集韻切語上字異同考」,《台灣省立師範大學 國文硏究所集刊》 第4號(1960), pp. 339~506 참조.

(77) 陳澧의 《切韻考》 권 6에 "音和者, 謂切語上字與所切之字雙聲也 ; 類隔者, 謂非雙聲"이라고 정의한 것이 그 증거이다.

(78) 文璇奎,「中國語(漢語) 音韻表記法의 歷史的 考察」,《學術院 論文集》 25(1986), p. 335.

(79) 중국측 운서의 반절과 한국 한자음의 반영 관계를 자세히 대조하여 보면 音和라 할 수 있는 正則音이 있는 반면에 類隔의 범주에 속한 變則音이 허다하나 이 점에 대한 논의는 졸고,「韻書의 反切과 國語漢字音의 乖離現象」,《姜信沆敎授回甲紀念 國語學論文集》(1990), pp. 147~163으로 미룬다.

제 3 장
中古漢字音

제 1 절 切韻系 韻書

1. 자   료

운서란 모든 한자를 聲韻의 異同에 따라 각각 운과 성조별로 분류하여 韻目 순으로 배열하고 반절로써 성·운을 나타낸 일종의 字書, 發音字典을 총칭한다. 운서 편찬의 일차적인 목적은 알지 못한 한자음을 찾아보기 위한 審音과 詩賦의 押韻 표준을 알려 주려는 데 있었다. 그러나 또 한편 중국은 정치적 변동에 따라 문화 중심지가 이동하기도 하고 방언이 다양하므로 언어 통일을 기하여 왕조의 권력 기반을 튼튼히 하고자 표준음을 책정하려는 언어정책의 산물로서 운서가 편찬되기도 하였다.

魏(220~264)·晋(264~420)·南北朝 시대(420~589)는 비교적 字音에 대한 연구가 활발하였다. 그 까닭은 三國·六朝 시대는 중국문학사상 고전문학의 난숙기로서 韻文의 제작이 성행하였을 뿐 아니라, 佛典의 번역이 성행하여지자 자연히 타국의 언어와 자국의 언어 차이를 인식하게 되었고, 그 결과 漢語의 독특한 字音 구성과 성조 등에 대한 인식이 높아졌기 때문이다. 梵語는 음소를 나타낸 字母表가 있었지만 漢語에는 고유의 음소문자가 없었으므로 반절법이 고안되었던 것인데, 이 시기에 많은 운서가 출현한 사실은 결코 우연이 아니다. 전하는 바로는 魏나라 李登의 《聲類》(10권)가 중국 최초의 운서라고 하니 그 유래가 오래이지만 지금은 전하지 않는다.

齊·梁 시대에는 四聲說이 일어나서 그 때까지의 宮商角徵羽를 대신하여 平上去入에 대한 사성의 분류가 시작되었다. 齊나라(479~502)의 周顒(주옹)과 梁나라(502~557)의 沈約(441~513) 등이 그 주창자라 한다. 周顒은 《四聲切韻》을 짓고 沈約은 《四聲譜》를 지었다는 기록이 있지만[1] 역시 현재는 산일되어 전하지 않는다.

그 뒤로 사성 분류에 의한 운서가 속출하였다. 隋나라 陸法言이 주편한 《切韻》(5권)은 그 殘卷에 의하여 체재와 내용을 살필 수 있거니와 현재로서는 중국 最古의 운서이다. 후술하겠지만 출신 지역이 다른 8인이 모여서 토론한 것으로 그 이전에 나온 운서의 집대성이며, 唐대에도 科擧에서 부과한 詩賦 압운의 표준이 되었다. 그러다가 唐대에는 다시 《절운》을 加字, 加注한 增訂本 등 여러 寫本이 流傳하였는데, 이를 일반적으로 「唐韻」이라 칭한다.

《唐韻》은 唐대에 孫愐이 교정한 것이라고 전하는바 지금의 《廣韻》 책머리에 그의 서문이 실려 있다. 그 서문은 전후 2단으로 나뉘는데, 첫 부분은 開元年間(713~741)에 된 것이고, 뒷 부분은 天寶 10년(751)에 지어진 것이다. 그러나 《唐韻》도 傳寫 계통이 다른 몇 종의 텍스트가 있었던 것으로 보인다. 아마도 天寶本 《唐韻》이 開元本보다 운목이 많아졌을 것으로 믿어지는데, 현재 전질이 전하지 않으므로 확언하기는 어렵다.

어쨌든 《切韻》 이후 이를 底本으로 하여 增字·加注한 《唐韻》 계통과 《광운》 등은 곧 陸法言의 《切韻》 음계를 따른 것이기 때문에 이들을 일컬어 절운계 운서[2]라 하며 중고 한자음(중고 한음)을 연구하는 기초 자료가 된다.

현재 우리가 접할 수 있는 절운계 운서에는 다음의 것이 있다.

(1) 唐寫本 切韻殘卷 5종 : 《切 1》《切 2》《切 3》 등
(2) 王仁昫 《刊謬補缺切韻》: 《王 1》《王 2》《王 3》
(3) 唐韻殘卷 1종

---

(1) 《南齊書》 周顒傳과 《梁書》 沈約傳 참조.
(2) 《광운》과 거의 동시기에 나온 《禮部韻略》(1037)과 《集韻》(1039)은 절운계 운서를 답습한 점이 많기는 하지만 반절의 용자를 전반적으로 고쳐 놓은 점에서 개변이 있었으므로 절운계 운서에 포함시키지 않는다.

(4) 五代刊本 切韻殘卷 1 종
(5) 大宋重修廣韻(《廣韻》이라 약칭함)

이 중 (1)~(4)의 잔권은 20세기 초에 淸나라 왕실의 장서와 敦煌石室의 유서에서 발견되어 현재 中·英·獨·佛 등에 보존되고 있어 그 기본적인 체제와 내용을 파악할 수 있다.

이상의 운서 내용은 劉復 등이 北京大學 文史叢刊 제5종으로 간행한 《十韻彙編》(1936, 1968, 臺灣 學生書局 영인)과 楊家駱이 주편한 《瀛涯敦煌韻輯》(1972, 臺灣 鼎文書局)의 영인을 통하여 전모를 편리하게 대교할 수 있다.

이 중에 현존한 《절운》의 완정 증정본은 2 종류가 있다. 하나는 2차대전 후 北京에서 발견되어 故宮博物院에 소장된 王仁昫 《刊謬補缺切韻》(706?)(이를 혹은 《完本王韻》, 《王 3》, 《宋跋本 王韻》등으로도 약칭함)이고, 또 하나는 北宋의 陳彭年 등이 편찬한 《廣韻》이다. 그런데 《王 2》(故宮本 王仁昫 《刊謬補缺切韻》)의 서문 중에 다음의 말이 있다.

"陸法言切韻, 時俗共重, 以爲典規, 然若字少, 復闕字義, 可爲刊謬補缺切韻."[3]

즉 陸法言의 《절운》은 시속을 중히 여겨 모범이 되었지만 글자 수가 적고 또 뜻이 빠져 있으므로 잘못된 것을 깎아 없애고 결여된 것을 보충하여 《간류보결절운》을 편하였다는 말이다.

또 《唐韻》 敍에도

"唯陸法言切韻, 盛行於代, 然隨珠尙纇, 和璧仍瑕, 遺漏字多, 訓釋義少, 若無刊正, 何以討論?"[4]

이라 하였으니, 孫愐의 《唐韻》도 결국 《절운》을 증자 가주한 것에 불과함을 알게 한다.

그러나 (1)~(4)의 운서가 발견되기까지는 오로지 《광운》만이 중고음의 연구에 의존할 수 있는 유일한 자료이었다. 王國維에 의하면 《광운》의 韻部 차례는 李舟의 《切韻》에 의거하였기 때문에 육법언의 《절

---

(3) 《十韻彙編》 p. 85, 「王序」 참조.
(4) Ibid., p. 87, 「唐序甲」 참조.

운》과는 그 차례가 다르다고 하였다.[5] 그럼에도 불구하고 切韻殘卷의 반절과 《광운》의 반절을 서로 비교하면 너무도 상동점이 많음을 발견한다. 가령 《十韻彙編》 소재의 《切韻》 殘卷과 「完本王韻」(王 3)에서 입성 「屋」운 가운데 「菊」 小韻의 반절을 보면 다음과 같다.

菊 : 居六切《廣韻》　　舉竹反《切 3》
　　居六反《王 3》　　舉六反《王 2》
　　居竹反《唐韻》

위의 반절들은 얼핏 보면 서로 다른 듯하다. 그러나 반절 상자 「居·舉」는 그 성모가 〔k-〕로서 같고, 반절 하자 「六·竹」도 역시 그 운모가 〔-i̯uk〕으로서 동일하다. 따라서 설사 용자는 다를지라도 실제음은 같으므로 큰 문제가 아니다. 그러기 때문에 《광운》이나 「完本王韻」의 반절로써 원본 《切韻》의 반절을 대용할 수 있다. 사실 원본 《절운》으로부터 《광운》에 이르기까지 장기간 증정한 결과 수록자의 수나 주해는 대폭 증가하였지만 반절만은 거의 원본을 따랐다고 믿기 때문에 중고 한자음의 재구 자료로는 《광운》을 의거하여 온 것이다. 다만 《광운》에는 唐대에 발생한 음운변화를 반영한 용자의 교환이 전연 없는 것은 아니다. 예컨대 「屋」운 중의 소운인 '囿'의 반절이 《광운》, 《당운》에는 「于六切」인데, 기타 《王 1·2·3》과 《切 3》에는 「于目切」인 것과 같다. 이것은 '目' 자음이 唐대에는 이미 mi̯uk>muk으로 直音化하였기 때문에 《광운》에서는 직음화하지 않은 '六' li̯uk으로 바꾼 예외를 이해하면 될 것이다.

그리고 韻目에서 고증된 바에 따르면 《절운》은 193운(평성 上26, 평성 下28, 상성 51, 거성 56, 입성 32)인 데 비하여, 《간류보결절운》은 상성에 '广'과 거성에 '釅'이 더 많은 195운이다. 그런가 하면 《광운》은 206운이니 《절운》에 비하면 13운이 더 많은 셈이다.[6] 그렇지만 운서

(5) 王力 《中國音韻學》(1935), p. 177.
(6) 증가된 13운은 《간류보결절운》에서 분운한 「广·釅」 2운 외에 다음 11운이 분운한 결과이다.

《절운》　眞　軫　震　質　寒　旱　翰　末　歌　哿　箇
　　　　　｜　｜　｜　｜　｜　｜　｜　｜　｜　｜　｜
《광운》　眞　軫　震　質　寒　旱　翰　曷　歌　哿　箇
　　　　　諄　準　稕　術　桓　緩　換　末　戈　果　過

의 分韻이란 각 字에 따라 결정된 詩文 압운의 범위라고 할 수 있기 때문에 개개의 운에 포괄된 자가 반드시 한 개의 운모에 동속하는 것은 아니다. 예를 들면 〔-uŋ〕과 〔-iuŋ〕혹은 〔-a〕와 〔-ua〕는 각각 하나씩의 韻內에 통합시킬 수가 있다. 《절운》에서 《광운》에 이르기까지 분운상 다소 차이가 생긴 까닭은 詩文 用韻의 寬嚴에 의한 결과이지 결코 운모 계통상 어떤 다른 바가 있었기 때문은 아니다.

2. 《切韻》의 편찬 경위

앞에서 예시한 절운계 운서는 중국측 입장에서는 이른바 중고 한자음(中古漢音)의 특성을 연구하는 데 불가결의 자료임은 말할 필요도 없거니와, 한편 한국측 처지에서는 고대국어 한자음의 모태와 발전 과정을 탐구함에 있어서도 빼놓을 수 없는 자료이다. 이런 점에서《절운》의 편찬 경위와 성질을 상고할 가치가 있다.

그러기 위해서는 陸法言의 《切韻》序 전문을 음미해 보아야 할 것이므로 여기에 그 내용을 알기 쉽게 번역하여 싣고자 한다. 번잡을 덜기 위하여 원문은 생략하고 서술 내용을 편의상 5단으로 구분한다.(7)

〔1〕"지난 開皇 초에 儀同三司 劉臻, 外史 顔之推, 武陽太守 盧思道, 著作郎 魏彦淵, 散奇常侍 李若, 國子博士 蕭該, 蜀王諮議參軍 辛德源, 吏部侍郎 薛道衡 등 여덟 사람이 함께 陸法言 집에 가 동숙하며 밤이 깊도록 술상을 차리고 음운을 논하였다."

《切韻》序의 첫머리에는 陸法言 외에 이 운서의 찬술에 참여한 8인의 직·성명이 나타나 있다. 그런데 우선 《切韻》이라는 書名의 뜻은 무엇일까. 이에 대해서는 근래에 두 가지 이견이 제기되었다.

그 하나는 '切'은 반절 상자를 가리키고 '韻'은 반절 하자를 가리킨 것으로 보는 견해이다.(8) 이것은 일찍이 金나라 韓道昭가 《五音集韻》序에서

---

(7) 자세한 내용은 졸고 「《切韻》序에 대한 고찰」, 《金英培先生 回甲紀念論叢》(1991, 慶雲出版社) pp. 365~384 로 미룬다.

(8) 李于平, 「陸法言的 《切韻》」, 《中國語文》, 1957. 2 월호.

"斯有陸生 ······ 定爲切韻五卷 ······ 夫切韻者, 蓋以上切下韻, 合而飜之,
因爲號以爲名"

이라 한 바와 같다. 이와 다른 또 하나의 의견은 '切'자가 음운학 용어
인 반절 상자의 뜻으로 쓰이기는 800년 이후라는 점을 들어 '切'은 「切
正, 精切」, 곧 「정확한, 규범적인, 표준적인 전규」의 뜻으로 보는 견해
이다.(9) 그렇다면 《切韻》이란 「바른·표준적인 운서」의 뜻으로 명명된
것이라 하겠다.

다음으로 《切韻》 편찬에 관여한 인물들을 간단히 살펴보면 다음과
같다.

- **陸法言**: 이름은 慈(또는 詞)이고 法言은 그의 호이며 臨章人이
다. 그의 선조는 원래 鮮卑人으로 步陸(六) 孤氏였는데 후에 漢
化하여 姓을 陸氏로 고쳤다. 法言이 그의 父 陸爽(539~591)보
다 20세 정도가 적었다고 가정하면 개황 원년(581)(10) 때의 나이
는 23세 정도였을 것으로 짐작된다.
- **劉臻**(527~598): 字는 宣摯. 지금의 安徽省 宿縣人이다. 經史를
탐독하여 漢聖으로 칭하였다.
- **顔之推**(531~591?): 字는 介. 北齊 瑯邪 臨沂(현 강소성 南京)
人이다. 저작으로 유명한 《顔氏家訓》이 전한다.
- **盧思道**(535~586, 583?): 字는 子行. 河北 范陽人으로 隋 초에
散奇侍郎을 역임하였다.
- **魏彦淵**(540?~590?): 이름은 澹(첨), 彦淵은 그의 字인데 《北
史》에는 彦深으로 나온다. 河北 鉅鹿下 曲陽人이다. 隋 文帝의
명을 받아 《魏書》를 찬술하였다.
- **李若**(?~600): 若의 사적은 단독으로 쓰여 있지 않으나 《北史》
권 43, 「李崇傳」에 "若은 총민하고 가업을 전하며 風采詞令으로
鄴 땅에 이름이 자자하였고, 개황 중에 秦王府諮議로 졸하였다"
고 적혀 있다.

(9) 王顯, 「《切韻》的命名和《切韻》的性質」, 《中國語文》, 1961. 4 월호.
(10) 開皇이란 北周에서 대권을 쥐고 있던 楊堅이 그 主를 물리치고 자립하여 국호를
隋라 하고 붙인 연호(581~600)인데, 그가 곧 隋 文帝이다.
李于平(1957: 30)은 《절운》서의 「개황초」를 585년 9월 이전으로 추정하였다.

- **蕭該(?)**: 梁나라 鄱陽王 恢의 자손으로 지금의 강소성 武進縣 사람이다. 개황 초의 작위는 國子博士. 그가 편찬한《漢書音義》와《文選音義》는 당대에 소중히 여긴 책이었다.
- **辛德源(?)**: 字는 孝基이며 지금의 감숙성 狄道人이다. 저술에 《集注春秋三傳》30권,《揚子法言注》24권이 있다.
- **薛道衡(540~609)**: 字는 玄卿. 河東 汾陰(현 산서성 榮河縣)人이다.

위에 열거한 8인 중 劉臻, 顔之推, 蕭該는 幼年에 金陵(南京)에 산 적이 있으나 그 밖의 5인은 모두 북방인으로 鄴(東魏·北齊의 도읍지, 현 하남성 安陽) 지방과 인연이 있는 사람들이며 陸法言도 鄴 지방 사람이다. 鄴(업)과 洛陽은 다 하남성 땅으로 이곳은 後漢 시대로부터 남북조 시대까지는 북방 중국에서 長安보다 문화도가 더 높은 지역이었다.《절운》음계의 기초와 성질에 대한 논란 중 長安과 洛陽, 또는 金陵 지역이 떠오른 연유도 이와 관련이 있음을 알아 둘 필요가 있다.

〔2〕"古今의 성조는 이미 스스로 구별이 있는데, 諸家의 取捨가 또 한 같지 아니하나 옛날 吳나라 땅과 楚나라 땅은 때로는 (어음이) 너무 가볍고 얕으며 燕나라 땅과 趙나라 땅은 너무 무겁고 탁하며, 秦나라 땅과 隴 땅에서는 즉 거성이 입성이 되고, 梁州와 益州에서는 평성이 마치 거성과 같다. 또 「支·脂·魚·虞」운은 한 운이 되고,「先·仙·尤·侯」운은 다 한 가지라고 말해진다. 문장의 길을 넓히고자 하면 스스로 가히 청탁에 다 통해야 하고, 만약 음을 잘 알려면 모름지기 輕重의 다름을 알아야 한다."

위의 인문은《절운》편찬 당시에 지역에 따라 어음이 달랐던 사실을 증언한 내용이다. 고래로 漢語의 어음은 크게 南音과 北音의 차이가 있었다.《詩經》에도 "以雅以南"이라는 말이 있는데, '雅'란 雅言으로 夏語를 가리키고 '南'이란 荊楚 땅에서 말한 어음을 가리킨 것이 아닐까.《荀子》에 "居夏語夏, 居楚語楚"란 바로《시경》에서의 뜻과 같다. 이렇듯 남북의 어음이 서로 다른데, 五胡의 난을 계기로 外夷가 中原에 들어오고 漢族도 서쪽에서 북쪽의 중원으로 이거한 사람이 많게 되자 고대에 이미 중원의 북음 속에는 남음이 많이 섞이게 되었던 것이다.

安之推의 《安氏家訓》 音辭篇에

"夫九州之言語不同, 生民已來固常然矣. …… 南方水土和柔, 其音淸擧
而切詣, 失在浮淺, 其辭多鄙俗, 北方山川深厚, 其音沈濁而鈋鈍, 得其
質直, 其辭多古語, 然冠冕君子, 南方爲優, 閭里小人, 北方爲愈……"

라고 한 언어관이 《절운》 서 〔2〕에도 잘 나타나 있다.

〔3〕 呂靜의 《韻集》, 夏侯詠의 《韻略》, 陽休之의 《韻略》 周思言의 《音
韻》, 李季節의 《音譜》, 杜臺卿의 《韻略》 등은 각각 서로 어긋남이
있고 江東에서 취한 운이 河北에서는 다르다. 그러므로 남북의 시
비와 古今간의 通·不通을 논하고 새로이 바르고 표준이 될 수
있는 적절한 것을 취하고 선택하고자 현실음에서 멀리 떨어져 잘
맞지 않은 것은 삭제하였다. 이런 일은 安之推와 蕭該 국자박사가
결정한 바가 많다."

위의 내용은 陸法言 등이 《절운》 편찬 당시에 참고한 것으로 보이
는 前代의 운서명과 이들 운서간에 반절 용자가 달라서 어음이 서로
어긋난 점을 말하고, 江東(建康, 南京)음과 河北(鄴·洛陽 지방)음이 맞
지 않음을 지적한 것이다. 사실 六朝 시대의 상기 운서들은 편자의 개
인적 기호라든가 지역적 方音의 차이 때문에 내용에 있어서도 피차 상
위가 있었을 것임은 당연하다. 그러므로 당시인들은 韻文을 지을 때 어
느 운서를 따라야 할지 망설였을 것이다. 이런 가운데 때마침 隋나라가
천하를 통일한 데 기운을 얻어 압운 규범에 표준이 될 만한 새로운 운
서가 요청되었다. 이러한 요구에 부응하고자 이전의 운서를 참고하여
편찬한 것이 바로 《절운》이다. 그러므로 《절운》은 이후에도 詩文의 압
운 표준으로 널리 채용되자 이전의 운서들은 자연히 힘을 잃어 차츰
산일되고 말았다.

〔4〕 "저작랑 魏彥淵이 나 육법언에게 말하기를 "종래 논란이 되고
의심스러웠던 것을 모두 알게 되었는데 어찌 말(口音)을 따라 이
를 적지 않겠는가. 우리들 몇 사람이 정하면 곧 정해집니다"라고
하였다. 나 육법언은 바로 촛불 아래에서 붓을 잡아 큰 법식과 작
은 격식(즉 요강)을 간략히 기록하고 (그 뒤에) 훌륭한 변설을 널
리 물어 거의 精華를 얻게 되었다."

〔5〕 "이에 다시 다른 학문에 섭렵하고 겸하여 낮은 벼슬(즉 承奉郞을 가리킴)을 하면서 10여년간 지내다가 수집할 겨를이 없었다. 이제 다시 初服의 처지로 돌아와 여러 제자들을 가르쳤다. 무릇 사람들이 시문을 잘 짓고자 하면 모름지기 성운에 밝아야 하는데 산야에 묻혀 살다 보니 사람과의 교유마저 끊겨 의문 난 대목이 있어도 질문할 곳이 없었다. 죽은 사람은 생사로가 달라서 다시 살아 일어나게 할 수 없음이 한스럽고, 생존하여 있는 사람은 귀천의 예가 달라서 절교의 뜻을 알리려 하였다. 그리하여 마침내 여러 학자들의 음운서와 고금의 字書를 조사하고 이전(개황 초)에 기록한 것과 8인이 의논한 것을 원칙으로 하여 《절운》5권을 이루었다. 여러 음운서들을 다 분석하지 못하고 가벼이 분별하여 (이 책을 이루니 감히 자족할 수 없어) 楚人의 泣玉을 본받고자 할 수도 없고, (呂不韋처럼)현상금을 내걸어 글자를 고치도록 매달아 놓을 수도 없다. 옛날 司馬遷은 《史記》를 짓고 이를 명산에 수장해 두어야 한다고 하였는데, (나는) 이 말이 괴이하다고 여겼다. 또 劉歆은 楊雄이 지은 《太玄經》을 보고 그에게 말하기를 뒤 사람이 간장 항아리를 덮어 버릴까 두렵다고 하였는데, 나는 이제 양웅처럼 입을 더듬어 말을 잘 하지 못한 처지도 아니어서 《절운》의 무용함을 알기조차 못한다. 이번의 《절운》은 나 개인의 전첩이 아니라 제현의 끼친 뜻을 기술했을 뿐이다. 다만 제자들을 가르치고자 할 따름이다. 때는 신유년 大隋 仁壽 원년(601)이다."

이상이 《切韻》序 내용의 전부이다.

3. 《切韻》音系의 기초와 성격

중국 음운학사상 《절운》 음계의 성질에 대해서는 종래 크게 두 가지 설이 맞서 왔다. 《절운》은 古今 方國音을 포괄한 것으로 본 이른바 「綜合音系說」과, 한 시대 한 지방음을 대표로 기초한 것이라 본 「單一音系說」이 그것이다. 그 뒤 양자에 대한 찬반 의견이 나오게 되었는데, 그 결과를 보면 전자에는 다시 「兼包古今方國音說」, 「六朝舊韻綜合說」, 「古今南北語音雜湊說」 등이 있고, 후자에는 「長安音系說」, 「洛陽音系說」 등이 있는데, 여기에는 저마다 다른 관점과 논거가 담겨 있음은 물론이다.

그런데 특히 1960년을 전후하여 중국 음운학계에서는 새삼《절운》음의 기초 음계와 성질에 대한 논쟁이 일어나 공방을 벌인 것이 우리의 흥미를 끌게 한다. 그 논쟁은 黃淬伯(1956)[11]이 B. Karlgren의 장안음설을 비판하고 「육조구운종합설」을 재확인한 데 대하여, 李于平(1957)[12]이 이 설과는 달리 단일음계의 논거를《절운》의 내부 증거에서 찾아 반론을 제기함으로써 발단되었다. 이것이 첫번째 논쟁의 분화구였다. 이에 대하여 黃淬伯(1959)이 다시 李于平의 논문에 반박을 가하였다. 이것이 당시 중국의 청장년 학자들에게 자극을 미쳐 王顯(1961)[13]과 邵榮芬(1961)[14]의 논문이 동시에 발표되어 종래의 종합음계설에 반론을 벌임은 물론 B. Karlgren의 장안음계설도 근본적으로 부정하여 말하자면 제3설이 등장하게 되었다. 제3설은 곧《절운》음은 洛陽音이 기초가 되고 거기에 金陵音을 주요 참고 대상으로 삼아 이를 적당히 흡수한 것이라고 주장한 점에서 유한적 종합음계설이라고 이를 만하다.

(1) 단일음계설

이러한 논쟁 중에서 먼저 단일음계설의 주장자로서 李于平(1957 : 30)은《절운》이 대표하는 음은 낙양음이지 장안음이 아니라고 단정하였다. 한편 趙振鐸(1962)[15]은《절운》이 반영한 음은 낙양을 중심으로 한 중원 일대의 活方言이 正音의 기초가 되었다고 하여 「洛陽音正音基礎說」을 제기하였다. 이것은 일찍이 有坂秀世[16]가《切韻》序와《顔氏家訓》(音辭篇)의 기록을 중심으로 분석하고 당시 장안은 아직 문화적 후진지로서 북방의 문화적 전통은 낙양이나 鄴(東魏・北齊의 도읍지)에

---

(11) 黃淬伯,「論切韻音系幷批判高本漢的論點」,《南京大學學報》(人文科學)(1956) 2期.
　　──,「切韻內部証據論的影響」,《南京大學報》(1959).
　　──,「關于《切韻》音系基礎的問題」,〜與王顯, 邵榮芬同志討論〜,《中國語文》1962. 2월호.
(12) 李于平,「陸法言的《切韻》」,《中國語文》, 1957. 2월호.
(13) 王　顯,「《切韻》的命名和《切韻》的性質」,《中國語文》, 1961. 4월호.
　　──,「再談《切韻》音系的性質」〜與河九盈, 黃淬伯 兩位同志討論〜,《中國語文》, 1962. 12월호.
(14) 邵榮芬,「《切韻》音系的性質和它在漢語語音史上的地位」,《中國語文》, 1961. 4월호.
　　──,《切韻硏究》, 1982. 北京
(15) 趙振鐸,「從《切韻・序》論《切韻》」,《中國語文》, 1962. 10월호.
(16) 有坂秀世,「隋代の支那方言」,《國語音韻史の硏究》(1936, 1957, 東京)에 수록.

보존되어 있었던 점을 들어 그 지대를 중심으로 성립한 북방 표준음이
《절운》의 기초가 되었다고 논한 바와 맥이 통한다.

(2) 종합음계설

다음 종합음계설의 주장자로는 何九盈(1961 : 10~18)을 들 수 있
다.[17] 그는 王顯과 邵榮芬이 《절운》음계는 당시 낙양 일대의 어음이 기
초가 되고 금릉 일대의 어음이 주요 참고 대상이 되었다고 주장한 것은
기본적으로 한 시대 한 지방음으로 간주한 설과 다름이 없다고 하면서
우리는 고금 남북 잡주론자이다(我們是古今南北雜湊論者)라고 자칭하였
다. 黃淬伯(1962 : 85~90)은 한마디로 말하여 종합음계론자 중에서도
「六朝舊韻說」(중고 시기 남북 방언음계 종합)을 주장한 사람이다. 그는
주장의 논거를 王仁昫의 《刊謬補缺切韻》(王 3)에 기록된 韻目 小(附)
注에서 찾고 있다. 즉 唐 寫本인 《王 3》에 현존한 운목 아래의 소주는
65개조에 달하므로 《절운》 운목수(193 개)의 1/3에 이를 뿐더러 陸法
言의 《절운》 서문에 명기된 六朝의 운서 작자명(p. 585 참조)과도 일치
한 이상 양자의 관계는 의심의 여지가 없다고 주장하였다.[18]

물론 《절운》 음계에 대한 논의는 이뿐이 아니다. 周祖謨[19]는 《절
운》서와 육조 시대 5인의 운서에 보이는 分韻, 齊·梁·陳 나라 때의
시운의 압운 현상, 顧野王(519~581)의 《玉篇》 등과의 비교를 토대로
하여 《절운》 음계는 "6세기(남북 문인 인사들)의 문학 언어의 어음 계
통"이라고 결론지었다.

---

(17) 何九盈, 「《切韻》音系的性質及其他」, ～與王顯, 邵榮芬同志商権～, 《中國語文》,
　　1961. 9 월호.

(18) 한 예를 들면 《王 3》에는 《광운》에서와는 달리 운목 아래에 다음과 같은 하주가
　　달려 있다.
　　　6. 脂 呂夏侯與微韻大亂雜, 陽李杜別, 今依陽李杜.
　　이것은 무엇을 말한 것이냐 하면 「脂」운의 설정에 있어서 呂靜의 《韻集》과 夏侯
　　詠의 《韻略》에는 「脂」운이 「微」운과 섞여 있지만 陽休之의 《韻略》과 杜台卿의 《韻
　　略》, 李季節의 《音譜》에는 「脂·微」운을 구별하고 있으므로 《절운》에서도 陽·李·
　　杜 3인의 것에 의존하여 운목을 별개로 설정하였다는 뜻이다.
　　王仁昫 《刊謬補缺切韻》에 수록된 呂靜·夏侯詠·陽休之·李季節·杜台卿 등의
　　운목 설정의 차이점과 이에 대한 자세한 논의는 眞武 直 《日華漢語音韻論考》
　　(1969, 東京 桜楓杜), pp. 21~60이 참고된다.

(19) 周祖謨, 「切韻的性質和它的音系基礎」, 《語文學論叢》5(1963), p. 70. 이 논문은 周
　　祖謨 《問學集》上(1966), pp. 434~473에 재수록됨.

또 張琨[20]은《절운》은 隋나라 이전 운서의 운류를 채취하여 체계화한 것으로 그 독음은 대개 "齊·梁 시대의 문인의 독서음"이라고 규정하였다. 이와 비슷하게 周法高[21]는 "《절운》은 당시 사대부 계급의 독서음"이라고 하는 등 저마다《절운》음을 대하는 태도와 관점이 일치하지 않음을 알 수 있다.

(3) 有限的 종합음계설

단일음계설과 종합음계설 외에 제 3 설이라고 할 수 있는 유한적 종합음계설은 王顯(1961, 1962)과 邵榮芬(1961)에서 주장된 것인데, 이는 앞에서 간단히 소개하였으므로 생략한다.

이상에서와 같이《절운》음의 기초와 그 성격 문제는 아직도 확고한 합의점에 도달하지 못한 실정이다.[22] 어쨌든 平山久雄(1967 : 113)도 지적한 바와 같이《절운》에 있어서 小韻의 구분과 반절은 陸法言의 방언 음운 체계를 반영한 것으로서 북방 표준음으로 보아도 좋을 것이다. 다만 남방계 운서에서의 정밀한 운의 審定 방식이《절운》의 分韻 방법에 크게 작용함으로써 결국 세밀한 운모의 구별이 북방 표준음에도 존재하게 되지 않았을까 생각된다. 이 점은 절운계 운서의 반절 용자법을 세밀히 분석하여 보거나 陸法言의《절운》서문 내용을 음미하여 보아도 짐작할 수 있을 것이다.

제 2 절 中古漢字音의 聲母

1. 《廣韻》의 체재와 이용 방법

앞에서 절운계 운서를 예시한 바 있거니와 그 중에서도 《광운》이

---

(20) 張琨, *The Composite Nature of the Ch'ieh-Yün*,《歷史語言硏究所集刊》50-2(1979), p. 255.
(21) 周法高,「論切韻音」,《中國音韻學論文集》(1984 : 22), pp. 1~24 참조.
(22) 이에 대한 자세한 소개는 졸고,「《切韻》音系의 성질에 대한 논쟁」,《갈음 김석득 교수 회갑논문집: 국어의 이해와 인식》(1991; 한국문화사), pp. 617~634 로 미룬다.

가장 완벽하게 보전되어 있고 또 접하기도 쉬우므로 본절에서는 이 운서의 체제를 먼저 살펴본 뒤에 중고음의 성질을 고찰하여 보기로 한다.

(1) 분류 방법과 四聲相配

《광운》은 수록자(26,194자)의 성조(사성)에 따라 상평·하평[(23)]· 상성·거성·입성으로 나누고 이들을 각각 1권씩으로 분권하였다. 각 권에는 동일운의 한자가 성조의 순서로 배열되어 있는데, 그 중의 1자 를 그 운의 대표자로 정하여 놓았다. 이를 韻目이라고 한다.《광운》전 체의 운목수는 206개이다.

운의 분류는 원칙적으로 「東 董 送° 屋。」, 「眞 軫 震° 術。」처럼 사성 에 따라 동종운을 수록하였는데 이를 四聲相配라고 한다. 입성은 내파 음 운미 -p, -t, -k로 끝나는 운모로서 특이한 성조이다. 입성 운모는 鼻 音 운미 -m, -n, -ŋ으로 끝나는 운모와 -p : -m, -t : -n, -k : -ŋ처럼 조 음 위치가 같으므로 사성 상배가 가능하다. 그러므로 비음 운미로 끝나 는 운만이 상배 가능한 입성운이 있다. 그런가 하면 상배한 운이 사성 을 다 갖추지 못한 것도 있다. 예컨대 거성 「祭」운은 상배한 평성·상 성운이 없다.

《광운》은 각 권마다의 운목에 「東 第一」「冬 第二」「鍾 第三」과 같이 번호를 붙여 순서를 정하고 바로 그 아래에는 「同用」「獨用」을 注記하였다. 예를 들면 평성 「冬 第二」밑에는 「鍾 同用」이라 하였는 데, 이것은 「冬」운자와 「鍾」운자가 서로 압운이 허락됨을 의미한다. 그 리고 「江 第四」밑에는 「獨用」이라 주기하였는데, 이것은 「江」운에 속한 자는 다른 운자와 압운이 될 수 없음을 밝힌 것이다. 「同用」은 일찍이 唐初로부터 시작되어 許敬宗(592~672 : 隋 禮部侍郎 許善心의 子) 등이 협의 규정하였다고 전한다. 왜냐하면 《절운》의 分韻 방법이 지나치게 세밀하여 詩賦의 압운에 여유를 줄 필요성이 생겼기 때문이다.

---

(23) 평성자는 글자수가 많으므로 편의상 상·하 2권으로 나누었을 뿐 현대 북경어의 음평·양평성과 같은 성조의 구별과는 하등 관계가 없다.

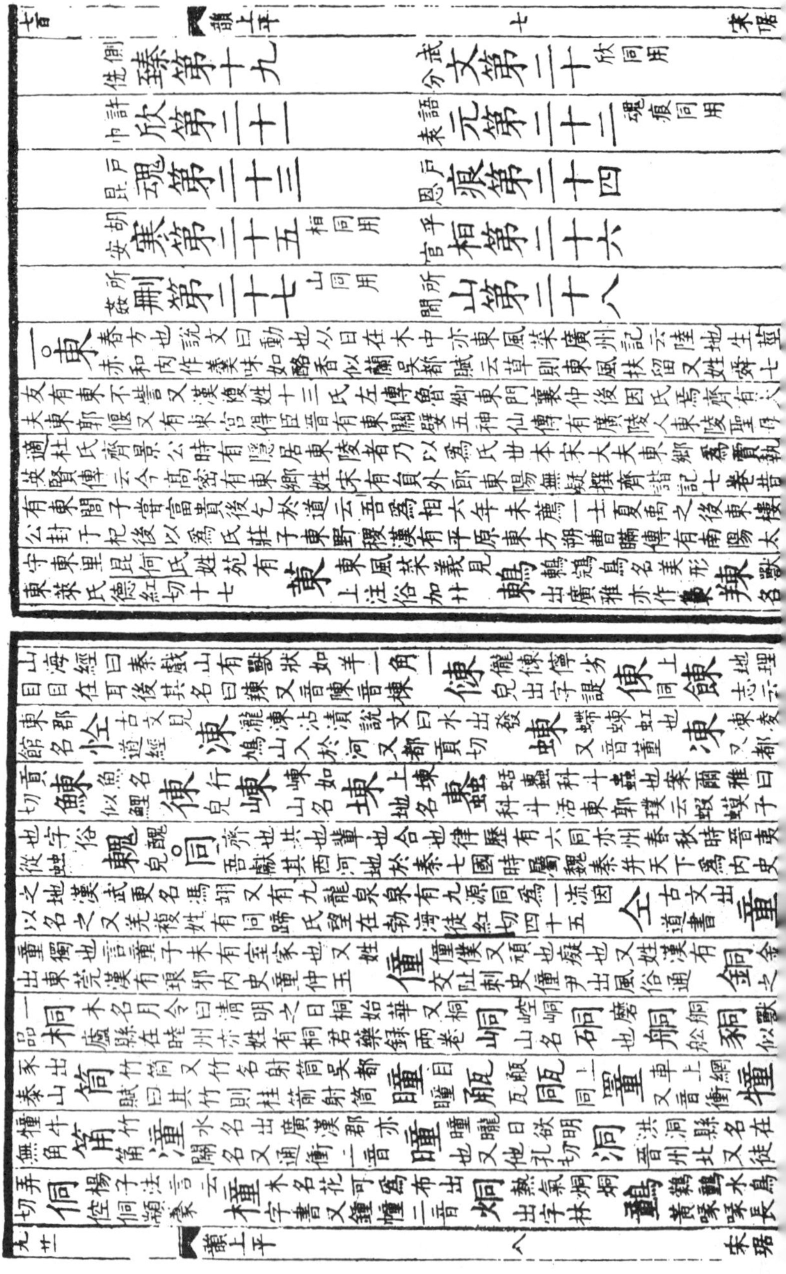

[도표 3-12] 《大宋重修廣韻》〈澤存堂藏本〉

(2) 小 韻

《광운》은 각각의 운목을 다시 몇 개의 소운으로 나누었다. 소운이란 성모를 포함하여 완전 동음자끼리 묶어 놓은 것을 말한다. 소운은 어느 것이나 최초의 글자 앞에 ○표를 붙여 표시하고, 자의·자형 등에 관한 주석을 붙인 다음, 끝부분에 반절 표기와 해당 소운에 소속한 한자의 총수가 기록되어 있다. 예를 들면 평성「東」운은 최초의 소운자가 역시 ○「東」이다. 이것이 곧 소운인데, 그 아래에「春方也. 說文曰……」과 같이 주석을 붙이고, 맨 끝에「德紅切 十七」이 표시되어 있으며, 다음에는 ○「同, …徒紅切 四十五」와 같이 되어 있다(도표 3-12 참조). 이것은《광운》의 수록자 중 평성의 〔tuŋ〕음에 해당한 글자는 모두 17자이고, 다음 同〔duŋ〕음에 속한 자는 45자임을 밝혀 놓은 것이다. 이와 같이 하나의 韻은 여러 小韻으로 이루어져 있는데 소운의 순서는 운목자를 포함한 소운이 최초에 나온 점 외에는 일정한 규칙이 없다.

(3) 又音 · 又切

「東」소운에 속한 '涷'자 아래에는「又都貢切」, '蝀'자 아래에는「又音董」이 표기되어 있다. 이러한 音注를 又音·又切이라고 한다. 이것은 해당자가 1자 2음 이상이어서 기타 다른 운의 소운에도 해당됨을 나타낸 것이다. 즉 윗예에서 '涷'자는「東」운(평성)과「送」운(거성)의 두 성조가 있고, '蝀'자는 평성과 상성(董)의 두 성조가 있음을 나타낸다.

여기에서《광운》의 반절 자료를 이용할 때 한 가지 주의할 점은 소운 대표자 자체에「又音」이 표시된 경우이다. 예를 들면 거성「送」운의 소운 중에 ○「涷」자가 있는데, 여기에는「…多貢切 又音東 七」이 적혀 있다.「多貢切」은 그 소운에 소속한 7자 전체에 통용한 발음이지만「又音東」이란 오직 '涷'자에만 해당된 음이다. 그렇다고 1자 2음자에는 반드시「又音」을 표시해 놓은 것은 아니다. 다른 음이 있음에도 불구하고「又音」표시가 없는 자도 적지 않다. 따라서 이 점을 확인하기 위해서는 번거롭기는 하지만《광운》의 색인을 하나 하나 가려 보지 않으면 안된다.

2. 《廣韻》의 聲母 體系

중국에서 처음으로 성모가 구별되기는 唐末에 僧 守溫이 정한 30 자모에서인 것으로 알려져 있다. 그 30자모란 다음과 같다.

脣　音:	不	芳	並	明	
舌頭音:	端	透	定	泥	
舌上音:	知	徹	澄	日	
牙　音:	見君	溪	羣	來	疑
齒頭音:	精	淸	從		
正齒音:	審	穿	禪	照	
喉中音淸:	心	邪	曉		
喉中音濁:	匣	喩	影		

위와 같은 구분은 현재의 구분법과도 다를 뿐 아니라 牙音의 見母 옆에 있는 君자는 衍文일 것이다. 또 이러한 음의 분류가 唐代의 한자음을 어느 정도로 충실하게 반영한 것인지는 확언하기 어렵다. 그러나 이는 唐末 내지 宋初에서의 실제적인 어음 혹은 字音 체계에는 맞지 않았음인지 脣音에 「非·敷·奉·微」와 舌音의 「娘」, 齒音의 「牀」자모를 증가시켜 36자모가 출현하게 되었다. 36자모는 대체로 唐末 내지 宋初(9~11세기: 唐亡: 907, 宋 건국: 960)에 성립된 것으로 믿어지는데, 그 자모를 예시하면 다음과 같다.

脣音 { 脣重音:	幫	滂	並	明	
脣輕音:	非	敷	奉	微	
舌音 { 舌頭音:	端	透	定	泥	
舌上音:	知	徹	澄	娘	
牙音　　:	見	溪	羣	疑	
齒音 { 齒頭音:	精	淸	從		
心	邪				
正齒音:	照	穿	牀		
審	禪				
喉音　　:	影	曉	匣	喩	
半舌音　:				來	
半齒音　:				日	

이상 36자모의 성립은 송대에 등운학의 연구를 촉진시킨 요인이 되었는데,《韻鏡》에서도 그대로 36자모를 七音에 따라 圖示하고 있으며, 이에 따라 송대 이후로 이를 연용하여 왔다.

그러나 陳澧가《切韻考》에서《廣韻》의 반절 상자를 귀납하여 얻은 중고음의 성모(聲類)는 淸聲 21, 濁聲 19 등 도합 40개에 달하여 36자모와는 다른 모습을 보여 주었다. 그런가 하면 Karlgren은 47개 성모를 설정하였는데, 그 후 학자에 따라 審音 방법을 달리 한 결과 羅常培: 28류, 張煊: 33류, 王力: 35류, 李榮: 36류, 周法高: 37류, 黃侃, 錢玄同: 41류, 白滌洲, 黃焯伯: 47류, 曾運建, 陸志韋, 周祖謨: 51류, 姜亮夫: 52류에 이르기까지 제설이 속출하였다.[24]

그런데 중고음의 성모 체계를 고찰하기 위해서는 무엇보다도 그 근거가 되는《광운》의 반절 상자를 종합하여 볼 필요가 있다. 이용자의 편의를 위하여 아래에《광운》의 반절을 성모별로 예시한다.[25]

見〔k〕 (1·2·4등) 古140 公3 過1 各1 格1 兼1 姑1 佳1 詭1

　　　　　(3등) 居79 擧7 九6 俱4 紀3 几2 規1 吉1

溪〔k'〕 (1·2·4등) 苦86 口13 康4 枯1 空2 恪2 牽1 謙1 楷3 客1 可1

　　　　　(3등) 去42 丘37 區4 墟3 起2 驅1 羌2 綺2 欽1 傾1 窺1 詰1 祛1 豈1 曲1

羣〔g〕 (3등) 渠36 其25 巨24 求7 奇2 瞿1 臼1 衢1 強1 具1 狂1

疑〔ŋ〕 (1·2·4등) 五80 吾5 硏1 俄1

　　　　　(3등) 魚40 語14 牛10 宜4 虞1 疑1 擬1 愚1 遇1 危1 玉1

端〔t〕 (1·4등) 都37 丁23 多11 當9 得2 德1 冬1

透〔t'〕 (1·4등) 他54 吐10 土8 託2 湯2 天1 通1 台1

定〔d〕 (1·4등) 徒64 杜3 特1 度2 唐1 同1 陀1 堂1 田1 地1

尼〔n〕 (1·4등) 奴54 乃16 那3 諾2 內2 妳1

---

(24) 陳澧는 아래에 예시할 41개 성류 중「明·微」모를 가르지 않았으므로 40개 성류로 귀납하였다. 한편 47개 성류는「見·溪·疑·曉·影·來」를 다시 見〔k, kj〕식으로 양분한 결과이다. 여기에다 다시「精·淸·從·心」모를 양분하면 51개 성류가 된다.

(25) 七音의 순서는「아·설·순·치·후·반설·반치음」순으로 하고 전통적인 36자모를 41개 성모로 세분하여 〔 〕안에 재구음(추정음)을 보인 다음 참고로 등운 관계를 부기한다. 그리고 반절자 아래의 숫자는《광운》에서의 출현 횟수를 나타낸다. 陳卜華《漢語音韻學基礎》(1983, 中國人民大學出版社), pp. 52~59 참조.

知〔ȶ〕(2·3등) 陟$_{41}$ 竹$_{13}$ 知$_9$ 張$_8$ 中$_2$ 猪$_1$ 徵$_1$ 追$_1$ 卓$_1$ 珍$_1$

徹〔ȶʻ〕(2·3등) 丑$_{67}$ 敕$_9$ 恥$_1$ 癡$_1$ 楮$_1$ 褚$_1$ 抽$_1$

澄〔ȡ〕(2·3등) 直$_{65}$ 除$_7$ 丈$_5$ 宅$_4$ 持$_3$ 柱$_2$ 池$_1$ 遲$_1$ 治$_1$ 場$_1$ 佇$_1$ 馳$_1$ 墜$_1$

娘〔ȵ〕(2·3등) 女$_{35}$ 尼$_9$ 拏$_1$ 穠$_1$

幫〔p〕(1·2·4등) 博$_{23}$ 北$_{11}$ 布$_8$ 補$_7$ 邊$_2$ 伯$_1$ 百$_1$ 巴$_1$ 晡$_1$

滂〔pʻ〕(1·2·4등) 普$_{36}$ 匹$_{33}$ 滂$_3$ 譬$_1$

並〔b〕(1·2·4등) 蒲$_{30}$ 薄$_{22}$ 傍$_5$ 步$_4$ 部$_1$ 白$_1$ 裴$_1$ 捕$_1$

明〔m〕(1·2·4등) 莫$_{65}$ 模$_2$ 謨$_2$ 摸$_1$ 慕$_1$ 母$_1$
　　　　(3등) 彌$_1$ 眉$_2$ 靡$_2$ 明$_2$ 美$_1$ 綿$_1$

非〔f〕(3등) 方$_{31}$ 甫$_{12}$ 府$_{11}$ 必$_7$ 彼$_6$ 卑$_4$ 兵$_2$ 分$_2$ 封$_1$ 并$_2$ 筆$_2$ 畀$_1$ 鄙$_1$

敷〔fʻ〕(3등) 芳$_{14}$ 敷$_{12}$ 撫$_4$ 孚$_4$ 披$_3$ 妃$_1$ 峯$_1$ 拂$_1$ 丕$_1$

奉〔v〕(3등) 符$_{24}$ 扶$_{13}$ 房$_{11}$ 皮$_1$ 毗$_1$ 防$_4$ 平$_1$ 縛$_1$ 附$_1$ 苻$_1$ 馮$_1$ 浮$_1$ 父$_1$ 便$_1$ 婢$_1$ 弼$_1$

微〔ɱ〕(3등) 武$_{24}$ 亡$_{13}$ 無$_7$ 文$_4$ 巫$_1$ 望$_1$

精〔ts〕(1·4등) 子$_{62}$ 卽$_{16}$ 作$_{14}$ 則$_{12}$ 將$_7$ 祖$_5$ 臧$_4$ 資$_3$ 姊$_2$ 遵$_2$ 茲$_1$ 借$_1$ 醉$_1$

淸〔tsʻ〕(1·4등) 七$_{61}$ 倉$_{24}$ 千$_{11}$ 此$_4$ 親$_2$ 采$_2$ 蒼$_2$ 麤$_2$ 麁$_1$ 靑$_1$ 醋$_1$ 遷$_1$ 取$_1$
　　　　且$_1$ 雌$_1$

從〔dz〕(1·4등) 昨$_{28}$ 徂$_{19}$ 疾$_{16}$ 才$_{12}$ 在$_{10}$ 慈$_9$ 秦$_1$ 藏$_4$ 自$_1$ 匠$_1$ 漸$_1$ 情$_1$ 前$_1$ 酢$_1$

心〔s〕(1·4등) 蘇$_{41}$ 息$_{30}$ 先$_{13}$ 相$_{11}$ 私$_8$ 思$_7$ 桑$_5$ 素$_3$ 斯$_1$ 辛$_1$ 司$_1$ 速$_1$ 雖$_1$
　　　　悉$_1$ 寫$_1$ 胥$_1$ 須$_1$

邪〔z〕(4등) 徐$_{11}$ 似$_{11}$ 祥$_4$ 辝$_3$ 詳$_2$ 寺$_1$ 辭$_1$ 隨$_1$ 旬$_1$ 夕$_1$

莊〔ʧ〕(2등) 側$_{35}$ 莊$_7$ 阻$_6$ 鄒$_1$ 簪$_1$ 仄$_1$ 爭$_1$

初〔ʧʻ〕(2등) 初$_{28}$ 楚$_{23}$ 測$_3$ 叉$_1$ 芻$_1$ 厠$_1$ 創$_1$ 瘡$_1$

牀〔ʤ〕(2등) 士$_{33}$ 仕$_9$ 鋤$_8$ 鉏$_5$ 牀$_3$ 查$_2$ 雛$_1$ 助$_1$ 豺$_1$ 崇$_1$ 崱$_1$ 俟$_1$ 漦$_1$

疏〔ʃ〕(2등) 所$_{44}$ 山$_{15}$ 疎$_6$ 色$_5$ 數$_3$ 砂$_2$ 沙$_1$ 疏$_1$ 生$_1$ 史$_1$

照〔tɕ〕(3등) 之$_{29}$ 職$_{12}$ 章$_{11}$ 諸$_4$ 旨$_4$ 止$_3$ 脂$_1$ 征$_1$ 正$_1$ 占$_1$ 支$_1$ 煮$_1$

穿〔tɕʻ〕(3등) 昌$_{29}$ 尺$_{16}$ 充$_7$ 赤$_3$ 處$_3$ 叱$_2$ 春$_1$ 姝$_1$

神〔dʑ〕(3등) 食$_{11}$ 神$_6$ 實$_1$ 乘$_1$

審〔ɕ〕(3등) 式$_{22}$ 書$_{10}$ 失$_6$ 舒$_6$ 施$_3$ 傷$_2$ 識$_2$ 賞$_1$ 詩$_1$ 始$_1$ 試$_1$ 矢$_1$ 釋$_1$ 商$_1$

禪〔ʑ〕(3등) 時$_{16}$ 常$_{11}$ 市$_{11}$ 是$_6$ 承$_5$ 視$_3$ 署$_2$ 氏$_1$ 殊$_1$ 寔$_1$ 臣$_1$ 殖$_1$ 植$_1$ 嘗$_1$
　　　　蜀$_1$ 成$_1$

影〔ʔ〕(1·2·4등) 烏$_{82}$ 伊$_3$ 一$_3$ 安$_3$ 烟$_1$ 鷖$_1$ 愛$_1$ 挹$_1$ 哀$_1$ 握$_1$
　　　　(3등) 於$_{109}$ 乙$_8$ 衣$_3$ 央$_2$ 紆$_1$ 憶$_1$ 依$_1$ 憂$_1$ 謁$_1$ 委$_1$

曉〔x〕(1·2·4등) 呼$_{70}$ 火$_{16}$ 荒$_4$ 虎$_4$ 海$_1$ 呵$_1$ 馨$_1$ 花$_1$

(3등) 許73 虛16 香9 況7 興2 休2 喜2 朽1 義1

匣〔ɤ〕 (1·2·4 등) 胡89 戶32 下14 侯6 何2 黃2 乎1 護1 懷1

喩〔o〕 (4 등) 以24 羊14 余12 餘8 與3 弋3 夷1 予1 翼1 營1 移1 悅1

爲〔j〕 (3 등) 于20 王6 雨4 爲3 羽3 云3 永1 有1 雲1 筠1 遠1 韋1 洧1 榮1 蓮1

來〔l〕 (1·2·4 등) 盧29 郞16 落11 魯9 來3 洛2 勒2 賴1 練1

(3 등) 力57 良13 呂7 里2 林1 離1 連1 縷1

日〔nz〕(3등) 而23 如17 人16 汝4 仍1 兒1 耳1 儒1

이상에서 《광운》의 성모를 일응 41개 음으로 나누어 해당 반절 상
자를 예시하였다. 그런데 그 반절은 운모의 直音과 拗音(3·4등)의 성
질에 따라 구분이 있다. 즉 見〔k〕모에서 '古'는 직음 운모에 쓰이고,
'居'는 3등 운모에 쓰였다.

A 公=古紅切〔kuŋ〕, 傀=公回切〔kuʌi〕
B 宮=居戎切〔kjuŋ〕,[26] 居=九魚切〔kjwo〕

여기에서 A(직음)와 B(요음)는 반절 상자가 구별되지만 「古·公·
居·九」는 다 /k-/를 나타내므로 실제 음운론적으로는 양류를 굳이 구
별하지 않아도 무방하다.

여기에서 우선 위의 41성모를 표로 나타내면 〔도표 3-13〕과 같다.
이 표를 전통적인 36자모와 대비하여 보면 《광운》의 41성모는 正齒音
의 「照·穿·牀·審·禪」모에서 「莊·初·牀·疏」와 「照·穿·神·
審·禪」모가 분화되었으며, 喉音의 「喩」모에서 「喩」와 「爲」가 분화되었
다. 따라서 36자모에 없는 성모로 「莊·初·神·疏·爲」 등 5개 성모
가 증가한 셈이다.

그러면 중고음의 성모는 과연 이대로 보아도 좋을까. 적어도 《광
운》(1008)시대의 실질적 성모 양상으로는 사실에 접근한 체계라 할 수
있다. 그러나 隋·唐 시대음은 재고를 요한다. 왜냐하면 적어도 순경음
〔f, f', v, ɱ〕은 唐末 이전에 순중음〔p, p', b, m〕의 일부가 변화하여 파생
된 음이기 때문이다. 그러므로 36자모 중에는 순경음이 들어 있지만

---

(26) 한국 한자음에서는 公(공)·宮(궁)이어서 요음이 드러나지 않지만 日本 漢音에서
는 公(コウ)·宮(キユウ)처럼 직·요음의 대립이 분명히 반영되었다. 이에 대응하
는 입성운에 있어서도 穀(곡 : コク)·菊(국 : キク)처럼 다르게 반영되었다.

〔도표 3-13〕 廣韻의 41聲母表

音　　　名		全淸	次淸	全濁	不淸不濁
牙音 （舌根音）		見〔k〕	溪〔k‘〕	羣〔g〕	疑〔ŋ〕
舌音	舌頭音	端〔t〕	透〔t‘〕	定〔d〕	泥〔n〕
	舌上音	知〔ȶ〕	徹〔ȶ‘〕	澄〔ȡ〕	娘〔ȵ〕
脣音	脣重音	幫〔p〕	滂〔p‘〕	並〔b〕	明〔m〕
	脣輕音	非〔f〕	敷〔f‘〕	奉〔v〕	微〔ɱ〕
齒音	齒頭音	精〔ts〕 心〔s〕	淸〔ts‘〕	從〔dz〕 邪〔z〕	
	正齒二等 （齒上音）	莊〔tʃ〕 疏〔ʃ〕	初〔tʃ‘〕	牀〔dʒ〕	
	正齒三等 （正齒音）	照〔tɕ〕 審〔ɕ〕	穿〔tɕ‘〕	神〔dʑ〕 禪〔ʑ〕	
喉音		影〔ʔ〕	曉〔x〕	匣〔ɣ〕	喩〔o〕 爲〔j〕
半舌音 半齒音					來〔l〕 日〔nʑ〕

　이들은 隋・唐대 음에서는 순중음에 포함된다. 반면에 36자모 중에는 정치 2등（齒上音）의 「莊」계 성모（tʃ, tʃ‘ dʒ, ʃ）가 제외되어 있지만 운서의 반절에 따라 이를 넣는 것이 예사이다. 그리고 喉音에 「爲」（또는 于）모를 별도로 설정하면 37 개 성모가 된다.

　　이런 점에서《절운》을 중심으로 한 중고음（특히 隋・唐대）의 성모에 대하여 7인의 재구（추정）결과를 표로 종합하여 그 異同 상황을 대비하여 보기로 하자.

〔도표 3-14〕 중고음의 성모 대비표

학자명 자모	(1) Karlgren	(2) 王 力	(3) 李 榮	(4) 周法高	(5) 藤堂明保	(6) 平山久雄	(7) 陸志韋
見	k	k	k	k	k	k	k(kʷ) 古(居)
溪	k’	k‘	k‘	k‘	k‘	k‘	k‘(kʷ‘) 苦(去)
羣	g’	g‘	g	g	g	g	g(gʷ) 渠
疑	ng	ŋ	ŋ	ŋ	ŋ	ŋ	ŋ(ŋʷ) 五(魚)
端	t	t	t	t	t	t	t 都
透	t‘	t‘	t‘	t‘	t‘	t‘	t‘ 他
定	d’	d‘	d	d	d	d	d 徒
泥	n	n	n	n	n	n	n 奴・女

知	t̂	ṭ	t̂	ṭ	ṭ	ṭ	ṭ 陟
徹	t̂'	ṭ'	t̂'	ṭ'	ṭ'	ṭ'	ṭ' 丑
澄	d̂'	ḍ'	d̂	ḍ	ḍ	ḍ	ḍ 直
娘	n̂		n̂	ṇ	ṇ	ṇ	
幫	p	p	p	p	p	p	p(pʷ) 博(方)
滂	p'	p'	p'	p'	p'	p'	p'(pʷ') 普(芳)
並	b'	b'	b	b	b	b	b(bʷ) 蒲(符)
明	m	m	m	m	m	m	m(mʷ) 莫(武)
精	ts	ts	ts	ts	ts	ts	ts 作子
清	ts'	ts'	ts'	ts'	ts'	ts'	ts' 倉七
從	dz'	dz'	dz	dz	dz	dz	dz 昨疾
心	s	s	s	s	s	s	s 蘇息
邪	z	z	z	z	z	z	z 徐
莊	tṣ	tʃ	tṣ	tṣ	tṣ	tṣ	tʃ 側
初	tṣ'	tʃ'	tṣ'	tṣ'	tṣ'	tṣ'	tʃ' 初
牀	dẓ'	dʒ'(崇)	dẓ(崇)	dẓ(崇)	dẓ	dẓ(崇)	dʒ 士
疏	ṣ	ʃ(山)	ṣ(生)	ṣ(生)	ṣ	ṣ(生)	ʃ 所
			ẓ(俟)			ẓ(俟)	
照	tś	tɕ(章)	tś(章)	tɕ(章)	tʃ	tɕ(章)	tɕ 之
穿	tś'	tɕ'(昌)	tś'(昌)	tɕ'(昌)	tʃ'	tɕ'(昌)	tɕ' 昌
神	dź'	dz'(船)	dź(船)	dz(船)	dʒ	dz(船)	dz 時
審	ś	ɕ(書)	ś(書)	ɕ	ʃ	ɕ(書)	ɕ 式
禪	ź	ʑ	ź(常)	ʑ	ʒ	ʑ(常)	ʑ 食
影	˙	o	ʔ	ʔ	˙	ʔ	-(-ʷ) 烏(於)
曉	x	x	x	x	h	h	x(xʷ) 呼(許)
匣	ɣ	ɣ	ɣ	ɣ	ɦ	ɦ	ɣ(ɣʷ) 胡(于)
爲	(j)	j(餘)		j(云)	ɦɪ(ɥ于)		j 以
喩	ʼ		o	o(以)	y	j(羊)	(-ʷ) 烏於
來	l	l	l	l	l	l	l 盧力
日	n̂ź	nʑ	n̂	ṇ	ř	ɲ	nʑ 而

※윗표의 음성 부호는 다음의 原著를 따랐다.

(1) B. Karlgren, *Compendium of Phonetics in Ancient and Archaic Chinese* (1954), 李敎柱 역주 《中國音韻學》 (1985) p. 41.

(2) 王 力 《漢語史稿》(1958), p. 50.

(3) 李 榮 《切韻音系》(1971, 學生書局 영인), p. 28.

(4) 周法高 《中國音韻學論文集》(1984) 중의 「論切韻音」, p. 8.

(5) 藤堂明保·相原 茂 《新訂 中國語槪論》(1985), p. 210.

(6) 平山久雄, 「中古漢語의 音韻」, 《中國文化叢書》 1, 言語(1967), pp. 145~146.

(7) 陸志韋 《古音說略》(1971), p. 20.

표에서 보듯이 중고음의 성모 수는 35~37개에 달하여 학자간에 약간의 차이가 있다. 이와 관련하여 다음 4가지 사항을 지적할 수 있다.

(1) 순경음은 순중음에 포함시키고 대신 정치 2등의 「莊‧初‧牀‧疏」모를 설정하였다.

(2) 王力은 설상음의 「娘」모를 「泥」모에 포함시켰다. 그리고 「喩」모는 《절운》의 반절 상자에 따르면 「雲」류와 「餘」류로 나뉘지만 「雲」류는 절운 계통에서는 마땅히 「匣」모에 귀입된다고 하여 「喩」모를 따로 설정하지 않고 대신 餘〔j〕모를 들어 《광운》의 성모를 35개로 보았다.

(3) 平山久雄은 「禪」모 3등은 常〔z〕모, 2등은 俟〔ʐ〕모로 분립하고 「禪」모를 독립시키지 않았다. 또 喉音의 「喩」모는 于(喩₃ 또는 云)모와 羊(喩₄ 또는 以)모로 나뉜다. 그러나 「于」모는 결합하는 韻類에 있어서 「匣」모와 상보적 분포를 이루며(즉, 「匣」모는 1‧2등과 直音 4등에 배치된 운류와 결합하고, 「于」모는 3등에 배치된 운류와만 결합함) 게다가 초기의 切韻 殘卷에서는 「匣‧于」모 사이에 반절 상자의 통용이 많으므로 羊〔j〕모만을 설정하고 「于」모는 「匣」모에 포함시켰다.

(4) 全濁音을 유성 유기 자질(예 : g')로 보는 견해와 유성 무기 자질(예 : g)로 보는 견해가 있다.

제3절 中古漢字音의 韻母

중고 한자음의 운모도 《廣韻》의 운모를 대상으로 하여 살펴보기로 한다. 잘 아는 바와 같이 《광운》은 206개 운으로 편성되어 있다. 이 중에는 평성 : 57운, 상성 : 55운, 거성 : 60운, 입성 : 34운이 포함된다. 그런데 운이란 다만 운복 이하를 가리키고, 운모는 운두까지를 포함하여 말하는 것이므로 《광운》의 韻(韻目)수는 206개라 할지라도 성조를 포함한 운모의 수는 대략 290개가 넘는 실정이다.[27]

(27) 黃侃은 339류, 周祖謨는 324류, 陳澧는 311류로 분류한 바 있다.

　　그러나 《광운》의 206개 운에서 성조를 제외하면 61개 운류로 귀납할 수가 있는데 반절 상자는 450여 자임에 반하여 반절 하자는 1,000여 자가 넘어서 훨씬 복잡한 양상을 띨 뿐 아니라 용자의 빈도도 서로 다르다. 이제 《광운》의 반절을 이용하여 중고음을 재구할 때 도움이 되도록 하기 위하여 아래에 반절 하자를 운별로 종합하여 예시한다.

1. 東韻 〔東 1 : -uŋ〕[28]　紅₁₂ 東₂ 公₂〔董 1〕孔₈ 董₂ 動₂ 揔₁ 蠓₁〔送 1〕貢₈ 弄₅ 送₂ 涷₁〔屋 1 : -uk〕木₈ 谷₇ 卜₁ 祿₁〔東 3 : -iuŋ〕弓₆ 戎₅ 中₃ 融₁ 宮₁ 終₁ 隆₁〔送 3〕仲₇ 鳳₃ 衆₁〔屋 3 : -iuk〕六₂₀ 竹₄ 逐₁ 福₁ 菊₁ 匊₁ 宿₁

2. 冬韻 〔冬 1 : -uoŋ〕多₇ 宗₃〔湩 1〕鵩₁ 湩₁〔宋 1〕綜₂ 宋₂ 統₁〔沃 1 : -uok〕沃₉ 毒₁ 酷₂ 篤₁

3. 鍾韻 〔鍾 3 : -iwoŋ〕容₁₇ 恭₃ 封₁ 鍾₁ 凶₁ 庸₁〔腫 3〕隴₁₁ 勇₂ 拱₂ 踵₁ 奉₁ 宂₁ 悚₁ 冢₁〔用 3〕用₁₆ 頌₁〔燭 3 : -iwok〕玉₁₄ 蜀₃ 欲₂ 足₁ 曲₁ 錄₁

4. 江韻 〔江 2 : -ɔŋ〕江₁₆ 雙₁〔講 2〕項₄ 講₂ 憃₁〔絳 2〕絳₇ 降₁ 巷₁〔覺 2 : -ɔk〕角₁₇ 岳₁ 覺₁

5. 支韻 〔支·開 3 : -ie〕支₁₀ 移₈ 宜₆ 羈₅ 離₃ 奇₁ 知₁〔紙·開 3〕氏₇ 綺₄ 紙₄ 彼₂ 婢₂ 倚₁ 爾₁ 此₁ 豸₁ 侈₁ 俾₁ 是₁ (被)〔寘·開 3〕義₁₄ 智₅ 寄₃ 賜₂ 豉₂ 企₁

　　〔支·合 3 : -iwe〕爲₁₀ 垂₅ 危₁ 規₁ 隋₁ 吹₁〔紙·合 3〕委₈ 婢₁ 弭₃ 累₂ 捶₁ 詭₁ 毀₁ 髓₁ 俾₁ 麛₁〔寘·合 3〕僞₈ 恚₄ 睡₃ 瑞₂ 避₁ 累₁

6. 脂韻 〔脂·開 3 : -i〕夷₈ 脂₇ 尼₂ 資₁ 飢₁ 肌₁ 私₁ (之)₁〔旨·開 3〕几₇ 履₄ 姊₃ 雉₁ 視₁ 矢₁〔至·開 3〕利₁₀ 至₆ 四₃ 冀₃ 季₃ 二₂ 器₁ 寐₁ 悸₁ 自₁

　　〔指·合 3 : -wi〕追₇ 悲₄ 佳₄ 遺₁ 眉₁ 綏₁ 維₁〔旨·合 3〕軌₄ 鄙₃ 癸₁ 美₂ 誄₁ 水₂ 洧₁ 壘₁ (累)〔至·合 3〕類₄ 位₃ 遂₃ 醉₃ 愧₃ 秘₁ 媚₁ 備₁ 萃₁

7. 之韻 〔之·開 3 : -iə〕之₁₄ 其₅ 茲₂ 持₂ 而₁ 菑₁〔止·開 3〕里₁₁ 止₃ 紀₃ 士₂ 史₂ 市₁ 理₁ 己₁ 擬₁〔志·開 3〕吏₁₇ 記₄ 置₂ 志₁

---

(28) 〔 〕안은 《광운》의 사성별 운목과 등운을 나타낸 것이다. 중고 재구음은 王力 《漢語史稿》(1958 : 51~54)에 따르되 ǐ는 i로 고쳤다. 〔 〕안에 재구음이 없는 것은 성조만 다를 뿐 평성 운모와 같으므로 생략한다.

8. **微韻** 〔微・開 3：-iəi〕 希$_2$ 衣$_2$ 依$_1$ 〔尾・開 3〕 豈$_3$ 狶$_2$ 〔未・開 3〕 既$_5$ 豙$_1$

〔微・合 3：-iwəi〕 非$_5$ 韋$_1$ 微$_1$ 歸$_1$ 〔尾・合 3〕 鬼$_3$ 偉$_2$ 尾$_2$ 匪$_1$ 〔未・合 3〕 貴$_3$ 胃$_2$ 沸$_2$ 味$_1$ 未$_1$ 畏$_1$

9. **魚韻** 〔魚・開 3：-io〕 魚$_{12}$ 居$_7$ 諸$_2$ 余$_2$ 葅$_1$ 〔語・開 3〕 呂$_{13}$ 與$_6$ 舉$_4$ 許$_2$ 巨$_1$ 渚$_1$ 〔御・開 3〕 據$_7$ 倨$_1$ 恕$_1$ 御$_2$ 慮$_2$ 預$_1$ 署$_1$ 洳$_1$ 助$_1$ 去$_1$

10. **虞韻** 〔虞・合 3：-iu〕 俱$_8$ 朱$_8$ 無$_3$ 于$_2$ 輸$_1$ 兪$_1$ 夫$_1$ 逾$_1$ 誅$_1$ 隅$_1$ 蒭$_1$ 〔麌・合 3〕 矩$_5$ 庾$_5$ 主$_4$ 雨$_3$ 武$_2$ 甫$_1$ 禹$_1$ 羽$_1$ 〔遇・合 3〕 遇$_{12}$ 句$_3$ 戍$_2$ 注$_2$ 具$_1$

11. **模韻** 〔模・合 1：-u〕 胡$_9$ 都$_3$ 孤$_2$ 乎$_1$ 吳$_1$ 吾$_1$ 姑$_1$ 烏$_1$ 〔姥・合 1〕 古$_{14}$ 戶$_1$ 魯$_1$ 補$_1$ 杜$_1$ 〔暮・合 1〕 故$_{15}$ 誤$_2$ 祚$_1$ 暮$_1$

12. **齊韻** 〔齊・開 4：-iei〕 奚$_7$ 雞$_3$ 稽$_3$ 兮$_2$ 迷$_2$ 鷖$_1$ 低$_1$ 〔薺・開 4〕 禮$_{12}$ 啓$_2$ 米$_2$ 弟$_1$ 〔霽・開 4〕 計$_{16}$ 詣$_3$

〔齊・合 4：-iwei〕 攜$_3$ 圭$_1$ 〔霽・合 4〕 惠$_2$ 桂$_1$

13. **祭韻** (去)〔祭・開 3：-iɛi〕 例$_9$ 制$_5$ 祭$_2$ 憩$_1$ 弊$_1$ 袂$_1$ 蔽$_1$ 罽$_1$

〔祭・合 3：-iwɛi〕 芮$_7$ 銳$_2$ 歲$_1$ 稅$_2$ 衛$_2$

14. **泰韻** (去)〔泰・開 1：-ɑi〕 蓋$_{11}$ 太$_1$ 帶$_1$ 大$_1$ 艾$_1$ 貝$_1$

〔泰・合 1：-uɑi〕 外$_{11}$ 會$_3$ 最$_1$

15. **佳韻** 〔佳・開 2：-ai〕 佳$_{11}$ 膎$_1$ 〔蟹・開 2〕 蟹$_7$ 買$_3$ 〔卦・開 2〕 懈$_7$ 賣$_5$ 隘$_1$

〔佳・合 2：-wai〕 媧$_3$ 蛙$_1$ 緺$_1$ 〔蟹・合 2〕 夥$_2$ 扮$_1$ 〔卦・合 2〕 卦$_5$ 賣$_1$

16. **皆韻** 〔皆・開 2：-ɐi〕 皆$_{13}$ 諧$_2$ 〔駭・開 2〕 駭$_3$ 楷$_1$ 〔怪・開 2〕 拜$_5$ 介$_4$ 界$_2$ 戒$_1$

〔皆・合 2：-wɐi〕 懷$_5$ 乖$_1$ 淮$_1$ 〔怪・合 2〕 怪$_5$ 壞$_1$

17. **夬韻** (去)〔夬・開 2：-æi〕 犗$_5$ 喝$_1$

〔夬・合 2：-wæi〕 夬$_5$ 邁$_4$ 快$_1$ 話$_1$

18. **灰韻** 〔灰・合 1：-uɒi〕 回$_{13}$ 恢$_3$ 杯$_1$ 灰$_1$ 胚$_1$ 〔賄・合 1〕 罪$_{10}$ 猥$_4$ 賄$_1$ 〔隊・合 1〕 對$_8$ 內$_4$ 佩$_1$ 妹$_1$ 隊$_1$ 輩$_1$ 績$_1$ 昧$_1$

19. **咍韻** 〔咍・開 1：-ɒi〕 來$_9$ 哀$_4$ 才$_3$ 開$_1$ 哉$_1$ 〔海・合 1〕 亥$_9$ 改$_5$ 宰$_1$ 在$_1$ 乃$_1$ 給$_1$ 愷$_1$ 〔代・開 1〕 代$_{11}$ 溉$_2$ 耐$_1$ 愛$_1$ 槩$_1$

20. **廢韻** (去)〔廢・合 3：-iwei〕 廢$_3$ 肺$_2$ 穢$_2$

21. **眞韻** 〔眞 3：-iěn, iwěn〕 鄰$_{11}$ 巾$_6$ 眞$_4$ 珍$_3$ 人$_3$ 倫$_2$ 銀$_1$ 賓$_1$ 寶$_1$ 筠$_1$

〔軫 3〕忍$_{11}$ 引$_2$ 殞$_2$ 軫$_1$ 盡$_1$ 敏$_2$〔震 3〕刃$_{13}$ 覲$_3$ 晋$_2$ 遴$_2$ 振$_1$ 印$_1$
峻$_1$〔質 3：-iĕt, -iwĕt〕質$_7$ 吉$_5$ 悉$_4$ 栗$_4$ 乙$_4$ 筆$_3$ 密$_2$ 必$_2$ 畢$_2$ 七$_1$
一$_1$ 日$_1$ 叱$_1$ 律$_1$

22. 諄韻 [28]〔諄 3：-iuĕn〕倫$_9$ 勻$_2$ 遵$_1$ 迍$_1$ 脣$_1$ 綸$_1$ 旬$_1$ 巾$_1$ 人$_1$〔準 3〕
尹$_6$ 準$_3$ 允$_2$ 忍$_2$ 腎$_1$ 紃$_1$〔稕 3〕閏$_5$ 峻$_2$ 順$_1$〔術 3：-iuĕt〕聿$_6$
律$_6$ 卹$_2$

23. 臻韻〔臻・開 2：iĕn〕臻$_2$ 詵$_1$〔櫛・開 2：-iet〕瑟$_2$ 櫛$_1$

24. 文韻〔文・合 3：-iuən〕云$_4$ 分$_3$ 文$_2$〔吻・合 3〕粉$_5$ 吻$_3$〔問・合 3〕
問$_4$ 運$_4$〔物・合 3：-iuət〕勿$_7$ 物$_2$ 弗$_2$

25. 欣韻〔欣・開 3：-iən〕斤$_4$ 欣$_1$〔隱・開 3〕謹$_5$ 隱$_1$〔焮・開 3〕靳$_4$
焮$_1$〔迄・開 3：-iət〕訖$_2$ 迄$_2$ 乞$_1$

26. 元韻〔元・開 3：-iɐn〕言$_2$ 軒$_1$〔阮・開 3〕偃$_5$ 幰$_1$〔願・開 3〕建$_3$
堰$_1$ (万)$_1$〔月・開 3：-iɐt〕竭$_2$ 謁$_1$ 歇$_1$ 訐$_1$
〔元・合 3：-iwɐn〕袁$_5$ 元$_2$ 煩$_1$〔阮・合 3〕遠$_3$ 阮$_3$ 晚$_3$〔願・合
3〕願$_6$ 万$_3$ 販$_1$ 怨$_1$〔月・合 3：-iwɐt〕月$_5$ 伐$_3$ 越$_1$ 厥$_1$ 發$_1$

27. 魂韻〔魂・合 1：-uən〕昆$_{10}$ 渾$_4$ 尊$_2$ 奔$_2$ 魂$_1$〔混・合 1〕本$_{13}$ 損$_2$ 忖$_1$
袞$_1$〔慁・合 1〕困$_{11}$ 悶$_6$ 寸$_1$〔沒・合 1：-uət〕沒$_9$ 骨$_8$ 忽$_1$ 勃$_1$

28. 痕韻〔痕・開 1：-ən〕痕$_2$ 根$_2$ 恩$_1$〔很・開 1〕很$_2$ 懇$_1$〔恨・開 1〕
恨$_3$ 艮$_1$

29. 寒韻〔寒・開 1：-an〕干$_7$ 寒$_5$ 安$_2$〔旱・開 1〕旱$_9$ 但$_1$ 笴$_1$〔翰・開
1〕旰$_8$ 案$_4$ 贊$_1$ 按$_1$ 旦$_1$〔曷・開 1：-at〕割$_6$ 葛$_4$ 達$_3$ 曷$_2$

30. 桓韻〔桓・合 1：-uan〕官$_{11}$ 丸$_4$ 潘$_1$ 端$_1$〔緩・合 1〕管$_{10}$ 伴$_1$ 滿$_1$ 纂$_1$
緩$_1$ (旱)$_2$〔換・合 1〕貫$_6$ 玩$_4$ 牛$_3$ 亂$_2$ 段$_1$ 換$_1$ 喚$_1$ 算$_1$ 慢$_1$〔末・
合 1：-uat〕括$_8$ 活$_3$ 撥$_2$ 秸$_1$

31. 刪韻〔刪・開 2：-an〕姦$_3$ 顏$_2$〔潸・開 2〕板$_5$ 赧$_1$〔諫・開 2〕晏$_5$
諫$_1$ 澗$_1$〔鎋・開 2：-at〕八$_{10}$ 黠$_3$
〔刪・合 2：-wan〕還$_6$ 關$_1$ 班$_1$ 頑$_1$〔潸・蛤 2〕板$_6$ 綰$_1$ 鯇$_1$〔諫・
合 2〕患$_7$ 慣$_1$〔黠・合 2：-wat〕滑$_6$ 拔$_1$ (八)$_1$

32. 山韻〔山・開 2：-æn〕閑$_9$ 山$_3$ 閒$_1$ 嘲$_1$〔產・開 2〕限$_6$ 簡$_3$〔襉・開
2〕莧$_5$ 襉$_1$〔黠・開 2：-æt〕點$_{11}$ 轄$_1$ 瞎$_1$

---

(28)「諄」운은 원본《切韻》의 193 개 운에는 포함되지 않았던 것이《광운》의 206운에
서 분화한 것이므로 동일 반절 하자가「眞・諄」양운에 들어 있는 예가 있다.「巾・
人・律・峻」등이 그러한 예이다. 그러나 여기에서는《광운》의 小韻 반절에 따라
양쪽에 예시하였다.

〔山·合 2：-wæn〕頑₅ 鰥₂〔產·合 2〕(縮)₁〔襉·合 2〕幻₂
辨₁〔鎋·合 2：-wæt〕刮₇ 頢₁

33. 先韻〔先·開 4：-ien〕前₄ 賢₂ 年₂ 堅₂ 田₂ 先₂ 顚₂ 煙₂〔銑·開 4〕
典₇ 殄₄ 繭₂ 峴₁〔霰·開 4〕甸₁₃ 練₂ 佃₁ 電₁ 麫₁〔屑·開 4：
-iet〕結₁₇ 屑₁ 蔑₁

〔先·合 4：-iwen〕玄₅ 涓₁〔銑·合 4〕汰₃ 畎₁〔霰·合 4〕縣₅
(練)₁〔屑·合 4：-iwet〕決₃ 穴₁

34. 仙韻〔仙·開 3：-iɛn〕連₉ 延₈ 然₃ 乾₃ 仙₂ 焉₁〔獮·開 3〕善₇ 演₅
免₄ 淺₃ 蹇₃ 辇₂ 展₂ 辨₁ 剪₁〔線·開 3〕戰₅ 箭₃ 線₃ 扇₂ 面₂ 賤₁
碾₁ 膳₁ 變₁ 彥₁ (見)₁〔薛·開 3〕列₂₂ 薛₁ 熱₁ 滅₁ 別₁ 竭₁

〔仙·合 3：-iwɛn〕緣₁₁ 員₄ 權₂ 專₂ 圓₁ 攣₁ 川₁ 宣₁ 全₁ 泉₁〔獮
·合 3〕兗₁₃ 轉₂ 緬₁ 篆₁〔線·合 3〕戀₅ 絹₅ 眷₄ 倦₂ 卷₂ 掾₁ 釧₁
轉₁ 嚩₁ 選₁〔薛·合 3：-iwɛt〕劣₈ 悅₅ 雪₃ 絕₃ 爇₁ 輟₁

35. 蕭韻〔蕭 4：-ieu〕聊₃ 堯₂ 幺₂ 彫₂ 蕭₁〔篠 4〕了₆ 鳥₃ 皎₂ 晶₁〔嘯
4〕弔₉ 嘯₁ 叫₁

36. 宵韻〔宵 3：-iɛu〕遙₈ 招₄ 嬌₃ 昭₃ 喬₂ 霄₂ 邀₁ 宵₁ 消₁ 焦₁ 鷕₁ 瀌₁
〔小 3〕小₇ 沼₆ 兆₂ 夭₂ 表₂ 矯₁ 少₁〔笑 3〕照₅ 召₅ 笑₃ 妙₂ 肖₁
要₂ 廟₂ 少₁

37. 肴韻〔肴 2：-au〕交₁₆ 肴₁ 茅₁ 嘲₁〔巧 2〕巧₇ 絞₄ 爪₁ 飽₁〔效 2〕
教₁₅ 孝₁ 皃₁ 稍₁

38. 豪韻〔豪 1：-au〕刀₈ 勞₃ 袍₂ 毛₂ 曹₁ 遭₁ 牢₁ 褒₁〔皓 1〕皓₇ 老₅
浩₃ 早₁ 抱₁ 道₁〔號 1〕到₁₂ 報₂ 導₁ 耗₁

39. 歌韻〔歌·開 1：-ɑ〕何₁₁ 俄₂ 歌₁ 河₁〔哿·開 1〕可₁₁ 我₃〔箇·開
1〕箇₆ 佐₃ 賀₁ 个₁ 邏₁

40. 戈韻〔戈·合 1：-uɑ〕禾₇ 戈₄ 波₂ 婆₂ 和₁〔果·開 3：-iɑ〕伽₃ 迦₁
〔果·合 1〕果₁₄ 火₁〔過·合 1〕臥₁₄ 過₅ 貨₂ 唾₁〔戈·合 3：
-iuɑ〕靴₃ 鞾₂ 胆₁

41. 麻韻〔麻·開 2：-a〕加₁₄ 牙₂ 巴₂ 霞₁〔馬·開 2〕下₁₄ 雅₁ 賈₁ 疋₁
〔禡·開 2〕駕₁₁ 訝₂ 嫁₁ 亞₂ 罵₁
〔麻·開 3：-ia〕遮₄ 邪₁ 車₁ 嗟₁ 奢₁ 賒₁〔馬·開 3〕者₄ 也₃ 野₁
冶₁ 姐₁〔禡·開 3〕夜₈ 謝₂
〔麻·合 2：-wa〕瓜₅ 華₂ 花₁〔馬·合 2〕瓦₆ 寡₁〔禡·合 2〕
化₄ 吳₁ (霸)₁

42. 陽韻〔陽·開 3：-ịaŋ〕良$_{14}$ 羊$_7$ 莊$_2$ 章$_1$ 陽$_1$ 張$_1$〔養·開 3〕兩$_{21}$ 丈$_2$ 奬$_1$ 掌$_1$ 養$_1$ 网$_1$ 昉$_1$〔漾·開 3〕亮$_{22}$ 讓$_1$ 向$_1$ 樣$_1$
〔藥·開 3：-ịak〕略$_7$ 約$_4$ 灼$_3$ 若$_2$ 勺$_1$ 爵$_1$ 雀$_1$ 虐$_1$ 藥$_1$
〔陽·合 3：-ịwaŋ〕方$_4$ 王$_2$〔養·合 3〕往$_4$〔漾·合 3〕放$_3$ 況$_2$ 妄$_1$ 訪$_1$〔藥·合 3：-ịwak〕縛$_6$ 钁$_1$ 籰$_1$

43. 唐韻〔唐·開 1：-ɑŋ〕郎$_{12}$ 當$_2$ 岡$_2$ 剛$_1$ 旁$_1$〔蕩·開 1〕朗$_{17}$ 薰$_1$〔宕·開 1〕浪$_{16}$ 宕$_1$〔鐸·開 1：-ɑk〕各$_{14}$ 落$_3$
〔唐·合 1：-uɑŋ〕光$_5$ 黃$_1$〔蕩·合 1〕晃$_4$ 廣$_1$〔宕·合 1〕曠$_3$（謗）$_1$〔鐸·合 1：-uɑk〕郭$_7$（博）$_1$

44. 庚韻〔庚·開 2：-ɐŋ〕庚$_{12}$ 盲$_1$ 行$_1$〔梗·開 2〕梗$_4$ 杏$_2$ 冷$_1$ 打$_1$ 猛$_1$〔映·開 2〕孟$_7$ 更$_4$〔陌·開 2：-ɐk〕格$_6$ 伯$_5$ 陌$_4$ 白$_3$
〔庚·開 3：-ịɐŋ〕京$_3$ 卿$_1$ 驚$_1$〔梗·開 3〕影$_1$ 景$_1$（丙）$_1$〔映·開 3〕敬$_5$ 慶$_1$〔陌·開 3：-ịɐk〕戟$_5$ 逆$_1$ 劇$_1$ 郤$_1$
〔庚·合 2：-uɐŋ〕橫$_2$ 盲$_1$〔梗·合 2〕猛$_3$ 礦$_1$ 嘗$_1$（幸）$_1$〔映·合 2〕橫$_1$（孟）$_1$〔陌·合 2：wɐk〕伯$_1$ 獲$_1$ 虢$_1$
〔庚·合 3：-ịwɐŋ〕兵$_3$ 明$_1$ 榮$_1$〔梗·合 3〕永$_4$ 憬$_1$〔映·合 3〕病$_2$ 命$_2$

45. 耕韻〔耕·開 2：-æŋ〕耕$_8$ 莖$_6$〔耿·開 2〕幸$_4$ 耿$_1$〔諍·開 2〕迸$_3$ 諍$_2$〔麥·開 2：-æk〕革$_9$ 核$_1$ 厄$_1$ 摘$_1$ 責$_1$ 戹$_1$
〔耕·合 2：-wæŋ〕萌$_3$ 宏$_2$〔麥·合 2：-wæk〕獲$_5$ 麥$_3$ 摑$_1$

46. 清韻〔清·開 3：-ịɛŋ〕盈$_9$ 貞$_3$ 成$_2$ 征$_1$ 情$_1$ 并$_1$〔靜·開 3〕郢$_9$ 井$_3$ 整$_1$ 靜$_1$〔勁·開 3〕正$_{10}$ 政$_4$ 盛$_1$ 姓$_1$ 令$_1$ 鄭$_1$〔昔·開 3：-ịɛk〕益$_4$ 役$_4$ 昔$_3$ 石$_1$ 隻$_2$ 亦$_1$ 積$_1$ 易$_1$ 辟$_1$ 迹$_1$ 炙$_1$
〔清·合 3：-ịwɛŋ〕營$_5$ 傾$_1$〔靜·合 3〕頃$_1$ 穎$_1$〔昔·合 3：-ịwɛk〕役$_1$（隻）$_1$

47. 青韻〔青·開 4：-ieŋ〕經$_6$ 丁$_5$ 靈$_1$ 刑$_1$〔迥·開 4〕挺$_5$ 鼎$_4$（迥）$_3$ 頂$_1$ 到$_1$ 醒$_1$ 涬$_1$〔徑·開 4〕定$_{10}$ 徑$_1$ 佞$_1$〔錫·開 4：-iek〕歷$_{11}$ 擊$_4$ 激$_2$ 狄$_2$
〔青·合 4：-iweŋ〕扃$_1$ 螢$_1$〔迥·合 4〕迥$_4$ 熲$_1$〔錫·合 4：-iwek〕闃$_1$ 臭$_1$ 鶪$_1$

48. 蒸韻〔蒸·開 3：-ịəŋ〕陵$_{12}$ 氷$_2$ 兢$_2$ 矜$_2$ 膺$_1$ 蒸$_1$ 乘$_1$ 仍$_1$ 升$_1$〔拯·開 3〕拯$_2$ 庱$_1$〔證·開 3〕證$_9$ 孕$_2$ 應$_1$ 餕$_2$ 甑$_1$〔職·開 3：-ịək〕力$_{18}$ 職$_3$ 逼$_1$ 側$_1$ 即$_1$ 翼$_1$ 極$_1$ 直$_1$
〔職·合 3：-ịwək〕（逼）$_2$

49. 登韻 〔登·開 1 : -əŋ〕 登₆ 縢₃ 棱₁ 增₁ 崩₁ 朋₁ 恒₁〔等·開 1〕等₃
肯₁〔嶝·開 1〕鄧₇ 亘₃ 隥₁ 贈₁〔德·開 1 : -ək〕則₅ 得₄ 北₄
德₂ 勒₁ 墨₁ 黑₁
〔登·合 1 : -uəŋ〕肱₂ 弘₁〔德·合 1 : -uək〕或₂ 國₁

50. 尤韻 〔尤 3 : -iəu〕鳩₇ 求₅ 由₅ 流₄ 尤₃ 周₂ 秋₂ 州₂ 浮₁ 謀₁〔有 3〕
九₉ 久₉ 有₃ 柳₃ 酉₂ 否₁ 婦₁〔宥 3〕救₁₈ 祐₁ 又₁ 咒₁ 副₁ 僦₁ 溜₁
富₁ 就₁

51. 侯韻 〔侯 1 : -əu〕侯₁₃ 鉤₂ 婁₁〔厚 1〕后₆ 口₆ 厚₂ 苟₂ 垢₂ 斗₁〔候
1〕候₁₀ 奏₂ 豆₂ 遘₂ 漏₁

52. 幽韻 〔幽 3 : -iəu〕幽₅ 虯₃ 彪₂ 烋₁〔黝 3〕黝₂ 糾₁〔幼 3〕幼₂ 謬₂

53. 侵韻 〔侵 3 : -iĕm〕林₆ 針₄ 金₅ 深₂ 吟₂ 淫₂ 心₁ 桑₁ 今₁ 簪₁ 任〔寢
3〕錦₆ 荏₄ 甚₅ 稔₄ 飲₃ 枕₂ 朕₂ 凜₁ 瘁₁〔沁 3〕禁₉ 鴆₆ 蔭₂ 任
譖₁〔緝 3 : -iĕp〕入₁₀ 立₉ 及₄ 戢₂ 執₂ 急₁ 汲₁ 汁₁

54. 覃韻 〔覃 1 : -ɒm〕含₁₃ 南₁ 男₁〔感 1〕感₁₃ 禫₁ 唵₁〔勘 1〕紺₁₃ 暗₁
〔合 1 : -ɒp〕合₁₁ 答₄ 閤₂ 沓₁

55. 談韻 〔談 1 : -am〕甘₇ 三₂ 酣₂ 談₁〔敢 1〕敢₁₀ 覽₃〔闞 1〕濫₆ 瞰₁
暾₁ 暫₁ 蹔₁〔盍 1 : -ap〕盍₁₂ 臘₁ 榼₁ 雜₁

56. 鹽韻 〔鹽 3 : -iɛm〕廉₁₄ 鹽₆ 占₂ 炎₂ 淹₁〔琰 3〕琰₅ 冉₄ 檢₃ 染₂ 歛₁
漸₁ 奄₁ 險₁ 儉₁〔豓 3〕豓₉ 驗₃ 贍₂ 窆₁〔葉 3 : -iɛp〕涉₇ 輒₇ 葉₅
攝₁ 接₁

57. 添韻 〔添 4 : -iem〕兼₈ 甜₁〔忝 4〕忝₅ 玷₄ 簟₁〔㮇 4〕念₉ 店₂〔帖
4 : -iep〕協₉ 頰₂ 愜₁ 牒₁

58. 咸韻 〔咸 2 : -ɐm〕咸₉ 讒₁ 嗛₂ 減₉ 斬₄ 嵰₁〔陷 2〕陷₈ 韽₁ 賺₁
〔洽 2 : -ɐp〕洽₁₀ 夾₂ 図₁

59. 銜韻 〔銜 2 : -am〕銜₇ 監₁〔檻 2〕檻₆ 黤₁〔鑑 2〕鑑₅ 懺₃〔狎 2 :
-ap〕甲₅ 狎₁

60. 嚴韻 〔嚴 3 : -iɐm〕嚴₃ 醃₁〔儼·開 3〕广₂ 掩₁〔釅 3〕釅₁ (欠)₂
(刬)₁〔業 3 : -iɐp〕業₄ 怯₂ 劫₁

61. 凡韻 〔凡 3 : -iwɐm〕凡₁ 芝₁〔范 3〕犯₄ 錽₁〔梵 3〕劒₂ 梵₁ 泛₁ 欠₁
〔乏 3 : -iwɐp〕法₅ 乏₁

　　이상《광운》의 운모에 대하여 지금까지 여러 학자들이 추정·재구
한 음가를 대조하여 볼 수 있도록 표를 작성하면〔도표 3-15〕와 같다.

[도표 3-15]　中古韻母의 再構音 對照表

攝	韻目 (平)(上)(去)(入)	karlgren [1]	周法高 [2]	陸志韋 [3]	李榮 [4]	董同龢 [5]	藤堂明保 [6]	河野六郎 [7]	平山久雄 [8]
通	東董送屋	-uŋ -uk / -juŋ -juk	uŋ uk / iuŋ iuk	uŋ uk / iuŋ iuk	uŋ / iuŋ	uŋ / juŋ	uŋ uk / iuŋ iuk	uŋ uk / iuŋ iuk	ŏuŋ / iŏuŋ
	冬湩宋沃	-uoŋ -uok	uoŋ uok	woŋ wok	oŋ	uoŋ	oŋ ok	oŋ / ok	oŋ
	鍾腫用燭	-jwoŋ -iwok	iuoŋ iuok	iwoŋ iwok	ioŋ	juoŋ	ioŋ iok	ioŋ / iok	ioŋ
江	江講絳覺	-åŋ -åk	ɔŋ ɔk	ɔŋ ɔk	åŋ	ɔŋ	ɔŋ ɔk	aŋ / ak	auŋ
止	支紙寘	-(j)iɛ̯ -(j)wiɛ̯	i iui / ie iue	iɛi / iɛi	ie / iue	je / jě	iě / iě	ǐe̯, ie / ǐe̯, iie	iě / yě
	脂旨至	-(j)i -(j)wi	iii iuli / iei iuei	iěi(>i) iwěi / iěi(>i)iwěi	i / iui	jei / jěi	ii / iui	i̯ĭ / i̯ĭ	li / yi
	之止志	-(j)i	i	i(ěi)(>i)	e	i	i	ǐi	iě
	微尾未	-(j)ei -(j)wei	iei	iəi	ei	jei	iəi	iei	yəi
遇	模姥暮	-uo	uo	(u) wo	o	uo	o	o	o
	魚語御	-jwo	io	io	iɑ	jo	o	io	ia
	虞麌遇	-ju	iuo	(lu) lwo	io	juo	u	iu	yu
蟹	咍海代	-ɑ̂i	ai	ai	ɑi	ɑi	ai	ɒi	ai
	灰賄隊	-uɑ̂i	ai	ɒi	ɒi	ʌi	ei	ǔi	ʌi
	泰	-wɑ̂i	uɐi	wɐi	uɒi	uʌi	iei	uɒi	uʌi

	佳 蟹 卦	-ɑi	-wɑi	æi	uæi	æi	ʷæi	ä	uä	æi	uæi	ǎi	uǎi	ai	ʷai	aɪ$_2$	uaɪ$_2$
	皆 駭 怪	-ǎi	-wǎi	ɛi	uɛi	ɐi	wɐi	äi	uäi	ɐi	uɐi	ʌi	uʌi	ǎi	ʷǎi	ɐi	uɐi$_2$
	夬	-ɑi	-wɑi	ai	uai	ai(ɐi)	ʷai(wɐi)	ai	uai	ai	uai	ɐi	uɐi	ai	ʷai	ai	ʷai$_2$
	祭	-i̯äi	-i̯wäi	iæi iai	iuæi iuai	ɪɛi iɛi	ɪwɛi iwɛi	iäi		jæi jæ̆i	juæi juæ̆i	ɪɛi iɛi	ɪuɛi iuɛi	i̯äi	i̯ʷäi	ɪɛi$_3$ iɛi$_4$	Yɛi$_3$ yɛi$_4$
	廢	-i̯ɒi	-i̯ʷɒi	iɑi	iuɑi	ɪɐi	ɪwɐi	ɪɐi	ɪuɐi	jɐi	juɐi	ɪʌi	ɪuʌi	i̯ɒi	i̯ʷɒi	iʌi$_3$	Yʌi$_3$
	齊 薺 霽	-iei	-iwei	iɛi	iuɛi	ɛi	ʷɛi	ei iei	uei	iɛi	iuɛi	ei	uei	(i)ei	(i)ʷei	ei$_4$	uei$_4$
臻	痕 很 恨(紇)	-ən		ən	ət	ən	ət	ən		ən	ət	ən		ən	ət	ən$_1$	
	魂 混 恩 沒	-uən	-uət	uən	uət	wən	wət	uən		uən	uət	uən	uət	uən	uət	uən$_1$	
	臻 櫛	-i̯ɛn	-i̯ɛt	en	et	ɪĕn	ɪĕt	iĕn		(j)en	(j)et	ɛn	ɛt	i̯ĕn	i̯ĕt	ɪĕn$_3$	
		-i̯ĕn	-i̯ĕt	iɪn	iɪt	ɪĕn	ɪĕt			en	et	ɪĕn	ɪuĕn				
	眞 軫 震 質	-i̯ĕn		ien	iet	ɪwĕn	ɪwĕt	iĕn		jĕn	jĕt	ɪĕt	ɪuĕt	i̯ĕn	i̯ĕt	iĕn$_4$	
		-i̯wĕn		iuen	iuet	iĕn	iĕt	iuĕn						i̯ʷen	i̯ʷet	ɪĕn$_3$	Yĕn$_3$
	諄 準 稕 術	-i̯uĕn	-i̯uĕt	iuɪn	iuɪt	iwĕn	iwĕt	iuĕn		juen juĕn	juet juĕt	ɪuĕn iuĕn	ɪuĕt iuĕt	i̯$^{(w)}$ĕn i̯ʷĕn	i̯$^{(w)}$ĕt i̯ʷĕt	yĕn$_4$	
	欣 隱 焮 迄	-i̯ən -i̯uən	-i̯ət	iən iuən	iət	ɪən	ɪət	iən		jən	jət	ɪən	ɪət	i̯ən	i̯ət	ɪĕn$_3$	
	文 吻 問 物	-i̯uət		iuət		ɪwən	ɪwət	iuən		juən	juət	ɪuən	ɪuət	i̯ʷən	i̯ʷət	Yə̆n$_3$	
山	寒 旱 翰 曷	-ân	-ât	ɑn	ɑt	ɒn(ɑn) ɒt(ɑt)		ân	uân	ɑn	ɑt	an	at	ân	ât	ɑn$_1$	
	桓 緩 換 末	-uân	-uât	uɑn	uɑt	wɒn	wɒt	uân		uɑn	uɑt	uan	uat	uân	uât	uɑn$_1$	
	刪 潸 諫 鎋	-ɑn	-ɑt	an	at	ɐn	ɐt	an	uan	an	at	ǎn	uǎn	an	at	an$_2$	
		-wɑn	-wɑt	uan	uat	wɐn	wɐt			uan	uat	ǎt	uǎt	ʷan	ʷat	uan$_2$	
	山 產 襉 黠	-ǎn	-ǎt	æn	æt	an	at	än	uän	æn	æt	ʌn	ʌt	ǎn	ǎt	ɐn$_2$	
		-wǎn	-wǎt	uæn	uæt	ʷan	ʷat			uæn	uæt	uʌn	uʌt	ʷǎn	ʷǎt	uɐn$_2$	

仙 獮 線 薛	-jän -jät	jän jät	jän jät	jän jät	jän jwät	jän jät	iän iät	jän jät	iɛn₃ jɛt
	-jwän -jwät	jwän jwät	jwän jwät	juän juät	jwät iwät	jwän jwät	iuän	jwän jwät	yɛn₃ i̯wät
	-iät	jwɐn -jwɐt	juän juät	jwän juät	jwät iwät	juän juät		juän juät	iɛn₄ i̯wät
	-iwen -iwet		juän juät			juän juät			yɛn₄
元 阮 願 月	-jɐn -jɐt	jɐn jɐt	jɐn jɐt	jɐn jɐt	jɐn jɐt	jɐn jɐt	jɐn	jɐn jɐt	iʌn₃ jɐt
	-jwɐn -jwɐt	jwɐn jwɐt	juɐn juɐt	juɐn juɐt	jwɐn jwɐt	jwɐn jwɐt	juɐn	i̯wɐn i̯wɐt	yʌn₃ i̯wɐt
先 銑 霰 屑	-ien -iet	ien iet	ien iet	ien iet	en et	ien iet	en	(i)en (i)et	en₄
	-iwen -iwet	iwen iwet	iuen iuet	iuen iuet	en et	iuen iuet	uen	(i)wen (i)wet	uen₄
效 豪 晧 號	-âu	au	au	au	ɑu	au	âu	au	au₁
肴 巧 效	-au	au	au	au	au	au	au	au	au₂
宵 小 笑	-jäu	jɛu	jæu	jæu	jɛu	iäu	iäu	jäu	iɛu₃
蕭 篠 嘯	-ieu	eu	ieu	ieu	eu	ieu	eu	(i)eu	eu₄
歌 哿 箇	-â	ɑ	ɑ	ɑ	a	a	â	â	ɑ₁
戈 果 過	-uâ -ia	wɒ iwɒ	ua iuɑ	ua jua	ua lɑ iɑ	ua	uâ iuâ	(u)â i̯wâ	uɑ₁
		lɑ (iwɑ?)			uǎ luǎ				ɣa₃
假 麻 馬 禡	-a	a	a	a	a	a	a	a	a₂
	-ia	ia	ja	ja	ja	ja	ia	ja	la₃
宕 唐 蕩 宕 鐸	-âŋ -âk	ɑŋ ɑk	ɑŋ ɑk	ɑŋ ɑk	aŋ ak	aŋ ak	âŋ âk	aŋ ak	aŋ₁
	-wâŋ -wâk	wɒŋ wɒk	uɑŋ uɑk	uɑŋ uɑk	uaŋ uak	uɑŋ uɑk	uâŋ uâk	ʷaŋ ʷak	uaŋ₁
陽 養 漾 藥	-jaŋ -jak	jɒŋ jɒk	jaŋ jak	jɑŋ jɑk	iaŋ iak	jɑŋ jɑk	iaŋ iâk	jaŋ jak	iaŋ₃
	-jwaŋ -jwak	jwɒŋ jwɒk	juaŋ juak	juaŋ juak	iuaŋ luaŋ	juaŋ juak	iuaŋ	i̯ʷaŋ i̯ʷak	ɣaŋ₃
梗 庚 硬 映 陌	-aŋ -ɒk	aŋ ak	aŋ ak	aŋ ak	ʌŋ ʌk	aŋ ak	aŋ	aŋ₂	
	-ʷaŋ -ʷak	ʷaŋ ʷak	ɐŋ ɐk	ɐŋ ɐf	ɒŋ ɒk	ɐŋ ɐf	ɒŋ	laŋ₃	
	-i̯waŋ iwak	iwaŋ iwæk	iuaŋ	juaŋ	ɣʌŋ	juaŋ	iuaŋ		

	耕 耿 諍 麥	-ɛŋ -ɛk	æŋ æk	ɐŋ ɐk	äŋ	æŋ æk	ɛŋ ɛk	ǎŋ ǎk	ɐŋ$_2$ uɐŋ$_2$
		-wɛŋ -wɛk	uæŋ uæk	wɐŋ wɐk	uäŋ	uæŋ uæk	uɛŋ uɛk	ʷǎŋ ʷǎk	
	清 靜 勁 昔	-i̯äŋ -i̯äk	iæŋ iæk	iɛŋ iɛk	iäŋ	jɛŋ jek	ɪeŋ ɪek	i̯äŋ i̯äk	iɛŋ$_4$
							ieŋ iek		
		-i̯wäŋ	iuæŋ iuæk	iwɛŋ iwɛk	iuäŋ	juɛŋ juɛk	ɪueŋ ɪuek	i̯ʷäŋ i̯ʷäk	yɛŋ$_4$
				ɪwɛk			iueŋ iuek		
	青 迴 徑 錫	-ieŋ -iek	iɛŋ iɛk	ɛŋ ɛk	eŋ	ieŋ iek	eŋ ek	(i)eŋ (i)ek	eŋ$_4$
		i̯weŋ -iwek	iuɛŋ iuɛk	ʷɛŋ ʷɛk	ueŋ	iueŋ iuek	ueŋ uek	(i)ʷeŋ (i)ʷek	ueŋ$_4$
曾	登 等 嶝 德	-əŋ -ək	əŋ ək	əŋ ək		əŋ ək	əŋ ək	əŋ ək	əŋ$_1$
		-wəŋ -wək	uəŋ uək	wəŋ wək	əŋ uəŋ	uəŋ uək	uəŋ uək	ʷəŋ ʷək	uəŋ$_1$
	蒸 拯 證 職	-i̯əŋ -i̯ək	iɪŋ iɪk	iĕŋ iĕk	iəŋ iuək	jəŋ jək	ɪəŋ ɪək	ï̯əŋ ï̯ək	ɪĕŋ
			ieŋ iek				iəŋ iək	i̯əŋ i̯ək	
		-iwək	iuek	iwĕk		juək	ɪuək	ï̯ʷəŋ ï̯ʷək	〔Yək$_3$〕
流	侯 厚 候	-ə̯u	əu	əu	u	u	əu	əu	əu$_1$
	尤 有 宥	-i̯ə̯u	iəu	ɪəu	iu	ju	ɪəu iəu	ï̯əu i̯əu	ɪĕu$_3$
	幽 黝 幼	-i̯ĕu	ieu iɪu	iĕu	iĕu	jəu	iəu	i̯ĕu	iĕu$_4$
咸	覃 感 勘 合	-ậm -ập	əm əp	ɒm ɒp	ɐ̂m	Am Ap	əm əp	ậm ập	ʌm$_1$
	談 敢 闞 盍	-âm -âp	ɑm ɑp	ɑm ɑp	âm	ɑm ɑp	am ap	âm âp	ɑm$_1$
	咸 豏 陷 洽	-ăm -ăp	æm æp	ɐm ɐp	ɐm	ɐm ɐp	ʌm ʌp	ăm ăp	ɐm$_2$
	銜 檻 鑑 狎	-ɑm -ɑp	am ap	am ap	am	am ap	ăm ăp	am ap	am$_2$
	鹽 琰 豔 葉	-i̯äm -i̯äp	iæm iæp	ɪɛm ɪɛp	iäm	jæm jæp	ɪɛm ɪɛp	i̯äm iäp	ɪɛm$_3$
			iam iap	iɛm iɛp		(jɐm, jɐp)	iɛp		iɛm$_4$
	嚴 儼 釅 業	-i̯ɒm -i̯ɒp	iɑm iɑp	ɪɐm ɪɐp	iɐm	jɐm jɐp	ɪʌm ɪʌp	ï̯ɒm ï̯ɒp	ɪɑm$_3$
	凡 范 梵 乏	-i̯wɒm	iuɑm	ɪwɐm(?)	iuɐm	juɐm	ɪ(u)ʌm(脣音)	ï̯$^{(w)}$ɒm	ɪʌm$_3$
		-i̯wɒp	iuɑp	ɪwɐp(?)		juɐp	ɪ(u)ʌp	ï̯$^{(w)}$ɒp	

		-iem -iep	iɛm iɛp	ɛm ɛp	em	iɛm iɛp	em ep	(i)em (i)ep	em$_4$
深	添 忝 㮇 帖	-iɐm	iim iip	iɛm iɐp	iɐm	jɛm(jɛm?) jep(jep?)	mɛi ɒp	iɛm jɛp / iam jɛp	iɛm$_3$
	侵 緝	-iɐp	iɐm iɐp	iɐm iep			iam iep	iam jep / mei jep	iɛm$_4$

(1) B. Karlgren 《*Compendium*》(1954) 중의 《廣韻》韻類.
　　李敦柱 역주 《中國音韻學》(1985).
(2) 周法高 主編 《漢字古今音彙》(1973) 香港, pp. v~viii.
　　《中國音韻論文集》(1984), pp. 3~4.
(3) 陸志韋 《古音說略》(1971, 學生書局 영인), pp. 66~67.
(4) 李榮 《切韻音系》(1971, 學生書局 영인), pp. 150~151.
(5) 董同龢 《漢語音韻學》(1972), pp. 165~178.
(6) 藤堂明保・相原茂 《新訂 中國語概論》(1985), pp. 200~202.
※ 藤堂明保의 중고음은 隋・唐대의 음을 상정한 것이다. 따라서 「齊」운을 -ei로 추정하였으나 唐末에는 요음이 첨가하였으므로 (唐末 iei)를 부기하였는데 윗 표에서는 생략하였다. 이러한 경우는 「先・蕭・青・蕭・添」운으로도 마찬가지이다.
(7) 河野六郎 《朝鮮漢字音硏究》(1968).
(8) 平山久雄 「中古漢語の音韻」, *ibid.* (1967), pp. 146~148 참조.

위에서 《광운》의 운목에 의거하여 중고음의 양상을 살펴보았다. 그러나 실제로 중고 한자음의 운모가 이처럼 번잡하고 미세한 변별성을 유지한 것이었을까는 의문이다. 《광운》의 운목 아래에는 「獨用」·「同用」이 注記되어 있는 점에 착안하여도 그러하다. 이것은 《광운》의 분운이 지나치게 세분된 것임을 의미한다. 이런 점에서 劉淵의 《壬子新刊禮部韻略》(宋 淳祐 12년 : 1252)에 주목하게 된다. 그는 이 책을 平水(지금의 山西 臨汾)에서 刻印하였으므로 흔히 平水韻이라고 일컫는다. 여기에서 그는 《광운》의 同用 韻部를 병합하고 「證·嶝」운을 「徑」운에 병입시켜 詩의 통용운으로 107운 체계를 확립하였다.[29] 물론 이것이 절운계 운서음은 아닐지라도 여기에서 1운이 줄어진 106운은 金·元·明대 이래 줄곧 詩韻의 준거로서 실용되어 왔으므로 《광운》의 운목이 어떻게 합병되었는가의 상황을 〔도표 3-16〕에 예시하여 두기로 한다.

〔도표 3-16〕 廣韻과 平水韻의 韻目

攝	平 聲		上 聲		去 聲		再構音	入 聲		再構音
	廣 韻	平水韻	廣 韻	平水韻	廣 韻	平水韻		廣 韻	平水韻	
通	1東	1東	1董	1董	1送	1送	uŋ iuŋ	1屋	1屋	uk iuk
	2冬 3鍾	2冬	○ 2腫	2腫	2宋 3用	2宋	oŋ ioŋ	2沃 3燭	2沃	ok iok
江	4江	3江	3講	3講	4絳	3絳	ăŋ iăŋ	4覺	3覺	ăk iăk
止	5支 6脂 7之	4支	4紙 5旨 6止	4紙	5寘 6至 7志	4寘	i iui			
	8微	5微	7尾	5尾	8未	5未	iəi iuəi			
	9魚	6魚	8語	6語	9御	6御	o io			
遇	10虞 11模	7虞	9虞 10姥	7麌	10遇 11暮	7遇	iu			
	12齊	8齊	11薺	8薺	12霽 13祭	8霽	iei iuei			
蟹	○ ○		○		14泰	9泰	ai uai			
	13佳 14皆	9佳	12蟹 13駭	9蟹	15卦 16怪 17夬	10卦	ăi iăi uăi			
	○ 15灰 16咍	10灰	14賄 15海	10賄	18隊 19代 20廢	11隊	əi uəi			

---

(29) 元대 雄忠의 《古今韻會舉要》(30권, 1297)는 바로 劉淵의 분운 체계를 따를 만큼 영향이 컸고 文人 作詩 用韻의 표준이 되었다. 金대의 106개 詩韻은 107운에서 다시 「拯·等」운을 「迥」운에 병입시킨 결과이다.

攝	平聲		上聲		去聲		去 재구음	入聲		入 재구음
臻	17眞 18諄 19臻	}11眞	16軫 17準 ○	}11軫	21震 22稕 ○	}12震	iěn iuěn	5質 6術 7櫛	}4質	iět iuět
	20文 21欣	}12文	18吻 19隱	}12吻	23問 24焮	}13問	iən iuən	8物 9迄 10月	}5物	iət iuət
	22元 23魂 24痕	}13元	20阮 21混 22很	}13阮	25願 26恩 27恨	}14願	on ion iuon	11沒 ○	}6月	ot iot iuot
山	25寒 26桓	}14寒	23旱 24緩	}14旱	28翰 29換	}15翰	an uan	12曷 13末	}7曷	at uat
	27刪 28山	}15刪	25潸 26產	}15潸	30諫 31襇	}16諫	ǎn iǎn uǎn	14黠 15鎋	}8黠	ǎt iǎt uǎt
	1先 2仙	}1先	27銑 28獮	}16銑	32霰 33線	}17霰	ien iuen	16屑 17薛	}9屑	iet iuet
效	3蕭 4宵	}2蕭	29篠 30小	}17篠	34嘯 35笑	}18嘯	ieu			
	5肴	3肴	31巧	18巧	36效	19效	ǎu iǎu			
	6豪	4豪	32皓	19皓	37號	20號	au			
果	7歌 8戈	}5歌	33哿 34果	}20哿	38箇 39過	}21箇	a ua			
假	9麻	6麻	35馬	21馬	40禡	22禡	ǎ uǎ iǎ iuǎ			
宕	10陽 11唐	}7陽	36養 37蕩	}22養	41漾 42宕	}23漾	aŋ uaŋ iaŋ iuaŋ	18藥 19鐸	}10藥	ak uak iak iuak
梗	12庚 13耕 14清	}8庚	38梗 36耿 40靜	}23梗	43映 44諍 45勁	}24敬	ɐŋ uɐŋ iɐŋ iuɐŋ	20陌 21麥 22昔	}11陌	ɛk uɛk iɛk iuɛk
	15青	9青	41迥	24迥	46徑	25徑	ieŋ iueŋ	23錫	12錫	iek iuek
曾	16蒸 17登	}10蒸	42拯 43等	}24拯	47證 48嶝	}25徑	əŋ iəŋ	24職 25德	}13職	ək iək
流	18尤 19侯 20幽	}11尤	44有 45厚 46黝	}25有	49宥 50候 51幼	}26宥	əu iəu			
深	21侵	12侵	47寑	26寑	52沁	27沁	iəm	26緝	14緝	iəp
咸	22覃 23談	}13覃	48感 49敢	}27感	53勘 54闞	}28勘	am	27合 28盍	}15合	ap
	24鹽 25添 26嚴	}14鹽	50琰 51忝 52儼	}28琰	55豔 56㮇 57釅	}29豔	iem	29葉 30帖 33業	}16業	iep
	27咸 28銜 29凡	}15咸	53豏 54檻 55范	}29豏	58陷 59鑑 60梵	}30陷	ǎm iǎm	31洽 32狎 34乏	}17洽	ǎp iǎp

※ 표 중의 숫자는 사성별 운목의 순서를 나타내며, 재구음은 藤堂明保·相原茂(1985: 234)을 참고함.

제 4 장
上古漢字音

제 1 절 上古漢字音의 聲母

상고 한자음이란 이미 앞에서도 지적한 바와 같이 周·秦 시대의 漢音을 말한다. 오늘날 우리가 이 시대의 음을 추구하는 데 이용할 수 있는 자료로는 先秦의 詩, 騷, 六經, 諸子 중의 韻語, 또는 雙聲, 疊韻의 어사라든가, 형성자의 偏旁, 經籍의 異文, 音訓, 通假, 譬況字音, 讀若字音 등이 있다. 그러나 현전하는 운서를 통하여 접근이 가능한 중고음에 대해서도 학자에 따라 이설을 면하지 못한 부분이 있는 점을 감안할 때 하물며 상고음을 추정하는 일은 결코 쉬운 일이 아니다. 상고한어의 운부에 대해서는 淸대 학자들이 주로 《詩經》의 叶韻과 《說文》의 형성자에 근거하여 괄목할 만한 성과를 내기 시작한 이후 현대 학자들에게서도 연구는 계속되고 있으나 아직도 서로 불일치한 면이 많이 남아 있는 실정이다.

가령 형성자를 예로 들 때 「从鬼聲」의 형성 계열은 (   )안의 중고음과 같이 성모가 일치하지 않는다.

鬼(居偉切：k-), 塊(苦對切：kʻ-), 鬽(求位切：g-)

魂(語鬼切：ʔ-), 槐(戶恢切：ɤ-)

또 「从干聲」의 운모도 마찬가지이다.

干(古寒切：-ɑn, 寒韻), 軒(虛言切：-jɒn, 元韻),

骭(丘姦切：-an, 刪韻), 訐(居竭切：-jɒt, 月韻)

이와 같이 중고음에서는 비록 성운이 서로 다를지라도 일단 동성부자인 이상 상고음에서는 아마도 그 성운이 서로 근사하지 않았을까 생각된다. 《詩經》의 압운자를 분류한 결과 발견된 상고 운부도 결국은 형성자 성부의 틀과 다름이 없다. 그러므로 상고음계의 연구에는 《시경》을 중심으로 한 고대 운문의 압운 실태와 形聲 계열의 연구가 중요한 자료가 된다는 점을 이해할 것이다.

중고 한자음을 기초로 하여 회고적 방법으로 상고음의 성모 특성을 고찰한 결과 지금까지 제안된 중요설을 먼저 예시하여 보기로 한다.

1. 古無輕脣音說

錢大昕(1727~1786)은 《十駕齋養新錄》 권 5, 「古無輕脣音」 항에서

"凡輕脣之音, 古讀皆爲重脣."[1]

이라 하여 상고음에서는 순경음(순치음 : labio-dental)이 존재하지 않았고, 이들은 모두 순중음(양순음 : bi-labial)으로 읽혔던 것이라고 주장하였다. 이것은 즉 p>p.f 의 자음 변천을 밝힌 것으로 이론이 없는 유력한 설이 되었다. 그 근거로 많은 예를 들어 놓았지만 여기에서는 한 예만 들어 보기로 한다.

《詩經》(谷風)에 "凡民有喪, 匍匐救之"라는 시구가 있다. 여기 匍匐이란 힘을 다한다(盡力)는 뜻으로 "이웃에 흉화가 있을 땐 기를 쓰고 도왔다"는 말이다. 그런데 鄭玄의 箋에서는 "匍音蒲, 又音扶; 匐, 蒲北反 一音服"이라 하였다. 여기 4 자음의 변천을 제시하면 다음과 같다.

$$\begin{cases} 匍 : 薄胡切 〔並〕 *bwo(bwâg) > buo > p'u^2 \\ 扶 : 防無切 〔奉〕 *bi̯wo(bi̯wag) > bi̯u > fu^2 \end{cases}$$

$$\begin{cases} 匐 : 蒲北切 〔並〕 *bək(bwə̆k) > bək > p'u^{2\cdot4} \\ 服 : 房六切 〔奉〕 *bi̯ŭk(bi̯wə̆k) > bi̯uk > fu^2 \end{cases}$$

---

[1] 순중음 중 3 등자의 일부가 순경음으로 분화된 시기는 대개 唐代라고 본다. 그런데 滿田新造(1875~1927)는 특히 陸德明 《經典釋文》의 반절에 순중·순경음이 구별되어 나타나는 점을 들어 양자가 나뉜 시기를 唐初로 본 듯하다. 滿田新造 「支那音韻의 歷史的硏究」, 《中國音韻史論考》(滿田新造博士 遺著刊行會編 : 1964), pp. 8 참조.

위에서 「並」모와 「奉」모가 상고음에서는 분화되지 않았음을 추지할 수 있다.[(2)] 그리하여 匍匐(포복)의 異文으로 고대 문헌에 扶服, 扶伏, 蒲伏, 蒲服 등이 나타난 것이다. 따라서 脣音이 분화된 초기의 음상은 다음과 같이 도시할 수 있다.

$$\text{幫 } p < {p \atop f\text{〔非〕}} \qquad \text{滂 } p\text{‘} < {p\text{‘} \atop f\text{‘〔敷〕}} \qquad \text{並 } b < {b \atop v\text{〔奉〕}} \qquad \text{明 } m < {m \atop \eta\text{〔微〕}}$$

2. 古無舌上音說

이 역시 錢大昕이 제창한 설이다. 그는 앞 책의 「舌音類隔之說不可信」 항에서

"古無舌頭舌上之分, 知徹澄三母, 以今音讀之, 與照穿牀無別也, 求之古音, 則與端透定無異. 說文沖讀若動, …… 古人多舌音, 後代多變爲齒音, 不獨知徹澄三母爲然也."(번역 생략)

라 하여 상고음에서는 설두음과 설상음이 분화되지 않은 것이라 하였는데, 이것도 이론이 없는 정설이 되었다. 그 근거의 일단을 들어보자.

《周禮》 地官에 "師氏掌王中失之事"라는 말이 있는데, 杜子春은 여기 '中'자에 대하여 "當爲得, 記君得失, 若春秋是也"라고 注하였다.

中 : 陟弓切 〔知〕 *t̯iôŋ>t̯iuŋ>tṣuŋ

得 : 多則切 〔端〕 *tək>tək>tə²

또 《詩經》(淸人)에 "左旋右抽, 中軍作好"(왼손으로 깃발 흔들고 오른손으로 칼을 뽑으며 군중에서 즐기기만 하네)라는 시구가 있다. 그런데 위의 '抽'자에 대하여 釋文에 "抽, 勑由反. 說文作搯, 他牢反"이라 하였듯이 과연 그 재구음은 아래와 같다.

抽 : 丑鳩切 〔徹〕 *t‘i̯ôg>t‘i̯əu>tsʻou

搯 : 土刀切 〔透〕 *t‘ôg>t‘ɑu>t‘au〔t‘ao〕

---

(2) 방증이 되는 예의 하나로 태고의 신화에 등장하는 「伏羲氏」는 혹은 「包犠氏・庖犠氏」로도 표기되었다. 《광운》에 따르면 伏(房六切 : 奉〔v〕모), 包(布交切 : 幫〔p〕모), 庖(薄交切 : 並〔b〕모)로서 3자의 성모가 모두 다르다. 그러나 이들 상고음은 각각 伏 *bi̯uk(bʻi̯wək), 包 *pôg, 庖 *bôg 이어서 〔v〕와 같은 순경음이 상고음에는 존재하지 않았기 때문에 그러한 이표기가 가능하였다고 본다.

위의 두 예는 곧 「端·知」,「透·徹」모가 상고에는 미분음이었음을 말하여 준다.

이러한 예는 형성자를 관찰할 때에도 발견된다. 즉 아래의 자례에서 동일 성부(음부)자가 설상음 : 설두음으로 고루 양분되는 사실이다.

猪〔ȶ-〕: 都〔t-〕 (성부, 者〔tɕ-〕)
詫〔ȶʻ-〕: 佗〔tʻ-〕 (성부, 它〔tʻ-〕)
重〔ȡ-〕: 動〔d-〕 (성부, 東〔t-〕)
釀〔ȵ-〕: 囊〔n-〕 (성부, 襄〔s-〕)

뿐만 아니라 위의 사실은 현대 중국 방언에서도 그 증거를 찾을 수 있다.[3]

聲母	例字	《廣韻》反切	仙游	厦門	北京
知	致	陟利	ti⁴	ti⁴	tʂ ̈ï⁴
〃	朝	陟遙	tiau¹	tiau¹	tʂau
徹	恥	勅里	tʻi³	tʻi³	tʂʻï³
〃	超	敕宵	tʻiau¹	tiau²	tʂʻau¹
澄	池	丑知	ti²	ti²	tʂʻï²
〃	召	直照	tiau⁵	tiau⁵	tʂau⁴

따라서 상고음의 舌音이 중고음에서 분화된 실태는 다음과 같이 도시할 수 있다. 설상음의 분화 시기는 六朝末→唐대로 생각되며 그 조건은 弱介音 I(ǐ)가 후행한 경우이다.

$$端 \ t < {t \atop ȶ=ǐ〔知〕} \quad 透 \ tʻ < {tʻ \atop ȶʻ=ǐ〔徹〕} \quad 定 \ d < {d \atop ȡ=ǐ〔澄〕}$$

3.　古音娘日二紐歸泥說

상고 한자음에서는 娘〔ȵ〕모와 日〔nʑ·ʐ〕모가 모두 泥〔n〕모에 귀일된다는 설이다. 이는 章炳麟(1869~1936)의 "古音娘日二紐歸泥說"[4]이라는 논문에서 제기되었다. 그는 이 논문의 첫머리에서

(3) 張啓煥, 「古無舌上音今証」,《河南師大學報》 2期(1983), pp. 83~89 참조.
(4) 章炳麟《國故論衡》(1967, 臺灣 廣文書局 再印), pp. 29~32에 수록함.

"古音有舌頭泥紐, 其後支別, 則舌上有娘紐, 半舌半齒有日紐, 于古皆泥
紐也."

라고 하여 錢大昕이 "古無舌上音說"에서 제외하였던 「娘」모자를 역시
「泥」모에 귀속시키고, 「日」모자까지도 이에 포함시킨 것이다.

먼저 「泥·娘」모의 관계를 인증하기 위하여 그가 증거로 든 예의
일부를 인용하여 보겠다.

"今音泥𡛫爲泥紐, 尼昵在娘紐, 仲尼三蒼作仲𡛫, 夏堪碑曰: 仲泥何侘."

위에서 '泥, 𡛫, 昵'자들은 모두 尼聲을 수반한 형성자들인데, 각자
는 중고음에서 다음과 같이 반영되었다.

$$\begin{cases} 泥: 奴低切〔泥〕 *niər(nied) > niei > ni^2 \\ 𡛫: \quad '' \quad 〔泥〕 \qquad '' \end{cases}$$

$$\begin{cases} 尼: 女夷切〔娘〕 *nįəd(nįed) > ṇi > ni^2 \\ 昵: 尼質切〔娘〕 *nįət > ṇiět > ni^4 \end{cases}$$

이와 같이 상고음에서는 두 음이 〔n〕이었으므로 孔子의 호는 仲尼
인데 혹은 仲𡛫와 같이 異文으로 기록되었던 것이라 하겠다.

다음으로 「泥·日」모의 관계는 어떠한가를 보기 위하여 역시 장병
린의 예를 검토하기로 한다.

"涅從日聲[5] 《廣雅》 釋詁: 涅, 泥也. '涅而不緇', 亦爲'泥而不滓', 是日
泥音同也."

위에서 涅(녈)은 日聲을 취하였음에도 불구하고 '泥'(진흙: 니)와
뜻이 같으므로 두 자는 대치할 수 있다는 말이다.

涅: 奴結切〔泥〕 *niet > niet > nie^4
日: 人質切〔日〕 ?*nįět[6] > nzįět > ẓi^4

《說文》의 형성자에서 한 자만 추가하여 보자.

---

(5) 涅: 「黑土在水中者也. 从水土, 日聲.」《說文》.
(6) Karlgren은 상고음에서 〔娘〕모를 인정하였으므로 *nįět으로 재구하였으나, 章炳麟
의 설대로라면 *niět이 되어야 옳을 것이다. 이런 예에 대해서는 저자가 ?*표를 앞
에 덧붙였다.

𦻀「黏也. 从黍 日聲. 春秋傳曰：不義不𦻀.」

𦻀：尼質切〔娘〕*nǐĕt＞n̨ǐĕt＞ni⁴

이와 같이 𦻀(닐)은 日聲을 취한 형성자임에도 상고음은 *nǐĕt(泥＞娘)이다. 그러므로 《春秋左傳》 隱公 원년(B.C. 722)조에 기록된 "不義不𦻀"(불의에는 사람들이 붙지 않는다)이 《周禮》 「考工記」의 杜子春 注에는 "不義不昵"로 異記되어 나타난다. '𦻀, 昵'자의 중고음은 「娘」모이나 상고음은 「泥」모에 속하므로 문제될 것이 없고, 「日」모자도 결국 「泥」모에 속하였을 가능성을 위의 형성자로 보아 추정케 한다.

이러한 사실을 뒷받침하는 좋은 예로는 日本漢字音을 들 수 있다. 즉 '二・兒 爾・人・然・日' 자들의 《광운》 반절음은 「日」모자에 속한다. 그런데 이들 한자음은 日本의 遣唐使들이 唐대의 長安音을 배워다 전파한 漢音과, 이보다 일찍이 六朝 시대(日本의 奈良 시대 초기)에 전래한 것으로 믿어지는 吳音과는 지금도 서로 다른 모습을 보여 준다.

	二	兒	爾	人	然	日
漢音	ジ	ジ	ジ	ジン	ゼン	ジツ
吳音	ニ(ni)	ニ	ニ	ニン	ネン	ニチ (＜nǐĕt)[7]

위의 사실은 六朝~唐대 사이에 성모의 변화가 매우 컸음을 증언해 준다. 뿐만 아니라 六朝 시대 초기까지의 漢譯佛典에서는 Sanskrit의 〔n〕은 대개 「日」모의 한자로 음역되었으나(prajñā：般若), 六朝 말에서 唐대에 걸쳐 간행된 譯經에서는 「日」모자가 오히려 Sanskrit의 ž음을 음역하는 데 사용되었다.

이런 점에서 중고음에서의 「娘・日」모는 상고음에서는 모두 *〔n-〕음이었을 가능성이 짙다. 만약 章炳麟의 표제의 설을 그대로 수용하는 점에 무리가 없다고 하면 상고의 「泥」모자는 중고음에서 다음과 같이 분화된 것이라 할 수 있다.

泥 n＞n〔泥〕, n̨〔娘〕, nž〔日〕

---

(7) 한국 한자음은 일본의 吳音과 유사점이 많다. 그러나 한국음에서 「日」모자가 〔n-〕으로 반영된 예는 없다. 《東國正韻》(1448)에서는 여기 6자가 모두 반치음인 'ㅿ'(二ᅀᅵ, 兒ᅀᆞ…)로 주음되어 있을 뿐이어서 앞으로 연구할 만한 과제이다.

4. 喩(爲)紐 古歸影紐說

상고음의 「喩(爲)」모는 「影」모에서 분화된 음이라는 설로서 최초로는 淸대에 戴震(1723~1777)의 《聲類表》에서 제안되었는데, 그 뒤 章炳麟, 黃侃 등에 의하여 구체적으로 예증되었다. 특히 黃侃은 《音略》[8]에서 「喩・影」모를 淸濁相變이라 하고, 「影」모를 正聲, 「喩」모를 變聲으로 규정하였다. 즉 그가 「喩」모에 대하여

"喩：此影之變聲, 今音讀喩者, 古音皆讀影."

이라고 한 것이 그 예이다.

그러면 역시 형성자에서 이를 검증하여 보자.

> 肙：烏縣切〔影〕 *ʔịwan(ʔịwän)＞ʔịwɛn＞üan〔yen〕
> 捐：與專切〔喩〕 ʔ*ʔịwan/gịwan(gịwän)＞ịwɛn＞üan², ian²

> 益：伊昔切〔影〕 *ʔịĕk＞ʔịɛk＞i⁴
> 溢：夷質切〔喩〕 ʔ*ʔịet/giet(ʔịed)＞ịet＞i⁴

> 旦：烏皎切〔影〕 *(ʔịɔg)＞ʔịeu＞iau³
> 槌：弋照切〔喩〕 ʔ*ịog(gịɔg)＞ịɛu＞iau⁴

이뿐 아니라 《說文》, 《爾雅》(釋詁) 등에 "于, 於也"로 풀이하였는데, 段玉裁는 《說文》 주에서 "凡詩書用于字, 凡論語用於字, 蓋于於二字, 在周時爲古今字"라고 말하였다.

'于'는 爲〔j〕모자이고, '於'는 「影」모에 속한다. 이에 따르면 상고음에서는 「喩・爲・影」모가 동음이었을 가능성이 높다.

그러나 「喩・爲」모가 모두 「影」모에 귀속되는 것은 아니다. 여기에는 등운에 따른 제약성이 있었던 것인데, 이를 밝힌 사람이 曾運乾(1884~1945)이다. 그는 「喩母古讀考」[9]라는 논문에서 「喩」모 4등자는 설두음인 定〔d〕모에 귀속되고, 「喩」모 3등 「爲」모자는 匣〔ɤ〕모에서 분화된 음으로 파악하였다. 그가 든 예에서 한 가지씩만 들어 보기로 한다.

---

(8) 黃侃(1970), pp. 62~92에 수록되어 있다. 그리고 이를 증보한 陳新雄의 《音略增補》(1971)가 있다.
(9) 楊樹達 編 《古聲韻討論集》(1973, 臺灣 學生書局刊), pp. 39~78에 수록되어 있다.

《설문》에 鶒(사다새 : 제)는 鵜(사다새 : 제, 이)의 중문으로 나타난다.

鵜 「鵜胡. 汚澤也. 从鳥 夷聲. 鶒, 或从弟.」

이를 보면 '鵜'는 夷聲을, '鶒'는 弟聲을 취한 형성자임을 곧 알 수 있을 것이다.

夷・鵜 : 以脂切 〔喩〕 *djər(di̯ed)＞i＞i²
鵜・鶒 : 杜奚切 〔定〕 *diər(died)＞diei＞t'i²
cf. 睇 : 特計切 〔定〕 *diər(died)＞diei＞ti⁴

위의 3자는 모두 개구 4등자인데, 夷(喩母)는 弟(定母)음으로도 독음하였음을 추측할 수 있다('鵜'자는 《광운》에 2음이 있다).[10]

이와 달리 「喩」모 3등의 「爲」모는 상고음에서는 「匣」모에 귀속된다. 曾運乾은 여기에 해당된 증거로서 經典 등에서 40여개의 예를 들어 놓았다. 그 중 두 가지만 예시하면 다음과 같다.

《시경》(兎爰)에 "有兎爰爰"(토끼는 깡충깡충)이라는 시구가 있는데 《爾雅》(釋訓)에 "爰爰, 緩也"라 하였다.

또 《周禮》「考工記」에서 "弓人弓而羽殺"의 注에 "羽讀爲扈, 緩也"라 하였다. 이제 4자의 음을 대비하여 보자.

爰 : 雨元切 〔爲〕 ?*ɣi̯wăn(ɣi̯wăn)＞ji̯wɒn＞üan²
緩 : 胡管切 〔匣〕 ?*ɣwan(ɣwân)＞ɣuan＞xuan³
羽 : 王遇切 〔爲〕 ?*ɣi̯wo(ɣi̯wag)＞ji̯u＞ü³
扈 : 侯古切 〔匣〕 ?*ɣo(ɣâg)＞ɣuo＞xu

일단 4항의 이론을 알기 쉽게 나타내면 다음 같다.

$$影\ ? < \begin{cases} j\,〔爲〕 \\ o\,〔喩〕 \end{cases} \quad 匣\ ɣ < \begin{cases} ɣ\,(1\cdot2\cdot4등) \\ j\,〔喩_3,\ 爲〕 \end{cases} \quad 定\ d < \begin{cases} d \\ o\,〔喩_4〕 \end{cases}$$

---

(10) B. Karlgren은 상고음에는 유성음에서 d- : d'-, g- : g'-의 짝이 있었는데, 다만 d-, g-는 후행음 i 앞에서 탈락 소실되었다고 하고 그 예로서 스웨덴어의 djup＞jup, gi̯uta＞i̯uta를 들었다. 그리하여 그는 중고음에서의 「定」모를 〔d'-〕로 재구하였던 것이다. *Compendium*, p. 273. 李敦柱 역주(1985 : 107) 참조.

5. 羣母 古歸溪母說

중고음의 羣[g]모는 기원적으로 상고음의 溪[kʻ]모에서 분화된 變聲이라는 점은 일찍이 戴震의 《聲類表》에서 시사되었던 것인데, 역시 黃侃(1886~1935)의 《音略》에서 구체적으로 예증되었다. 이제 형성자를 중심으로 그 증거의 일단을 제시한다.

困 : 去倫切〔溪〕 *kʻi̯wɛn(kʻi̯wən)>kʻi̯wěn>tɕün
菌 : 渠殞切〔羣〕 *gi̯wɛn (gi̯wən)>gi̯wěn>tɕüan⁴

欠 : 去劍切〔溪〕 *kʻi̯ăm>kʻi̯ɒm>tɕian⁴〔tɕien〕
芡 : 巨儉切〔羣〕 *(gi̯ɛm)>gi̯ɛm>tɕian>〔tɕien〕

喬 : 巨嬌切〔羣〕 *gi̯og>gi̯ɛu>tɕiau
蹻 : 去遙切〔溪〕 *(kʻi̯ɔg)>kʻi̯ɛu>tɕiau
繑 :   〃   〔溪〕   〃   〃

谷 : 其虐切〔羣〕 *gi̯ak>gi̯ak>ku³
綌 : 綺戟切〔溪〕 *kʻi̯ăk>kʻi̯ɒk>tɕi³
卻 : 去約切〔溪〕 *kʻi̯ak>kʻi̯ak>tɕüe⁴

이 밖에 '困'을 성부로 한 '菌'자는 평성일 때는 去倫切 *kʻi̯wɐn (kʻi̯wən)이고, 상성일 대는 渠殞切 *gi̯wɛn(gʻi̯wən)이어서 두 음이 있는 셈인데, 상례와 더불어 상고음에서는 「羣·溪」모가 미분 상태에 있었음을 암시한다. 그리하여 중고음의 「羣」모는 상고음의 「溪」모에 귀속되므로 이것도 淸濁相變이라고 한다. 그러나 이 견해는 널리 지지를 얻지 못한 실정이다.

6. 邪母 古歸心母說

중고음의 邪[z]모가 상고음의 心[s]모에서 분화된 음이라는 사실은 戴震의 《聲類表》에서 암시되었던 것이나, 역시 黃侃의 《音略》에서 淸濁相變이라 하여 구체적으로 예증되었다. 韻圖에서 「邪」모는 오직 3등에만 나타나므로 그 본음은 「心」모임이 확실하다는 견해도 있다. 아래의 형성자가 그 증거이다.

$$\begin{cases} 司 : 息慈切 〔心〕*sị\text{ə}g>si>sï \\ 祠 : 似妓切 〔邪〕*dzị\text{ə}g(zị\text{ə}g)>zi>tsʻï \end{cases}$$

$$\begin{cases} 彗 : 詳歲切 〔邪〕*dzịwəd(zịwäd)>zwi>suei^4 \\ 雪 : 相絶切 〔心〕*sịwat>sịwɛt>ɕüe^3 \end{cases}$$

$$\begin{cases} 旬 : 詳遵切 〔邪〕*dzịwen(zịwěn)>zịuěn>ɕün^2 \\ 珣 : 相倫切 〔心〕*(sịwen)>sịuěn>ɕün \end{cases}$$

$$\begin{cases} 辛 : 息鄰切 〔心〕*sịěn>sịěn>ɕin \\ 辭 : 似妓切 〔邪〕*dzị\text{ə}g(zị\text{ə}g)>zi>tɕʻï \end{cases}$$

Karlgren은 〔邪〕의 上古音을 *〔dz〕로, 董同龢는 *〔z〕로 추정하였으
므로 위의 예에서 보는 바와 같이 차이 있게 재구되었으나, 「邪」모가
「心」모에서 분화된 것이라면 이들의 상고음은 *〔s〕로 재구될 가능성을
배제하기 어려울 것이다.

7. 照系 3等諸母 古讀舌頭音說

정치 3등에 속한 「照」계 성모, 즉 照〔tɕ〕, 穿〔tɕʻ〕, 神〔dz〕, 審〔ɕ〕,
禪〔z〕모는 상고음의 端〔t〕, 透〔tʻ〕, 定〔d〕모에서 분화된 음이라는 설이
다. 이는 먼저 錢大昕이 《十駕齋養新錄》권 5, 「舌音類隔之說不可信」항
에서

"古人多舌音, 後代多變爲齒音, 不獨知・徹・澄三母爲然也. …… 今人
以 '舟周' 屬照母, '輈啁' 屬知母, 謂有齒舌之分, 此不識古音者也."

라고 한 말과, 또 章炳麟이 古雙聲說[11]에서

"正齒 舌頭, 慮有鴻細, 古音不若是繁碎, 大較不別. 齊莊中正, 爲齒音雙
聲, 今音 中在舌上, 古音 中在舌頭, 疑于類隔, 齒舌有時旁轉."

이라고 한 말에서 소략하게 암시되었던 것인데, 역시 黃侃의 《音略》에
서 구체적으로 예증되었다.

그러면 각 음을 구분하여 간략히 이를 예시하여 보기로 하겠다.[12]

---

(11) 章炳麟, *ibid.*, p. 33.
(12) 謝雲飛(1971), pp. 288~291 참조.

(1) 端〔t〕＞照〔tɕ〕＝〔tś〕

1）形聲字

$\left\{\begin{array}{l}\end{array}\right.$ 登：都滕切〔端〕＊təŋ＞təŋ＞təŋ
證：諸應切〔照〕?＊tiəŋ[13]＞tɕiəŋ＞tʂəŋ[4]

$\left\{\begin{array}{l}\end{array}\right.$ 丹：都寒切〔端〕＊tan＞tan＞tan
旃：諸延切〔照〕?＊tian＞tɕiɛn＞tʂan

2）經籍異文

《爾雅》釋地에 "宋有孟諸"라는 기록이《書經》禹貢에는 "孟豬"로,《史記》夏本紀에는 "明都" 등의 異文으로 나타난다.

諸：章魚切〔照〕?＊tio(t̂iag)＞tɕiwo＞tʂu
豬：陟魚切〔知〕＊tio(tiag)＞tiwo＞tʂu
都：當孤切〔端〕＊to (tâg)＞tuo＞tu

3）音 訓

《說文》에「戰, 鬥也」로 풀이하였고,《釋名》釋天에 "冬, 終也"로 풀이하였는데, 段玉裁는《說文》注에서 "冬之爲言終也"라 하였다.

$\left\{\begin{array}{l}\end{array}\right.$ 戰：之膳切〔照〕?＊tian(t̂iän)＞tɕiɛn＞tʂan
鬥：都豆切〔端〕＊tŭg＞təu＞tou

$\left\{\begin{array}{l}\end{array}\right.$ 冬：都宗切〔端〕＊toŋ＞tuoŋ＞tuŋ
終：職戎切〔照〕?＊tioŋ＞tɕiuŋ＞tʂuŋ

(2) 透〔t'〕＞穿〔tɕ'〕＝〔tś'〕

1）形聲字

$\left\{\begin{array}{l}\end{array}\right.$ 隹：職追切〔照〕?＊tiwər(t̂iwəd)＞tɕwi＞tʂuei
推：湯回切〔透〕＊t'wər(t'wəd)＞t'uʌi＞t'uei
尺佳切〔穿〕?＊t'iwər(t̂'iwəd)＞tɕ'wi＞tʂ'uei

$\left\{\begin{array}{l}\end{array}\right.$ 充：昌充切〔穿〕?＊t'iuŋ＞tɕ'iuŋ＞tʂ'uŋ
統：他綜切〔透〕＊t'ôŋ＞t'uoŋ＞t'uŋ[3]

---

(13) Karlgren은 〔照〕모가 모두 〔知〕모에서 분화된 음으로 보았기 때문에 상고음을 ＊t̂〔t〕로 재구하였다. 그러나 黃侃의 이론대로라면 〔t〕가 되어야 옳을 것이다. 이하의 예도 같은 이론이 적용된다.

2) 經籍異文

《禮記》儒行에 "儒有不隕獲於貧賤, 不充詘於富貴"(선비는 빈천하다고 하여 지조를 잃지 않으며, 부귀에 充詘(충굴)하지 않는다)라는 말이 있는데, 下注에 "充或爲統"이라 하였다. 즉 '充·統'이 異文으로 쓰였다.

3) 音 訓

《釋名》釋言語에 "出, 推也 推而前也"로 풀이하였다.

出 : 尺律切〔穿〕?*tʰ ̯iwət＞tɕʰiuĕt＞tʂʰu
推 : 湯回切〔透〕*tʰwər(tʰwəd)＞tʰuʌi＞tʰuei

(3) 定〔dʰ〕＞神〔dʑ〕＝〔dź〕

1) 形聲字

盾 : 徒損切〔定〕*dwən＞duən＞tun⁴
楯 : 食尹切〔神〕?*dʑ̯wən＞dʑiuĕn＞ʂun³

2) 經籍異文

《詩經》(羔羊)에 "委蛇委蛇"라는 시구가 있는데, 《詩經》(君子偕老)에는 "委委佗佗, 如山如河"(의젓하고 점잖은 품 산 같고 물 같더니)로 표현되어 있다. 그리고 顧炎武의 《唐正韻》(권 2)에는 "蛇·佗 均音陀"라 하였다. 이에 의하면 '蛇·佗·陀'는 它聲을 수반한 형성자로서 역시 상고음은 같았던 것으로 보인다.

蛇 : 食遮切〔神〕?*dia(r)＞dʑia＞ʂə²
佗·陀 : 徒河切〔定〕*dɑ＞dɑ＞tʰuo²

3) 音 訓

《釋名》釋州國에 "四丘爲甸, 甸, 乘也, 出兵車一乘也"라 하였고, 또 《禮記》郊特性의 "甸乘共粢盛"의 注에 "甸或爲之乘"이라 한 것을 보면 「神」모는 「定」모의 變聲임을 추정하게 된다.

甸 : 堂練切〔定〕*dien＞dien＞tian⁴〔tien〕
乘 : 實證切〔神〕?*dʑ̯əŋ＞dʑiəŋ＞ʂəŋ⁴, tʂʰəŋ²

(4) 透〔tʻ〕＞審〔ɕ〕＝〔ś〕

1) 形聲字

罙：式針切〔審〕?*tʻi̯əm/ɕi̯əm＞ɕi̯əm＞ʂən
探：他含切〔透〕*tʻəm＞tʻʌm＞tʻan

2) 經籍異文

《禮記》文王世子편에 "武王不說冠帶而養"(武王은 관대를 벗지 않은 채 (文王을)봉양하였다)이라는 기록이 있는데, 그 注에 보면 "稅本亦作脫, 又作說同音, 他活反"이라 하였다. 이에 의하면 '稅‧脫‧說' 3자음이 상고음에서는 동음이었던 것으로 추정되며, 동시에 중고음의 「審」모는 상고음의 「透」모에서 분화된 것임을 상정할 수 있다.

稅‧說：舒芮切〔審〕?*tʻi̯wad/ɕi̯wad(śi̯wäd)＞ɕi̯wɛi＞ʂuei⁴
脫：　　土活切〔透〕*tʻwat＞tʻuat＞tʻuo

3) 音　訓

《釋名》釋親屬에 "叔, 少; 亦言倣也"라고 풀이하였다.

叔：式竹切〔審〕?*tʻi̯ôk/ɕi̯ôk＞ɕi̯uk＞ʂu²
俶：昌六切〔穿←透〕?*tʻi̯ok/tʻi̯ok＞tɕʻi̯uk＞tʂʻu⁴

(5) 定〔d〕＞禪〔ʑ〕＝〔ź〕

중고음의 「禪」모는 상고음의 「定」모에 귀속된다는 설이다.

1) 形聲字

$$
\left\{
\begin{array}{l}
是：承旨切　　〔禪〕?*di̯ĕg(źi̯eg)＞ʑi̯e＞śi̯⁴\\
題‧提：杜奚切〔定〕*di̯eg＞diei＞tʻi²\\
踶：特計切　　〔定〕*dieg＞diei＞ti⁴
\end{array}
\right.
$$

$$
\left\{
\begin{array}{l}
蜀：市玉切　　〔禪〕?*di̯uk(źiuk)＞ʑi̯wok＞ʂu³\\
獨‧髑：徒谷切〔定〕*duk＞duk＞tu²
\end{array}
\right.
$$

2) 經籍異文

《尙書》牧誓序에 "與受戰于牧野"라는 기록이 있는데, 《說文》'坶'자

하에 의하면 이 기록을 인용하되 "武王與紂戰于坶野"라고 달리 기록하고 있다. 이것은 '受'⁽¹⁴⁾와 '紂'가 상고음에서는 동음이었던 관계로 이문으로 기록된 것이 아닐까 추정해 볼 수 있다.

受：殖酉切〔禪〕*di̯ôg(zi̯ôg)＞ʑi̯əu＞ʂou⁴
紂：除柳切〔澄←定〕?*di̯og/di̯og＞di̯əu＞tʂou⁴

3) 音 訓

《釋名》釋宮室에 "囷, 以草作之, 菌菌然也"라고 풀이하였는데, 그 음은 다음과 같다.

囷：市綠切〔禪〕?*diwen＞ʑiwɛn＞tʂʻuan
菌：度官切〔定〕*dwɑn＞duɑn＞tʻuan²

8.　照系 2等諸母 古讀精系說

黃侃은 이 밖에 중고음 중 이른바 「照」계 2등에 속한 莊(tʃ), 初〔tʃʻ〕, 牀〔dʒ〕, 疏〔ʃ〕모(齒上音)는 각각 상고음의 精〔ts〕, 淸〔tsʻ〕, 從〔dz〕, 心〔s〕모에서 분화된 변음이라고 하였다. 그러면 위에서와 같이 성모별로 나누어 예를 들어 보기로 하자.

(1) 精〔ts〕＞莊〔tʃ〕＝〔tʂ〕

1) 形聲字

祭：子例切　〔精〕*tsi̯ad(tsi̯äd)＞tsi̯ɛi＞tɕi⁴
祭·瘵：側介切〔莊〕*(tsäd)＞tʃʻäi＞tʂai⁴

則：子德切　〔精〕*tsək＞tsək＞tsə²
萴·側：阻力切〔莊〕*tsi̯ək(tsək)＞tʃi̯ək＞tʂə⁴

2) 經籍異文

《儀禮》 士喪禮에 "蚤揃如他日"이라는 기록의 注에 "蚤讀爲爪"라 하였다. 또 同書 射儀에 "幼壯孝弟"라는 말이 있는데, 역시 "壯或爲將"

---

(14) '受'는 殷나라 末王인 紂王의 이름이다.

이라고 주하였거니와 이문의 음은 다음과 같다.

蚤：子晧切〔精〕*tsôg＞tsɑu＞tsau³〔tsao〕

爪：側絞切〔莊〕*tsŏg(tsɔg)＞tʃau＞tʂau³〔tʂao〕

壯：側亮切〔莊〕*tsian(tsan)＞tʃiaŋ＞tʂuaŋ⁴

將：即良切〔精〕*tsi̯aŋ＞tsi̯aŋ＞tsiaŋ

3) 音 訓

《釋名》釋形體에 "睫, 挿接也"라 풀이하였다.

睫：即葉切〔精〕*(tsi̯ap)＞tsi̯ɛp＞tɕie²

挿：側洽切〔莊〕*tsăp＞tʃăp＞tʂa³

(2) 淸〔ts'〕＞初〔tʃ'〕＝〔tʂ'〕

1) 形聲字

倉：七岡切〔淸〕*ts'aŋ＞ts'aŋ＞ts'aŋ⁴

愴：初兩切〔初〕?*ts'i̯aŋ(ts'aŋ)＞tʃʻi̯aŋ＞tʂ'uaŋ⁴

鎗：楚庚切〔初〕*(ts'ăŋ)＞tʃʻɒŋ＞tɕ'iaŋ

朿：七賜切〔淸〕*ts'i̯ĕg＞ts'ie＞ts'ʻï⁴

策：楚革切〔初〕*ts'ek＞tʃʻɛk＞ts'ə⁴

2) 經籍異文

《尙書》禹貢의 "又東爲滄浪之水"라는 기록이 《史記》夏本紀에는 "蒼浪"으로 나타난다. 중고음의 '滄'은 「初」모이고, '蒼'은 「淸」모이나 상고음은 「淸」모로서 동음이었기 때문일 것이다.

3) 音 訓

《釋名》釋宮室에 "窓, 聰也"라 풀이하였다.

窓：楚江切〔初〕*(ts'uŋ)＞tʃʻaŋ＞tʂ'uaŋ

聰：倉江切〔淸〕*ts'uŋ＞ts'uŋ＞ts'uŋ

(3) 從〔dz〕＞牀〔dʒ〕＝〔dʐ〕

1) 形聲字

才：昨哉切〔從〕*dzəg＞dzʌi＞ts'ai²

豺：士皆切〔牀〕*dzɛg(dz'əg)＞dʒăi＞tʂ'ai²

{ 戔：昨干切〔從〕*dzɑn>dzɑn>tɕian〔tɕien〕
{ 棧：士諫切〔牀〕*dzan(dzʻän)>dʒan>tʂan⁴

2) 經籍異文

《詩經》(車攻)에 "助我擧柴"(쌓아 놓은 짐승을 들어 올리네)라는 시구가 있는데, 이를 《說文》 掌(쌓을 : 자)자 하에서는 「助我擧掌」와 같이 이문으로 인용하고 있다.

柴：士佳切〔牀〕*dzăg(dzʻeg)>dʒai>tʂʻai²
掌：疾智切〔從〕*dzi̯ĕg>dziȩ>tsï⁴

3) 音 訓

《廣雅》釋詁에 "淙, 漬也"라 풀이하였다.

淙：士江切〔牀〕*(dzôŋ)>dʒɔŋ>tsʻuŋ
漬：疾智切〔從〕*dzi̯ĕg>dziȩ>tsï

(4) 心〔s〕> 疏〔ʃ〕=〔ʂ〕

1) 形聲字

{ 相：息良切〔心〕*si̯aŋ>si̯aŋ>ɕiaŋ
{ 霜：所莊切〔疏〕?*si̯aŋ>(saŋ)>ʃi̯aŋ>ʂuaŋ
{ 先：蘇前切〔心〕*si̯ən>sien>ɕian〔ɕien〕
{ 詵・侁・駪：所臻切〔疏〕?*si̯ɛn(sən)>ʃi̯ɛn>ʂən

2) 經籍異文

《詩經》(緜 : 면)에 "予曰有疏附"(생소한 사람도 친하게 어울려 오고)라는 시구가 있는데, 《尙書》에는 "胥附"로 되어 있다. 그리고 《春秋左傳》(成公 12년)에 "公會晋侯衛侯于瑣澤"(공이 진나라 군주인 후작, 위나라 군주인 후작과 쇄택에서 회합을 가졌다)이라는 기사가 있는데, 위의 "瑣澤"이 《公羊傳》에는 "沙澤"처럼 이문으로 기록되어 있다.

疏：所菹切〔疏〕*si̯o(sag)>ʃi̯wo>ʂu
胥：相居切〔心〕*si̯o(siag)>si̯wo>ɕü
瑣：蘇果切〔心〕*swɑ>suɑ>suo³
沙：所加切〔疏〕*sa>ʃa>ʂa

3) 音 訓

《釋名》釋天에 "霜, 喪也", "朔, 蘇也"로 풀이하였다.

$$
\begin{cases}
霜 : 所莊切 〔疏〕 *\text{s\d{i}a\eta}(\text{sa\eta}) > \text{\int ia\eta} > \text{\int ua\eta} \\
喪 : 息郎切 〔心〕 *\text{sa\eta} > \text{sa\eta} > \text{sa\eta}
\end{cases}
$$
$$
\begin{cases}
朔 : 所角切 〔疏〕 *\text{sak} > \text{\int ok} > \text{\int uo}^4 \\
蘇 : 素姑切 〔心〕 *\text{so(sâg)} > \text{suo} > \text{su}
\end{cases}
$$

이상에서 매우 간략하나마 중고음의 성모와 상고음의 성모를 비교하고 분화의 원류를 살펴보았다. 물론 뒤에서 보게 될 바와 같이 상고음을 추구하는 학자들 사이에는 다소의 이론이 없는 것은 아니지만 위의 제설을 찬동하는 편도 많다고 하겠다.[15]

9. 上古 聲母 총괄

지금까지 검토한 바를 기반으로 일단 《광운》의 41 성모(p. 600)와 상고음의 19 성모와의 正聲, 變聲 관계를 정리하여 보면 다음과 같다.[16]

〔도표 3-17〕 上古 聲母 正聲·變聲表

上古 聲母(正聲)	中 古 聲 母 (變聲)			正·變關係
見〔k〕 溪〔k'〕 疑〔ŋ〕	羣〔g〕			淸濁相變
端〔t〕 透〔t'〕 定〔d〕 泥〔n〕 來〔l〕	知〔ṭ〕 徹〔ṭ'〕 澄〔ḍ〕 娘〔ṇ〕	照〔tɕ〕 穿〔tɕ'〕 神〔dz〕 日〔nz〕	審〔ɕ〕 禪〔z〕	輕重相變
幫〔p〕 滂〔p'〕 並〔b〕 明〔m〕	非〔f〕 敷〔f'〕 奉〔v〕 微〔ɱ〕			輕重相變

---

(15) 林尹(1971), p. 44~46, 陳新雄(1972), pp. 316~318, 謝雲飛(1971), pp. 281~301.
(16) 謝雲飛(1971 : 301~302)는 〔匣〕모를 〔見〕모의 변성으로 보고 상고음의 성모를 18 개로 설정하였다.

精 [ts] 淸 [ts‘] 從 [dz] 心 [s]	莊 [tʃ] 初 [tʃ‘] 牀 [dʒ] 邪 [z]　疏 [ʃ]	輕重相變
影 [ʔ] 曉 [x] 匣 [ɣ]	喩 [o]　爲 [j]	淸濁相變

위의 〔도표 3-17〕은 黃侃에 의하여 주로 제창되었던 상고음의 19 성모와 중고음에서의 분화 결과를 대조한 것이다. 그는 《音略》에서 1 등운(오늘날 假 4 등운이라 칭한 운을 포함. -em>-iem)에 나타나는 성모는 "古本紐"이어서 상고 이래로 줄곧 본래의 모습을 보존하고 있는 반면에, 2 등운과 3·4 등의 拗音에 나타나는 성모는 "今變紐"(위 도표 3-17의 變聲)라고 하였다. 이러한 그의 태도는 운모의 경우도 마찬가지이다. 즉, 1 등운(및 假 4 등운)은 "古本韻"이어서 상고 이래의 면모를 보존하고 있는 반면에 2 등운과 3·4 등의 요음은 "今變韻"으로 변형된 것이라 하였다.

이상 黃侃의 19 개 성모는 추정 방법은 다름이 있으나 결과적으로는 아래에 제시한 藤堂明保의 상고 성모계와 거의 일치한다.[17]

1. 唇音	/*p	*p‘	*b	*m/	
2. 舌音	/*t	*t‘	*d	*nʲ	*l/
3. 齒音	/*c	*c‘	*dz	*s/	
4. 牙音	/*k	*k‘	*g	*ŋ/	
5. 喉音	/*·	*h	*ɦ	/	

그러나 상고음의 성모 체계에 대해서는 아직도 학자에 따라 이설이 많은 터여서 앞으로도 계속적인 연구를 기다릴 수밖에 없다. 그러므로 현재로서는 단정을 피하고 우선 참고를 위하여 5 인의 추정음을 〔도표 3-18〕에 종합하여 두고자 한다.

---

(17) 藤堂明保 《中國語音韻論》(1980), p. 343. 그는 표 중의 20 개 성모 외에 반모음으로 /w, r, j/를 더하여 상고의 성모를 23 종으로 추정하였다.

〔도표 3-18〕 상고 성모 추정음 대조표

자모＼학자명	(1) Karlgren	(2) 董 同 龢	(3) 王 力	(4) 李 芳 桂	(5) 周 法 高
見	k	k	k	k, kʷ	k
溪	k'	k'	k'	kh, khʷ	k'
羣	g'	g'	g'	g, gʷji-	g
疑	ng	ŋ	ŋ	ng, ngʷ	ng
端	} t	t	t	t	t
知				tr	tr
透	} t'	t'	t'	th	t'
徹				thr	t'r
定	} d'	d'	d'	d	d
澄				dhr	dr
泥	} n	n	n	n	n
娘				nr	nr
幫	} p	p	p	p	p
非					
滂	} p'	p'	p'	ph	p'
敷					
並	} b'	b'	b'	b	b
奉					
明	} m	m	m	m	m
微					
精	ts	ts(1·3·4등운)	ts	ts	ts
清	ts'	ts'(1·3·4등운)	ts'	tsh	ts'
從	dz'	dz'(1·3·4등운)	dz'	dz	dz
心	s	s (1·3·4등운)	s	s	s
邪	dz	z	z	ri	z
照(章)	î	ȶ, c	ȶ	tj	tj
穿(昌)	î'	ȶ', c'	ȶ'	thj	t'j
牀(船)	d'	d', ʝ'	d'	dj	zdj
審(書)	ś	ɕ, ç	ɕ	sthj	st'j
禪	ᶁ	ʑ, j	ʑ	dj	dj
照(莊)	ts, tʂ	ts(2등운)	tʃ	tsr	tsr
穿(初)	ts', tʂ'	ts'(2등운)	tʃ'	tshr	ts'r
牀(崇)	dz', dʐ'	dz'(2등운)	dʒ'	dzr	dzr
審(山·疏)	s, ʂ	s (2등운)	ʃ	sr	sr
影	·	ʔ	o	·	·
曉	x, xm	x, m̥	x	h, hʷ	x

匣	gʻ	ɣ(1·2·4등운)	ɣ	g, gʷ	g
爲(云)	g	ɣ(3등운)	ɣ($喩_3$)	gʷ	ɣ
喩(以)	d, z	g, d	d(餘=$喩_4$)	gr, r	grj, rj
來	l	l	l	l	l
日	ń	gn〔ɲ〕	n̪	nj	nj

※ 위 표는 아래의 논저를 참고하여 필자가 41성모와 견주어 재작성한 것이다.

(1) B. Karlgren, *Compendium*(1954), p. 279. 李敦柱 역주(1985), p. 118.
(2) 董同龢 《漢語音韻學》(1972), pp. 302～303. 孔在錫 역(1975), p. 308.
(3) 王力 《漢語史稿》(1958), pp. 65～68.
(4) 李芳桂 《上古音講義》(1968, 臺北).
(5) 李芳桂·周法高는 周法高 《中國音韻學論文集》(1984) 중의 「論上古音」(pp. 56～ 57) 참조.

이 중 董同龢(*ib.*)에서는 상고 성모에서 복성모(복자음)는 아직 미지수라 하여 단자음만을 다음과 같이 총괄하였다(음표는 I. P. A. 임).

脣　音 : p　pʻ　　　bʻ　　m　　m̥
舌 尖 音 : t　tʻ　d　dʻ　n　　　l
舌尖前音 : ts　tsʻ　　dzʻ　　　s　z
舌面前音 : ȶ　ȶʻ　　　dʻ̬　n̪　ɕ　ʑ
舌面後音 : c　cʻ　　　ɟʻ　ɲ　ç　j
舌 根 音 : k　kʻ　g　gʻ　ŋ　x　ɣ
喉　音 : ʔ

표 중 李芳桂의 표음 부호는 특이하다. 그는 「知」계 설상음은 tr, thr 등으로, 「照」계 2등(莊)은 tsr, tshr……로, 「照」계 3등(章)은 tj, thj 등으로 나타냈다. 이 때의 r은 2등운의 개음이고, j, ji는 3등운의 개음 표시이다. 周法高의 추정음도 대개 이와 같다.

한편 陳新雄은 위와는 달리 상고음의 단순 성모(단자음)를 22개로 설정하고 《광운》의 41개 성모로의 변천 관계를 다음과 같이 나타내고 있다.[18] 여기 22개 성모에서 ɱ, d, g를 계산에 넣지 않으면 전술한 黃侃의 19개 성모와 일치한 것이 특징이다. 이처럼 상고 성모의 추정음은 서로 다른데, 일반적으로 고대어에 소급할수록 子音이 단순하였으리라는 점을 상정하면 중국 상고음의 성모도 역시 중고음에 비하여 그 수가 훨씬 적었지 않을까 생각된다.

(18) 陳新雄 《古音學發微》(1972), pp. 1245～1247 참조.

$$p \cdot p' \cdot b' \cdot m \begin{cases} 1 \cdot 2 \cdot 4 등 \text{ 및 } 3 등 \text{ 개구} \longrightarrow 幫[p] \ 滂[p'] \ 並[b'] \ 明[m] \\ 3 등 \text{ 합구} \longrightarrow 非[f] \ 敷[f'] \ 奉[v] \ 微[ɱ] \end{cases}$$

$$\overset{\circ}{m}^{(19)} \begin{cases} 개구 \longrightarrow 明[m] \\ 합구 \longrightarrow 曉[x] \end{cases}$$

$$t \cdot t' \cdot d' \cdot n \begin{cases} 1 \cdot 4 등 \longrightarrow 端[t] \ 透[t'] \ 定[d'] \ 泥[n] \\ 2 \ 등 \longrightarrow 知[ȶ] \ 徹[ȶ'] \ 澄[ȡ'] \ 娘[ȵ] \\ 3 \ 등 \nearrow 照[tɕ] \ 穿[tɕ'] \ 神[dʑ'] \ 審[ɕ] \ 禪[ʑ] \ 日[nʑ] \end{cases}$$

$$l \longrightarrow 來[l]$$

$$d \begin{cases} \longrightarrow 喻[o] \\ \longrightarrow 邪[z] \end{cases}$$

$$ts \cdot ts' \cdot dz' \cdot s \begin{cases} 1 \cdot 4 등 \longrightarrow 精[ts] \ 清[ts'] \ 從[dz'] \ 心[s] \\ 2 \ 등 \nearrow 莊[tʃ] \ 初[tʃ'] \ 牀[dʒ'] \ 疏[ʃ] \\ 3 \ 등 \longrightarrow 精[ts] \ 清[ts'] \ 從[dz'] \ 心[s] \end{cases}$$

$$k \cdot k' \cdot ŋ \cdot x \begin{cases} 1 \cdot 2 \cdot 4 등 \nearrow 見[k] \ 溪[k'] \ 疑[ŋ] \ 曉[x] \\ 3 등 \longrightarrow 照[tɕ] \ 穿[tɕ'] \ 日[nʑ] \ 審[ɕ] \end{cases}$$

$$ɣ \begin{cases} 개구 1 \cdot 2 \cdot 4 등 \longrightarrow 匣[ɣ] \quad 3 등 \longrightarrow 羣[g] \\ 합구 1 \cdot 2 \cdot 4 등 \longrightarrow 匣[ɣ] \quad 3 등 \longrightarrow 爲[j] \end{cases}$$

$$g \begin{cases} \longrightarrow 喻[o] \\ \longrightarrow 邪[z] \end{cases}$$

$$ʔ \longrightarrow 影[ʔ]$$

이런 의미에서 최근 嚴學宭(1984)의 논의는 저자에게도 공감을 주는 바가 많다. 그는 周·秦 시대의 성모를 單子音과 複子音으로 나누고 그 발전 과정을 예시하였는데, 여기에서는 단자음(21개)에 대해서만 제시해 두고자 한다.[20]

1. 상고음 성모

(1) 순음	p	p'	b	m	
(2) 설첨음	t	t'	d	n	l
(3) 설첨 파찰·마찰음	ts	ts'	dz	s	z
(4) 설근음	k	k'	g	ŋ	
(5) 후음	ʔ	x	ɣ		

(19) *[m̥]은 후술할 복성모 *[xm]과 같다.
(20) 嚴學宭, 「周秦古音結構體系(稿)」, 《音韻學硏究》 1輯(1984), pp. 93~94.

2. 상고음>중고음의 변천

(1) *p *p' *b *m ⟶
{
幫 p　滂 p'　並 b　明 m
非 f　敷 f'　奉 v　微 ɱ
}

(2) *t *t' *d *n ⟶
{
端 t　透 t'　定 d　泥 n (1·4등)
知 t　徹 t'　澄 ɖ　娘 ɳ (2·3등)
照 tɕ　穿 tɕ'　牀 dʑ　日 ȵ
}

　　　*r$^{(21)}$ ⟶ 喻₄ φ　　*d+j {
牀₃ dʑ
禪 ʑ
}

　　　*l ⟶ 來 l　　*t'(혹은 stj, sk) ⟶ 審₃ ɕ

(3) *ts *ts' *dz *s {
精 ts　清 ts'　從 dz　心 s
照 tʂ　穿₂ tʂ'　牀 dʂ　審₂ ʂ
}

　　　*d+j ⟶ 邪 z

(4) *k *k' *g *ŋ ⟶ 見 k　溪 k'　群 g　疑 ŋ

(5) *x ⟶ 曉 x　　*ɣ ⟶ 喻₃(云) ɣ　　*ʔ ⟶ 影 ʔ

즉 상고 성모를 평형 체계로 보면 위의 1항과 같은데, 후대에 2·3 등운이 j化의 과정을 거치면서 중고음과 같이 변화한 것으로 보았다. 다시 중고음의 濁聲母(유성음)가 淸化(무성음화)함으로써 성모의 음소 수가 대량으로 감소되었다. 현대 한어의 각 방언의 성모는 비록 다름이 있지만 공통 음소는 /p, p', m, ts, ts', t, t', n, l, k, k', ŋ, x, ʔ/이다. 이 점은 상고 성모가 지금까지 변화해 온 흔적을 보여 주는 것이라고 하였다(嚴 學宭, *ib.*: 94).

10.　複聲母의 問題

漢語의 상고음에 복성모가 존재하였으리라는 가정은 B. Karlgren 이래 많은 학자들에 의하여 흥미롭게 추구되어 왔다.[22]

---

(21) 「喻」모의 상고음은 *d이지만 이것은 *r 혹은 *l에 가까운 음으로 보았다(*ib.*: 94).

(22) B. Karlgren(1954 : 281)에서 "간단히 말하면 상고음의 복성모 재구는 아직도 추 정 단계에 머물러 있을 뿐이다. 어느 경우에 복성모를 확연히 보여 주는 형성자도 있기는 하지만 상세한 재구는 불확실하게 남아 있다. 비록 형성자에는 남아 있지 않을지라도 많은 복성모가 존재하였으리라고 생각된다."고 하여 상고 성모에서의 복성모의 존재 가능성을 상정하였다.

그 중에서도 林語堂의 논문이 비교적 예가 풍부한 편이다.[23] 그는 상고음에 복성모가 존재한 증거를 직접적 증거와 간접적 증거로 나누어 예증하려고 하였다. 직접적 증거로서는 暹羅(泰國)語의 klong, klung 등이 중국어의 고대 복성모를 보존하고 있으며, '蟑, 團, 圈, 槳, 角'등을 고금 俗語로 각각 '突郎, 突變, 屈攣, 勃蘭, 矻落'과 같이 말한 사실을 들었다. 이 밖에 간접적 증거로는 형성자의 편방과 그 字音을 들고 있다.

이제 상고음의 이해를 돕기 위하여 그 중 몇 가지만을 예시하여 보고자 한다.

1) kl-(gl-)

$$\begin{cases} 果：古火切 〔見〕 \text{*klwar(kwâ)} > \text{kua} > \text{kuo}^3 \\ 裸：郎果切 〔來〕 \text{*glwar(lwâ)} > \text{lua} > \text{luo}^3 \end{cases}$$

'果'는 〔k-〕모자이고, '裸'는 〔l-〕모자이다. 그러나 '裸'는 「衣＋果聲」의 형성자이므로 Karlgren은 두 자음을 kl-, gl-로 재구하였다. 다음의 예도 위와 같은 근거에서이다.

$$\begin{cases} 各：古落切 & 〔見〕 \text{*klak(kâk)} > \text{kak} > \text{kə}^2 \\ 格：古伯切 & 〔見〕 \text{*klăk(kăk)} > \text{kɒk} > \text{kə}^2 \\ 洛：盧各切 & 〔來〕 \text{*glak(lâk)} > \text{lak} > \text{luo}^4 \\ 路：洛故切 & 〔來〕 \text{*glag(lâg)} > \text{luo} > \text{lu}^4 \end{cases}$$

$$\begin{cases} 柬：古限切 & 〔見〕 \text{*klăn(kän)} > \text{kăn} > \text{tɕian}^3 \\ 諫：古晏切 & 〔見〕 \text{*klan(kän)} > \text{kan} > \text{tɕian}^4 \\ 蘭·瀾：落干切 〔來〕 \text{*glan(lân)} > \text{lan} > \text{lan}^2 \end{cases}$$

$$\begin{cases} 監：格懺切 & 〔見〕 \text{*klam(kam)} > \text{kam} > \text{tɕian}^2 \\ 濫：盧厰切 & 〔來〕 \text{*glam(lâm)} > \text{lam} > \text{lan}^4 \end{cases}$$

2) pl-(bl)-

$$\begin{cases} 稟：筆錦切 & 〔幫〕 \text{*pljəm(pjəm)} > \text{pjəm} > \text{pin}^3 \\ 廩：力稔切 & 〔來〕 \text{*bljəm(?)} > \text{ljəm} > \text{lin}^3 \end{cases}$$

---

(23) 林語堂,「古有複輔音說」《語言學論叢》(1967), pp. 1~15 참조.

3) ml-

睦 : 莫六切   〔明〕 *mli̯ôk(mi̯ok)＞mi̯uk＞mu⁴
陸 : 力竹切   〔來〕 *li̯ok＞li̯uk＞lu⁴

4) xm-

每 : 武罪切   〔明〕 *mwəg(mwə̂g)＞muʌi＞mei³
悔・晦 : 荒內切 〔曉〕 *xmwəg(m̥wə̂g)＞xuʌi＞xuei
尾 : 無匪切   〔明〕 *mi̯wər(mi̯wəd)＞mjwei̯＞uei³
炜 : 許偉切   〔曉〕 *xmi̯wər(m̥i̯wə̆d)＞xjwie̯＞xuei³
勿 : 文弗切   〔明〕 *mi̯wət＞mi̯uət＞u⁴
曶 : 呼骨切   〔曉〕 *xmwət(m̥wə̂t)＞xuət＞xu

과연 위에서 본 바와 같은 복성모가 만약 존재하였다면 '各'자를
예로 들어 다음 세 가지 유형을 상정할 수 있다.

(A) 各 klɑk   洛 lɑk
(B) 各 kɑk   洛 klɑk
(C) 各 klɑk   洛 glɑk

Karlgren은 대체로 (C)형을 취하고 있지만, 陳新雄은 오히려 (A)형의
가능성을 추정하면서도 복성모의 문제에 대하여는 아직도 신중히 다루
어야 할 문제로 남겨 두고 있다.[24] 그런가 하면 唐蘭은 전적으로 복성
모의 존재를 부인하고 있어서[25] 앞으로도 이 방면의 문제는 논란이 계
속될 여지가 있다.

제 2 절 上古漢字音의 韻母

1. 古韻의 分部

중국에서 古音學의 연구가 시작된 동기는 《詩經》,《楚辭》 등을 비
롯한 周・秦・漢대의 韻文이나 經籍의 字音이 시대에 따라 달라졌으므

---

(24) 陳新雄, *ibid*., p. 1245.
(25) 唐蘭《中國文字學》(1971, 臺北), pp. 35~44 참조.

로 가령 宋대의 음운과는 들어맞지 않은 것을 발견한 데 있었다. 古韻
의 연구도 역시 그러하였는데, 중국 음운학사상 고운을 최초로 나눈 사
람은 宋나라 때의 鄭庠이었다. 그는 《詩古音辨》에서 고운을 6부로 나
누었으니 이것이 바로 분운법의 시초가 되었다. 그가 나눈 고운 6부란
다음과 같다.[26]

(1) 東, 冬, 江, 陽, 庚, 靑, 蒸
(2) 支, 微, 齊, 佳, 灰
(3) 魚, 虞, 歌, 麻
(4) 眞, 文, 元, 寒, 刪, 先
(5) 蕭, 肴, 豪, 尤
(6) 侵, 覃, 鹽, 咸

이 뒤로 고운의 分部는 학자에 따라 이설이 속출하였는데, 그 중
몇 가지만을 우선 소개하여 보기로 한다.

1) 顧炎武(1613~1682) : 10부 《古音表》

(1) 東, 冬, 鍾, 江
(2) 支, 脂, 之, 微, 齊, 佳, 皆, 灰, 咍
(3) 魚, 虞, 模, 侯
(4) 眞, 諄, 臻, 文, 殷, 元, 魂, 痕, 寒, 桓, 刪, 山, 先, 仙
(5) 蕭, 宵, 肴, 豪, 幽
(6) 歌, 戈, 麻
(7) 陽, 唐
(8) 耕, 淸, 靑
(9) 蒸, 登
(10) 侵, 覃, 談, 鹽, 添, 咸, 銜, 嚴, 凡

顧炎武는 위의 10부에서 입성은 모두 陰聲 안에 상배하였다.[27]

---

(26) 여기에 예시한 운목은 平水韻의 운목과 완전 일치하므로 이는 鄭庠의 원작이 아
니라고 보는 견해도 있다. 王力, 《漢語音韻學》(1935), p. 272.
(27) 顧炎武는 거의 30년 동안 정력을 바쳐 古音學의 대저인 《音學五書》를 저술하였
다. 五書란 《音論》(3권), 《詩本音》(10권), 《易音》(3권), 《唐韻正》(20권), 《古音表》
(2권)을 말한다. 그는 《광운》의 운목을 고운 10부로 나누었는데, 이것은 《古音表》
에 들어 있다.

2) 江永(1681~1762) : 13부 《古韻標準》

(1) 東, 冬, 鍾, 江

(2) 支, 脂, 之, 微, 齊, 佳, 皆, 灰, 咍

(3) 魚, 模

(4) 眞, 諄, 臻, 文, 殷, 魂, 痕

(5) 元, 寒, 桓, 刪, 山, 仙

(6) 蕭, 宵, 肴, 豪

(7) 歌, 戈

(8) 陽, 唐

(9) 庚, 耕, 淸, 靑

(10) 蒸, 登

(11) 尤, 侯, 幽

(12) 侵

(13) 談, 添, 嚴, 咸, 銜, 凡

그리고 입성은 다음의 8부로 나누었다.

(1) 屋, 燭

(2) 質, 術, 櫛, 物, 迄, 沒

(3) 月, 曷, 末, 黠, 鎋

(4) 藥, 鐸

(5) 麥, 昔, 錫

(6) 職, 德

(7) 緝

(8) 盍, 帖, 業, 狎, 乏

3) 段玉裁(1735~1815) : 17부 《六書音均表》[28]

Ⅰ. (1) 之, 咍 (職, 德) ※ ( )안은 입성임.

Ⅱ. (2) 蕭, 宵, 肴, 豪

  (3) 尤, 幽 (屋, 沃, 燭, 覺)

  (4) 侯

  (5) 魚, 虞, 模 (藥, 鐸)

Ⅲ. (6) 蒸, 登

  (7) 侵, 鹽, 添 (緝, 葉, 帖)

(**28**) 《六書音均表》는 段玉裁 《說文解字注》의 권말에 수록되어 있다.

(8) 覃, 談, 咸, 衒, 嚴, 凡 (合, 盍, 洽, 狎, 業, 乏)

Ⅳ. (9) 東, 冬, 鍾, 江

(10) 陽, 唐

(11) 庚, 耕, 淸, 靑

Ⅴ. (12) 眞, 臻, 先 (質, 櫛, 屑)

(13) 諄, 文, 欣, 魂, 痕

(14) 元, 寒, 桓, 删, 山, 仙

Ⅵ. (15) 脂, 微, 齊, 皆, 灰 (거성 : 祭, 泰, 夬, 廢) (術, 物, 迄, 月, 沒, 曷, 末, 黠, 鎋, 薛)

(16) 支, 佳 (陌, 麥, 昔, 錫)

(17) 歌, 戈, 麻

이와 같이 段玉裁는 고운을 6류 17부로 나누었다.

4) 戴震(1723~1777) : 25 부 《聲類表》

Ⅰ. (1) 阿[29]…歌, 戈, 麻   o [30]

(2) 烏…魚, 虞, 模   u

(3) 堊…鐸   ok

Ⅱ. (4) 膺…蒸, 登   iŋ

(5) 噫…之, 咍   i

(6) 億…職, 德   ik

Ⅲ. (7) 翁…東, 冬, 鍾, 江   uŋ

(8) 謳…尤, 侯, 幽   ou

(9) 屋…屋, 沃, 燭, 覺   uk

Ⅳ. (10) 央…陽, 唐   aŋ

(11) 夭…蕭, 宵, 肴, 豪   au

(12) 約…藥   ak

Ⅴ. (13) 嬰…庚, 耕, 淸, 靑   eŋ

(14) 娃…支, 佳   e

(15) 戹…陌, 麥, 昔, 錫   ek

Ⅵ. (16) 殷…眞, 諄, 臻, 文, 欣, 魂, 痕   in

(17) 衣…脂, 微, 齊, 皆, 灰   i

(18) 乙…質, 術, 櫛, 物, 迄, 沒   it

---

(29) '阿, 烏' 등의 한자는 戴震이 설정한 운목인데, 모두 「影」모자인 것이 특징이다. 「影」모자의 모음 앞에는 자음이 없으므로 이를 택하였을 것이다.

(30) 재구음에 대하여는 王力(1935), pp. 321~322 참조.

Ⅶ. ⑲ 安…元, 寒, 桓, 刪, 山, 先, 仙　　　an

　　⑳ 靄…祭, 泰, 夬, 廢　　　　　　　　ai

　　㉑ 遏…月, 曷, 末, 黠, 鎋, 屑　　　　at

Ⅷ. ㉒ 音…侵, 鹽, 添　　　　　　　　　im

　　㉓ 邑…緝　　　　　　　　　　　　　ip

Ⅸ. ㉔ 醃…覃, 談, 咸, 銜, 嚴, 凡　　　　am

　　㉕ 諜…合, 盍, 葉, 怗, 業, 洽, 狎, 乏 ap

　　이상과 같이 戴震은 고운을 모두 9류 25부로 나누었다. 이 밖에도 孔廣森(1752～1786)의 18부, 王念孫(1744～1832)의 21부, 江有誥(?～1851)의 21부, 章炳麟(1868～1936)의 23부, 黃侃(1886～1935)의 28부, 王力의 11류 29부 등이 있으나 생략한다.[31] 한편 陳新雄(1935～)은 선학자들의 연구를 참고 혹은 비판하여 고운 32부를 설정하였는데, 그 결과만을 예시하면 다음과 같다.

1. 歌	2. 月	3. 元	a—at—an
4. 脂	5. 質	6. 眞	æ—æt—æn
7. 微	8. 沒	9. 諄	ɛ—ɛt—ɛn
10. 支	11. 錫	12. 耕	ɐ—ɐk—ɐŋ
13. 魚	14. 鐸	15. 陽	ɑ—ɑ—ɑŋ
16. 侯	17. 屋	18. 東	ɔ—ɔk—ɔŋ
19. 宵	20. 藥		au—auk
21. 幽	22. 覺	23. 冬	o—ok—oŋ
24. 之	25. 職	26. 蒸	ə—ək—əŋ
27. 緝	28. 侵		əp—əm
29. 怗	30. 添		ɐp—ɐm
31. 盍	32. 談		ap—am

　　이상 古韻 32부의 對轉과 旁轉 관계를 고려하여 고운의 조음 위치를 다음과 같이 모음 4각도에 I. P. A.로 나타냈다.[32]

---

(31) 역대 학자의 古韻部說에 대한 자세한 논의는 陳新雄(1972), pp. 117～578 참조.

(32) 陳新雄, *ibid.*, p. 1023 참조.

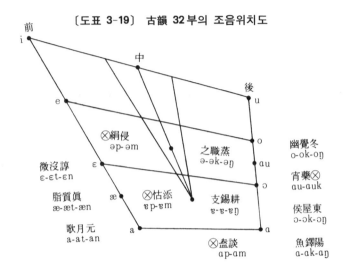

〔도표 3-19〕 古韻 32부의 조음위치도

2. 上古音의 韻母와 그 추정음

상고음의 운모는 중고음과 비교할 때 다른 점이 많을 뿐더러 연구
자에 따라 추정음의 결과도 일치하지 않는 부분이 있다. 여기에서는 먼
저 B. Karlgren의 운부 설정과 추정음을 예시하고 그 근거를 간략히 살
펴보기로 한다. B. Karlgren은 전기 업적인 《Grammata Serica》(1940)에
서 상고운을 26류로 나누었는데, 후기의 《Compendium of Phonetics in
Ancient and Archaic Chinese》(1954)에서는 35군(group)을 설정하였다. 아
래의 예는 《Compendium》에 의거한 것이다.

제1군
〔元〕부

① -ân : 干(寒)[32]　　　　　　/wân : 官(桓)
② ┌ -an : 顔(刪)　　　　　　　/wan : 關(刪)
　 └ -ăn : 閒(山의 일부분)　 /wăn : 患(山의 일부분)[33]
③ ┌ -iɐn : 焉(仙)　　　　　　 /i̯wan : 卷(仙)
　 └ -i̯ɐn : 言(元)　　　　　　 /i̯wăn : 原(元)
④ -iæn : 見(先의 일부)　　　 /iwan : 甽(先의 일부)

---

(32) *-ân은 상고 운모의 추정음, '干'은 例字, (寒)은 중고음(광운)의 운목을 나타낸
　　다. 또 /의 왼편은 개구음이요, 오른편은 합구음이며, ①②③④는 등운 표시이다.
　　각 추정음 앞에 *표는 생략한다. 여기 음표는 Karlgren의 것을 그대로 인용한다.
(33) 중고음의 「山」운은 상고음에서 -an, -ɐn 등을 포괄하므로 일부분이라 하였다. 이
　　하는 '일부'로만 나타낸다.

제 2 군 〔祭〕부 입성	① -ât : 達(曷)	/wât : 活(末)	
	②{ -at : 瞎(鎋) -ăt : 札(黠의 일부)	/wat : 刮(鎋) /wăt : 八(黠의 일부)	
	③{ -jat : 舌(薛) -jăt : 謁(月)	/jwat : 說(薛) /jwăt : 闕(月)	
	④ -iat : 蔑(屑의 일부)	/iwat : 決(屑의 일부)	
제 3 군 〔祭〕부	① -âd : 害(泰)	/wâd : 外(泰)	
	②{ -ad : 蠆(夬) -ăd : 介(皆의 일부)	/wad : 敗(夬) /wăd : 拜(皆의 일부)	
	③{ -jad : 世(祭) -jăd : 艾(廢)	/jwad : 歲(祭) /jwăd : 吠(廢)	
	④ -iad : 契(齊의 일부)		
제 4 군 〔文〕부	① -ən : 恩(痕)	/wən : 門(魂)	
	② -ɛn : 艱(山의 일부)	/wɛn : 鰥(山의 일부)	
	③{ -jən : 勤(欣・眞의 일부) -ɲəɪ : 巾(臻・眞의 일부)	/jwən : 君(文・諄의 일부) /ɲwəɪ : 閔(諄의 일부)	
	④ -iən : 典(先의 일부)	/iwən : 犬(先의 일부)	
제 5 군 〔脂・微〕부	①	/wət : 沒(沒)	
	② -ɛt : 夏(黠의 일부)	/ɪwət : 猾(黠의 일부)	
	③ -jət : 疾(迄・質의 일부)	{ /jwət : 弗(物・術의 일부) /ɪwət : 橘(術의 일부)	
	④ -iət : 鐵(屑의 일부)	/iwət : 闋(屑의 일부)	
제 6 군 〔脂・微〕부	① -əd : 溉(咍의 일부)	/wəd : 內(灰의 일부)	
	② -ɛd : 屈(皆의 일부)	/ɪwəd : 蒯(皆의 일부)	
	③{ -jəi : 鮃(微・脂의 일부) -ɲəɪ : 棄(脂의 일부) -iəd : 戾(齊의 일부)	/jwəd : 謂(微・脂의 일부) /ɪwəɪ : 位(脂의 일부) /iwəd : 惠(齊의 일부)	
제 7 군 〔脂・微〕부	① -ər : 豈(咍의 일부)	/wər : 回(灰의 일부)	
	② -ɛr : 階(皆의 일부)	/ɪwər : 懷(皆의 일부)	
	③{ -jər : 幾(微・脂의 일부) -ɲər : 飢(脂의 일부) -iər : 弟(齊의 일부)	/jwər : 歸(微・脂의 일부) /ɪwər : 葵(脂의 일부) /iwər : 睽(齊의 일부)	
제 8 군 〔歌〕부	① -âr : 那(歌의 일부)	/wâr : 果(戈의 일부)	
	② -ăr : 柴(佳의 일부)	/war : 踝(麻의 일부)	
	③{ -jar : 釃(支의 일부) -jăr : 弭(支의 일부)	/jwar : 惢(支의 일부) /jwăr : 萎(支의 일부)	

④ -iar：鸛(齊의 일부)

| 제9군
〔眞〕부 | ③ -iĕn：榛(眞의 일부) | /įwĕn：均(諄 일부) |
| | ④ -ien：堅(先의 일부) | /iwen：玄(先의 일부) |

| 제10군
〔脂〕부입성 | ③ -iĕt：櫛(質・櫛의 일부) | /įwĕt：恤(術의 일부) |
| | ④ -iet：結(先의 일부) | /iwet：血(屑의 일부) |

| 제11군
〔脂〕부 | ③ -iĕd：至(脂의 일부) | |
| | ④ -ied：閉(齊의 일부) | |

제12군
〔談〕부
- ① -âm：甘(甘)
- ② { -am：嚴(銜)
-ăm：斬(咸의 일부) }
- ③ { -iam：詹(鹽의 일부)
-iăm：嚴(嚴) }
- ④ -iɒm：砧(添의 일부)　　　/įwăm：犯(凡)

제13군
〔棄〕부입성
- ① -âp：盍(盍)
- ② { -ap：甲(狎)
-ăp：夾(洽의 일부) }
- ③ { -iap：葉(葉의 일부)
-iăp：業(業) }　　/įwăp：法(乏)
- ④ -iɒp：協(怗의 일부)

제14군
〔侵〕부
- ① -əm：男(覃)　　　　　/ŭm：芃(東의 일부)
- ② -ɛm：減(咸의 일부)
- ③ { -iəm：今(侵)
-iɐm：黔(鹽의 일부) }　/įŭm：風(東의 일부)
- ④ -iɐm：念(添의 일부)

제15군
〔緝〕부입성
- ① -əp：合(合)
- ② -ɛp：洽(洽의 일부)
- ③ { -iəp：及(緝)
-iɐp：楫(葉의 일부) }
- ④ -iɐp：褶(怗의 일부)

제16군
〔陽〕부
- ① -âŋ：剛(唐)　　　　　/wâŋ：光(唐)
- ② -ăŋ：旁(庚)　　　　　/wăŋ：觥(庚)
- ③ { -iɒŋ：姜(陽)
-iăŋ：央(庚) }　　/įwɒŋ：狂(陽)
/įwăŋ：兄(庚)

제17군
- ① -âk：惡(鐸의 일부)　　/wâk：廓(鐸)
- ② -ăk：宅(陌)　　　　　/wăk：獲(陌)

〔魚〕부 입성	③ -jɑk : 若(藥의 일부)	/i̯wɑk : 縛(藥)
	-jᴀ̆k : 逆(陌)	
	④ -iɑk : 珞(錫의 일부)	
제18군〔魚〕부	① -ûg : 度(模의 일부)	/wâg : 護(模의 일부)
	② -ă̆g : 詐(麻의 일부)	/wăg : 攫(麻의 일부)
	③ -jɑg : 庶(魚의 일부)	/i̯wɑg : 據(魚의 일부)
	-jᴀ̆g : 借(麻의 일부)	
제19군〔之〕부 입성	① -ək : 克(德)	/wək : 國(德)
	② -ɛk : 革(麥의 일부)	/wɛk : 馘(麥의 일부)
	③ -jək : 棘(職의 일부)	/i̯wək : 城(職)
	④	/i̯ŭk : 或(屋의 일부)
		/i̯wək : 殈(錫의 일부)
제20군〔之〕부	① -əg : 賮(哈의 일부)	/wəg : 倍(灰의 일부)
	② -ɛg : 戒(皆의 일부)	/wɛg : 怪(皆의 일부)
	③ -jəg : 基(之)	/i̯wəg : 龜(脂의 일부)
		/i̯ŭg : 久(尤의 일부)
제21군〔蒸〕부	① -əŋ : 恒(登)	/wəŋ : 肱(登)
	② -ɛ̆ŋ : 橙(耕의 일부)	/wɛ̆ŋ : 宏(耕의 일부)
	③ -jəŋ : 興(蒸)	/i̯ŭŋ : 弓(東의 일부)
제22군〔耕〕부	② -ĕŋ : 生(耕의 일부)	/wĕŋ : 嶸(耕의 일부)
	③ -jĕŋ : 敬(淸)	/i̯wĕŋ : 傾(淸)
	④ -ieŋ : 經(靑)	/iweŋ : 扃(靑)
제23군〔佳〕부 입성	② -ĕk : 厄(麥의 일부)	/wĕk : 畫(麥의 일부)
	③ -jĕk : 辟(昔의 일부)	
	④ -iek : 狄(錫의 일부)	/iwek : 鶪(迥)
제24군〔佳〕부	② -ĕg : 解(佳)	/wĕg : 卦(佳)
	③ -jĕg : 知(支의 일부)	/i̯wĕg : 規(支의 일부)
	④ -ieg : 帝(齊의 일부)	/iweg : 圭(齊의 일부)
제25군〔宵〕부 입성	① -ok : 沃(沃의 일부)	
	/ᴀk : 樂(鐸의 일부)	
	② -ŏk : 較(覺의 일부)	
	③ -jok : 虐(藥의 일부)	
	④ -iok : 的(錫의 일부)	
제26군〔宵〕부	① -og : 高(豪의 일부)	
	② -ŏg : 敎(肴의 일부)	
	③ -jog : 驕(宵)	
	-jŏg : 糾(幽)	
	④ -iog : 皎(蕭의 일부)	

제27군 〔幽〕부 입성
① -ôk : 篤(沃의 일부)
② -ôk : 學(覺의 일부)
③ -iôk : 鞠(屋의 일부)
④ -iôk : 軸(錫의 일부)

제28군 〔幽〕부
① -ôg : 皓(豪의 일부)
② -ộg : 包(覺의 일부)
③ -iôg : 究(尤의 일부)
④ -iôg : 鳥(蕭의 일부)

제29군 〔中〕부
① -ôŋ : 宗(冬)
② -ộŋ : 降(江의 일부)
③ -ioŋ : 宮(東의 일부)

제30군 〔侯〕부 입성
① -uk : 谷(屋)
② -ŭk : 角(覺의 일부)
③ -juk : 曲(燭)

제31군 〔侯〕부
① -ug : 奏(侯의 일부)
② -ŭg : 喝(侯의 일부)
③ -jug : 裕(虞의 일부)

제32군 〔東〕부
① -uŋ : 工(東의 일부)
② -ŭŋ : 巷(江의 일부)
③ -juŋ : 共(鍾의 일부)

제33군 〔魚〕부
① -o : 故(模의 일부)   /wo : 狐(模의 일부)
② -å : 家(麻의 일부)   /wå : 華(麻의 일부)
③ { -jo : 居(侯의 일부)   /įwo : 羽(虞의 일부)
    { -jå : 者(麻의 일부)

제34군 〔侯〕부
① -u : 句(侯의 일부)
③ -ju : 枸(虞의 일부)

제35군 〔歌〕부
① -â : 我(歌의 일부)   /wâ : 過(戈의 일부)
② -a : 加(麻의 일부)   /wa : 瓦(麻의 일부)
③ { -ja : 蛇(麻의 일부)
    { -ia : 儀(支의 일부)   /wia : 爲(支의 일부)

이상과 같은 Karlgren의 상고 운모 추정음을 일별할 때 가장 먼저 기이하게 생각될 것은 중고음에서는 발견되지 않는 *-d, *-r, *-g와 같은 子音 韻尾의 존재 문제일 것이다. 이것은 상고의 韻文과 형성자들을 면밀하게 검토하여 얻어진 결과이다. 다시 말하면 《詩經》의 押韻이나 형성자의 聲符와의 관계에서 중고음의 -t운미와 -k운미의 입성자들이 늘 陰聲(모음 운미)자와 협운(叶韻)이 되거나 상관성을 가진 사실을 귀 납한 것이다. 여기에서 그 실상을 두 가지만 들어 보기로 한다.

(1) 일반적으로 중고음의 -k입성자는 「支・幽・宵・侯・魚・佳」 등 제부의 음성자와 협운되거나 形聲字를 이룬다.

1) 詩韻의 押韻例 : -k/-g

"我出我車   수레 내어 집을 떠나
于彼牧矣   들판길을 달려가네.
自天子所   천자계신 곳에서
謂我來矣   나를 이 곳에 오게 하였다.
召彼僕夫   마부를 불러서
謂之載矣   출정 준비하여라.
王事多難   나랏일 어려움이 많은 때거니
維其棘矣"   잠신들 늦추어 머뭇거리랴."

《詩經》小雅, 出車 일부

위의 '牧・來・載・棘'은 상호 협운되어 있으므로 '來・載'의 상고 운모를 -g로 재구하였다.

$$牧 : 莫六切 \quad *m\hat{i}ok(m\underset{.}{i}w\breve{e}k) > m\underset{.}{i}uk > mu^4$$
$$來 : 落哀切 \quad *l\vartheta g(l\hat{\vartheta}g) > l\Lambda i > lai^4$$
$$載 : 作代切 \quad *ts\vartheta g(ts\hat{\vartheta}g) > ts\Lambda i > tsai^4$$
$$棘 : 紀力切 \quad *k\underset{.}{i}\vartheta k > k\underset{.}{i}\vartheta k > t\varphi i^2$$

2) 形聲字例

之 「出也. 象艸過屮, 枝莖漸益大有所之也.   《설문》
寺 「廷也. 有法度者也. 从寸 之聲.   《설문》
特 「特牛也. 从牛 寺聲.」   《설문》

$$之 : 止而切 \quad *t\underset{.}{i}\vartheta g > t\varphi i > t\underset{\cdot\cdot}{s}i$$
$$寺 : 祥吏切 \quad *dz\underset{.}{i}\vartheta g(z\underset{.}{i}\vartheta g) > zi > s\underset{\cdot\cdot}{i}^4$$
$$特 : 徒得切 \quad *d\vartheta k > d\vartheta k > t'\vartheta^4$$

(2) 일반적으로 중고음의 –t입성자는 「祭·微·脂」운 등 제부의 음성자와 협운되거나 또는 형성자를 이룬다.

1) 詩韻의 押韻例 : -t/-d(r)

"昊天不惠　　"하늘은 은혜롭지 어째 못하여
降此大戾　　이리 큰 변괴를 있게 하시나.
君子如屆　　군자만 바른 도리 지키신다면
俾民心闋　　흉흉한 민심도 가라앉으며
君子如夷　　군자만 공정히 처사하시면
惡怒是違"　　쌓였던 분노도 풀려 가리만."

《詩經》小雅, 節南山之什 일부

惠：胡桂切　　*giwəd(ɼiwed)<ɼiwei>xuei⁴
戾：郎計切　　*liəd(lied)>liei>li⁴
屆：古拜切　　*kɛd(ked)>kăi<tɕie⁴
闋：苦穴切　　*k'iwət(k'iwet)k'iwet>tɕ'üe⁴
夷：以脂切　　*diər(died)>i>i²
違：兩非切　　*giwər(ɼiwăd)>jwei>uei²

2) 形聲字例

　必：卑吉切　　*piĕt>piĕt>pi⁴
　秘：兵媚切　　*(pied)>pji>pi⁴
　至：脂利切　　*tiĕd(t̂ied)>tɕi>tʂ̈i⁴
　垤：徒結切　　*diet>diet>tie⁴

이상 《시경》의 협운자는 적어도 절운 시대의 시운에서는 허용될 수 없는 것들이다. 그럼에도 불구하고 《시경》에서 입성자와 음성자가 상호 협운이 가능했던 사실은 상고음의 운모가 중고음과 달랐음을 알려 주는 증거이다. 그리하여 중고음에 존재하지 않은 운미로 -g, -d(-r)을 재구성하게 된 것이다.

이와 같이 상고 한자음의 운모 문제도 앞으로 계속 연구해야 할 과제이므로 섣부른 단정을 피하고 지금까지 제시된 6인의 추정음을 대비표로 작성하여 참고로 삼고자 한다.

〔도표 3-20〕 上古韻母의 推定音 對比表

部	等呼·韻		Karlgren (1)	董同龢 (2)	王力 (3)	李方桂 (4)	周法高 (5)	嚴學窘 (6)
之	開1	咍	əg (150A)	âg	ə, ək	əg	əɤ	əg
		侯	əg (150B)	uâg	ə	əg	əɤ	
	2	皆	ɛg (151)	əg	ək	rəg	rəɤ	ŏg
	3	之	i̯əg (152)	jəg	iə, i̯ək	jəg	jiəɤ	jəg
	合1	灰	wəg (153)	uâg	uə, uək	əg	wəɤ	ʷəg
	2	皆	wɛg (154)	uəg	uə		rwəɤ	ʷŏg
	3	脂	i̯wəg (155)	juəg	i̯wə, i̯wək	wjiəg, jiəg	iwəɤ, jiwəɤ	ʷjəg
		尤	i̯ŭg (156)	juâg	i̯wə, i̯wək	jəg	jwəɤ	
職	開1	德	ək (142)	âk	ŏk	ək	ək	ək
	2	麥	ɛk (143)	ək	ək	rək	rək	ŏk
	3	職	i̯ək (144)	jək	iŏk	rjək	jiək, iək	jək
	合1	德	wək (145)	uâk	uŏk		wək	ʷək
	2	麥	wɛk (146)	uək	uŏk	(m)rək	rwək	ʷŏk
	3	職	i̯wək (147)	juək		(p)jiək	iwək	
		屋	i̯ŭk (148)	juâk	i̯wŏk	wjək	jwək	ʷjək
	4	錫	iwək (149)				ewək	
蒸	開1	登	əng (157)	âŋ	əŋ	əng	əng	əŋ
	2	耕	ɛng (158)	əŋ			rəng	ŏŋ
	3	蒸	i̯əng (159)	jəŋ	i̯əŋ	jəng	jiəng, iəng	jəŋ
	合1	登	wəng (160)	uâŋ	uəŋ	wəng	wəng	ʷəŋ
	2	耕	wɛng (161)	uəŋ	uəŋ	wrəng	rwəng	ʷŏŋ
	3	東	i̯ŭng (162)	juâŋ	i̯wəŋ	wjəng, jəng	jwəng	ʷjəŋ
魚	開1	模	âg (135) o (210)	ag	a, āk	ag	aɤ	ag
	2	麻	ăg (136) à (211)	ɔg	ea, eāk	rag	raɤ	ăg
	3	魚	i̯ag (137) i̯o (212)	jag	i̯a	jag	jaɤ	jăg
		魚	i̯wag (141)					

(1) B. Karlgren, *Compendium*(1954) 참조. 추정음 옆의 숫자는 *Compendium*에서 상고 운을 35부로 나누고 각 운모에 붙인 일련 번호이므로 이 번호를 찾아보면 중고음 과의 관계는 물론 추정의 근거를 자세히 밝혀 놓았다.

(2) 董同龢《上古音韻表稿》(1944, 1975③) 및《漢語音韻學》(1972), pp. 263~286.

(3) 王力《漢語史稿》(1958), pp. 77~101.

(4) 李方桂 ⎫
(5) 周法高 ⎬《中國音韻學論文集》(1984) pp. 27~35.

(6) 嚴學窘「周秦古音結構體系(稿),《音韻學研究》1(1984) pp. 96~118 참조.

麻	i̯ăg (138)	jəg	ia, iᾱk	jiɑg	jiaɣ	
	i̯à (213)					
合1模	wâg (139)	uag	ua, uᾱk		waɣ	ʷag
	wo (214)					
2麻	wăg (140)	uə̆g	oa		rwaɣ	ʷăg
	wà (215)					
虞	i̯wo (216)	juag	iwa	wjɑg	jwaɣ	ʷjag
鐸 開1鐸	âk (127)	ak	ăk	ak	ak	ak
2陌	ăk (128)	ə̆k	eăk	rak	rak	ăk
3藥	i̯ak (129)	ak, jak	ĭăk	jak	jak	jak
陌	i̯ăk (130A)	jək	iăk	jak	iak	
昔	i̯ăk (130B)	jək	iăk	jiak	jiak	
4錫	iak (131)				eak	
合1鐸	wâk (132)	uak	uăk	wak	wak	ʷak
2陌	wăk (133)	uə̆k	oăk	(p)rak	rwak	ʷăk
3藥	i̯wak (134)	juak	ĭwăk	(p)jak	jwak	ʷjak
陽 開1唐	âng (119)	aŋ	aŋ	ang	ang	aŋ
2庚	ăng (12)	ə̆ŋ	eaŋ	rang	rang	ăŋ
3陽	i̯ang (121)	jaŋ	ĭaŋ	jang	jang	jaŋ
庚	i̯ăng (122)	jəŋ	iaŋ	jiang	iang	
合1唐	wâng (123)	uaŋ	uaŋ		wang	ʷaŋ
2庚	wăng (124)	uə̆ŋ	oaŋ		rwang	ʷăŋ
3陽	i̯wang (125)	juaŋ	ĭwaŋ	wjɑng	jwang	ʷjaŋ
庚	i̯wăng (126)	juəŋ	ĭwaŋ	wjiang	iwang	
支 開2佳	ĕg (174)	eg	e, ēk	rig	reɣ	ĕg
3支	i̯ĕg (175)	jeg	ĭe, ĭēk	jik	jieɣ	jeg
4齊	ieg (176)	ieg	ie, iēk	ig	eɣ	ęg
合2佳	wĕg (177)	ueg	ue, uēk	wrig	rweɣ	ʷĕg
3支	i̯wĕg (178)	jueg	ĭwe	wjig	jiweɣ	ʷjeg
4齊	iweg (179)	iueg	iwe	wig	weɣ	ʷęg
麥 開2麥	ĕk (169)	ek	ĕk	rik	rek	ĕk
3昔	i̯ĕk (170)	jek	ĭĕk	jik	jiek	jek
4錫	iek (171)	iek	iĕk	ik	ek	ęk
			uĕk		rwek	ʷĕk
合2麥	wĕk (172)	uek	ĭwĕk	wrik	jiwek	ʷjek(3등)
4錫	iwek (173)	iuek	iwĕk	wik	wek	ʷęk
耕 開2耕	ĕng (163)	eŋ	eŋ	ring	reng	ĕŋ
3清	i̯ĕng (164)	jeŋ	ĭəŋ	jing	jieng	jeŋ
庚3		jěŋ	ĭəŋ		ieng	eŋ
4青	ieng (165)	ieŋ	ieŋ	ing	eng	

合 2 耕	wěng (166)	uəŋ	ueŋ	wring	rweng	ʷěŋ
3 清	i̯wěng (167)	jueŋ		wjing	jiweng	ʷjeŋ
庚 3		jueŋ̆			iweng	
4 青	iweng (168)	jueŋ	iweŋ	wing	weng	ʷęŋ
幽 開 1 豪	ôg (194)	ôg	əu, əuk	əgʷ	əwɤ	og
2 肴	ộg (195)	og	eəu	rəgʷ	rəwɤ	ǒg
3 尤	i̯ôg (196)	jôg	ĭəu	jəgʷ	jəwɤ	jog
幽	i̯ŏg (188)	jog			jiəwɤ	
4 蕭	iôg (197)	iog		jiəgʷ	eəwɤ	ǫg
覺 開 1 沃	ôk (190)	ôk	ŏuk	əkʷ	əwk	ok
2 覺	ộk (191)	ok	eŏuk	rəkʷ	rəwk	ŏk
3 屋	i̯ôk (192)	jok	ĭŏuk	jəkʷ	jəwk	jok
4 錫	iôk (193)	iok	iŏuk	iəkʷ	eəwk	ǫk
中 開 1 冬	ông (198)	ôŋ	uəm	əŋgʷ	əwng	oŋ
2 江	ộng (199)	oŋ	oəm	rəŋgʷ	rəwng	ǒŋ
3 東	i̯ông (200)	oŋ, joŋ	rwəm	rjəŋgʷ	jəwng	joŋ
宵 開 1 豪	og (185)	ôg	au, āuk	ɑg	awɤ	ɔg
2 肴	ǒg (186)	ɔg	eau, eāuk	rɑg	rawɤ	ɔ̌g
3 宵A	i̯og (187)	jog	ĭau, ĭāuk	iɑg, jiɑg	jiawɤ	jog
宵B		jô̆g			iawɤ	jǒg
4 蕭	iog (189)	iog	iau, iāuk	iɑg	eawɤ	ǫg
藥 開 1 沃	ok (180)	ôk	ăuk	(p)ɑkʷ	wawk	ɔk
鐸	ȧk (181)	ôk	ăuk	(ts)ɑkʷ	awk	
2 覺	ǒk (182)	ɔk	eăuk	rɑkʷ	rawk	ɔ̌k
3 藥	i̯ok (183)	jok	ĭăuk	jɑkʷ	jawk	jok
4 錫	iok (184)	iok	iăuk	iɑkʷ	eawk	ǫk
侯 合 1 侯	ug (204)	ûg	o, ōk	ug	ewɤ	ug
	u (217)					
2 侯	ǔg (205)	ûg	ǒk	uk	rewk	ǔk
3 虞	i̯ug (206)	jug	ĭwo, i̯wōk	jug	jewɤ	jug
	i̯u (218)					
屋 合 1 屋	uk (201)	ûk	ǒk	uk	ewk	uk
2 覺	ǔk (202)	uk	eǒk	ruk	rewk	ǔk
3 燭	i̯uk (203)	juk	ĭwǒk	juk	jewk	juk
東 合 1 東	ung (207)	ûŋ	oŋ	ung	ewng	uŋ
2 江	ǔng (208)	uŋ	eoŋ	rung	rewng	ǔŋ
3 鍾	i̯ung (209)	juŋ	ĭwoŋ	jung	jewng	juŋ

歌	開	1	歌	âr	(74)	a	a	ɑr	a	a
				â	(219)					
		2	麻	a	(220)	a	ea	rɑr	ra	ă
		2	佳	ăr	(75)					
		3	麻	i̯a	(221)	ja	ia		ja	ja
		3	支	i̯ar	(76)	jə̆	ĭa	ji̯ɑr	jia, ia	
				ia	(222)					
			支	i̯ăr	(77)	jə̆	ĭa			
		4	齊	iar	(78)			iɑr	eaʳ	ạ
	合	1	戈	wâr	(79)	uɑ	ua	uɑr	wa	ʷa
				wâ	(223)					
		2	麻	war	(80)	ua	oa	ruɑr	rwa	ʷă
				wa	(224)					
		3	支	i̯war	(81)	juə̆	ĭwa	ju̯ɑr	jiwa	ʷja
				wia	(225)				iwa	
			支	i̯wăr	(82)	juə̆	ĭwa	ju̯ɑr	iwə̆ʳ	
祭	開	1	泰	âd	(25)	ɑd	āt	ɑd	ar	ad
		2	夬	ad	(26)	ad	eāt	(p)rɑd	rar	ăd
			皆	ăd	(27)	æd		rɑd	riar	
		3	祭A	i̯ad	(28)	jæd	ĭāt		jiar	jad
			祭B			jad			iar	jăd
			廢	i̯ăd	(29)	jə̆d	ĭāt		jar	
		4	祭	i̯ad	(30)	iæd	iāt		ear	ạd
	合	1	泰	wâd	(31)	uɑd	uāt		war	ʷad
		2	夬	wad	(32)	uad	oāt		rwar	ʷăd
			皆	wăd	(33)	uæd			riwar	
		3	祭A	i̯wad	(34)	juæd	ĭwāt	ju̯ad, wjad	jiwar	ʷjad
			祭B			juad			iwar	ʷjăd
			廢	i̯wăd	(35)	juə̆d / iuæd	ĭwāt	(p)jad	jwar	ʷạd
月	開	1	曷	ât	(13)	at	ăt	ɑt	at	at
		2	鎋	at	(14)	at	eăt	rɑt	rat	ăt
			黠	ăt	(15)	æt		irɑt	riat	
		3	薛A	i̯at	(16)	jæt	ĭăt	ji̯ɑt	jiat	jat
			薛B			jat			iat	jăt
			月	i̯ăt	(17)	jə̆t	ĭăt	jɑt	jat	
		4	屑	iat	(18)	jæt	iăt	iɑt	eat	ạt
	合	1	末	wât	(19)	uat	uăt		wat	ʷat
		2	鎋	wat	(20)	uat	oăt	wrɑt	rwat	ʷăt

黠	wăt (21)	uæt		(p)riat	riwat	
3 薛A	i̯wat (22)	juæt	ĭăt, ï̯wăt	(p)jiat	jiwat	ʷjat
薛B		juat			iwat	ʷjăt
月	i̯wăt (23)	juĕt	ĭwăt	juat	jwat	
4 屑	iwat (24)	iuæt	iwăt		ewat	ʷạt
元 開1 寒	ân (1)	an	an	ɑn	an	an
2 刪	an (2)	an	ean	ran	ran	ăn
山	ăn (3)	æn	ean	riɑn	rian	
3 仙A	i̯an (4)	jæn	ĭan	jiɑn	jian	jan
仙B		jan			ian	jăn
元	i̯ăn (5)	jɒn	ĭan	jɑn	jan	
4 先	ian (6)	iæn	ian	iɑn	ean	ạn
合1 桓	wân (7)	uan	uan	uɑn	wan	ʷan
2 刪	wan (8)	uan	oan		rwan	ʷăn
山	wăn (9)	uæn			rian	
3 仙A	i̯wan (10)	juæn	ĭan, ĭan	juɑn	jiwan	ʷjan
仙B		juan			iwan	ʷjăn
元	i̯wăn (11)	juăn	ĭwan	wjɑn	jwan	
4 先	iwan (12)	iuæn	iwan	wiɑn	ewan	ʷạn
脂 開2 皆		ed	ei		rer	ĭd
3 脂	i̯ĕd (91)	jed	ĭei, ĭet	jid	jier, ier	jid
支	i̯ăr (77)				jieʳ, ieʳ	
4 齊	iəd (58)	ied	iei, iēt	id	er	ĭd
齊	iər (68)					
齊	ied (92)					
合2						
3 脂	i̯wɛr (72)	jued			jiwer	ʷjid
4 齊	iwəd (63)	iued	iwei		wer	ʷịd
齊	iwər (73)					
質 皆2 黠		et	ĕt		ret	ĭt
3 質	i̯ĕt (87A)	jet	ĭet	jit	jiet	jit
櫛	i̯ĕt (87B)	et	ĕt		riet	
4 屑	iet (88)	iet	iĕt	it	et	ịt
合3 術	i̯wĕt (89)	juet	ĭwĕt	wjit	jiwet	ʷịt(2등)
						ʷjit(3등)
4 屑	iwet (90)	iuet	iwĕt	wit	wet	ʷịt
眞 開2 山		en				in
3 眞	i̯ĕn (83A)	jen	ĭen	jin	jien	jin

臻 i̯ěn (83B)	en	en	rjin	rien	
4 先 ien (84)	ien	ien	in	en	in
合3 諄 i̯wěn (85)	juen	ĭwen	wjin	jiwen, iwen	ʷjin
4 先 iwen (86)	iuen	iwen	win	wen	ʷin
微 開1 咍 əd (54) ər (64)	âd	əi, āt	əd	ər	əd
2 皆 ɛd (55) ɛr (65)	əd	eəi	rəd	rər	ə̆d
3 微 i̯əd (56A) i̯ər (66A)	i̯ěd	ĭə̄t	jəd	jər	jəd
脂 i̯əd (56B) i̯ər (66B)	jəd	ĭə̄t	jiəd	jiər	
脂 i̯ɛd (57) i̯ɛr (67)	jəd	ĭə̄t		iər	əd(4등)
合1 灰 wəd (59) wər (69)	uâd	uəi, uāt	wəd (p)əd	wər	ʷəd
2 皆 wɛd (60) wɛr (70)	uəd	oəi		rwər	ʷə̆d
3 微 i̯wəd (61A) i̯wər (71A)	juâd	ĭwəi, ĭwāt	wjəd	jwər	ʷjəd
脂 i̯wəd (61B) i̯wər (71B)	juəd	ĭwəi, uāt, ĭwāt	wjiəd (p)jiəd	jiwər	
脂 i̯wɛd (62) i̯wɛr (72)	juəd	ĭwəi, uāt, ĭwāt		iwər	
物 開1 沒	ât	ət		ət	ət
2 黠 ɛt (46)	ət	ĕt		rət	ə̆t
3 迄 i̯ət (47A)	jât	ĭĕt	jət	jət	jət
質 i̯ət (47B)	jet	ĭet	jiət	jiət, iət	
4 屑 iət (48)	iet			eət	ə̣t
合1 沒 wət (49)	uât	uĕt	wət, (ts)ət	wət	ʷət
2 黠 wɛt (50)	uət			rwət	ʷə̆t
3 物 i̯wət (51A)	juât	ĭwĕt		jwət	
術 i̯wət (51B)	juət	ĭwə̆t	(t)jət	jiwət	ʷjə̆t
術 iwɛt (52)	juət	ĭwət			
4 屑 iwət (53)	iuet	ĭwə̆t		ewət	ʷə̣t

文 開 1 痕	ən	(36)	ə̂n	ən	ən	ən	ən
2 山	ɛn	(37)	ən	eən	rən	rən	ə̆n
3 欣	i̯ən	(38A)	jə̌n			jən	jən
眞	i̯ən	(38B)	jən	ĭən	jiən	jiən	
臻	i̯ɛn	(39A)	ən			riən	
眞	i̯ɛn	(39B)	jən	iən		iən	
4 先	iən	(40)	iən	iən		eən	ə̣n
合41 魂	wən	(41)	uə̂n	uən		wən	ʷən
2 山	wɛn	(42)	uən			rwən	ʷə̆n
3 文	i̯wən	(43A)	juə̌n	ĭwən		jwən	ʷjən
諄	i̯wən	(43B)	juən	ĭwən, ĭwən		jiwən	
諄	i̯wɛn	(44)				iwən	
4 先	iwən	(45)	iuən	iwən		ewən	
緝 開 1 合	əp	(114)	ə̂p	əp	əp	əp	əp
2 洽	ɛp	(115)	əp	eəp	rəp	rəp	ə̂p
3 緝	i̯əp	(116)	əp, jəp	ĭəp		jiəp, iəp	jəp
葉	i̯ɛp	(117)				jiwəp, iwəp	
4 帖	iəp	(118)	iəp		iəp	eəp	ə̣p
侵 開 1 覃	əm	(107)	ə̂m	əm	əm	əm	əm
2 咸	ɛm	(108)	əm	eəm	rəm	rəm	ə̆m
3 侵	i̯əm	(109)	əm, jəm	ĭəm	jəm	jiəm, iəm	jəm
鹽	i̯ɛm	(110)				jiəm	
4 添	iəm	(111)	iəm	iəm	iəm	eəm	ə̣m
合 1 東	ŭm	(112)	uə̂m		(p)əm	wəm	
3 東	i̯ŭm	(113)	juəm		(p)jəm	jwəm	
葉 開 1 盍	ɑ̂p	(100)	ɑp	ap	ɑp	ap	ap
2 狎	ɑp	(101)	ɑp	eap	rɑp	rap	ăp
洽	ɑ̆p	(102)	ɐp	eap	riɑp	riap	
3 葉	i̯ɑp	(103)	ja, jɐp	ĭap	rɑp	jiɑp, iap	jap
業	i̯ɑ̆p	((104)	jɐp	ĭap	jɑp	jap	jăp
4 帖	iɑp	(105)	iɐp	iap	iɑp	eap	ə̣p
合 3 乏	iwɑ̆p	(106)	juɐ̌p	ĭwap	(p)jɑp	jwap	
談 開 1 談	ɑ̂m	(93)	ɑm	am	ɑm	am	am
2 銜	ɑm	(94)	am	eam	rɑm	ram	ăm
咸	ɑ̆m	(95)				riam	
3 鹽	i̯ɑm	(96)	jam, jɐm	ĭam	jiɑm, tjɑm	jiam, iam	jam
嚴	i̯ɑ̆m	(97)	jɐm	ĭam	jɑm	jam	jăm
4 添	iɑm	(98)	iɐm	iam	iɑm	eam	am
合 3 凡	i̯wɑ̆m	(99)	juɐ̌m	ĭwam	(p)jɑm	jwam	ʷjam

　이상의 표를 대비하여 보면 상고음의 주요 단모음(simple vowel)을 추출해 낼 수 있다. Karlgren에서는 다음 14개의 모음이 추출된다.

　â, ɑ, ă; ə, ɛ; ĕ, e; o, ȧ, ŏ; ô, ộ; u, ŭ

　그러나 이렇게 많은 모음들이 변별적으로 대립하였을까는 의문이다. 그리하여 李芳桂는 상고음의 모음 계통을, i, u, ə, a로 보았고 周法高는 e, ə, a의 3계 모음만을 인정하였다. 이에 비하여 嚴學窘은 *i·e·ə·a·o·ɔ·u계의 7모음을 추정하였는데, 현재로서는 이것이 자못 실제에 접근한 견해가 아닐까 생각된다. 그러나 상고 한자음의 성모와 운모의 실상에 대해서는 앞으로도 계속 연구할 과제라 생각되므로 현재의 저자로서는 단정을 보류해 두고자 한다.

제 **4** 편

字義論(訓詁學)

제 1 장
緒　　論

제1절　訓詁의 意義

　　중국의 漢字는 세계의 다른 문자와는 달리 글자마다 形·音·義의
세 요소를 갖춘 표어문자라는 점이 그 특징이라고 하였다. 그러기에 한
자를 종합적으로 고찰하려면 字形면을 위주로 한 협의의 文字學(字形
學), 字音면을 대상으로 한 聲韻學, 字義면을 주제로 다루는 訓詁學의
연구가 병행되어야 한다.

　　訓詁란 漢語·漢字의 의미에 대하여 공시적 용법과 통시적 변천
등을 탐구함으로써 옛 典籍의 의미 내용을 올바르게 해석하고 이해하
는 데 목적이 있다. 역사적으로는 특히 漢代 이후로 儒家의 문헌을 중
심으로 한 경서 해석학(經學)이 유행하면서 훈고는 시작되었지만 訓詁
學이라는 학술 명칭이 성립되기는 비교적 근래의 일이다.[1]

　　그러면 과연 훈고의 의의는 무엇일까. 먼저 《說文》의 해설을 음미
하여 보기로 하자.

　　訓「說教也. 从言 川聲.」
　　詁「訓故言也. 从言 古聲.」
　　위의 「說教」에 대하여 段玉裁는 注에서
　　"說教者, 說釋而教之, 必順其理. 引伸之凡順, 皆曰訓."

---

(1) 중국에서 훈고학이 서구 언어학의 영향을 받아 하나의 학술 분야로 재조명되기는
　　王力, 「新訓詁學」, 《開明書店 二十周年 紀念論文集》(1947 : 173~188)과 周法高,
　　「中國訓詁學發凡」, 《大陸雜誌》(1955 : 8~15)의 논문이 공헌한 바 크다.

이라고 풀이하고, 도 「故言」에 대하여는

> "故言者, 舊言也, 十口所識前言也. 訓者說敎也, 訓故言者, 說釋故言以
> 敎人, 是之謂詁."

라고 주석하였다. 이렇게 볼 때 두 자를 합한 '訓詁'란 순리와 조리에
따라 옛말을 해석하여 사람을 가르친다는 뜻을 내포한다. 사실 언어란
공간적 조건에 의하여 방언의 형성이 불가피하며, 시간적 조건에 따라
서는 고금 언어 사이에 필연적으로 의미상의 차이가 생겨나기 마련이
다. 그러므로 「說敎」란 바로 사람이 모른 것을 가르쳐 능히 알게 한다
는 뜻이다. 이런 점에서 여러 지역의 방언과 고금 언어의 차이 등을 밝
힘은 물론, 나아가서는 언어의 근원과 문자의 形·義까지를 구통케 하
는 것이 바로 훈고이다.

　이와 같은 훈고의 명칭은 이미 漢대의 전적에서부터 비롯한 것이
었지만, 먼저 두 자에 대하여 고래로 어떻게 해석하였는가를 살펴보기
로 하자.

(1) '訓'자의 해석

(1) "訓, 道也."　　　　　　　《爾雅》 釋詁
(2) "訓, 順也."　　　　　　　《廣雅》 釋詁
(3) "訓者, 謂字有意義也."　 張揖《雜字》
(4) "訓, 謂訓說理義."　　　　《禮記》 曲禮疏
(5) "訓者, 順其意以訓之也." 徐鍇(920~974)《說文繫傳》
(6) "訓者,「釋詁」云: 道也, 道謂言說之, 詁與言皆道也, 不同者,「詩關雎詁
　　訓傳正義」云: 訓者, 道也. 道物之貌 以告人也. 故《爾雅》序篇云: 釋
　　詁, 釋言 通古今之字, 古與今異言也. 釋訓言形貌也. 然則釋訓云者,
　　多形容寫貌之詞……." 郝懿行(학의행 : 1757~1825)《爾雅義疏》釋訓

　위의 여러 풀이에 나타난 바와 같이 '訓'이란 바로 "順理以說釋"의
뜻을 함유한다. 즉 '訓'자의 본뜻은 「說敎」이므로 하나의 사물의 명칭이
나 내용을 자세히 해석·설명하여 다른 사람이 명확히 이해하도록 해
주는 것이 목적이다. 그러기 위해서는 어떤 사물이나 개념이 가진 본성
과 도리를 바로 순리(조리)에 맞게 해설하지 않으면 안된다는 뜻이다.

그리하여 일찍이 '訓'자는 《爾雅》의 「釋訓」과 같이 책의 편명으로도 쓰였고, 揚雄의 《倉頡訓纂》에서처럼 책명에 쓰인 예도 있다.

(2) '詁'자의 해석

① "詁者, 古也. 古今異言, 通之使人知也." 孔穎達 《毛詩注疏》
② "詁, 謂指義也." 《漢書》 揚雄傳 注
③ "詁, 訓古言也." 《後漢書》 桓譚傳 注
④ "詁之爲言故也, 故之爲言古也, 詁通作故, 亦通作古, 「釋文」詁兼古故二音是也." 郝懿行 《爾雅義疏》 釋詁
⑤ "詁者, 古今之異語也." 張揖 《雜字》

여기에서 일단 '詁'자는 '古·故'자와 의미 범위의 차이는 있을지라도 언어의 본원과 음은 같은 것임을 알 수 있다.

인간의 언어란 시간적·공간적 조건에 의하여 변화하는 것이 그 특성이다. 그 결과 시대에 따른 古今語와 지역과 언중의 계층에 따른 方言·俗語는 각각 차이가 있으므로 이를 그때 그때의 언어·문자로써 해설해 주지 않으면 알기 어려운 것이 많다. '詁'는 바로 이런 古語·古字를 가리키는 뜻이다. 이 밖에도 '詁'자가 책의 篇名으로 쓰인 예는 《爾雅》 釋詁와 《廣雅》 釋詁가 있고, 또 책명으로는 何休(129~182)의 《公羊解詁》를 들 수 있다.

앞에서 訓詁의 술어가 형성된 것은 이미 漢대부터라고 하였는데 세 가지 실례만 들어 둔다.

① "雄少而好學, 不爲章句, 訓詁通而已." 《漢書》 揚雄傳
② "誼爲左氏傳 訓詁." 《漢書》 儒林傳 cf. 誼＝賈誼임.
③ "歆美興才, 使撰條例章句訓詁." 《後漢書》 鄭興傳 cf. 歆＝劉歆

그러나 문헌에 따라 훈고의 명칭은 통일된 것이 아니고, 다음과 같이 여러 가지 이칭이 있었음을 확인하게 된다.

① 古 訓

"古訓是式, 威儀是力" 《詩經》 大雅, 烝民
"古訓者, 詁訓也." 錢大昕(1728~1804) 《經籍纂詁》 序

② 訓故

"倉頡多古字, 俗師失其讀, 宣帝時徵齊人能正讀者, 張敞從受之, 傳
至外孫之子 杜林, 爲作訓故."《漢書》藝文志
"申公獨以詩經爲訓故以敎."《漢書》儒林傳

③ 詁訓

"所以通詁訓之指歸." 郭璞《爾雅》序
"詁訓者, 通古今之異辭, 辨物之形貌, 則解釋之義." 孔穎達《毛詩注
疏》

④ 故訓

"毛詩故訓傳三十卷."《漢書》藝文志
"蓋古訓即故訓, 故訓亦即詁訓, 並字異而義通矣." 郝懿行《爾雅義
疏》

⑤ 解詁

"迺作 春秋 公羊解詁."《後漢書》儒林傳

⑥ 解故

"大小夏侯 解故二十九卷."《漢書》藝文志

이와 같이 그 명칭은 다름이 있지만 이것은 모두 古語·古文을 훈
고 당시의 언어·문자로 順釋하는 뜻이므로 그 내용은 訓詁와 같다.

역사적으로 보면 중국은 秦·漢대에 통일 국가로서의 제반 기구가
정비됨에 따라 점차 한자의 자형도 隷書로 통일되었고 儒學의 國敎化
가 정착되기 시작하였다. 이에 따라 戰國 이래의 諸子百家들이 남긴 문
헌 유산을 종합 정리하여 그 사상을 밝히고자 하는 사회적·정치적 요
청이 생겨났다. 특히 後漢 때의 古文學은 그 운동을 조장하고 先秦 시
대의 문헌 해석에 합리성과 사상성을 부여하였다.(2)

문헌 해석에 있어서는 먼저 시대가 흘러 이해하기 어려운 文籍의
字句와 내용을 당시의 통용자로써 훈석하는 방법을 취하였다. 漢대에

---

(2) 漢대에 訓詁가 성행한 이유 중의 하나는 진시황의 焚書 사건으로 없어진 先秦 시
대의 문헌을 고증, 복원하여 先賢의 사상을 집대성하려는 데 있었다.

널리 쓰인 訓詁 또는 故(詁)訓 등의 용어는 바로 이러한 작업과 형식을 가리킨 것이었다. 이처럼 훈고는 문자의 뜻이 위주였기 때문에 과거에는 이를 小學의 한 부문으로 간주하였던 것이다. 그러나 훈고학이 통시적이건 공시적이건 漢字로 표기된 문헌어의 의미를 전문적으로 연구하는 학문이라면 문헌학(philology)과 언어학적 의미론(linguistic semantics)의 연구 방법과 그 성과를 상호 보완하여 체계적인 漢語意味論으로 지향해야 할 것이다.

제 2 절　訓詁의 效用

앞에서 우리는 訓詁의 의의와 그 명칭에 대하여 살펴보았다. 그러면 중국의 한자를 연구하는 과정에서 왜 訓詁가 필요하며 그 效用은 무엇일까? 이러한 문제를 고려할 때 우리는 우선 훈고학의 임무에 대하여 대체로 다음 네 가지 사실을 지적할 수 있다.

첫째, 고금의 언어가 다르므로 이에 해설을 붙여 이해할 수 있게 하고, 각 지방의 방언이 다른 것을 상호 전석하여 의미의 본원을 명백히 밝힌다.

둘째, 동시대, 동지방이라 할지라도 때로는 몇 개의 詞彙가 오직 하나의 뜻만을 가진 경우가 있고, 때로는 명칭은 달라도 실제의 대상은 서로 같은 경우가 있다. 하나의 사휘로 다른 사휘를 해석하고, 하나의 명칭으로 다른 명칭을 해석하는 것이 훈고학의 임무 중의 하나이다.

셋째, 언어의 발생은 대개 그 근원이 있고, 문자의 창조는 반드시 그 형체가 있어야 한다. 그러므로 언어의 근원을 연구하고, 특히 한자에 있어서 자형과 자의를 천명하는 일이 또한 훈고학의 과제이다. 그러므로 훈고는 언어를 해석하는 일만이 아니라 문자를 구통하여 그 의미의 조리를 밝히지 않으면 안된다.

넷째, 선대인들이 남긴 정신 문화를 올바로 이해한다.[3]

---

(3) ① "訓詁聲音明而小學明, 小學明而經學明." 王念孫, 段玉裁 《說文解字注》序.
　　② "不識訓詁, 則不能通六藝之文, 而求其義." 盧文弨 《爾雅漢注》序.
　　③ "有文字而後有詁訓, 有詁訓而後有義理." 錢大昕 《經籍纂詁》序.

이러한 훈고의 임무와 필요성을 전제로 하고 그 효용을 예시하여 보자.

1.　語詞의 다름을 통하게 한다

중국의 古籍에는 때때로 동일한 지시물의 뜻이 별개의 낱말로 나타난 경우가 허다하므로 이들의 올바른 의미를 파악하려면 훈고의 힘을 빌지 않으면 안될 때가 있다. 다음의 예를 자세히 살펴보자.

$$\begin{cases} \text{"習習谷風, 以陰以雨"} & \text{《시경》谷風} \\ \text{"東風謂之谷風"} & \text{《毛傳》} \end{cases}$$

$$\begin{cases} \text{"北風其涼, 雨雪其雱"} & \text{《시경》北風} \\ \text{"北風謂之涼風} & \text{《이아》釋天} \end{cases}$$

$$\begin{cases} \text{"大風有隧, 有空大谷"} & \text{《시경》桑柔} \\ \text{"西風謂之大風"} & \text{《시경》大雅箋} \\ \text{"西風謂之泰風} & \text{《이아》釋天} \end{cases}$$

$$\begin{cases} \text{"凱風自南, 吹彼棘心"} & \text{《시경》凱風} \\ \text{"南風謂之凱風"} & \text{《毛傳》} \end{cases}$$

위의 예는 四方風에 대한 異名인데, 이에 따르면 東風＝谷風, 西風＝大風・泰風, 南風＝凱風, 北風＝涼風과 같음을 알 수 있다.

다음은 가마솥의 명칭이 지방에 따라 달랐음을 알려 준다.

"鍑, 北燕, 朝鮮, 洌水之間, 或謂之錪, 或謂之鉼. 江, 淮, 陳, 楚之間謂之錡, 或謂之鏤, 吳, 揚之間謂之鬲." 揚雄《方言》

이와 같이 가마솥(鍑 : 복)의 명칭도 지방에 따라 '錪(전)・鉼(병)・錡(기)・鏤(루)・鬲(력)'으로 불리웠음을 본다. 이러한 낱말의 차이는 훈고의 접근이 없이 구통하기 어렵다.

2.　字義(語義)의 변천을 밝혀 준다

전통 의미론에서 낱말의 의미 변천 방식은 확대(widening), 축소(narrowing), 전이(transfer) 등의 세 가지로 구별된다. 후술할 引伸義는 대개 이 세 가지 유형으로 나눌 수 있다(pp. 682 참조).

(1) 擴 大

江「江水. 出蜀湔氐, 徼外崏山, 入海. 从水 工聲.」

河「河水. 出敦煌塞外昆侖山, 發原注海. 从水 可聲.」

두 자는 본시 長江과 黃河를 전칭하였으나 점차 일반의 江河를 통칭하는 자로 확대되었다. 그리하여 후세에 원래의 '河'를 구별하기 위해 형용사로 '黃'을 덧붙이게 되었다.

臉「目下頰上也.」《韻會》

臉(검)은 눈 아래에서 뺨 위까지의 부분을 가리킨 자였으나 지금은 얼굴 전체를 뜻한다. 예컨대, 현 중국어에서 '洗臉'은 洗面의 뜻이며 '丟臉'은 체면을 잃었다는 뜻이다.

表「上衣也. 从衣毛.」

'表'는 원래 겉옷을 가리킨 뜻이었지만 여기에서 인신하여 일체의 外表를 뜻하게 되었다.

(2) 縮 小

고대에는 직위의 고하를 막론하고 누구나 자기를 칭할 때 朕(짐)자를 쓸 수 있었다.[4] 屈原은 《離騷》에서 "朕皇考曰伯庸"이라고 자칭한 바가 있다. 그러나 진시황 26년(B.C. 221) 이후로는 오로지 至尊(天子)의 자칭으로만 쓰이는 말로 축소되었다.

寡「少也. 从宀頒. 頒, 分也. 宀分故爲少也.」

寡(과)자도 애초에는 남녀의 구별이 없이 두루 쓰였던 것 같다. 《爾雅》에 "凡無妻, 無夫通謂之寡"라고 하였다. 그러나 점차 남편이 없는 과부를 칭하는 자로 축소되었다. 《孟子》의 "老而無夫曰寡"가 그 예이다.

---

(4) "古者貴賤皆自稱朕"《爾雅》釋詁 下. 注 참조.

瓦「土器已燒之總名, 象形也.」

'瓦'는 구운 토기를 총칭한 자였지만 점차 지붕의 기와를 가리킨 뜻으로 축소되었다.

(3) 轉 移

脚「脛也. 从肉 却聲.」 cf.「脛, 胻也.」

脚(각)의 본뜻은 종아리를 가리켰는데, 지금은 발(足)과 같은 뜻으로 쓰인다. 이는 신체의 어느 부분을 칭하던 말에서 다른 일부분을 칭하는 말로 바뀌었으므로 의미의 전이라고 볼 만하다. 확대와 축소에 속하지 않은 변의는 대개 전이라 할 수 있다.

世→代

이 밖에 諱(휘)자를 피하기 위하여 字義가 바뀐 일이 있다. 예컨대, 唐 太宗의 諱는 世民이었는데, 王의 諱를 피하려고 "祖孫三世"가 "祖孫三代"로, "生民"이 "生人"으로 바뀐 것과 같다.

舌→利

중국 廣東의 상인들은 豬舌(돼지 혀), '牛舌'을 '豬利', '牛利'라고 말한다. 그 까닭은 蝕本(本錢을 축낸다는 뜻)의 '蝕'이 '舌'과 동음이므로 '蝕'을 꺼려 '牛舌'을 '牛利'로 바꾼 것이라 한다. 이 예는 禁忌(taboo)에 의한 자의의 전이라고 보겠다.(5)

3. 聲韻의 변천을 알게 한다

음운의 변천 과정을 추구하는 방법에는 여러 가지가 있겠으나 훈고도 중요한 방법 중의 하나이다. 과거의 훈고에서 밝혀진 예를 두 가지만 들어 보자.

烝「蜎蜎者蠋, 烝在桑野."《시경》東山

위의 '烝'에 대하여 毛傳에서는 "烝, 寘也"라 하였고, 鄭玄은 箋에

(5) 林尹《訓詁學概說》(1972), p. 13.

서 "古者聲實, 塡, 塵同"이라고 설명하였다. 적어도 鄭玄이 생존한 시대 (127~200)에는 이미 '實, 塡, 塵' 3자의 음이 달랐으므로 특별히 "古者 聲同"이라 하였을 것이다.

　　實 : 支義切 *tǐeg＞tɕiɐ＞tʂï⁴　（치）
　　塡 : 徒年切 *dien＞dien＞tʻian²[tʻien]　（진）
　　塵 : 直珍切 *dʼi̯ĕn＞ḍi̯ĕn＞tʂən²　（진）

　荼 : "寬緩以荼"《周禮》考工記, 弓人
　　cf. "荼古文舒假借字, 鄭司農云 : 荼讀爲舒." *ib.*〈注〉

훈고 중에 흔히 "讀爲"라고 한 경우는 음이 가까운 자로 被讀字를 바꾸었다는 의미로 쓰였다. 그러면 두 자의 음은 어떠한가.

　荼 : 宅加切 *dăg＞ḍa＞tʂʻa² /同都切 *do＞duo＞tʻu
　舒 : 傷魚切 *ʔtʻiag(śiag)＞ɕi̯wo＞ʂu

이와 같이 《廣韻》의 음은 분명히 달랐는데, 고대에는 定[d]모와 審 [ɕ]모 사이에 무슨 밀접한 관계가 있었음을 암시한다. 사실 고음에는 「審」모를 透[tʻ]모와 동일하게 독음하였으므로 「透·定」 두 성모는 소위 旁紐雙聲[6]에 속하여 발음 부위가 동일하였다. 즉 상고음에서 '荼(茶)' 와 '舒'는 그 발음이 비슷하였으므로 가차가 가능하였음을 알 수 있다. 이것은 훈고학이 성운학과도 관계가 있음을 알려 주는 좋은 예이다.

4.　文字의 異形을 판별한다

언어가 시대에 따라 다르듯이 문자도 고금자의 차이가 있다. 어떠 한 문자의 異形은 音變의 영향을 받기도 하고, 또는 字義의 변천에 의 하여 달라지는 경우가 있다.

　于·於 : "于, 於也."《爾雅》釋詁

《詩經》,《尙書》 등에서는 '于'자를 쓴 자리에 《論語》에서는 '於'자를

---

(6) 발음 부위(조음 위치)가 서로 같은 聲을 旁紐雙聲이라고 한다. 가령 「見·溪·羣· 疑」모는 모두 牙音(軟口蓋音)에 속하므로 발음 부위가 같다. 「透·定」모는 모두 舌 音에 속한다.

쓰고 있다. 이 점에 대하여 段玉裁는 다음과 같이 설명하였다.

> "蓋于於二字, 在周時爲古今字, 故釋詁, 毛傳以今字釋古字也."《說文》
> '于'자 하주

이 말은 '于, 於'자가 周대에 이미 고금자로 쓰였음을 알려 준다. 고금자란 엄격히 말하면 造字의 선후 문제가 아니라 용법상 통용의 문제에 속한다.

> 鳳「神鳥也. 朋, 古文鳳. 鵬, 亦古文鳳.」

위의 예를 보면 '鳳, 朋, 鵬' 3자는 고대에는 異形同字이었음을 알 수 있다. 그러나 지금은 세 글자의 뜻이 각각 다름은 물론이다.

> 旁「溥也. 雱, 篆文.」

雱(함박눈 : 방)은 '旁'의 篆文이다. 지금은 두 자가 상이하게 쓰이고 있지만 본래는 동일자였음을 알게 한다.

5. 古今의 異制를 밝힌다

시대가 경과하면 풍속이나 제도 등은 물론 사물의 명칭도 달라지게 마련인데, 이러한 차이를 천명하는 데에도 훈고는 중요한 구실을 한다.

> 珍·圭 : "珍圭以徵守, 以恤凶荒."《周禮》春官

珍圭란 무엇인가? 同書의 注에 보면

> "杜子春云 : 珍當爲鎭, ……若今時徵郡守, 以竹使符也."

라고 하였다. 이에 따르면 珍圭란 왕이 제후 등에게 왕명의 신분 표시로 주는 일종의 瑞節과 같은 것임을 알겠다.

> 甲 : "司甲"《周禮》夏官

《周禮》夏官의 鄭玄 注에 "甲, 今之鎧也"라 풀이하고, 다시 그 疏에

> "古用皮, 謂之甲; 今用金, 謂之鎧."

라고 자세히 설명하였다. 이에 따르면 周대에는 가죽 갑옷을 ‘甲’이라 칭하고, 漢대에는 鎧(갑옷 : 개)라고 칭한 연유를 알게 된다.

匴 : “爵弁, 皮弁, 緇布冠 各一匴”《儀禮》士冠禮

同書 注에 “匴, 竹器名. 今之冠箱”으로 훈고하였다. 따라서 ‘匴(대갓집 : 산)이란 대나무로 만든 冠의 상자임을 알 수 있다.

6. 古書의 訛奪을 교정할 수 있다

오랜 역사를 두고 전승되어 온 중국의 古書, 簡册 등에는 誤·脫자가 허다하다. 그러므로 이를 바로잡아 바른 의미를 파악하려면 역시 훈고의 힘을 빌지 않을 수 없다. 특히 淸대의 유학자들은 이런 점에서 고서의 校讀에 공헌한 바가 많았다.

그 보기로 兪曲園의 《古書疑義擧例》(권5)[7] 중의 「因誤字而誤改例」에서 두 가지만 예시한다.

(1) “奉孤而專命者, 謀主必畏其威, 而疑其前事.”《周書》史記篇

윗예 중의 “謀主”는 “其主”라고 해야 뜻이 통한다. 당초에 ‘其’를 잘못하여 ‘某’로 쓴 것을 다시 후대인이 ‘謀’로 개작하였다는 것이다.

(2) “故貴爲天子, 富有天下, 而伐不謂貪者, 其大計存也.”《管子》霸言篇

윗예의 ‘伐’자는 ‘代’자의 잘못이다.《管子》原文에는 “世不謂貪”이었던 것을 唐나라 사람이 唐太祖 世民의 諱를 피하여 ‘世’를 ‘代’자로 고쳤는데, 후대인이 다시 ‘伐’자로 誤寫하였다고 한다.

7. 語法의 改易을 밝힌다

중국어의 어법상 특징 중의 하나는 어순이라 할 것이다. 그런데 고대의 어떤 문장에는 文勢의 변화를 위하여 때로는 어순을 도치시킨 일이 있었다. 이러한 어법의 개역을 판단하지 않고서는 문장의 바른 의미

---

(7) 이 책은 1977년에 臺北 長安出版社에서 인행하여 쉽게 이용할 수 있다.

를 터득하기 어렵다.

(1) "葛之覃兮, 施于中谷"《詩經》周南, 葛覃

이 시구는 "칡덩굴 뻗어서, 산골짜기까지 자라"의 뜻이므로 "中谷"은 "谷中"을 도치한 예인데, 이에 대한 훈고의 예를 들어 보자.

"中谷, 谷中也."《詩經》鄭氏箋
"中谷, 谷中倒其言者, 古人之語皆然, 詩文多此類也."《詩經》孔穎達 疏
"中谷, 谷中, 此倒句法, 中谷有蓷同, 凡詁訓中多用此例." 陳奐(1786~
　1863),《毛詩傳疏》

(2) "旣見君子, 不我遐棄"《詩經》周南, 汝墳

이 시구는 "임의 얼굴 대하니, 버림받진 않은 듯"의 뜻이므로 "不我遐棄"는 "不遐我棄"의 도치형이다(疏 참조). 이 예에서도 훈고학은 문법학이나 修辭學과도 유관함을 알 수 있다.

8. 語詞의 작용을 辨析한다

과거의 훈고학자 중에는 고전에 쓰인 어조사를 흔히 虛字 항목[8]으로 돌려 그 의미를 소홀하게 다루었기 때문에 본래의 文意를 誤導한 사례가 많았다. 그러나 虛義가 때로는 實義를 나타낸 경우도 있고, 이와 반대로 실의가 허의의 기능을 가진 경우도 있어서 한 어사의 작용을 명확히 파악하기란 쉬운 일이 아니다. 王引之(1766~1834)의《經典釋詞》[9]는 이러한 난점을 가장 잘 천명하였다는 점에서 높이 평가되는 업적으로 알려져 있다. 다음은 그 중의 두 예이다.

(1) 所→可 (所猶可也)

"聖人非所與嬉也."《晏子春秋》雜篇
"人倫雖難, 所以相齒."《莊子》

---

(8) 虛字의 자세한 용법에 대하여는 裴學海《古書虛字集釋》(1933)을 참조할 것.
　또 金元中《虛詞辭典》(1989, 서울 玄岩社)이 참고된다.
(9) 여기에서는 臺北 華聯出版社 印行本(1975)을 이용하였다.

위의 '所'는 곧 '可'의 뜻이다.

(2) 終→旣 (終, 詞之旣也)

"終風且暴, 顧我則笑."《詩經》邶風, 終風
"終溫且惠, 淑愼其身."《詩經》邶風, 燕燕

위의 '終'은 旣(이미)의 뜻이다. 과거의 훈고에서 "終日風爲終風" (종일 부는 바람)으로 해석한 것이라든가, 심지어 "終風, 西風也"로 주해한 따위는 결코 본뜻이 아니라는 점이다. 오히려 '終……且'는 두 가지 일을 열거하는 방식이며, '暴'은 폭풍이 아니라 '소낙비'를 말한 것이다. 그렇다면 "終風且暴"이란 "이미 바람이 부는데 소낙비까지 퍼붓는다"는 뜻이 된다. 그리고 둘째 예는 "온화하고 유순하여, 그 몸가짐을 잘 삼가고"의 뜻이다.

무릇 훈고학의 용도는 이상의 여덟 가지에 국한되지 않는다.[10] 언어의 기원을 탐구하는 일로부터 가차의 관계를 궁구하고, 학자간의 이설을 대비, 비판하는 문제까지도 훈고를 통하지 않고는 완벽을 기하기 어려운 것이 漢文이라고 하여도 과언이 아닐 것이다. 訓詁學은 문자학의 연구는 물론이려니와 중국 고대의 언어, 문물 제도, 풍속, 역사 등의 여러 문제를 밝힘에 있어서도 중요한 연구 분야이다.

---

(10) 자세한 내용은 林尹(1972), pp. 10~26 참조.

제 2 장
字義의 변천과 注解

제 1 절 古漢語 語彙의 구성

세계 언어를 형태상으로 분류할 때 중국어는 단음절의 고립어(iso-lating language)에 속한다. 한국어처럼 체언에 조사가 붙거나 용언의 어간에 어미가 결합하는 첨가어(agglutinative language)도 아니요, 영어의 I, my, me 처럼 격에 따라 그 형태가 변하는 굴절어(inflectional language)도 아니기 때문이다. 실질 개념을 나타내는 어휘 형태소(lexical morpheme)가 존재할 뿐 따로이 문법 형태소가 존재하지 않는 것이 특징이다.

漢字의 하나 하나는 기원적으로 모두 실질 개념을 가졌던 것이 점차 虛辭化의 과정을 거쳐 문법적 의미를 띠게 되었을 뿐이다. 따라서 古漢語의 語彙(詞彙)는 "人·手·心·筆·墨·馬·牛"와 같이 단음절어(이를 單音詞라고도 한다)의 수가 절대적으로 많았고 다음절어는 그 수가 적은 것이 특징이었다. 그러나 단음절어는 비록 성조의 교체가 의미를 변별하는 기능을 가진다 할지언정 同音語(homonymy)의 충돌을 면하기 어렵다. 그리하여 현대의 漢語에 이르면서 점차 다음절어가 많아지게 된 것은 당연한 발전 결과이다. 그러나 古漢語에도 이미 쌍음절 어휘(이를 雙音詞라고도 한다)가 없었던 것이 아니다. 본절에서는 그 실상을 잠깐 살펴보기로 한다.

古漢語의 쌍음절어는 다음 네 가지로 구별할 수 있다.[1]

---

(1) 周秉鈞《古漢語綱要》(1978, 湖南人民出版社), pp. 236~246 참조.

1. 聯 綿 詞

이것은 두 글자의 한자가 서로 끊어지지 않고 한 데 聯綴하여 하나의 뜻을 나타내는 어휘를 가리킨다. 즉 王國維의 설명처럼 "合二字而成一語, 其實猶一字也"가 곧 聯綿詞이다.[2] 이러한 어휘는 그 수가 적기는 하나 이미 先秦 시대의 문헌에도 등장한 점으로 미루어 그 유래가 오래임을 알 수 있다.

聯綿詞는 두 글자의 성·운 관계에 따라 아래의 3종류로 나뉜다.

(1) 雙聲 聯綿詞

彷彿 參差 匍匐 蟋蟀 枇杷 玲瓏 蟋蝀
留連 恍惚 鴛鴦 蜘蛛 鞦韆 轆轤 伊威

이상의 어휘들은 두 글자의 성모가 동류에 속하므로 쌍성 연면사라 한다.

(2) 疊韻 聯綿詞

窈窕 依稀 消搖 撲朔 荒唐 婆娑 倉庚
混沌 朦朧 芍藥 橄欖 彷徨 徘徊 鎡基.

이상의 어휘들은 두 글자의 운모가 동류에 속하므로 첩운 연면사라 한다.

(3) 其 他

쌍성·첩운 관계는 아닐지라도 두 음절이 긴밀하게 결합되어 하나의 뜻을 나타내는 연면사가 있다. 만약 이를 양분하고 나면 각각 별개의 뜻이 되어 버린다. 예컨대 '栝樓'는 하눌타리(trichosanthes japonica)라는 식물을 가리킨 이름이다. 芙蓉, 蝌蚪, 鸚鵡, 扶搖, 葡萄, 狼藉, 跋扈, 權輿와 같은 어휘가 이에 속한다.

---

(2) '聯綿'이라는 용어는 宋代에 張有가 《復古編》에서 쓴 것인데, 方以智는 《通雅》에서 '連語'라고도 하였다. 聯綿詞는 혹은 聯綿字(disyllabic roots)라고도 칭한다.

2. 重言詞

중언사는 혹은 疊字(疊語)라고도 한다. 두 개의 같은 한자가 중첩하여 이루어진 어휘로서 의미면에서 語勢나 어감이 강조되는 장점이 있다. 말하자면 중언사는 (1) 어떤 형상을 묘사하거나(擬態), (2) 사물의 擬聲化, (3) 語勢의 강조, (4) 語調를 조절하는 데 잘 쓰인다.

(1) 氓之蚩蚩(싱글벙글 어디선지 나타난 사람)《시경》氓

蚩蚩(치치)는 돈후한 자태를 형용한 말이다.

桃之夭夭, 灼灼其華(싱싱한 복숭아나무에 복사꽃 활짝 폈네)《시경》桃夭

夭夭(요요)는 나무가 한창인 모양을, 灼灼(작작)은 꽃이 활짝 핀 모양을 표현한 말이다.

(2) 呦呦鹿鳴(메에메에 사슴들이 울며)《시경》鹿鳴

呦呦(유유)는 사슴이 서로 부르는 소리를 나타낸 의성어이다.

坎坎伐檀兮(에헤야 박달나무 꽝꽝 찍어서)《시경》伐檀

坎坎(감감)은 나무 찍는 소리를 나타낸 의성어이다.

(3) 家家習爲俗, 人人迷不悟　　白居易 詩,「買花」

이 시구에서 家家, 人人은 (1) (2)와는 달리 두 자를 중첩하지 않고 單字를 쓰더라도 의미는 통한다. 그렇지만 (3)과 같이 첩어로 표현함으로써 어세가 강조되었다.

(4) 燕燕于飛, 差池其羽(제비 제비 날으네, 깃을 휠휠 치면서)《시경》燕燕

여기에서 '燕燕'을 중첩한 것은 四言詩句를 맞춤과 동시에 어조를 고르게 조절하는 구실을 한다.

이 밖에도《爾雅》釋訓과《廣雅》釋訓 등에는 同字 疊語의 重言詞를 해석한 예가 허다히 발견된다.

明明, 斤斤, 察也. 穆穆, 肅肅, 敬也. 關關, 雍雍, 音聲和也. 丁丁,

嚶嚶, 相切直也 이상《爾雅》

雰雰, 霏霏, 雱雱, 瀌瀌(표), 雪也. 坦坦, 漫漫, 蕩蕩, 平也. 呦呦,
嚶嚶, 喈喈, 嘖嘖, 嘒嘒, 鳴也. 이상《廣雅》

3. 複 合 詞

두 개의 독립적인 단음절어를 결합하여 만든 쌍음절어를 특히 複
合詞라 칭한다. 이것은 비록 두 개의 단음절어가 결합한 것일지라도 그
것이 지시하는 의미는 하나의 단순 의미에 불과하여 만약 이를 두 성
분으로 분석하면 그 뜻은 달라지고 만다. 복합사는 양자간의 의미와 성
분 관계에 따라 세 종류로 나눌 수 있다.

(1) 並列 複合詞

賓客 年歲 言語 干戈 琴瑟 國家 社稷 規模 矩矱 鍾鼓 (명사의 연합)
嫉妬 商量 討論 安定 斟酌 踰越 (동사의 연합)
純粹 正直 高明 艱難 險阻 篤厚 (형용사의 연합)

이상은 近義字가 병렬된 복합사이다.

父母 夫婦 父子 天地 陰陽 宇宙 (명사의 연합)
呼吸 得失 成敗 興亡 生死 進退 (동사의 연합)
貴賤 尊卑 剛柔 盛衰 緩急 輕重 (형용사의 연합)

이상은 相對語(反義語)가 병렬된 복합사이다. 이들은 양쪽의 단음
절어가 상호 평등한 지위에 있을 뿐더러 그 품사도 서로 같다.

(2) 主從(從屬) 複合詞

經書 布衣 君子 詩人 野人 庶人 寡人 天下 兵法 四方 四海 百姓
黎民 諸侯 少年 國風 등

위의 복합사는 양쪽의 단음절어가 상호 평등한 지위가 아니라 주
종 관계로 결합되어 있다.

(3) 渾融 複合詞

骨肉→親屬, 呼吸→氣息, 水土→自然環境, 尺寸→長度, 斤兩→重量, 領袖→領導者, 尊卑→秩序

이 예들은 두 개의 단음절어가 본뜻에서 引申하여 별개의 새로운 의미로 발전한 것이므로 이를 혼용복합사라 칭하기로 한다. 마치 우리 한자말에서 春秋가 '나이'를 뜻하는 것과 같다. 복합사의 引申 예로는 또 '消息'이라는 말이 흥미롭다. '消息'이란 본시 (1) 消長(영고 성쇠, 生滅)의 뜻인데, 여기에서 다시, (2) 情況, 사정, 형편 (3) 편지(音信)의 뜻으로 연변하였다.

(1) 天地盈虛, 與時消息 《주역》豐卦
(2) 遠至京師, 覘候消息 《후한서》陸續傳
(3) 去往彼此無消息　杜甫「哀江頭詩」

4. 附 音 詞

쌍음절어 중에는 위의 1~3의 형식과는 달리 단음절어의 앞뒤에 일종의 조사가 부착하여 이루어진 것이 있는데 이를 부음사라 한다.

예를 들면 古漢語 중 단음절어 앞에 부착한 조사로 '有·阿'자가 있다.

實右序有周(여기에 우리 周를 도우시도다) 《시경》時邁
友於兄弟, 施於有政(형제에 대한 우애를 정치에 널리 보급한다) 《논어》爲政
齊人呼母爲㜷, 李賀稱母曰阿㜷, 江南曰阿嬭, 皆母音之轉也 《通雅》

阿㜷·阿嬭·阿媽·阿母는 다 母(乳母)와 같은 뜻이다. 위의 '有·阿'는 단음절어 앞에 붙어 쌍음절의 명사를 나타내 준다. 또 附音詞에는 단음절어 뒤에 '然·焉·乎·如'등이 부착하여 형용사나 동사를 나타내는 것이 있다.

天油然作雲, 沛然下雨(하늘에 구름이 뭉게뭉게 일더니 비가 많이 내려…)《맹자》梁惠王 上.

潸焉出涕(뜨거운 눈물만 줄줄 흐르네)《시경》東山

煥乎其有文章(찬란하도다! 그 예의 제도여!)《논어》泰伯

天下晏如也(천하가 안정되었다)《사기》司馬相如傳

위의 예와 같은 附音詞의 조사를 王力은 記號라 하였고 혹자는 詞頭, 詞尾라 일컫기도 한다(周秉鈞, 1978 : 243 참조).

이상의 예들은 쌍음절 어휘를 제시한 것이지만, 이 밖에 다른 형식의 다음절어도 있다.[3]

(1) 單複相配形

단복 상배형은 단음절어에 다시 첩어가 결합된 형식인데, 古漢語에는 잘 나타나지 않지만 문학·희곡 작품 등에 자주 등장한다. 이것은 3음절로 구성되는 것이 특징이다.

冷淸淸　孤另另　氣昻昻　淅零零
喜孜孜　暖烘烘　碧森森　綠茸茸

(2) 兩複相配形

양복 상배형은 두 개의 첩어가 결합되어 四字句를 이룬 형태이다.

切切嘈嘈　茫茫渺渺　紛紛擾擾
皎皎潔潔　樂樂陶陶　蕩蕩悠悠
隱隱迢迢(― 초초)　瀟瀟颯颯(소소삽삽)

제 2 절　字義 分化의 유형

문자의 발생은 먼저 인간이 마음 속에 있는 정의를 음성으로 발출

---

(3) 胡楚生《訓詁學大綱》(1975), pp. 67~68.

하여 타인에게 그 뜻을 전달하고 나아가서는 이를 문자로 부호화하려는 데서 비롯하였다. 그러나 우리가 그 문자를 읽을 때에는 위의 과정과는 달리 먼저 문자의 형체를 본 뒤에야 그 음을 독출하고 비로소 문자의 의미를 이해하게 된다. 그런데 字形이란 항시 고정 불변한 것이 아니며, 字音도 시대와 지역에 따라 다르듯이 字義도 역시 시간·공간의 조건에 의하여 변천을 면할 수 없다.

이미 앞에서도 지적한 바와 같이 한자의 운용 방법에는 전주와 가차의 두 가지가 있다. 전주로 말미암아 多字一義의 현상이 있게 되었고, 가차로 말미암아 한자는 一字多義의 결과를 초래하였다. 그러므로 어느 한자의 의미를 정확하게 파악하려면 불가피하게 "古今異義"와 "方國異訓"의 사실을 잊어서는 안될 때가 많다.

먼저 시대적 차이를 예로 들어 보자.

"設爲庠序學校以敎之. 庠者, 養也; 校者, 敎也; 序者, 射也. 夏曰校, 殷曰序, 周曰庠, 學則三代共之: 皆所以明人倫也."《孟子》滕文公篇

위의 예는 모두 일종의 교육 장소를 말한 것인데, 夏, 殷, 周 3대의 명칭이 서로 달랐음을 알려 준다. 비록 명사의 변천도 이러하였거니와 虛字의 변천 역시 예외가 아니어서 顧炎武(1613~1682)의《日知錄》에 의하면 다음과 같은 기록이 있다.

"《論語》之言 斯者七十, 而不言此; 「檀弓」之言 斯者五十二, 而言此者一而已;《大學》成於曾子門人之手, 而一卷之中, 言此者十九. 語言輕重之間, 世代之別, 從可知矣."(번역 생략)

위의 인문을 통해서도 과연 한자는 시대의 선후에 따라 그 용법이 어떻게 달라졌는가를 능히 짐작할 수 있다. 다음의 예도 그 일면을 보여 준다.

"前不見古人, 後不見來者. 念天地之悠悠, 獨愴然而涕下!" 陳子昂(656~695)「登幽州臺歌」

위의 涕(체)자는 눈물의 뜻인데, 사실상 隋, 唐 이전에는 혼히 눈물을 '涕'라고 하였던 것이다. 그런데 五代 十國에 이르러 南唐 李後主

의 「相見歡詞」에서는 "胭脂淚淚相留醉, 幾時重?"과 같이 '涕'대신 淚(눈물 : 루)자를 썼다.

또 《說文》에 「的, 明也」라 하였으나 현대 중국어에서는 介詞로 쓰이고 있다. 이와 같이 한자는 시대의 흐름에 따라 그 뜻이 달라진 것을 알 수 있다.

다음에는 지리적 차이를 예로 들어보자.

"悽, 憮, 矜, 悼, 憐; 哀也. 齊, 魯之間曰矜; 陳, 楚之間曰悼; 趙, 魏, 燕, 代之間曰悽; 自楚之北郊曰憮; 秦, 晉之間或曰矜, 或曰悼." 揚雄 《方言》

揚雄(B. C. 53~A. D. 18)의 이같은 설명은 고대에 방언의 차이에 따라 문자가 달리 만들어졌음을 알려 준다. 다음의 기록들도 역시 방언의 차이를 설명한 예이다.

「訰 : 燕, 代, 東齊 謂信曰訰」　　《설문》
「訏 : 齊, 楚 謂信曰訏」　　　　　《설문》
「睎 : 海, 岱之間眄曰睎」　　　　　《설문》
「瞷 : 江淮之間 謂眄曰瞷」　　　　《설문》
「睇 : 南楚 謂眄曰睇」　　　　　　《설문》
「齊, 魯 謂廧曰舍」　　　　　劉熙 《釋名》
「煖, 江東通言燠」　　　　　郭璞 《爾雅注》

그러면 한자의 의미 분화 유형에는 어떤 것이 있을까. 한자가 나타내는 詞義의 종류에는 本義, 引伸義, 假借義, 通假義 등이 있는데, 여기에서는 分化, 混合, 變易의 세 가지 유형으로 대별하여 예시하여 보기로 하겠다.

1. 分　　化

분화란 동일 자형을 가진 한자가 본뜻 외에 둘 또는 그 이상의 의미로 확대된 자의의 변천 과정을 말한다. 그 원인은 대체로 引伸, 假借,

通假 등 세 가지를 들 수 있다.

(1) 引伸에 의한 분화

引伸(引申)⁽⁴⁾이란 어느 字義가 본뜻으로부터 의미적 상관성을 매개로 다른 뜻으로 확대 발전한 현상을 말한다. 그러므로 새로운 의미를 가지게 된 뒤에도 원래의 의미를 배제하지 않는 성질이 字義(詞義)의 변역(교체)과는 다른 점이다.

訓詁의 처지에서 말하면 인신과 가차는 漢字의 字義가 발전하여 가기 위한 양대 과정인데, 이로써 한자의 의미는 풍부하여진다. 인신은 대개 의미간의 연상 작용에 의하여 연쇄법(enchainement)이 적용됨으로써 생겨난다. 가령 어느 하나의 낱말을 N이라 하고 사물을 A, 특질을 a라 하면

$$N : {}_aA_b \rightarrow {}_bB_c \rightarrow {}_cC_d \rightarrow {}_dD_e \cdots\cdots \text{로 변화한 것이 인신이다.}^{(5)}$$

예컨대 한자에서 '朝'자는 아침(旦)의 뜻이었는데, 여기에서 인신하여 朝會→朝見(조현)→朝廷→朝代와 같이 가까운 것에서 먼 것으로 뜻이 발전하였다.

심리학에서 흔히 연상 작용은 네 가지를 든다. ① 接近律, ② 類似律, ③ 反對律, ④ 因果律이 그것이다. 대개 인신의 뜻을 면밀히 추구하여 보면 이러한 심리 작용에서 비롯한 것임을 알 수 있을 것이다.

《辭海》에서 '道'자 항을 찾아보면 다음과 같이 13가지 뜻이 있다.

〔甲〕① 路也, ② 理也, ③ 通也, ④ 術也, ⑤ 由也, 從也, ⑥ 祭名,
　　　⑦ 地域上之區畫也, ⑧ 宗敎名, ⑨ 周時國名, ⑩ 姓也.

〔乙〕① 言也, ② 治也, ③ 引也.

이 중 ⑨ ⑩을 제외하고는 대부분 길(도로)의 본뜻에서 인신하여 생긴 뜻이다.

---

(4) 引伸이란 《周易》(繫辭上)의 "引而伸之, 觸類而長之"에서 따온 말이다.

(5) 프랑스어의 bureau는 원래 '두꺼운 녹색 모직물'을 지칭하던 것이 여기에서 "책상→사무 도구 일체→이런 도구가 놓인 방→그 방에서 일하는 사람들→사무실"의 뜻으로 변하였다.

이러한 예를 3자만 추가하여 보자(표제자의 해설은 《說文》에 의함).

① 立「侸也. 从大在一之上.」

'立'은 사람이 땅 위에 서 있음을 나타낸 자이다. "立必正方"《禮記》曲禮篇의 '立'은 바로 그 본뜻을 보여 주는 예다. 그런데 이 본뜻에서 다시 (a) 인격의 수립, (b) 명성의 확립, (c) 생명의 존재, (d) 왕위에 오름 등과 같은 뜻으로 변천하였다.

(a) 三十而立《論語》爲政篇
(b) 恐脩名之不立《離騷》
(c) 燕秦不兩立《戰國策》
(d) 莊襄王卒, 子政立, 是爲始皇帝"(장양왕이 죽고 자정이 즉위하니, 이가 시황제이다)《史記》秦始皇本紀

'立'자는 여기에서 다시 확대되어 (e) 물품의 방치, (f) 도리의 제정, 심지어는 (g) '즉시·곧장'의 뜻으로까지 인신하였다.

(e) 立爾矛《書經》牧誓
(f) 立天地之道曰陰與陽《周易》說卦
(g) 沛公至軍, 立誅曹無傷(패공은 군영에 돌아오자마자 즉시 조무상을 죽였다)《史記》項羽本紀

② 理「治玉也. 从王 里聲.」

'理'는 옥을 다듬는다는 뜻에서 후에 (a) 治理, (b) 義理, 天理 등의 뜻으로 인신하였다.

(a) 理, 治也.《廣雅》釋詁
(b) 義理, 禮之文也.《禮記》禮器

③ 行「人之步趨也. 从彳 从亍」

《說文》에서는 '行'을 사람의 걸음을 뜻하는 회의자로 해설하였으나 잘못이다. 甲文형은 ╬과 같아서 원래는 十字大路를 상형한 자였다. 곧 '行'자의 본뜻은 명사였다.[6]

_____
(6) 街(거리: 가), 衙(거리: 통), 術(촌길: 술), 衝(거리: 충), 衢(거리: 구)자 등이 '行'을 형부로 취한 이유가 여기에 있다.

《詩經》卷耳편 중 "嗟我懷人, 寘彼周行"(아득해라 임 생각! 바구니 길에 놓네)의 '行'이 그 예이다. 길은 사람이 걸어다니는 곳이므로 (a)《說文》의 풀이처럼 걷다(동사)의 뜻이 되고, 여기에서 다시 (b) 행위(추상 명사)의 뜻으로도 인신하였다.

(b) 吾無行而不與二三子者(나는 그대들과 항상 행동을 같이 한다)《論語》述而 23.

이와 같이 인신에 의하여 변천한 한자의 뜻을 引伸義라고 한다.

(2) 假借에 의한 분화

《說文》에 「假借者, 本無其字, 依聲託事」라 정의한 바와 같이 어떤 사물이나 개념을 나타내는 본래의 문자가 없을 때 따로이 새 문자를 만들지 않고 음이 같거나 혹은 상사한 기존의 문자를 빌어 쓰는 운용법을 가차라 한다(pp. 497~ 참조).

거의 무한하고 연속적인 자연의 세계를 제한적이고 단절적인 언어세계로 부합되게 표현하는 일은 도저히 불가능하다. 그나마 언어 세계로 표현 가능한 대상이라 할지라도 그 종류와 특색은 다양한 법이어서 이에 일 대 일로 대응할 수 있는 낱말을 창조할 수도 없거니와, 만약 창조해 낸다면 오히려 언어 생활은 불편을 겪게 되는 것이 언어의 본질이다. 문자면에서의 한자도 이와 마찬가지이다. 만약 一字一義의 이상이 실현된다면 한자의 수는 수십만 자로 불어나야 하며 그렇게 되면 문자 생활은 불가능하게 될 것이다. 가차의 원리는 바로 여기에 있다. 따라서 아직 존재하지 않는 한자라도 동음 관계로 다른 자를 빌어 쓰다가 시간이 지나면 마침내 본래의 뜻이 없어지거나 다른 뜻으로 분화한 현상이 본항의 예에 속한다.

① 雅 「楚烏也. 一名鸒, 一名卑居, 秦謂之雅. 从隹 牙聲.」

'雅'의 본뜻은 가마귀를 칭한 자였는데 가차하여 이와는 무관한 雅俗의 雅, 즉 (a) 바른 (b) '정통·규범'의 뜻이 되었다.

(a) 察納雅言(바른 말을 살펴 받아들이다) 諸葛亮「出師表」

(b) 惡鄭聲之亂雅樂也(어찌 정나라 음악이 정통 음악을 어지럽히겠는가?)
《論語》陽貨

② 舊 「雖舊, 舊留也. 从隹 臼聲.」

'舊'는 꿩科에 속한 새의 일종이던 것이 가차하여 新舊의 뜻이 되
었다.

> 人惟求舊, 器非求舊, 惟新. (사람은 오로지 옛사람을 구하고, 그릇은 옛
> 그릇을 구하지 아니하는지라, 새로이 할 것이다.)《書經》盤庚 上

漢文에 쓰인 이른바 虛辭는 대개가 가차에 의하여 본래의 뜻이 바
뀐 대표적인 예이다. 이와 같이 어느 하나의 한자가 동음 또는 유사음
의 관계로 다른 말에 가차되어 점차 본뜻과는 무관한 다른 뜻으로 쓰
이게 된 것을 假借義라고 한다.

(3) 通假에 의한 분화

通假는 혹은 通借라고도 칭하는데 字音이 같거나 유사한 다른 한
자를 빌어 쓰는 점에서는 위의 假借와 같다. 그럼에도 불구하고 흔히
훈고학에서는 양자를 구별하는 일이 있다.

그러면 그 차이는 무엇일까. 우리는 제2편의 가차장에서 「本無其
字의 가차」와 「本有其字의 가차」를 구분한 바 있다(pp. 498~502). 이들
은 다 가차에 속하지만 특히 通假라 할 때에는 후자를 일컫는다. 즉 어
느 대상에 해당한 글자가 이미 존재함에도 불구하고 글을 적을 때 문
득 그 글자를 망각하여 다른 동음자를 빌어 쓴 경우가 많은데 이를 통
가라고 한다. 따라서 가차와 통가는 다음과 같은 점이 다르다.

① 가차는 육서의 하나로서 그 목적은 문자의 부족을 보충하는 운
용법(용자법)이지만, 통가는 書寫 과정에서 생긴 우연의 방편이
다.

② 가차는 본래의 글자가 없을 경우에 의식적으로 음이 같거나 또
는 비슷한 자를 대용한 것이지만, 통가는 본래의 글자가 있음에
도 불구하고 창졸간에 생각이 나지 않아 거의 무의식적으로 다
른 동음자를 대용한 것이다.

③ 가차자는 피가차자와 조자의 순서가 다르다. 예컨대 其(→箕)의 본뜻은 「所以簸者」(키)이던 것이 점차 대명사의 '其'로 쓰이게 되었다. 그러나 통가는 두 글자간에 조자의 선후를 따지기 어렵다. 가령 '信'자는 '믿다'가 본뜻인데 屈信(굽힘과 펴)에서는 '伸'의 뜻이다. 이와 같이 통가자와 본자 사이에는 조자의 선후를 판단하기 어렵다.

④ 정도면에서 가차는 협의의 가차로서 正例에 속하고, 통가는 광의의 가차로서 變例라 할 수 있다.

통가의 예는 제2편 가차장으로 미룬다(pp. 512~ 참조).

2. 混 合

혼합이란 분화와는 반대로 자형이 상이한 몇 개의 한자들이 본래 뜻이 같거나 유사하기 때문에 그 중 어느 한 자로 합하여지든가, 혹은 고대에는 구별되었던 의미가 지금은 상호 혼동된 경우를 말한다.[7]

(1) 同義字의 混合

이것은 소위 異形同義字에 속한 것으로 본래 轉注에서 나온 것이다. 시간과 공간의 차이로 인하여 그 음이 변화되자 별도로 전주될 자를 만들었으나 지금은 오직 하나의 자형만을 쓸 뿐이다. 엄밀히 따지면 자형면에서는 분합의 과정이라 보겠지만 字義는 여전히 서로 같다. 예를 들면, '老·考·耆·耊·耄'자들은 '老'자에서 분화되어 나온 전주자들인데, 현대문에서는 오직 '老'자만을 쓰고 있다. 이 예와 같이 '傀'와 '偉'도 전주되었으나 지금은 '偉'자를 쓰고,[8] '謀'와 '謨'도 전주되었으나

---

(7) 《說文》의 「段注」에서는 引伸과 假借 외에 統言(또는 渾言)과 析言의 훈고 방법을 쓰기도 하였다. 統言이란 '뭉뚱그리다, 일괄하다'의 뜻이고, 析言이란 '구별하여 말하다'의 뜻이다.
   ① 「祥, 福也」: "凡統言則 災亦爲之祥," 析言則善者謂之祥." 「段注」
   ② 「皮, 剝取獸革者謂之皮」: "革者 析言則去毛曰革, 統言則不別也." 「段注」
   ③ 「祭, 祭祀也」: "統言則祭祀不別也"
      「祀, 祭無已也」: "析言則祭無已曰祀", 「段注」
(8) ┌「傀, 偉也. 从人 鬼聲」《說文》
    └「偉, 傀也. 从人 韋聲」《 〃 》

지금은 '謀'자만을 쓰는데,⁽⁹⁾ 이것이 바로 異形同義字의 혼합에 속할 것이다.

(2) 分別字의 混合

처음에는 상호 분별되어 쓰였던 여러 가지 字義가 점차 한 자로 통일되면서 그 구별이 없어진 것을 일컬어 분별자의 혼합이라고 한다. 예를 들면, 고대에는 '씻는다'(洗)라는 뜻에도 그 대상에 따라 다음과 같이 여러 한자가 쓰였음을 알 수 있다.

沐「濯髮也. 从水 木聲.」(머리를 감다)

沬「洒面也. 从水 未聲.」(얼굴을 씻다) cf. (沬, 낯 씻을 : 회)

浴「洒身也. 从水 谷聲.」(몸을 씻다)

澡「洒手也. 从水 喿聲.」(손을 씻다)

洗「洒足也. 从水 先聲.」(발을 씻다)

그러나 지금은 대상에 관계없이, 심지어는 사물을 씻는 일까지도 일률적으로 '洗'자를 쓴다. 즉 '洗'자가 일체의 씻는다는 뜻을 포괄한 셈인데, 이것은 일종의 近義字의 混合이라고 할 만하다. 아래의 예도 동궤의 예이다.《說文》참조.

(1) 豯「生三月豚.」(석달된 돼지 : 혜)

(2) 豵「生六月豚. 一曰: 一歲曰豵.」(어린 돼지 : 종)

(3) 豜「三歲豕.」(세 살된 돼지 : 견)

(4) 豝「牝豕也. 一曰: 二歲豕.」(암돼지 : 파)

(5) 豭「牡豕也.」(수돼지 : 가)

(6) 馬「馬一歲也. 从馬, 一絆其足.」(한 살된 말 : 현, 환)

(7) 駒「馬二歲曰駒, 三歲曰駣.」(두 살된 말 : 구)

(8) 馷「馬八歲也.」(여덟 살된 말 : 팔)

(9) 驕「馬高六尺爲驕. 一曰野馬.」(키 여섯 자된 말 : 교)

(10) 騋「馬七尺爲騋, 八尺爲龍.」(키 일곱 자된 말 : 래)

---

(9) 「謀, 慮難曰謀. 从言 某聲」《說文》
「謨, 議謀也. 从言 莫聲」《 〃 》

⑾ 騭「牡馬也.」(수말 : 즐)

⑿ 騇「牝馬.」(段注)(암말 : 사)

⒀ 騡「馬頭有白髮色.」(머리 흰 말 : 안)

⒁ 駁「馬色不純.」(얼룩말 : 박)

⒂ 馵「馬後左足白也.」(왼쪽 뒷발 흰 말 : 주)

⒃ 牬「二歲牛」(두 살된 송아지 : 패)

⒄ 犙「三歲牛」(세 살된 소 : 삼)

⒅ 牭「四歲牛」(네 살된 소 : 사)

⒆ 犉「牛七尺爲犉」(일곱 자 된 소 : 순)《爾雅》釋畜

　위에서 ⑴～⑸는 돼지가 자란 월수와 연수는 물론 암수에 따라서도 한자가 구별되었다. 그러나 지금은 그러한 구별이 없어져 대개 豬(돼지 : 저)자로 통칭한다. ⑹～⒂도 말의 자란 연수와 키 또는 암수는 물론 심지어는 색깔에 따라 별개의 한자가 존재하였는데, 지금은 역시 '馬'로 통칭한다. ⒃～⒆의 소도 이와 같다. 이러한 현상은 중국에 있어서 고대 목축 시대의 한 언어상을 확인할 수 있는 좋은 예로서 사회언어학의 연구 대상이 된다. 언어는 그 시대의 사회 생활, 환경과 밀접한 관계를 가지기 때문이다.⁽¹⁰⁾

　이 밖에 또 고대에는 죽음(死)에 대하여도 신분에 따라 자의가 구별되었다. 가령 天子의 죽음은 崩(붕), 제후는 薨(훙), 大夫는 '卒', 士는 '不祿'이라 하고, 庶人이 죽었을 때는 '死'라고 하였음이 그 예이다. 그러나 지금은 이러한 구별이 없다. 이 사실은 제왕 시대의 인간의 계급적 차별을 입증하는 언어상이라 하겠다.

　또 고대에는 門의 명칭도 그 대상에 따라 구별이 있었다. 즉, 지게문은 '戶', 두짝문은 '門', 衖門(항문)은 閎(굉), 里門은 閈(한)·閭(려)·閻(염), 廟門은 閍(팽·방), 宮門은 闈(위), 朝門은 闕(궐)이라고 칭하였던 것을 보아 알 수 있다.

　위에서 열거한 한자들은 모두 고대에는 대상에 따라 분별되어 쓰

---

(10) 마치 에스키모 말에는 눈(雪)을 가리키는 말이 세 가지가 있되(내리는 눈, 쌓인 눈, 집을 짓는 데 쓰인 눈), 눈 전체를 가리키는 총칭어는 없다. 그렇다고 해서 에스키모 사람들은 추상적 사고의 능력이 없다고는 말할 수 없다.

였던 字義들이 후에 한 개의 자로 통칭되면서 복잡한 구별이 없어진
것인데, 이것이 곧 혼합에 따른 의미의 변천 현상이다. 또 사물을 세분
하여 복잡하게 칭하던 것이 간단하게 통합되었다는 점에서 字義 변천
의 단순화 현상이라고도 이를 만하다.[11]

3. 變 易

상술한 분화, 혼합 외에 자의의 변천과정으로 변역을 들 수 있다.
변역 과정은 세분하면 다음의 두 가지로 나뉜다.

(1) 후에 생긴 字로 인하여 먼저 생긴 자의 본뜻이 변한 자

亦「人之臂亦也. 从大, 象兩亦之形.」

夾(亦)은 원래 사람의 겨드랑이를 본뜬 증체 지사자인데, 후에 楷
書에서 '亦'으로 변하였다. 그리하여 겨드랑이의 뜻으로는 따로이 腋
(액)자가 생기게 되자 '亦'은 본뜻이 변하여 '또'의 뜻을 가지게 되었다.

云「雲, 山川气也. 从雨云, 象回轉之形. 云, 亦古文雲.」

⌇자는 楷書에서 '云'이 되었으나 원래는 '雲'자의 고문이다. 선후로
보아 당연히 '雲'자가 뒤에 생긴 자인데, '云'은 본뜻(구름)이 변하여 운
위한다는 뜻으로 가차되었다.

自「鼻也. 象鼻形.」

'自'는 원래 사람의 코를 본뜬 상형자이다. 그러나 후에 '鼻'가 코를
가리키게 되자, '自'는 본뜻을 잃고, '자기, 스스로'의 뜻으로 변하
였다.

或「邦也. 从囗, 戈以守其一, 一, 地也.」

'或'의 본뜻은 邦域 즉 나라의 뜻이었다. 《說文》에 「或, 邦也」, 「國,

---

(11) 字義는 물론 단순화의 방향으로만 변천하는 것은 아니다. 현대 중국어의 3인칭
대명사 중 '他, 她, 牠' 등의 구별이 생긴 것은 위와 반대의 정밀화 현상이라고 말
할 수 있다.

邦也」,「邦, 國也」라 한 것을 보면 고대에는 '或, 國' 두 자가 동의자였음을 알겠다. 그러나 후에 '國'이 나라의 뜻으로 전용되자, '或'은 본뜻을 잃고 말았다.

　康「穅, 穀之皮也. 从禾米 庚聲. 康, 穅或省作.」

'康'은 처음에는 '穅'과 동의자였으나 穅(糠, 겨 : 강)이 곡식의 겨를 뜻하게 되면서 '康'은 본뜻이 바뀌어 건강의 뜻으로 전용되었다.

(2) 他字의 차용으로 인하여 本字가 폐지되고
##　　 被借用字의 본뜻이 변한 자

　帥「佩巾也. 从巾 自聲.」

'將帥'의 '帥'는 본래는 䢦(거느릴 : 솔)자이었다.[12] 그런데 후에 「佩巾」의 뜻인 '帥'자를 차용하자 '䢦'자는 폐하여지고, 동시에 '帥'자도 그 본뜻이 바뀌었다.

　罪「捕魚竹网. 从网 非聲. 秦以爲辠字.」

지금의 죄악에 쓰이는 '罪'는 본래는 辠(죄)이었다. 그런데 진시황이 '皇'자와 자형이 비슷하다고 하여 '罪'자로 고쳐 차용케 하였다. 이로부터 '辠'자는 폐지된 한편 '罪'자도 본뜻(魚網)이 변하였다.

　訟「爭也. 从言 公聲. 一曰: 歌訟.」
　頌「皃也. 从頁 公聲.」

'爭訟, 歌頌'의 '頌'은 본래는 모두 '訟'자로 썼다. 그러나 후에 '歌頌'의 뜻으로 '頌'자가 차용됨에 따라 '訟'자는 '歌訟'의 한 뜻이 폐지된 한편, '頌'자의 본뜻(모양 : 皃)이 변하였다. 또 지금의 '容貌'라는 말도 원래는 '頌皃'이었던 것을 '容'자를 사용함에 따라 '頌'자는 용모의 뜻이 없어졌고, 반대로 '容'은 수용한다는 본뜻(容, 盛也. 从宀 谷聲.) 외에 새로운 뜻이 추가되었다.

---

(12) 䢦「將䢦也. 从行 率聲.」《說文》. '䢦'은 지금의 '率'자이다.

제 3 절 字義 注解의 表現 樣相

앞에서 우리는 字義의 변천과 분화의 유형을 살펴보았다. 이제는
과거에 古書의 내용을 정확히 훈고할 목적으로 難解字義와 혹은 字音
을 주해한 문헌이 많은데 그 표현 양상은 어떠하였던가를 정리하여 보
기로 한다. 淸대에 阮元이 찬술한 《經籍纂詁》(嘉慶 3, 1798 년 간행)[13]는
이 방면의 集錄書라 할 수 있는데, 凡例 제 2 조에 보면 28종의 방식이
귀납되어 있어 그 표현이 다양함을 알 수 있다. 예를 들면 "某, 某也.
某, 某也, 某也"와 같은 방식이 그것이다. 본절에서는 편의상 이 방식을
토대로 被注解字를 A, 주해자(또는 주해 어구)를 x, y 등으로 갈음하여
그 내용을 예시하여 보기로 한다.

1. A, x也 (A, x也, y也)

「樹藝五穀」注: "藝, 種也"《맹자》滕文公 上.
"徹, 去也, 斂也"《의례》士冠禮 鄭注

2. A者 x也 (A者, x也, y也)

"卦者, 掛也"《주역》乾, 孔穎達 正義
"堯者, 高也, 饒也. 舜者, 推也, 循也"《상서》大傳
"元者善之長也, 亨者嘉之會也, 利者義之和也, 貞者事之幹也"《주역》
文言

3. A與 x同, A x 字通

"君子寬而不僈"《순자》不苟. 楊倞注: "僈與慢同"
"人之生固小人"《순자》榮辱. 王先謙 集解: "生性字通"

---

(13) 《經籍纂詁》는 古書 중의 文字 訓釋을 모아 놓은 訓詁書이다. 全書는 《佩文韻府》
의 分韻 編字를 참고하고 여기에 없는 자는 《廣韻》,《集韻》에 의거 증보하였다. 모
두 106 권이며 여기에 집록한 문자 훈석은 唐 이전의 經傳·子·史의 주해와 唐
이전의 字書, 韻書, 音義書 등 100 여 종의 고서를 이용하였다. 수록자는 異體字를
제외하고 13,349 자이다. 1971 년에 臺北 西林出版社에서 영인 간행한 바 있으므로
쉽게 이용할 수 있다.

〔도표 4-1〕《經籍籑詁》, 西林出版社 영인본

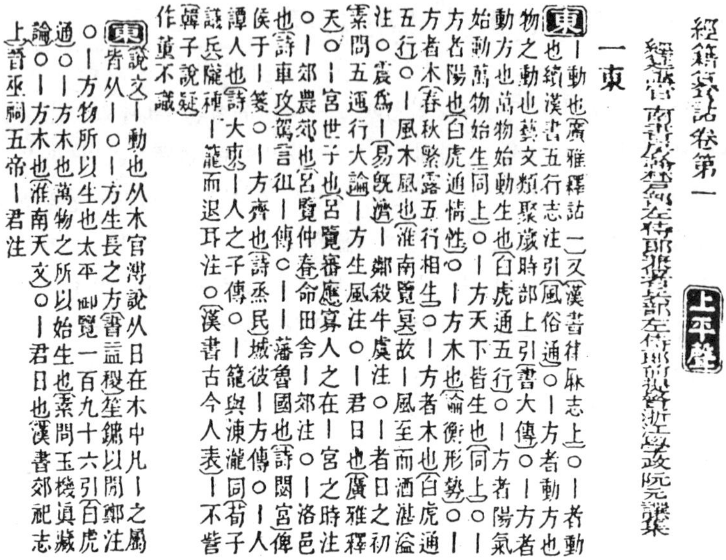
經籍籑詁卷第一
經筵講官南書房翰林戶部左侍郎前任浙江學政阮元撰集
上平聲
一東
東|動也廣雅釋詁一又漢書律厤志上○|者動
也續漢書五行志注引風俗通○|方者動方也
物之動也藝文類聚歲時部上引書大傳○|方者
動方也萬物始動生也白虎通五行○|方者陽氣
始動萬物始生同上○|方天下皆生也同上○|
方者陽也白虎通情性○|方木也論衡形勢○|
方者木春秋繁露五行相生○|方者木也白虎通
五行○|風木風也淮南覽冥故|風至而酒湛溢
注○震爲|易既濟|鄭殺牛虞注○|者日之初
素問五運行大論|方生風注○|君日也廣雅釋
天○|宮世子也呂覽審應寡人之在|宮之時注
○|郊農郊也呂覽仲春命田舍|郊注○|洛邑
也詩車攻駕言徂|傳○||藩魯國也詩閟宮傳
侯于|箋○|方齊也詩烝民城彼|方傳○|人
譚人也詩大東|人之子傳○|籠與湅瀧同荀子
議兵隴種|籠而退耳注○漢書古今人表|不訾
韓子說疑
作蕫不識
東說文|動也从木官溥說从日在木中凡|之屬
皆从|○|方生長之方書益稷笙鏞以閒鄭注
○|方物所以生也太平御覽一百九十六引白虎
通○|方木也萬物之所以始生也素問玉機眞藏
論○|方木也淮南天文○|君日也漢書郊祀志
上晉巫祠五帝|君注

4. A猶 x也

漢儒들이 注解에 猶(유)자를 쓴 예는 세 가지 경우가 있다.

(1) 본래의 뜻은 서로 다르지만 특수 상황에서 가히 상통한 경우

(2) 今語로 古語를 해석하는 경우

(3) 성음으로써 語詞의 명명 유래를 밝힌 경우(일종의 성훈법)이다.

① 卬猶姎也. 語之轉耳"《이아》釋詁下 注

② "麗爾猶靡麗也"《설문》段注 '䌕'자 하주.

cf. "麗爾古語, 靡麗漢人語, 以今語釋古語, 故云猶" 同, 爾자 하주.

靡麗는 화려하고 아름답다는 뜻인데 고어로는 麗爾라 한 것이다.

③「二曰巫咸」《예기》春官. 鄭玄注: "咸猶僉也. 謂筮衆心歡不也."

僉(첨)은 '여럿, 다'의 뜻이니 巫咸이란 민중들이 좋아할지 어떨지를 점친다는 뜻이다.

5. A謂 x y

대개 '謂'는 협의로 광의를, 혹은 直義로 曲義를 풀이할 때 쓰였다.

「一曰巫更, 二曰巫咸, 三曰巫式」《주례》春官. 鄭玄注: "更謂筮遷都邑也 ……式謂筮制作法式也."

이 때 '更'은 점을 쳐서 도읍을 옮긴다는 뜻이고, '式'은 점을 쳐서 법식을 만든다는 뜻이다. 위의 '巫'는 실은 筮(점 : 서)자의 착오이다. 위의 巫更은 九筮 중의 하나이다.

6. A之言 *x*也 (A之爲言 *x*也)

이것은 일반적으로 A, *x*가 聲訓法의 관계일 때 쓴 형식이다.

"蘋之言賓也", "藻之言澡也"《시경》召南 箋

7. A, 所以 *x*也

"聿, 所以書也"《설문》

'以'는 '用'과 같은 뜻이다. 즉 聿(붓 : 율)은 글씨를 쓰는 도구이므로 '所以' 형은 A의 기능을 말한 것이 된다.

"園, 所以樹果也"《설문》

"囹圄, 所以禁守繫者, 若今別獄矣"《예기》月令. 鄭注

"簑, 所以備雨; 笠, 所以禦暑."《시경》無羊 箋

8. *x* *y* 曰 A (*x* *y* 爲 A)

이것은 A를 *x* *y*자로 직접 풀이한 형식이다.

"同門曰朋, 同志曰友"《논어》鄭注

"貪財爲饕(도), 貪食爲餮(철)" 賈逵《左傳解詁》

"善父母曰孝, 善兄弟曰友"《이아》釋訓

9. 以A爲 *x*曰 *y*

이것은 먼저 음으로 어근을 구하고 뒤에 그 뜻을 풀이한 형식이다.

"鄭大夫 杜子春 皆以拍爲膊 謂脅也"《주례》醢人注

拍·膊(박)은 음이 같고, 脅(협)은 '갈빗대'의 뜻이다.

10. A 謂 x

이것은 대개 구체적 개념으로 추상적 개념을, 특수적 사휘를 일반적 사휘로 해석할 때 쓴 형식이다.

"道之以政, 齊之以刑"《논어》爲政. 孔安國注: "政謂法敎"

11. A(B), x(y) 貌

「碩人其頎 … 碩人敖敖」《시경》碩人. 注 "頎, 長兒, 敖敖, 長兒"

그이는 헌칠하게 키가 크다는 형상을 풀이한 것이다. 그러므로 이 형식은 주로 동사나 형용사 뒤에 쓰인다.

12. A, x 聲(也)

關關雎鳩, 在河之洲」《시경》關雎. 注 "關關, 和聲也"
cf. "淵淵, 鼓聲", "丁丁, 椓杙聲也"《시경》注

이와 같이 x聲은 어떤 사물의 소리를 나타내 주는 데 쓰인다.

13. A, x之辭(A, x之稱)

「願吾子之敎之也」《의례》士冠禮. 鄭注: "吾子, 相親之辭. 子, 男子之美稱. 伯仲叔季, 長幼之稱"

이는 A의 구체적인 의미를 밝혀 주는 형식이다.

14. A 聲 x 相似, 相近

"鄭司農云: 屈者音聲與闕相似 …裼揄狄展聲相近"《經籍纂詁》凡例

15. A 音 x

"知士不能明"《순자》非相. 楊倞注: "知音智"

16. A 讀爲(曰) x

讀爲·讀曰法은 正例와 變例로 대별되나 正例를 분석하면,
(1) A와 x자가 첩운인 경우(正讀爲誠).
(2) A와 x자가 쌍성인 경우(朱讀曰木).
(3) A가 x자의 성부인 경우(孫讀爲遜).

(4) A가 x자와 동음인 경우(拘讀爲鉤)

의 네 가지가 있다.

한편 變例에는 다음 세 가지가 있다.

(1) A가 x자와 자형·자음·자의가 같은 경우

　　"讀訝爲跁者. 訝跁者之訝"《주례》掌訝. 鄭注

(2) A와 x자가 뜻은 달라도 자음과 자형이 같은 경우

　　"布讀爲宣布之布"《주례》邦布. 鄭注.

(3) A자와 x자가 음과 뜻은 다르나 자형이 같은 경우

　　"旅讀爲旅於泰山之旅"《주례》旅賓. 鄭注

이 때의 '旅'는 제후가 산천에 제사를 지낸다는 뜻이므로 실은 祣(여제사 : 려)와 같은 뜻이다.《논어》八佾에도 "季氏旅於泰山"이라는 구절이 있다.

이 밖에도 讀爲에는 고문자를 금문자(漢대)로 풀이한 예도 있다.

"祼(관)讀爲灌", "禩(사)讀爲祀"《주례》鄭注

17. A, 讀如(若) x

"起居竟信其志"《예기》儒行. 鄭玄注 : "信, 讀如屈伸之伸."

讀若法에 대하여는 p. 571로 미룬다.

18. A, 古 x 字(也)

"視, 古示字也"《시경》鹿鳴 箋. 正義 : "古之字以目示物, 以物示人. 同作視字, 後世而作字異, 目示物作示傍見."

이것은 古今字가 서로 다름을 훈고한 예이다.

19. A B 古今字

"予余古今字"《예기》曲禮注.

즉 '予'와 '余'는 '나'를 가리킨 자인데 대개《시경》에서는 '予'를 쓰고 '余'는 쓰지 않았으며, 반대로《좌전》에서는 '余'를 쓰고 '予'자는 쓰지 않았다(《설문》余자. 段注 참조). 이 말은 뜻은 같은데 시대에 따라 용자가 달랐음을 증언한 것이다.

20. ① 古聲 AB同 ② 古字 AB同

①은 古字가 동음 관계로 가차된 것을 말하고 ②는 一字 或體를 가리킬 때 쓴 형식이다.

① "栗, 析也 …… 古者聲栗裂同也"《시경》東山 箋

   cf. "析薪是分裂之義 …… 故得借栗爲裂, 不是字誤"同. 正義

② "鄭司農云: 齋(자)或爲資, 今禮家定齋作資"《주례》注

21. 古文 A爲 *x*. 今文 A爲 *x*

"今文肩爲鈆, 古文痹爲密, 古文紟爲結, 今文禮作醴"《의례》士冠禮 注

22. 古曰 A, 今曰 B

"古曰名, 今曰字《주례》外史 注

"正名謂正書字也. 古者曰名, 今世曰字"《논어》鄭玄 注.

문자의 뜻이 古今에 따라 다른 점을 훈석한 예이다.

23. A 故書作 *x*.

"嬪故書作賓"《주례》天官序 鄭注

24. 今謂 A爲 *x*, 古謂 A爲 *x*

"古者謂子孫曰帑"《중용》鄭注

이것은 古今의 낱말이 다른 점을 훈석한 형식이다.

25. A, *x*屬, A, *x*別

"莪, 莪蘿也. 蒿屬"《설문》

"秔爲稻屬 …… 稗爲禾別"《설문》'秔'자 段注

이것은 어느 두 사물의 유사점과 차이점을 밝힌 형식이다.

26. AB 或爲 *x y*, AB 或作 *x y*

"杜子春云: 廉辨 或爲廉端."《주례》天官 小宰 注

廉辨(염변)이란 마음이 깨끗하여 일을 대하여도 망설이지 않는다는 뜻이다.

"刑膴, 謂夾脊肉也. 或曰 膺肉也."《주례》天官 內甕 注
刑膴(형무)란 제사용의 등쪽 겨드랑이 살을 일컫는다.

"央, 央中也 …央旁同意. 一曰久也."《설문》

27. A 或爲 x. A 一曰 x

"起於上所以道於下, 正令是也"《순자》非相, 楊倞注: "正或爲政."
"場, 祭神道也. 一曰 山田不耕者, 一曰 治穀田也."《설문》

28. A 當爲(當作) x

"俗儉而百姓不一"《순자》富國. 楊倞注: "儉當爲險"
"兄授嬪婦功"《주례》天官, 典婦功. 鄭玄注: "授當爲受, 聲之誤也."

이것은 고서에서 자형이나 자음에 착오가 있는 것을 바로잡을 때
쓰였다.

29. ① 長言·短言, ② 內言·外言, ③ 急言·緩言

이것은 反切이 창안되기 이전에 字音을 나타낸 초기의 방법으로
이른바 비황법에 속한다. ①은 아마도 성조의 분별을, ②③은 聲句의
차이를 말한 것으로 여겨진다. 이에 대해서는 이미 소개하였으므로 여
기에서는 생략한다(pp. 570~571 참조).

제 3 장
訓詁의 方式

제1절 互　訓

　　훈고의 방식이란 문자로써 문자를 해석하고, 언어를 해석하는 방식을 말하는데, 여기에는 互訓, 推因, 義界의 세 가지가 있다.

　　중국의 언어와 문자는 古今, 南北, 雅俗의 차이에 따라 결코 동일하지 않기 때문에 同義字나 이에 상당한 事를 취하여 字義를 상호 訓釋하는 일이 있는데, 이를 호훈(mutual commenting)이라고 한다. 따라서 호훈은 넓은 의미에서의 전주라고 말할 수 있다.[1] 실상 호훈이란 하나의 뜻이나 사물을 여러 가지 다른 음성으로 표현할 수가 있기 때문에 결과적으로 하나의 뜻이 여러 글자를 낳게 되고, 하나의 사물이 여러 가지 명칭을 가지게 된 데서 연유하였다.

　　호훈은 그 형식에 따라 다시 세 가지로 나눌 수 있다.

1. 反覆互訓

　　A자로 B자를 해석하고, 다시 B자로 A자를 해석하는 것과 같이 두 자가 상호 반복하여 訓이 되는 것을 반복 호훈이라고 한다. 《說文》에서 그러한 예를 찾아보기로 하자.

　　(1)「老, 考也. 七十曰老, 从人毛七.」

─────────────
(1) 互訓은 뜻이 위주이므로 두 글자 사이에 반드시 聲韻上의 관계가 있는 것은 아니다. 이 점이 六書의 轉注 正例와는 다른 점이다. 그러므로 互訓은 廣義의 轉注로 보아도 좋을 것이다.

「考, 老也. 从老省 丂聲.」

(2) 「愼, 謹也. 从心 眞聲.」
「謹, 愼也, 从言 堇聲.」

(3) 「茅, 菅也. 从艸 矛聲.」
「菅, 茅也. 从艸 官聲.」

(4) 「菲, 芴也. 从艸 非聲.」
「芴, 菲也. 从艸 勿聲.」

(5) 「入, 內也. 象從上俱下也.」
「內, 入也. 从冂入.」

(6) 「頂, 顚也. 从頁丁.」
「顚, 頂也. 从頁 眞聲.」

2. 遞相互訓

반복 호훈은 아니면서도 몇 개의 한자가 서로 바뀌어 가면서 호훈 되는 것을 체상 호훈이라고 한다.

(7) 「祿, 福也. 从示 彔聲.」
「禠, 福也. 从示 虒聲.」
「祥, 福也. 从示 羊聲.」
「祉, 福也. 从示 止聲.」
「禎, 祥也. 从示 貞聲.」
「福, 備也. 从示 畐聲.」

(8) 「論, 議也. 从言 侖聲.」
「議, 語也. 一曰: 謀也. 从言 義聲.」
「語, 論也. 从言 吾聲.」

(7)~(8)의 예는 (1)~(6)과는 달라서 반복호훈이 되지 못한다. 그러나 자세히 검토하여 보면 몇 개의 한자가 서로 바뀌어 가면서 호훈되므로 이들의 한자는 근본적으로는 같은 의미 범주에 속한 것임을 알게 한다. 즉 A=B, B=C, C=D의 형식에서 A=D의 字義를 유추할 수 있는 호훈이다.

다음의 예도 역시 마찬가지이다.

(9) 「憯, 痛也. 从心 朁聲.」

　　「悽, 痛也. 从心 妻聲.」

　　「悲, 痛也. 从心 非聲.」

　　「惻, 痛也. 从心 則聲.」

　　「恖, 痛也. 从心 敊聲.」

　　「恫, 痛也. 从心 同聲.」

　　「𢚊, 痛也. 从心 昔聲.」

(10) 「惸, 悳兒, 从心 員聲.」

　　「怮, 悳兒, 从心 幼聲.」

　　「惄, 悳兒, 从心 弱聲.」

　　「忦, 悳也, 从心 介聲.」

　　「恙, 悳也, 从心 羊聲.」

　　「怲, 悳也, 从心 丙聲.」

　　「惔, 悳也, 从心 炎聲.」

　　「惙, 悳也, 从心 叕聲.」

　　「傷, 悳也, 从心 傷省聲.」

　　「愁, 悳也, 从心 秋聲.」

　　「忡, 悳也, 从心 中聲.」

　　「慽, 悳也, 从心 戚聲.」

　　「患, 悳也, 从心上貫吅, 吅亦聲.」

　　「悳, 愁也. 从心頁, 悳心形於顏面, 故从頁.」

　(9)~(10)은 각각 동일 의미에 대하여 보는 바와 같이 많은 자가 사용되었다. 그리고 (10)의 '悳(憂, 근심할 : '우'의 고자)·愁'의 두 자만은 반복호훈으로서 운모가 같으나, 나머지 자들은 하등 성운상의 관련이 없다. 이 점이 바로 협의의 전주와 다른 점이다.

3. 同物異名의 互訓(類訓)

　同物異名의 호훈이란 동일 사물에 대하여 그 명칭이 다른 자들끼리의 호훈을 말하는데, 혹은 類訓이라고도 한다.

(11) 「璙, 玉也. 从玉 尞聲.」

　　「瓘, 玉也. 从玉 藋聲.」

「璐, 玉也. 从玉 路聲.」

「球, 玉也. 从玉 求聲.」

「瓊, 亦(赤)玉也. 从玉 夐聲.」

⑿ 「芺, 菜也. 从艸 夭聲.」

「葵, 菜也. 从艸 癸聲.」

「葅, 菜也. 从艸 祖聲.」

「薇, 菜也. 从艸 微聲.」

「蓷, 菜也. 从艸 唯聲.」

⒀ 「罞, 网也. 从网 每聲.」

「罙, 网也. 从网 米聲.」

「罕, 网也. 从网 干聲.」

「罟, 网也. 从网 古聲.」

「罺, 网也. 从网 巽聲.」

⑾~⒀의 예들은 玉이나 나물과 그물을 칭한 자들인데 각각 반복 호훈이 되지 않는다. 다시 말하면 *「玉, 璐也」가 성립되지 않는다는 뜻 이다. 또한 각 한자간에 일정한 성운 관계가 있는 것도 아니다. 그렇지 만 다같이 동일물을 나타낸 異名의 호훈이라고 볼 수 있다. 《爾雅》의 釋訓은 대체로 호훈의 방식을 취하고 있다. 가령 "初·哉·首·基·肇 ·祖·元·胎·俶·落·權輿 : 始也"같은 예는 동의자를 類集한 것으로 상호 훈석되므로 확대하여 말하면 이것도 호훈이라고 말할 수 있다. 그 런데 이러한 호훈 방법은 간편한 점은 있으나, 만약 양자 중에 하나를 모르거나 또는 양자 사이에 의미상 광협의 차이가 있을 때에는 바른 해석을 기대하기 어려운 단점이 있다. 그러므로 현대의 자전류에서는 이 방법은 잘 쓰이지 않는다.

제 2 절 推   因

어느 語詞의 근원을 추구하면 필시 그 어사가 생기게 된 까닭(緣 故)이 있다고 전제할 때, 그 뿌리를 탐구하는 작업 역시 훈고의 한 방 식이다. 전항의 호훈은 뜻이 위주이므로 2자 이상의 한자간에 전상 주석이 가능하지만 추인은 음이 위주이므로 A, B 두 자를 뒤바꾸어 해석할 수 없는 점이 다르다. 즉 추인의 훈고 방식은 성음에 의하여 어떤 어사의 音·義에 대한 근원을 推求할 뿐 아니라, 대상(물)이 명명된 연유를 밝혀 보는 것이므로 그 이론은 반드시 음과 뜻이 同源인 한자를 전제로 하여 성립된다. 왜냐하면 一義가 變轉하여 多聲이 되고, 一聲이 확대되어 多字가 만들어진 까닭에 비록 후세에 그 음·의가 각각 달리 변하였을지라도 같은 어근의 자를 캐어 올라가면 애초에는 同音同義의 말이었음을 알 수 있는 것이 있기 때문이다. 이런 점에서 推因은 또는 求原이라고도 한다.

'天'자를 예로 들어 보자.

「天, 顚也. 至高無上. 从一大.」《說文》

이 예는 顚(이마 : 전)으로 '天'을 풀이하였는데, 여기에서 '天'자가 음을 얻은 유래를 추구할 수 있다. 이에 대하여 段玉裁는 '天'자 하주에서 다음과 같이 설명하였다.

"此以同部 疊韻爲訓也. 凡門, 聞也 ; 戶, 護也 ; 尾, 微也 ; 髮, 拔也. 皆此例.…… 顚者人之頂也 以爲凡高之偁."

또 劉師培(1884~1919)는 '天·顚' 두 자의 관계를 더욱 구체적으로 설명한 바 있다.

"如天訓爲顚, 顚天之音古同. 因天體爲在上, 故呼之爲顚, 後顚音轉爲天音, 乃別造天字, 地字亦然, 因上古之初, 地低之音相近, 因地體爲在下, 故呼之爲低, 後低音轉爲地音, 乃別造地字."[2](번역 생략)

위의 설명을 따르면 '天·顚' 두 자는 상고 초기의 언어에서는 그 뜻은 물론 음도 같아서 본래 하나이던 것이 후세에 음성이 달라진 관계로 문자를 만들 때에 '天'은 상형자로, '顚'은 형성자로 하여 두 개의 한자가 조자되었음을 암시한다.

字義와 得聲의 유래를 추구한 訓詁法으로 章炳麟의 「語言綠起說」[3]을 들 수 있다. 그는

---

(2) 劉師培 《小學發微補》, p. 22.
(3) 章炳麟 《國故論衡》, pp. 39~45 수록.

"語言者, 不馮虛而起, 呼馬而馬, 呼牛而牛, 此必非恣意妄稱也. 諸言語皆有根."

이라고 주장하여 언어가 생기게 된 데는 그저 자의적으로 칭한 것이 아니라 모두 그 근원이 있다고 보았다.[4] 그 중의 일부를 인용하여 보겠다.

"…… 何以言雀, 謂其音即足也. 何以言鵲, 謂其音錯錯也. 何以言雅, 謂其音亞亞也. …… 此皆以音爲表者也. …… 何以言馬, 馬者, 武也(古音 馬武 同在魚部). 何以言牛, 牛者, 事也. (古音 牛, 事 同在之部). 何以言羊, 羊者, 祥也. 何以言鬼, 鬼者, 歸也. …… 此皆以德爲表者也."〈*ib.*〉

위의 引文에서 "音爲表者"란 物의 성음을 모방하여 字義가 得聲한 유래를 찾은 것이요(의성어), "德爲表者"란 예컨대 '馬', '牛'와 같은 실체의 성질에서 '武', '事'의 덕이 緣出되었다고 본 것이다. 그러므로 그는 '馬·牛'명이 먼저 있은 뒤에 '武·事'는 전자에서 파생한 것이라고 본 듯하다. 이 말은 구체어가 추상어에 선행하였던 언어 발달의 보편적 과정과 일치한다.[5]

推因 방식에 의한 訓詁는 일찍이 周秦 시대를 거쳐 兩漢 시대에 성행하였는데, 그 대표적인 저작으로는 劉熙의 《釋名》을 들 수 있다.[6] 《釋名》은 8권 27편으로 구성되어 있는데, 그 序에서

"…… 名號雅俗, 各方名殊…… 夫名之於實 各有義類, 百姓日稱 而不知其所以之意, 故撰 天地, 陰陽, 四時, 邦國, 都鄙, 車服, 喪紀, 下級民庶 應用之器 論叙指歸, 謂之釋名 ……"(번역 생략)

이라고 말한 것을 보아 저작의 동기를 살필 수 있다. 그러나 지금 이

---

(4) 이 점은 언어를 자의적 음성 기호의 체계(A language is a system of arbitrary vocal symbols)로 보는 현대 언어학의 이론과는 다른 각도에서 이해하여야 된다. 예컨대 《說文》에 의하면 「馬, 怒也. 武也」라고 풀이하였는데, 문제는 '馬'와 '武'의 聲韻과 字義 관계의 유연성을 말하는 것이지 언어 기호 자체의 자의성을 근본적으로 부정하는 입장은 아니라고 보기 때문이다.

(5) 이 점에 대하여 章炳麟도 "太古草昧之世, 其言語惟以表實, 而德業之名爲後起"(章炳麟, *ibid.*, p. 39)라고 하였다.

(6) 《釋名》에 대한 상세한 연구는 胡楚生「釋名考」, 國立臺灣師範大學, 《國文研究所集刊》第 8 期(1964), pp. 139~362 가 참고된다.

책을 종합적으로 고찰하여 보면, 혹은 同音, 혹은 雙聲·疊韻에 의하여 명칭의 유래를 추정하고 物名의 다름과 典禮 등의 차이를 논석한 것을 알 수 있다. 《爾雅》가 義訓을 위주로 하였다면, 《釋名》은 聲訓(音訓)을 밝혀 훈고의 근본을 캐려고 노력하였다는 점에서 의의있는 저술로 여겨지고 있다. 그러면 권 4, 「釋言語」편에서 몇 예를 들어 보기로 하자.

1. 古音 相同例

(1) "道, 導也. 所以通導萬物也."

　　道：徒晧切　*dôg＞dɑu＞tau〔tao〕
　　導：徒到切　*dôg＞dɑu＞tau〔tao〕

(2) "武, 舞也. 征伐動行, 如物皷舞也. 故 「樂記」曰：發揚蹈厲, 太公之志也."

　　武·舞：文甫切　*mi̯wo(mi̯wâg)＞mi̯u＞u³

(3) "慈, 字也. 字愛物也."

(4) "良, 量也. 量力而動, 不敢越限也."

(2)~(4)도 (1)과 같이 그 음이 완전히 같다.

2. 古聲 同紐例

(5) "撥, 播也. 播使移散也."

　　撥：北末切　*pwɑt＞puɑt＞po
　　播：補過切　*pwɑr＞puɑ＞po⁴

(6) "達, 徹也."

　　達：唐割切　*dɑt＞dɑt＞ta², t‘a⁴
　　徹：直列切　*di̯at(d‘i̯ät)＞di̯ɛt＞tʂ‘ə⁴

(7) "福, 富也. 其中多品 如富者也."

　　福：方六切　*pi̯ŭk(pi̯wŏk)＞pi̯uk＞fu²
　　富：方副切　*pi̯ŭg(pi̯wŏg)＞pi̯ŏu＞fu⁴

(5)~(7)의 예는 운모는 상이하나 각각 성모가 동뉴에 속한다.

3. 古韻 同部例

(8) "言, 宣也. 宣彼此之意也."

　　言：語軒切　*ŋiän＞ŋiɒn＞ian²〔ien〕
　　宣：須綠切　*siwan(siwän)＞siwɛn＞ɕüan〔ɕyen〕

(9) "好, 巧也. 如巧者之造物, 無不皆善. 人好之也."

　　好：呼晧切　*xôg＞xɑu＞xau³〔xao〕
　　巧：苦敎切　*k'ôg＞k'au＞tɕ'iau³〔tɕ'iao〕

(10) "信, 申也. 言以相申束, 使不相違也."

　　信：息晋切　*siĕn＞siĕn＞ɕin⁴
　　申：失人切　*ʔt'iĕn＞ɕiĕn＞ş'ən

(8)~(10)의 예는 성모는 달라도 각각 운모가 동류이므로 推因法에 든 것이다.

제3절　義　　界

　하나 또는 그 이상의 字句로써 하나의 한자가 가진 의미를 훈석하는 방식을 義界(또는 宛述이라고도 함)라고 한다. 이 세계에 존재하는 名物이나 事類는 구체적·추상적인 것도 있고, 그 品物도 천차만별이므로 그 특징을 구체적으로 설명하려면 자연히 義界의 방식을 이용할 수밖에 없다.

　예컨대《설문》의 '一'자에 대한 해석은 곧 義界의 방식에 속한다.

　一「惟初大極, 道立於一, 造分天地, 化成萬物.」

　이 예는 '一'자 하나를 해석하기 위하여 16자가 동원되었다. 그런데 의계의 훈석 중에는 순수히 義訓에 속한 소수의 예[7]를 제외하고는 義界字 중 한 자 혹은 그 이상의 자와 被訓字 사이에 성운상의 관련성

---

(7)「圜, 天體也」,「玦, 玉佩也」와 같은 예는 義界字와 被訓字 사이에 하등의 聲韻 관계가 없다.

이 있음을 발견하게 된다. 일찍이 段玉裁는 이러한 義界 중의 성운 관계에 착안하여 《說文》의 해당자 하주에서 이를 중시하였다.

「吏, 治人者也.」《설문》

　cf. "治與吏 同在一部, 此亦以同部 疊韻爲訓也."「段注」

「神, 天神引出萬物者也.」《說文》

　cf. "天, 神, 引三字, 同在古音 第十二部."「段注」

이와 같이 義界 중 1자 혹은 그 이상의 자와 피훈석자(吏, 神) 사이에 성운 관계가 있다고 하는 것은 무엇을 의미하는가? 그것은 音·義가 同源에서 나온 것이며, 모든 字義는 반드시 그 음과 상관성이 있으므로 음을 추구하면 字義의 본원을 찾을 수 있고, 문자의 어근의 근원을 설명할 수 있다는 가정에서 출발한다. 윗예의 '神'자는 '天, 引'과 同部 疊韻이라고 하였는데, '神'을 분석하면 「从示, 申聲」의 형성자이니 '神'의 음은 '申'에서 나온 것이 사실이다. 그런데 '申'과 '引'은 音·義가 서로 같으므로 상대 초의 언어에서는 '神, 申, 引'의 聲義가 同源이었던 것이 후세에 변천된 것이라고 가정한다.[8]

義界에 관한 이해를 돕기 위하여 《說文》 중의 字例를 성운에 따라 분류, 제시하여 보기로 한다.

1.　一字 同音例

(1)「詁, 訓古言也. 从言 古聲.」

(2)「貧, 財分少也. 从貝分, 分亦聲.」

(3)「晶, 精光也. 从三日.」

(1)~(3)은 義界 중의 1자가 피훈석자와 고음이 같다.

---

(8) 예를 들어 '龍'자의 字音의 근원을 찾으려 한다면 字形의 구조를 분석하여야 한다.

龍: 从肉, 童省聲.

童: 从辛, 重省聲.

重: 从壬, 東省聲.

東: 从日, 在木中.

그러므로 '東'은 '龍'자 음의 근원이 된다고 본 것이다.

2.　一字聲母　相同例

(4)「祈, 求福也. 从示 斤聲.」
　　祈：渠希切　*giəd(g'iər)>giei>tɕ'iou²
　　求：巨鳩切　*giôg>giəu>tɕ'iou²

(5)「勒, 馬頭落銜也. 从革 力聲.」
　　勒：盧則切　*lək>lək>lə⁴
　　落：盧各切　*glɑk>lɑk>luo⁴

'勒, 落'은 다 같이 來[l]모로서 동성이다.《釋名》에는 "勒, 絡也"라고 하였는데, 아마도 '落, 絡'은 고금자로 쓰인 듯하다. 馬頭를 얽어 입에다 재갈을 물린다는 뜻이므로 '勒·絡'은 원래 聲義가 同源이었을 가능성이 있다.

(6)「眜, 目不明也. 从木 未聲.」

'眜'는 明[m]모, '不'은 幇[p]모이니 脣音에 속하는 同類雙聲이라 하겠다.

3.　一字韻母　相同例

(7)「吏, 治人者也. 从一 从史.」
　　吏：力置切　*liəg>lji>li⁴
　　治：直吏切　*diəg>ɖi>tʂĩ⁴, tʂĩ²

(8)「琮, 瑞玉. 大八寸 似車釭 从玉 宗聲.」
　　琮：藏宗切　*dzôŋ>dzuoŋ>ts'uŋ²
　　釭：古紅切　*kûŋ>kuŋ>kuŋ, kaŋ

(1)~(8)의 예는 義界訓 중의 1자가 피훈석자와 성운상 관계를 가진 것이었다. 그러나 1자 이상의 경우도 위와 마찬가지 방법으로 고찰이 가능하다.

(9)「旌, 游車載旌, 析羽注旄首也. 所以精進士卒也. 从㫃 生聲.」
　　旌：子盈切　*tsieŋ(tsiěŋ)>tsiɛŋ>tɕiŋ
　　精：子盈切　*tsieŋ(tsiěŋ)>tsiɛŋ>tɕiŋ
　　進：即刃切　*tsien(tsiěn)>tsiěn>tɕin⁴

위의 '旌·精·進' 3자는 성모가 동일하며 그 중 '旌·精'은 완전히
음이 같다. 그러나 章炳麟의 成均圖[9]에 의하면 '旌'은 「靑」부에, '進'은
「眞」부에 해당되는데, 「靑, 眞」은 소위 旁轉上 가장 가까운 음이므로
'旌·精·進' 3자는 상고음이 동류이었으리라고 추정된다.

⑽ 「禱, 告事求福也. 从示 壽聲.」

'禱·古·求'는 역시 古韻이 동일하다.

⑾ 「宅, 人所託尻也. 从宀 乇聲」

宅 : 場伯切 $*d\breve{a}k > d\upsilon k > t\underset{.}{s}\partial^4$

託 : 他各切 $*t'\alpha k > t'\alpha k > t'uo$

尻 : 九魚切 $*k\underset{.}{j}ag > k\underset{.}{j}wo > t\underset{.}{\varsigma}\ddot{u}$

'宅·託'은 공히 「从乇聲」의 형성자이므로 상고음은 상통하였을 것
으로 보이며, 尻(居)자와는 상고운이 동류에 속할 가능성이 있다.

물론 훈고의 방식은 이상의 互訓, 推因, 義界 등 세 가지만으로 족
할 것인가는 더 연구할 필요가 있겠고, 또 이같은 방법론의 타당성과
논리적 실증성에 대하여도 비판의 여지가 없지는 않을 것이다. 그러나
종래의 방법에 의하면 漢字의 訓詁는 대체로 이 범주 안에서 수행되어
온 것이 사실이다.

---

(9) 章炳麟, *ibid.*, p. 7 참조.

제 4 장
訓詁의 條例

제 1 절 形訓條例

漢字의 자형 구조를 기초로 하여 字義를 추구하는 훈고 방법을 形訓이라고 한다.[1] 비록 훈고학은 자의를 탐구하는 학문이지만 문자의 구성소라든가 조자상의 형체를 명확히 분석·고증하지 않고서는 본뜻을 이해하기 어려운 것이 한자의 특징이다. 그리하여 형훈의 조례는 특히 段玉裁의 《說文》注에서 강조되었던 사항이다. 그는 자형의 중요성을 다음과 같이 말하였다.

"形在而聲在焉, 形聲在而義在焉."《설문》'詞'자 하주.
"義出于形, 有形以範之, 而字義有一定."《설문》敍, 注

형이 있으면 음이 있고, 형과 음이 있으면 뜻이 있다는 말은 결국 字義의 추출에 있어서 자형의 중요성을 지적한 것이다. 예를 들어 ⊙ (日)자나)(月)과 같은 상형자형에서 그 자의 본뜻을 알 수 있고, 二 (上), 二(下)와 같은 지사자에서도 역시 그 자가 지시하고 있는 바가 무엇인가를 깨닫게 된다.《설문》에 따른다면 '王'자는 天·地·人을 나타낸 '三'을 'ㅣ'로 꿰뚫은 형태이니 王의 본뜻과 존엄성을 짐작할 수 있다. '信'자는 「人+言」의 회의자이므로 사람의 말이란 믿음이 있어야 된다는 덕목의 뜻을 알 수 있고, 「止+戈」가 합하여 '武'자를 이룬 데서 역시 조자의 본뜻이 무엇이었는가를 추리할 수 있다. 특히 흥미 있는

---

[1] "形訓者, 義存於形, 視而可識, 不待他求, 故即以字形釋字義." 錢玄同·朱宗萊(1921), p. 143.

것은 乏(핍)자이다. 《설문》을 보면 '乏'의 篆文형은 丏으로서 「春秋傳
曰: 反正爲乏」이라고 인용되어 있다.[2] 즉 이 자는 丏(正)자를 반대형
으로 쓴 자형이다. 그러므로 어찌하여 '乏'자에 "不正"의 뜻이 있는가의
연유를 캘 수 있게 된다.

잘 아는 바와 같이 許愼의 《說文解字》는 자형의 구조로써 자의를
해설한 불후의 形書이다. 그런데 《설문》의 내용에서 形과 義와의 관계
를 천명한 조례를 나누면 다음 세 가지를 들 수 있다.

1. 凡x之屬 皆从x

許愼은 《설문》에서 당시 9,353자의 한자를 540부수로 나누고, 같
은 부수에 속한 한자에는 반드시 「凡x之屬 皆从x」라는 조례를 붙여 놓
았다. 그리하여 어느 한자이든지 이 540부수 안에 소속시킨 것이다. 그
한 예로 '示'자를 들어 보자.

> I 示 「天垂象見吉凶, 所以示人也. 从二三垂, 日月星也, 觀乎天文
> 以察時變. 示, 神事也. 凡示之屬皆从示. 〻, 古文示.」

이상이 '示'자에 대한 《설문》 해설의 전부이다. 이에 이어서 「示」부
에 속한 한자들이 열거되어 있으니, "祜·禮·禧·禛·祿·禠(사)·禎·
祥·祉·福·祐·祺·祗·芷·祇·祕·禋·祭·祀·𥘏(시)·禷(류)·
祪(궤)·祔·祖·祰·祐·祉(비)·祠·礿(약)·禘(체)·祫(협)·祼
(관)·祝·禂(류)·祓(불)·祈·禱·禜(영)"…… 등 63자와 重文 13자
가 그 예이다. 이것은 무엇을 의미하느냐 하면, 許愼의 판단으로는
「示」부에 속한 63자의 한자들은 자의에 있어서 적어도 '示'의 본뜻이
심층에 담겨 있다고 믿었다는 사실이다. 여기에 자의를 구명함에 있어
서 자형을 외면할 수 없는 근거가 있으며, 부수를 540부로 나눈 까닭
을 알게 된다. 그 좋은 예로 '句'자를 들 수 있다.

(2) 句「曲也. 从口 丩聲. 凡句之屬 皆从句.」

---

(2) 《춘추좌전》(宣公 15년)에 "故文, 反正爲乏"이라는 해설이 있다.

다른 형성자 같으면 '句'는 응당 「口」부에 들어가야 할 자임에도
불구하고 '句'가 본래 굽다(曲)의 뜻이기 때문에 따로이 이를 부수로
설정하고, 여기에 '拘·笱·鉤' 등 3자를 배속시켰다. '拘'는 「手」부에,
'笱'는 「竹」부에, '鉤'는 「金」부에 소속시켜야 옳은 것인데도 굳이 「句」
부에 넣어 놓은 까닭은 이들이 모두 '曲'의 뜻을 함유하고 있기 때문이
다(pp. 315~316 참조).

(3) 臤 「堅也, 从又 臣聲. 凡臤之屬 皆从臤, 讀若鏗鏘. 古文以爲賢
字.」

臤(굳을 : 간, 견)자도 「又」부에 넣지 않고 따로이 부수로 설정하
고, 이 부수 안에 '緊·堅·豎' 등 3자를 소속시켰다.

cf.「緊, 纏絲急也. 从臤 絲省.」(실을 단단히 동이다)
　「堅, 土剛也. 从臤土.」(흙이 굳다)
　「豎, 堅立也. 从臤 豆聲.」(단단히 세우다)

지금 같으면 緊(긴)은 「糸」부에, 堅(견)은 「土」부에, 豎(수)는 「豆」
부에 배속하는 것이 당연함에도 불구하고, 하필 「臤」부에 넣은 까닭은
이 모두가 견고함을 뜻한 때문이다.

(1)~(3)의 예에서 우리는 「凡x之屬 皆从x」와 같은 形訓의 조례가
생긴 연유와 그 의의를 이해할 수 있을 것이다.

2. 形에서 義를 얻는다

한자의 자형에서 뜻을 찾아내는 訓詁法은 이미 秦대 이전부터 있
었다.《설문》에서 이미 經書를 인용하고 있는 한자가 많은데, 그 중에
두 가지만 예시하여 보자.

(4) 武 「楚莊王曰 : 夫武定功戢兵, 故止戈爲武.」

(4)의 해설은《춘추좌씨전》宣公 12년(B.C. 597)조에 있는 말인데,
楚莊王이 '武'자를 「止＋戈」형으로 분석하고 그 뜻을 설명한 것이다.

(5) 王 「天下所歸往也. 董仲舒曰 : 古之造文者, 三畫而連其中, 謂之

王. 三者, 天地人也, 而參通之者王也. 孔子曰: 一貫三爲王.」

이는 앞에서도 말한 바 있는 '王'자의 조자설이다.

《설문》에는 이 밖에도 形에서 義를 구한 해설이 많다(cf.는 段玉裁의 하주이다).

(6)「北, 乖也. 从二人相背.」

cf. "乖者, 戾也, 此於其形, 得其義也."

(7)「覞, 面見人也. 从面見. 見亦聲.」

cf. "此以形爲義之例."

(8)「珏, 二玉相合爲一珏.」

cf. "不言从二玉者, 義在於形, 形見於義也."

(9)「狀, 兩犬相齧也. 从二犬.」

cf. "義見於形也."

(10)「斦, 二斤也.」

cf. "二斤也, 言形而義在其中."

(11)「齊, 禾麥吐穗上平也. 象形.」

(12)「交, 交脛也. 从大, 象交形.」

(11)~(12)에 대하여는 段玉裁가 비록 形에서 義를 얻은 것이라는 注를 붙이지 아니하였으나, 이 역시 (4)~(10)과 마찬가지의 形訓法에 속한다. 왜냐하면 '齊'의 篆文은 ꠥ이므로 禾麥의 이삭이 가지런한 모양을 나타냈으며, '交'의 篆文은 ꠥ와 같아서 사람이 다리를 교차하고 서 있는 형상을 본뜬 지사자이므로 「交脛也」라 풀이하였기 때문이다.

3. 3자의 同文字를 합한 조자의 근거

한자를 처음 조자할 때 무릇 사물의 성대한 형상을 나타내기 위하여 흔히 3자의 동문자를 합한 예가 많다. 이러한 한자의 본뜻은 자형을 통하여 추출이 가능하므로 훈고상 형훈법에 속한다. 《설문》의 해설과 段玉裁의 注를 검토하여 보자.

⒀「晶, 精光也. 从三日.」

   cf. "凡言物之盛, 皆三其文, 日可三者, 所謂粲日也."

⒁「焱, 火華也. 从三火.」

   cf. "凡物盛則三之."

⒂「品, 衆庶也. 从三口.」

   cf. "人三爲衆, 故三口, 會意."

⒃「毳, 獸細毛也. 从三毛.」

   cf. "毛細則叢密, 故从三毛."

⒄「蟲, 有足謂之蟲, 無足謂之豸, 从三虫.」

   cf. "人三爲衆, 虫三爲蟲, 蟲猶衆也."

⒀~⒄과 같은 字類는 이미 會意 중 동문자 회의항(pp. 278~285)
에서 예시한 바 있으므로 여기에서는 이 정도로 그친다.

이상과 같이 형훈법은 한자 형체의 구조를 면밀히 분석하여 그 한
자가 나타낸 본래의 의미를 찾아내는 조례이다. 그러나 한자는 수천 년
을 경과하여 오는 동안에 甲文·金文·篆文·隸書·行書·草書 등의
서체 변화가 있었음은 물론 오늘날의 楷書와 略字(簡體字)에 있어서는
더욱 고대 문자의 자형과 달라진 것이 많아서 자형에서 그 뜻을 추출
하기란 쉬운 일이 아니다. 그러므로 形訓을 이용한 訓詁에는 반드시 고
문자의 연구가 동시에 수행되어야 한다.

제 2 절 音訓條例

어느 한자의 음을 기초로 하여 命名의 유래와 字義를 탐구하려는
훈고 방법을 音訓(또는 聲訓이라고도 함)이라고 한다.[3]

앞에서도 누차 언급한 바와 같이 한자에 있어서 形·音·義는 비
유하건대 옷을 지을 때 베, 바늘, 실의 관계와 같아서 어느 것 하나도

---

(3) "音訓者, 字屬恒言, 義亦共曉, 心知其意, 不煩詳說, 因推求其命名之由, 而聲類通之."
   錢玄同·朱宗萊(1921), *ibid.*, p. 144.

불가결의 재료이다. 만일 베와 실만 있고 바늘이 없다면 옷을 만들 수
없듯이, 音은 形과 義를 구통하는 요소라고 하여도 과언이 아니다. 그
리하여 淸代의 유수한 학자들도 한자에 있어서 音·義의 관계를 다음
과 같이 말한 바 있다.

① "讀九經 必自考文始, 考文自知音始." 顧炎武(1613~1682)「答李子
德書」
② "古人因文字而定聲音, 因聲音而得訓詁, 其理一以貫之." 錢大昕(1728~
1804)「潛研堂問答」
③ "聖人制字, 有義而後有音, 有音而後有形, 學者考字, 因形以得其音, 因
音以得其義, 治經莫重於得義, 得義莫切於得音." 段玉裁《廣雅疏證》序
④ "詁訓之旨, 存乎聲音, 字之聲同聲近者, 經傳往往假借, 學者以序求義."
王引之(1766~1834)《經義述聞》自序(번역 생략)

언어의 문자화 과정은 먼저 어떤 대상이나 개념이 존재하여 그것
을 언어로 나타내게 되었고, 마침내 그 언어를 가시적 부호로 나타낸
것이 문자이다. 그러나 고대의 언어를 연구할 때에는 역순의 과정을 밟
게 된다. 즉 문자를 통하여 어음을 구하고 어음을 통하여 다시 사물 명
칭의 유래나 뜻을 밝히는 것이 예사이기 때문이다. 음훈법은 바로 이
때문에 생긴 것이라 할 수 있다.

그러므로 과거의 훈고학자들은 經典의 뜻을 정확히 이해하기 위해
서는 무엇보다도 문자의 성운을 중시하였던 것이다. 다시 말하면 字義
를 훈석할 때 흔히 音同, 音近의 字로 被訓字를 해석하여 그 말의 유래
를 추심하려고 하였다. 이런 점에서 음훈법은 전술한 推因(pp. 701~
705)과 상통한 데가 있다.

이러한 견해는 근대 학자들에게도 그대로 이어졌다. 黃侃(1886~
1935)에 의하면

"詳考吾國文字, 多以聲音相訓, 其不以聲音相訓者, 百分之中不及五六,
故凡以聲音相訓者, 爲眞正之訓詁, 反是即非眞正之訓詁."[4]

---

(4) 黃侃은 訓詁學에 대한 論著는 발표하지 아니하였으나, 그의 제자인 潘重規가 강의
록을 채록하여《訓詁述略》으로《制言》第5~7期에 실어 놓았다. 引文은 7期의 내용
이다. 陳新雄, 「六十年來之聲韻學」, 程拔軔 編《六十年來之國學》(1972), p. 395.

라고 하여 音訓을 진정한 훈고법으로 중시하였고, 劉師培(1884~1919) 도

"蓋字音旣同, 字義亦必相近, 則字義起於字音之故也."[5]

라고 하여 字音이 같으면 字義도 반드시 서로 가까운데, 그 까닭은 자의는 자음에서 생기기 때문이라고 하였다.

　　그러면 漢語의 訓詁에 있어서는 어찌하여 그토록 字音이 중요한 것일까. 문자의 직능은 언어를 기록하는 것인데, 특히 漢語에는 동음자가 많아서 하나의 낱말을 때로는 형체가 다른 동음자를 빌어 쓰는 일이 허다하다. 그 결과 어휘의 서사 형식에 다양성이 생기게 되었다. 중국의 고전을 섭렵할 때에는 이 점을 고려하지 않으면 안된다. 그 증거로 "방불하다"는 뜻의 "髣髴"을 예로 들어 보자.

(1) 「髣髴, 若似也.」《설문》
(2) "相放悲震淡心."《한서》禮樂志, 郊祀歌
　　cf. "放悲猶髣髴." ib. 顏師古(581~645) 注
(3) "猶仿佛其若夢"《한서》揚雄傳
(4) "彷彿猶梗槪也."《후한서》班彪傳
(5) "彷彿古文作肪𦜕."《一切經音義》

　　(1)~(5)의 "髣髴, 放悲, 仿佛, 彷彿, 肪𦜕" 등은 비록 글자는 다를지라도 音·義는 같다.

　　이와 같이 동일한 音·義를 상이한 자로 쓴 까닭은 本有假借에서 설명하였다. 그러므로 여기에서는 다만 음만을 살펴보기로 하겠다.

(A) 髣, 妃兩切　　　(B) 髴, 敷勿切
　　放, 甫妄切　　　　 悲, 房密切
　　仿, 妃兩切　　　　 佛, 符弗切
　　彷, 妃兩切　　　　 彿, 敷物切
　　肪, 府良切　　　　 𦜕, 房密切

　　(A)에서 '髣·仿·彷'의 중고음은 敷[fʻ]모자이나 古聲은 滂[pʻ]모에 속하고, '放·肪'은 非[f]모자로서 古聲은 幫[p]모에 속한다. 그러므로

「幫・滂」은 同類雙聲(旁紐雙聲)이다. 또 (B)에서 '髴・彿'은 「敷」모에 속하지만 역시 古聲은 「滂」모에 귀속되며, '悲・佛・肺'은 奉[b]모의 分化音이므로 (A)와 같이 동류 쌍성이다. 따라서 이러한 동류 쌍성은 음의 교체가 가능하다.

이러한 예로는 또 "어슷거려 노닐다, 목적 없이 왔다 갔다 배회하다"의 뜻으로 徜徉(상양)이라는 말이 있다. 그런데 문헌에 따라서는 다음과 같이 10종의 異形字로 표기된 예가 있다(周秉鈞, 1978 : 247).

(1) 徜徉 : "倚泰山兮聊徜徉" 文同「超然臺賦」
(2) 相佯 : 相佯而延佇 注 : "相佯, 猶徘徊也"《후한서》張衡傳
(3) 倘佯 : "徘徊倘佯, 寓目幽蔚" 左思「吳都賦」
(4) 尙佯 : "尙佯冀州之際"《회남자》覽冥訓
(5) 常羊 : "雙飛常羊", 顔師古 注 : "尙羊, 猶逍遙也"《한서》禮樂志, 郊祀歌
(6) 尙羊 : "托回飆乎尙羊" 賈誼「惜誓」
(7) 尙陽 : "聊優游以尙陽" 黃香「九宮賦」
(8) 倡佯 : "逍遙倡佯, 惟意所適" 司馬光「獨樂園記」
(9) 猖洋 : "猖洋以游" 柳宗元「天對」
(10) 相羊 : "聊逍遙兮相羊"《離騷》

이와 같이 한 가지 뜻을 여러 이형자로 표기하여 놓았으나 그 음은 완전히 같거나 혹은 조음위치가 같은 것임을 알 수 있다. 그러므로 漢語의 詞義를 연구함에 있어서는 단지 서사 형식에만 얽매여서는 안되고 그것이 대표하는 성운을 주의할 필요가 있다.

여기에서 확인한 바와 같이 만약 성운을 구명하지 않고 字典을 찾아 문자의 본뜻대로만 해석한다면 바른 뜻을 파악할 수 없을 것은 자명하다. 우리들이 훈고를 논의할 때 한자의 음을 밝혀야 하는 이유가 여기에 있다.

그러면 音訓의 조례와 관련하여 훈고학에서 중시하여 온 세 가지 설──音義同源說, 同音多同義說, 形聲字多兼會意說──과 그 내용에 대하여 살펴보기로 한다.

1. 音義同源說

언어에 있어서 음성과 의미가 서로 밀접한 관계를 가지고 있는 점
에 착안한 사람은 淸나라 때의 戴震(1723~1777)이니 "訓詁 音聲, 相爲
表裏"[6]라는 말에 그의 견해가 잘 나타나 있다. 그 후 段玉裁에 이르러
音·義同源說은 강력한 언어 이론의 하나로 전개되었다. 그는《說文》
注에서 字義·字音·字形의 관계를 명석하게 설명하고, 조자의 차례는
먼저 뜻이 있은 뒤에 이를 나타내는 음이 있게 되었고, 음이 있은 뒤에
이를 표기하기 위한 형이 생기게 된 것이라고 하였다.[7]

(1) "有義而後有音, 有音而後有形, 音必先乎形."《설문》'坤'자 하주
(2) "意者, 文字之義也. 言者, 文字之聲也. 詞者, 文字形聲之合也."《설
    문》'詞'자 하주
(3) "聲與義同原, 故龤聲之偏旁, 多與字義相近, 此會意形聲 兩兼之字致
    多也"《설문》'禛'자 하주.

이와 같이 段玉裁는 음과 뜻은 기원이 같으므로 형성자의 편방인
성부가 허다히 자의를 나타낸다고 본 것이다.

2. 同音多同義說

音義同源說이 어느 정도 타당성이 있는 것이라면, 이제 음이 같으
면 뜻이 같은 자가 많다는 논리도 가능하다. 段玉裁의《說文》注에는
여러 곳에 그러한 견해가 밝혀져 있다.

(1) "斯, 析也. 澌, 水索也, 凡同聲多同義, 鍇曰 : 今謂馬悲鳴爲嘶."《설
    문》'謥'자 하주
(2) "晤者, 啓之明也, 心部之悟, 寤部之寤, 皆訓覺, 覺亦明也. 同聲之義
    必相近."《설문》'晤'자 하주
(3) "如趑爲安行, 駕爲馬行疾而徐, 音同義相近也. 今用爲語末之辭, 亦

---

(6) 戴震(字 : 東原), 段玉裁《六書音均表》序.
    이는 段玉裁《說文解字注》附錄 p. 809에 수록되어 있다.
(7) 이러한 견해는 形이 있어야 聲이 있고, 形과 聲이 있어야 義가 있다는 六藝의 學
    에 대한 반론이었다.

取安舒之意, 通作與,《論語》與與如也."《설문》'歟'자 하주

(4) "悤者多孔, 蔥者空中, 聰者耳順, 義皆相類, 凡字之義, 必得諸字之聲者如此"《설문》'鏓'자 하주

(5) "凡積・鎭・瞋・塡・實・嗔・滇・塡・愼字, 皆爲眞爲聲, 多取充實之意, 其顚槇字以頂爲義, 亦充實上升之意也."《설문》'眞'자 하주

예컨대 '斯(사)・澌(시)・嘶(시)・𧩙(서)'는 同音同義이며,[8] 晤・悟・寤(오)는 同音 義近의 예이다. 또, '歟(여)・鸒(여)・與・歟(여)'는 모두 음이 같을 뿐 아니라 그 뜻도 가깝다는 것이다.

이상과 같은 同音多同義說은 黃承吉, 劉師培 등의 논증에서도 유력하게 뒷받침되었다. 黃承吉은 「字義起於右旁之聲說」에서

"諸聲之字, 其右旁之聲, 必兼有義, 而義皆起於聲, 凡字之以某爲聲者, 皆起於右旁之聲義以制字, 是爲諸字所起之綱 …… 凡同一韻之字, 其義皆不甚相遠, 不必一讀而後爲同聲, 是知古人聞聲卽已知義……"[9]

이라는 견해를 밝혔다. 그 후 劉師培도 「古韻同部之字義多相近說」에서

"…… 凡字音彼此互同者, 其義亦可遞推, …… 其有屬於陽侵東三部者, 又以美大高明爲義, 則同部之字, 義恒相符."[10]

라고 하였는데, 이는 바로 黃承吉의 설을 답습한 것이나 다름이 없다.

위의 引文에서 劉師培는 「陽・侵・東」운에 속한 자는 대개 '美, 大, 高, 明'의 뜻을 가진다고 하였다. 그러면 과연 음과 의미 사이에 그러한 상관성이 있는가를 확인하기 위하여 본항에서는 그 중 陽類 同部字에 속한 일부의 한자를 검토하여 보기로 한다.

(6) 「昜, 開也. 一曰:飛揚, 一曰:長也, 一曰:彊者衆皃.」《설문》

昜(양)은 '陽'의 古字로서 높다(高)는 뜻이 있으니, '募(탕)・𨭖(탕)・崵(양)・揚・颺(양)' 등의 자가 그러하고, 또 暘(양)은 밝다(明)는 뜻을 겸하고 있다. '陽'은 '高, 明, 大'의 세 가지 뜻이 내포되어 있다.

---

(8) 《廣韻》의 반절에 따르면 '斯・澌'는 息移切[siɛ]이고 '嘶・𧩙'는 先稽切[siei]이지만 4자의 상고음은 모두 *sieg(sjěg)로서 같다. 한국 한자음은 '사・시・서'로 다르지만 이것은 변음된 결과이므로 주의할 필요가 있다.

(9) 黃承吉《夢陔堂文集》권2, 胡楚生(1975), p.184, 林尹(1972), p.135.

(10) 林尹(1972), pp.135~136 재인용.

(7) "襄, 上也."《史記正義》   "襄, 高也."《文選》注

(8)「上, 高也.」《설문》   "上, 重也."《方言》

(9)「長, 久遠也. 从兀 从匕 亾聲. 兀者, 高遠意也.」《설문》

‘張’자에도 역시 크다는 뜻이 있으며, ‘永’, ‘丈’자도 역시 ‘長’의 뜻에서 인신하였다.

(10) "岡, 兀也."《釋名》

兀(항)은 사람의 목이 상부에 있다는 뜻이며, ‘剛’자에도 強大하다는 뜻이 있다.

(11)「光, 明也. 从火在儿上; 光明意也.」《설문》

晃(황)도 밝다는 뜻이며, ‘桄(광)·駫(경)·洸(광)’자에도 모두 크다는 뜻이 심층에 숨어 있다. ‘黃’자 역시「从田芡(光의 고문)聲」의 형성자인데, 이를 성부로 취한 ‘黌(굉)·橫(횡)·廣(광)·潢(황)·簧(황)’자들에도 ‘크다’는 뜻이 들어 있다.

(12) "丙, 炳也."《釋名》   "炳炳, 明也."《爾雅》

‘丙’의 金文 중 囚형이 있는 것을 보면 冂 안에 불(火)이 들어 있으므로 밝다는 뜻을 추출할 수 있다.

(13)「羊, 祥也.」《설문》   "羊, 善也."《주례》考工記

‘羊’을 성부로 한 翔(상)은 높다는 뜻을, ‘洋’은 크다는 뜻을 겸하고 있다.

(14)「良, 善也.」《설문》

‘良’이 들어간 ‘朗’은 밝다는 뜻을, 閬(높은 대문 : 랑)은 높다는 뜻을 내포한다.

(15)「壯, 大也. 从士 爿聲.」《설문》

‘狀·莊·奘·將’등은 모두 크다는 뜻을 내포한다.

(16) "王, 大也."《廣雅》

'皇'자도 크다는 뜻이며, '煌'은 밝다는 뜻이 있다.

⒄「兄, 長也.」《설문》   "兄, 荒也. 荒, 大也."《釋名》
⒅「京, 人所爲絶高丘也. 从高省, ｜象高形.」《설문》
⒆「昌, 美言也. 一曰：光也.」《설문》
  "昌, 盛也."《廣雅》   "雅, 大也."《회남자》注

⒆는 '美·大·明'의 뜻을 두루 갖추고 있다.

이상에서 본 바와 같이 陽〔-aŋ〕부 韻字들은, 물론 예외는 있으나, 대체로 '高, 明, 大, 善'에 가까운 의미의 場에 속한다는 것이 劉師培의 주장이다.

3. 形聲字多兼會意說[11]

위에서 예시한 同音多同義說과 관련하여 한자의 특성으로 일찍이 제기되었던 문제는 形聲字多兼會意說이다.[12] 우리는 《설문》에 수록된 9,353자의 한자 중 형성자의 수가 7,697자를 차지하고, 회의자는 1,167자에 불과한 자형 해설상의 차이만을 들어 조자의 근본을 생각하기 쉽다. 물론 형성자의 수가 압도적으로 많은 것은 사실이다. 그러나 이미 형성자를 해설할 때 알게 된 바와 같이 형성자의 성부 편방은 단순히 음만을 지시하는 字素가 아니라, 그 자체가 음의 지시 기능 외에 동시에 本有의 뜻을 겸하고 있는 字가 많다는 사실이다. 이미 形聲 장에서 예증한 '句'자 편방의 형성자가 그 예이다. '句'가 굽은 것(曲)을 나타낸 字이므로 이를 편방으로 한 자들——鉤·笱·跔·翎·耇·軥·枸·拘·劬·苟——은 모두 '曲'의 의미를 함유하고 있다(p. 315 참조). 따라서 이들 한자 중 '木·竹·金·刀' 등의 형부는 굽은 사물이 무엇인가의 종류를 가리킬 뿐이므로 형성자의 字義를 명확히 구명하려면 성부의

─────────────

(11) 이 때의 '會意' 2자는 六書의 會意와는 구별된다. 漢字를 구성소로 분석하였을 때 字素가 의미 구실을 하므로 會意的 성질을 가진다는 뜻으로 쓴 것이다.
(12) 이에 대한 상세한 연구는
  黃永武,「形聲字多兼會意考」, 國立臺灣師範大學 《國文硏究所集刊》 第 9 號(1965), pp. 141~312 가 참고된다.

의미가 또한 중요함을 알게 된다. 이것이 이른바 「形聲字多兼會意」의 논거이다.

이와 같이 한자는 자음과 자의가 밀접한 상관성을 맺고 있으므로 文字學이나 訓詁學에서는 성음을 연구해야 할 필요성이 생겨난다. 그 한 예로 '祿'자를 들어 보기로 하자.

「祿, 福也, 从示 彔聲.」《설문》
　cf.「彔, 刻木彔彔也. 象形.」《설문》

이 예에서 잘 확인하겠지만 「刻木彔彔」과 '福'의 의미는 引申하여 확대될 수 있는 성질의 것이 아니다. 그러므로 福의 본뜻을 명확하게 천명하려면 가차 관계에서 해결점을 찾아야 한다. 고대에는 사냥꾼이 羊을 잡으면 복된 일로 믿었기 때문에 羊을 잡을 수 있기를 기원하여 '祥'자를 만들었다(cf.「祥, 福也. 从示 羊聲」). 이와 마찬가지로 또 수렵 중에 사슴(鹿)을 잡는 것도 복이 있는 일로 믿었기 때문에 사슴 잡기를 빌어 '祿'자를 만들었다. 그러나 원래 그 성부는 '彔'이 아니라 '鹿'이었던 것을 '彔'으로 가차하였기 때문에 '祿'자가 되었을 뿐이다. '彔·鹿'은 다 盧谷切〔luk〕로 그 음이 동일하였기 때문이다(p. 317 참조).

문자학사의 관점에서 형성자의 성부가 뜻을 겸한다는 단서는 이미 晉나라 때 楊泉의 「物理論」 중 臤(굳을 : 간, 견)자의 설명에서 발견된다. 「物理論」은 현재 전하지 않지만 臤자에 대한 논석이 《藝文類聚》의 「人」부에 인용되어 있어 그 편린을 추정케 한다.

"在金曰堅, 在草木曰緊, 在人曰賢."

'堅, 緊' 2자는 《설문》의 「臤」부에 속한 회의자이고, '賢'자는 「貝」부에 속한 '貝+臤聲'의 형성자인데, 3자의 의미가 상통한다는 점이다. 이것은 형성자의 성부 안에 뜻이 포함되어 있음을 암시한 것이라고 풀이할 수 있다. 그 뒤로 宋나라 때 王聖美도 이 점에 착안하여 《字解》 20권을 지었다고 하나 지금은 전하지 않는다. 다만 宋나라 沈括 (1030~1094)의 《夢溪筆談》 중에 그 一節이 전하고 있어 그의 견해를 엿볼 수 있다(p. 314 참조).

"凡字, 其類在左, 其義在右, 如木類, 其左皆從木, 所謂右文者, 如戔, 小也. 水之小者曰淺, 金之小者曰錢, 歹之小者曰殘, 貝之小者曰賤, 如此之類, 皆爲戔爲義也."(권 14.)

또 宋 高宗 때(1127~1161) 王觀國도 字母說과 右文說을 주장하였는데, 《學林》 권 10에서 그의 견해를 확인할 수 있다.

"盧者, 字母也. 加金則爲鑪, 加火則爲爐, 加瓦則爲甗, 加目則爲矑, 加黑則爲黸. 凡省文者, 省其所加之偏旁, 但用字母則衆義該矣."

위의 引文을 통하여 형성자의 성부가 뜻을 겸한다는 사실이 당시에 분명히 인식되었음을 살필 수 있다.

그러나 "凡形聲字多兼會意"의 音訓條例가 하나의 이론으로 정립되기는 段玉裁의 《說文解字注》가 처음이다. 《說文》의 犨(소 숨 씩씩거릴 : 주)자 하주에서 밝힌

"凡形聲字多兼會意. 犨從言, 故牛息聲之字从之."

가 그 예이다.

이와 같이 형성자의 성부가 단순히 表聲 기능만이 아니라 表義 기능을 가진 것으로 본 이론은 民國 이래로도 劉師培(1884~1919),[13] 黃侃(1886~1935),[14] 章炳麟(1869~1936),[15] 楊樹達(1885~1956),[16] 劉賾,[17] 沈兼士(1886~1947),[18] 黃永武 등에 의하여 계속 연구되어 왔다.

이제 '형성자다겸회의설'의 이해를 돕기 위하여 다음의 예를 들어둔다.[19]

1) 凡從蒦得聲之字, 多有獲得之字

〔무릇 蒦(약)에서 聲을 얻은 자는 '얻다'의 뜻이 많다.〕

(13) 劉師培,「字義起於字音說」,「古韻同部之字義多相近說」
(14) 黃侃, 《黃侃論學雜著》(1970, 中華書局)
(15) 張炳麟,「語言綠起說」,「轉注假借說」, 《國故論衡》(1967, 廣文書局) 수록
(16) 楊樹達,「形聲字中有義略證」, 《積微居小學金石論叢》(1936, 上海 商務) 수록
(17) 劉賾,「古聲同紐之字義多相近說」, 武漢大學 《文哲季刊》 2-2(1931)
(18) 沈兼士,「右文說在訓詁學上之地位及推闡」, 《慶祝蔡元培先生六十五歲論文集》(1935)
(19) 黃永武, ibid., pp. 103~, 허세욱 《한문통론》(1971), pp. 172~ 참조.

(1)「蒦, 規蒦, 商也.」《설문》　: 재다
(2)「穫, 刈穀也.」　: 곡식을 베다
(3)「獲, 獵所獲也.」　: 사냥하여 얻다
(4)「擭, 搫擭. 一曰布擭也.」　: 손으로 잡다
(5)「護, 救視也.」　: 돕다
(6)「矆, 大視也.」　: 눈을 부릅뜨고 크게 보다

2) 무릇 '攸'에서 聲을 얻은 자는 '길다'의 뜻이 많다.

(1)「攸, 行水也.」　: 물길이 길다
(2)「篠, 疾也. 長也.」　: 길다
(3)「脩, 脯也.」　: 키
(4)「筱, 箭屬小竹也.」　: 화살대, 가는 대
(5)「條, 小枝也.」　: 길다(가지)
(6)"悠, 遠也."《釋名》　: 멀다
(7)「滺, 久泔也.」　: 멀고 길다
(8)「窱, 杳深也.」　: 깊다

3) 무릇 '牙'에서 聲을 얻은 자는 '나오다(出)'의 뜻이 많다.

(1)「牙, 壯齒也.」　: 이
(2)「芽, 萌芽也.」　: 싹이 나다
(3)「訝, 相迎也.」　: 서로 맞이하다
(4)「枒, 枒木也.」　: 야자수, 종려나무
(5)「鋣, 鏌鋣也.」　: 칼이름(大戟), 막야칼

이와 같이 분석된 범례는 1,015종이나 제시되어 있어서 그저 우연
이나 부회로 돌려 버리기에는 너무도 그 수가 많다.

4. 音訓法의 實例

고대의 訓詁者들이 여러 典籍에서 행한 音訓의 방법을 유형별로
귀납하여 보면 대개 다음의 7종으로 요약할 수 있다.

1) 訓解字와 被訓字가 同字인 예

(1) "蒙者, 蒙也", "比者, 比也", "剝者, 剝也."《주역》序卦傳
(2) "宿, 宿也. 星各止宿其處也."《釋名》釋天

한자는 동일자라도 성조와 품사가 다르거나 또는 同字異音, 實義, 虛義 등의 차이를 가진 것이 있다. 1)과 같은 음훈법이 생긴 것은 이 때문이다. 예컨대 (2)에서 앞의 '宿'는 별자리(星宿)를 뜻하는 명사로서 《광운》 반절은 息救切〔sjəu〕이고, 뒤의 '宿'은 머문다(止宿)는 뜻의 동사로서 그 음은 息逐切〔sjuk〕이다.

2) 形聲字의 聲母로 聲子[20]를 훈해한 예

(3) 政者, 正也."《논어》顏淵

(4) "誥, 告也", "仲, 中也", "誼, 人所宜也."《설문》

(5) "智, 知也. 無所不知也."《석명》釋言語

(6) "壁, 辟也. 辟禦風雨也."《석명》釋宮室

3) 形聲字의 聲子로 聲母를 훈해한 예

(7) "夬者, 決也", "兌者, 說也."《주역》序卦傳

(8) "衣, 依也", "羊, 祥也."《설문》

(9) "敬, 警也. 恒自肅警也."《석명》釋言語

(10) "冬, 終也. 物終成也."《석명》釋天

4) 同聲母의 形聲字로 훈해한 예

(11) "媒, 謀也", "禘, 諦祭也."《설문》

(12) "郡, 群也. 人所群聚也."《석명》釋州國

(13) "笏, 忽也. 君有敎命, 及所啓白, 則書其上, 備忽忘也."《석명》釋書契

5) 同音字로 훈해한 예

(14) "離者, 麗也", "晋者, 進也."《주역》序卦傳

(15) "士, 事也", 葬, 藏也."《설문》

(16) "德, 得也. 得事宜也."《석명》釋言語

(17) "戶, 護也, 所以謹護閉塞也."《석명》釋宮室

6) 雙聲字로 훈해한 예

(18) "禍, 害也", "哲, 知也."《설문》

---

(20) 聲母, 聲子의 용어에 대하여는 p. 312 참조.

⑲ "星, 散也. 列位散布也."《석명》釋天

⑳ "秉心無競."《시경》桑柔. 傳："競, 彊也"

7) 疊韻字로 훈해한 예

㉑ "聽, 靜也. 靜然後所聞審也."《석명》釋姿容

㉒ "通, 洞也. 無所不貫洞也."《석명》釋言語

㉓ "遷于喬木."《시경》伐木 傳：喬, 高也"

㉔ "庠者, 養也. 校者, 敎也."《맹자》滕文公

　이상은 고대의 학자들이 자의를 해석할 때 흔히 사용한 방법들이다. 음훈의 목적은 사물이 명명된 까닭, 즉 어원을 밝히려는 것이지, 名·物 자체의 본질을 설명하려는 것은 아니다. 그러므로 '政 : 正, 士 : 事, 羊 : 祥, 媒 : 謀' 등 양자 사이에는 설사 同源의 관계가 있다 하더라도 결코 동의자는 아님을 알아야 한다. 또 음훈법은 音同·音近字로 被訓 字의 뜻을 설명함에 있어서 한자에는 동음자가 많은데, 그 중 어느 것을 택하느냐가 문제이며 이에 따라 부회를 면하기 어려운 폐단이 있다. 다음의 예가 그러한 면을 보여 준다.

㉕
　a. {　"未, 味也. 六月滋味也."《설문》
　　　"未者, 言萬物皆成, 有滋味也."《사기》律書
　b. {　"未, 昧也. 日中則昃向幽昧也."《석명》釋天
　　　"未者, 昧也."《회남자》天文訓

　㉕에서는 같은 '未'자를 a.에서는 '味'로, b.에서는 '昧'자로 훈해한 것이다. 이처럼 객관성을 기대하기 어려운 약점이 있기는 하지만 과거의 古注에서는 음훈법을 광범하게 이용하였으며, 후대 학자들이 同源詞를 탐구하는 데 귀중한 자료를 제공하여 준 점에서 앞으로도 연구할 가치가 있다고 생각한다. cf. 王力《同源字典》(1987, 商務印書館) 참조.

제 3 절　義訓條例

　義訓이란 字義와 語詞를 해석할 때 해당 한자의 자형 구조나 자음을 고려하지 않고 그 어사가 언어에서 실제로 사용된 의미를 직접 설명하는 훈고의 방법을 말한다. 古書 중의 文句 아래 달려 있는 주해라든가 字典에서의 해석은 대개 이 방법을 이용한다. 다시 말하면 이른바 通語나 常言으로써 알기 어려운 文語나 古語, 俗語 등을 해석하는 것이 義訓이므로 이는 전술한 義界와도 상통한다.[21]

예를 들면 "肇(조), 始也", "干, 求也", "揆(규), 度也"《爾雅》와 같은 通訓을 비롯하여, "璧(벽), 瑞玉環也", "璜, 半璧也(半圓玉), "菜, 草之可食者"《설문》와 같이 사물의 속류, 형상, 용도 등을 설명한 것도 의훈법에 속한다.

義訓 조례는 古書의 훈고, 주해를 검토하여 볼 때 다소 중복되는 면은 없지 않겠지만 형식면과 내용면의 두 가지로 나누어 설명하는 편이 이해에 도움이 되리라 생각한다.

1. 형식상의 분류

(1) 一詞의 뜻을 풀이한 예

1) 同字가 訓이 된 예

(1) "象也者, 象也."《주역》繫辭

이에 대하여 崔憬은 "象者, 象形之象也"라고 주석하였다. 이것은 '象形'의 '象'으로써 '易象'의 '象'을 풀이한 것이다.

(2) "蒙者, 蒙也."《주역》序卦傳

鄭玄은 이를 "蒙, 幼小之貌"라고 주석하였다. 어리다는 뜻의 '蒙'으로써 "蒙卦'의 '蒙'을 풀이한 것이다.

(3) "周人百畝而徹, …… 徹者, 徹也."《맹자》滕文公 上

이 말은 주나라 사람은 百畝(무)를 주어 徹法에 의한 세를 내게 하였다는 말인데, 趙岐는 注에서 "耕百畝者, 徹取十畝以爲賦"라고 하였

---

(21) "義訓者, 訓詁之常法, 通異言, 辨名物, 前人所以詔後, 後人所以識古, 胥賴乎此." 錢玄同·朱宗萊(1921), p. 145.

다. 즉 徹取(거두어 가다)의 '徹'로써 주나라 조세법의 '徹'을 풀이한 것
이다.(22)

2) 異字가 訓이 된 예

(4) "碩鼠碩鼠."(쥐야 쥐야 큰 쥐야)《시경》碩鼠

이에 대하여 鄭玄은 箋에서 "碩, 大也"로 詮釋하였다.

(5) "王姬之車."《시경》何彼穠矣
 cf. "之, 往也." ib. 鄭氏 箋
(6) 「庶, 屋下衆也.」《설문》

3) 一字를 여러 뜻으로 訓한 예

(7) "替, 廢也 ; 替, 滅也."《이아》釋言
(8) "俾, 擧也 ; 俾, 好也."《이아》釋言
(9) "掌建邦之六典."《주례》太宰
 cf. "典, 常也, 經也, 灋(법)也. 王謂之禮經, 常所秉以治天下也 ; 邦國
 官府謂之禮灋" ib. 鄭玄 注

4) 字義를 번갈아 訓한 예

(10) "流, 覃也 ; 覃, 延也."《이아》釋言
(11) "速, 徵也 ; 徵, 召也."《이아》釋言

위와 같은 형식을 공식으로 나타내면 다음과 같이 될 것이다.

$A=B, B=C \quad \therefore A \cdot B=C$

그러므로 (10)의 '流·覃'은 蔓延의 뜻이요, (11)의 '速·徵'은 다 부른
다는 뜻을 轉相 해석한 것이다.

5) 字를 더하여 訓한 예

(12) "縞衣綦巾."《시경》出其東門
 cf. "綦, 綦文也." (푸른 쑥빛 무늬) ib. 鄭氏 箋

---

(22)《孟子》滕文公편에 "夏後氏는 50畝를 주어 貢法에 의한 세를 내게 하고, 殷나라
사람들은 70畝를 주어 助法에 의한 세를 내게 했다는 대목이 있다. 徹法은 趙岐의
주에 따르면 100畝를 경작하여 10畝분을 조세로 내는 것을 말한 듯하다.

⒀ "凡夫人不薨于寢, 不殯于廟, 不赴于同."《춘추좌전》僖公 8년
　　cf. "寢, 小寢. 同, 同盟." *ib.* 杜預(222~284) 注

⒀은 "무릇 군주의 부인이 처소인 小寢에서 세상을 떠나지 않았고 관을 사당에 안치하지 않으며, 동맹국들에 알리지 않았다"는 말이다.

⒁ "禮之加燕好."《춘추좌전》僖公 29년
　　cf. "燕, 燕禮. 好, 好貨也." *ib.* 杜預《注》

그러므로 ⒁는 "그를 예의로써 대하며 잔치를 베풀어 주고 또 선사의 물건도 주었다"는 뜻임을 알 수 있다.

6) 相反의 뜻으로 訓한 예

相反訓이란 하나의 한자가 정반대의 양면적 의미를 겸하고 있는 것을 말한다. 揚雄의《方言》(권2)에 보면

　　"逞·苦·了 : 快也. 自山而東或曰逞, 楚曰苦, 秦曰了."

라는 해설이 있다. 이에 대하여 郭璞(276~324)은 그 하주에서

　　"苦而爲快者, 猶以臭爲香, 亂爲治, 徂爲存, 此訓義之反覆用之是也."

라고 설명하고 있다.[23] 여기에서 "苦—快, 臭—香, 亂—治, 徂—存"이 서로 반대되는 의미란 것은 잘 아는 사실이다. 그럼에도 불구하고 이와 같은 郭璞의 注 이후로 反訓法은 훈고학에서 매우 중요한 조례가 되었고, 또 많은 학자들의 관심을 끌게 되었다. 그 중에서 劉師培는

　　"中國言文, 最難解者 有二例. 一曰 : 同一字而字義相反. 一曰 : 正名詞 同於反名詞."[24]

라고 지적한 점을 보아서도 알 만하다. 그러면 反訓이 무엇인지 劉師培의 引例를 들어 이해를 돕고자 한다.

⒂ '廢'를 '置'의 뜻으로 쓴 예
　　"廢六關."《춘추좌전》文公 2년

----

(23) 訓詁에서 '反訓'설을 최초로 제기한 사람은 郭璞이다.
(24) 劉師培《小學發微補》, p. 13.

여기의 '廢'는 六關을 設置하였다는 뜻으로 쓰였다. 그러므로 결국 '廢'는 폐지한다는 뜻과 설치한다는 정반대의 뜻을 겸한 것이라고 하였다. 《孔子家語》에서는 이 대목이 "置六關"으로 고쳐졌다.

(16) '亂'을 '治'의 뜻으로 쓴 예
　　"武王曰 : 予有亂臣十人."《논어》泰伯 20

위의 '亂'을 馬融(79~169)은 注에서 "亂, 治也"라고 풀이하였다. "나에게 천하를 다스릴 신하 열 사람이 있다"는 말이다.

(17) "貢, 賜也"《이아》釋詁.　　cf. "貢, 獻功也."《설문》
(18) "乞, 與也"《廣雅》釋詁.　　cf. "乞, 求也."《광아》釋詁
(19) "貿, 買也."《이아》釋詁.　　cf. "貿, 市也"《이아》釋詁
(20) "豫, 厭也"《이아》釋詁.　　cf. "豫, 樂也, 安也."《이아》釋詁
(21) "肆・故, 今也"《이아》釋詁.　　cf. "肆・古, 故也."《이아》釋詁

(17)~(21)의 예는 우편 cf.이하가 본뜻인데 좌편에서는 상반된 뜻의 한자로 풀이하였다.[25] 《詩經》의 해석에도 이런 예가 있다.

(22) "有周不顯, 帝命不時"(주나라 임금은 매우 밝으시니 하느님의 명은 바르게 내리셨네.)《시경》文王
　　"不顯, 顯也. 不時, 時也. 時, 是也."《毛傳》

(2) 對詞의 뜻을 풀이한 예

1) 兩字가 互訓된 예

(23) "宮謂之室, 室謂之宮."《이아》釋宮

郭璞의 注에 의하면 '宮・室'은 古今의 異語로서 대상은 같은데 그 명칭이 다를 뿐이라고 하였다.

(24) 「垣, 墻也. 墻, 垣也.」《說文》

이 예는 이미 훈고의 방식에서 말한 互訓에 속한다.

---

(25) 反訓이 생긴 원인은 引申・假借・音轉・語變 관계 등을 고려하여 구명할 수 있을 것이다. 한 예로 朱駿聲은 《說文通訓定聲》에서 '苦一快'의 反訓에 재하여 "苦快一聲之轉, 取聲不取義"라고 해설한 바 있다. 즉 楚나라 사람들은 '愉快'하다는 뜻을 다만 '苦'라는 성음으로 표시한 것으로 본 것이다. 反訓에 대한 자세한 사항은 林尹(1972 : 170~176), 胡楚生(1975 : 103~122) 참조.

2) 兩字를 각각 訓한 예

⑳ "張仲孝友. 善父母爲孝, 善兄弟爲友."《이아》釋訓

"張仲孝友"란 원래《詩經》小雅, 六月에 있는 시구로서 "孝友로 이름난 張仲님일세"의 뜻인데, '孝 · 友' 각자를 따로이 풀이한 예이다.

㉖ "夫人無妬忌之行."《시경》召南, 小星序
    cf. "以色曰妬, 以行曰忌." *ib.* 鄭氏 箋

㉗ "是謂鳳皇于飛, 和鳴鏘鏘."《춘추좌전》莊公, 22 년
    cf. "雄曰鳳, 雌曰皇." *ib.* 杜預 注

3) 連類를 並訓한 예

㉘ "公侯干城."《시경》兔罝
    cf. "干也城也, 皆以禦難也." *ib.* 鄭氏 箋

㉘은 "우리 임은 나라의 방패"라는 뜻인데, 鄭氏 箋에서는 '干 · 城'을 따로 따로 풀이하지 않고 連類를 함께 해석하였다.

㉙ "滔滔江漢."(넘실 넘실 흐르는 長江 漢水는)《시경》四月
    cf. "江也漢也, 南國之大水." *ib.* 鄭氏 箋

㉚ "廣車軥車, 淳十五乘."《춘추좌전》襄公, 11 년
    cf. "廣車軥車, 皆兵車名." *ib.* 杜預 注

4) 對比의 字를 모아 訓한 예

㉛ "一達, 謂之道路; 二達, 謂之岐旁; 三達, 謂之劇旁; 四達, 謂之衢; 五達, 謂之康; 六達, 謂之莊; 七達, 謂之劇驂; 八達, 謂之崇期; 九達, 謂之逵."《이아》釋宮

윗점 친 말의 뜻은 어느 것이나 다 길의 異名인데, 아홉 가지를 한데 모아 풀이한 예이다.

㉜ "金謂之鏤, 木謂之刻, 骨謂之切, 象謂之磋, 玉爲之琢, 石謂之磨."《이아》釋器

㉜의 여섯 가지는 재료의 대상에 따라 治器의 칭이 다른 것을 모아서 풀이한 것이다.

㉝ "載, 歲也. 夏曰歲, 商曰祀, 周曰年, 唐虞曰載, 歲名."《이아》釋天

㉝은 1년의 명칭이 나라에 따라 다른 것을 集比한 예이다.

(3) 狹義로 廣義를 풀이한 예

어느 언어에 있어서나 하나의 낱말은 반드시 하나의 의미만을 가지는 것은 아니다. 마찬가지로 한자도 쓰이는 문맥(context)에 따라 다의성을 면할 수 없음은 당연한 사실이다. 특히 어떠한 한자는 그 의미 범주가 너무도 넓어서 쓰이는 자리에 따라 의미가 달라지는데, 훈고상 넓은 의미를 좁은 의미로 해석한 조례가 있다.

'道'자를 예로 들어 보자.

㉞ "仁不勝道." 《穀梁傳》 僖公, 2년
　cf. "道謂上下之禮." *ib.* 范寧 注
㉟ "君子學道則愛人." 《논어》 陽貨
　cf. "道謂禮樂也." 《集解》
㊱ "道行而志通." 《荀子》 正名
　cf. "道謂制名之道." *ib.* 楊倞 注
㊲ "何謂曰道." 《荀子》 解蔽
　cf. "道謂禮義." *ib.* 楊倞 注

이처럼 '道'의 뜻은 넓은 것인데, 用處에 따라 上下의 禮, 禮樂, 制名, 禮義 등 좁은 의미로 훈고하였음을 볼 수 있다.

'玉'도 그 종류가 많아서 이 글자가 쓰인 문맥에 따라 지시하는 대상이 다르다.

㊳ "君使卿皮弁還玉十餰." 《의례》 聘禮
　cf. "玉, 圭也." *ib.* 鄭玄 注
㊴ "齊侯朝于晋, 將授玉." 《춘추좌전》 成公 3년
　cf. "玉, 謂所執之圭也." *ib.* 孔穎達 疏
㊵ "君無故玉不去身." 《예기》 曲禮 下
　cf. "玉, 謂佩也." *ib.* 孔穎達 疏
㊶ "玉帛云乎哉." 《논어》 陽貨
　cf. "玉, 璋圭之屬也." *ib.* 《集解》

㊳의 '圭'는 《설문》에 의하면 위는 둥글고 밑이 모난 瑞玉이라 한

다. ㉟의 옥은 고대에 천자가 제후에게 강토를 봉할 때 일종의 신분의 증표로 가지고 다니도록 주었던 옥으로서 크기에 따라 尊卑의 차이가 구별되었던 옥을 가리킨다. ㊵은 허리띠에 장식으로 붙였던 옥을 가리키며, ㊶은 半圭의 옥인데, ㉟와 같이 천자가 제후에게 신분의 증표로 반쪽의 옥을 갈라 주고 그 반쪽을 천자가 가지고 있었던 옥을 말한다. 그러므로 옥은 마찬가지였지만 그 형상과 용도가 다른 것이라고 하겠다.

(4) 廣義로 狹義를 풀이한 예

앞의 제 3 장 제 1 절의 互訓 중 (3) 同物異名의 互訓(p. 700)에서 예로 든「瓊 · 璈……」등을「玉也」로 풀이한 것은 바로 넓은 의미로써 좁은 의미를 해석한 훈고의 예에 속한다. 이것은 공통의 명칭으로써 개별적 명칭을 해석한 점이 방금 설명한 (3)과 다른 점이다.

《설문》의 다음 훈석례는 모두 (4)에 해당한 해설 방식이다.

㊷ "琢, 治玉也"　　　"玲, 玉聲也"　　　"瑝, 玉聲也"
　　"理, 治玉也"　　　"琤, 玉聲也"　　　"瑲, 玉聲也"
　　"瑂, 治玉也"　　　"玎, 玉聲也

㊸ "逋, 亡也"　　㊹ "遼, 遠也"
　　"逃, 亡也"　　　"逖, 遠也"
　　"遺, 亡也"　　　"迥, 遠也"
　　"遂, 亡也"　　　"違, 遠也"

다음의《詩經》예도 마찬가지이다.

㊺ "相彼鳥矣, 求其友聲."(저 새들을 보아도……)《시경》伐木
　　cf. "相, 視也." ib. 鄭氏 箋
㊻ "瞻彼洛矣."(저기 저 낙수를 바라보자니)《시경》瞻彼洛矣
　　cf. "瞻, 視也." ib. 鄭氏 箋
㊼ "監亦有光."(우러르니〔하늘엔 은하수〕빛깔도 눈부시네)《시경》大東
　　cf. "監, 視也." ib. 鄭氏 箋
㊽ "上帝臨女."(하느님이 너희를 굽어보시니)《시경》大明
　　cf. "臨, 視也." ib. 鄭氏 箋

⑮～⑱에서 '相·瞻·監·臨' 역시 각각 그 뜻이 다르다. '相'은 살펴보다의 뜻이요, 瞻(첨)은 아래에서 위를 쳐다본다는 뜻이며, '監·臨'은 위에서 아래로 내려다 보는 뜻이기 때문이다. 그럼에도 불구하고 넓은 뜻의 '視'자로써 이들의 좁은 자의를 해석하였다.

(5) 古制를 今制로 비유한 예

역사상 제도가 변천함에 따라 그 명칭도 일정하지 않으므로 옛 제도를 설명하기 위하여 훈고 당시의 제도를 들어 비유한 훈고의 조례가 생기게 되었다. 일찍이 晉나라 杜預(222～284)도 《春秋左傳》의 注에서 이와 같은 방법을 쓰고 있다.

⑲ "初, 戎朝于周, 發幣于公卿, 凡伯弗賓."《춘추좌전》隱公, 7년
　　cf. "朝而發幣於公卿, 如今計獻詣公府卿寺." *ib.* 杜預 注

⑲의 뜻은 "처음에 戎이 周나라로 조회하러 왔을 때 公卿에게 폐백을 바치니 凡伯은 戎을 귀빈으로 여기지 않았다"는 말이다. 이 기록을 풀이한 것이 杜預의 注인데, 그는 晉나라 때의 제도와 비유하였다. 즉 「如今…」 이하는 晉나라 때를 가리킨 것으로 당시에 諸州에서 年末이 되면 회계의 관리를 天子와 公府 卿寺(26)에 보내어 재물을 바친 것과 같다고 한 것이다.

⑳ "符節者, 如今宮中諸官詔符也. 璽節者, 今之印章也.《주례》鄭玄 注

⑳은 《周禮》에 기록된 符節에 대하여 漢나라 때의 鄭玄(127～200)이 注하기를 지금 궁중의 諸官이 가진 詔符(조부)와 같은 것이라 하고, 또 璽節(새절)은 당시의 印章과 같은 것이라고 비유한 것이다.

(6) 雅言으로써 方言을 풀이한 예

雅言이란 현대 중국어에 비유하면 소위 北京官話와 같은 수도 중심지의 공통·표준어라 할 수 있다. '雅'를 '夏'와 같이 보면 아언은 곧 中夏의 말이라는 뜻으로도 풀이된다(p. 118 참조). 과거의 訓詁書나 經書의 주석에는 아언으로써 방언을 풀이한 예가 허다하다. 揚雄(B. C. 53～

---

(26) 三公이 사는 곳을 府라 하고, 九卿이 사는 곳을 寺(시)라고 하였다.

A. D. 18)의 《方言》(원명은 《輶軒使者絶代語釋別國方言》임)은 당시의 別國 방언을 아언으로 풀이한 대표적인 저술이다.

(51) "黨·曉·哲 : 知也. 楚謂之黨, 或曰曉 ; 齊·宋之間, 謂之哲." 揚雄 《方言》

(51)은 "알다"(知)의 말에 해당한 방언 예이다.

(52) "楚師大敗, 王夷師熸."(초나라 군사는 대패하여 초왕은 부상하고 군사들은 지리멸렬되었다.)《춘추좌전》襄公, 26 년
　　cf. "吳楚之間, 謂火滅爲熸." *ib.* 杜預 注

(53) 「莒, 齊謂芌爲莒.」《설문》

지금까지 설명한 훈고의 조례에서 우리는 새삼스럽게 중국의 古典籍에 쓰인 한자의 올바른 의미를 파악하기가 어려운 것임을 절감한다. 동시에 한자의 3요소인 形·音·義는 문자학에서 어떤 한 가지도 경시할 수 없다는 점을 재확인하였다.

2. 내용상의 분류

1) 사물의 형상을 풀이한 예

(1) 筐莒錡釜之器"《춘추좌전》隱公 3 년
　　"方曰筐(광), 圓曰莒(거), 無足曰釜, 有足曰錡" 杜預 注

(2) "鴻雁于飛, 肅肅其羽"(기러기 날아가네, 깃을 훨훨 치면서)《시경》鴻雁
　　"大曰鴻, 小曰雁"《毛傳》

(3) "伯兮執殳, 爲王前驅"(내 님은 긴 창 들고……)《시경》伯兮
　　"殳長丈二而無刃"《毛傳》

2) 字義의 성질을 풀이한 예

(4) "善父母曰孝, 善兄弟曰友《이아》釋訓

(5) "心之憂矣, 我歌且謠"(근심이 있기에 노래했더니)《시경》園有桃
　　曲合樂曰歌, 徒歌曰謠"《毛傳》

(6) "爲絺爲綌"(가늘고 굵은 칡베를 짜서)《시경》葛覃
　　"精曰絺(치), 麤(추)曰綌(격)"《毛傳》

이와 같이 어떤 말이 내포한 성질을 해석하는 방법을 과거에는 흔히 "以德訓之"라고도 일컬었다.

3) 대상의 위치를 풀이한 예

(7) "東方未明, 顚倒衣裳"(아직 동도 트지 않았는데, 허둥대며 옷을 거꾸로 입네.)《시경》東方未明
"上曰衣, 下曰裳"《毛傳》

(8) "寤寐無爲, 涕泗滂沱"(자나 깨나 그 생각에, 눈물만 글썽글썽)《시경》澤陂
"自目曰涕(체), 自鼻曰泗(사)"《毛傳》

(9) "以衣涉水爲厲, 由膝以下爲揭, 由膝以上爲涉, 由帶以上爲厲"《이아》釋水

(9)는 물을 건너는 뜻을 풀이한 것인데, 옷을 입거나 허리 위로 걷어 올리고 건너는 것을 厲(려), 무릎 아래까지는 揭(게, 갈), 무릎 위까지 걷고 건너는 것은 涉(섭)이라고 하였다.

4) 사물의 재료를 풀이한 예

(10) "我姑酌彼兕觥"(잠시 쇠뿔잔에 술을 따라)《시경》卷耳
"兕觥(시굉), 角爵也"《毛傳》

(11) "伯氏吹壎, 仲氏吹篪"(형은 흙피리 불고, 아우는 대피리 불 듯)《시경》何人斯
"土曰壎(훈), 竹曰篪(지)"《毛傳》

(12) "卬盛于豆, 于豆于登(제물은 나무그릇에, 사발에는 국을 떠 차리어 놓고)《시경》生民
"木曰豆, 瓦曰登"《毛傳》

나무로 만든 제기는 '豆', 토기로 된 제기는 '登'이라고 하였다.

5) 대상의 색깔을 풀이한 예

(13) "縞衣綦巾"(흰 저고리 쑥빛 수건)《시경》出其東門
"縞衣, 白色, 男服也;綦巾, 蒼艾色, 女服也"《毛傳》

(14) "黻衣繡裳"(청흑 무늬 저고리, 오색 수 치마)《시경》終南
"黑與靑謂之黻(불), 五色備謂之繡(수)"《毛傳》

(15) "九十其犉"(입술 검은 황소만도 구십 필일세)《시경》無羊
黃牛黑脣曰犉(순)"《毛傳》

6) 時期·年數를 풀이한 예

(16) "春祭曰祠, 夏祭曰礿(약), 秋祭曰嘗 冬祭曰烝"《이아》釋天

춘하추동에 따라 제사의 칭명이 다른 것을 풀이하였다.

(17) 春獵爲蒐, 夏獵爲苗, 秋獵爲獮(선), 冬獵爲狩"《이아》釋天

춘하추동에 따라 수렵의 칭명이 다른 것을 풀이하였다.

(18) 羜, 五月生羔也"《설문》

羜(저)는 '다섯살 된 염소'를 가리킨다(말·소·돼지의 예는 pp. 687~
688 참조).

7) 대상의 功用을 풀이한 예

(19) "園, 所以樹果也", "圃, 所以種菜曰圃"《설문》
(20) "毋發我笱"(내가 놓은 그 통발 꺼내지 마라)《시경》谷風
　　 "笱, 所以捕魚也"《毛傳》
(21) "何蓑何笠"(도롱이에 삿갓 쓰고)《시경》無羊
　　 "蓑, 所以備雨, 笠, 所以禦暑"《毛傳》

비에 젖지 않도록 입는 것이 蓑(도롱이 : 사)이고, 더위를 막기 위
해 쓰는 물건이 笠(삿갓 : 립)이라는 뜻이다.

이상에서 살펴본 바와 같이 漢字가 지시·내포하고 있는 詞義는
그 쓰임이 너무도 다양하다. 그것은 처음의 한자는 다 저마다의 고유
의미를 가지고 있었지만 오랜 시기에 걸쳐 사용되어 오는 동안 혹은
가차되거나 引伸, 演變된 결과이다. 그러므로 고전의 文義와 내용을 올
바로 이해하기 위해서는 각 한자와 語詞에 대하여 철저한 훈고가 요구
된다고 하겠다.[27]

---

(27) 이상의 義訓 조례는 林尹(1972) pp. 165~183, 胡楚生(1975), pp. 85~91 과 졸
고, 「漢字意味의 辨別性과 國語 字釋의 問題」,《葛雲 文璇奎博士 華甲紀念論文集》
(1985), pp. 133~158 참조.

참고 문헌

1. 說 文 類

許　愼,《說文解字》(南唐, 徐鉉 校本)
段玉裁,《說文解字注》, 臺北 藝文印書館 영인본 (1970)
朱駿聲,《說文通訓定聲》
丁福保,《說文解字詁林》(1928), 臺北 商務印書館 (1970 ③), 全 12冊
徐　鍇,《說文繫傳》　　　(說文解字詁林本)
桂　馥,《說文解字義證》　(　〃　)
鈕樹玉,《說文新附考》　　(　〃　)
────,《說文解字校錄》　(　〃　)
徐　灝,《說文段注箋》　　(　〃　)
饒　炯,《六書例說》　　　(　〃　)
葉德輝,《六書古微》　　　(　〃　)
羅振玉,《讀碑小箋論說文》(　〃　)
林義光,《六書通義》　　　(　〃　)
王　筠,《說文句讀》　　　(　〃　)
────,《說文釋例》　　　(　〃　)
────,《文字蒙求》藝文印書館 영인본(1970)

2. 韻書・音學類

陳彭年,《廣韻》(1008), 臺北 藝文印書館 校正本, 1971
張麟之,《韻鏡》(《等韻學名著五種》合刊本), 臺北 泰順書局, 1972
鄭　樵,《七音略)　　　　(　〃　)
　?　,《四聲等子》　　　(　〃　)
劉　鑑,《經史正音切韻指南》(　〃　)
楊中修,《切韻指掌圖》　　(　〃　)
丁　度,《集韻》(1039), 臺北 中華書局 영인본, 1970

熊　忠,《古今韻會擧要)(1297), 서울 亞細亞文化社 영인본, 1975
周德淸,《中原音韻》(1324), 藝文印書館 영인본, 1970
顧炎武,《音學五書》, 臺北, 廣文書局 영인본, 1970
──,《韻補正》　（　〃　　）
江　永,《古韻標準》（　〃　　）
──,《四聲切韻表》（　〃　　）
──,《音學辨微》　（　〃　　）
江有誥,《諧聲表》　（　〃　　）
孔廣森,《聲類表》　（　〃　　）
戴　震,《聲類表》　（　〃　　）
──,《聲韻考》　　（　〃　　）
王念孫,《古韻譜》　（　〃　　）
陳　澧,《切韻考》, 臺灣 學生書局 영인본, 1969
莫又芝,《等韻源流》, 臺北 聯貫出版社, 1971
沈兼士(1933),《廣韻聲系》, 中華書局, 1969
楊家駱(1971),《瀛涯敦煌韻集》, 臺北 鼎文書局
劉　復(1935),《十韻彙編》, 北京大文史叢刊 五種, 學生書局 영인본, 1962
周法高(1973),《漢字古今音彙》, 香港 中文大學

3. 經 書 類

孔穎達,《周易正義》　　（《十三經注疏》本）臺北 宏業書局 영인본, 1971
──,《尙書正義》　（　〃　　）
──,《毛詩正義》　（　〃　　）
賈公彦,《周禮注疏》　（　〃　　）
──,《儀禮注疏》　（　〃　　）
孔穎達,《禮記正義》　（　〃　　）
──,《春秋左傳正義》（　〃　　）
徐　彦,《春秋公羊傳》（　〃　　）
孫　奭,《孟子注疏》　（　〃　　）
楊士勛,《春秋穀梁傳》（　〃　　）
刑　昺,《論語注疏》　（　〃　　）
──,《孝經注疏》　（　〃　　）
──,《爾雅注疏》　（　〃　　）
阮　元,《經籍纂詁》, 臺北 西林出版社 영인본, 1971

4. 單行本 硏究書類

江擧謙(1970),《說文解字綜合硏究》, 臺灣 東海大學
高 明(1987),《中國古文字通論》, 北京 文物出版社
高鴻縉(1960),《中國字例》, 臺北 三民書局
羅常培(1965),《漢語音韻學導論》, 香港 太平書局
―――(1978),《羅常培言語學論文選集》, 臺北 九思出版社
唐 蘭(1971②),《中國文字學》, 臺北 樂天出版社
董同龢(1944, 1975)《上古音韻表稿》, 中央硏究院
―――(1972),《漢語音韻學》, 臺北 學生書局, 孔在錫 역(1975), 汎學圖書
丁邦新 편(1974),《董同龢先生語言學論文選集》, 臺北 食貨出版社
董作賓(1965),《甲骨學六十年》, 藝文印書館
杜學知(1962),《文字學綱目》, 商務印書館
―――(1972),《文字學論叢》, 正中書局
―――(1977),《六書今議》, 正中書局
馬宗霍(1971),《說文解字引經考》, 學生書局
―――(1972),《音韻學通論》, 學生書局
文璇奎(1987),《中國古代音韻學》, 서울 民音社
―――(1990),《中國言語學》, 서울 民音社
潘重規, 陳紹棠(1978),《中國聲韻學》, 東大圖書公司
謝雲飛(1971),《中國聲韻學大綱》, 蘭臺書局
―――(1972),《漢語音韻十論》, 學生書局
謝一民(1974),《說文解字箋正》, 蘭臺書局
史存直(1981),《漢語語音史綱要》, 北京 商務印書館
史宗周(1978),《中國文字論叢》, 中華叢書
邵榮芬(1982),《切韻硏究》, 中國 社會科學出版社
楊樹達 편(1973),《古聲韻討論集》, 學生書局
余廼永(1985),《上古音系硏究》, 香港 中文大學出版社
吳 璵(1973),《甲骨學導論》, 臺北 文史哲出版社
王 力(1935),《中國音韻學》, 泰順書局, 1971
―――(1958),《漢語史稿》, 北京 科學出版社
―――(1973),《漢語史論文集》, 泰順書局
―――(1980),《中國言語學史》, 李鍾振·李鴻鎭 역(1983), 啓明大 出版部
龍宇純(1968),《中國文字學》, 梁東淑 역(1987), 서울 學硏社
陸宗達(1978),《說文解字通論》, 金 槿 역(1986), 啓明大 出版部

陸志韋(1947),《古音說略》, 學生書局, 1971

李國榮(1960),《說文類釋), 臺北

李　榮(1956),《切韻音系》, 學生書局, 1971

林　尹(1936, 1970),《聲韻學通論》, 正中書局

─────(1971),《文字學槪說》, 正中書局.
　　　　　　　　權宅龍 역(1988)《中國文字學槪說》, 서울 螢雪出版社

─────(1972),《訓詁學槪要》, 正中書局

蔣伯潛(1946),《中國文字學纂要》, 正中書局

─────(1969),《廣韻硏究》　　　　　　　〃

─────(1970),《中國音韻學史》(上·下)　〃

─────(1971),《中國聲韻學槪要》, 商務印書館

張世祿(1972),《中國古音學》, 臺北　先知出版社

田倩君(1972),《中國文字叢釋》, 商務仁書館

錢玄同, 朱宗萊(1921),《文字學：形音義篇》, 學生書局, 1969

周法高(1970),《中國語文論叢》, 正中書局

─────(1975),《中國語言學論文集》, 聯經出版事業公司

─────(1984),《中國音韻學論文集》, 香港　中文大學出版社

周秉鈞(1978),《古漢語綱要》, 湖南人民出版社

陳復華(1983),《漢語音韻學基礎》, 中國人民大學出版社

陳飛龍(1973),《說文無聲字考》, 泰順書局

陳新雄(1971)《音略增補》, 文史哲出版社

─────(1972),《古音學發微》嘉新水泥公司

─────(1975),《等韻要述》藝文印書館

─────(1984),《鍥不舍齋論學集》, 學生書局

胡樸安(1970),《中國訓詁學史》, 商務印書館

─────(1971),《中國文字學史》(上·下), 商務印書館

胡楚生(1975),《訓詁學大綱》, 蘭臺書局

加藤常賢(1982),《漢字の語源》, 東京　角川書店

賴　惟勤(1983),《說文入門》, 大修館書店

藤堂明保(1980),《中國語音韻論》, 光生館

─────, 相原　茂(1985),《新訂 中國語槪論》, 大修館書店

滿田新造(1964),《中國音韻史論考》, 武藏野書院

尾崎雄二郎(1980),《中國語音韻史の硏究》, 創文社

─────(1985),《訓讀說文解字注》, 日本　東海大學　出版會

福田襄之介(1982),《中國字書史の研究》, 明治書院
西田龍雄(1981),《世界の文字》, 大修館書店
小川環樹(1977),《中國語學研究》, 創文社
─────, 貝塚茂樹(1981),《日本語の世界》3（中國の漢字）, 中央公論社
阿辻哲次(1985),《漢字學》, 東海大學 出版會
中沢希男(1978, 1982),《漢字・漢語概說》, 日本 敎育出版株式會社
平山久雄(1967),「中古漢語の音韻」,《中國文化叢書》1（言語）, 大修館書店
河野六郎(1968),《朝鮮漢字音の研究》, 天理時報社

B. Karlgren(1915～1926), *Etudes sur la phonologie Chinoise*, Stockholm
　　　　　趙元任・李芳桂 역(中譯本)《中國音韻學研究》(1930) 商務印書館
────────(1923), *Analytic Dictionary of Chinese and Sino-Japanese*, Paris
────────(1940), *Grammata Serica, Script and Phonetics in Chinese and Sino-Japanese*, Stockholm
────────(1954), *Compendium of Phonetics in Ancient and Archaic Chinese* B.M.F.E.A. Vol. XXII. pp. 211～362, Stockholm
　　　　　李敦柱 역(1985),《中國音韻學》 서울 一志社
　　　　　崔玲愛 역(1985),《古代漢語音韻學槪要》 서울 民音社

5. 其　他

高　明(1987),《古文字類編》, 中華書局
高樹藩(1971),《形音義綜合大字典》, 正中書局
金元中(1989),《虛詞辭典》, 서울 玄岩社
金學主 역(1971),《詩經》, 서울 明文堂
文璇奎(1985),《新完譯 春秋左氏傳》(上・中・下), 明文堂
裵學海,《古書虛字集釋》泰順書局刊, 1971
徐中舒 주편(1981, 1987),《漢語古文字字形表》, 四川辭書出版社
薛尙功,《臨宋寫本 歷代鍾鼎彝器款識法帖》, 廣文書局 영인본, 1972
成元慶(1985),《中共簡字化》, 建國大 出版部
顏之推,《顏氏家訓》廣文書局 영인본, 1965
揚　雄,《方言》臺北 國民出版社 영인본, 1958
吳　洛(1960),《中國度量衡史》商務印書館
王　力(1982, 1987),《同源字典》, 北京 商務印書館
王引之,《經傳釋詞》, 臺北 五洲出版社, 1975
兪　樾,《古書疑義擧例》, 臺北 長安出版社, 1978

劉　熙,《釋名》臺北 育民出版社 영인본, 1970

李元燮 역(1967),《詩經》, 서울 玄岩社

林語堂(1967),《語言學論叢》, 臺北 文星書店

章炳麟,《國故論衡》, 廣文書局, 1967

錢大昕,《十駕齋養新錄》, 商務印書館, 1968

程發靭 주편(1972),《六十年來之國語學》, 正中書局

周祖謨(1966),《問學集》(全 2 册), 正中書局

河正玉 역(1981),《詩經》, 서울 平凡社

黃　侃,《黃侃論學雜著》, 中華書局, 1970

《中國百科全書》(言語・文字篇), 北京 中國大百科全書出版社, 1988

《古考》北京 科學出版社, 1972

《文物》中國 文物出版社 1975

《西安半坂》,(「中國田野考古報告集」古考學專刊) 丁種 14 號, 北京 文物出
　　　　版社, 1963

《實用大玉篇》서울 集文堂, 1980

加藤常賢 외 2인(1972, 1983),《角川字源辭典》, 角川書店

加藤一郎(1962),《象形文字入門》, 中央公論社

藤堂明保(1965),《漢字語源辭典》, 學燈社

――――(1978, 1986),《學研 漢和大字典》, 學習研究社

白川　靜(1978),《漢字百話》, 中央公論社

師村妙石(1990),《古典文字字典》, 雄山閣出版

岩波講座《日本語》8. (文字), 岩波書店, 1977

E. Clodd, *The story of the Alphabet*, 林枳敔 역(中譯本),《比較文字學槪論》,
　　　　商務印書館, 1967

I. J. Gelb(1952, 1963), *A Study of Writing*, The University of Chicago Press.

W. South Coblin(1985), *A Handbook of Eastern Han Sound Glosses.* The Chi-
　　　　nese University Press, Honk Kong

찾아보기 Ⅰ　　한　　자

찾아보기 Ⅱ 주요 사항

찾아보기 Ⅲ 　 인명·문헌명

著者略歷

全南大學校 國語國文學科, 同大學院 卒業
文學博士
中華民國 中國文化大學 中文硏究所 博士班 修學
中華民國 國立成功大學 交換敎授
日本 筑波大學 招請 外國人敎師
中國 上海 復旦大學 招聘敎授
全南大學校 敎授·大學院長 歷任
現 全南大學校 名譽敎授

著　書

全南方言(螢雪出版社)
註解 千字文(博英社)
訓蒙字會漢字音硏究(弘文閣)
漢字音韻學의 理解(塔出版社)
韓中漢字音硏究(太學社)
천자문을 통해 본 동양인의 삶과 지혜(태학사)
한자·한어의 창으로 보는 중국고대문화(태학사)

譯　書

中國音韻學(一志社)

全訂增補版
漢字學總論

1979년 10월 30일	초판발행	
1992년 11월 30일	전정증보판발행	
2012년 8월 20일	전정증보중판발행	

저　자　이　돈　주
발행인　안　종　만
발행처　(주)박영사

서울특별시 종로구 평동 13-31번지
전화 (733) 6771　FAX (736) 4818
등록 1959. 3. 11.　제300-1959-1호(倫)

www.pybook.co.kr　e-mail: pys@pybook.co.kr

정　가　38,000원　　　　ISBN 978-89-6454-307-8